汇集十年精华
展现裁判思维
促进适法统一

《中国法院年度案例集成丛书》

主　　编　胡田野　国家法官学院副院长

副 主 编　刘　畅　最高人民法院司法案例研究院规划部主任

　　　　　　李晓果　最高人民法院司法案例研究院研究部副主任

主编助理　赵文轩　最高人民法院司法案例研究院规划部编辑

编审人员（按姓氏笔画为序）

王晓梅　王　锐　王蓓蓓　王　曦　朱志磊　朱建伟

朱　琳　刘　畅　安慧中　李迎昌　李明桓　李　彦

李　洋　李晓果　李　婧　李　谦　李想成　张智颖

陈佳艺　周丽华　赵文轩　荣学磊　胡田野　胡　岩

姜子佳　姜　丹　费嘉荣　徐万佳　唐世银　唐墨华

唐鑫鑫　梁　欣　程　瑛　焦明静　童启鑫　熊　燕

潘园园

本书编审人员　赵文轩　费嘉荣　李　婧

中国法院年度案例集成丛书

借款担保纠纷

裁判规则理解与适用

国家法官学院
最高人民法院司法案例研究院
—— 编 ——

中国法制出版社
CHINA LEGAL PUBLISHING HOUSE

《中国法院年度案例集成丛书》通讯编辑名单

刘晓虹 北京市高级人民法院
王　凯 北京市高级人民法院
董　扬 天津市高级人民法院
童若涵 河北省高级人民法院
崔铮亮 山西省高级人民法院
杨智勇 内蒙古自治区高级人民法院
周文政 辽宁省高级人民法院
苏　浩 吉林省高级人民法院
王　妍 黑龙江省高级人民法院
牛晨光 上海市高级人民法院
缪　芳 江苏省高级人民法院
卢槊绅 江苏省高级人民法院
符东杰 江苏省南通市中级人民法院
宋婉龄 江苏省无锡市中级人民法院
杨　治 浙江省高级人民法院
蒋　莹 浙江省高级人民法院
刘伟玲 安徽省高级人民法院
杨　宇 福建省高级人民法院
章光园 江西省高级人民法院
李　宁 山东省高级人民法院
郭宇凌 河南省高级人民法院
宋淼军 湖北省高级人民法院
黄　娅 湖北省宜昌市中级人民法院
唐　竞 湖南省高级人民法院
李　雪 广东省高级人民法院
邹尚忠 广西壮族自治区高级人民法院
陈小青 广西壮族自治区高级人民法院
李周伟 海南省高级人民法院
闫帅锋 重庆市高级人民法院
任　梦 四川省高级人民法院
李丽玲 云南省高级人民法院
石　瑾 云南省昆明市中级人民法院
伍席芳 贵州省高级人民法院
余长智 贵州省贵阳市中级人民法院
王丽萍 西藏自治区高级人民法院
郑亚非 陕西省高级人民法院
张旦旦 甘肃省高级人民法院
王　晶 青海省高级人民法院
康　莹 宁夏回族自治区高级人民法院
石孝能 新疆维吾尔自治区高级人民法院
吉　雄 新疆维吾尔自治区高级人民法院生产建设兵团分院

序

党的十八大以来，以习近平同志为核心的党中央高度重视依法治国，明确提出全面依法治国，坚持在法治轨道上推进国家治理体系和治理能力现代化。党的二十大报告指出，要坚持走中国特色社会主义法治道路，建设中国特色社会主义法治体系、建设社会主义法治国家，围绕保障和促进社会公平正义，坚持依法治国、依法执政、依法行政共同推进，坚持法治国家、法治政府、法治社会一体建设，全面推进科学立法、严格执法、公正司法、全民守法，全面推进国家各方面工作法治化。人民法院始终坚持以习近平新时代中国特色社会主义思想为指导，深入贯彻落实习近平法治思想，把加强案例指导和研究作为助力推进全面依法治国的重要途径，通过制定司法解释、发布指导性案例、提炼裁判要旨、推行类案检索等系列举措，深入推进法律适用统一，不断提升司法质量、效率和公信力，努力让人民群众在每一个司法案件中感受到公平正义。

“中国法院年度案例丛书”是国家法官学院于2012年开始编辑出版的一套大型案例丛书，每年年初定期出版。截至2022年，已经连续出版11年。2020年起，丛书由国家法官学院和最高人民法院司法案例研究院共同编著。丛书编辑始终坚持以习近平新时代中国特色社会主义思想为指导，深入贯彻落实习近平法治思想，深化成果运用，认真总结案例积累的审判执行经验做法，积极回应人民群众多元司法需求，记录我国司法审判执行工作发展进程，助力丰富司法审判理论，构建中国法治话语体系。该丛书案例涵盖人民法院刑事、民事、商事、行政、知产、环资和执行各业务领域，按照业务领域和案由层级设计分册及纲目，目前汇编案例合计1.2万余篇。丛书严格遵循案例选编要求，突出争议焦点、裁判规则和法律适用分析，追求"好读有用"，已经形成品牌效应。为总结十余年的案例编选和研究经验，在全国各级人民法院的大力支持下，国家法官学院与最高人民法院司法案例研究院经全面梳理丛书的1.2万余篇案例，以新法新规为依据，对于其中"判得好且写得好"的案例进行再次深度加工，编辑出版"中国法院年度案例集成丛书"。

"中国法院年度案例集成丛书"坚决贯彻落实党的二十大报告关于坚持全面依法治国，推进法治中国建设的部署要求，深度挖掘优秀案例在完善裁判规则体系、促进统一法律适用、促进民法典等新法新规正确实施和应用法学研究等方面的法治价值、学术价值和时代价值，探索体系化提炼和编纂裁判规则的新思路，发挥司法案例的规范、指导、评价、引领作用，展现新时代我国法治建设成就，大力弘扬社会主义核心价值观，助推全民法治意识和法治素养提升。

"中国法院年度案例集成丛书"共15个分册：《物权纠纷裁判规则理解与适用》《合同纠纷裁判规则理解与适用》《借款担保纠纷裁判规则理解与适用》《人格权纠纷裁判规则理解与适用》《婚姻家庭与继承纠纷裁判规则理解与适用》《侵权纠纷裁判规则

理解与适用》《道路交通纠纷裁判规则理解与适用》《保险纠纷裁判规则理解与适用》《劳动纠纷裁判规则理解与适用》《公司纠纷裁判规则理解与适用》《金融纠纷裁判规则理解与适用》《知识产权纠纷裁判规则理解与适用》《行政纠纷裁判规则理解与适用》《刑事案例裁判规则理解与适用》《执行纠纷裁判规则理解与适用》。丛书在编辑工作中坚持以下原则：一是突出裁判规则价值。以历年"中国法院年度案例丛书"采用的1.2万余篇案例为精选基础，优中选优，提供给读者十余年积累的多类型、多视角的疑难新型典型性案例，概览人民法院的类型化裁判规则。二是方便读者检索。为体现以读者为本的理念，丛书分卷细化，每卷根据最新的案由、法律适用问题分类编排案例，以裁判规则、裁判思路或案件焦点的核心内容作为主标题，让读者一目了然，迅速找到目标案例。三是注重案例分析的实用性。根据最新的法律法规以及司法解释对原"法官后语"进行完善，高度提炼案例对理解和适用新法新规的参考价值，为新型疑难法律适用问题提供解决方案，为司法工作提供借鉴，为法学研究提供启迪。

中国法制出版社始终全力支持"中国法院年度案例集成丛书"的出版，给了作者和编辑们巨大的鼓励。该丛书还提供了数据库增值服务，内附精美书签，扫描其中二维码，即可免费查阅往年同类案例数据库。我们在此谨表谢忱，并希望通过共同努力，臻于至善，真正探索出一条编辑案例书籍、挖掘案例价值的新路，不断增强丛书案例的代表性、时代性、权威性，丰富案例类型，细化裁判规则，提升分析质量，以更好服务于社会主义法治国家建设、服务于司法审判执行工作、服务于学习研究法律的广大读者。

“中国法院年度案例集成丛书”既是法官、检察官、律师等法律工作者的办案参考和司法人员培训的实用教材，也是社会大众学法用法的经典案例读本，同时是教学科研机构案例研究的良好素材。当然，我们难以一步到位实现初衷，该丛书还存在各种不足甚至错误，欢迎读者批评指正。我们愿听取各方建议，不断拓宽司法案例研究领域，有效发挥类案裁判规则功能，立足新发展阶段，实现中国特色司法案例研究事业的高质量发展。

国家法官学院

最高人民法院司法案例研究院

2023 年 2 月

目 录

Contents

一、借款

二、保证

三、抵押

四、质押

一、借款

001 法定代表人越权代表相对人“善意”之认定

——开发公司诉网络技术公司借款合同案

【案件基本信息】

1. 裁判书字号

北京市西城区人民法院（2020）京0102民初15581号民事判决书

2. 案由：借款合同纠纷

3. 当事人

原告：开发公司

被告：网络技术公司

【基本案情】

2012年3月5日，开发公司与网络技术公司签署《借款合同》，合同约定开发公司向网络技术公司借款200万元，期限自2012年3月15日至2012年4月15日，为期一个月。同日，开发公司将上述款项划转至网络技术公司，借款期限届满后，开发公司向网络技术公司发出《公函》称上述款项已届还款期，并表明若不能在规定期限内还款将追究其违约责任，但网络技术公司仍旧未按照约定偿还欠款，故将网络技术公司诉至法院。

另，2012年4月9日，网络技术公司时任及现任法定代表人于某向网络技术公司发出《郑重声明》，称网络技术公司因部分董事以非正常手段取得网络技术公司控制权，公司处于极度混乱和风险之中。

【案件焦点】

网络技术公司未还款行为是否构成违约，是否应向开发公司支付违约损失。

【法院裁判要旨】[①]

北京市西城区人民法院经审理认为：开发公司与网络技术公司之间签订的《借款合同》系双方当事人真实意思表示，且不违反强制性法律规定，故合同有效，双方当事人均应依约履行，网络技术公司未按时还款行为构成违约，理由如下：1. 从客观来看，根据上述《借款合同》，约定的还款时间为2012年4月15日，而网络技术公司未能在上述期限内偿还欠款，构成违约。2. 从归责原则来看，违约责任为无过错责任，其免责事由分为两类：一为不可抗力；二为合同各方当事人有约定。本案中，网络技术公司并未举证其未偿还借款系因不可抗力导致，亦未提供相关证据证明其与开发公司曾有过延期还款的约定。3. 从主观来看，网络技术公司提交的法定代表人于某出具的《郑重声明》，只有于某本人口头陈述称开发公司股东存在矛盾、公司无法正常经营，但并无相关证据予以证明，在此情况下，网络技术公司却罔顾开发公司公章确认出具的《公函》，未进行尽职调查，未尽基本商主体注意义务，在开发公司及股东多次诉讼索款的情况下，拒绝还款，存在过失。4. 从主体地位来看，网络技术公司与开发公司之间的借款合同关系系公司与商主体之间的外部行为，而公司内部治理问题属于商主体的内部行为，其不应及于公司外部的债务人或债权人。5. 从《郑重声明》的效力来看，首

---

① 本书【法院裁判要旨】适用的法律法规等条文均为案件裁判当时有效，下文不再对此进行提示。

先，于某出具该函件并无相关证据予以佐证公司无法正常经营，2015年于某代表公司证照返还案亦因证据不足而被驳回；其次，于某称《郑重声明》系根据开发公司章程作出，但根据该《公司章程》，这类裁决权和处理权须符合公司利益并在事后向董事会和股东会报告，而事实上，于某上述《郑重声明》却延长了网络技术公司的还款期限并间接免除了网络技术公司逾期还款责任，对开发公司而言并无益处，且《郑重声明》亦无事后向董事会和股东会报告之记录；最后，根据《中华人民共和国民法总则》第六十一条第三款规定，法人章程或者法人权力机构对法定代表人代表权的限制，不得对抗善意相对人，而非所有相对人。在网络技术公司已知晓公司章程，且在长达八年的时间里于某未能提供向董事会和股东会报告记录的情况下，仍执意不予还款，已属于恶意，于某超出《公司章程》授权行使的行为非职务行为，其效力不应及于公司。《郑重声明》无减免网络技术公司拒付逾期利息损失的效力。关于网络技术公司称于某至今仍为开发公司的法定代表人，足以证明其可以代表公司行使权力。法院认为开发公司现已进入强制清算状态，即非正常经营状态，代表公司行使权力的是清算组成员，而非于某，目前法定代表人没有变更只是因为公司尚未清算完毕，无法进行注销登记，但并不能证明于某仍享有相应的法定代表人权限。故法院对上述意见不予采纳。如上所述，网络技术公司行为已构成违约，网络技术公司应向开发公司支付违约损失。故开发公司要求支付以200万元为本金自2012年4月16日至实际付清之日止，按照年利率6%计算的逾期利息损失之诉讼请求，于法有据，法院予以支持。

综上，北京市西城区人民法院依照《中华人民共和国合同法》第八条、第六十条、第一百零七条，《最高人民法院关于审理民间借贷案件适用法律若干问题的规定》第二十九条，《中华人民共和国民事诉讼法》第六十四条规定，判决：

网络技术公司于本判决书生效之日起十日内向开发公司返还借款200万元并支付逾期利息损失（以200万元为本金，自2012年4月16日计算至实际付清之日止，按照年利率6%计算）。

判决后，双方当事人均未上诉，本判决现已生效。

【法官后语】①

本案系企业之间的借款纠纷，从合同效力来看，不存在《中华人民共和国民法典》第一百四十六条、第一百五十三条、第一百五十四条以及《最高人民法院关于审理民间借贷案件适用法律若干问题的规定》第十三条规定的情形，应认定该借贷合同有效。

本案的争议焦点在于被告是否为"善意"，虽然本案系《中华人民共和国民法典》事实前裁判，但其法理未曾变更，所以笔者将从《中华人民共和国民法典》及相关配套解释的视角来阐述这一问题。

本案的争议焦点为网络技术公司作为与公司交易相对人是否善意。从法律规定沿革来看，关于相对人"善意"这一观点，首次提出是在《中华人民共和国合同法》第五十条，即"法人或者其他组织的法定代表人、负责人超越权限订立的合同，除相对人知道或者应当知道其超越权限的以外，该代表行为有效"。而正式将"善意相对人"概念纳入法律，是在《中华人民共和国民法总则》第六十一条第三款，即"法人章程或者法人权力机构对法定代表人代表权的限制，不得对抗善意相对人"。但关于"善意"的认定标准，《中华人民共和国

---

① 本书【法官后语】对此类法律问题涉及的法律法规等内容进行了时效性更新，下文不再对此进行提示。

民法总则》并未作出明确的规定。当时司法实务界对"善意"标准的把握如下：不知道或不应当知道存在此种限制的情形下，则法人对法定代表人的越权行为不得主张效果不归属于法人；在相对人实际知道或因重大过失而不知道此种限制的情形下，则该越权行为的效果不归属于法人，其法律后果应当类推适用无权代理制度，由法定代表人承担个人责任，而不是由法人承担缔约过失责任，而在举证责任分配方面，应推定相对人为善意，相对人知道或应当知道法定代表人权力受限的事实，应由法人一方承担举证责任。之后出台的《全国法院民商事审判工作会议纪要》（以下简称《九民会议纪要》）"关于公司为他人提供担保"一节善意的认定部分，将债权人的"善意"标准认定为"债权人不知道或者不应当知道法定代表人超越权限订立担保合同"，而"不知道或者不应当知道"的评判标准为"只要债权人能够证明其在订立担保合同时对董事会决议或者股东（大）会决议进行了审查，同意决议的人数及签字人员符合公司章程的规定，就应当认定其构成善意，但公司能够证明债权人明知公司章程对决议机关有明确规定的除外"，在公司无法证明债权人明知公司章程对决议机关有明确规定的情况下，公司无权以机关决议系法定代表人伪造或者变造、决议程序违法、签章（名）不实、担保金额超过法定限额等事由抗辩债权人非善意。同时对无须机关决议即可认定为善意的情况进行了列举式说明。《中华人民共和国民法典》在总则编沿用了《中华人民共和国民法总则》第六十一条第三款的规定并在合同编吸收借鉴了《中华人民共和国合同法》第五十条之规定。2021 年出台的《最高人民法院关于适用〈中华人民共和国民法典〉有关担保制度的解释》在吸收借鉴《九民会议纪要》的相关内容基础上，最终明确了"善意"是指相对人在订立合同时不知道且不应当知道法定代表人超越权限，相对人有证据证明已对公司决议进行了合理审查，人民法院应当认定其构成善意，但是公司有证据证明相对人知道或者应当知道决议系伪造、变造的除外。

本案中，虽然所涉纠纷并非担保法律关系，但“法定代表人”作出的“暂缓还款”和“延期还款”这一决定属于公司重大决策，影响公司切身利益，属于应通过董事会决议或股东会决议表决决定之事项，在被告明知原告“法定代表人”作出的《郑重声明》未履行“事后向董事会和股东会报告”这一报备义务，仍在原告公司发出催款《公函》的情况下坚持拒不还款，应认定其构成恶意，并触犯了《中华人民共和国民法典》保护交易安全、提高交易效率、降低交易成本这一立法底线。故“法定代表人”越权作出的《郑重声明》自然无法体现公司意志，应依据《公函》来判定公司的真实意思表示，由此判断被告是否存在违约行为。另外，本案中“法定代表人”虽未进行工商变更，但公司已经进入“清算”这一非正常经营状态，自不能以公司工商登记情况来认定公司意志。作为商主体，在发生商行为时，是否对公司经营状况进行了尽职调查亦应属于其“善意”认定的一部分。最后，“公司决议”是最能体现公司意志的。所以当需判断公司重大决策事项，相对方是否为“善意”，在有公司决议的情况下，“人”“章”都只能作为参考，不能简单地“看人不看章”或“看章不看人”。

另需指出，“善意相对人”的认定直接影响公司内外关系的正确处理，结合《中华人民共和国民法典》的相关规定，笔者认为应注意以下处理原则：一是法定代表人因执行职务造成他人损害，应由法人承担责任，法人承担责任后，有权再追究法定代表人的责任；二是法人章程或者法人权力机构对法定代表人代表权的限制，不得对抗善意相对人；三是营利法人的权力机构、执行机构决议被撤销后，不能对抗善意债权人；四是捐助人等利害关系人或者主管机关可以请求人民法院撤销违法违规决议，但是不能请求撤销依据该决议与善意相对人形成的民事法律关系；五是仅有违反法律、行政法规效力性强制规定的民事法律行为无效，公司内部行为无效并不必然导致外部行为的无效。

编写人：北京市西城区人民法院　赵琳

002　金融不良债权受让后的计息规则

——代理公司诉技术公司借款合同案

【案件基本信息】

1. 裁判书字号

北京市高级人民法院（2020）京民终257号民事判决书

2. 案由：借款合同纠纷

3. 当事人

原告（被上诉人）：代理公司

被告（上诉人）：技术公司

【基本案情】

1996年至1997年，某银行营业部向房地产公司借款2笔共计2000万元，并通过两份《借款合同》约定了利息等，技术公司（当时为全民所有制企业，2002年改制为有限责任公司）为上述借款提供担保，连带承担偿还本息等。2000年6月20日，某银行营业部、甲公司北京办事处、房地产公司、技术公司签订《债权转让协议》，约定某银行营业部将其至2000年3月20日在上述借款合同项下的全部未受清偿债权转让给甲公司北京办事处。截至

2001 年 12 月，房地产公司累计还息 163 万元，其余本息未偿还，技术公司未履行保证责任。北京市第一中级人民法院作出民事判决，判令房地产公司于判决生效后 10 日内偿还甲公司北京办事处借款本金 1837 万元及利息，技术公司对上述款项承担连带责任保证等。

2006 年 9 月 12 日，甲公司北京办事处向担保公司转让资产包清单所列示的各项资产，其中债权部分为截至基准日的主债权、从权利以及由此转化的其他相关权益。包括案涉对房地产公司的本金 1837 万元、利息 561.98 万元，转让基准日为 2006 年 7 月 17 日。2007 年 3 月 19 日，担保公司向乙公司出售债权，包括案涉对房地产公司的主债权及相应从权利本息合计 2398.98 万元，本金 1837 万元。2007 年 10 月 8 日，乙公司约定向代理公司出售债权，包括案涉对房地产公司本金为 1837 万元的债权。同年 11 月 8 日，担保公司、乙公司、代理公司发布公告称，担保公司、乙公司将公告载明的债务人（借款人）、保证人的债权及担保从权利转让给代理公司，债务人应立即向代理公司清偿本金及相应利息；保证人应立即履行连带责任保证，清偿债务本息。其中包含案涉对房地产公司本金为 1837 万元的债权。2009 年 4 月，北京市第一中级人民法院裁定将民事判决确定的债权人变更为代理公司。技术公司进入强制清算程序后，清算组认为代理公司剩余债权为 0 元，并未予重新核定。

【案件焦点】

1. 代理公司有权主张的利息范围；2. 本案是否应适用《关于审理涉及金融不良债权转让案件工作座谈会纪要》（以下简称《海南会

议纪要》)；3. 涉案债权利息的计算及数额。

【法院裁判要旨】

北京市第一中级人民法院经审理认为：1. 代理公司有权主张债权本金及利息。乙公司、担保公司、代理公司发布的债权转让公告中已明确债务人应向代理公司清偿相应利息，保证人亦应清偿债务本息。同时民事判决确定的债权人变更为代理公司。代理公司有权主张迟延履行期间的债务利息。迟延履行期间的债务利息是一种法定的惩罚措施，被执行人未按期履行生效文书确定的给付义务的，即应支付迟延履行期间的债务利息。本案中，民事判决已经发生法律效力，虽然该判决书中未写明迟延履行期间的债务利息，但代理公司仍有权主张。

2.《海南会议纪要》第九条规定，利息计算截止日为受让日。本案中，涉案债权的产生及确定均在《海南会议纪要》发布之前，故债权利息应当计算至 2009 年 3 月 30 日。在诉争利息的具体数额上，根据双方确认的计算方式和计算结果，按照 1837 万元的借款本金，计算至 2009 年 3 月 30 日，利息应为 17962997 元，上述利息加债权本金、案件受理费及保全费，并扣除代理公司已经受偿的部分，代理公司剩余债权数额应为 7759503 元。

综上，北京市第一中级人民法院依照《中华人民共和国合同法》第二百零七条，《中华人民共和国担保法》第十八条，《中华人民共和国民事诉讼法》第二百五十三条规定，判决：

一、确认代理公司对技术公司享有债权 7759503 元；

二、驳回代理公司的其他诉讼请求。

技术公司不服一审判决，提起上诉。

北京市高级人民法院经审理同意一审法院裁判意见，依照《中华人民共和国民事诉讼法》第一百六十九条第一款、第一百七十条第一款第一项规定，判决：

驳回上诉，维持原判。

【法官后语】

本案涉及主要问题为金融不良债权受让后应如何计息。

一、《海南会议纪要》的适用范围

金融不良债权转让产生于一定的历史时期，在金融不良债权转让后，受让人是否可以继续按照原有计息规则收取利息罚息等在实践中产生争议，最高人民法院为此专门出台《海南会议纪要》及其一系列规定进行规范。针对一笔金融不良债权是否适用《海南会议纪要》，需要考虑以下三个要素。

1. 转让受让主体和最初转让时间。《海南会议纪要》所适用的不良债权转让分为政策性不良债权和商业性不良债权。这两类不良债权各有其特殊的转让时间和转让受让主体：政策性不良债权的转让时间是1999年至2000年，转让主体为中国银行、中国农业银行、中国建设银行、中国工商银行以及国家开发银行，受让主体为四家金融资产管理公司。商业性不良债权转让时间是2004年至2005年，但《〈关于审理上市公司破产重整案件工作座谈会纪要〉的理解与适用》[①] 也提出转让主体不限于交通银行、中国银行、中国建设银行和中国工商银行等商业银行。

2. 债务人类型。从《海南会议纪要》规定条文看出，其所规范

① 宋晓明、张勇健、赵柯：《〈关于审理上市公司破产重整案件工作座谈会纪要〉的理解与适用》，载《人民司法》2013年第1期。

的系债务人为国有企业的案件。但是，在当时历史背景下，所转让的不良债权不仅包括国有企业债务人，还包括非国有企业债务人。《〈关于审理上市公司破产重整案件工作座谈会纪要〉的理解与适用》在谈到对不良债权转让合同认定无效的理解时指出，债务人为非国有企业的，亦应按照规则处理。所以不良债权的债务人可以是国有企业也可以是非国有企业。

3. 适用程序阶段。《海南会议纪要》规定，仅适用于在发布之后尚在一审或者二审阶段的案件。因此，涉案债权纠纷在一审、二审阶段均应适用《海南会议纪要》之规定。

二、停止计息的时间确定

结合《海南会议纪要》第九条规定，对于适用《海南会议纪要》的金融不良债权，受让日在发布日前的，利息停止计算时间为受让日；受让日在发布日后的，利息停止计算时间为发布日。一方面，考虑到受让人基于利益信赖原则，在受让人受让时对所受让债权的利息是有独特期待的。另一方面，不良债权转让价格往往过低，如果无限期计算利息，将导致成本收益有不合理差距。

三、收取的利息是否包括复利

在金融不良债权转让过程中，最初的金融借款合同往往载有计收复利的规定，并且还会有法院生效判决予以确认。《中华人民共和国民法典》第五百四十七条第一款规定，债权人转让债权的，受让人取得与债权有关的从权利，但是该从权利专属于债权人自身的除外。根据中国人民银行《人民币利率管理规定》，金融机构有权计收复利。因此，计收复利的权利专属于商业银行和金融资产管理公司等金融机构。即便在金融不良债权转让时，明确约定受让人可以计收复利，或者受让人取得规定计收复利的生效法律文书权利，非金融机构的不良债权受让人也无权向债务人计收复利。

编写人：北京市第一中级人民法院　邹明宇　孙立尧

003 从《中华人民共和国民法典》的立法导向看债务加入与债务转移的本质区别

——尹某诉甲公司、乙公司借款合同案

【案件基本信息】

1. 裁判书字号

北京市丰台区人民法院（2020）京 0106 民初 16131 号民事判决书

2. 案由：借款合同纠纷

3. 当事人

原告：尹某

被告：甲公司、乙公司

【基本案情】

尹某与投资公司、甲投资中心（有限合伙）签订《合伙协议》，确认尹某出资 100 万元，基金预期每年收益率不低于 13%。后尹某与投资公司签订《合伙企业财产份额转让协议》，约定投资公司购买尹某的合伙份额并支付尹某转让价款及分红共 106.5 万元。投资公司与案外人乙投资中心等四中心签订一号协议书确认乙投资中心等四中心以 120 万元价格共同购买《合伙企业财产份额转让协议》中投资公司以 100 万元收购的尹某的合伙份额。乙投资中心等四中心与尹某签订《应收账款转让协议》，投资公司与尹某签订二号协议书共同确认乙投资中心等四中心将己方对甲公司享有的120万元债权转让给尹某。后乙投资中心等四中心共同向甲公司出具《应收账款转让通知书》。2015年4月3日，尹某与甲公司、乙公司签订《还款协议》，约定甲公司向尹某偿还乙投资中心等四中心对其享有的120万元债权，并支付相应的利息，乙公司自愿为该笔债务提供房产进行担保。此后甲公司、乙公司的法定代表人王某向尹某偿还20万元。

2015年1月29日，尹某将投资公司、甲投资中心诉至法院，要求其偿还欠款。后各方达成调解，北京市丰台区人民法院于2015年4月23日出具民事调解书。但因投资公司及甲投资中心未履行调解书，尹某向法院申请强制执行，执行到位部分案款后，因未能查询到其他财产可供执行，法院裁定终结本次执行程序。

【案件焦点】

1. 本案诉讼是否构成重复起诉；2. 如果不构成重复起诉，受偿的款项金额应当如何认定。

【法院裁判要旨】

北京市丰台区人民法院经审理认为：首先，（2015）丰民（商）初字第048××号案件与本案不仅诉讼主体不同，所依据的事实基础亦不相同。其次，从债权转让的过程可知，尹某的上述债权虽不断发生变化，但其对甲公司的债权经合法转让并最终获得，且经双方书面确认，故合法有效。而投资公司虽然最初转移了债务，但在明知甲公司已经受让债务的情况下，仍然与尹某达成调解协议，表明其愿意继续承担对尹某的债务清偿责任，应当认定投资公司与甲公司均负有还款义务。综上，尹某就《还款协议》提起本案诉讼，形式上不构成重复起诉，实质上不构成重复受偿，而是投资公司以债务加入的方式承担共同还款责任，应当就其承诺的还款金额承担各自对应的还款义务，但尹某的受偿金额不应超过其债权总额。两案中任何一方的付款都应当减轻其他各方所负的债务责任，直至还款金额承诺最高的一方还清为止。

综上，北京市丰台区人民法院依据《中华人民共和国合同法》第二百零六条、第二百零七条，《中华人民共和国担保法》第三十三条、第四十一条，《中华人民共和国民事诉讼法》第六十四条第一款，《最高人民法院关于审理民间借贷案件适用法律若干问题的规定》第二十六条，《最高人民法院关于适用〈中华人民共和国合同法〉若干问题的解释（二）》第二十一条规定，判决：

一、甲公司于本判决生效之日起十日内向尹某偿还债务本金100万元；

二、甲公司于本判决生效之日起十日内向尹某偿还利息（以100万元为基数，自2015年3月23日至2015年7月31日，按照年利率13%标准计算）、逾期付款违约金（以100万元为基数，自2015年8月1日至实际付清之日，按照年利率24%标准计算）；

三、乙公司于本判决生效之日起十日内协助尹某就其房产办理抵押登记，将尹某登记为抵押权人；

四、投资公司、甲投资中心在（2015）丰民（商）初字第048××号案件执行过程中对尹某的还款，与本案甲公司、乙公司的还款相互抵扣，总额不超过各自所应承担的债务本金及利息、违约金；尹某所受偿的全部债权总额本金以不超过120万元为限，利息、违约金以不超过两案中所确定的最高额者为限；

五、驳回尹某的其他诉讼请求。

判决后，双方当事人均未上诉，本判决现已生效。

【法官后语】

本案的核心问题为前诉确定的还款义务与本案被告的还款义务是否冲突，即原告与前诉被告达成调解协议是否产生对本案被告债务免除的法律效果。这是债的承担在司法实践中一直容易混淆的两个问题，即债务加入与债务转移。

从法律后果与功能价值上看，债务加入是并存的债务承担，与债务转移存在本质不同。因债务人的还款能力和信赖程度等因素对债权的实现有关键影响，债权人在债务转移中承担了更大的风险。但是债务加入本质上是增加一个新的债务人来保障债权实现，债权人的债权实现不但未受到减损，反而可能有所增益，无须以债权人同意为前提。《中华人民共和国民法典》第五百五十二条增设关于债务加入的规定，即采纳了这一观点，并明确债务加入虽不需要债权人同意，但其弥补了立法上的漏洞，也为司法实践提供了明确依据。

在债务转移与债务加入的意思表示不明确时，如何区分债务转移与债务加入？从《中华人民共和国民法典》的立法导向角度看，债务加入比债务转移更有利于保护债权人利益，考虑到债权人对债务人资金能力与履行能力的信赖，从保护债权人利益的价值出发，债务人不应轻易地从原债务中脱离。在明确了这一价值导向的基础上，认定二者非此即彼时仍不能僵化处理，应当重点审查在第三人作出履行债务承诺的意思表示时，债权人是否明确同意债务人免除履行债务的义务。如果第三人作出履行债务的意思表示，债权人虽接受第三人履行债务，但未明确表示统一债务人脱离债权债务关系，即应当认定第三人的行为构成债务加入，并不免除债务人履行债务的义务。

综上，本案即是此种情形，第三人虽通过达成调解书的形式作出承诺履行债务的意思表示，但在债权人未明确表示免除债务人债务时，债务人与第三人应当共同向债权人承担履行债务的义务。

编写人：北京市丰台区人民法院　尚飘　徐冲

004 贷款人违反设立目的或内部规章制度订立合同的效力认定

——某银行诉甲公司等金融借款合同案

【案件基本信息】

1. 裁判书字号

北京市第二中级人民法院（2020）京 02 民终 8546 号民事判决书

2. 案由：金融借款合同纠纷

3. 当事人

原告（被上诉人）：某银行

被告（上诉人）：甲公司

被告：乙公司、丙公司

【基本案情】

2010年7月6日，某银行与乙公司签订《借款合同》，合同尾部签章处，崔某以乙公司法定代表人身份签字并加盖公司公章。甲公司出具的股东会决议载明股东会一致同意甲公司为乙公司提供连带责任担保的决议。该决议加盖了甲公司公章，全体股东签字处有崔某、钟某的签字。后某银行与乙公司、甲公司共同签署补充协议，将还款计划进行了调整。2010年7月7日，某银行分别与甲公司、丙公司签订《保证合同》，两份合同约定甲公司、丙公司为某银行与乙公司在2010年7月6日签署的《借款合同》项下的债务提供连带责任保证担保。

某银行按照约定向乙公司放款，乙公司自2010年9月21日起对案涉贷款本息进行还款，一直还款至2017年9月21日。之后，乙公司未有任何新的还款。

案涉《借款合同》签署时，乙公司的法定代表人为崔某，2016年2月24日，该公司的法定代表人变更为金某。案涉《保证合同》签署时，甲公司的法定代表人为崔某，股东共2人即崔某和钟某，现崔某仍为该公司法定代表人。

【案件焦点】

双方签订的《借款合同》和《保证合同》的效力。

【法院裁判要旨】

北京市西城区人民法院经审理认为：当事人依法享有自愿订立合同的权利，任何单位和个人不得非法干预，依法成立的合同，对当事人具有法律约束力，受法律保护。当事人行使权利、履行义务应当遵循诚实信用原则。某银行与乙公司签署的《借款合同》，未违反国家法律、行政法规的强制性规定。此后，某银行依约向乙公司发放贷款，乙公司根据合同之约定还款，以上情形足以证明《借款合同》系某银行与乙公司之间的真实意思表示，故《借款合同》系有效合同。后乙公司未再还款，已构成违约，应当承担相应的违约责任，某银行要求其偿还借款本金、利息、罚息、复利的诉讼请求，法院予以支持。

北京市西城区人民法院依照《中华人民共和国合同法》第四条、第六条、第八条、第三十二条、第五十条、第六十条、第二百零五条、第二百零六条、第二百零七条，《中华人民共和国担保法》第六条、第十八条、第二十一条、第三十一条，《中华人民共和国民事诉讼法》第六十四条第一款规定，判决：

一、乙公司于判决生效之日起十日内向某银行偿还截至2018年4月24日的欠款共计15223321.67元，以及自2018年4月25日起至实际清偿之日止的利息、罚息、复利（按《借款合同》约定的标准结算）；

二、甲公司、丙公司对判决第一项确定的乙公司的债务承担连带清偿责任；

三、甲公司、丙公司清偿连带责任后，有权在其清偿范围内向乙公司追偿。

甲公司不服一审判决，提起上诉。

北京市第二中级人民法院经审理认为：合同签订后，除存在法定无效情形外，应认定为有效。甲公司上诉称某银行的借款行为违反某银行《进口信贷固定资产贷款管理办法》及其操作规程的强制性要求，亦不符合其在《借款合同》中设置的放款条件，但《进口信贷固定资产贷款管理办法》及其操作规程并非效力性强制性规定，某银行是否违反上述规定发放贷款，均不影响涉案《借款合同》的效力。至于贷款发放是否符合《借款合同》中约定的先决条件，系合同履行问题，与合同效力无涉。《借款合同》系各方当事人真实意思表示，未违反国家法律、行政法规的强制性规定，系有效合同。涉案《保证合同》作为《借款合同》的从合同，因不存在法定无效情形，亦为有效协议。

盖章与签字具有同等效力，均系对书面形式的意思表示的确认。对自然人而言，签字与加盖私章都由其完成，二者具有同等效力。但公司是组织体，需要特定自然人的签字或盖章才能实现其意志。而该自然人也是独立的法律主体，在此情况下，确定该自然人的行为是其自身的行为还是代表公司从事的行为就至关重要，自然人在合同书加盖公章的行为，即表明该行为系职务行为而非个人行为，应由公司承担法律后果，而从事职务行为的前提为，该自然人具有代表权或代理权。在我国当前法制下，公司的法定代表人以公司名义从事的行为，其后果原则上均由公司承受。本案中，某银行与甲公司的《保证合同》，在签署该合同之前，经过甲公司股东会决议讨论通过，在签署时经甲公司法定代表人崔某签字并加盖公章，即便该合同上加盖的公章非甲公司的真实公章，亦应由甲公司承担相应的法律后果。且在后续合同履行过程中，甲公司参与了借款合同的补充协议的签署，并曾就主合同项下债务进行代偿，在此情形下，甲公司主张《保证合同》无效的答辩意见，没有事实及法律依据，亦违背诚实信用之原则，不予支持。

北京市第二中级人民法院判决：

驳回上诉，维持原判。

【法官后语】

合同效力制度是合同法中的重要内容之一，其不仅是对当事人之间合意的法律评价，更是保证交易安全、促进交易效率的关键一环。本案中，一审法院主要以贷款人已依约放款，借款人前期已依约还款；贷款人在借款人未能提交财务报告的情况下放款的行为视为贷款人放弃合同权利；盖章与签字具有同等效力，均系对书面形式意思表示的确认，且保证人参与了主合同借款合同补充协议的签署，还曾就主合同项下债务进行代偿；补充协议将还款期限延期6个月系对债务人债务的减轻而非加重，且保证人甲公司也参与了签订补充协议四点观点，认为甲公司的答辩意见没有事实及法律依据，亦有违诚实信用之原则，不予采信。

二审法院主要以贷款人内部发放贷款的规章制度系非效力性强制性规定；在《借款合同》中设置的放款条件，系合同履行问题，与合同效力无涉；发放贷款时先决条件是否全部满足，不构成对借款合同主要条款的变更，亦未加重甲公司的担保责任三点观点，驳回甲公司的上诉，维持原判。

本案一、二审的观点和判决内容，暴露了市场经济下各方交易主体存在的关于合同效力认定的“误区”。无论是银行还是其他企事业主体，在设立时均会在相关政府部门登记经营或者活动范围，片面地认为超出经营或活动范围签订的合同即为无效合同，有违民事法律规范的诚实信用原则，也不符合当事人意思自治原则的要求。此外，银行或其他企事业主体超出经营或活动范围，从事一般的民事法律活动，应由相关监管部门监管或处理，而非对民事法律活动的相对人产生影响。当然，违反法律、行政法规的强制性规定或者违背公序良俗的除外。

本案中，贷款人违反合同中需要借款人达到一定条件才放款的约定，属于贷款人放弃合同权利，不影响借款合同的效力。但是，笔者认为，如果合同约定需要借款人达到一定条件，这对保证人提供保证是有影响的，可能会影响保证合同的效力，如加重了保证人的担保义务。显然，本案中贷款人在借款人未提交财务报告的情况下放款，并不会加重保证人的义务，因为保证人参与了借款合同的订立，对放款、还款的情况均是知情、认可的，不会对保证人提供保证有影响。

编写人：北京市西城区人民法院　时华亭

005　债权人不知情的，由名义借款人承担还款责任

——村镇银行诉宋某等金融借款合同案

【案件基本信息】

1. 裁判书字号

广西壮族自治区博白县人民法院（2020）桂0923民初1472号民事判决书

2. 案由：金融借款合同纠纷

3. 当事人

原告：村镇银行

被告：宋某、牟某、钟甲、农牧公司、吴某、钟乙

第三人：管理公司

【基本案情】

农牧公司为取得贷款，与宋某协商，由其向村镇银行借款70万元，还款付息的义务由农牧公司负责，宋某则可获得扶助资金等好处。2016年6月30日，村镇银行与宋某、牟某、钟甲、农牧公司、吴某、钟乙签订《个人借款/担保合同》。牟某、钟甲用其共有的房屋所有权为借款作抵押担保。该抵押物曾于2015年7月10日以债权400万元最高额抵押。借贷时，村镇银行与牟某、钟甲签订一份《抵/质押物品清单》对抵押物再次确认。农牧公司、吴某、钟乙为该笔贷款作连带责任保证，保证期间为合同签订之日起至借款人的债务履行期满之日起两年止。村镇银行于2016年7月1日将70万元贷款发放到宋某的账户。2016年7月24日，该款转至农牧公司的账户。借款期间，农牧公司、胡某、陆某的账户以转账方式支付贷款利息共计13687.76元。村镇银行未能收回本金70万元及相应的利息。

【案件焦点】

还款责任由名义借款人承担还是由实际借款人承担。

【法院裁判要旨】

广西壮族自治区博白县人民法院经审理认为：宋某、牟某、钟甲、农牧公司、吴某、钟乙对涉讼《个人借款/担保合同》上各自签名或盖章的真实性不提异议，法院确认该合同当事人真实可信。根据《中华人民共和国合同法》第三十二条的规定："当事人采用合同书形式订立合同的，自双方当事人签字或者盖章时合同成立。"该合同的签订虽可能存在欺诈行为，但依照《中华人民共和国合同法》

的规定，合同未被撤销的，村镇银行与宋某等之间仍产生相应的合同权利义务。农牧公司私下与宋某商谈，作出相应承诺，由宋某向村镇银行借款，该借款归农牧公司使用。宋某以其名义向村镇银行借款，签订借款合同，农牧公司以担保人身份与村镇银行签订连带责任担保合同，共同完善借款/担保合同的签订，设立了相应的权利义务。上述行为均为当事人的真实意思表示，不违反法律规定，为合法有效合同。村镇银行与宋某是借贷合同法律关系，村镇银行与农牧公司是担保合同法律关系，宋某与农牧公司对借款的使用是另一种合作关系。吴某、钟乙、牟某、钟甲、农牧公司应依约承担保证担保责任。

村镇银行已经向宋某发放借款本金 70 万元，事实清楚，证据充分。村镇银行与宋某等约定借款利息及其违约责任，不违反法律规定，当事人应当依约履行。宋某辩解农牧公司是实际用款人，应由农牧公司还款，以及钟乙辩解农牧公司是实际借款人，农牧公司同意作为借款人承担还款责任。本案借款人是宋某，农牧公司是担保人，农牧公司与宋某对借款的使用是另一民事行为，与本案无关。根据合同相对性原则，宋某、钟乙上述辩解不符合法律规定。

综上，广西壮族自治区博白县人民法院依照《中华人民共和国合同法》第三十二条、第二百零五条、第二百零六条、第二百零七条，《中华人民共和国担保法》第六条、第十八条、第二十一条、第四十六条、第五十三条、第五十九条，《中华人民共和国民事诉讼法》第一百四十四条规定，判决：

一、宋某返还借款本金 70 万元给村镇银行；

二、宋某支付借款利息给村镇银行（以 70 万元为基数，从 2016 年 7 月 1 日至 2017 年 6 月 24 日，按照月利率 3.625‰计算利息，罚息从2017年6月25日起，在借款执行月利率3.625‰基础上浮50%计算，复利按中国人民银行规定的计算，直至借款本息清偿完毕之日止，已支付的利息13687.76元，予以扣减）；

三、农牧公司、吴某、钟乙对上述第一项、第二项债务承担连带清偿责任；

四、村镇银行对牟某、钟甲用作借款抵押的房屋所有权享有抵押担保的优先受偿权。

判决后，双方当事人均未上诉，本判决现已生效。

【法官后语】

通常来说，实际借款人以名义借款人的名义实施借款的行为为借名借款。借名借款合同的效力如何认定，法律责任由谁承担？笔者结合本案以及相关法律规定，从以下几点对本案的借名借款行为进行探讨。

一、借名借款的含义

借名借款，是指实际借款人为取得借款以名义借款人的名义与第三人实施借款的行为。名义借款人为出名人，实际借款人为借名人，第三人为借款出借人。三方主体之间构成不同的法律关系。名义借款人与第三人之间形成借款合同关系，名义借款人与实际借款人之间往往会约定名义借款人与第三人的借款合同责任由实际借款人承担。

二、还款责任之主体

关于借名借款行为所产生的还款责任主体问题，实践中主要有两种可能。一种可能是名义借款人与第三人之间形成的是借款合同关系，根据合同相对性原则，还款责任主体为名义借款人，而名义借款人与实际借款人之间又形成独立的法律关系，此种独立法律关系不参与到借款合同关系的权利义务中。另一种可能是还款责任主体为实际借款人，或者由名义借款人和实际借款人共同承担还款责任。笔者认为，在认定还款责任主体之前，需要查清楚第三人对借名行为是否明知，如果第三人明知出名人与借名人的约定，明知出名人所借款项为借名人使用，可以认定还款责任由借名人承担，如果第三人不知借名借款的真相，其是出于出名人的信用而愿意与出名人成立借款合同关系，则根据合同相对性原则，应由出名人承担还款责任。

三、法律适用

对于借名借款行为没有专门的法律进行规定，《中华人民共和国民法典》第一百四十六条："行为人与相对人以虚假的意思表示实施的民事法律行为无效。以虚假的意思表示隐藏的民事法律行为的效力，依照有关法律规定处理。"为解决上述问题提供了指引。该条文从虚假表示和隐藏表示两个方面来对相应法律行为的效力进行界定，即通谋虚伪行为的效力。通谋虚伪行为，顾名思义需两方"合谋"虚伪，而单方的虚假表示则与通谋虚伪行为有所区别。通谋虚伪行为要求双方对虚伪行为明知且达成合意，单方虚假表示则要求一方不知悉或未达成虚伪意思的一致。对于借名借款行为来说，如果是出名人以自己的名义与出借人实施借款行为，那么，在审判实践中，应依据出借人对存在真意保留是否知情来判断，即形成以下法律效果：一是出借人对于借名借款行为明知，则构成通谋虚伪行为。虚假表示不是真实的意思表示，隐藏表示才是真实的意思表示。因此，在虚假表示掩盖下的隐藏表示，只要符合相应的法律规定就是合法有效的行为表示。出名人以自己的名义与出借人实施借款行为，实际借款人是借名人，三方对此明知，那么，出名人与出借人的借款行为是虚假表示，其所掩盖的是借名人与出借人借款合同关系的隐藏表示。根据《中华人民共和国民法典》第一百四十六条规定，虚假表示应认定无效，隐藏表示有效，还款责任主体为借名人。二是出借人对出名人与借名人的借名借款行为不知情，则出名人的行为应系单方的虚假表示，基于优先保护出借人的信赖利益，维护交易安全，出名人应承担偿还责任。

本案中，村镇银行不认可宋某为名义借款人，农牧公司为实际借款人，也没有证据证明村镇银行对此明知，因此，应认定村镇银行与宋某的借款合同成立，宋某应承担还款责任。宋某与农牧公司之间的借名借款的意思表示亦是其双方的真实意思表示，形成独立的法律关系，但不能对抗村镇银行与宋某之间借款合同的效力。

编写人：广西壮族自治区博白县人民法院　管青龙

006　夫妻关系存续期间共同债务的认定

——某银行诉张某、周某金融借款合同案

【案件基本信息】

1. 裁判书字号

北京市西城区人民法院（2020）京 0102 民初 15701 号民事判决书

2. 案由：金融借款合同纠纷

3. 当事人

原告：某银行

被告：张某、周某

【基本案情】

周某与张某原系夫妻关系，于2010年3月23日登记结婚，2017年10月10日协议离婚。2016年7月19日，某银行与张某签订了《个人消贷易授信额度及支用借款合同》，共同还款人处有“周某”字样的签字。2016年7月21日至2017年7月11日，张某通过消贷易卡消费分别形成42笔贷款，贷款期限均为5年。2018年1月10日起，张某未按合同约定偿还贷款。截至2020年5月7日，张某尚欠借款本金908797.21元，利息、罚息、复利205594.35元。

周某提供司法鉴定中心出具的《文书鉴定意见书》以及中国银行保险监督管理委员会北京监管局办公室出具的《关于对周某反映问题回复的函》。鉴定意见书载明，《个人消贷易授信额度及支用借款合同》以及《某银行个人贷款申请表》上“周某”签名笔迹与样本中周某签名笔迹不是同一人书写。回复函载明，某银行并未亲见周某本人作为共同还款人在相关文件上签字，未对贷款相关材料的真实性及共同还款人情况进行深入审核，未通过有效方式核查贷款支付是否符合约定用途，违反了《个人贷款管理暂行办法》（中国银监会令2010年第2号）第十三条、第三十四条的相关规定。某银行、张某对上述两份证据的真实性均不持异议。

【案件焦点】

周某未在《个人消贷易授信额度及支用借款合同》上签字，是否应承担共同还款责任。

【法院裁判要旨】

北京市西城区人民法院经审理认为：《最高人民法院关于审理涉

及夫妻债务纠纷案件适用法律有关问题的解释》第三条规定，夫妻一方在婚姻关系存续期间以个人名义超出家庭日常生活需要所负的债务，债权人以属于夫妻共同债务为由主张权利的，人民法院不予支持，但债权人能够证明该债务用于夫妻共同生活、共同生产经营或者基于夫妻双方共同意思表示的除外。案涉《个人消贷易授信额度及支用借款合同》上周某的签字并非本人所签，周某亦称其对借款事宜并不知晓，故上述借款合同应视为张某以个人名义与某银行所签订。该借款合同所涉借款金额远超家庭日常生活所需，某银行主张上述借款属于周某与张某的夫妻共同债务，应举证证明该债务用于夫妻共同生活、共同生产经营或者基于夫妻双方共同意思表示。某银行并未提供证据证明，故应承担举证不能的法律责任，其诉请判令周某承担共同还款责任，缺乏事实及法律依据，不予支持。

某银行与张某签订的借款合同，系双方当事人的真实意思表示，且未违反法律、行政法规的强制性规定，应为合法有效，各方均应按照约定履行相关义务。某银行依约发放贷款后，张某未按时足额清偿借款本息，其行为已构成违约，某银行根据合同约定要求张某偿还借款本金，并清偿相应利息、复利、罚息的诉讼请求，符合法律规定及合同约定，予以支持。关于某银行要求张某承担某银行已经实际支付的律师费的诉讼请求，符合双方所签合同约定，予以支持。

综上，北京市西城区人民法院依照《中华人民共和国合同法》第六十条第一款、第一百零七条、第一百九十六条、第二百零六条、第二百零七条，《中华人民共和国民事诉讼法》第六十四条第一款，《最高人民法院关于审理涉及夫妻债务纠纷案件适用法律有关问题的解释》第三条，《最高人民法院关于适用〈中华人民共和国民事诉讼法〉的解释》第九十条规定，判决：

一、张某于本判决生效后十日内偿还某银行贷款本金 908797.21 元及截至 2020 年 5 月 7 日的利息、罚息、复利 205594.35 元，并按照《个人消贷易授信额度及支用借款合同》约定的标准支付自 2020 年 5 月 8 日起至实际清偿之日止的利息、罚息、复利；

二、张某于本判决生效后十日内支付某银行律师费 19060 元；

三、驳回某银行的其他诉讼请求。

判决后，双方当事人均未上诉，本判决现已生效。

【法官后语】

本案争议的焦点在于夫妻共同债务的认定问题。在现有的法律体系和语境下，所谓“夫妻共同债务”，应当指夫妻作为共同债务人，以全部财产对该类债务承担连带责任。夫妻共同债务包括以下特征：第一，从发生时间上看，夫妻共同债务一般发生在夫妻关系存续期间，即从夫妻双方结婚之日至双方离婚之日的期间内。但是如果一方在婚前举债是为了今后的婚姻生活所用，也应认定为夫妻共同债务。第二，从发生原因看，夫妻共同债务的形成一般包括生活性债务和经营性债务两大类。生活性债务主要是夫妻双方为了维持家庭生活的需要所负的债务，如为共同生活、养育子女、赡养老人等；经营性债务是夫妻双方从事的为了增值共同财产的经营性活动形成的债务。第三，从债务性质看，夫妻财产关系除非有特别约定，是一种共同共有关系，从而决定了夫妻共同债务为连带责任，夫妻任何一方都负有对共同债务的全部给付义务。第四，从时间效力看，夫妻共同债务不因双方解除婚姻关系、一方死亡或者离婚时对共同财产作出约定而免除。可见，债务一旦被认定为夫妻共同债务，双方均负有全部清偿义务，即使双方解除了婚姻关系，在债务全部清偿前，也不能免除非举债方的偿还义务。

《中华人民共和国民法典》第一千零六十四条以及第一千零八十九条对夫妻共同债务认定的一般规则及离婚时的清偿原则作出明确规定。其中，第一千零六十四条为解决实践中争议较大的夫妻共同债务问题提供了明确的法律依据，体现了平等保护债权人利益和夫妻双方利益，兼顾维护交易安全与婚姻家庭稳定的理念。

《中华人民共和国民法典》关于夫妻共同债务的认定规则主要分为三个层次：一是基于夫妻共同意思表示所负的债务；二是为家庭日常生活需要所负的债务；三是超出家庭日常生活需要所负的债务且债权人能证明该债务用于夫妻共同生活、共同生产经营或者基于夫妻双方共同意思表示。下面分别从司法适用方面加以说明：

1. 以夫妻双方共同签名或者未签名的一方事后追认等共同意思表示等方式所负的债务，即所谓“共债共签”制度。

夫妻双方共同签名的情形比较容易认定，而诉讼实践中的“事后追认”则存在多种形式，既包括明示追认也包括默示推定追认。明示追认一般是指非举债方在债务形成后，通过信件、电话、微信或者邮件等直接表达的方式确认该债务。默示推定追认是指通过非举债方事后的行为，推定其对于另一方的举债具有共同的意思表示。默示推定追认一般包括以下情形：一是共同偿还本金或利息；二是非举债方以提供账户等方式接受所借的款项；三是非举债方在离婚协议中确认该笔债务为夫妻共同债务；四是夫妻一方举债，另一方提供担保的。

2. 夫妻一方以个人名义为家庭日常生活需要所负的债务。

日常家事代理是认定上述情形下所负债务为夫妻共同债务的根

据。此类债务主要是日常家事代理范畴所负的债务，为夫妻共同生活过程中产生，以婚姻关系为基础，一般包括正常的生活费、子女抚养教育费、老人赡养费、家庭成员的医疗费、购买电器费、装修支出费等，是最典型的夫妻共同债务，夫妻双方应当共同承担连带清偿责任。

3. 夫妻一方在婚姻关系存续期间以个人名义超出家庭日常生活需要所负的债务，不属于夫妻共同债务，但债权人能证明该债务用于夫妻共同生活、共同生产经营或者基于夫妻双方共同意思表示的除外。

婚姻关系存续期间，夫妻除因行使日常家事代理权形成日常家事代理债务外，还会与第三人形成其他债权债务关系，如大额借贷、赠与、不动产买卖等。为保护未举债的配偶一方合法权益，法律明确规定此种情形下所负债务原则上不属于夫妻共同债务。将举证责任科以债权人，以倒逼债权人在建立债权债务关系时尽到审慎的注意义务，也能够最大限度避免夫妻一方与债权人恶意串通损害另一方合法权益的情形。

本案中，作为借款依据的《个人消贷易授信额度及支用借款合同》上虽有周某的签名，但在借款使用人张某认可系其代签，周某不知情，且鉴定意见认定该合同上的签名与周某笔迹不一致的情况下，上述借款实际上系张某单方向某银行所借款项。在借款金额明显超过家庭日常生活需要的情况下，某银行应履行证明上述借款用于夫妻共同生活、共同生产经营的举证责任，在其举证不能的情况下，根据证据规则，应由某银行承担相应的法律后果，故判决认定该债务为张某个人债务，驳回某银行要求周某就张某的上述债务承担共同还款责任的诉求。

编写人：北京市西城区人民法院　李彦周

007 为公司实际控制人控制的其他企业提供担保应属关联担保

——咨询公司诉传媒公司等保理合同案

【案件基本信息】

1. 裁判书字号

上海金融法院（2020）沪74民终289号民事判决书

2. 案由：保理合同纠纷

3. 当事人

原告（被上诉人）：咨询公司

被告（上诉人）：传媒公司

被告：信息技术公司、赖某

【基本案情】

2018年10月29日，咨询公司（甲方、应收账款受让方）与信息技术公司（乙方、应收账款转让方）、传媒公司（丙1、担保人1）、赖某（丙2、担保人2）签订了《商业保理合同》。该合同主要约定，乙方将其对商务合同买方享有的尚未到期的应收账款债权转让给甲方，甲方向乙方支付本合同约定的受让价款受让该债权。甲方同意为乙方提供“有追索权循环额度隐蔽国内保理服务”，丙方同意为乙方在本合同项下应承担的义务承担无限连带责任保证。其中第五章担保事宜第十四条载明：“丙方系乙方实际控制人，若乙、丙方情况变化可能影响甲方，丙方应及时通知甲方。”据传媒公司2017年年度报告显示，传媒公司的最终控制方是赖某。

同日，传媒公司、赖某分别向咨询公司出具《担保函》，承诺对应收账款转让方履行《商业保理合同》义务承担无限连带担保责任。传媒公司向咨询公司提供了一份董事会决议，该决议载明：同意对咨询公司与信息技术公司订立的《商业保理合同》项下针对信息技术公司需向咨询公司支付的所有应收账款回购款，已到期、未到期资金占用费，逾期违约金及咨询公司为实现其上述权益发生的所有费用承担无限连带责任保证。传媒公司5名董事会成员在该决议上签名确认。

上述合同签订后，咨询公司向信息技术公司支付了5500万元的保理融资款。

后因信息技术公司未归还保理融资款，咨询公司起诉请求判令信息技术公司归还本息5655万元并支付罚息及律师费用损失等，请求判令传媒公司和赖某对前述债务承担连带清偿责任。

【案件焦点】

1. 传媒公司签署的《担保函》是否有效；2. 传媒公司是否应当承担相应的民事责任。

【法院裁判要旨】

上海市嘉定区人民法院经审理认为：根据现有公示的工商信息，传媒公司与信息技术公司并不存在关联关系。因此，根据《中华人民共和国公司法》第十六条、传媒公司章程第一百一十条之规定，传媒公司对外担保事项经出席董事会会议的三分之二以上董事同意即可。现传媒公司9名董事会成员中已有出席会议的5名董事会成员在董事会决议上签名，符合传媒公司章程规定。因此，《担保函》合法有效。

咨询公司以该决议证明其在订立《商业保理合同》《商业保理合同之补充协议》时已尽到了审查义务，传媒公司应承担担保责任。综上，判决传媒公司、赖某对信息技术公司的付款义务承担连带责任保证。

据此，上海市嘉定区人民法院依照《中华人民共和国合同法》第六十条第一款、第一百零七条、第一百一十四条第一款，《中华人民共和国担保法》第十八条、第二十一条、第三十一条，《中华人民共和国民事诉讼法》第一百四十四条规定，判决：

一、信息技术公司应于判决生效之日起十日内返还咨询公司融资本金5500万元并偿付资金占用费1542465.75元，合计56542465.75元；

二、信息技术公司应于判决生效之日起十日内偿付咨询公司以56542465.75元为基数，自2019年2月6日起至实际清偿之日止，按日利率万分之五计算的逾期付款违约金；

三、信息技术公司应于判决生效之日起十日内偿付咨询公司律师费30万元；

四、信息技术公司应于判决生效之日起十日内偿付咨询公司诉讼保全保险费45040元；

五、传媒公司、赖某对信息技术公司的上述一至四项付款义务承担连带责任保证，传媒公司、赖某履行了保证责任后，有权向信息技术公司追偿。

传媒公司不服一审判决，提起上诉。

上海金融法院经审理认为：传媒公司签署的《担保函》是否有效，需要从该担保事项是否属于关联担保，咨询公司接受《担保函》时是否属善意两个方面考虑。

第一，关于本案担保是否属于关联担保的问题。根据《中华人民共和国公司法》第十六条规定，公司为股东、实际控制人提供担保的，需要股东会或股东大会决议通过。本案中，据传媒公司年度报告显示，传媒公司的实际控制人为赖某，据《商业保理合同》载明，各方均确认，丙方（传媒公司及赖某）为信息技术公司的实际控制人。由此可知，赖某实际控制了传媒公司与信息技术公司，故案涉担保是传媒公司为其实际控制人赖某所控制的另一家公司提供担保。根据上述法条的立法目的和精神，应认定本案担保亦属法律规定的“公司为公司股东或者实际控制人提供担保的，必须经股东会或股东大会决议”的关联担保情形。传媒公司法定代表人未经公司股东大会决议通过，擅自签署《担保函》，属于公司法定代表人超越权限订立合同的行为。

第二，咨询公司在接受《担保函》时是否为善意相对人的问题。咨询公司是《商业保理合同》的签约当事人，该合同明确载明，丙方（传媒公司及赖某）为债务人信息技术公司的实际控制人。因此，咨询公司对债务人及担保人之间的股权或控制关系应属明知，也应当意识到传媒公司提供本案担保可能系受其实际控制人赖某的控制，更应对传媒公司的内部有效决议做审慎审查。上市公司作为公众公司，其公司章程、重大经营信息等均依法公开，其关联担保等重大经营行为还受证券监管部门诸多规章或规范性文件的约束，相对人可以通过很低的交易成本了解到上市公司法定代表人的权限以及公司股东大会的重大决议事项，咨询公司作为金融机构，对此更具备专业的审查能力。咨询公司未提供有效的证据证明其对《担保函》经过传媒公司股东大会决议进行了审查，未尽到应尽的注意义务，不属于善意相对人。

综上，上海金融法院依照《中华人民共和国公司法》第十六条，《中华人民共和国合同法》第五十条，《最高人民法院关于适用〈中华人民共和国担保法〉若干问题的解释》第七条、第四十二条，《中华人民共和国民事诉讼法》第一百七十条第一款第二项规定，判决：

一、维持上海市嘉定区人民法院民事判决第一项至第四项；

二、变更上海市嘉定区人民法院民事判决第五项为：传媒公司对信息技术公司的上述第一项至第四项付款义务不能清偿部分的二分之一承担赔偿责任，传媒公司承担赔偿责任后，可以向信息技术公司追偿；

三、驳回传媒公司的其余上诉请求。

【法官后语】

一、为公司实际控制人控制的其他企业提供担保应属关联担保

《中华人民共和国公司法》第十六条第二款规定，公司为公司股东或者实际控制人提供担保的，必须经股东会或股东大会决议。这一规定的立法精神在于避免大股东或实际控制人为了自身利益操纵公司，进行利益输送，损害公司利益和广大中小股东利益。《中华人民共和国公司法》第十六条第三款更是进一步规定了公司关联担保中相关股东或实际控制人的回避表决制度，体现了重视中小股东利益保护的精神。

但是，为实际控制人控制的其他企业提供担保，是否属于关联担保，对此，如果公司不是为股东或者实际控制人提供担保，而是为股东或者实际控制人所控制的公司提供担保，根据《中华人民共和国公司法》第十六条的立法目的，应理解为关联担保为宜，否则就无法避免大股东或者实际控制人通过公司担保损害中小股东的利益。主要理由如下：

第一，符合《中华人民共和国公司法》保护中小股东利益的立法精神。如果认为《中华人民共和国公司法》第十六条第二款所规

定的关联担保不包括为公司实际控制人控制的其他公司提供担保，则该担保事项仅需公司董事会决议即可通过。考虑到实际控制人对公司董事会具有相当影响力，如此解释相当于允许公司实际控制人通过设立空壳公司后，再让公司为该空壳公司提供担保的方式，向实际控制人本人或其他主体进行利益输送，损害中小股东权益，与该条款的立法初衷背离。

第二，实际控制人控制的其他公司与提供担保的公司之间存在客观关联性。实际控制人控制的其他公司、提供担保的公司背后的主体均是实际控制人，二者在穿透多层股权结构和复杂的协议安排后已经通过实际控制人具备了关联关系，而且该关联关系完全处于实际控制人的控制之中。如果公司为实际控制人控制的其他公司提供担保，不被认为是关联担保，既可能对中小股东利益造成损害，也不利于对债权人的保护。

第三，有利于统一裁判尺度。对此问题，当前我国并无法律或司法解释作出明确规定。为避免审判实务中出现"同案不同判"的情形，有必要明确公司为实际控制人控制的其他公司提供担保的，属于关联担保，须经股东会或股东大会决议通过。如此，有利于统一人民法院裁判尺度，保护中小股东利益，为优化我国营商环境做出审判贡献。

二、接受担保方需审查上市公司公告方能认定为"善意"

《中华人民共和国合同法》第五十条规定："法人或者其他组织的法定代表人、负责人超越权限订立的合同，除相对人知道或者应当知道其超越权限的以外，该代表行为有效。"这一制度设计在贯彻了商事交易外观主义原则的同时，也保障了善意第三人的合法权益，因此在《中华人民共和国民法典》中得到了继承，《中华人民共和国民法典》第五百零四条规定："法人的法定代表人或者非法人组织的负责人超越权限订立的合同，除相对人知道或者应当知道其超越权限外，该代表行为有效，订立的合同对法人或者非法人组织发生效力。”关于接受担保方是否属于善意的认定问题，《最高人民法院关于适用〈中华人民共和国民法典〉有关担保制度的解释》第七条第三款规定：“第一款所称善意，是指相对人在订立担保合同时不知道且不应当知道法定代表人超越权限。相对人有证据证明已对公司决议进行了合理审查，人民法院应当认定其构成善意，但是公司有证据证明相对人知道或者应当知道决议系伪造、变造的除外。”

本案中，系争《商业保理合同》中明确载明了丙方（传媒公司及赖某）为债务人信息技术公司的实际控制人。咨询公司作为金融机构，具备专业的审查能力，在对债务人信息技术公司及担保人传媒公司之间的股权或控制关系应属明知的情况下，更应对公司决议进行合理、审慎审查。且传媒公司作为上市公司，其重大经营事项均需对外公告。如果相对人未根据上市公司公开披露的关于担保事项已经董事会或者股东大会决议通过的信息，与上市公司订立担保合同，相关担保合同不对上市公司发生效力且上市公司不承担担保责任或赔偿责任。因咨询公司未提供有效的证据证明其对《担保函》经过传媒公司股东大会决议进行了审查，未尽到应尽的注意义务，故不属于善意相对人。

编写人：最高人民法院司法案例研究院与复旦大学联合培养实习生　宋志鹏

008 未经股东会决议，持有公司三分之二以上表决权的股东签字同意的担保合同对公司发生效力

——谷某诉投资管理公司等民间借贷案

【案件基本信息】

1. 裁判书字号

上海市第一中级人民法院（2021）沪01民终2683号民事判决书

2. 案由：民间借贷纠纷

3. 当事人

原告（上诉人）：谷某

被告（上诉人）：汪某、蔡某

被告（被上诉人）：投资管理公司、甲律师事务所等4家律师事务所、孙某等14人

【基本案情】

2016年10月18日，郭某、甲律师事务所、投资管理公司签订《借款合同书》，约定由郭某向甲律师事务所出借人民币600万元，借款期限为3年，由投资管理公司对借款承担连带担保责任。合同签章处有投资管理公司的签章和其法定代表人孙某的签名。

2018年8月23日，郭某、甲律师事务所、投资管理公司签订《补充协议》，再次明确由投资管理公司对还款承担连带担保责任，孙某在协议上签名。另，投资管理公司为有限责任公司，股东孙某、史某分别持股60%、40%，孙某为法定代表人。2018年6月12日，孙某持股比例变更为99.9%，史某持股比例变更为0.01%。

2018年10月10日郭某去世，谷某系郭某的女儿。

甲律师事务所为普通合伙企业，负责人为孙某，孙某为登记的合伙人之一。

【案件焦点】

未经公司股东会决议，持有公司三分之二以上表决权的股东签字同意的担保合同对公司是否发生效力。

【法院裁判要旨】

上海市浦东新区人民法院经审理认为：关于合同的性质。经查，郭某、甲律师事务所、投资管理公司签订的《借款合同书》对借款的金额、用途、期限、利息、违约责任等有明确的约定，且甲律师事务所按约定定期转账支付给郭某的钱款，在备注中明确写明为归还借款利息，故确认本案为民间借贷纠纷。

关于责任主体。首先，甲律师事务所是借款合同的借款人，且实际收到了郭某转账的600万元，在郭某按照合同约定履行付款义务后，甲律师事务所理应承担到期还本付息的义务。甲律师事务所为普通合伙企业，孙某、汪某、蔡某为合伙人，且三人均在《借款合同书》上签名，在甲律师事务所无法承担清偿责任时，应承担无限连带责任。其次，经查，投资管理公司系有限责任公司，孙某系投资管理公司的法定代表人和股东，在投资管理公司为孙某担任主任的甲律师事务所的借款进行担保时，按规定必须经投资管理公司股东会决议，未经股东会决议的，构成越权代表。本案中，谷某未能提供证据证明郭某在订立合同时对股东会决议进行了审查，故郭某在明知孙某超越权限的情况下，仍与其订立担保合同，担保应属无效。故谷某要求投资管理公司承担连带担保责任的诉请，法院不予支持。

据此，上海市浦东新区人民法院依照《中华人民共和国合同法》第一百九十六条、第二百零六条、第二百一十条、第二百一十一条，《中华人民共和国公司法》第十六条，《中华人民共和国律师法》第十五条第二款，《中华人民共和国合伙企业法》第二条第二款、第三十一条、第三十八条、第三十九条，《最高人民法院关于审理民间借贷案件适用法律若干问题的规定》第九条，《中华人民共和国民事诉讼法》第一百四十四条规定，判决：

一、甲律师事务所于判决生效之日起十五日内归还谷某借款本金600万元；

二、甲律师事务所于判决生效之日起十五日内支付谷某自2018年5月1日起至实际支付之日止，以600万元为基数，按照年利率24%计算的利息；

三、甲律师事务所于判决生效之日起十五日内支付谷某为实现债权而支出的费用30万元；

四、若甲律师事务所不能清偿上述第一项至第三项债务，则孙某、汪某、蔡某对上述第一项至第三项债务承担无限连带责任；

五、驳回谷某其余诉讼请求。

谷某、汪某、蔡某不服一审判决，提起上诉。

上海市第一中级人民法院经审理认为：投资管理公司在《借款合同书》上加盖公章，孙某作为投资管理公司的法定代表人亦在合同上签字。但现有证据并未显示郭某在合同订立时曾就投资管理公司的股东会决议进行过审查。法院二审中调取的投资管理公司工商档案中显示，2016年10月18日《借款合同书》签订时，孙某的持股比例为40%，但至2018年8月23日补充协议签订时，孙某在投资管理公司的持股比例已变更为99.99%。尽管郭某在签订《借款合同书》和补充协议时未审查投资管理公司的股东会决议，但孙某于2018年8月23日代表投资管理公司再次作出承担连带担保责任的意思表示时，其已经享有公司三分之二以上表决权。应该认为，投资管理公司对债务承担连带担保责任的意思表示真实，其担保应属有效，其应承担本案《借款合同书》项下的连带还款责任。一审对此认定有误，依法予以纠正。

据此，上海市第一中级人民法院依照《中华人民共和国民事诉讼法》第一百七十条第一款规定，判决：

一、维持上海市浦东新区人民法院民事判决第一项至第四项；

二、撤销上海市浦东新区人民法院民事判决第五项；

三、投资管理公司对甲律师事务所在本案项下应向谷某支付的款项承担连带还款责任；

四、驳回谷某的其余诉讼请求。

【法官后语】

公司对外担保是公司获得资金融通的路径之一，在非一人公司中，由法定代表人签字或加盖公章对外担保，势必对公司经营和股东利益带来风险。

一方面，考虑到公司为他人提供担保可能给公司财产带来较大的风险，根据《中华人民共和国公司法》第十六条第一款的规定，公司向其他企业投资或者为他人提供担保，依照公司章程的规定，由董事会或者股东会、股东大会决议。由此，将担保事务交由公司自主决定，以公司章程的制约或公司权力机构的决议来保障公司利益。同时，《中华人民共和国民法典》第六十一条第三款、第五百零四条在《中华人民共和国民法通则》和《中华人民共和国合同法》原有规定的基础上规定，法人章程或者法人权力机构对法定代表人代表权的限制，不得对抗善意相对人。法人的法定代表人或者非法人组织的负责人超越权限订立的合同，除相对人知道或者应当知道其超越权限外，该代表行为有效，订立的合同对法人或者非法人组织发生效力。针对公司法定代表人的越权担保行为，法律规定将相对人的善意与否作为衡量担保合同的效力的标准，以确保公司担保符合公司的真实意思，防止法定代表人损害公司利益。

另一方面，由于目前公司治理不规范，法定代表人越权担保的情形普遍存在，保护公司利益的同时，债权人的合法权益理应得到重视。据此，于 2019 年发布的《全国法院民商事审判工作会议纪要》第十九条规定，存在下列情形的，即便债权人知道或者应当知道没有公司机关决议，也应当认定担保合同符合公司的真实意思表示，合同有效：（1）公司是以为他人提供担保为主营业务的担保公司，或者是开展保函业务的银行或者非银行金融机构；（2）公司为其直接或者间接控制的公司开展经营活动向债权人提供担保；（3）公司与主债务人之间存在相互担保等商业合作关系；（4）担保合同系由单独或者共同持有公司三分之二以上有表决权的股东签字同意。随后，《最高人民法院关于适用〈中华人民共和国民法典〉有关担保制度的解释》第八条在沿袭上述规定的基础上，进一步从严限制例外情形。该条第一款规定："有下列情形之一，公司以其未依照公司法关于公司对外担保的规定作出决议为由主张不承担担保责任的，人民法院不予支持：（一）金融机构开立保函或者担保公司提供担保；（二）公司为其全资子公司开展经营活动提供担保；（三）担保合同系由单独或者共同持有公司三分之二以上对担保事项有表决权的股东签字同意。”其中，《最高人民法院关于适用〈中华人民共和国民法典〉有关担保制度的解释》第八条第一款第三项的内容大致继承了《全国法院民商事审判工作会议纪要》规定的情形，另将股东限定为对担保事项有表决权的股东。回溯《中华人民共和国公司法》第十六条的决议前置程序旨在确保为他人提供担保系公司的真实意思表示，而对于公司法定代表人所签字同意的担保合同，如果足以表明符合公司利益，可以认定公司具有对外提供担保的真实意思表示。在担保合同系由单独或者共同持有公司三分之二以上对担保事项有表决权的股东签字同意的情形下，体现大股东对公司的绝对控制权，以及资本多数决与风险担当的一致性，相对人有理由相信该行为符合股东会决议的结果，系公司的真实意思表示，因而无苛求相对人审查义务之必要。如果仅因公司就公司对外担保没有作出决议而否认担保合同的效力，不仅会扰乱现有稳定的公司交易关系，也容易滋长公司恶意逃避担责的道德风险。

因此，公司虽未就公司对外担保作出决议，但担保合同系由单独或者共同持有公司三分之二以上对担保事项有表决权的股东签字同意的情况下，公司仍应承担担保责任。

编写人：上海市第一中级人民法院　庞闻淙　杨莹

009 以订立买卖合同作为民间借贷担保应如何处理

——李某锁诉申某平等民间借贷案

【案件基本信息】

1. 裁判书字号

河南省安阳市中级人民法院（2020）豫05民终1732号民事判决书

2. 案由：民间借贷纠纷

3. 当事人

原告（上诉人）：李某锁

被告（被上诉人）：申某平、程某香、程某青

【基本案情】

2015年3月至2016年2月，程某香分四笔向李某锁借款共计80万元。其中，2015年3月17日，借款两笔金额分别为10万元和20万元，由程某香、程某青共同签名向李某锁出具借条，2015年5月10日，借款一笔30万元，由程某香签名出具借条，该三笔借款，口头约定利息为月息3分，借款时李某锁预先扣除了3个月的利息，之后程某香又偿还了3个月的利息；2016年2月23日，由程某香向李某锁出具借条一张，借款20万元，未约定利息。程某香向李某锁借款时，程某香与程某青系夫妻关系，申某平以其房产为上述借款提供担保，申某平向李某锁出具房产买卖合同和房款收据并交付钥匙，李某锁未实际占有使用该房屋，没有办理房屋过户登记，也未进行抵押登记。

【案件焦点】

涉案房产买卖合同的性质、效力认定及如何处理。

【法院裁判要旨】

河南省林州市人民法院经审理认为：程某香向李某锁借款四笔，双方之间形成民间借贷关系。李某锁在借款时预先扣除利息，应按照实际借款数额返还借款本金并计算利息。利息应按月息 3 分计算。程某香、程某青在前两笔借款借据上共同签名，应承担共同还款责任。另外两笔借款的借据上程某青未签字，李某锁也未提供证据证明该借款用于夫妻共同生活或经营，故程某青不应承担责任。李某锁与申某平之间的基础法律关系是民间借贷关系，申某平给李某锁出具的房产买卖合同，是对借款的抵押担保，因房产抵押并未进行登记，抵押权未设立，故李某锁诉请申某平在相应的房产价值范围内履行担保责任，证据不足，法院不予支持。

河南省林州市人民法院依照《中华人民共和国合同法》第一百零七条、第一百九十六条、第二百条、第二百零五条、第二百一十条，《最高人民法院关于审理民间借贷案件适用法律若干问题的规定》第二十六条，《中华人民共和国民事诉讼法》第六十四条规定，判决：

一、程某香、程某青于本判决生效后十日内偿还李某锁借款 273000 元及利息（利息自 2015 年 6 月 17 日起计算至还清之日止，按月息 2 分计算）；

二、程某香于本判决生效后十日内偿还李某锁借款 273000 元及利息（利息自 2015 年 8 月 10 日起计算至还清之日止，按月息 2 分计算）；

三、程某香于本判决生效后十日内偿还李某锁借款 20 万元；

四、驳回李某锁的其他诉求。

李某锁不服一审判决，提起上诉。

河南省安阳市中级人民法院经审理认为：程某香向李某锁借款四笔并出具借据，双方对借款事实、预先扣除利息及偿还部分利息均无异议，程某香应按照实际借款偿还本金及利息。后两笔借款的借条虽无程某青的签字，但借款发生在程某青与程某香夫妻婚姻关系存续期间，且用于双方在外承建工程，属于夫妻共同债务，双方应共同承担还款责任。2016 年 2 月 23 日借款 20 万元，未约定利息及借款期限，应自起诉之日即 2019 年 3 月 13 日起至借款清偿完毕之日止，按年利率 6%计算资金占用期间的利息。《最高人民法院关于审理民间借贷案件适用法律若干问题的规定》第二十四条规定，当事人以签订买卖合同作为民间借贷合同的担保，人民法院按照民间借贷法律关系审理作出的判决生效后，借款人不履行生效判决确定的金钱债务，出借人可以申请拍卖买卖合同标的物，以偿还债务。就拍卖所得的价款与应偿还借款本息之间的差额，借款人或者出借人有权主张返还或补偿。程某香、程某青向李某锁借款并出具借据，李某锁与申某平签订房产买卖合同，名为买卖实为借贷提供担保，双方形成让与担保法律关系。申某平应当以提供担保的房产价值为限承担责任，在借款人不能清偿债务时，李某锁可申请拍卖该房产买卖合同标的物，以偿还本案债务。综上，李某锁上诉请求理由部分成立，予以支持。

河南省安阳市中级人民法院依照《中华人民共和国合同法》第一百零七条、第一百九十六条、第二百条、第二百零五条、第二百一十条，《最高人民法院关于审理民间借贷案件适用法律若干问题的规定》第二十四条、第二十六条、第二十九条,《中华人民共和国民事诉讼法》第六十四条第一款、第一百七十条第一款第二项规定,判决:

一、撤销河南省林州市人民法院民事判决;

二、程某香、程某青于判决生效后十日内偿还李某锁借款273000元及利息(自2015年6月17日起至借款清偿完毕之日止按月息2分计算);

三、程某香、程某青于判决生效后十日内偿还李某锁借款273000元及利息(自2015年8月10日起至借款清偿完毕之日止按月息2分计算);

四、程某香、程某青于判决生效后十日内偿还李某锁借款20万元及利息(自2019年3月13日起至借款清偿完毕之日止按年利率6%计算);

五、程某香、程某青不履行本判决第二项至第四项所确定的债务时,李某锁可申请拍卖申某平的房产,以偿还上述债务;

六、驳回李某锁的其他诉讼请求。

【法官后语】

本案争议焦点为涉案房产买卖合同的性质、效力如何认定及如何处理。一审判决认定因房产抵押并未进行登记,抵押权未设立,而二审认定为双方签订的房产买卖合同系名为买卖实为借贷提供担保,双方形成让与担保法律关系。该认定差异在司法实务中具有一定的代表性。在《中华人民共和国民法典》(以下简称《民法典》)颁布之前,让与担保一直没有被纳入担保体系,但已在理论界和实务界得到广泛认可。司法实践中首次明确定义并承认让与担保法律效力的是2019年11月14日最高人民法院发布的《全国法院民商事审判工作会议纪要》（以下简称《九民会议纪要》），第七十一条规定："债务人或者第三人与债权人订立合同，约定将财产形式上转让至债权人名下，债务人到期清偿债务，债权人将该财产返还给债务人或第三人，债务人到期没有清偿债务，债权人可以对财产拍卖、变卖、折价偿还债权的，人民法院应当认定合同有效。合同如果约定债务人到期没有清偿债务，财产归债权人所有的，人民法院应当认定该部分约定无效，但不影响合同其他部分的效力。当事人根据上述合同约定，已经完成财产权利变动的公示方式转让至债权人名下，债务人到期没有清偿债务，债权人请求确认财产归其所有的，人民法院不予支持，但债权人请求参照法律关于担保物权的规定对财产拍卖、变卖、折价优先偿还其债权的，人民法院依法予以支持。债务人因到期没有清偿债务，请求对该财产拍卖、变卖、折价偿还所欠债权人合同项下债务的，人民法院亦应依法予以支持。"虽然《九民会议纪要》并非司法解释，不能作为法律依据引用，但是其为法院审理案件提供了指引。《九民会议纪要》第六十六条规定："当事人订立的具有担保功能的合同，不存在法定无效情形的，应当认定有效。虽然合同约定的权利义务关系不属于物权法规定的典型担保类型，但是其担保功能应予肯定。"《民法典》对动产和权利担保制度进行了"实质大修"，第三百八十八条第一款规定："设立担保物权，应当依照本法和其他法律的规定订立担保合同。担保合同包括抵押合同、质押合同和其他具有担保功能的合同……"据此，抵押合同、质押合同作为设立典型担保的合同，属于物权合同；该款同时在法律上确立了"具有担保功能的合同"的概念，所指向的是《民法典》合同编规定的能够发挥担保作用的债权合同。从体系解释的角度，第三百八十八条位于物权编，所以，该条款搭建了物权编与合同编的联系。2021 年 1 月 1 日施行的《最高人民法院关于适用〈中华人民共和国民法典〉有关担保制度的解释》（以下简称《民法典担保制度司法解释》）明确将所有权保留买卖、融资租赁、保理、让与担保等合同纳入“具有担保功能的合同”的范畴，“具有担保功能的合同”是物权合同，让与担保合同被纳入“具有担保功能的合同”，即应认为将让与担保纳入担保物权体系。《民法典担保制度司法解释》第六十八条对让与担保的认定及权利实现作出了详细规定。但在司法实践中，就让与担保的识别、效力认定以及权利实现程序尚存争议。

一、让与担保的内涵和识别

让与担保，是指债务人或者第三人为担保债务的履行，将标的物转移给他人，债务不履行时，他人可就标的物受偿的一种非典型担保。不同于典型担保中当事人对担保方式与责任范围的明确表达，让与担保从形式上通常表现为财产转让，与买卖合同极易混淆，对二者进行性质上的区分是必要的。

《民法典担保制度司法解释》第六十八条规定了“买卖转移标的物”和“本金加溢价款回购”两种具体表现形式，前者是指债务人不履行到期债务时，债权人有权对财产折价或者以拍卖、变卖该财产所得价款偿还债务的；后者是指财产转移至债权人名下的一定期间后再由债务人或者其指定的第三人以交易本金加上溢价款回购担保债权实现。对让与担保合同的识别，以商品房买卖合同为例，从目的来说，商品房买卖合同系以取得商品房所有权为目的，让与担保是以保障还款为目的；从金额来说，商品房买卖合同所约定的价款为房屋售价，以让与担保为目的的商品房买卖合同所约定的价款通常为借款本金（或借款本息）；从合同权利义务来说，商品房买卖合同买受人的权利为请求出卖人交付房屋、办理产权变更登记，让与担保合同出借人的权利为在借款人未按期偿还借款时以房屋价值清算受偿；从房屋是否交付使用来说，商品房买卖合同买受人以占有使用房屋为常态，让与担保合同借款人通常不实际占有使用房屋；从合同履行形态来说，商品房买卖合同一般以房屋办理产权登记为履行完毕，让与担保合同一般以借款清偿完毕为合同终止的表现形式。因此，应结合合同目的、合同内容、合同履行情况等来识别是买卖合同还是让与担保，其中，订立合同的目的是判断双方法律关系性质的关键。

本案中，李某锁与申某平签订房产买卖合同，从时间来看，买卖关系的成立与李某锁向程某香提供借款的时间一致；从金额来看，房屋售价与借款本息基本一致；从合同履行来看，申某平向李某锁出具房款收据并交付钥匙，但李某锁并未向申某平交付房款，也未实际占有使用该房屋、没有办理房屋过户登记。结合借据、房产买卖合同等证据综合分析，不能证明双方具有通过商品房买卖取得房屋所有权的目的，以买卖担保债权才是双方当事人的真实目的。

二、让与担保的效力认定

（一）关于让与担保效力认定的不同观点

在民间借贷的实践中，当事人通过签订房产买卖合同担保债权实现比较常见。针对此类让与担保的效力问题，司法实务中大致有三种观点：

第一种观点，认定“名为买卖，实为借贷之担保”，否定买卖合同的效力。买卖合同系通谋虚伪行为，隐藏的是让与担保行为。合同中存在“债务人不履行到期债务的，财产归债权人所有”“回购价格与担保物价值相当”等约定，应认定为“流押（质）条款”。上述担保因存在“流押（质）条款”，违反物权法定原则导致担保无效。

部分观点遵循严格物权法定，虽然肯定房产买卖合同只是对借款的抵押担保，但因房产抵押并未进行登记，抵押权未设立，房产所有人不承担担保责任。本案一审法院持这种观点。

第二种观点，单纯认定让与担保的约定有效，回避是否享有优先受偿权。根据《最高人民法院关于审理民间借贷案件适用法律若干问题的规定》第二十四条规定，债务人或第三人与债权人签订买卖合同，约定将买卖合同的标的物作为担保标的物，但并未实际让渡不动产所有权，而是让渡物权期待权，且在债务人不能履行还款义务之时，也不能转移所有权，而是进行清算，即对担保标的物进行拍卖折价后从价款中受偿。本案二审基于不告不理原则，仅对让与担保的合同效力作出判决。

第三种观点，具有让与担保形式的合同的债权效力与物权效力分别判断。根据物权效力和债权效力区分原则，以是否完成必要财产公示为分割线，分别认定对让与担保合同的债权效力与物权效力。《民法典担保制度司法解释》第六十八条第一款以完成必要的财产公示为适用前提，即“……当事人已经完成财产权利变动的公示，债务人不履行到期债务，债权人请求参照民法典关于担保物权的有关规定就该财产优先受偿……”没有完成财产公示直接适用《最高人民法院关于审理民间借贷案件适用法律若干问题的规定》第二十四条第二款规定，按照民间借贷关系审理，即“……判决生效后，借款人不履行生效判决确定的金钱债务，出借人可以申请拍卖买卖合同标的物，以偿还债务……”

显然，第三种观点符合《民法典担保制度司法解释》第六十八条的立法目的。其贯通了以买卖合同担保债务履行的适用规则，即在债务人不能还款的情形下，债权人不能直接依据房屋买卖合同取得房屋所有权，只能在债务人不履行到期债务的情况下，请求对财产折价或者以拍卖、变卖所得的价款清偿债务。对于完成财产所有权变动公示的，债权人也只能请求参照《民法典》关于担保物权的有关规定就该财产享有优先受偿权，无权主张对该财产享有所有权。

（二）让与担保公示后的优先受偿效力

为了消灭隐形担保，《民法典》第六百四十一条、第七百四十五条、第七百六十八条均规定未经登记不得对抗善意第三人的规则，使所有权保留等担保事实显形于外，保护交易安全以及避免倒签等欺诈行为。[①] 延续担保事实显形于外的思路，《民法典担保制度司法解释》第六十八条第一款规定，当事人已经完成财产权利变动的公示，债务人不履行到期债务，债权人请求参照民法典关于担保物权的有关规定就该财产优先受偿的，人民法院应予支持。也就是说，只有在当事人完成了财产权利的变动公示的情况下，债权人才能就财产享有优先受偿的权利。

三、本案让与担保的权利实现程序

仅签订让与担保合同而未按上述说明完成权利变动公示的不具有物权效力，在没有约定具体清偿方式的前提下，债权人可以请求参照《民法典》关于担保物权的规定对财产折价或者拍卖、变卖该财产所得的价款内清偿债务；当事人根据合同约定完成相应财产权利变动公示的，形式上已经将财产转让至债权人名下，债权人可以请求参照《民法典》关于担保物权的规定对财产折价或者拍卖、变卖该财产所得的价款优先受偿清偿债务。

---

① 龙俊：《民法典中的动产和权利担保体系》，载《法学研究》2020 年第 6 期。

反观本案，当事人已签订商品房买卖合同担保债权，但没有办理不动产变更登记，未完成权利变动公示。因此，买卖合同不具有物权效力，债权人不享有优先受偿权。在处理上，一审法院认为该担保物未经抵押登记，不产生抵押担保的效力，从而驳回了李某锁关于实现担保物权的诉讼请求。二审法院则认定构成让与担保，在债务人不能履行还款义务时，债权人要进行清算，即对担保房屋进行拍卖折价后从价款中受偿，因此，判决申某平应当以提供担保的房产价值为限承担责任，在借款人不能清偿债务时，李某锁可申请拍卖该房产买卖合同标的物，以偿还本案债务。

四、关于让与担保新旧法律规定的衔接

为了更好地理解和适用让与担保制度，有必要对该案涉及关于让与担保新旧法律规定衔接的问题进行梳理。本案审理时，《民法典》及《民法典担保制度司法解释》尚未施行，自2015年9月1日起施行的《最高人民法院关于审理民间借贷案件适用法律若干问题的规定》第二十四条以及2019年11月8日发布的《九民会议纪要》第六十六条、第七十一条对让与担保有所肯定和承认。2021年1月1日施行的《民法典》第三百八十八条第一款对担保制度作了统领性规定，即“设立担保物权，应当依照本法和其他法律的规定订立担保合同。担保合同包括抵押合同、质押合同和其他具有担保功能的合同……”。所谓“其他具有担保功能的合同”就包括让与担保、所有权保留、融资租赁以及保理等合同。2021年1月1日施行的《民法典担保制度司法解释》一方面将非典型担保作为与担保物权、保证合同并列的担保方式，另一方面是在非典型担保内容上，除了《民法典》规定的所有权保留买卖、融资租赁和保理之外，还增加了《民法典》中尚未规定的让与担保。对具有担保功能的合同，凡是能够通过登记等方式公示的，均认可其有对抗效力。至此，包括让与担保在内的非典型担保正式纳入了《民法典》。虽然本案审理时《民法典》及《民法典担保制度司法解释》尚未施行，但二审法院对该案的处理符合《民法典》及《民法典担保制度司法解释》关于让与担保的相关规定精神，可供理解、适用让与担保规则参考。

编写人：河南省林州市人民法院　邓海青　申一博

010　农民专业合作社法定代表人越权订立担保合同的效力认定及责任承担

——曾某诉李某等民间借贷案

【案件基本信息】

1. 裁判书字号

江苏省无锡市锡山区人民法院（2019）苏0205民初5236号民事判决书

2. 案由：民间借贷纠纷

3. 当事人

原告：曾某

被告：李某、顾某、某合作社

【基本案情】

某合作社系于2015年7月成立的农民专业合作经济组织，共有五名成员，总注册资本为300万元，其中李某认缴出资100万元，为该社法定代表人。曾某于2016年之前在某合作社担任会计职务。李某与顾某系夫妻关系。李某分别于2014年、2017年向曾某借款累计17万元并出具两份借条，曾某于2019年6月21日再次向李某转账1万元。2019年7月24日，曾某、李某、某合作社签订协议，确认李某结欠曾某借款本金18万元、利息7.2万元，合计25.2万元，约定于2019年9月30日前归还，协议中明确某合作社对李某的付款义务“承担连带清偿责任”，期限至“款项全部清偿完毕之日止”。协议由曾某、李某签字，某合作社加盖公章。同日，李某、顾某还出具承诺书，承诺对曾某及案外两人的债务由其夫妻共同偿还。

【案件焦点】

某合作社的担保效力如何认定，各方如何承担责任。

【法院裁判要旨】

江苏省无锡市锡山区人民法院经审理认为：关于主合同借款合同，曾某提供的证据充分，依法认定曾某向李某出借借款本金18万元。因李某与顾某为夫妻关系，顾某已明确意思表示为同意对李某的案涉付款义务承担共同还款责任，故案涉借款应由李某、顾某共同承担还款责任。

关于某合作社的保证责任。根据《中华人民共和国农民专业合作社法》第三十六条第一款第二项之规定，农民专业合作社的理事长、理事和管理人员不得违反章程规定或者未经成员大会同意，将本社资金借贷给他人或者以本社资产为他人提供担保。某合作社系农民专业合作经济组织，为其法定代表人李某提供连带责任保证，故债权人曾某应当提供证据证明其在2019年7月24日订立协议书时，对成员大会决议进行了审查。现曾某已明确未对成员大会决议进行审查，故认定某合作社提供连带责任的条款无效。担保条款无效后，有过错的一方应当赔偿对方因此所受到的损失，双方均有过错的，应当各自承担相应的责任。曾某未尽审慎注意义务，负有主要过错；某合作社在公章保管等内控制度的建设和落实方面亦存在疏忽，负有次要过错。债权人、担保人均有过错的，担保人承担的民事责任的部分，不应超过债务人不能清偿部分的二分之一，同时考虑到李某在某合作社的占股比例，故认定某合作社应当对李某的案涉付款义务承担李某、顾某不能清偿部分三分之一的赔偿责任。某合作社承担赔偿责任后，有权向李某、顾某追偿。

江苏省无锡市锡山区人民法院依照《中华人民共和国合同法》第五十二条、第五十八条、第一百零七条、第二百零五条、第二百零六条、第二百零七条，《中华人民共和国农民专业合作社法》第三十六条，《最高人民法院关于适用〈中华人民共和国担保法〉若干问题的解释》第七条、第九条，《中华人民共和国民事诉讼法》第一百四十四条规定，判决：

一、李某、顾某于本判决生效后十日内向曾某支付本金 18 万元、截至 2019 年 6 月 20 日的利息 54447. 38 元、逾期还款利息（以 18 万元为基数，自 2019 年 6 月 21 日至实际给付之日，按年利率 24%计算）；

二、某合作社对李某、顾某的案涉付款义务（含诉讼费用）承担李某、顾某不能清偿部分的三分之一的赔偿责任；

三、某合作社承担赔偿责任后，可在其承担赔偿责任的范围内向李某、顾某进行追偿；

四、驳回曾某的其他诉讼请求。

判决后，双方当事人均未上诉，本判决现已生效。

【法官后语】

笔者将重点论述本案中担保条款的效力认定及各方责任承担所涉法律适用问题。

首先要明确的是，农民专业合作社系经济组织，具有营利目的，从事经济活动，不属于以公益为目的的非营利性机构，具备提供担保的资格。其次，结合曾某的诉讼请求，以及案涉协议约定某合作社对李某付款义务“承担连带清偿责任”，能够认定各方约定由某合作社为李某的债务提供连带责任保证。

但是，根据《中华人民共和国农民专业合作社法》第三十六条之规定，某合作社对外提供担保的行为应当符合合作社章程或经成员大会决议。本案中，李某作为某合作社的法定代表人，未经成员大会决议越权代表农民专业合作社订立担保合同，而农民专业合作社法中并未对越权订立的后果进行明确规定。笔者认为，该情形与《最高人民法院关于适用〈中华人民共和国民法典〉有关担保制度的解释》第七条所规范的“公司的法定代表人违反公司法关于公司对外担保决议程序的规定，超越权限代表公司与相对人订立担保合同”情形类似，故可参照该条款的主旨对担保条款的效力进行分析。在《全国法院民商事审判工作会议纪要》、《最高人民法院关于适用〈中华人民共和国民法典〉有关担保制度的解释》出台之前，司法实践中对越权担保的合同效力问题的处理尚不统一。《最高人民法院关于适用〈中华人民共和国民法典〉有关担保制度的解释》第七条规定衡平了相对人和公司自身利益，为公司法定代表人超越权限订立担保合同时的效力判断提供了规范，既鼓励交易，又可推动行为人在交易时提高注意义务。该条款明确，相对人善意的，担保合同对公司发生效力，相对人请求公司承担担保责任的，人民法院应予支持；相对人非善意的，担保合同对公司不发生效力，相对人请求公司承担赔偿责任的，参照本解释第十七条的有关规定。

善意是指相对人在订立担保合同时不知道且不应当知道法定代表人超越权限。曾某陈述其在某合作社工作多年，故法院判断其应当明知该社的性质、运营方式，更应当明知李某的身份。即便其不清楚法律的相应规定，但“作为法律，一经公布，任何人均不得以不知法律有规定或宣称对法律有不同理解而免予适用该法律”[①]。故应当推定曾某明知该限制，明知法定代表人李某超越权限。其在与某合作社订立合同时未审查相关决议，构成非善意相对人。由此，法院依法认定某合作社提供连带责任保证的条款无效。当然，按照《中华人民共和国民法典》以及《最高人民法院关于适用〈中华人民共和国民法典〉有关担保制度的解释》的规定，表述为“对某合作社不发生效力”更为妥当。

最后，虽然案涉保证条款对某合作社不发生效力，但并非完全不用承担责任。根据《最高人民法院关于适用〈中华人民共和国民法典〉有关担保制度的解释》第十七条的规定，主合同有效而第三人提供的担保合同无效，债权人与担保人均有过错的，担保人承担的赔偿责任不应超过债务人不能清偿部分的二分之一；担保人有过错而债权人无过错的，担保人对债务人不能清偿的部分承担赔偿责任；债权人有过错而担保人无过错的，担保人不承担赔偿责任。本案担保条款非因主合同无效而不发生效力，分析本案中各方过错，债权人曾某签订协议时未尽审慎注意义务，某合作社在公章保管等

① 曹士兵：《中国担保制度与担保方法——根据物权法修订》，中国法制出版社2008年版，第102页。

内控制度的建设、落实方面亦存在过失，同时，考虑到债务人李某在某合作社的占股比例为三分之一，根据案情也可排除李某与曾某恶意串通的情节，最终认定某合作社应当对李某的案涉付款义务（含诉讼费用的负担）承担李某、顾某不能清偿部分的三分之一的赔偿责任，具有合理性。

编写人：江苏省无锡市锡山区人民法院　骆文文

011　股东代公司履行清偿义务后追偿权的认定

——科技公司诉投资集团追偿权案

【案件基本信息】

1. 裁判书字号

北京市丰台区人民法院（2020）京0106民初26735号民事判决书

2. 案由：追偿权纠纷

3. 当事人

原告：科技公司

被告：投资集团

【基本案情】

2014年6月，投资集团投资设立酒店公司，注册资本5000万元。2014年10月，科技公司受让40%股份成为酒店公司的股东。2018年4月，投资集团将剩余股份转让给海外公司。2017年，科贸公司与酒店公司发生借款合同纠纷，北京市海淀区人民法院判决酒店公司向科贸公司偿还借款本金 1891133.52 元、利息 296035.34 元。该判决生效后，科贸公司申请强制执行，并以未足额缴纳出资为由申请追加科技公司为被执行人，法院准予追加。

【案件焦点】

股东代公司履行清偿义务后追偿权的认定。

【法院裁判要旨】

北京市丰台区人民法院经审理认为：根据《最高人民法院关于适用〈中华人民共和国公司法〉若干问题的规定（三）》第十八条的相关规定，科技公司已经在其未缴纳出资范围内，就酒店公司对科贸公司的债务承担了清偿责任。但投资集团与科技公司之间就股权转让及出资事宜签订的《股权转让协议》中，明确约定受让方科技公司愿意接受转让方投资集团在酒店公司中 2000 万元未缴的货币出资，由其根据《中华人民共和国公司法》及公司章程履行出资义务。双方签订的《合作协议》亦约定，从本协议签订之日起三年内，双方均需缴纳完成各自在酒店公司中的注册资金，其中投资集团为人民币 3000 万元，科技公司为人民币 2000 万元。因此，双方明确约定 2000 万元未缴的货币出资由科技公司履行出资义务，其以投资集团未履行出资义务为由，要求投资集团承担赔偿责任的诉讼请求，缺乏事实和法律依据，法院不予支持。

综上，北京市丰台区人民法院依照《最高人民法院关于适用〈中华人民共和国公司法〉若干问题的规定（三）》第十八条，《全国人民代表大会常务委员会关于授权最高人民法院在部分地区开展民事诉讼程序繁简分流改革试点工作的决定》规定，判决：

驳回科技公司的全部诉讼请求。

判决后，双方当事人均未上诉，本判决现已生效。

【法官后语】

本案判决的作出适用的是《最高人民法院关于适用〈中华人民共和国公司法〉若干问题的规定（三）》第十八条的相关规定，即有限责任公司的股东未履行或者未全面履行出资义务即转让股权，受让人对此知道或者应当知道，公司请求该股东履行出资义务、受让人对此承担连带责任的，人民法院应予支持；公司债权人依照本规定第十三条第二款向该股东提起诉讼，同时请求前述受让人对此承担连带责任的，人民法院应予支持。受让人根据前款规定承担责任后，向该未履行或者未全面履行出资义务的股东追偿的，人民法院应予支持。但是，当事人另有约定的除外。

因此，首先要明确要求发起人、股权受让人对未出资股东承担责任的前提条件，根据上述法条可知，公司债权人要求公司发起人和股权受让人对未出资股东的出资义务承担责任，需具备三项前置条件：(1) 公司已不能清偿其债务；(2) 股东有未出资或未足额出资的事实；(3) 公司债权人已向该股东提起诉讼。本案中，科贸公司对酒店公司的债权无财产可供执行，酒店公司已不能清偿其债务，其股东科技公司即本案的科技公司对酒店公司有未足额出资的事实，同时债权人科贸公司已经通过执行异议之诉认定科技公司有1700万元认缴出资未交纳，裁定追加科技公司为民事判决的执行案件的被执行人，并裁定科技公司在其未缴纳出资1700万元范围内，以该判决确定的酒店公司应履行而未履行的债务为限，对科贸公司承担清偿责任。故科技公司据此代酒店公司承担了相应的付款义务。现科技公司以追偿权纠纷向酒店公司的投资方即投资集团提起诉讼，要求投资集团对科技公司为酒店公司支付的款项承担赔偿责任。但本案的特殊之处在于投资集团（转让方）与科技公司（受让方）签订的《股权转让协议》中约定了受让方科技公司愿意接受转让方投资集团在酒店公司中2000万元未缴的货币出资，由其根据《中华人民共和国公司法》及公司章程履行出资义务。双方签订的《合作协议》亦约定，从本协议签订之日起三年内，双方均需缴纳完成各自在酒店公司中的注册资金，其中科技公司为人民币2000万元。故本案属于《最高人民法院关于适用〈中华人民共和国公司法〉若干问题的规定（三）》第十八条的规定中当事人另有约定的情况。因此，双方明确约定2000万元未缴的货币出资由科技公司履行出资义务，故科技公司以投资集团未履行出资义务为由，要求其承担赔偿责任的诉讼请求，缺乏事实和法律依据，不予支持。

编写人：北京市丰台区人民法院　王雪彤

012　受理及执行相关费用应在担保人追偿范围内

——涂某诉高某追偿权案

【案件基本信息】

1. 裁判书字号

浙江省温州市中级人民法院（2020）浙03民终4106号民事裁定书

2. 案由：追偿权纠纷

3. 当事人

原告（被上诉人）：涂某

被告（上诉人）：高某

【基本案情】

2013年8月1日，高某向案外人贷款公司借款200万元并签订《借款合同》，同时涂某与该公司签订《保证合同》，为高某所借上述款项提供连带责任保证，保证范围为主合同项下债权本金、利息、复利、罚息、违约金、损害赔偿金和债权人为实现债权而发生的费用（包括但不限于催收费用、诉讼费、保全费、公告费、执行费等）以及其他所有主合同债务人应付的费用。后因高某未履行上述债务，贷款公司向天津市东丽区人民法院起诉，法院依法作出民事判决，要求高某返还贷款公司借款本金1644382.10元及逾期利息，涂某对上述债务在抵押物拍卖或变卖不能完全受偿的余额范围内承担连带给付责任，受理费由高某、涂某共同负担。该判决生效后，高某、涂某未履行相关还款义务，贷款公司依法向法院申请强制执行，涂某代为偿付借款本金644382.10元、利息906867.51元、案件受理费27659元，并支付上述案件执行费24845元。涂某代偿后，高某未向涂某支付。后于庭审过程中涂某、高某一致确认，高某在2017年尚有30万元在涂某处，该笔款项双方一致同意在本案代偿款中予以扣减。

【案件焦点】

案件受理费和执行费是否属于担保人追偿范围。

【法院裁判要旨】

浙江省瑞安市人民法院经审理认为：涂某为高某向贷款公司借款提供保证，并按约定履行了保证义务后，依法有权向高某追偿代为偿还的借款本金及利息。对于案件受理费27659元及执行费24845元，根据涂某与贷款公司签订的《保证合同》可知保证范围包含债权人为实现债权而发生的费用（包括但不限于催收费用、诉讼费、保全费、公告费、执行费等），故本案所涉受理费及执行费均在涂某的保证范围内，涂某依约有权向高某进行追偿，且高某因涂某提供的担保获得了借款的利益，因高某未能按约偿还借款本息导致涂某需要被动承担相关保证责任，从公平原则角度出发，高某亦应作为案件受理费和执行费最后承担者更为合理，本院确认涂某代高某垫付的款项（包含案件受理费、执行费）共计1603753.61元。鉴于涂某、高某一致确认高某在涂某处的30万元在本案中予以扣减，故高某需向涂某返还代偿款1303753.61元。

据此，浙江省瑞安市人民法院依照《中华人民共和国合同法》第一百零七条，《中华人民共和国担保法》第十八条、第二十一条、第三十一条，《中华人民共和国民事诉讼法》第六十四条规定，判决：

一、高某于本判决生效之日起十日内偿还涂某代偿款1303753.61元并支付利息损失（以1278908.61元为基数自2019年11月13日起，以24845元为基数自2019年11月15日起均按同期全国银行间同业拆借中心公布的贷款市场报价利率计算至实际履行完毕之日止）；

二、驳回涂某的其他诉讼请求。

高某不服一审判决，提起上诉。

高某未在指定的期限内预交上诉案件受理费，亦未提出减、免、缓交诉讼费的司法救助申请，浙江省温州市中级人民法院依照《中华人民共和国民事诉讼法》第一百五十四条第一款第十一项，《最高人民法院关于适用〈中华人民共和国民事诉讼法〉的解释》第三百二十条规定，裁定：

本案按高某自动撤回上诉处理。

【法官后语】

随着大众风险防控意识的提高，“担保”在民间借贷中广为适用，就此引发的追偿权纠纷日益增多。然而，债权人起诉债务人及担保人以后产生的案件受理费和执行费用，是否在追偿范围内却备受争议。

首先，需要明确案件受理费、执行费的性质。按照现行审判流程来看，诉讼费缴纳采取原告预付，根据判决结果对双方所需承担诉讼费进行结算的方式。这使得大众容易陷入误区，认为案件受理费、执行费属于败诉方需要承担的诉讼风险，即若债权人诉讼成功，诉讼费、执行费最终无须债权人承担，自然无须出现在担保人的担保范围内，当然诉讼失败，债权不成立，自无探讨必要。同时当债务人、担保人被共同起诉时，法院裁判案件受理费、执行费时多为共同承担，双方可私下协商各自承担的范围，其中一方代为承担后理论上也可以在超出自身承担的范围内向对方追偿，此时追偿所依据的法律关系不再是担保法律关系。

但案件受理费和执行费虽然是诉讼风险的结果，其本质是权利人为实现权利所支付的必要费用，同时也是义务人不履行义务对权利人造成的经济损失，理应由义务人负担，只不过法院在判决时为减少权利人另行起诉要求义务人承担受理费、执行费的诉累而采取预缴加结算的方式。法院判决借款人及担保人承担受理费，正是基于债权人为实现债权的费用由债务人承担，且《中华人民共和国民法典》第六百九十一条规定，保证担保的范围包括主债权及利息、违约金、损害赔偿金和实现债权的费用。保证合同另有约定的，按照约定。所以担保人对此需承担保证责任，故作连带负担受理费判决，该部分受理费用就是指债权人为实现债权而发生的费用。执行费亦如此。故受理费、执行费属于担保人所追偿的范围。

其次，案件受理费、执行费由债务人负担更合理。初看，担保人之所以承担案件受理费、执行费的最直接原因来自其未主动履行担保义务，故需承担相应责任。倘若担保人不因其怠于履行担保义务的行为承担相应责任，将会降低担保人主动履行义务的可能性及主动性。

但是使债务人或担保人任何一方承担案件受理费和执行费均可促进其中一方履行义务，此时便涉及担保义务和还款义务的优先级问题，而担保法律关系是依赖债权债务产生的从法律关系，且担保义务是基于实践中债务人主动履行率低、债权人为降低自身风险而产生，从偿债最终责任角度来看，担保人承担的仅是代替责任，非最终责任，担保人代为承担还款义务后，有权向债务人追偿，此时再次涉及债务人的履行问题。故应优先促进债务人主动履行债务。

《中华人民共和国民法典》第六百八十一条规定，保证，是指保证人和债权人约定，当债务人不履行债务时，保证人按照约定履行债务或者承担责任的行为。故产生代偿源于债务人未能按约履行偿债责任，若债务人主动偿还债务，担保人便无代偿责任，故债务人系自身原因使担保人陷入被他人追债的风险之中；另外《中华人民共和国民法典》第六条规定，民事主体从事民事活动，应当遵循公平原则，合理确定各方的权利和义务。故而从公平责任角度出发，债务人因担保人的担保获得借款利益，担保人因此背负代为偿债的义务，而担保人主动或被动代偿，均系债务人获利，但担保人因担保行为仅承担义务并无获利，若产生的费用由担保人自行承担，对担保人显失公平，故该部分费用应由最终责任承受者即债务人承担更为合理。

编写人：浙江省瑞安市人民法院　李茹意

013　公章真伪不明情形下借款关系认定

——傅某辉诉英纳雪公司、薛某借款合同案

【案件基本信息】

1. 裁判书字号

上海市第一中级人民法院（2019）沪01民终91号民事判决书

2. 案由：借款合同纠纷

3. 当事人

原告（被上诉人）：傅某辉

被告（上诉人）：英纳雪公司、薛某

【基本案情】

2012年5月18日，傅某辉与英纳雪公司签订借款协议，约定英纳雪公司向傅某辉借款550万元，利息每月按4%计算，借款期限为2012年5月18日至2012年6月17日，逾期还款的，利息按月利率4%和逾期的实际天数计算。案外人王某对该借款进行了担保。当日，傅某辉即向英纳雪公司的账户汇款550万元。借款期限届满后，英纳雪公司未能按时返还。经多次催讨，英纳雪公司仍未还款。2014年6月10日，案外人王某向傅某辉出具担保书，承诺对上述借款承担连带还款责任，担保期限为2年。但英纳雪公司至今未能返还借款，薛某作为一人有限责任公司的股东，不能证明公司财产独立于股东自己的财产，应对公司债务承担连带责任，故傅某辉向法院提起本案诉讼。

【案件焦点】

1. 系争的550万元借款主体是英纳雪公司还是案外人王某；2. 薛某是否应当对英纳雪公司的债务承担连带责任。

【法院裁判要旨】

上海市奉贤区人民法院经审理认为：尽管傅某辉提供的借款协议及收条上的“英纳雪公司”公章，经鉴定与英纳雪公司工商材料上所盖的公司公章不一致，但基于涉案550万元确实进入了英纳雪公司的账户又从该账户转出等事实，法院认定英纳雪公司同意王某以其公司名义向傅某辉借款，用以偿还其向兴业银行的贷款。因此，案外人王某以英纳雪公司名义向傅某辉借款的行为，对英纳雪公司发生效力，本案的借款合同关系发生于傅某辉和英纳雪公司之间，英纳雪公司应当向傅某辉承担还本付息义务。薛某在案件纠纷处理过程中，变更公司类型为非一人有限责任公司，并退出不再作为英纳雪公司的股东，涉嫌逃避其可能要承担的债务，故英纳雪公司变更公司类型、薛某退出公司的行为，不能使薛某对公司财产独立于其财产的事实应承担的举证责任发生转移。薛某提供的证据不足以证明英纳雪公司财产独立于股东薛某的财产，薛某曾作为英纳雪公司的唯一股东，应当对公司的相应债务承担连带责任。

上海市奉贤区人民法院依照《中华人民共和国合同法》第八条、第二百零五条、第二百零六条、第二百零七条，《中华人民共和国民法总则》第一百六十二条，《中华人民共和国公司法》第六十三条，《最高人民法院关于审理民事案件适用诉讼时效制度若干问题的规定》第十七条第二款和《最高人民法院关于适用〈中华人民共和国民事诉讼法〉的解释》第九十条的规定，判决：

一、英纳雪公司于本判决生效之日起十日内返还傅某辉借款550万元；

二、英纳雪公司于本判决生效之日起十日内偿付傅某辉以550万元为基数，自2012年5月18日起，至实际清偿日止，按月利率2%计算的借款利息及逾期利息；

三、薛某对上述第一项、第二项中英纳雪公司的付款义务承担连带清偿责任。

英纳雪公司、薛某不服一审判决，提起上诉。

上海市第一中级人民法院经审理同意一审法院裁判意见，依照《中华人民共和国民事诉讼法》第一百七十条第一款第一项、第一百七十五条之规定，判决：

驳回上诉，维持原判。

【法官后语】

一、有关涉案公章的真伪问题

从司法鉴定的结果来看，涉案借款协议和收条上被告英纳雪公司的公章与其工商材料中所加盖的公章不一致。但是依据该鉴定结果并不能得出涉案公章是伪造的结论，主要理由有以下两点：第一，被告英纳雪公司没有备案的公章可供比对。根据公安机关的调查，被告英纳雪公司没有将其刻制的公司印章在公安机关备案，同时根据鉴定的比对样本来看，正是由于没有备案的公章可供比对，鉴定机构才退而求其次，选择了被告英纳雪公司历年年检时提交的工商材料上的公章进行比对。而根据国家相关规定，企业刻制的印章必须到公安部门进行备案才是合法有效的，申言之，没有比对样本的“真”，自然无法得出检材的“假”。当然也就不能排除被告英纳雪公司同时持有并使用两枚以上公章的可能性。第二，在案证据显示案外人王某为被告英纳雪公司的实际控制人。而涉案借款协议和收条上的公章就是案外人王某作为涉案借款的经办人加盖上去的。依常理而言，公司的实际控制人持有公司的公章是天经地义的。当然，就鉴定结果而言，不能得出涉案公章是伪造的结论，但同时由于原告也无法举证证明被告在其他场合亦使用过涉案借款协议和收条上的公章，因此涉案公章的真伪即使通过鉴定也无法做出判断，处于真伪不明的状态。

二、公章真伪不明时借款关系的认定

一般而言，要认定借款关系是否成立主要看两个方面：一是借贷双方是否达成借款合意；二是借款的金额是否实际支付。根据原、被告诉辩意见，双方对于原告将涉案借款550万元转入被告英纳雪公司的账户没有争议，因此认定本案借款关系是否成立主要看原、被告双方是否达成借款的合意。鉴于涉案借款协议和收条上的公章处于真伪不明的状态，要认定原、被告双方是否达成借款合意，应重点审查涉案资金走向和用途。从整个的资金走向来看，涉案550万元确实由原告转入到了被告英纳雪公司的账户，然后又从被告英纳雪公司的账户转出。被告薛某作为英纳雪公司当时的法定代表人对于高于公司注册资本（被告英纳雪公司注册资本为500万元）的大额资金进出不可能不知晓，而在原告最初提起本案诉讼之前长达三年多的时间里，被告薛某并未对涉案550万元进出英纳雪公司账户提出异议，因此可以认为其是知晓并同意（至少是事后追认）该笔借款的。从涉案550万元的借款用途来看，最终该笔款项用于归还被告英纳雪公司所欠兴业银行上海奉贤支行的贷款，从这点而言，被告英纳雪公司是获益的。结合上述资金流向、借款用途，基本可以认定原、被告双方形成了借款合意，加之双方对于借款金额实际支付无异议，故能够认定双方存在借款关系。

本案裁判于《中华人民共和国民法典》生效之前，适用《中华人民共和国合同法》《中华人民共和国民法总则》的相关规定，上述条文对应的《中华人民共和国民法典》的条文分别为第四百六十五条、第六百七十四条、第六百七十五条、第六百七十六条、第一百六十二条，条文内容本身基本不变。《最高人民法院关于审理民事案件适用诉讼时效制度若干问题的规定》于2020年修订后，原第十七条第二款对应现第十五条第二款，条文内容无变化。《最高人民法院关于适用〈中华人民共和国民事诉讼法〉的解释》于2022年修订后，原第九十条的条文顺序及内容均无变化。《中华人民共和国民事诉讼法》于2021年修订后，原第一百七十条第一款第一项对应现第一百七十七条第一款第一项，原第一百七十五条对应现第一百八十二条，条文内容无变化。

编写人：上海市奉贤区人民法院　刘旭斌

014 依法酌定金融机构的违约责任，保障金融消费者的合法权益

——某银行诉贸易公司等金融借款合同案

【案件基本信息】

1. 裁判书字号

北京市第二中级人民法院（2019）京02民终9981号民事判决书

2. 案由：金融借款合同纠纷

3. 当事人

原告（反诉被告、上诉人）：某银行

被告（反诉原告、上诉人）：贸易公司

被告：宋某霖、于某禄、马某英

【基本案情】

2014年，某银行与贸易公司签署金融借款合同，约定：贷款额度为340万元，期限为三年，还款方式为按月还息，逐年归还等比例本金；贸易公司没有违反本合同和担保文件项下的义务和责任，没有发生本合同项下的违约事件，经某银行合理判断，贸易公司财务状况没有出现可能危害、延误或阻止其履行本合同以及担保文件项下义务和责任的不利变化时，在额度有效期限内，贸易公司可循环使用贷款额度；贸易公司信用状况下降、主营业务盈利能力不强时，某银行有权与贸易公司协商补充贷款发放和支付条件，或视情况自行停止贷款资金的发放和支付。

同日，某银行与于某禄、马某英签订了两份抵押合同，约定于某禄、马某英以其所有的两套房产为贸易公司的债务提供最高额抵押担保，双方办理了抵押登记手续；某银行与宋某霖、于某禄、马某英分别签订保证合同，约定宋某霖、于某禄、马某英对贸易公司的债务承担连带责任保证。

随后，某银行向贸易公司发放了贷款330万元，贷款期限为自2014年4月1日至2017年3月20日。

贷款发放后，贸易公司每月均按时足额偿还贷款利息。2015年4月1日和2016年4月6日，贸易公司分别偿还贷款本金110万元。

2015年4月、5月，贸易公司员工多次催促某银行客户经理办理循环放贷手续。此外，宋某霖曾主张，如果无法办理续贷手续，希望某银行解押一套抵押房产。但某银行一直未给予贸易公司回复。

2015年6月，某银行向贸易公司发送电子邮件，要求贸易公司签署电子邮件附件《补充协议》。该协议拟约定：贸易公司确认并同意，某银行有权随时撤销贷款合同项下贸易公司尚未使用的额度，并拒绝贸易公司的提款申请。贸易公司没有签署《补充协议》。

2017年3月20日，贸易公司未能如期偿还剩余贷款本金110万元。

另查，根据评估，2015年4月，于某禄提供抵押的一套房产，市场价值为307.07万元。

【案件焦点】

1. 某银行拒绝贸易公司循环使用贷款额度的行为是否构成违约；

2. 金融借款合同未约定金融机构承担违约责任的方式时，如何确定违约金数额；3. 金融消费者主张的可得利益损失是否能够得到支持。

【法院裁判要旨】

北京市西城区人民法院经审理认为：某银行拒绝贸易公司循环使用贷款额度的行为已构成违约，理由为：第一，贷款合同确实约定了一系列某银行拒绝贸易公司继续使用剩余额度的情形，但上述情形主要限于贸易公司违反合同约定，贸易公司财务状况出现可能危害、延误或阻止其履行合同义务的不利变化，以及贸易公司出现信用状况下降、主营业务盈利能力不强的情形。在 2015 年 6 月时，贸易公司并无违约行为，且根据某银行提交的现有证据，不足以认定 2015 年时贸易公司财务状况存在恶化的可能。纵使 2015 年煤炭能源行业总体处于下行趋势，也不必然意味着贸易公司本身即存在信用状况下降、主营业务盈利能力不强的情形。第二，贷款合同对于具体还款日期约定不甚明晰，纵使贸易公司存在逾期 5 天还款的违约行为，但这一违约行为显著轻微，且贸易公司已经及时履行了偿还本金的合同义务，没有扩大某银行的损失。同时，贸易公司 2016 年的逾期还款，不能改变 2015 年某银行构成违约的事实。第三，贸易公司为诉争贷款提供了两套房屋作为抵押担保，该担保足以确保某银行债权的实现，某银行没有拒绝贸易公司继续使用剩余贷款额度的事实依据。

鉴于贷款合同并未约定某银行承担违约责任的方式，贸易公司提交了一系列证据，证明某银行的违约行为造成了贸易公司的可得利益损失。对此，法院认定，贸易公司提供的证据，不能证明其可得利益损失与某银行的违约行为之间存在直接的因果关系。但是，法院亦认定，虽然贸易公司无法证明其实际遭受了损失，但是贸易公司举证不能并不意味某银行不需要承担任何违约责任。贷款合同是某银行提供的格式合同，在该合同的签订过程中，某银行属于谈判能力较强的一方。该合同未约定某银行的违约责任，其对此存在过错。因此，法院酌定某银行应承担的违约责任，为自 2017 年 3 月 21 日起至贷款实际清偿之日止贸易公司应承担的贷款利息、罚息、复利。

北京市西城区人民法院依据《中华人民共和国合同法》第六十条、第一百零七条、第一百九十六条、第二百零六条，《中华人民共和国担保法》第十八条、第三十一条、第三十三条，《中华人民共和国物权法》第一百七十九条，《中华人民共和国民事诉讼法》第六十四条第一款之规定，判决：

一、贸易公司于本判决生效后十日内偿还某银行剩余贷款本金；

二、某银行有权以于某禄、马某英名下的两套房产折价或者以拍卖、变卖前述两套房屋的价款优先受偿；

三、宋某霖、于某禄、马某英对本判决书确认的贸易公司的金钱给付义务承担连带责任保证；

四、驳回某银行的其他诉讼请求；

五、驳回贸易公司的其他诉讼请求。

某银行、贸易公司不服一审判决，提起上诉。

北京市第二中级人民法院经审理同意一审法院裁判意见，依照《中华人民共和国民事诉讼法》第一百七十条第一款第一项规定，判决：

驳回上诉，维持原判。

【法官后语】

金融消费者合法权益的保护是金融审判领域的热点问题。《全国法院民商事审判工作会议纪要》在“五、关于金融消费者权益保护纠纷案件的审理”中明确，法院在审理金融服务的提供者与金融消费者之间形成的商事案件时，应坚持“卖者尽责、买者自负”原则，依法保护金融消费者的合法权益，规范卖方机构的经营行为。

具体到金融借款合同纠纷的审理，由于金融借款合同多由金融机构提供格式合同，在合同缔结的过程中，金融机构作为谈判能力较强的一方，往往在合同中少约定或不约定金融机构的违约责任。法院在案件的审理过程中，也常面临金融机构的违约情形难认定、违约责任的具体数额难确定的问题。

在认定金融机构是否构成违约方面，应当参照《中华人民共和国民法典》第四百九十六条、第四百九十八条关于格式合同条款理解和适用的规定，对借款合同约定的金融机构的权利范围和履约标准作出有利于金融消费者的解释。若金融机构的行为在客观上确实会造成金融消费者的损失，纵使金融消费者受制于法律意识水平及举证能力，无法证明其确有损失，亦应认定金融机构构成违约，从而推动形成公开、公平、公正的市场环境和交易秩序。

在认定金融机构存在违约行为后，即应对金融机构应当承担的责任数额进行认定。在审判实务中，金融借款合同往往不会对金融机构的责任范围进行约定。因此，在本案诉讼中，金融消费者提供了一系列证据，拟证明其因金融机构的违约行为遭受了“可得利益损失”。判定是否支持金融消费者的可得利益损失，是本案审理的一大难点。对此，2009 年最高人民法院发布的《关于当前形势下审理民商事合同纠纷案件若干问题的指导意见》制定了一系列的认定标准。具体而言，认定可得利益损失，第一步，应基于交易性质、合同目的等因素，判断可得利益损失属于生产利润损失、经营利润损失或转售利润损失。第二步，应结合可得利益损失的性质，判断该利益是否为金融机构不违约时，金融消费者必然可以获得的利润。换言之，即判断金融消费者未获得利润，是否与金融机构的违约行为存在因果关系。第三步，金融消费者主张的可得利益损失，应扣除金融机构违约时不可预见的损失和因金融消费者自身过失造成的损失。由于金融消费者的可得利益损失，往往属于金融机构在违约时无法预见的损失，因此法院在认定相关数额时，应持较为审慎的态度。

如金融消费者确实无法证明其因金融机构违约而遭受损失的数额，且金融借款合同确没有对金融机构承担违约责任的方式进行约定，法院应当结合借款合同的放款金额、还款方式、已还款金额、尚欠款金额等多方面因素综合衡量，以公平、公正为基准，充分发挥自由裁量权，灵活酌定违约金的数额。总之，法院对于此类案件的审判理念，应促使金融消费者和金融机构形成利益平衡，不应使金融消费者因金融机构违约而获利，亦不应使金融消费者因举证能力不足而无法获得救济。

编写人：北京市西城区人民法院　高亢

015 贷款人参与过桥资金借贷对"借新还旧"认定的影响

——担保公司诉潘某珍等追偿权案

【案件基本信息】

1. 裁判书字号

江苏省镇江市中级人民法院（2019）苏11民再35号民事判决书

2. 案由：追偿权纠纷

3. 当事人

原告（被申诉人）：担保公司

被告（申诉人）：潘某珍、傅某波、张某彬、周某

被告（被申诉人）：陈某静、李某安、李某波、陈某顺、四通公司

【基本案情】

2014年12月12日，担保公司与李某安签订委托担保合同，约定担保公司为李某安向农商行的130万元贷款提供担保，贷款用途仅限于经营用流动资金，严禁挪作他用，严禁归还陈欠贷款。李某安一次性缴纳9万元担保费，并自愿承担担保公司代偿资金的本息及实现债权所发生的一切费用。张某彬、陈某静、周某、傅某波、潘某珍、李某波、陈某顺、四通公司作为反担保人在该担保合同上签名。2014年12月12日，李某安与农商行签订借款合同，向农商行借款130万元。同日，担保公司与农商行签订最高额保证合同，为该借款提供连带责任担保。贷款逾期后，担保公

司根据农商行的申请代还借款本金130万元以及截至2016年5月27日的借款利息117915.78元，共计借款本息1417915.78元。

另查明，2014年12月8日，农商行向担保公司出具《续贷承诺函》载明：(1)李某安在该行的130万元贷款将于12月13日到期；(2)经审核，李某安符合续贷条件，并已办理该笔贷款的续贷手续；(3)请担保公司将贷款周转金转到李某安的账户内，该行将于15日内向李某安发放贷款130万元，并确保在12月20日前将上述资金转账到担保公司结算账户。

2014年12月11日，担保公司向李某安出借130万元，借据载明：李某安因归还贷款需要，于2014年12月11日向担保公司借款130万元，借款期限至2014年12月12日，保证人为李某波、陈某静、陈某顺、四通公司。同日，担保公司将130万元转入李某安上述账户内，当日便被用于归还旧贷。次日，农商行向李某安发放新贷130万元，随即该款被转至担保公司账户。

李某安2019年2月25日在检察机关陈述：其在农商银行贷款已持续几年，用“借新还旧”的方式续借，操作方式是银行、担保公司与其事先商量好的。2014年年底续借时，其找了几名亲戚做反担保人，并未告知他们借新贷款还旧贷款的事，反担保合同写的也是用于经营。

担保公司与李某安于2013年12月12日签订委托担保合同，合同内容与2014年担保合同相同，由冯某玉、陈某静、陈某顺、周某、李某波提供反担保。

【案件焦点】

农商行与李某安之间的借款是否属于“借新还旧”。

【法院裁判要旨】

江苏省扬中市人民法院经审理认为：本案未有证据证明农商行与李某安之间存在以新贷偿还旧贷的意思联络，也未证明李某安存在旧贷、以新贷偿还旧贷的行为。担保公司为李某安向农商行承担保证责任的事实成立，因此，李某安应当偿还代偿款，张某彬等反担保人应当承担连带责任保证。

江苏省扬中市人民法院依照《中华人民共和国担保法》第四条第二款、第十八条、第二十一条、第三十一条，判决：

一、李某安偿还担保公司代偿款 1417915.78 元并承担逾期付款利息（利息自 2016 年 5 月 28 日起至实际付款之日止年利率 14.28% 计算），限于判决生效后十日内履行；

二、张某彬、陈某静、周某、傅某波、潘某珍、李某波、陈某顺、四通公司对上述第一项承担连带责任保证，承担责任后有权向李某安追偿。

江苏省镇江市人民检察院提出抗诉。江苏省镇江市中级人民法院再审认为："以贷还贷"，是指金融机构与借款人约定以新贷款偿还旧贷款的行为，客观上借款人有将新贷偿还旧贷的行为，主观上金融机构与借款人有"以贷还贷"的共同意思表示或联络。再审期间的新证据能够证明，李某安、农商行和担保公司之间事先已达成合意，由担保公司提供资金帮助李某安偿还旧贷，再以新贷偿还担保公司的资金。2014 年 12 月 11 日，担保公司将 130 万元转入李某安农商行的账户内，当日该款便被用于归还贷款，次日，农商行向李某安发放新贷 130 万元，随即该 130 万元被转至担保公司账户。综上，法院认为，农商行和李某安之间以贷还贷意思表示明确，资金流转过程中虽然介入了担保公司的资金，但并未改变李某安用新贷还旧贷的实质，涉案借款属于以新贷偿还旧贷。

由于委托担保合同中约定的贷款用途仅限经营，严禁挪作他用和归还陈欠贷款。现有证据不能证明申诉人潘某珍、傅某波、张某彬对涉案借款系“借新还旧”知情，涉案贷款用途改变违背了潘某珍等三人为其提供反担保的真实意思表示，根据《最高人民法院关于适用〈中华人民共和国担保法〉若干问题的解释》第四十条规定，潘某珍三人不应承担反担保责任。

江苏省镇江市中级人民法院依照《中华人民共和国担保法》第四条、第十八条、第二十一条、第三十条、第三十一条，《最高人民法院关于适用〈中华人民共和国担保法〉若干问题的解释》第三十九条、第四十条的规定，判决：

一、撤销江苏省扬中市人民法院民事判决；

二、李某安应偿还担保公司代偿款 1417915.78 元并承担逾期付款利息（利息自 2016 年 5 月 28 日起至实际付款之日止按贷款行同档逾期利率计算），限于本判决生效后十日内履行；

三、陈某静、周某、李某波、陈某顺、四通公司对上述第一项承担连带责任保证，承担责任后有权向李某安追偿；

四、驳回担保公司的其他诉讼请求。

【法官后语】

本案是担保人承担担保责任后，向反担保人行使追偿权而引发的纠纷。在金融借款这一主合同项下，既有担保公司向贷款人提供的保证担保，同时也有其他自然人或公司向担保公司提供的反担保。在贷款人、借款人合意向担保公司融资，先偿还旧贷再续借新贷，并用新贷偿还担保公司借款的情况下，是否构成担保法意义上的

"借新还旧"，是本案考察的重点。

根据《最高人民法院关于适用〈中华人民共和国民法典〉有关担保制度的解释》第十六条的规定，"借新还旧"是指借贷合同双方当事人协议以新贷偿还旧贷，在旧贷尚未清偿的情况下，贷款人向借款人发放新贷以用于偿还旧贷。其具体含义包括：一是贷款人和借款人双方达成以新贷偿还旧贷的意思表示，二是双方实施了以新贷偿还旧贷的行为。如果贷款人和借款人未告知担保人借款的真实用途，则属于对担保人的欺诈，担保人依法不承担责任。

本案形式上属于"借新还旧"，借款人先向资金中介借款（即俗称的过桥资金）偿还旧贷，再以银行的新贷偿还过桥资金借款，这是借款人为了获得银行续贷常用的手法。在这一操作模式中，银行作为贷款人没有义务审查借款人还款资金的来源，即使由于对新贷资金去向、用途疏于审查，导致新贷实际用于偿还过桥资金借款，但是因为贷款人与借款人没有达成"借新还旧"的合意，也不构成"借新还旧"。本案的特殊性在于，贷款人参与了借款人拆借过桥资金的过程，贷款人、借款人、过桥资金出借人三方达成了由过桥资金出借人出借资金帮助借款人偿还旧贷，再由贷款人发放新贷偿还出借人的过桥资金的合意。由此，以过桥资金的方式先还旧贷、再借新贷就不是借款人的单方行为，而是贷款人和借款人的一致意思表示。在此情况下，贷款人和借款人协商一致规避法律对"借新还旧"的限制，通过引入过桥资金，先偿还旧贷，再用新贷偿还过桥资金，虽然形式上属于先还旧、再借新，但是实质上属于"借新还旧"。

关于新贷偿还旧贷时保证人责任的承担问题。《最高人民法院关于适用〈中华人民共和国民法典〉有关担保制度的解释》第十六条沿袭了《最高人民法院关于适用〈中华人民共和国担保法〉若干问题的解释》第三十九条的基本精神，并将保证人责任承担问题扩展至所有的担保形式，新法规定逻辑上更周延，体系上更完备。

关于保证人受欺诈、胁迫时保证合同的效力问题。按照《中华人民共和国民法典》的适用规则，在合同编对此未作特别规定时，应适用《中华人民共和国民法典》总则编第一百四十八条至第一百五十条的规定。保证合同的当事人是债权人与保证人，主债务人相对于保证合同属于第三人。如果是债权人对保证人实施欺诈，那么保证人对基于欺诈而订立的保证合同可主张撤销，而不承担保证责任，如果是主债务人对保证人实施欺诈行为，在债权人对欺诈行为知道或者应当知道时，保证人可撤销基于欺诈而订立的保证合同，而不承担保证责任。具体到本案，本案因贷款人、借款人和过桥资金出借人恶意串通，未告知潘某珍等三位反担保人借款的真实用途，对潘某珍等三人构成欺诈，属于债权人与债务人恶意串通，欺诈保证人，保证人根据《中华人民共和国民法典》第一百四十八条、第一百四十九条的规定，可依法主张撤销保证合同，从而不承担保证责任。由此可见，《中华人民共和国民法典》第一百四十八条至第一百五十条的规定，从体系化的角度对原《中华人民共和国担保法》第三十条和《最高人民法院关于适用〈中华人民共和国担保法〉若干问题的解释》第四十条的规定进行了吸收完善。

编写人：江苏省镇江市中级人民法院　邰玉妹　李洁

016 律师费约定不明又无法证明具体支出的，应遵循公平合理原则调整

——某银行诉陈某亮、李某金融借款合同案

【案件基本信息】

1. 裁判书字号

福建省厦门市中级人民法院（2019）闽02民终5244号民事裁定书

2. 案由：金融借款合同纠纷

3. 当事人

原告（上诉人）：某银行

被告（被上诉人）：陈某亮、李某

【基本案情】

2018年3月7日，某银行与陈某亮、李某夫妻签订了授信协议和融E贷协议，约定某银行自2018年3月7日至2028年3月7日向陈某亮、李某提供200万元的授信额度，相应的诉讼费、合理律师费及诉讼过程中产生的其他费用（包括但不限于财产保全费、差旅费、评估拍卖费、执行费等）均由违约方承担。

2018年3月14日，某银行向陈某亮、李某发放一笔综合消费贷款，金额为30万元，陈某亮、李某已偿付大部分本金，本金余额为37946.29元。之后，某银行发放十一笔综合消费贷款，陈某亮、李某仅偿付部分利息，合计195万元本金均未归还。2019年4月8日，

某银行向陈某亮、李某发送《授信到期通知书》，通知二人未依约还本付息，已构成违约。后某银行催款未果，遂诉至法院。

为追索案涉债权，某银行委托律师事务所代为处理本案诉讼，工作范围包括诉前调查、财产保全、诉讼代理（一审、二审及调解、和解）以及强制执行、可能发生的重审、再审等。为此，某银行支付律师服务费200406元。

【案件焦点】

律师费约定不明又无法证明具体支出的，法院应如何处理。

【法院裁判要旨】

福建省厦门市海沧区人民法院经审理认为：案涉《个人授信协议》《个人融E贷协议书》《最高额抵押合同》均系合同当事人的真实意思表示，内容和形式符合法律规定，合法有效。合同当事人应严格依约履行各自的义务，否则应承担相应的违约责任。某银行已依约发放贷款，但陈某亮、李某未能依约如期归还贷款本息，已构成违约，应承担相应的违约责任。陈某亮、李某未能依约偿付该授信额度内贷款本息，根据授信协议的约定，某银行有权宣布授信协议项下全部借款提前到期。陈某亮、李某于2019年4月9日签署了《授信到期通知书》，故某银行请求确认个人授信协议项下全部借款于2019年4月9日到期并请求陈某亮、李某归还贷款本金1987946.29元及相应利息、罚息及复利，事实清楚、证据充分，于法有据，予以支持。对于抵押担保，某银行享有的上述债权有抵押房产予以担保，并依法办理了抵押登记，故其有权就折价、拍卖或变卖抵押房产的款项优先受偿。对于某银行主张的保全费5000元，有合同依据，予以支持。对于某银行主张的律师服务费 200406 元系包含一审及可能存在的二审、执行、重申、再审在内的全部费用。本案系金融借款合同纠纷，事实较为清楚、案情相对简单，后续的二审、执行程序等并不必然发生，现即由债务人承担不必然发生的律师服务费，无疑加重了债务人负担，显然不公平，也不符合《个人授信协议》中“合理的律师费”的约定。此外，案涉债权设有抵押担保，债权的实现及追索费用均有相应保障，如此不合理转嫁实现债权费用亦有失公平。因此，对律师服务费，综合本案案情、授信协议的约定、福建省律师服务行业收费标准及代理律师工作量等，酌情支持 60000 元。如有二审及执行程序等，相应的律师服务费可待事后另行主张。

福建省厦门市海沧区人民法院依照《中华人民共和国物权法》第一百七十九条，《中华人民共和国合同法》第六十条第一款、第一百零七条，《中华人民共和国民事诉讼法》第一百四十四条规定，判决：

一、确认某银行与陈某亮、李某签订的《个人授信协议》项下全部借款于 2019 年 4 月 9 日到期；

二、陈某亮、李某于本判决生效之日起十日内偿付某银行借款本金 1987946.3 元和截至 2019 年 4 月 9 日前利息、罚息、复利合计 20002.37 元，并支付 2019 年 4 月 10 日以后的罚息（以借款本金 1987946.3 元为基数，按年利率 10.44%标准自 2019 年 4 月 10 日起计算至本判决确定支付之日止）及复利（以应还未还利息及罚息的总和为基数，按年利率 10.44%标准自 2019 年 4 月 10 日起计算至本判决确定支付之日止）；

三、陈某亮、李某于本判决生效之日起十日内支付某银行为实现债权而支出的律师费60000元、保全费5000元，合计65000元；

四、如陈某亮、李某未履行上述第二项、第三项付款义务，某银行有权就陈某亮名下的房产折价或以拍卖、变卖所得价款优先受偿；

五、驳回某银行的其他诉讼请求。

某银行不服一审判决，提起上诉。

某银行在本案审理期间提出撤回上诉的请求，不违反法律规定，法院予以准许。

福建省厦门市中级人民法院依照《中华人民共和国民事诉讼法》第一百五十四条、第一百七十三条规定，裁定：

准许某银行撤回上诉。

【法官后语】

在金融借款合同纠纷案件中，金融机构作为原告起诉的案件占绝大多数。此类案件事实较为清楚、案情相对简单，多数当事人对欠款事实及金额均表示认可，案件争议的焦点往往是金融机构主张的高额律师费。本案涉及此类律师费的调整问题，对大量同类案件具有积极参考意义。此外，法院针对此类案件反映的问题向相关金融机构发送司法建议，有效促进了金融机构改进金融借款合同模板以及规范内部风控机制。

一、金融机构主张律师费存在的普遍问题

金融机构提供的金融借款格式合同一般会约定由违约方承担另一方为实现债权所支出的合理费用，律师费即其中重要的一项支出。但此类格式条款通常仅约定“合理的实现债权费用由违约方承担”，但何谓“合理”，实则留下巨大争议空间。

尤其在金融借款合同纠纷案件中，银行往往采用外包服务的方式委托律师批量处理一系列案件，而大部分系列案件的委托内容包含律师在诉前调查、财产保全、诉讼代理（一审、二审及调解、和解）以及强制执行、可能发生的重审、再审等全程服务中的“打包”价格。因此，具体到每一个案件特定阶段的律师费用实际上无法确认。

起诉时，金融机构在无法证明具体案件中已产生律师费的情况下，主张全程律师费或按当地律师收费标准的上限主张一审律师费，均存在加重债务人负担的主张畸高之嫌。

二、律师费的性质及调整因素分析

律师费等实现债权的费用，系债权人为维权所产生的诉讼成本，性质上应属于违约方造成的损失。对此，最高人民法院有判例明确指出，因一方当事人存在违约，另一方当事人为此聘请律师提供专业法律服务而支出的合理费用，属于违约方给守约方造成的损失，应由其承担。①

既为损失，意味着债权人既负有举证具体损失之义务，亦负有合理的减损义务。在债权人已证明实际支出律师费的前提下，前述最高人民法院的判决主文指出，综合考虑本案案件类型、标的额、案件复杂程度、数额并未超出当地律师服务费政府指导价标准等因素，讼争律师费计入违约损失并无不当。即对于律师费主张，不仅

---

① 最高人民法院（2018）最高法民终1214号民事判决书，载中国裁判文书网，https：//wenshu. court. gov. cn/website/wenshu/181107ANFZ0BXSK4/index. html? docId=+kS01PPtoq6OIZcOl6fdpicE7DMDwJjPi9n7poOlmDDMHXQKap0+a/UKq3u+IEo4w4OaGAbnG2A8A8lfcm2NXSN05NRB6QgWvb77MR4zDn6dw7MMQRmLkBsqAn1q6Ej6，最后访问时间：2023年2月6日。

需要当事人举证实际支出，还应当结合案件的具体情况对其合理性进行评估；对于不甚合理的，应基于公平合理原则予以适当调整。

金融机构主张的律师费，其可证性及合理性均存在问题：1. 此类纠纷采用律师外包服务模式，使金融机构对于具体案件及具体阶段产生的律师费难以证明；2. 格式条款仅约定"合理律师费由违约方承担"，并未约定计算依据及标准，以个案的全程服务或指导价上限为标准主张律师费，依据并不充分；3. 金融借款合同纠纷案件大多事实较为清楚、案情简单，并不需要律师付出过多的工作时间和更高的专业水平；4. 金融机构的外包委托往往具有很强的市场议价优势。因此，金融机构主张全程律师费或当地律师收费标准的上限，缺乏合理性，实难支持。

三、本案的延伸意义

律师费高往往有损当事人的调解意愿，阻碍律师费发挥调节当事人诉讼行为的杠杆作用。

故法院延伸司法服务，针对此类案件反映的问题向相关金融机构发送司法建议。司法建议有效促进了该金融机构推进《借款合同》模板的修订，避免因约定不明增加诉讼风险，亦促进了金融机构完善内部风险控制机制，起用法务人员代理部分此类简单案件，合理减少双方的诉讼成本。本司法建议收获的效果体现了法院在诉源治理方面的成果，对延伸司法服务、司法参与社会治理起到良好示范作用。

编写人：福建省厦门市海沧区人民法院　陈进杰　张玲玲

017 涉破产企业借款合同案件的特别裁判规则

——某银行诉中澳公司等金融借款合同案

【案件基本信息】

1. 裁判书字号

山东省德州市庆云县人民法院（2019）鲁1423民初2669号民事判决书

2. 案由：金融借款合同纠纷

3. 当事人

原告：某银行

被告：中澳公司、伟诺公司、鼎力公司、张某某、胡某某

【基本案情】

2015年2月15日，某银行与中澳公司签订了《综合授信合同》，约定中澳公司在合同约定的授信有效期限内可向某银行申请使用的最高授信额度为人民币5000万元。同日，伟诺公司、鼎力公司分别与某银行签订了《最高额保证合同》，张某某、胡某某与某银行签订了《最高额担保合同》，约定伟诺公司、鼎力公司、张某某、胡某某为中澳公司的上述综合授信合同项下的债务提供最高额保证。某银行与中澳公司于2015年2月15日签订《流动资金贷款借款合同》两份，并于当日向中澳公司分别发放借款2000万元和3000万元。中澳公司未按约定期限返还借款本息。某银行遂诉至法院。

另查明，山东省德州市庆云县人民法院于 2017 年 6 月 7 日裁定受理中澳公司重整，于 2017 年 11 月 24 日裁定受理伟诺公司与中澳公司合并重整，于 2018 年 6 月 19 日裁定受理鼎力公司破产清算。某银行向中澳公司管理人申报案涉债权，中澳公司管理人确认案涉债权数额为本金 5000 万元、利息 8447522.57 元，某银行对该结果没有异议。某银行向鼎力公司管理人申报案涉债权，鼎力公司管理人确认案涉债权数额为本金 5000 万元、利息 13662972.71 元，某银行对该结果没有异议。

【案件焦点】

1. 在债务人系破产企业时，债权人主张给付之诉的应如何处理；2. 保证人与主债务人合并破产后，保证人应如何承担责任；3. 主债务人进入破产程序后主债务即停止计息的规定是否应当适用于从债务。

【法院裁判要旨】

山东省德州市庆云县人民法院经审理认为：因中澳公司、伟诺公司、鼎力公司均系破产企业，某银行对上述企业享有的债权应通过破产程序受偿。法院于 2017 年 6 月 7 日裁定受理中澳公司重整，于 2017 年 11 月 24 日裁定受理伟诺公司与中澳公司合并重整，伟诺公司的企业财产已与中澳公司及其他合并重整企业进行归并统一清偿债务，伟诺公司不再具有独立承担保证责任的资格和能力，其保证责任应转化为与中澳公司的共同清偿责任。

根据《中华人民共和国企业破产法》第四十六条第二款规定："附利息的债权自破产申请受理时起停止计息。"中澳公司于 2017 年

6月7日被裁定受理重整，故中澳公司所应承担的利息应计算至2017年6月7日。中澳公司所承担的还款责任为主债务，鼎力公司、张某某、胡某某所负的保证责任为从债务，从债务不应超出主债务的范围，故主债务人进入破产程序后主债务即停止计息的规定应当适用于从债务。虽然鼎力公司管理人将某银行申报的利息债权确认至法院裁定受理其破产清算之日即2018年6月19日，且某银行对鼎力公司管理人确认的债权数额无异议，但企业破产程序系以破产企业的资产公平清偿全体债权人的债权，对某一笔债权的确认超出法律规定应承担的范围，则会损害其他债权人的受偿利益，故法院对鼎力公司管理人审查确认的某银行利息债权13662972.71元不予确认。据此，某银行要求鼎力公司、张某某、胡某某继续对2017年6月7日以后的借款利息承担保证责任没有法律依据，法院不予支持。

山东省德州市庆云县人民法院依照《中华人民共和国合同法》第六十条第一款、第二百零五条、第二百零六条、第二百零七条，《中华人民共和国担保法》第十八条、第二十一条第一款，《中华人民共和国企业破产法》第四十六条第二款，《最高人民法院关于适用〈中华人民共和国担保法〉若干问题的解释》第四十四条，《最高人民法院关于适用〈中华人民共和国企业破产法〉若干问题的规定（三）》第五条，《中华人民共和国民事诉讼法》第一百四十四条规定，判决：

一、确认某银行对中澳公司、伟诺公司享有借款本金50000000元、利息8447522.57元，共计58447522.57元的破产债权；

二、确认某银行对鼎力公司享有借款本金50000000元、利息8447522.57元，共计58447522.57元的破产债权；

三、某银行从中澳公司、伟诺公司、鼎力公司的受偿总额不得超出其债权总额58447522.57元；

四、张某某、胡某某在中澳公司、伟诺公司、鼎力公司破产程序终结后十日内，对某银行享有的本判决确认的债权在破产程序中未受清偿的部分承担连带清偿责任；

五、驳回某银行的其他诉讼请求。

判决后，双方当事人均未上诉，本判决现已生效。

【法官后语】

一、关于债权人对破产企业提起的给付之诉的处理问题

给付之诉是指原告向被告主张给付请求权，并要求法院对此作出给付判决的请求。确认之诉则是指原告请求法院确认其主张的法律关系存在或不存在。本案某银行要求中澳公司偿还借款本息的诉讼请求属于典型的给付之诉。在一般的借款合同纠纷案件中，某银行可以径行要求中澳公司偿还借款，但在债务人系破产企业时，此种诉讼请求则不符合破产法的相关法理和规定。

破产的本质是一种特殊的债务清偿制度，即对丧失清偿能力的债务人，经法院审理与监督，强制清算其所有财产，公平、有序地清偿全体债权人的法律制度。破产程序的宗旨是保证对债权人的公平、有序清偿，所要解决的主要矛盾是多数债权人之间因债务人有限财产不足以清偿全部债权而发生的冲突，因此破产程序排斥个别清偿行为。为此，破产程序中专门设立了统一的破产债权申报与审查、无争议债权确认、破产债权确认之诉、破产财产有序分配等专门规则和制度。某银行请求判令已进入破产程序的债务人偿还借款，就意味着突破了破产法所规定的公平、有序清偿的原则，主张个别

实现债权，不符合企业破产法的规定。据此，针对某银行已经提起的诉讼，应当参照破产债权确认之诉处理，仅就某银行所主张的破产债权是否存在进行确认，不应作出给付判决。

二、关于保证人与主债务人合并破产后，保证人应如何承担责任的问题

保证人能够承担保证责任的前提是其具有独立的、完全区别于主债务人的人格和财产。如果保证人仅具有形式上的独立法人地位，但不具有独立的法人意志和财产，其法人人格和财产与主债务人高度混同，且已因此被人民法院裁定与主债务人合并进入破产程序，此时保证人应当与主债务人视为同一法律主体，保证人不再具有独立承担保证责任的资格和能力，其保证责任应当相应转化为与主债务人的共同清偿责任。

三、关于主债务人进入破产程序后主债务即停止计息的规定是否应当适用于从债务的问题

司法实践中对该问题争议较大，笔者认为，停止计息的效力应当及于保证人。

首先，担保债务具有从属性。根据《中华人民共和国民法典》第三百八十八条规定，担保合同是主债权债务合同的从合同。担保责任的范围不应当大于主债务是担保从属性的必然要求。《中华人民共和国企业破产法》第四十六条第二款规定，人民法院裁定受理主债务人破产申请后，主债务停止计息。根据担保从属性的原则，担保人的担保责任应以主债务为限，故担保债务亦应停止计息。其次，从担保制度体系来看，其不仅规定了保证人的代偿义务，保障债权人的合法权益，同时也规定了保证人的追偿权，兼顾了保证人的合法权益。破产案件受理后对主债务停止计息，债权人受到的仅是利息损失。如对保

证债务不停止计息，将影响保证人的追偿权，对保证人有失公平。最后，从司法实践来看，目前保证人多为破产企业的股东或实际控制人，从而导致企业被宣告破产后保证人身负巨额债务无力偿还，也无法再次创业的恶性局面。为化解这一困局，我国正在努力尝试和逐步推广个人破产制度，例如《深圳经济特区个人破产条例》。如一味加重保证人的债务负担，则有悖个人破产制度的立法本意。

编写人：山东省德州市庆云县人民法院　张景溪　柳远

018　合同虽非本人签字，借款人仍须承担还款责任

——金融公司诉冀某枝、胡某清金融借款合同案

【案件基本信息】

1. 裁判书字号

北京市第三中级人民法院（2019）京03民终10875号民事判决书

2. 案由：金融借款合同纠纷

3. 当事人

原告（被上诉人）：金融公司

被告（上诉人）：冀某枝

被告：胡某清

【基本案情】

2016年6月14日，金融公司与冀某枝、胡某清签订《抵押贷款合同》，约定：冀某枝向金融公司申请借款119000元用于购车，借款期限36个月，合同签订后，金融公司依约发放了贷款，冀某

枝使用借款购买车辆，并办理了车辆抵押登记手续，抵押权人为金融公司。此外，胡某清作为共同借款人在《抵押贷款合同》上签字，进入还款期后，冀某枝自2017年4月17日起逾期还款。金融公司经多次催收无果，遂于2017年8月30日向冀某枝、胡某清寄送提前收回全部贷款通知函，但二人仍未还款。金融公司遂诉至法院。冀某枝、胡某清否认《抵押贷款合同》的真实性，并申请笔迹鉴定。

【案件焦点】

1. 鉴定意见能否作为直接定案证据；2. 合同并非本人签字，涉案合同是否有效，对当事人是否具有约束力，能否免除还款责任。

【法院裁判要旨】

北京市朝阳区人民法院经审理认为：虽然经笔迹鉴定，《抵押贷款合同》并非冀某枝、胡某清本人签署，但根据金融公司提交的贷款申请资料及通话录音，可以证明在《抵押贷款合同》签署前，金融公司审核了包括冀某枝、胡某清身份证、结婚证、收入证明、还款银行账户在内的贷款申请资料，并与冀某枝通电话核实贷款情况，冀某枝在电话中认可申请贷款事实。因此，金融公司有理由相信申请贷款是冀某枝的真实意思表示。《抵押贷款合同》签署后，冀某枝知晓车辆登记情况但未向登记机关提出异议，且连续偿还了十期款项，还款理由之一为“金融公司催收人员承诺帮助寻找车辆，车辆找回后要么交给冀某枝使用要么抵扣欠款”，在金融公司催收时亦未否认贷款事实，由此可见，冀某枝知晓并认可贷款购车事宜，且已履行了一部分还款义务，上述《抵押贷款合同》已经成立并履行，对冀某枝具有约束力。胡某清与冀某枝系夫妻，上述贷款、还款及催收情况均发生于二人婚姻关系存续期间，冀某枝表示胡某清不清楚相关情况，此与一般生活经验不符，且上述贷款金额及用途均未明显超出夫妻家庭日常生活之必要，应属夫妻共同债务，胡某清应承担共同还款责任。综上，冀某枝、胡某清未按期还款，金融公司要求二人依约偿还全部贷款本金、利息、罚息，支付催收工本费，对抵押车辆行使优先受偿权，均有合同依据，法院均予支持。冀某枝、胡某清的抗辩意见，法院不予采纳。另，如冀某枝、胡某清与邢某之间存在争议，可依法另行解决，本案不予处理。

北京市朝阳区人民法院依照《中华人民共和国合同法》第二百零五条、第二百零六条、第二百零七条，《中华人民共和国担保法》第三十三条，《中华人民共和国物权法》第一百七十九条之规定，判决：

一、冀某枝、胡某清于本判决生效之日起七日内向金融公司偿还借款本金 91004.25 元、利息 4824.41 元、罚息 1055.15 元，并支付自 2017 年 8 月 31 日起至实际给付之日止的利息（以前述借款本金及利息为基数，按合同约定的实际利率上浮 50%计算）；

二、冀某枝、胡某清于本判决生效之日起七日内向金融公司支付催收工本费 1881.54 元；

三、金融公司就上述第一项、第二项确定的款项对冀某枝所有的抵押车辆折价、拍卖或变卖的价款，按照抵押登记顺序享有优先受偿权。

冀某枝不服一审判决，提起上诉。

北京市第三中级人民法院经审理同意一审法院裁判意见，依照《中华人民共和国民事诉讼法》第一百七十条第一款第一项之规定，判决：

驳回上诉，维持原判。

【法官后语】

一、鉴定意见是否为定案直接证据，抵押贷款合同对当事人是否具有约束力

本案中，《抵押贷款合同》并非冀某枝、胡某清本人签署，但是鉴定意见是否足以推翻双方之间的借贷事实，还需结合还款情况、抵押登记、还款账户开立、还款录音等情况综合判定。

从本案贷款前的审核确认到贷款履行中的还款期数到贷款逾期后的催收时间轴分析：第一，还款账户方面，系冀某枝本人以其名义所开立。第二，在贷前确认方面，冀某枝认可其声音真实性，确认了贷款购车的意思表示。第三，抵押登记方面，涉案车辆办理了金融公司为抵押权人的抵押登记。第四，还款情况方面，冀某枝已偿还十期借款，每期还款金额与合同约定一致，每期还款均系冀某枝本人办理，前往银行存款或者手机操作存入银行账户，其以自己的行为履行了合同义务。第五，在贷款逾期后的催收录音方面，冀某枝认可贷款逾期。可见，从贷前、贷中、贷后阶段，冀某枝均知晓并认可贷款购车的事实，并以自身行为履行了合同义务。虽然，鉴定意见显示《抵押贷款合同》并非冀某枝签字，冀某枝否认收到涉案车辆，但《抵押贷款合同》已经成立并履行，对当事人具有约束力。

二、合同并非本人签字，是否免除当事人还款责任

《中华人民共和国民事诉讼法》第六十六条规定了鉴定意见作为证据的一种，但是并未规定鉴定意见是定案的直接、唯一证据。《最高人民法院关于适用〈中华人民共和国民事诉讼法〉的解释》第九十条第二款规定，在作出判决前，当事人未能提供证据或者证据不

足以证明其事实主张的，由负有举证证明责任的当事人承担不利的后果。第九十一条第一项规定，主张法律关系存在的当事人，应当对产生该法律关系的基本事实承担举证证明责任。经司法鉴定，《抵押贷款合同》并非冀某枝、胡某清本人签署，在此情况下，金融公司应进一步举证证明双方成立金融借款合同关系。金融公司提供录音光盘及文字资料、借款申请书、收入证明、借记卡账户历史明细清单、划款授权和承诺书、银行卡等证据，证明冀某枝以自身行为履行了合同义务，胡某清和冀某枝系夫妻，对贷款购车事宜知晓，合同对胡某清和冀某枝具有约束力，金融公司提交的证据形成完整的证据链。此时金融公司完成了合同成立且履行的义务，举证责任转移至胡某清和冀某枝，二人应进一步举证证明合同未成立且未履行的证据，现二人未完成举证义务，应承担相应举证不能的后果，二人应承担相应的还款责任。

三、抵押贷款合同为何对胡某清具有约束力

胡某清与冀某枝系夫妻，上述贷款、还款及催收情况均发生于二人婚姻关系存续期间，冀某枝表示胡某清不清楚相关情况，此与一般生活经验不符，且上述贷款金额及用途均未明显超出夫妻家庭日常生活之必要，应属夫妻共同债务，胡某清应承担共同还款责任。

上述案件在《中华人民共和国民法典》之前审结，因此援引的法律依据均为《中华人民共和国合同法》《中华人民共和国担保法》《中华人民共和国物权法》，《中华人民共和国民法典》施行后，《中华人民共和国合同法》《中华人民共和国担保法》《中华人民共和国物权法》中的相关规定被《中华人民共和国民法典》吸收，但整体而言，本案的裁判思路及举证责任未发生变化。

编写人：北京市朝阳区人民法院　马娇

019 “借新还旧”与“胁迫、欺诈”型担保责任免除的认定

——杨某凡诉房地产公司等借款合同案

【案件基本信息】

1. 裁判书字号

河南省洛阳市中级人民法院（2018）豫03民终1866号民事判决书

2. 案由：借款合同纠纷

3. 当事人

原告（上诉人）：杨某凡

被告（被上诉人）：房地产公司、机械公司、张某

【基本案情】

2014年，机械公司向矿业公司借款200万元，张某对该笔借款进行担保。借款到期后，机械公司没有按期归还借款。随后，矿业公司向洛阳市瀍河回族区区人民法院提起诉讼，并申请了财产保全。该案审理期间，2015年1月21日，机械公司向矿业公司背书转让未到期的商业承兑汇票两张（2015年4月13日汇票到期），承兑金额共计200万元，机械公司承诺：“我公司已付矿业公司商业承兑200万元，我公司愿承担20%的贴息费用，即抵借款本金160万元，如该商业承兑到期不能兑付，我公司愿承担全部损失。”随后，洛阳市瀍河回族区区人民法院作出民事判决书，判决：

(1) 被告机械公司于该判决生效后30日内偿还原告矿业公司本金27万元及利息，利息按月利率2%计算，自2015年1月22日起至本判决确定的给付之日止。(2) 被告机械公司于该判决生效后30日内偿还原告矿业公司借款利息27.26万元，违约金60万元，合计87.26万元。(3) 被告制造公司、被告张某、被告郭某森、被告张某飞对以上债务承担连带清偿责任。该生效判决确认，机械公司交付给矿业公司的200万元商业承兑汇票，折抵已归还的借款本金160万元。2015年4月13日，上述商业承兑汇票到期后，原告杨某凡、被告张某、机械公司均称该200万元商业承兑汇票无法兑付。

张某、机械公司称为了归还因承兑无法兑付而欠矿业公司的借款，又向矿业公司的法定代表人杨某凡即本案原告借款。其间，张某通过案外人李某介绍，与房地产公司法定代表人李某信协商由房地产公司提供担保，向杨某凡借款300万元。张某与房地产公司协商该300万元借款发生后，由张某使用100万元，由房地产公司使用200万元。

2015年6月16日，杨某凡与张某、房地产公司、机械公司签订借款合同一份，合同约定张某向杨某凡借款300万元，借款期限为30天，自2015年6月16日至2015年7月15日，月利率为3%，房地产公司、机械公司作为保证人对上述债务承担连带责任保证，同时房地产公司以自己名下位于新安县秀水××小区2100平方米左右的商品房作为抵押物对该笔借款提供担保，并办理抵押备案手续。如果张某未按约定期限归还借款，还应向杨某凡支付为实现债权而支出的全部费用（律师费、保全费、诉讼费、差旅费、执行费等）。合同签订后，合同约定的房地产公司提供担保的新安县秀水××商品房未办理抵押登记手续。同日，杨某凡通过银行转账的方式，分两笔，一笔100万元、另一笔200万元，共向张某转款300万元，其中杨某凡先向被告张某银行卡转入100万元，该笔100万元款项到账后立即再由张某转入杨某凡任法定代表人的矿业公司的银行账户，另一笔200万元以同样的方式先由杨某凡转入张某账户，然后再由张某账户转入矿业公司账户。

2015年6月26日，张某向李某信给付10万元，张某按照李某信的要求，将该10万元转账至李某信妻子的哥哥赵某的银行卡内。杨某凡在2014年6月16日至2015年10月21日系矿业公司的法定代表人、股东。张某系机械公司的法定代表人。

本案在庭审过程中，房地产公司认为本案当事人涉嫌刑事犯罪，并向公安机关报案，但并未收到公安机关的立案证明材料。

【案件焦点】

1. 杨某凡所主张的借款事实是否真实存在；2. 房地产公司是否对该债务承担连带责任保证。

【法院裁判要旨】

河南省洛阳市高新技术产业开发区人民法院经审理认为：原告杨某凡将借款300万元转账至被告张某的银行卡后，没有停留直接又转回了其任法定代表人的矿业公司的账户，虽然矿业公司与原告杨某凡系不同的民事法律主体，该300万元借款看似实际履行，但原告杨某凡作为矿业公司的法定代表人，该300万元通过银行转账转一圈又回到了其实际控制之下，实质上不能认定其已经履行了借款的支付义务。

关于被告房地产公司是否应当承担连带责任保证的问题，法院认为，本案借款合同并未实际履行，被告房地产公司作为担保人，不应承担保证责任。

综上，河南省洛阳市高新技术产业开发区人民法院判决：

驳回原告杨某凡的诉讼请求。

杨某凡不服原审判决，提起上诉。河南省洛阳市中级人民法院经审理认为：杨某凡上诉称被上诉人张某向其借款系用于偿还拖欠矿业公司的借款。在被上诉人张某、机械公司拖欠矿业公司借款不能偿还的情况下，矿业公司当时的法定代表人杨某凡又向被上诉人张某出借300万元用于张某偿还由杨某凡实际控制的矿业公司的借款，不符合常理。并且在二审庭审过程中，上诉人认可民事判决还在执行过程中。结合杨某凡将本案所涉300万元转账至张某账户后，该款又马上转至上诉人杨某凡实际控制的矿业公司账户的情形，一审认定本案诉争的借款看似实际履行，但最终回到杨某凡实际控制之下，实质上杨某凡并未履行借款支付义务，进而认定被上诉人不承担保证责任，符合相关法律规定，并无不当。综上，上诉人杨某凡的上诉请求，依据不足，法院不予支持。

河南省洛阳市中级人民法院判决：

驳回上诉，维持原判。

【法官后语】

借款合同纠纷案件的审理，首先要认定借款的事实是否真实存在。注意审查借款是否实际出借，即债权人的出借义务是否履行完毕，必须有充分的证据予以证明。其次要求担保人承担连带责任保证的时候，要结合案件事实予以区别，正确地适用法律才能维护当事人的合法权益。

一、区别“借新还旧”型担保责任免除与“胁迫、欺诈”型担保责任免除

假设在原告杨某凡已经实际履行出借义务的前提下，被告房地产公司是否应当承担连带责任保证的问题，就要区别“借新还旧”型担保责任免除与“胁迫、欺诈”型担保责任免除。合议庭讨论案件时认为，即使认定本案原告杨某凡已经履行了出借义务，但被告房地产公司依然可以免除保证责任。理由如下：根据《最高人民法院关于适用〈中华人民共和国担保法〉若干问题的解释》第四十条的规定：“主合同债务人采取欺诈、胁迫等手段，使保证人在违背真实意思的情况下提供保证的，债权人知道或者应当知道欺诈、胁迫事实的，按照担保法第三十条的规定处理。”根据《中华人民共和国担保法》第三十条的规定，有下列情形之一的，保证人不承担民事责任：（一）主合同当事人双方串通，骗取保证人提供保证的；（二）主合同债权人采取欺诈、胁迫等手段，使保证人在违背真实意思的情况下提供保证的。在本案中，被告张某在庭审过程中明确表示，其与被告房地产公司法定代表人李某信协商向原告杨某凡借款300万元，约定由被告张某使用100万元、被告房地产公司使用200万元。但实际上被告张某借款300万元的目的在于归还之前欠付矿业公司的借款。被告张某到庭明确表示了其未向被告房地产公司讲过该300万元原告杨某凡已经向其支付，并已经用于归还矿业公司的事实。被告张某的行为，符合上述法律规定的主合同债务人采取欺诈、胁迫等手段，使保证人在违背真实意思的情况下提供保证的情形。

关于原告杨某凡作为债权人是否知道或者应当知道被告张某欺诈被告房地产公司提供保证的问题。笔者认为，借款的实际用途对于被告房地产公司判断保证风险以及是否同意签订借款合同具有重大影响。涉案借款合同中明确约定了该笔300万元的借款用于合法经营，不得挪作其他非法用途。原告杨某凡作为借款合同中被告房地产公司提供担保责任的受益人，在与被告张某协商该笔借款的时候，明知道被告张某并未将该笔300万元的借款用于公司的生产经营，而是用于归还其任法定代表人的矿业公司的借款，且该300万元借款由原告杨某凡的账户转至被告张某的账户后，立即就转至矿业公司的账户，能够认定原告杨某凡与被告张某就转账事宜已经协商一致。然而本案原告杨某凡并未在借款合同签订前、签订时向被告房地产公司披露该事实，并且借款合同中的借款用途依然标注为用于合法经营，明显与实际不符。因此，原告杨某凡的行为，符合《最高人民法院关于适用〈中华人民共和国担保法〉若干问题的解释》第四十条规定的“债权人知道或者应当知道欺诈、胁迫事实的”的情形。综上所述，被告房地产公司的保证责任应当予以免除。

《中华人民共和国民法典》颁布施行后，民法典第一百五十四条规定：“行为人与相对人恶意串通，损害他人合法权益的民事法律行为无效。”本案张某向矿业公司借款时，实际上与出借人杨某凡达成了合议，用于归还欠付矿业公司的借款。被告房地产公司并不知情，损害了保证人的合法权益，该担保行为无效。

二、本案不属于“借新还旧”型担保责任免除

认定“借新还旧”主要应区别主合同当事人是否一致，当事人在诉讼中所产生的法律责任的主体地位是否一致。本案当事人张某在原借款合同中属于担保人，承担的是担保责任，在本案的借款合

同中是借款人，承担的是基于借款事实产生的还款义务，是主债务人。因此，看似两份借款合同有相同的当事人，但法律地位是不同的，承担的法律责任也是不同的，因此不属于“借新还旧”，亦不能适用该条法律来免除担保人的法律责任。

编写人：河南省洛阳市高新技术产业开发区人民法院　韩明

020 管辖协议约定当事人住所地法院管辖且有明确具体地址的应以约定为准

——贷款公司诉科技公司、潘某腾借款合同案

【案件基本信息】

1. 裁判书字号

北京市第二中级人民法院（2018）京 02 民辖终 1141 号民事裁定书

2. 案由：借款合同纠纷

3. 当事人

原告（被上诉人）：贷款公司

被告（上诉人）：潘某腾

被告：科技公司

【基本案情】

贷款公司作为贷款人，科技公司作为借款人，双方签订《借款合同》，约定了借款金额、借款期限、借款利息、还款方式等。潘某腾与贷款公司签订了《最高额保证合同》，约定由其对科技公

司的全部债务提供连带责任保证。《借款合同》和《最高额保证合同》中均有协议管辖条款，约定各方在履行合同过程中发生争议向甲方所在地有管辖权的人民法院起诉。两份合同首部均载明“贷款人（甲方）：贷款公司，地址：上海市嘉定工业区 A 地”。合同签订后，贷款公司依约发放了贷款，后科技公司逾期未还，贷款公司起诉至北京市大兴区人民法院。贷款公司的注册登记地址为上海市嘉定工业区 A 地，贷款公司以其公司实际经营地位于北京经济技术开发区 B 地为由，在北京市大兴区人民法院起诉。

潘某腾在提交答辩状期间对管辖权提出异议，认为合同中的“甲方所在地”约定的地址是上海市嘉定工业区 A 地，本案应当由贷款公司的所在地法院，即上海市嘉定区人民法院管辖。

【案件焦点】

管辖协议约定由当事人住所地法院管辖，且当事人住所地有具体地址的，起诉时应以约定为准，还是应当根据相关法律规定，确定当事人的住所地。

【法院裁判要旨】

北京市大兴区人民法院经审理认为：根据贷款公司提交的证据，结合法院现场勘查的情况，可以确定贷款公司的主要办事机构所在地位于北京经济技术开发区 B 地，根据《最高人民法院关于适用〈中华人民共和国民事诉讼法〉的解释》第三条规定，法人或者其他组织的住所地是指法人或者其他组织的主要办事机构所在地。故北京市大兴区人民法院作为当事人协议管辖条款中约定的贷款公司住所地人民法院，对本案具有管辖权，因此，裁定驳回潘某腾对管辖权提出的异议。

潘某腾提起上诉。北京市第二中级人民法院经审理认为：鉴于《贷款额度合同》已明确载明贷款公司的所在地位于上海市嘉定区，贷款公司的登记注册地址亦位于上海市嘉定区，故双方当事人选择纠纷由贷款公司的所在地上海市嘉定区人民法院管辖的意思表示明确，约定合法有效。现双方在履行上述合同中发生争议，应当据此确定管辖。因此，裁定撤销一审裁定，本案移送上海市嘉定区人民法院处理。

【法官后语】

在协议管辖中，最常见的就是约定由某一方当事人住所地法院管辖。如果合同中没有对当事人住所地具体写明，应当按照协议签订时当事人住所地确定管辖法院。如果协议签订后当事人住所地变更的，由签订管辖协议时的住所地人民法院管辖，但当事人另有约定的除外。

在本案中，当事人在合同中约定由贷款公司住所地法院管辖，如果双方在合同中没有写明贷款公司的住所地，则区分两种情况。贷款公司的注册登记地在上海市嘉定区，如果贷款公司在协议签订时，主要办事机构所在地已经在北京市大兴区，那么北京市大兴区人民法院对本案有管辖权。如果贷款公司系在协议签订后主要办事机构所在地变更为北京市大兴区，那么仍应以原注册登记地确定管辖，北京市大兴区人民法院对本案没有管辖权。

在本案中，虽然在协议管辖条款中没有进一步明确贷款公司住所地为何地，但在合同首部载明："贷款人（甲方）：贷款公司，地址：上海市嘉定工业区A地。"因此，应当视为当事人约定了明确的管辖法院。贷款公司在一审中提交了《房屋租赁协议书》以证明其实际经营地位于北京市大兴区。从租赁协议的时间和借款合同的时间可以看出，本案借款合同签订时，贷款公司已在北京市大兴区实际办公，但贷款公司仍在合同中写明其地址为注册地上海市嘉定区，因此，双方签订协议时的真实意思是确定上海市嘉定区人民法院为双方争议的管辖法院。

因此，管辖协议约定由当事人住所地法院管辖，且在合同中写明了当事人具体明确的住所地的，应当以双方约定为准确定管辖法院，而不应当按照法律规定确定合同签订时的当事人住所地，更不应当按照法律规定确定起诉时的当事人住所地。这种写明可以是在协议管辖条款中指明，也可以是在合同首部或尾部当事人情况处载明，总之在按照协议管辖确定管辖法院时应当极力探寻并尊重当事人的真实意思，只有这样才符合协议管辖制度的初衷。

编写人：北京市第二中级人民法院　李琴

021　借款担保合同中的“承诺函”如何审查

——某银行诉置业公司等借款合同案

【案件基本信息】

1. 裁判书字号

山西省高级人民法院（2018）晋民终632号民事判决书

2. 案由：借款合同纠纷

3. 当事人

原告（上诉人）：某银行

被告（被上诉人）：置业公司

被告：工业公司、印刷公司、工贸公司、商贸公司、包装公司、彭某龙、樊某英

【基本案情】

2015 年 9 月 17 日，某银行与工业公司签订《贸易融资额度合同》，某银行同意为工业公司提供贸易融资额度，贸易融资额度最高限额为人民币 5710 万元，额度有效期间自 2015 年 9 月 17 日至 2016 年 9 月 8 日。工业公司向某银行申请了共计 11 份《信托收据贷款申请书》，贷款到期后，某银行垫付本金 4215863.77 美元。某银行主张该 11 笔信托收据贷款的应付利息为 90369.04 美元。

2015 年至 2016 年，工业公司与某银行签订 2015-抵押-03 号《抵押合同》，包装公司与某银行签订 2015-抵押-12 号《最高额抵押合同》，彭某龙、樊某英与某银行签订 2015-最高额-01 号《最高额抵押合同》。其中，2015 年 8 月，置业公司向某银行出具《承诺函》，内容为："我公司投资建设的'××大厦'项目，目前该项目已取得土地证、建筑工程施工许可证、建设工程规划许可证、建设用地规划许可证、商品房预售许可证五证，主体建设已完工，内部空调、消防等工作也已完成，目前正在进行外立面幕墙的施工，正在做各项验收工作。现我公司承诺：1. 积极推动房产证办理及土地证分割的相关事宜；2. 在该项目取得房产证以及分割后的土地证后，我公司 20 个工作日内将向贵行抵押该项目××楼第三层房产及相应的土地，为工业公司在贵行的进出口贸易额度 4000 万元整提供抵押担保。"

2015 年 9 月 17 日，印刷公司、工贸公司、商贸公司、彭某龙、樊某英分别与某银行签订 2015-最高额保证-03 号《最高额保证合同》，约定为上述债务提供最高额保证，保证方式为连带责任保证，保证期间自主合同债务履行期限届满日后两年止。

因工业公司未按时还款，某银行向法院诉请：（1）请求工业公司偿还某银行借款本金4215863.77美元、人民币21736679.31元，利息90369.04美元，以及自2016年6月29日起至还清全部贷款本息日止的利息；（2）某银行对工业公司抵押的存放于工业公司分公司的十五项机器设备享有抵押权，某银行对拍卖、变卖抵押物的价款享有优先受偿权；（3）某银行对包装公司位于云南省××工业园区××路东北侧的13735.51平方米土地及房屋享有抵押权，某银行某分行对拍卖、变卖抵押物的价款享有优先受偿权；（4）某银行对置业公司位于××大厦××楼第三层房产及相应土地享有抵押权，某银行对拍卖、变卖抵押物的价款享有优先受偿权，或置业公司在上述抵押财产价值范围内承担连带清偿责任；（5）判决某银行对彭某龙、樊某英位于运城市××路××小区××幢××单元××号的房屋享有抵押权，某银行对拍卖、变卖抵押物的价款享有优先受偿权；（6）印刷公司、工贸公司、商贸公司、彭某龙、樊某英对上述第一项借款本息承担连带清偿责任；（7）依法判决本案诉讼费由各被告承担。

【案件焦点】

置业公司《承诺函》的效力及性质问题。

【法院裁判要旨】

山西省太原市中级人民法院经审理认为：某银行与工业公司签订的《贸易融资额度合同》《信托收据贷款申请书》《国内信用证开证合同》等均系当事人的真实意思表示，且内容未违反法律、行政法规的强制性规定，各方当事人应当依约履行各自的义务，现某银行出借款项，工业公司未按时还款，造成纠纷在工业公司，故对某银行要求工业公司偿还借款及本息的合理主张予以支持。被告工业公司以其机器设备提供质押担保，被告包装公司以其土地及房屋提供抵押担保，被告彭某龙、樊某英以其共有的房屋提供抵押担保，上述抵押担保均在主管部门办理了他项权登记，上述各被告抵押担保意思表示真实，抵押权依法设立，故对某银行要求对上述抵押的财产依法享有优先受偿权的主张予以支持。被告印刷公司、被告工贸公司、被告商贸公司、被告彭某龙、被告樊某英分别与某银行签订最高额保证合同，保证方式为连带责任保证。依据合同约定，上述被告在主债务被告工业公司未履行还款义务的情况下，应当按照约定承担相应的担保责任，故对某银行要求上述被告对本案借款承担连带清偿责任的主张，予以支持。关于某银行主张的律师费及其他实现债权的费用，因某银行未提供充分证据证明其实际发生及金额，故对其该主张，不予支持。

被告置业公司向某银行出具《承诺函》，承诺以其房屋提供抵押担保，虽担保的意思表示明确，但始终未办理抵押登记，且某银行与被告置业公司并未签订抵押合同，故对某银行要求被告置业公司在其承诺抵押担保的范围内承担连带清偿责任的主张不予支持。

综上，山西省太原市中级人民法院依照《中华人民共和国合同法》第一百零七条、第二百零五条、第二百零七条，《中华人民共和国担保法》第十八条，《中华人民共和国民事诉讼法》第一百四十四条的规定，判决如下：

一、被告工业公司于本判决生效之日起十日内归还原告某银行信托收据本金 4215863.77 美元、利息 90369.04 美元及自 2016 年 6 月 29 日起至本判决确定履行之日止的按合同约定伦敦同业拆借利率 +380 基点计算的利息。国内信用证垫付本金人民币 21719455.81 元及利息（其中 9982679.31 元的利息以 9982679.31 元为基数，从 2016 年 7 月 5 日起按照每日利息万分之五计算至本判决确定履行之日止；11736776.5 元的利息以 11736776.5 元为基数，从 2016 年 7 月 21 日起按照每日利息万分之五计算至本判决确定履行之日止）。

二、被告印刷公司、被告工贸公司、被告商贸公司、被告彭某龙、被告樊某英对上述第一项的借款本息承担连带清偿责任。被告印刷公司、被告工贸公司、被告商贸公司、被告彭某龙、被告樊某英在承担保证责任后，有权向被告工业公司追偿。

三、原告某银行对被告工业公司抵押的存放于工业公司分公司的十五项机器设备享有抵押权，原告某银行对拍卖、变卖抵押物的价款享有优先受偿权。

四、原告某银行对被告包装公司位于云南省××工业园区××路东北侧的 13735.51 平方米土地及房屋享有抵押权，原告某银行对拍卖、变卖抵押物的价款享有优先受偿权。

五、原告某银行对被告彭某龙、被告樊某英位于运城市××路××小区××幢××单元××号的房屋享有抵押权，原告某银行对拍卖、变卖抵押物的价款享有优先受偿权。

六、驳回原告某银行对被告置业公司的诉讼请求。

七、驳回原告某银行的其他诉讼请求。

某银行对该判决不服，向山西省高级人民法院提起上诉。

山西省高级人民法院经审理认为：本案争议焦点为置业公司《承诺函》的效力及性质问题。置业公司主张《承诺函》为附生效条件的承诺函件，所附条件未成就，承诺事项未成立及无效。附条件的合同，是指当事人在合同中特别约定一定的条件，以条件的是否成就来决定合同效力的发生或消灭的合同。《中华人民共和国合同法》第四十五条规定，当事人对合同的效力可以约定附条件，附生效条件的合同，自条件成就时生效。首先，该条件应当是将来不确定发生的事实，条件必须合法且由当事人协议确定，并且不得与合同的主要内容相矛盾。其次，合同义务不能成为条件。合同义务是对当事人有约束力、当事人应依约履行的，而条件是否能够成就是不确定的，当事人不负有使条件成就的义务。在本案中，第一，双方在《承诺函》中没有约定以取得房产证和分割后的土地证作为承诺生效的前提条件。第二，取得房产证和分割后的土地证是办理抵押登记的前提，是履行抵押合同的义务。因此，办理房产证及分割的土地证的相关事宜是置业公司的合同义务，该合同义务是明确的、确定的，房产证及土地证分割能否成就属于履行该合同义务的结果不确定，并非合同义务的不确定。合同义务不能成为条件，对置业公司关于《承诺函》属附生效条件的合同的理由不予支持。置业公司向某银行出具的《承诺函》明确载明“我公司承诺：1. 积极推动房产证办理及土地证分割的相关事宜；2. 在该项目取得房产证以及分割后的土地证后，我公司 20 个工作日内将向贵行抵押该项目××楼第三层房产及相应的土地。为工业公司在贵行的进出口贸易额度 4000 万元整提供抵押担保”，置业公司承诺以其房屋提供抵押担保，其抵押担保的意思表示明确，应予以确认。《中华人民共和国物权法》第十五条规定“当事人之间订立有关设立、变更、转让和消灭不动产物权的合同，除法律另有规定或者合同另有约定外，自合同成立时生效；未办理物权登记的，不影响合同效力”，置业公司《承诺函》意思表示真实，且不符合《中华人民共和国合同法》第五十二条规定的合同无效的情形，应认定为合同有效。置业公司提供抵押担保的房产未办理抵押登记，应认定为抵押权未设立，某银行对抵押物不享有抵押权，不能就抵押的房产主张优先受偿，但置业公司应在抵押财产价值范围内对债务承担连带清偿责任。综上，对某银行的上诉理由应予支持。

山西省高级人民法院依照《中华人民共和国民事诉讼法》第一百七十条第一款第二项之规定，判决如下：

一、维持太原市中级人民法院民事判决第一项、第二项、第三项、第四项、第五项、第七项；

二、撤销太原市中级人民法院民事判决第六项；

三、置业公司在其抵押的××大厦××楼第三层房屋的财产价值4000万元范围内承担连带清偿责任。置业公司在承担担保责任后，有权向工业公司追偿。

【法官后语】

在我国司法实践中出现的“承诺函”，往往是在借款担保等民商事案件中，当事人为了达到规避订立担保协议所需的审批程序而采用的一种非格式化的函件形式。当交易活动正常的情形下，“承诺函”体现出高效、便利的优越性。尤其是在国有企业或者国有控股企业的经营活动中，因对外担保一般都需要履行较为严格的审批程序和风险评估，为达到在较短时间内完成担保的目的，即采用直接向出借人发放具有担保内容的“承诺函”的方式进行。同时，为实现贷款收益，很多作为出借人的商业银行也有配合“承诺函”，完成借款行为的利益冲动。但是，当交易活动异常，在借款人无法按期还本付息的情形下，“承诺函”高效、便利的“优越性”就转化为商业风险和法律责任，本案中的《承诺函》即如此。

对于审判工作中出现“承诺函”，可以尝试从以下几个方面进行审查：

首先，审查“承诺函”作出后，各方是否达成了意思表示的一致。从本质上看，承诺函是第三人向债权人作出的单方意思表示，如系真实的意思表示，不违反法律行政法规的强制性规定，便依法具有效力，应当自意思表示到达债权人时起生效。但《承诺函》本身是第三人作出的独立的单方意思表示，其与债务人对债权人一方负有的义务属于并列的、选择行使的关系，而非主合同与担保合同的关系。《承诺函》作出后，是否形成协议各方的合意，还需结合《承诺函》出具的背景、目的及其内容综合进行判断——合同各方没有明确拒绝，即应当认定为达成合意。在本案中，置业公司发出“承诺函”后，借款人接受该函件的行为即从行为上推定出双方已达成合意，“承诺函”成立并生效，形成了约束协议双方的合同效力。出具《承诺函》的一方不得以其性质上属于一般保证，并以主合同债务并未实际发生为由提出抗辩，债权人有权依据《承诺函》请求承诺人履行约定的义务或者承担相应的民事责任。

其次，审查“承诺函”的作出，是否维护了各方利益的衡平。以本案为例，置业公司向某银行出具的《承诺函》的内容明确体现出提供担保的意思，抵押担保的意思表示明确。但其在诉讼中以《承诺函》为附生效条件的承诺函件，因所附条件未成就，承诺事项未成立及无效为由，意图推翻其提供担保的意思表示。此种抗辩，虽在形式上有一定逻辑性，但如果按照置业公司的逻辑推理，各方利益将实质上失衡，丧失公平性——在借款合同履行完成的情形下，置业公司出具的《承诺函》将被认为是有效的担保协议，其已履行了担保义务，同时，其将享有提供担保所带来的收益。在借款合同未能到期完成的情形下，置业公司出具的《承诺函》不认为是有效的担保协议，其不需履行担保义务，自然也不承担责任——《承诺函》保证债务履行的价值无从体现。所以我们应通过对“承诺函”进行利益衡量，破解僵化适用形式逻辑而产生的谬误，将各方的权益放在公平的基础上进行调整。

最后，在审判实践中，“承诺函”的出具主体也会出现法定不能对外提供担保的一些分支机构甚至政府机关等。因此类“承诺函”违反强制性法律规定，应被认定为无效。但需要强调的是，我们不仅应关注和认定此类担保主体存在过错的问题，也需对出借人是否知晓、是否存在过错作出分析认定，客观、全面地审理此类案件。

另需说明的是，本案判决于《中华人民共和国民法典》编纂之前，在法律的适用上，依据的仍然是《中华人民共和国合同法》《中华人民共和国担保法》《中华人民共和国物权法》《中华人民共和国民事诉讼法》相关条款。2021年1月1日，《中华人民共和国民法典》施行，2022年1月1日，修改后的《中华人民共和国民事诉讼法》施行，本案依据的《中华人民共和国合同法》《中华人民共和国担保法》《中华人民共和国物权法》《最高人民法院关于适用〈中华人民共和国担保法〉若干问题的解释》均失效，相关条款的法律规范被编纂进《中华人民共和国民法典》的物权编、合同编，条款顺次均有所调整；依据的程序法条款在新的《中华人民共和国民事诉讼法》中的顺次也有所调整，除了在保证的方式上有所变化外，内容均无大变。

依据《中华人民共和国民法典》第六百八十六条第一款规定，保证的方式分为一般保证和连带责任保证。第六百八十七条第一款规定，“当事人在保证合同中约定，债务人不能履行债务时，由保证人承担保证责任的，为一般保证”。此外，第六百八十六条第二款规定："当事人在保证合同中对保证方式没有约定或者约定不明确的，按照一般保证承担保证责任。"本案中，置业公司的《承诺函》对保证方式的陈述为"提供抵押担保"，并未约定承担连带责任保证。按照《中华人民共和国民法典》关于保证方式的规定，置业公司应当承担一般保证责任。此一点与《中华人民共和国民法典》施行前的法律规定有所不同。

编写人：山西转型综合改革示范区人民法院　陈赟

022　混合共同担保中担保权实现顺序的认定

——某银行诉付某国等借款合同案

【案件基本信息】

1. 裁判书字号

河南省开封市中级人民法院（2018）豫 02 民终 675 号民事判决书

2. 案由：借款合同纠纷

3. 当事人

原告（上诉人）：某银行

被告（被上诉人）：付某国、付某民、粮食公司

【基本案情】

2016 年 7 月 15 日，某银行与粮食公司签订了一份借款合同，约定某银行向粮食公司提供借款 1200 万元，同日，付某民、付某国与某银行签订了一份保证合同并出具了两份担保承诺书，保证合

同约定付某国、付某民为粮食公司的上述债务提供连带责任保证，并约定债权人可以就要求保证人或者抵押人承担担保责任进行选择。同日，付某国与某银行另签订了一份抵押合同，约定付某国将其有权处分的林地使用权及拥有所有权的林木为粮食公司的上述债务提供抵押担保，并办理了抵押登记手续。上述合同签订后，某银行如期发放贷款，后粮食公司未能按期偿还借款本息。某银行诉至法院，要求粮食公司偿还借款本息，付某国、付某民对上述债务承担连带清偿责任，并对付某国抵押的林地使用权及林木拍卖，就变卖所得粮食公司在借款本息范围内享有优先受偿权。付某国、付某民辩称，应当依法对抵押物进行拍卖，不足部分才由保证人承担保证责任。

【案件焦点】

付某国、付某民应对全部债务承担连带责任还是仅对抵押物进行拍卖，不足部分承担连带责任。

【法院裁判要旨】

河南省开封市金明区人民法院经审理认为：某银行与粮食公司签订的借款合同系双方真实意思表示，某银行履行了出借义务，粮食公司应按约定履行其还款义务。付某国就其所有的林木所有权及林地使用权为上述债权设立了抵押担保，故某银行对上述抵押财产主张优先受偿权的请求，法院予以支持。付某国、付某民与某银行签订了保证合同，愿意为粮食公司的上述债务承担连带担保责任，上述约定不违反法律的规定，合法有效，故对某银行要求付某国、付某民承担连带担保责任的诉求，予以支持，但因为在粮食公司的同一债权上既有物的担保又有保证，保证人应当对物的担保以外的债权承担保证责任。某银行主张的律师费在双方约定的为实现债权发生的费用之内，予以支持。

河南省开封市金明区人民法院依据《中华人民共和国合同法》第四十四条、第六十条、第一百零七条、第一百九十六条，《中华人民共和国担保法》第十二条、第十八条、第二十一条、第二十八条，《中华人民共和国物权法》第一百八十条，《中华人民共和国民事诉讼法》第六十四条、第一百四十四条之规定，判决：

一、粮食公司于本判决生效之日起十日内偿还某银行借款200000元及利息（2017年5月22日至2017年7月19日按照月息8.45‰计算；自2017年7月20日至粮食公司还清借款本息之日止按照月息12.575‰计算）；

二、粮食公司于本判决生效之日起十日内给付某银行律师服务费150000元；

三、若粮食公司到期不能履行上述义务，某银行对付某民有权处分的某林木所有权及林地使用权享有抵押权，对其折价款或者拍卖、变卖的价款在上述第一项、第二项债权范围内享有优先受偿权；

四、付某民、付某国对粮食公司的上述第一项、第二项确定的义务在某银行行使上述第三项抵押权后不获清偿的部分承担连带清偿责任；

五、付某国、付某民在承担保证或者抵押责任后，有权向粮食公司追偿；

六、驳回某银行的其他诉讼请求。

某银行不服，提起上诉。河南省开封市中级人民法院经审理认为：根据《中华人民共和国物权法》第一百七十六条、第一百七十八条之规定，结合本案，付某国、付某民既是粮食公司的债务保证人，付某国又以林木所有权及林地使用权作抵押，某银行可以要求付某国、付某民承担连带责任，也可以要求付某国以其物保财产实现债权。而某银行要求对付某国所抵押的林地使用权及林木拍卖，变卖所得在借款本息内优先受偿，已经行使了对于第三人物保和人保的选择权。故而，付某国、付某民对某银行行使抵押权后不获清偿的部分承担连带责任。

河南省开封市中级人民法院依照《中华人民共和国民事诉讼法》第一百七十条第一款第一项之规定，判决：

驳回上诉，维持原判。

【法官后语】

“债权人应当按照约定实现债权”中的“约定”应指对人的担保与物的担保二者之间责任顺序和责任范围的约定。在无约定或约定不明的情况下，保证人对于物上保证人并无顺序利益。

一、混合共同担保中债权人实现其债权的选择权

在混合担保中担保权实现的问题上，我国现行法律规定经历了逐步丰富和完善的演变过程。《中华人民共和国担保法》第二十八条凸显了保证人绝对优待的立法态度，其仅对物的担保以外的债权额承担保证责任。《最高人民法院关于适用〈中华人民共和国担保法〉若干问题的解释》第三十八条第一款则有所改变，明确区分债务人提供物保和第三人提供物保的情形，对于前者之场合采取“保证人绝对优待主义”，绝对限制债权人的选择权；对于后者之场合采取“平等主义”模式，承认债权人的选择权。《中华人民共和国物权法》（以下简称《物权法》）第一百七十六条基本沿袭《最高人民

法院关于适用〈中华人民共和国担保法〉若干问题的解释》第三十八条第一款的模式，区分债务人物保和第三人物保的情形，并在混合担保问题上融入了意思自治，既明确债权人可以通过合同约定行使各项担保权益，又明确当事人约定的权利行使方式优于法律规定的次序。虽然《中华人民共和国民法典》（以下简称《民法典》）施行后，《物权法》已经废止，但《物权法》第一百七十六条的规定为《民法典》第三百九十二条所沿用。

具体到本案，争议的焦点之一就是《保证合同》中债权人可以就要求保证人或者抵押人承担保证责任进行选择的约定，是否属于《物权法》第一百七十六条规定的“债权人应当按照约定实现债权”的情形？这里有以下两个问题需要明确：

（一）“约定”针对的什么

“债权人应当按照约定实现债权”，这里的“约定”旨在确定或者限制人保与物保并存时债权人的选择权，其内容应仅限于对人保与物保二者之间的责任顺序和责任范围的约定。

最高人民法院在一起保证合同纠纷上诉案①中认为，“债权人应当按照约定实现债权”中的“约定”是指“实现担保物权的情形”的约定，即仅在当事人对于实现担保物权有明确约定的情形下，债权人才应当按照该约定实现债权。这一观点将《物权法》第一百七十六条“债务人不履行到期债务或者发生当事人约定的实现担保物

---

① 最高人民法院（2016）最高法民终40号民事判决书，载中国裁判文书网，https：//wenshu. court. gov. cn/website/wenshu/181107ANFZ0BXSK4/index. html? docId=H4KnwA06Y1GFTIHq7g8dq/ETbrMSXMCgQivmev74tS0Hl/dOkbsOm/UKq3u+IEo4w4OaGAbnG2A8A8lfcm2NXSN05NRB6QgWvb77MR4zDn5sNAO0MA0tXXVeiogjz4Kr，最后访问时间：2023年2月6日。

权的情形”中“约定”直接套入同条后段，即成了“债权人应当按照约定实现债权”。在保证合同中不可能约定“实现担保物权的情形”的情况下，直接导致物的担保合同中如约定了“实现担保物权的情形”时物上保证人即应优先承担担保责任的结果。这样一来，《物权法》第一百七十六条规定，在当事人没有约定或约定不明时，第三人物保和人保平等的规则失去意义。

笔者认为，该案对于该“约定”的理解值得商榷。全国人大法工委编制的《中华人民共和国物权法释义》认为第一百七十六规定中“债权人应当按照约定实现债权”的约定是实现债权的约定，即在当事人对于物的担保和人的担保的关系有约定的情况下，应尊重当事人的意思自治，按约定实现。① 此条文的大前提应当是“人保物保并存的情况下，债务人不履行到期债务或者发生当事人约定的实现担保物权的情形”，只有在此前提下，才有实现债权的三种方式，即有实现债权的约定的，从约定；无约定或者约定不明的，有债务人自己之物的担保，物的担保优先；无约定或者约定不明的，也没有债务人自己之物的担保，那么债权人可以选择第三人之物的担保实现债权，或者要求保证人承担担保责任以实现债权。如果将条文中的四个约定统一理解为对于实现担保物权的约定，那么即使被担保的债权既有物的担保，又有人的担保，但是仅在对于物的担保情形有约定的情况下，才从其约定，只要有物的担保有约定，就应当物保优先。那么正如前述所说，此条文对于物保人保实现顺序的规定就失去了意义。这也与第一百七十六条加入当事人意思自治的立法

① 参见全国人民代表大会常务委员会法制工作委员会编：《中华人民共和国物权法释义》，法律出版社2007年版，第380-381页。

原意相悖。故而，“债权人应当按照约定实现债权”的“约定”应理解为人的担保与物的担保二者之间的责任顺序和责任范围的约定。

（二）“约定”明确到什么程度

在《物权法》第一百七十六条的语义之下，只有在就人的担保与物的担保之间的责任顺序或责任分担范围约定明确的情形下，债权人才能依该约定实现债权。实践中，对于约定明确程度的认定，争议较大。

是如果该约定确定了本案债权在人的担保和物的担保并存情况下担保权实现的规则，就足以达到认定明确的程度，还是如果没有明确表明是物保优先还是人的担保优先，就应属法律规定的约定不明的情形？正如前文所述，“债权人应该按照约定实现债权”的“约定”目的在于确定或者限制物的担保与人的担保并存时债权人的选择权，当事人之间约定的内容需要达到这一程度方可认为其约定明确。因此，“约定明确”应是对担保债权实现顺序的明确约定，表明是物的担保优先还是人的担保优先。而本案某银行与付某国、付某民签订的《保证合同》仅约定了债权人可以就要求保证人或者抵押人承担担保责任进行选择，并未明确担保权的实现顺序，应属约定不明的情形。但本案较为特殊，抵押人亦是保证人之一，根据《物权法》第一百七十六条的规定，在约定不明且无债务人提供物保的情况下，债权人可以要求就第三人物保实现债权，也可以要求保证人承担连带责任。即在本案中，某银行依然可以要求保证人承担连带责任，也可以要求抵押人就其物保财产实现债权，但这一选择权并非由于当事人的约定，而是根据法定情形而来。

二、保证人对物上保证人（第三人）是否享有顺序利益

根据《物权法》第一百七十六条的规定，除非另有约定，保证

人对于物上保证人并无顺序利益。保证人仅在当事人就实现债权的顺序、分担范围未作约定或约定不明确的情形下，针对提供物保的债务人享有顺序利益。在物保系由第三人提供时，没有约定或约定不明的情形下，物保和保证处于平等的地位。相关的裁判案例大多采纳了这一观点。[①]

根据《物权法》第一百七十八条之规定，在《物权法》实施之后，《担保法》第二十八条自无适用的空间，而《民法典》第三百九十二条沿用了《物权法》第一百七十六条的规定。据此，在就债权的实现未作约定或者约定不明确的情形下，债权人应先就债务人自己提供的物的担保实现债权，就其未受清偿的部分，债权人既可以向物上保证人主张权利，也可以向保证人主张权利。在债务人提供物保的场合，《民法典》第四百零九条第二款规定："债务人以自己的财产设定抵押，抵押权人放弃该抵押权、抵押权顺位或者变更抵押权的，其他担保人在抵押权人丧失优先受偿权益的范围内免除担保责任，但是其他担保人承诺仍然提供担保的除外。"关于质权人放弃债务人自己提供质物的，《民法典》第四百三十五条作出了类似的法律规制。该规定与《民法典》第三百九十二条规定的担保实现顺序保持了内在的逻辑统一，即在债务人提供的物保处于第一责任

---

① 例如，江西省高级人民法院（2015）赣民二终字第78号民事判决书，载中国裁判文书网，https：//wenshu. court. gov. cn/website/wenshu/181107ANFZ0BXSK4/index. html?docId=rnZKb0y5gfwrrsAj4g8KCcT0otkb9XW2IgDlSgQtfN558ccxVv0cN/UKq3u+IEo4w4OaGAbnG2A8A8lfcm2NXSN05NRB6QgWvb77MR4zDn4xOx9nHKMvkeIZViaj0MB9，最后访问时间：2023年2月6日；贵州省高级人民法院（2013）黔高民商初字第5号民事判决书，载中国裁判文书网，https：//wenshu. court. gov. cn/website/wenshu/181107ANFZ0BXSK4/index. html? docId=8uT/bLVGgtEHRCJl89P5ZLIeXd1EjTWVIpQTK/40X/CKHmMsYYnlCPUKq3u+IEo4w4OaGAbnG2A8A8lfcm2NXSN05NRB6QgWvb77MR4zDn7csGjkpr1cZZRAWlf5Wdna，最后访问时间：2023年2月6日。

顺位，保证人作为第二顺位的责任人，享有顺位利益，债权人放弃债务人提供的物保，为使处于第二顺位的保证人的保证责任不受不利影响，保证人得以在债权人放弃优先受偿的范围内免责。而在第三人提供物保的情形下，债权人即便放弃第三人物保时，其他担保人亦不得主张相应免除担保责任。此时物上保证人与保证人处于平等地位，都不是最终的债务承担者。债权人无论是先实现物的担保还是先实现人的担保，物上保证人或者保证人都存在向债务人求偿的问题。为保障债权人的债权得以充分实现，法律应当尊重债权人的意愿，允许债权人在这种情况下享有选择权。

结合本案，付某国、付某民既是粮食公司债务的保证人，付某国又以林地使用权及林木所有权作抵押，某银行可以要求付某国、付某民承担连带责任，也可以要求付某国以其物保财产实现债权。而某银行要求对付某国所抵押林地使用权及林木拍卖，变卖所得在借款本息范围内优先受偿的行为，已经行使了其对于第三人物保和人保的选择权。因此，付某国、付某民对某银行行使抵押权后未获清偿的部分承担连带责任。这并不意味着，在无约定或约定不明的情况下，保证人对物上保证人享有顺序利益、第三人物保应优先承担担保责任，而是由于本案中债权人主张对抵押物拍卖、优先受偿，在事实上已行使了其选择的权利。

编写人：河南省开封市中级人民法院　周锐丽

023 名义借款人是否负有还款责任

——建设公司诉段某峰、陈某借贷合同案

【案件基本信息】

1. 裁判书字号

北京市顺义区人民法院（2018）京03民初9649号民事判决书

2. 案由：借贷合同纠纷

3. 当事人

原告：建设公司

被告：段某峰、陈某

【基本案情】

2017年1月11日，建设公司作为甲方与段某峰作为乙方签订《借款合同》，约定乙方向甲方借款10万元，借款期限为五个月，自2017年1月11日起至2017年6月10日止。2017年1月12日，建设公司作为甲方与段某峰作为乙方签订《借款合同》，约定乙方向甲方借款10万元，借款期限为五个月，自2017年1月12日起至2017年6月11日止。2017年1月11日，段某峰在建设公司的第一份付款通知单上的领款人处签名，该通知单载明的付款事由为付段某峰借款，金额10万元。2017年1月12日，段某峰在建设公司的第二份付款通知单上的领款人处签名，该通知单载明的付款事由为付段某峰（陈某）借款，并注明了陈某的工行卡号，金额为10万元。建设公司提交的银行回单显示，2017年1月12日，

宗某刚将10万元款项汇至陈某的工行账号，该账号与2017年1月12日的付款通知单载明的陈某账号一致。2017年1月17日，段某峰在工商银行转账支票存根上的收款人处签名，并载明用途为借款。

建设公司提交其工作人员杨某青、赵某强与陈某的短信往来记录。2017年1月11日，陈某发送短信给杨某青，称"一个叫段某峰的人去拿支票了。一个小时到"。当日杨某青将支票的支付密码发送给陈某，并告知陈某"支票您派来的人已拿走，填上密码就可以了"。6月20日，建设公司的工作人员赵某强发短信催促陈某还款，称"上次你来了80万元，我没有催你，这是信任，不是我不够意思，公司也不是我私人的，我也要给大家一个交代，你可以问一下你上次来拿支票的哥们儿，我们这里财务制度是非常正规的。20万元也不多，你说用到年前，现在6月啦……"收件人显示为陈某的人回复"我一个月时间给你凑出来"。

段某峰陈述，陈某是其老板，陈某派他去建设公司处拿钱，而建设公司要求谁去拿钱谁就要在合同上签字，因为当时和陈某的私人关系不错，所以直接在合同上签了自己的名字。实际收款人是陈某，其只是代陈某去拿支票，代签合同。

庭审中，段某峰当庭拨打陈某电话，陈某承认其是实际借款人，实际使用了该借款。

【案件焦点】

名义借款人是否负有偿还借款的责任。

【法院裁判要旨】

北京市顺义区人民法院经审理认为：建设公司提交的其工作人

员与陈某的短信记录均能证实，陈某明确告知过建设公司，段某峰是代陈某领取支票的人员，建设公司也知晓段某峰是来拿支票的人员。且建设公司的工作人员杨某青将 10 万元支票的密码告知陈某，第二笔 10 万元借款的付款通知书载明的付款事由是付段某峰（陈某）借款，并实际将款项打入陈某的银行账户。借款出现逾期后，建设公司的工作人员也多次、明确地向陈某主张还款。陈某亦承认其是实际借款人和实际用款人。综上，可以确认涉案款项的实际借款人是陈某，建设公司与陈某之间的借贷关系成立，陈某应当按照约定归还借款。建设公司主张其与段某峰之间成立借贷关系，要求段某峰承担还款义务，但是综合全案证据，可以证实建设公司与段某峰并未就借款达成一致的、真实的意思表示，没有将款项实际出借给段某峰，建设公司亦无证据证明段某峰系债务加入，故法院对建设公司的该项主张不予支持。

北京市顺义区人民法院依照《中华人民共和国合同法》第二百零六条，《最高人民法院关于审理民间借贷案件适用法律若干问题的规定》第三十条，《中华人民共和国民事诉讼法》第一百四十四条之规定，判决：

一、被告陈某返还原告建设公司借款 20 万元并支付违约金；

二、驳回原告建设公司的其他诉讼请求。

判决后，双方当事人均未上诉，本判决现已生效。

【法官后语】

在部分民间借贷纠纷案件中，被告辩称其虽然在借条或者借款合同上签字，但本人并非实际借款人，而是替他人借款，此时名义借款人是否具有还款责任呢？在司法实践中，对该问题的处理存在争议。

第一种观点认为，名义借款人应当承担还款责任。首先，名义借款人和出借人之间的借款协议是真实合法有效的，尽管名义借款人同意签字且存在种种隐情，但这并不妨碍借款协议的效力，双方之间形成了借贷关系。其次，根据合同相对性原则，应当由名义借款人还款，名义借款人实际偿还借款后可以再向实际借款人追偿。

第二种观点认为，实际借款人应当承担还款责任。当名义上的法律关系和实际法律关系不符合时，应当以实际法律关系为准，探究双方当事人的真实意思表示。名义借款人只是借出自己的名字，并未真实使用和收到借款，如果让其承担还款义务，有失公平。实际借款人是实际的受益者，理应承担还款义务。

第三种观点认为，名义借款人和实际借款人应当承担连带还款责任。名义借款人在借款协议上签字，应当预见相应的法律后果，出借人对此有信赖利益。实际借款人作为受益人，自然应当承担还款义务。从保护出借人利益的角度考虑，应当由名义借款人和实际借款人承担连带还款责任。

笔者认为，应当结合个案的具体案情来综合判断。如果出借人在签订借款协议时不知道实际借款人的存在，认为名义借款人就是实际借款人，事后也向名义借款人催款，那么此时应当注重保护出借人的信赖利益，由名义借款人承担还款责任。如果出借人在签订借款协议时就知道实际借款人的存在，仍然与名义借款人签订借款协议，事后也向实际借款人催款，可以确认出借人的真实意思表示是与实际借款人建立借贷关系，此时判决由实际借款人承担还款责任更加公平和适宜。本案就符合第二种情形。从出借人自己提交的证据看，出借款项时明知陈某是实际借款人，段某峰是陈某派去取支票的人，并将支票密码发送给陈某，或者将款项直接打到陈某的银行账户，事后也多次找陈某催款，且陈某明确认可其是实际借款人，实际收到和使用借款。出借人建设公司与陈某之间存在明显的借贷关系。尽管建设公司与段某峰签订了形式完备的借款协议，但从本案审理的情况看，双方签订借款协议并未就借贷达成真实、一致的意思表示，建设公司并不是出于信赖段某峰而把款项出借给段某峰——而是因为信任段某峰背后的实际借款人陈某，段某峰也无意从建设公司处借款，这样做仅仅是为了满足建设公司的财务制度要求。另外，段某峰明确拒绝偿还借款，没有债务加入的意思表示，因此，不宜判决段某峰承担连带还款责任。

尽管本案最终没有判决名义借款人承担还款责任，但替人签名借款风险极大，如果不是本案原告建设公司自己提交的证据中包含对名义借款人有利的证据，且实际借款人明确认可借款事实，在名义借款人也无法举出充足证据的情况下，仍然难以免除还款责任。因此，在借款协议上签字时必须慎之又慎，避免麻烦和纠纷。

本案判决时适用的是《中华人民共和国合同法》及相关司法解释。《中华人民共和国民法典》制定及实施后，就本案所涉问题没有新的特殊规定。新、旧法之间并无冲突，一脉相承。《中华人民共和国民法总则》第一百四十六条与《中华人民共和国民法典》第一百四十六条表述一致："行为人与相对人以虚假的意思表示实施的民事法律行为无效。以虚假的意思表示隐藏的民事法律行为的效力，依照有关法律规定处理。"根据该条法律规定，在借贷纠纷中，如果双方没有形成真实的借贷意思表示，即便名义借款人在借款合同上签字，也不能认定双方的借贷关系成立，更不能进而认定名义借款人负有还款责任。因此，厘清这类案件的核心要义在于探究当事人的真实意思表示，当外在表现出的法律关系与隐藏的真实法律关系不一致时，以基于真实意思表示形成的法律关系作为案件审理的基础。

编写人：北京市顺义区人民法院　谢彩凤

024 采取公告方式主张权利，必须以当事人一方下落不明为前提

——某银行诉房地产公司、供销商场金融借款合同案

【案件基本信息】

1. 裁判书字号

黑龙江省牡丹江市中级人民法院（2018）黑10民再22号民事判决书

2. 案由：金融借款合同纠纷

3. 当事人

原告（被上诉人、再审被申请人）：某银行

被告（上诉人、再审申请人）：房地产公司

被告（被上诉人、再审被申请人）：供销商场

【基本案情】

2005年5月17日，某银行与房地产公司、供销商场签订招商引资开发动迁协议书，协议中约定供销商场欠银行贷款200万元由房地产公司负责偿还，供销商场负连带偿还责任，二被告用1000平方米营业面积抵押，待贷款还清后，该抵押物方可出售或使用。抵押物未办理抵押登记手续。2005年10月10日，房地产公司（甲方）与某银行（乙方）就欠某银行182万元达成协议如下：甲方用A地门市房分期付款82万元于2005年10月20日偿还给乙

方，尾欠款100万元用B地门市房价值200万元质押给乙方，直至偿还全部欠款；此协议是2005年5月17日协议书的补充协议。2006年中国人民银行同期贷款年利率为6.48%。某银行于2011年11月8日和2013年7月19日两次针对被剥离的不良资产161.9万元在《黑龙江法制报》刊登向供销商场催收公告。庭审中，某银行与房地产公司达成一致，虽然借款凭证上体现的是至2005年6月30日止，房地产公司尚欠某银行贷款数额为161.9万元，但该时间可延至2005年12月31日，即如果计算利息，双方同意从该日期起算。

【案件焦点】

国有银行向金融资产公司转让债权时在全国或者省级有影响的报纸上发布的催收公告或通知，该公告或通知是否可以作为诉讼时效中断证据，以及是否需要以债务人方下落不明为前提。

【法院裁判要旨】

黑龙江省宁安市人民法院经审理认为：原告某银行与被告房地产公司、供销商场于2005年5月17日签订的招商引资开发动迁协议，是双方当事人的真实意思表示，且不违反法律法规的禁止性规定，该合同依法成立并有效，对双方当事人均具有法律约束力。

原告与被告房地产公司认可161.9万元的债务数额是截至2005年年末进行重新结算后的数额，虽没有约定利率，但根据该借款性质，被告理应支付利息。利息起算时间应从2006年1月1日起按银行同期贷款利率计算。利息截至2015年6月12日为99.98万元。原告起诉时主张从2001年1月1日起，按合同约定利率及罚息标准计

原审已经认可被上诉人某银行一直向其追偿本案债务，根据《最高人民法院关于审理民事案件适用诉讼时效制度若干问题的规定》第十七条第二款的规定："对于连带债务人中的一人发生诉讼时效中断效力的事由，应当认定对其他连带债务人也发生诉讼时效中断的效力"，上诉人、被上诉人供销商场为本案连带债务人，被上诉人某银行向连带债务人之一供销商场主张权利，视为向连带债务人全部主张权利，本案未超过诉讼时效期间。

黑龙江省牡丹江市中级人民法院依照《中华人民共和国民事诉讼法》第一百七十条第一款第一项、第一百七十五条的规定，判决：

驳回上诉，维持原判。

房地产公司仍不服，向黑龙江省高级人民法院申请再审，黑龙江省高级人民法院作出民事裁定指令牡丹江市中级人民法院再审本案。黑龙江省牡丹江市中级人民法院经审理认为：关于某银行的诉讼请求是否超过诉讼时效的问题。《最高人民法院关于审理民事案件适用诉讼时效制度若干问题的规定》第十七条第二款规定："对于连带债务人中的一人发生诉讼时效中断效力的事由，应当认定对其他连带债务人也发生诉讼时效中断的效力。"本案中，供销商场、房地产公司、某银行于2005年5月17日签订的协议约定供销商场所欠银行贷款200万元，由房地产公司负责偿还，供销商场承担连带偿还责任。供销商场作为本案连带债务人，在一审庭审中认可某银行一直向其追偿本案债务，对另一连带债务人房地产公司也发生诉讼时效中断的效力，本案未超过诉讼时效期间。另外，某银行依据《最高人民法院关于审理涉及金融资产管理公司收购、管理、处置国有银行不良贷款形成的资产的案件适用法律若干问题的规定》第十条"在全国或者省级有影响的报纸上发布的债权转让公告或通知中，有催收债务内容的，该公告或通知可以作为诉讼时效中断证据”的规定，于2011年11月8日和2013年7月19日两次针对被剥离的不良资产161.9万元在《黑龙江法制报》刊登向供销商场催收公告，进一步说明某银行没有放弃向供销商场主张权利。房地产公司以供销商场不存在联系不上、下落不明为由抗辩适用公告方式催收欠款不产生中断诉讼时效的主张，没有法律依据，法院不予支持。

关于161.9万元是否为借款本息及房地产公司是否应支付某银行利息99.98万元的问题。房地产公司主张161.9万元为借款本息，某银行在再审时称至2005年年末某银行与房地产公司确认尚欠本息金额为161.9万元，但该数额为进行重新结算后的数额。根据《中国人民银行关于人民币贷款利率有关问题的通知》第三条的规定，对不能按时支付的利息，是可以计算复利的，某银行将161.9万元作为本金，要求房地产公司自2006年1月1日起至2015年6月12日止按照中国人民银行同期同类贷款利率计算利息为99.98万元，并不违反法律规定。房地产公司再审抗辩称给付利息99.98万元是利滚利，属于利息重复计算，没有法律依据，法院不予支持。

黑龙江省牡丹江市中级人民法院依照《中华人民共和国民事诉讼法》第二百零七条第一款、第一百七十条第一款第一项之规定，判决：

维持判决。

【法官后语】

本案主要争议点是国有银行在全国或者省级有影响力的报纸上发布有催收债务内容的债权转让公告或通知，是否可以作为诉讼时效中断证据，以及该公告或通知是否以债务人一方下落不明为前提。

《最高人民法院关于审理民事案件适用诉讼时效制度若干问题的规定》（以下简称《诉讼时效若干规定》）第八条第一款第四项的规定：“当事人一方下落不明，对方当事人在国家级或者下落不明的当事人一方住所地的省级有影响的媒体上刊登具有主张权利内容的公告的，但法律和司法解释另有特别规定的，适用其规定。”该规定强调公告送达一般以当事人一方下落不明为一般原则。在2021年1月1日之前，因《最高人民法院关于审理涉及金融资产管理公司收购、管理、处置国有银行不良贷款形成的资产的案件适用法律若干问题的规定》（以下简称《国有银行不良贷款若干规定》）没有废止，导致在适用《国有银行不良贷款若干规定》第十条规定时，即“在全国或者省级有影响的报纸上发布的债权转让公告或通知中，有催收债务内容的，该公告或通知可以作为诉讼时效中断证据”，可否不以债务人一方下落不明为前提而产生争议。有的观点认为，该《国有银行不良贷款若干规定》属于法律和司法解释另有特别规定，应作为《诉讼时效若干规定》）第八条第一款第四项规定的特别规定情形；有的观点认为公告送达一般以当事人一方下落不明为一般原则，金融资产管理公司在全国或省级有影响力的报纸上发布的有催收内容的债权转让公告或通知，必须以当事人一方下落不明为前提。

公告送达是一种推定送达，应当严格依照《中华人民共和国民事诉讼法》规定的条件和程序进行，只有在受送达人下落不明或者穷尽其他送达方式无法送达的情况下，才能采取公告送达方式，目的是防止债权人在未穷尽其他送达方式的前提下，滥用公告送达方式侵害债务人权益。实践操作中，存在有些金融资产管理公司，即便能够找到债务人，但为了操作便利或达到一定的目的，未穷尽除报纸公告或通知之前的送达方式，即采取在国家或省级有影响力的报纸上发布具有催收内容的公告或通知，严重侵害了债务人的利益。故本案认为金融资产管理公司在全国或省级有影响力的报纸上发布的有催收内容的债权转让公告或通知，应在债务人一方下落不明，穷尽除公告送达之外的其他送达方式的前提下，才能采用报纸方式进行催收公告或通知。《国有银行不良贷款若干规定》的废止，更有利于避免实践操作中产生的争议。

由此，我们可以得出，国有银行向金融资产公司转让债权时发布的催收公告或通知、金融资产公司受让国有银行债权时发布的催收公告或通知以及金融资产公司对已承接的债权向债务人发布的催收公告或通知，必须以当事人一方下落不明为前提，才可以产生中断诉讼时效的效果，除此以外，采取公告方式主张权利均不能产生中断诉讼时效的效力。

编写人：黑龙江省牡丹江市中级人民法院　张晓行

025　企业间往来款项的性质认定

——设备制造公司诉科技公司、文化艺术品公司企业借贷案

【案件基本信息】

1. 裁判书字号

北京市朝阳区人民法院（2018）京0105民初6633号民事判决书

2. 案由：企业借贷纠纷

3. 当事人

原告：设备制造公司

被告：科技公司、文化艺术品公司

【基本案情】

2015年5月5日，设备制造公司与科技公司签订《协议一》约定，设备制造公司按订单计划负责“塔式交通安全警示装置”的生产任务；科技公司出资200万元作为项目的入股资金；双方按照设备制造公司所签订的订单要求，作为结算依据，设备制造公司以1元/套，年完成500万套（税前），作为科技公司红利分配标准。设备制造公司同意2015年12月31日前陆续将科技公司投入200万元及300万元红利返还科技公司，直到500万套生产结束，红利结算清为止；设备制造公司负责厂房的租赁、管理、组装、外包装加工等事项，涉及费用由原告全部担负，科技公司不再另外出资；合作期满，设备制造公司同意授权科技公司优先成立“塔式交通安全警示装置”外包装生产加工厂，或优先续签合作合同。此订单500万套外包装由科技公司加工生产，双方另行签订加工合同。

2015年5月6日，科技公司向原告转账200万元，12月14日，原告向科技公司还款200万元。其间，双方除上述款项往来外，未履行《协议一》所涉其他生产、加工等义务，亦未进行红利结算手续。

还款当天，设备制造公司、科技公司、文化艺术品公司共同签订《协议二》约定，科技公司与设备制造公司于2015年5月5日签订的《协议一》作废，当中涉及300万元利润转换成《协议三》约定的文化艺术品公司交付原告总经销合同的保证金。

同日，设备制造公司、文化艺术品公司签订《协议三》，约定设备制造公司负责“塔式交通安全警示装置”设备的产品质量、生产及物流；文化艺术品公司作为总经销，负责上述产品的销售；文化艺术品公司总经销押金300万元。双方还约定了与代理销售有关的各项权利义务。

此后，因设备制造公司与文化艺术品公司在履行《协议三》的过程中出现争议，故文化艺术品公司将设备制造公司另案诉至法院，要求设备制造公司退还《协议二》及《协议三》所涉保证金/押金300万元，设备制造公司认为文化艺术品公司并未实际支付300万元，不同意退还。为确定涉案200万元款项及300万元保证金/押金的性质，故设备制造公司提出本案诉讼，要求确认设备制造公司与科技公司签署的《协议一》以及设备制造公司与科技公司、文化艺术品公司签署的《协议二》中约定的300万元利息中超过年利率36%即451726元的利息部分无效。

【案件焦点】

1. 涉案300万元红利的性质是什么，其性质是否因《协议二》《协议三》的签署而转化；2. 涉案300万元红利的效力如何认定。

【法院裁判要旨】

北京市朝阳区人民法院经审理认为：关于涉案款项性质，因涉案300万元红利来源于《协议一》，故对《协议一》性质的认定为本案定案的关键。对此，主要可以从《协议一》中资金及双方权利义务的约定与履行来综合认定。资金方面，首先，《协议一》约定原告向被告一出资，被告一依约还款并支付300万元红利，协议中虽然存在红利结算标准及依据的约定，但依据法庭查明事实可以确认，双方实际并未进行任何红利结算，具体红利数额及支付时间与《协议一》中所涉产品的生产、包装亦不存在直接关联关系，故而从资金上来看，涉案出资及红利具备出资无风险、红利固定、按期偿还的特征。其次，《协议一》中虽然存在部分关于合作加工、生产的约定，但截至原告向被告一偿还出资200万元之时，双方除资金往来外，协议中其他各项权利义务亦均未实际履行。故而综合考量合作与借贷的区别及二者的一般构成要件，法院认为本案《协议一》的签署目的实质应属"名为合作、实为借贷"之情形，《协议一》的性质应予认定为企业借贷协议，当中的200万元出资应为借款，300万元红利性质应为利息。

关于效力，依据《最高人民法院关于审理民间借贷案件适用法律若干问题的规定》约定，借贷双方约定的利率超过年利率36%，超过部分的利息约定无效。本案中，因《协议一》性质已被认定为企业借贷协议，原告据此主张超出年利率36%的金额应属无效，法院予以支持。同时，因该300万元利润的性质及效力不因《协议二》的签署而发生改变，故对于原告关于《协议二》所涉款项效力的主张亦应予支持。

北京市朝阳区人民法院依照《中华人民共和国合同法》第一百二十五条，《最高人民法院关于审理民间借贷案件适用法律若干问题的规定》第二十六条第二款，《最高人民法院关于适用〈中华人民共和国民事诉讼法〉的解释》第九十条之规定，判决：

一、确认设备制造公司与科技公司于2015年5月5日签署的《关于〈塔式交通安全警示装置〉组装及外包装生产合作协议》中约定的设备制造公司应向科技公司支付的300万元红利中超出451726元的部分无效；

二、确认设备制造公司与科技公司、文化艺术品公司于2015年12月14日签署的《塔式交通安全警示灯供销合作协议》中约定的300万元利润中超出451726元的部分无效。

判决后，双方当事人均未上诉，本判决现已生效。

【法官后语】

长期以来，部分中小企业在经营发展过程中，由于受到企业管理不规范、担保物缺乏等因素影响，企业融资问题一直是困扰部分中小企业长期、快速、健康发展的一个难题，实践中，中小企业为解决企业的经营发展或短期资金拆借的需要，企业间借贷行为作为民间借贷的重要形式之一在经济交往活动中极为普遍。

《最高人民法院关于审理民间借贷案件适用法律若干问题的规定》（2020年第二次修正）第十条规定："法人之间、非法人组织之间以及它们相互之间为生产、经营需要订立的民间借贷合同，除存在民法典第一百四十六条、第一百五十三条、第一百五十四条以及本规定第十三条规定的情形外，当事人主张民间借贷合同有效的，人民法院应予支持。"据此规定，企业借贷行为建立了以有效为原则，以无效为例外的司法认定规则。在此基础上，受总体经济形势及融资环境的影响，企业间借贷更为活跃，成为企业解决融资难的重要方式之一。

但实践中我们发现，部分资金出借企业利用其资金优势或用资企业紧迫的资金拆借需求等，一方面，通过签署各种名目的合同，收取各项额外费用，如咨询费、服务费、管理费、担保法、评估费等，从而规避司法解释关于民间借贷利率上限的规定，隐性提高了企业融资成本；另一方面，由于企业间借贷行为受到出借主体类型、资金来源、利率上限以及出借企业是否以借贷为业等诸多因素的限制性规定，部分企业为了规避上述限制，从而采取签署各类以合作、联营、股权投资、委托理财等名的合同，并在合同中约定部分除资金往来外权利义务的方式，使得上述合同在形式上脱离民间借贷的表征，达到改变款项性质、规避资金监管与司法限制的目的，本案即属于该种情形。特别是在本案中，资金出借方为了实现其资金出借高额收益的合法化，还采取了将前一合同中所形成的“合法红利”转化为另一合同的保证金，并通过多个合同反复确认以及将款项权利转予他人等方式，从而期望实现其款项性质及效力的改变，使得法院在查明与认定款项性质时，具有更大的难度。

为解决上述问题，笔者认为，在审理涉及企业间往来款项性质及效力认定的案件中，不仅应参考款项所涉合作、联营、股权投资、委托理财等种类繁多的合同及其条款的名称、形式及内容，更应依照当事人之间合同签署的背景、目的、权利义务约定、实际履行情况、交易习惯以及诚实信用原则等因素综合认定。在可以认定涉案出资符合出资无风险、收益固定、按期偿还，且出资方对于双方所称合作、投资、联营等项目的实际运行情况及最终收益、风险均不存在任何期待及负担预期的情况下，法院应予认定涉案款项的性质属于企业借贷，从而使其受到民间借贷相关法律及司法解释的规制。

此外，值得注意的是，我们在司法实践中还发现，本案中所涉的资金出借及款项运作模式经常也是部分“套路贷”案件中的常见手段之一，法院在审理相关案件过程中，应给予更多的关注与审查。

编写人：北京市朝阳区人民法院　周裕财

026 债权人在破产重整程序终结前起诉保证人的正确处理

——某银行诉煤矿金融借款合同案

【案件基本信息】

1. 裁判书字号

山东省淄博市中级人民法院（2018）鲁03民终75号民事判决书

2. 案由：金融借款合同纠纷

3. 当事人

原告（被上诉人）：某银行

被告（上诉人）：煤矿

【基本案情】

2015年10月8日，某银行与J公司签订流动资金借款合同，约定J公司向某银行借款2500万元，借款期限为2015年10月8日至2016年4月7日。同时，上述借款合同对借款利率、罚息利率及某银行实现债权和担保权利而支付的全部费用（包括但不限于诉讼费、保全费、律师费、差旅费等）亦进行了明确约定。同日，某银行与投资公司、煤矿签订最高额保证合同，约定投资公司、煤矿为J公司在2015年10月8日至2016年7月20日办理的各类融资业务所发生的债权在人民币1.5亿元范围内提供连带责任保证，保证期间自每笔债权合同债务履行期届满之日起两年。某银行依约向J公司发放借款，J公司未按照合同约定还本付息，各担保人亦未承担相应的担保责任。J公司于2016年12月21日经法院裁定进入重整程序，2017年6月30日法院裁定投资公司与

J公司合并重整，诉讼中某银行支付律师费10000元。某银行起诉要求煤矿在1.5亿元范围内承担连带清偿责任。煤矿辩称其担保合同违反其公司章程和《中华人民共和国公司法》第十六条规定，其担保合同无效，其不承担担保责任。

【案件焦点】

债权人在破产重整程序终结前起诉保证人应如何正确处理。

【法院裁判要旨】

山东省淄博市临淄区人民法院经审理认为：涉案借款合同和最高额保证合同真实、合法有效，煤矿应承担连带责任保证。煤矿辩称的担保行为无效而不应承担担保责任的辩解理由，因其章程关于对外担保应经股东会决议的规定是公司管理性制度，不能对抗第三人，故对其辩解意见不予支持。

山东省淄博市临淄区人民法院判决：

煤矿对J公司欠某银行借款本金2500万元、利息（截至2016年11月16日为1646029.26元及自2016年11月17日起至2016年12月21日止，按合同约定计算的利息）、律师费10000元，在1.5亿元范围内承担连带清偿责任。

煤矿不服一审判决提起上诉，除原审答辩意见外，其还主张某银行已就涉案债权向J公司破产管理人申报债权，依据《最高人民法院关于适用〈中华人民共和国担保法〉若干问题的解释》的规定，要求承担担保责任应在破产程序终结后六个月内提出，在破产程序尚未终结前，一审法院受理本案不当。

山东省淄博市中级人民法院经审理认为：双方当事人对涉案最

高额保证合同系双方合意签订的事实并无异议。在煤矿未证明涉案最高额保证合同存在合同无效情形的情况下，其关于合同无效的主张与相关规定不符，不予支持。根据《最高人民法院关于适用〈中华人民共和国担保法〉若干问题的解释》第四十四条第二款的规定，在债权人申报债权后，保证人应就破产程序中未受清偿的部分承担保证责任。一审判决煤矿直接承担担保责任与该规定不符，予以更正。

山东省淄博市中级人民法院判决：

撤销一审判决并改判煤矿对J公司欠某银行借款本金2500万元、利息（截至2016年11月16日为1646029.26元及自2016年11月17日起至2016年12月21日止，按合同约定计算的利息）、律师费10000元，于J公司破产程序终结后十日内就未受清偿的部分在1.5亿元范围内承担连带清偿责任。

【法官后语】

本案主要涉及债权人在破产重整程序终结前起诉保证人应如何正确处理的问题。

在确认涉案担保合同有效的前提下，关于债权人在破产重整程序终结前起诉保证人的问题，《担保法解释》第四十四条[①]第一款规定："保证期间，人民法院受理债务人破产案件的，债权人既可以向

---

① 该条已被《最高人民法院关于适用〈中华人民共和国民法典〉有关担保制度的解释》第二十三条替代："人民法院受理债务人破产案件，债权人在破产程序中申报债权后又向人民法院提起诉讼，请求担保人承担担保责任的，人民法院依法予以支持。担保人清偿债权人的全部债权后，可以代替债权人在破产程序中受偿；在债权人的债权未获全部清偿前，担保人不得代替债权人在破产程序中受偿，但是有权就债权人通过破产分配和实现担保债权等方式获得清偿总额中超出债权的部分，在其承担担保责任的范围内请求债权人返还。债权人在债务人破产程序中未获全部清偿，请求担保人继续承担担保责任的，人民法院应予支持；担保人承担担保责任后，向和解协议或者重整计划执行完毕后的债务人追偿的，人民法院不予支持。"下同。

人民法院申报债权，也可以向保证人主张权利。”其第二款规定：“债权人申报债权后在破产程序中未受清偿部分，保证人仍应当承担保证责任。债权人要求保证人承担保证责任的，应当在破产程序终结后六个月内提出。”按照该条第一款的解释，债权人可以在申报债权的同时，向保证人主张权利，即债权人可以在申报债权的同时另行行使诉权。但该条第二款似乎又作了限制性规定，即债权人的该项主张，应当在破产重整程序终结后六个月内提出。据此，债权人在破产重整程序终结后六个月内起诉保证人以追偿其在破产重整案件中未获清偿部分债权，这种做法当然符合该规定，对此不存在任何争议。但是，如果债权人在破产重整程序终结以前起诉保证人的，也不应简单地不予受理或驳回起诉，而应根据该规定作出实体判决。

一方面，从节约诉讼资源和提高审判效率的角度出发，判令支持其合理诉求，既能保障债权人的合法权益，同时也不损害债务人的合法权利，还能节约诉讼成本，无论从实体法理上来说，还是从程序正义上来论，都没有什么可以诟病之处，可谓一举多得。反过来说，如果驳回债权人对保证人的起诉，迫使债权人在破产重整程序终结后另行起诉，势必造成诉讼成本的浪费，并给债权人形成诉累。特别是在市场经济环境下，保证人经营发展不稳定，在债务人已进入破产或破产重整的情况下，尽管债权人已经申报债权，但该债权最终能否受偿仍处于待定状态，而此时保证人尚有财产，还具备承担保证责任的能力，如果非要其在破产或破产重整程序终结后另行起诉，则可能已时过境迁，此时保证人自身可能又失去承担保证责任的能力，这样明显不利于保护债权人的合法权益。因此，债权人出于最大可能实现自身债权的目的，虽已经申报债权，但同时在破产或破产重整程序终结以前起诉保证人，有其正当理由。需要注意的是，在作出支持原告诉求的时候，必须注意到两点，一是应扣除原告在破产重整案件中获得分配的部分债权数额，否则会造成债权的重复计算；二是保证人承担继续清偿责任的时间应当以破产重整程序终结为计算起点，而不应以判决书生效为计算起点。

另一方面，对《担保法解释》第四十四条第二款要进行深层次的、全面的理解。最高人民法院为什么要在司法解释中作出该款规定?《担保法解释》第四十四条第二款的规定仅适用于债务人在破产程序开始时保证期间尚未届满，而在债权人申报债权参加清偿破产财产程序期间保证期间届满的情形。即在上述情况下，考虑到债权人在债务人破产期间不便对保证人行使权利，债权人可以在债务人破产终结后六个月内要求对保证人承担保证责任。《担保法解释》第四十四条第二款的意图，是赋予了债权人的一种选择权，债权人可以在破产重整程序期间行使诉权，也可以在破产重整程序终结后六个月内行使诉权。这实际上是对因破产重整而引发的债权人行使权利带来的不便而对债权人的一种特殊保护，应当作如下理解：因为破产重整案件的发生，给债权人向保证人主张并实现债权带来了客观上的困难，为此，最高人民法院在《担保法解释》中特别规定对保证期间予以延长，通过这种手段来弥补、保障债权人的利益。对此不能作相反的理解，即对债权人使用诉权进行的限制。否则，就会与《担保法解释》的初衷相悖，最终在司法实践中导致不当裁判。

综上，本案中，根据《担保法解释》第四十四条第二款的规定，在债权人申报债权后，保证人应就破产程序中未受清偿的部分承担保证责任。对此法院不应驳回某银行的起诉而应据此作出实体判决。二审予以更正具有法律依据。

编写人：山东省淄博市临淄区人民法院　刘海红

山东省淄博市中级人民法院　荣明潇

027 物的担保人承担责任后可向其他保证人追偿份额的确定

——丁某宸诉任某杰、李某梅追偿权案

【案件基本信息】

1. 裁判书字号

北京市东城区人民法院（2018）京0101民初16441号民事判决书

2. 案由：追偿权纠纷

3. 当事人

原告：丁某宸

被告：任某杰、李某梅

【基本案情】

2015年11月30日，任某杰与某银行签订借款合同，约定任某杰向某银行借款575万元，借款期限自2015年11月30日起至2016年11月30日止，年利率5.655%，还款方式为按月结息，到期一次性偿还本金。任某杰担任法定代表人的酒业公司和其妻李某梅为上述债务提供连带保证担保；丁某宸与李某琳以各自房屋为上述债务提供抵押担保，担保的范围均为借款本金、利息、罚息、复利、违约金、损害赔偿金、实现债权和担保权利的费用，丁某宸提供的抵押物评估价为3394100元；李某琳提供的抵押物评估价为4319300元。各保证人、担保人共同签署了担保合同。借款合同及担保合同均于2015年12月18日经公证处进行公证，并依法赋予其强制执行效力。借款期内，任某杰逾期未支付利息，丁某宸于2016年1月25日代其偿还利息13198元。此后，任某杰仍然未能依约还款，某银行按合同约定宣布借款提前到期，并申请强制执行。为避免被强制执行，2017年6月22日，丁某宸再次向某银行还款298万元，某银行将其抵押房屋解押。另一抵押人李某琳则承担了其余贷款的担保责任。因任某杰、李某梅系夫妻关系，李某梅亦持有酒业公司20%股权。故丁某宸要求向任某杰、李某梅追偿其已承担担保责任的款项2993198元及相应利息142176.91元（以2993198元为基数，自2017年6月23日起至2018年6月23日止，按年利率4.75%标准计算）。

任某杰认为，案涉借款用于偿还酒业公司经营产生的债务，应由公司偿还。同时公司的经营行为已经被认定为非法吸收公众存款，任某杰因此被判处刑罚。案涉款项已经刑事判决处理。

李某梅认为，借款人为任某杰，款项用于公司经营而非家庭生活，不应认定为夫妻共同借款。李某梅仅为案涉借款的连带保证人，只应承担连带责任保证，因借款的担保主体为4个，故其承担连带责任保证的份额不应超过原告已承担责任的25%。

【案件焦点】

1. 物的担保人丁某宸承担担保责任后，有权要求其他保证人分担多少份额；2. 李某梅的多重身份是否影响其分担的份额。

【法院裁判要旨】

北京市东城区人民法院经审理认为：根据法律规定，同一债权既有保证又有第三人提供物的担保的，债权人可以请求保证人或者物的担保人承担担保责任。当事人对保证担保的范围或者物的担保的范围没有约定或者约定不明的，承担了担保责任的担保人，可以向债务人追偿，也可以要求其他担保人清偿其应当分担的份额。本案中，原告丁某宸承担抵押担保责任后，向债务人任某杰追偿垫付的款项及垫付款项期间的利息，具有事实及法律依据，应予支持。刑事案件处理的事实发生于2008年至2014年，而原告承担担保责任为2016年、2017年，显非同一事实，故对该答辩意见不予采信。

李某梅虽与任某杰系夫妻关系，但原告并未举证证明案涉借款用于夫妻共同生活，且保证合同中亦明确载明李某梅为借款的保证人，故李某梅应承担保证责任而非共同还款责任。原告在向债务人追偿不能时，可以要求李某梅清偿其应当分担的份额。因各担保人、保证人之间并未就份额分担进行约定，根据公平原则，法院认为各担保人、保证人应平均分担。故法院对李某梅关于其应承担25%份额即748299.5元保证责任的答辩意见予以支持。

北京市东城区人民法院依据《中华人民共和国物权法》第一百七十六条，《最高人民法院关于适用〈中华人民共和国担保法〉若干问题的解释》第三十八条，《中华人民共和国民事诉讼法》第六十四条之规定，判决：

一、被告任某杰于本判决生效后十日内偿还原告丁某宸垫付款项2993198元；

二、被告任某杰于本判决生效后十日内支付原告丁某宸2017年6月23日至2018年6月23日的利息142176.91元；

三、若被告任某杰未能履行上述第一项债务，则被告李某梅对其中的748299.5元向原告丁某宸承担清偿责任；

四、被告李某梅承担清偿责任后，有权向被告任某杰追偿；

五、驳回原告丁某宸的其他诉讼请求。

判决后，双方当事人均未上诉，本判决现已生效。

【法官后语】

被担保的债权既有物的担保又有人的担保的，《中华人民共和国物权法》（以下简称《物权法》）第一百七十六条赋予了承担担保责任后的第三人向债务人追偿的权利。《最高人民法院关于适用〈中华人民共和国担保法〉若干问题的解释》（以下简称《担保法解释》）第三十八条亦规定，承担了担保责任的担保人，可以向债务人追偿，也可以要求其他担保人清偿其应当分担的份额。据此，原告丁某宸作为承担了担保责任的第三人，有权向债务人任某杰追偿，亦有权向保证人李某梅追偿。

对于李某梅，丁某宸可以向其追偿多少份额？首先要解决的问题是李某梅应承担何种责任，是与配偶任某杰共同承担还款责任还是仅承担连带责任保证？《最高人民法院关于审理涉及夫妻债务纠纷案件适用法律有关问题的解释》第三条规定，夫妻一方在婚姻关系存续期间以个人名义超出家庭日常生活需要所负的债务，债权人以属于夫妻共同债务为由主张权利的，人民法院不予支持，但债权人能够证明该债务用于夫妻共同生活、共同生产经营或者基于夫妻双方共同意思表示的除外。在本案中，李某梅虽然与任某杰系夫妻关系，但案涉借款的数额明显超出家庭日常生活所需，原告丁某宸亦无证据证明该借款用于夫妻共同生活。虽然李某梅持有部分酒业公司股权，但从刑事判决书可以看出任某杰通过酒业公司的经营活动非法吸收公众存款，李某梅并未参与，难以认定案涉款项用于夫妻共同生产经营。并且，由各方签字确认的借款合同、担保合同中均明确约定，李某梅为案涉借款的连带保证人，此系各方当事人之间最为明确的意思表示，基于民法意思自治的原则，认定李某梅承担连带责任保证亦更为合理。

在李某梅承担连带责任保证的情况下，其作为保证人与提供物保的担保人之间份额应当如何分担？从《担保法解释》第三十八条仅能看出当事人之间约定优先，但若无明确约定，法律并未规定按何种比例分担。而《担保法解释》第二十条第二款对连带共同保证的保证人之间份额的分担作了规定，连带共同保证的保证人承担保证责任后，向债务人不能追偿的部分，由各连带保证人按其内部约定的比例分担。没有约定的，平均分担。可见，若如约定，各保证人责任范围相同的情况下，各方应平均分担责任。笔者认为，物保与人保共存时，担保责任的分担主要需要考虑两个因素。一是各担保人的担保范围是否相同；二是抵押物的最终价值。若担保范围不同或抵押物最终价值小于担保范围，则应按比例分担。若担保范围相同且抵押物价值覆盖担保范围或无法确认，则应以公平原则平均分担。本案中，当事人之间对分担比例并无明确约定。但根据保证合同可以看出，各担保人、保证人的担保范围相同，均为案涉借款的本金、利息、罚息、复利及相关费用；虽抵押房产的评估价值低于所担保的债务，但评估价只是一个估值，且房产价值本身的浮动性很大，债权人最终也并非通过抵押房产变现来获得受偿，而是担保人为避免抵押房产变现主动履行担保责任，故抵押财产的价值究竟占担保债务多少比例难以确定。在此情形下，以公平原则判令各方按担保人、保证人的总人数平均分担是合理的。

本案例判决于《中华人民共和国民法典》（以下简称《民法典》）及《最高人民法院关于适用〈中华人民共和国民法典〉有关

担保制度的解释》（以下简称《担保制度解释》）施行前，故上述引用的法条为当时有效的法条。《物权法》第一百七十六条对应《民法典》第三百九十二条，条文内容无变化；《担保法解释》第二十条对应《民法典》第五百一十九条，第三十八条对应《担保制度解释》第十三条，条文内容均有所修改；《最高人民法院关于审理涉及夫妻债务纠纷案件适用法律有关问题的解释》第三条被吸收进《民法典》第一千零六十四条。

《担保制度解释》第十三条对共同担保的情况作出了规定，较此前《担保法解释》中的规定进行补充及更改：1.《担保法解释》仅规定了多个连带保证人之间份额负担的问题，而《担保制度解释》则针对了多个担保人的情况，即包括多个人保或多个物保以及混同担保的情形。2.《担保制度解释》仍然规定以当事人约定优先，但在当事人没有约定的情况下，则需以各担保人在同一份合同书上签字、盖章或者按指印的行为推定构成连带共同担保，承担了担保责任的担保人才能要求其他担保人分担其向债务人不能追偿部分的损失。除了以上两种除外情形，原则上担保人之间不能相互追偿。3.对于各连带共同担保人之间承担份额的问题，需参考《民法典》第五百一十九条有关多数人之债的规定：连带债务人之间的份额难以确定的，视为份额相同。实际承担债务超过自己份额的连带债务人，有权就超出部分在其他连带债务人未履行的份额范围内向其追偿，并相应地享有债权人的权利，但是不得损害债权人的利益。

在《民法典》及《担保制度解释》未施行前，关于法院应否主动调查另一担保人李某琳承担担保责任的情况以确定各方应分担数额的问题，鉴于原告丁某宸并未对李某琳提出请求，李某琳承担担保责任后的追偿问题亦可另行主张，故本案仅就丁某宸的部分进行处理并不损害当事人的利益，亦更符合民商事活动的效率原则。但在《民法典》及《担保制度解释》施行后，根据《民法典》第五百一十九条的规定，笔者认为，需要查明李某琳承担担保责任的情况以确定主债务的数额，继而确定各担保人应承担的份额，再判断丁某宸承担债务是否超过其自身份额以确定其是否有权向其他连带共同担保人追偿以及追偿的数额为妥。

编写人：北京市东城区人民法院　古悦　陈春生

028　P2P① 平台借复杂合同条款及计算方法获取法律保护范围以外的利息应予防范

——融资担保公司诉张某超追偿权案

【案件基本信息】

1. 裁判书字号

江苏省连云港市赣榆区人民法院（2018）苏 0707 民初 6640 号民事判决书

2. 案由：追偿权纠纷

3. 当事人

原告：融资担保公司

被告：张某超

① P2P 是英文 Peer to Peer 的缩写，又称点对点网络借款，是一种将小额资金聚集起来借贷给有资金需求人群的一种民间小额借贷模式，下文对此不再提示。

【基本案情】

2015 年 11 月 30 日，张某超为购买某款手机而寻求借款，与金融服务公司签署了《个人借款申请表》《授权委托书》等相关协议，授权金融服务公司以被告名义借款。依据张某超授权，金融服务公司通过信息服务公司运营的“有×网”平台签署《借款协议》进行借款，借款金额为 4724 元，其中商品价款 3499 元已由商家收取，借款管理费 1225 元由金融服务公司及第三方收取，并由融资担保公司承担担保责任。2015 年 11 月 30 日，张某超从商户处领取该商品，《借款协议》已实际履行。根据被告张某超签署的《借款协议》约定，张某超还款期数 24 期，但张某超未依约还款，尚欠 22 期未还，致使融资担保公司于 2018 年 2 月 27 日支付代偿款（包括剩余未还本金、欠款利息及逾期利息）5502.42 元。融资担保公司已依约履行了担保责任，后经融资担保公司多次催要，张某超一直拖欠，故诉至法院。

【案件焦点】

1. 原、被告借款合同中约定的借款管理费是否实际产生；2. 等额本息还款法中被告已超额偿还的部分利息如何扣除。

【法院裁判要旨】

江苏省连云港市赣榆区人民法院经审理认为：原告融资担保公司主张的金额包含：借款本金 3499 元、借款管理费 1225 元，上述两项款项相加为 4724 元，按等额本息计算，被告张某超偿还 2 期，剩余本金为 4368.63 元，以该本金为基数，自借款逾期之日（2016 年 2 月 2 日）起至约定的还款之日止（即 2017 年 12 月 1 日），按照年利率24%计算利息，并得出原告融资担保公司所主张的起诉数额。按照《最高人民法院关于审理民间借贷案件适用法律若干问题的规定》第三十条的规定，出借人与借款人既约定了逾期利率，又约定了违约金或者其他费用，出借人可以选择主张逾期利息、违约金或者其他费用，也可以一并主张，但总计超过年利率24%的部分，人民法院不予支持。原告融资担保公司所主张的借款管理费1225元以及相应部分的利息，出借人并未实际给付，应当视为上述法律规定中的其他费用，不应计入本金。故法院依法认定被告张某超借款的实际本金应为3499元。被告张某超于2016年2月1日前偿还了2期借款本息共计440.36元，按照相关法律规定，以3499元为基数，按年利率11%使用等额本息的计算方式，被告张某超应当每月偿还163.08元，至2016年2月1日应尚余本金3235.78元。被告张某超在借款后偿还了440.36元，扣除应偿还的326.16元，超出的114.2元应当认定为偿还本金，故被告张某超实际尚欠本金3235.78-114.2=3121.58元。自被告张某超逾期偿还之日（即2016年2月2日）起至2018年2月26日止，以实际尚欠借款金额3121.58元为本金，按照年利率24%计算该期间的利息应为1571.2元，故在该法律规定范围内的本息之和应为4692.78元，对于原告融资担保公司主张的超过该部分的款项，法院依法不予支持。

综上，江苏省连云港市赣榆区人民法院依照《中华人民共和国担保法》第三十一条，《最高人民法院关于审理民间借贷案件适用法律若干问题的规定》第二十九条、第三十条，《中华人民共和国民事诉讼法》第一百四十四条、第一百六十二条之规定，判决：

一、被告张某超应于本判决生效之日起十日内向原告融资担保公司偿还垫付款4692.78元及利息（利息自2018年2月27日起至实际给付之日止，按年利率6%计算）；

二、驳回原告融资担保公司的其他诉讼请求。

判决后，双方当事人均未上诉，本判决现已生效。

【法官后语】

本案的案外人信息服务公司运营的“有×网”平台是规模较大的互联网借贷平台。其经营模式为通过线下的小额贷款公司（即本案中的案外人金融服务公司）在手机经销商处获得，由“有×网”平台向借款人发放贷款，同时由本案原告融资担保公司为贷款提供连带责任保证担保。P2P的商业模式包括居间模式、居间加风险准备金模式、居间加保证模式、居间加担保物权模式、债权转让模式以及无实际借款人的非法吸储平台。在实践中，还发现存在一种债务加入模式，该模式实际是在合同中引入第三方作为债务加入人，又约定第三方有权向借款人追偿，以此方式规避担保期限较短的问题。

“有×网”平台的催收模式也为网络模式，由于其债务人分散于全国各地，其通过委托网站公布不良债权，以风险代理方式吸引全国各地律师注册竞标，并以邮寄合同、授权委托书等方式与律师建立委托代理关系再向各地法院提起追偿权诉讼，往往同时在一个法院提起十余起、二十余起诉讼。“有×网”平台的还款方式为等额本息还款，其计算公式为每月还款额=［贷款本金×月利率×（1+月利率）^还款月数］/［（1+月利率）^还款月数-1］，推导过程较为烦琐，依此计算可看出，虽然每月归还的借款金额虽相同，但每月还款额中构成的利息与本金均不相同，且前期所归还的大部分为利息，存在利息所占比重递减的趋势。在借款人已偿还若干期借款的情况下，其正确计算方式应为以实际借款额和原虚增的借款金额按等额本息法计算出每期借款中的本金与利息，其虚增“借款管理费”所产生的利息应当予以冲抵本金。本类案件在处理过程中，建议使用商业银行的手机应用中附带的等额本息计算器计算，防止出错。

另外还需要注意的是，上述案件系利用合同条款的复杂性以获取额外利益，实际中网贷平台或者金融消费贷机构存在利用社会公众不谙熟法律条款和金融知识匮乏的特点，在利率表述上做文章，如对利率上表述为“一千元或一万元每日利息××元”，再加上所收取的“担保服务费”“签约费”等费用，导致实际利率已超出法定标准的上限，对于此类案件，应在扣除上述费用，并将上述利率换算为年利率后，再依据法律规定扣除上述不合理费用。

本案虽金额较小，但值得引起重视的是类案裁判结果应当具备一致性。由于金融消费贷款引发的案件较多，此类案件的合同条款与P2P平台的合同条款在许多方面有相似性，故本案仍有一定的借鉴意义。

编写人：江苏省连云港市赣榆区人民法院　朱孟杰

029　保证意思有偏差情况下保证合同无效

——李某伟诉李某亳、周某头民间借贷案

【案件基本信息】

1. 裁判书字号

河南省平顶山市中级人民法院（2018）豫04民终1916号民事判决书

2. 案由：民间借贷纠纷

3. 当事人

原告（被上诉人）：李某伟

被告（上诉人）：李某毫、周某头

【基本案情】

李某毫与周某头系夫妻，周某头系智力不全的无行为能力人。

2016年6月23日，高某利（与李某霞共同向李某伟借款的债务人）与李某霞、郭某闯共同到李某毫、周某头家，李某霞向李某毫、周某头讨要两人所居住房产的房产证借款用，李某毫、周某头将房产房屋所有权证交给李某霞，李某毫在“同意房产证让李某霞贷款用”的纸条上签上了“李某毫　周某头”，其中周某头系李某毫所写。同年7月11日，李某霞与高某利向李某伟借款50万元并向李某伟出具借条一张。同年8月3日，李某霞亡故。另外，李某霞与吴某军系夫妻关系。本案审理中，经法院释明，李某伟明确表示不要求高某利承担还款责任；根据李某伟申请，法院于2016年11月1日作出民事裁定书，裁定：对被申请人周某头的房产予以查封，限额55万元，查封期间，由周某头负责看管，允许居住使用，限制处分权。

【案件焦点】

1. 如何确定保证合同的实质内涵；2. 如何确认保证合同在保证意思有偏差时的效力。

【法院裁判要旨】

河南省汝州市人民法院经审理认为：吴某军之妻李某霞向李某伟借款50万元，有借条、转款凭证等证据为凭，借款事实可以认定，该款是在李某霞和吴某军夫妻关系存续期间所借，应按夫妻共同债务处理，李某伟要求吴某军偿还借款50万元，予以支持。李某亳、周某头书写了同意用房产证让李某霞贷款用的字条，其应在提供担保的财产范围内对李某霞的借款50万元及利息承担保证责任。李某亳、周某头承担保证责任后，可向吴某军追偿。

河南省汝州市人民法院依照《最高人民法院关于审理民间借贷案件适用法律若干问题的规定》第二十五条，《中华人民共和国担保法》第五十三条之规定，判决：

一、吴某军于本判决生效后十日内偿还李某伟借款50万元及利息；李某亳、周某头在其提供的房产价值内承担保证责任；

二、驳回李某伟的其他诉讼请求。

李某亳、周某头不服一审判决，提起上诉。河南省平顶山市中级人民法院经审理认为：李某亳出具的附有其亲笔签字的字条上并未写明担保的主债权内容、履行期限等，根据《中华人民共和国担保法》第三十九条及《最高人民法院关于适用〈中华人民共和国担保法〉若干问题的解释》第五十六条的规定，抵押合同对被担保的主债权种类、抵押财产没有约定或者约定不明，根据主合同和抵押合同不能补正或者无法推定的，抵押不成立。李某亳出具的抵押合同内容、形式均不符合法律规定，抵押合同不成立。且高某利前去李某亳、周某头家中催要款项时已明确告知房产证抵押在担保公司，进一步印证了李某亳并未为上述借款提供担保的事实。因此，该抵押合同与李某霞、高某利的借款行为不能形成关联性。对一审判决认定抵押合同成立，李某亳、周某头应承担担保责任，不予支持。

河南省平顶山市中级人民法院依照《中华人民共和国民事诉讼法》第一百七十条第一款第二项之规定，判决：

一、变更原判决第一项为“吴某军于本判决生效后十日内偿还李某伟借款50万元及利息”；

二、维持原审判决第二项“驳回李某伟的其他诉讼请求”。

【法官后语】

随着社会经济的高速发展，平等主体之间经济往来也愈加频繁，其中较普遍的即为民间借贷。伴随着法律宣传的深入和公民法治意识的增强，公民之间在发生借贷交易时，往往附带保证合同。通常情况下，保证合同的保证人在债务人无法承担保证责任之时承担保证责任，但也存在主借款合同与保证合同（尤其是抵押合同）从属关系不明确的复杂情形。

无论债权人还是保证人，其合法权益都是法律所要保护的对象。在涉及保证合同时，应侧重于对保证合同的形式内容和实质意思之间关联性的审查。

一、在保证合同（抵押合同）形式内容的审查方面

依据《中华人民共和国担保法》第三十九条“抵押合同应当包括以下内容：（一）被担保的主债权种类、数额；（二）债务人履行债务的期限；（三）抵押物的名称、数量、质量、状况、所在地、所有权权属或者使用权权属；（四）抵押担保的范围；（五）当事人认为需要约定的其他事项”的规定，保证合同最为经典、传统的内容即包含对主债务合同的描述，这是该保证合同与所保证事项的直接纽带，是保证合同能否成立的必备要素。《中华人民共和国民法典》颁布后，第四百条关于设立抵押权的规定除第五条删除之外与之前的《中华人民共和国担保法》几乎相同，仍然包括上述条款，由此可见，对于保证合同，形式内容上必备的要素是需要严格遵守的。在本案中，李某亳、

周某头出具的仅仅是一张载有“同意房产证让李某霞贷款用”的字条，未载明任何法律规定的担保合同的必备内容，只因有李某亳、周某头的亲笔签字才能认定为是一份简易合同，但从全无具体描述的合同形式和内容上看，不能就此认定为是有效的保证合同。

二、在保证合同（抵押合同）实质意思的审查方面

实质意思，指的是保证人签订保证合同时的真实意思表示，关系着保证合同与主债务合同之间是否存在真实意义上的从属关系。根据《中华人民共和国担保法》第五十条“抵押权不得与债权分离而单独转让或者作为其他债权的担保”的规定，抵押合同必须与主债务合同具有从属性。《中华人民共和国民法典》第四百零七条亦保留了相同的内容，对抵押合同的从属性作了一脉相承的要求。案例中，李某亳出具的抵押合同上写的是“同意房产证让李某霞贷款用”，首先，“贷款”的内容不明，不能确定是李某霞向他人借贷，还是李某霞借贷款给他人，该疑点与抵押合同必要内容未标明有关；其次，被担保的对象不明，虽然李某亳出具了担保合同，体现了其愿意以房产作抵押的意思，但该意思与“本案借款的担保意思”却存在差别，高某利去李某亳家中催要“借款”时即已明确表示房产证已抵押在担保公司，该事实反映了李某亳对李某霞向李某伟借款一事不知情，因按照正常的法律程序，李某霞的借款到期且不能还款时，债权人才能执行该债权的担保，而李某亳的房产证已提前抵押在担保公司，于法理相违背；最后，“担保合同”上未明确主债务内容，不能强加保证合同与李某霞借款之间的联系。故此，“担保合同”与李某霞借款无法形成从属关系，二者之间的关联性被切断，保证责任自然不适用于案涉借款。

编写人：河南省平顶山市中级人民法院　郭洋洋

030 借名借款行为的性质认定

——小额贷款公司诉林某天等小额借款合同案

【案件基本信息】

1. 裁判书字号

浙江省台州市中级人民法院（2017）浙10民终487号民事判决书

2. 案由：小额借款合同纠纷

3. 当事人

原告（被上诉人）：小额贷款公司

被告（上诉人）：林某天、张某平、黄某莉、机械公司

【基本案情】

2015年12月3日，被告林某天因资金周转需要向原告小额贷款公司借款50万元，并与原告签订一份《保证借款合同》，该合同约定：被告林某天向原告借款人民币50万元；借款期限自2015年12月3日起至2016年10月15日止；借款月利率为16.2‰；合同约定利息支付方式为按月付息，每月20日为结息日，次日为付息日，逾期付息视为违约，本金至借款期限届满时一次性归还，利随本清；保证方式为连带责任保证；保证期限为借款期限届满之日起二年；保证范围为贷款本金、利息、违约金、损害赔偿金和实现债权费用，包括诉讼费、律师费等；若发生纠纷由原告住所地法院管辖，合同还对其他事项作了约定。同日，被告机械公司、张某平、黄某莉在该合同保证人一栏盖章、签字，自愿对林某

天的上述债务承担连带责任保证。合同签订后，原告于2015年12月3日依约向林某天的账户汇入了贷款50万元。然而，被告并未依约偿还借款。截至2016年11月1日，被告林某天仍欠原告借款本金50万元，利息2970元。对于所欠的本息，被告林某天一直未偿还。被告机械公司、张某平、黄某莉作为担保人也未履行担保责任。另，原告为实现该笔债权支付了律师代理费26000元。遂引起诉讼。故原告提出诉讼请求：1. 判令被告林某天立即向原告偿还借款本金50万元及暂算至2016年11月1日的利息2970元，共计502970元，自2016年11月2日起至实际履行完毕之日止以尚欠借款本金为基数按月利率16.2‰继续计算利息，并赔偿律师代理费26000元；2. 被告机械公司、张某平、黄某莉对被告林某天第一项请求的债务承担连带责任保证。

【案件焦点】

在名义借款人和实际借款人不一致的情形下，借款的实际用途不能影响借款合同的效力，债务人是否能以此对抗债权人要求免除还款的责任。

【法院裁判要旨】

浙江省玉环市人民法院经审理认为：被告林某天辩称其为名义借款人，所借款项用于案外人百货公司的实际经营，但并未提供相关证据予以证实，本院不予采信；且以个人名义与出借人签订借款合同，所借款项用于企业生产经营的，出借人可以请求企业与个人共同承担还款责任，因此被告林某天仍应承担还款责任。被告辩称原告既申报债权又向本院提起诉讼，如果原告在百货公司破产程序中就本案债务所得清偿的，当然可以减轻本案四被告的还款责任或者担保责任，破产债务人百货公司也可以向各被告主张追偿权或者分担担保责任（但借款确实用于百货公司的除外），而无须将本案中止审理或等待破产程序终结后确定双方的权利义务关系。故一审法院判决支持原告的诉讼请求。

浙江省玉环市人民法院依照《中华人民共和国合同法》第六十条第一款、第二百零五条、第二百零六条、第二百零七条，《中华人民共和国担保法》第十八条、第二十一条、第三十一条，判决：

一、限被告林某天于本判决生效后十日内偿还原告小额贷款公司借款本金50万元，并支付自2016年11月1日起至本判决履行完毕之日止的利息（按月利率16.2‰计算），并支付原告实现债权的费用（律师代理费）26000元；

二、被告机械公司、张某平、黄某莉对被告林某天应付原告的上述款项承担连带清偿责任。

被告不服一审判决提出上诉。

浙江省台州市中级人民法院经审理认为：确认一审法院认定的事实和证据。上诉人林某天对其于2015年12月3日在保证借款合同中签名及当日收取50万元款项的事实没有异议，其上诉称该款项的实际借款人为百货公司。根据该保证借款合同载明的内容及上诉人收取款项的事实，上诉人林某天明显为本案借款的借款人，即使上诉人林某天收取该50万元款项后将款项交与百货公司使用，或由百货公司支付借款的利息，亦不能否定上诉人林某天系本案讼争借款的实际借款人的身份，因此，一审判决由上诉人林某天偿付借款本息并无不当。至于被上诉人小额贷款公司曾向担保人之一百货公司管理人申报债权之事实，并不影响被上诉人向主债务人或其他保证人主张相关权利，故上诉人林某天上诉被上诉人无权向主债务人或其他保证人主张债权的上诉理由不能成立。

浙江省台州市中级人民法院依照《中华人民共和国民事诉讼法》第一百七十条第一款第一项规定，判决如下：

驳回上诉，维持原判。

【法官后语】

一、借款人与借款实际使用人不一致的情形

在司法实践中，借条或者借款合同上的借款人签名与借款实际使用人不一致的情形时有发生。在这种情况下，债权人是否应该直接向借款实际使用人主张权利或者主债务人能否以其非借款实际使用人而要求免责，这正是本案的焦点所在。

造成名义借款人与借款实际使用人不一致的原因多种多样，在本案中是由于实际借款人的资质不符合出借人的要求。在现实借款实践中，一些个人或企业向他人借款较多，负债率明显偏高。对于出借人而言，为防控金融风险，减少坏账率，出借人往往要求实际借款人找个信用度高、经济能力更强的人并以其名义进行借款。在现实中，名义借款人与实际款项使用人往往存在某种关系，比较常见的是亲属关系、员工关系或股东关系等。名义借款人通常是出于人情关系或为公司利益考虑，而作为借款人向出借人借款给实际使用人使用，并私下约定由借款实际使用人进行偿还。

名义借款人与借款实际使用人之间是什么法律关系，是否构成隐名代理？被告林某天在二审中提出其系名义借款人，与实际借款人之间构成隐名代理。《中华人民共和国民法典》第九百二十五条规定："受托人以自己的名义，在委托人的授权范围内与第三人订立的合同，第三人在订立合同时知道受托人与委托人之间的代理关系的，该合同直接约束委托人和第三人；但是，有确切证据证明该合同只约束受托人和第三人的除外。”隐名代理是指代理人在享有代理权的前提下，既不披露本人姓名也不表明自己的代理人身份，而以自己名义与第三人发生民事法律行为，行为效果仍归属于本人的法律行为。在本案中，借款人与借款实际使用人之间并没有明确的委托行为，而且借款行为是否归属于借款的实际使用人并不明确，而且借款人所称的借款的实际使用人就是本案借款的连带责任保证人之一。

另外，考虑到借款合同标的的特殊性，主债务人与借款实际使用人之间即使存在委托代理关系，也不同于一般的隐名代理，而且主债务人与借款实际使用人的关系也不能影响借款合同本身的效力。借款行为虽然类似于租赁行为，利息即货币的租金，但是货币作为一般等价物，是种类物，并非特定物，所以在借款实践中，出借人借出款项，借款人取得的是对该笔借款的所有权，而非使用权，而借款人借到款项，对其享有了所有权，包括如何使用、处分该笔借款，借款人完全可以将其款项交由第三人使用。债务人与借款的实际使用人原则上是相互独立的，出借人不能直接向款项的实际使用人主张权利，名义借款人也不能以要求实际借款人还款为由对抗债权人。虽然司法解释对名义借款人和实际使用人不一致的情形规定了可以同时主张权利，但是在实践中存在举证困难的问题。《最高人民法院关于审理民间借贷案件适用法律若干问题的规定》第二十二条规定：法人的法定代表人或者非法人组织的负责人以单位名义与出借人签订民间借贷合同，有证据证明所借款项系法定代表人或者负责人个人使用，出借人请求将法定代表人或者负责人列为共同被告或者第三人的，人民法院应予准许。法人的法定代表人或者非法人组织的负责人以个人名义与出借人订立民间借贷合同，所借款项用于单位生产经营，出借人请求单位与个人共同承担责任的，人民法院应予支持。在名义借款人与借款实际使用人不一致的情况下，债权人可以将名义借款人和借款实际使用人列为共同被告，要求其共同承担责任。这个条文突破了合同的相对性原则，明显是从保护债权人的利益出发。但是，由于货币的特殊性，在司法实践中，债权人和主债务人很难证明该笔款项的实际用处。最后，从交易成本和交易安全而言，借款合同的效力不应该受借款用途的影响。如果要求借款合同的双方当事人明知借款实际用途，那么债权人不仅要履行出借款项的义务，同时还要监督借款的使用情况，这对于一个普通的民事主体而言，明显缺乏现实可操作性。

二、已申报破产债权的借款，是否能提起诉讼

本案涉及的第二个争议焦点就是本案的借款已申报保证人的破产债权，能否再以小额借款合同提起诉讼，要求其他义务人履行还款或保证义务。被告林某天提出百货公司系本案借款的实际使用人，且已进入破产程序，原告已向破产管理人申报债权，现原告又起诉向被告主张权利，系重复主张，可能产生双重受偿的结果。首先，笔者认为，百货公司不仅是借款的实际使用人，更是作为保证人，虽然该笔款项已作为保证人的债务申报了破产债权，但是原告并未实现其债权，而本案借款人及其他连带保证人，并不能以其已申报债权而免除其余债务人的连带义务。在连带责任保证债权债务中，债权人既可以单独起诉主债务人或保证人，也可以同时起诉主债务人和保证人。所以，原告既向破产保证人的管理人申报了债权，又起诉主债务人和其他连带责任保证人，并不存在重复主张的问题。

编写人：浙江省玉环市人民法院　杨静盛

031 物保与人保并存时担保债权的实现顺序

——某银行诉肥料公司等金融借款合同案

【案件基本信息】

1. 裁判书字号

安徽省滁州市中级人民法院（2017）皖11民终1266号民事判决书

2. 案由：金融借款合同纠纷

3. 当事人

原告（被上诉人）：某银行

被告（上诉人）：实业公司

被告：肥料公司、张某华、郭某明

【基本案情】

2015年12月30日，某银行与肥料公司分别签订《流动资金借款合同》和《最高额抵押合同》各一份，借款合同约定：肥料公司向某银行借款1000万元，借款期限为1年（自2015年12月30日至2016年12月30日），借款年利率为8.980%，逾期利率上浮50%；抵押合同约定：肥料公司以其所有的房地产为上述借款提供抵押担保，并办理了抵押登记。同日，实业公司、张某华和郭某明分别与某银行签订《最高额保证合同》一份，为上述借款提供连带责任保证。某银行遂按约向肥料公司发放贷款1000万元。借款到期后，肥料公司未返还本金，利息结算至2016年8月20日。实业公司认为其签署的《保证担保合同》非其真实意思表示，且某银行与肥料公司恶意串通，其是在某银行取得肥料公司土地房产抵押权作出免责承诺的情况下签署的，在签署合同时某银行信贷员有故意隐瞒合同内容等欺骗行为。根据物权优先于债权原则，某银行应先就物的担保实现债权，不足部分再要求保证人承担保证责任。

【案件焦点】

实业公司是否应对抵押物清偿不足部分承担清偿责任。

【法院裁判要旨】

安徽省祥生市人民法院经审理认为：案涉借款、抵押、保证合同均合法有效，肥料公司未按约还本付息，实业公司、张某华、郭某明未按约履行保证责任，均构成违约。某银行要求肥料公司还本付息；对肥料公司提供抵押担保的房地产享有优先受偿权；实业公司、张某华、郭某明承担连带清偿责任的诉请，符合法律规定和合同约定，依法予以支持。

安徽省祥生市人民法院依照《中华人民共和国合同法》第八条、第一百九十六条、第二百零六条、第二百零七条，《中华人民共和国物权法》第一百七十九条，《中华人民共和国担保法》第十八条、第三十一条，《中华人民共和国民事诉讼法》第一百四十四条之规定，判决如下：

一、肥料公司于本判决生效之日起十日内返还某银行借款本金1000万元及利息；

二、某银行对肥料公司提供抵押的房地产享有优先受偿权；

三、实业公司、张某华、郭某明对本判决第一项确定的债务承担连带清偿责任；

四、实业公司、张某华、郭某明承担保证责任后有权向肥料公司追偿。

实业公司提起上诉。安徽省滁州市中级人民法院经审理认为：本案保证合同中虽存在“债权人在就该抵押物、质物实现债权前要求保证人承担全部债务保证责任时，保证人不予抗辩”的条款，但该条款并非三方对履行顺序的明确约定。债权人不向债务人主张担保物权，却要求第三人承担保证责任，再由第三人向债务人追偿，增加社会成本。根据《中华人民共和国物权法》第一百七十六条规定，除有明确约定外，实业公司应对抵押物清偿不足部分承担连带清偿责任。

安徽省滁州市中级人民法院依照《中华人民共和国民事诉讼法》第一百七十条第一款第二项规定，判决如下：

一、维持安徽省祥生市人民法院民事判决第一项、第二项、第四项；

二、变更安徽省祥生市人民法院民事判决第三项为“实业公司对本判决第一项确定的债务由抵押物清偿后不足部分承担连带清偿责任，张某华、郭某明对本判决第一项确定的债务承担连带清偿责任”。

【法官后语】

《中华人民共和国民法典》第三百九十二条规定：“被担保的债权既有物的担保又有人的担保的，债务人不履行到期债务或者发生当事人约定的实现担保物权的情形，债权人应当按照约定实现债权；没有约定或者约定不明确，债务人自己提供物的担保的，债权人应当先就该物的担保实现债权；第三人提供物的担保的，债权人可以就物的担保实现债权，也可以请求保证人承担保证责任。提供担保的第三人承担担保责任后，有权向债务人追偿。”（对应《中华人民共和国物权法》第一百七十六条规定：“被担保的债权既有物的担保又有人的担保的，债务人不履行到期债务或者发生当事人约定的实现担保物权的情形，债权人应当按照约定实现债权；没有约定或者约定不明确，债务人自己提供物的担保的，债权人应当先就该物的担保实现债权；第三人提供物的担保的，债权人可以就物的担保实现债权，也可以要求保证人承担保证责任……”）该规定包含三种具体适用情形：

一、当事人对担保债权的实现有明确约定的情形

该约定是指当事人对实现担保物权的约定，这就意味着法院在适用该条法律规定时，要对物的担保合同和人的担保合同均进行审查，是否存在“当事人约定的实现担保物权的情形”，有此约定的需优先按照此类约定进行处理。该情形下，隐含着意思自治可以排除物保优先的精神，实际是将契约自由精神摆在更加重要的法律地位，但在此情形下，依然始终要围绕实现担保物权的约定进行审查，其实质亦同样体现着物保优先的法律原则。结合本案查明的事实，涉案《保证担保合同》中虽约定“债务人提供了物的担保的，债务人不履行到期债务或者发生抵押、质押担保合同中约定的实现担保物权的情形，债权人在就该抵押物、质物实现债权前要求保证人承担全部债务保证责任时，保证人不予抗辩”的条款，该约定仅是对人的担保合同中关于保证债权实现的约定，并非抵押权人与抵押人关于实现担保物权的约定，不能得出已就担保物权的实现顺序与方式等作出了明确约定，故不能将案涉《保证担保合同》中的以上约定理解为“当事人约定的实现担保物权的情形”。

二、没有约定或约定不明时，先就债务人物保实现债权的情形

经对物保合同和人保合同进行审查，当事人对实现担保物权的情形没有约定或约定不明时，债权人应先就债务人提供的物保实现债权，不能直接向保证人追究保证责任，直接体现出物保优先的原则。结合本案查明的事实，债务人以其所有的房地产为案涉借款提供抵押担保，并办理了抵押登记。因当事人没有明确约定实现担保物权的情形，债权人应当先就债务人抵押的房地产权实现债权，在抵押房地产权清偿不足的情况下，再向保证人追究保证责任。若债权人滥用选择的权利，绕开债务人的担保物权，先向保证人追究保证责任，再由保证人向债务人追偿，则会增加社会成本和支出，不符合诚实信用的原则；再有如果债务人出现资不抵债面临破产的情形，保证人在履行保证责任后，丧失了对担保物权优先受偿的权利，只能以普通债权的形式向债务人追偿，同样不利于保证人权益保护，增加诉累。

三、债权人对第三人提供的物保及保证人选择实现债权的情形

适用该情形的前提也是当事人没有约定担保物权的实现情形或约定不明确，因提供物保的主体是第三人，债权人可以自由选择向第三人提供的物保实现债权或向保证人实现债权，或同时向第三人物保及保证人实现债权，体现出意思自治与物保优先相结合的原则。

综上，根据《中华人民共和国民法典》第三百九十二条（《中华人民共和国物权法》第一百七十六条）规定，本案属于第二种情形，实业公司应在涉案抵押物优先受偿后，对不足部分承担连带清偿责任。

编写人：安徽省滁州市中级人民法院　周颖竹　张倩

032 单凭转账凭证能否证实借贷关系的存在

——余某、黄某诉张某民间借贷案

【案件基本信息】

1. 裁判书字号

广西壮族自治区贵港市中级人民法院（2017）桂 08 民终 1484 号民事判决书

2. 案由：民间借贷纠纷

3. 当事人

原告（上诉人）：余某、黄某

被告（被上诉人）：张某

【基本案情】

二原告于 2011 年 3 月 29 日向被告借款 800000 元，又于 2011 年 5 月 11 日向被告借款 300000 元，在该 300000 元的银行转账单上还注明“月息按 6 分计”；还于 2011 年 11 月 26 日借款 70000 元，上述借款原告均写有借条给被告。另外，从 2011 年 3 月 29 日起至 2011 年 4 月 8 日止被告分 4 次通过银行转账共 470000 元给原告，原告在收到上述款项后，均在上述银行业务回单上注明已写借条给被告。上述款项，原告业已偿还给被告。2011 年 12 月 21 日，余某通过中国农业银行贵港港南支行账户向被告转账 151000 元，同日，被告张某向原告余某出具《收条》一份，《收条》载明：“兹收到余某现金贰拾万元整（200000 元整）。”2011 年

11 月 18 日，原告余某还向被告支付利息 10000 元，被告还出具了《收款单》给原告余某收执。

2012 年 4 月 1 日，原告余某通过贵港市区农村信用合作联社江南分社向被告转账 950000 元，2012 年 4 月 2 日向被告交付现金 50000 元，同日，被告张某向原告余某出具了《收款单》一份，《收款单》载明："兹收到余某现金人民币壹佰万元整（其中玖拾伍万元 2012 年 4 月 1 日转账信用社，2012 年 4 月 2 日现金币伍万元整）共壹佰万元整"；2012 年 4 月 9 日，黄某通过中国农业银行转账 1300000 元给被告张某，余某通过贵港市区农村信用合作联社贵城信用社转账 1340000 元给被告张某，在银行电汇凭证（回单）上的附加信息及用途栏还注明有"往来款"；同日，余某还通过贵港市区农村信用合作联社郊区信用社转账 5020000 元给被告张某，在广西农村信用社行内汇兑往账客户回执上同样也注明有"往来款"，以上共计 8660000 元。两原告以其所转的 8660000 元系借给被告的借款，现要求被告返还为由诉至法院。

2013 年 10 月 23 日，木业公司及原告黄某向被告借款 2700000 元，当日，黄某还出具了《借条》给被告收执，《借条》载明："今借到张某人民币贰佰柒拾万元整，作解押用款，于 2013 年 10 月 30 日归还。"2014 年 6 月 29 日，黄某还在《借条》上注明："已还 105.6 万元尚欠 164.4 万元，到 2014 年 8 月还清 164.4 万元。"

【案件焦点】

1. 被告是否向原告借款；2. 借款金额是多少。

【法院裁判要旨】

广西壮族自治区贵港市港南区人民法院经审理认为：当事人对自己提出的诉讼请求所依据的事实应当提供证据加以证明。原告主张其借有866万元给被告，仅提供了银行转账凭证予以证实，原告所提供的银行汇款凭证并不等于借据，只是行为人办理汇款业务的凭证，而借据是指借用人借用别人的钱、物时，所立具的由出借人保存的字据，也是反映彼此存在债权债务关系的证据。原、被告之间有经济业务往来，从2011年3月29日至11月26日期间，原告曾向被告借款，原告均出具有《借条》给被告，上述借款行为及《借条》表明，原、被告之间的借贷形式及习惯是具有固定性的，即双方之间的借贷关系均有《借条》作为依据。《中华人民共和国民事诉讼法》第六十四条第一款规定："当事人对自己提出的主张，有责任提供证据。"本案中，原告仅凭银行汇款凭证主张其借款866万元给被告，原告的表述与原、被告之前的借贷习惯及形式明显不符，原告主张866万元系被告的借款，如该主张成立，在被告未偿还上述款项的情况下，原告不是向被告主张还款或要求其出具《借条》，而是于2013年10月23日再次向被告借款，可见，原告的表述及行为明显违反了生活常理，违背双方一贯的借贷习惯及形式，而且原告提供的银行汇款凭证虽然能反映出原告与被告之间曾经有866万元的金钱往来，但从银行的转账凭证看，其中2012年4月9日汇款给被告的134万元的电汇凭证及转账给被告的502万元广西农村信用社行内汇兑往账客户回执上均注明是"往来款"，而非"借款"，同时，被告亦提供证据证实原告向其转账的866万元是用于归还之前原告向其的借款，而且原告所提交的证据11（还张某款项记录及计算结果），也恰好证实了原、被告之间一直都有经济往来，根据

《最高人民法院关于审理民间借贷案件适用法律若干问题的规定》第十七条“原告仅依据金融机构的转账凭证提起民间借贷诉讼，被告抗辩转账系偿还双方之前借款或其他债务，被告应当对其主张提供证据证明。被告提供相应证据证明其主张后，原告仍应就借贷关系的成立承担举证证明责任”的规定，原告应当就双方存在借贷关系进一步提供证据。现原告仅凭银行转账单来确认双方存在借贷关系、被告尚欠其借款本金866万元的事实，其证明力不充分。故对原告的主张本院不予支持。

综上所述，广西壮族自治区贵港市港南区人民法院依照《最高人民法院关于审理民间借贷案件适用法律若干问题的规定》第十七条、《中华人民共和国民事诉讼法》第六十四条第一款、《最高人民法院关于适用〈中华人民共和国民事诉讼法〉的解释》第九十条的规定，判决：

驳回原告余某、黄某的诉讼请求。

余某、黄某不服原审判决，提起上诉。贵港市中级人民法院经审理认为：本案争议的焦点问题是上诉人与被上诉人之间是否存在涉案的866万元的借贷关系。

上诉人主张其提供的银行转账单及被上诉人出具的证明书等证据已经形成完整的证据链，足以证实双方之间的借贷关系成立有效。但经核实，上诉人与被上诉人之间一直以来都有经济往来，上诉人在同一时期亦多次向被上诉人借款。上诉人所提供的转账凭证并没有明确转款属于借款，且大部分的转账还注明只是“往来款”，单凭上诉人所提供的转账凭证并不能证实双方之间存在866万元的借贷关系。而上诉人所提供的证明书，该材料上亦没有能直接证实双方就借款存在合意的内容，无法印证被上诉人向上诉人借款866万元的事实。另外，按照上诉人起诉时的主张，其自2012年4月就出借866万元给被上诉人，但既没有约定利息，也没有要求提供抵押担保，更没有要求被上诉人出具借条，至2016年8月，才向被上诉人追讨欠款，这有悖常理，也有违一般的民间借贷习惯。而且在对方未偿还借款的情况下，2013年上诉人还向被上诉人借款，这与上诉人所主张被上诉人向其借款相矛盾。为此一审法院结合案件实际情况，没有认定上诉人与被上诉人之间存在涉案866万元的借贷关系是正确的。

综上所述，余某、黄某的上诉请求不能成立，应予以驳回；一审判决认定事实清楚，适用法律正确，应予以维持。依照《中华人民共和国民事诉讼法》第一百七十条第一款第一项规定判决：

驳回上诉，维持原判。

【法官后语】

民间借贷合同的成立一般应符合：1. 借贷双方的真实意思表示；2. 出借人实际履行出借义务；3. 借贷行为未违反法律法规及行政强制性规定。民间借贷案件中，主张民间借贷关系的成立，举证责任往往由原告承担，即举证证明双方借贷的合意、付款事实的存在。基于本案，余某、黄某提供的转账凭证仅能说明当事人存在经济往来联系，存在付款事实，但并不能证明是双方关于借贷的合意，即不能证明借贷关系的成立。根据《最高人民法院关于审理民间借贷案件适用法律若干问题的规定》（2020年第二次修正）第十六条“原告仅依据金融机构的转账凭证提起民间借贷诉讼，被告抗辩转账系偿还双方之前借款或者其他债务的，被告应当对其主张提供证据证明。被告提供相应证据证明其主张后，原告仍应就借贷关系的成立承担举证责任”的规定，在民间借贷案件审理过程中，如原告仅提供金融转账凭证来主张借贷关系的存在，只要被告提出抗辩，并提供与之相应的证据，原告仍应就借贷关系的成立承担举证证明责任。而现实中，很多出借人缺乏法律意识，碍于情面，在出借款项时，未能向借款人索要书面的借款凭证，导致日后产生纠纷时处于被动的局面，以至于败诉。本案中，余某、黄某仅就转账凭证要求张某偿还借贷款866万元，张某就余某、黄某的诉讼请求依法提交的证据证实双方存在其他的经济来往关系后，而余某、黄某未能提供其他证据予以证实双方866万元借贷关系的存在。根据双方的经济往来亦可以看出双方经济往来较多，余某、黄某主张的借款缺乏独一性，其诉讼请求难以获得支持。此外，此类案件将举证责任分配给被告，大多数被告是毫无规避风险能力的，一旦其无法提供相应的证据支持其抗辩，亦会导致其败诉。因此，对于民间借贷案件，主张借贷关系的成立基础仍应规范为书面凭证，单凭转账凭证不足以认定民间借贷关系的成立。

编写人：广西壮族自治区贵港市港南区人民法院　张海

033　分手后一方持债权凭证起诉时借贷关系的认定

——刘某诉张某民间借贷案

【案件基本信息】

1. 裁判书字号

北京市第二中级人民法院（2017）京02民终5112号民事判决书

2. 案由：民间借贷纠纷

3. 当事人

原告（被上诉人）：刘某

被告（上诉人）：张某

【基本案情】

原告与被告曾多年保持婚外男女朋友关系，并不定期地同居。2014年2月10日，被告向原告出具欠条一张，内容为：张某在2014年3月15日之前，还给刘某人民币十万元整。逾期不还，依法律解决。2014年1月6日，被告向原告出具借条一张，内容为：张某欠刘某六千元整，春节前归还（两月之内）。因被告未向原告支付上述款项，原告即提起诉讼。被告否认双方存在借贷关系，称原告所依据的欠条是因原告与被告曾经发生婚外感情纠纷，被告提出结束双方的关系时，原告多次威胁，被告被迫签署了欠条。

经审理查明，2013年3月22日，被告向原告转账30万元，原告出具收据称收到还款；3月28日，被告向原告转账20万元，原告出具收据称收到还款。2013年5月2日，原告与被告签订协议，约定被告于2013年5月31日前还清21.9万元后，刘某与张某结束一切非工作关系。之后双方不干涉对方的正常生活。协议内容后刘某另书写称，上述事情都完成之后，双方一刀两断，不再有任何瓜葛。5月13日，被告向原告转账11.9万元，原告出具收据，称收到还款，剩余欠款于2013年5月31日前还清；5月31日，被告向原告转账10万元，原告出具收据称收到还款。原告在向被告催款期间，曾多次向被告发短信，短信中言辞激烈，且原告亦曾经委托其亲属到被告处催要还款。2014年11月5日，被告向公安部门报警称其自2013年3月至2014年2月遭到原告的敲诈勒索71.9万元。公安部门立案后，以原告涉嫌敲诈勒索移送检察机关审查起诉。2016年2月3日，公安部门作出不起诉决定书，认为犯罪事实不清，证据不足，决定对刘某不起诉。

一审庭审中，原告刘某表示双方的借款关系发生在双方同居期间，借款来源为出售房屋的售房款，并提交了房屋买卖合同及相关票据。

二审庭审中，被告张某提交了其与刘某的表姐甄某的通话记录，证明刘某在收到张某的71.9万元并保证不再干涉张某正常生活后，再次出尔反尔，又威胁张某书写了本次诉讼的10万元欠条，并于3月3日大闹张某办公室后，张某当天与刘某的表姐甄某联系，希望甄某继续劝解刘某，调停纠纷。

【案件焦点】

被告向原告出具的欠条的性质如何认定，能否据此认定双方之间成立民间借贷关系。

【法院裁判要旨】

北京市东城区人民法院经审理认为：根据双方的陈述以及相关证据可知，原、被告发生的欠款往来系发生于双方同居期间。被告向原告出具了欠条，且原告提供了其变卖房产等具备出借能力的证据。据此，本院认定原告与被告之间存在民间借贷法律关系。故对原告要求被告偿还借款的诉讼请求，予以支持。对被告所述其不同意偿还借款的抗辩意见，证据不足，不予考虑。故依据《中华人民共和国合同法》第二百零六条、第二百零七条，《最高人民法院关于审理民间借贷案件适用法律若干问题的规定》第二十九条第二款第一项的规定，判决：

被告张某偿还原告刘某借款10.6万元，并按照年利率6%的标准支付原告上述借款至实际还款日的逾期利息（其中10万元的利息自2014年3月16日起算，6000元的利息自2014年3月7日起算）。

判决作出后，被告张某上诉至北京市第二中级人民法院，北京市第二中级人民法院经审理认为：张某向刘某出具的欠条中明确记载了张某确认的欠款事实及还款承诺内容，现张某以受到刘某逼迫违背真实意愿出具涉案欠条，但本院注意到张某于2014年11月5日向公安部门报警时并未提及受刘某逼迫出具涉案欠条一事，且直至本案诉讼前均未对欠条的效力提出过撤销或变更的请求，因此涉案欠条应为有效。张某现否认欠刘某款项，但仅对刘某是否具有出借能力、款项事实交付质疑，张某已提交的录音、视频等证据，并无直接反驳涉案欠条的内容。张某对其主张未能提供证据予以证明，故判决：

驳回上诉，维持原判。

【法官后语】

债权人仅凭借条起诉，人民法院应当根据当事人之间的关系、借款金额、出借人的经济能力、交付方式、交易习惯以及当事人的陈述等相关证据，综合判断借款事实是否发生。

本案的审理焦点是认定原告起诉所依据的欠条的性质，其究竟是被告所述的二者结束婚外同居关系时原告逼迫被告承诺给付的“分手费”，还是双方确有真实借贷发生而产生的债权凭证。

《最高人民法院关于审理民间借贷案件适用法律若干问题的规

定》第十三条第六项明确规定违背公序良俗的，人民法院应当认定民间借贷无效。本案中，原、被告曾系婚外同居关系，若欠条系分手费性质，则因违背公序良俗不应予以保护。原告的直接证据仅有欠条及借条，并无给付凭证，但综合本案中的其他证据来看，原告提交的出售房屋的相关证据可以证明原告的出借能力，且双方此前曾有四次共计71.9万元的还款行为的发生，虽被告以原告敲诈勒索向公安机关报案，但最终检察院认为事实不清、证据不足，作出不起诉决定。而对于被告所称涉案欠条系受原告逼迫所写一节，被告却并未在此前的刑事报案中提及，被告亦未有主动对欠条的效力提出要求确认无效、撤销或变更的请求，显然不合常理；被告提交的录音、录像中亦没有反映出涉案欠条载明的金额系分手费性质的内容，无法对欠条内容进行反驳。故法院最终以被告未能对其主张提供证据为由对被告的意见不予采信，支持了原告的诉讼请求。由此可见，当原、被告双方存在不正当关系解除的情形时，原告仅持有债权凭证起诉的情况下，应从金额、给付能力、给付细节、交易习惯、双方陈述的前后一致性、行为的逻辑合理性等多方面综合分析双方是否存在真实的借贷关系，不宜因证据不足而先入为主地倾向于认定为“分手费”，否则不利于真实债权人权益的保护。

编写人：北京市东城区人民法院　陈春生　古悦

034 未书面约定利息的借款能否推定有息

——李某宇诉邓某华民间借贷案

【案件基本信息】

1. 裁判书字号

广西壮族自治区贵港市中级人民法院（2017）桂08民终567号民事判决书

2. 案由：民间借贷纠纷

3. 当事人

原告（被上诉人）：李某宇

被告（上诉人）：邓某华

【基本案情】

原告李某宇与被告邓某华是朋友关系。2011年至2013年期间，被告邓某华因经商急需资金周转，分多次共向原告李某宇借款700000元，原告通过银行转账的方式将上述借款支付给被告，被告于2013年6月15将上述借款合成一笔立写了一张借条给原告收执，借条载明：今借到李某宇人民币柒拾万元整（700000元）。该借条未载明借款期限和借款利息，借条“借款人”落款处有被告邓某华签名、捺指印。原告诉称，借款发生后，被告于2015年6月30日向原告还款350000元，至今尚欠原告借款350000元未还。经原告多次追讨未果，遂诉至法院，请求法院判决：被告邓某华偿还原告李某宇借款350000元并承担本案受理费。

被告邓某华辩称，上述借款被告通过工商银行和中国银行向原告以及其妻子张某莲银行账户大约20次偿还了本案借款700000元。据此，原、被告之间的债权债务关系已经消除，请求法院驳回原告的诉讼请求。

经查明，立写借条后，被告邓某华于2013年8月16日、2013年9月16日、2013年10月15日、2013年12月1日、2013年12月22日、2014年1月17日、2014年3月5日、2014年3月26日、2014年4月18日共九次向原告支付共计157500元，每月支付17500元；后被告又于2014年6月18日向原告支付10000元，于2014年7月26日向原告支付15500元，于2014年7月31日向原告支付2000元，于2014年7月26日向原告支付15500元，于2014年11月1日向原告支付20000元，于2015年1月14日向原告支付5000元，于2015年2月9日向原告支付32750元，于2015年7月7日向原告支付40000元。另外，2014年8月7日及2015年春节前，被告分别向原告归还借款本金250000元、100000元，共计350000元。上述款项被告均是通过银行汇至原告妻子张某莲的银行账户。

庭审中，原告主张原、被告对于本案借款700000元口头约定月利率为2.5%，则被告除在2014年8月7日及2015年春节前分别向原告归还借款本金250000元、100000元共计350000元外，被告所支付的其他款项均为利息。而被告则主张，因原、被告没有在借条上约定有利息，故被告从2013年至2015年向原告支付的全部款项共计632750元均为向原告归还借款本金。

【案件焦点】

原告李某宇与被告邓某华之间的借款是否约定了利息。

【法院裁判要旨】

广西壮族自治区贵港市港北区人民法院经审理认为：合法的借贷关系受法律保护。被告邓某华分多次共向原告李某宇借到本案借款700000元，有被告立写给原告收执的借条为凭，且被告对借款事实无异议，本院予以确认。

关于本案借款是否为有息借贷的问题。本案借条未书面约定利息，但结合本案具体案情，本院认为本案700000元借款应属有息借贷，理由如下：首先，借贷双方是朋友关系，而非关系十分密切的近亲属，而被告借款用途是经营生意资金周转，且并非小数目，从人情常理和商业习惯看，本案借款属无息借贷的可能性不大。其次，被告从2014年8月至2014年4月期间，每月均向原告转账偿还17500元，而双方并未约定此种分期还款方式，被告的还款规律符合民间借贷付息习惯。另外，从被告每月向原告偿还的款项金额看，与原告主张以借款本金700000元为基数按月利率2.5%计算所得的月息数额一致，故原告主张本案借款双方口头约定按月利率2.5%计息，具有高度盖然性。综上，根据日常生活经验和民间借贷交易习惯，结合本案具体案情，本院认为原告关于双方口头约定本案借款按月利率2.5%计息的主张，应当得以成立，且该利息约定并不超出《最高人民法院关于审理民间借贷案件适用法律若干问题的规定》第二十六条第一款的规定，应受法律保护。

关于被告尚欠原告借款本金的问题，原告自认被告于2014年8月7日及2015年春节前分别向其归还借款本金250000元、100000

元共计 350000 元，故被告从 2013 年 6 月 15 日至本案起诉之日，其所向原告支付的利息共计为 282750 元（632750 元-350000 元），经本院计算，以 700000 元为基数，从 2013 年 6 月 15 日计至 2014 年 8 月 7 日，按月利率 2.5%计算的利息约为 244417 元；2014 年 8 月 7 日被告归还了 250000 元借款本金后，再以 450000 元为基数，从 2014 年 8 月 8 日计至 2015 年 2 月 19 日（春节），按月利率 2.5%计算的利息约为 73500 元；2015 年 2 月 19 日（春节）归还了 100000 元借款本金后，再以 350000 元为基数，从 2015 年 2 月 20 日计至本案起诉之日即 2016 年 9 月 12 日，按月利率 2.5%计算的利息约为 166541 元，上述利息共计为 484458 元。据此，被告向原告所支付的利息并未超出原、被告对于利息的约定。综上，被告尚欠原告借款本金为 350000 元。现原告诉请被告偿还其借款本金 350000 元，符合法律规定，本院予以支持。

综上，广西壮族自治区贵港市港北区人民法院依照《中华人民共和国民法通则》第九十条、第一百零八条，《中华人民共和国合同法》第二百零六条，《最高人民法院关于审理民间借贷案件适用法律若干问题的规定》第二十六条第一款的规定，作出如下判决：

一、被告邓某华偿还原告李某宇借款本金 350000 元；

二、本案受理费 6550 元，适用简易程序审理减半收取 3275 元，由被告邓某华负担。

本案判决后，被告邓某华不服本案判决提起了上诉，二审法院经审理，确认一审法院认定的事实和证据，并认为本案认定事实清楚，适用法律正确，判决适当，维持原判。

【法官后语】

本案争议的焦点是原告李某宇与被告邓某华之间的借款是否约定了利息。

自然人之间借款对利息没有约定的，原则上不支持利息。根据《中华人民共和国民法典》第六百八十条（《中华人民共和国合同法》第二百一十一条）的规定，自然人之间的借款合同对支付利息没有约定或者约定不明确的，视为不支付利息。根据《最高人民法院关于审理民间借贷案件适用法律若干问题的规定》（2020 年第二次修正）第二十四条（《最高人民法院关于审理民间借贷案件适用法律若干问题的规定》第二十五条）的规定，自然人之间借贷对利息约定不明，出借人主张支付利息的，人民法院不予支持。因此，原则上，民间借贷纠纷中自然人之间未约定利息的，视为无息借款，法院对当事人支付利息的诉请不予支持。

本案中，银行历史交易明细清单的记录与原告所主张的借款利息相吻合，可以印证出借人与借款人之间存在关于利息的口头约定。自然人之间的借款合同对于支付利息的约定，既可以采取书面形式也可以采取口头形式，本案中，虽然原告提供的借条上并未对借款利息作出约定，但原告主张双方口头约定了借款利息且已实际履行，原告提供的银行历史交易明细清单亦可以证明本案借款被告曾连续有规律地支付利息。且从人情常理和商业习惯上来分析，原、被告之间仅是朋友关系，并无深交，原告不可能将资金无息交给被告使用。故对于原、被告未进行书面约定利息的借款，法院可以根据日常生活经验和民间借贷交易习惯，结合案件具体情况确认双方存在利息约定。

通过本案可知，法律明确规定对于借款利息没有约定或约定不明的，则推定借款为无息利息。一旦发生争议，出借人如无证据证明将处于极其不利的地位，出借人最好将借款利率写入借款合同。若借条未约定利息，双方又口头有约定利息的话，尽量保存双方之间关于借款利息约定的手机短信、网上聊天记录、通话录音等证据材料，以免在诉讼中因无法举证证明存在利息约定而导致利息请求不被法院支持。

编写人：广西壮族自治区贵港市港北区人民法院　陈拥静

035 重审中提出诉讼时效抗辩应否支持及债务加入与债务转移的区分

——钟某志诉陈某容民间借贷案

【案件基本信息】

1. 裁判书字号

湖南省衡阳市中级人民法院（2016）湘 04 民终字第 1621 号民事判决书

2. 案由：民间借贷纠纷

3. 当事人

原告（被上诉人）：钟某志

被告（上诉人）：陈某容

【基本案情】

原、被告曾是较好朋友，第三人李某云因办有一冶炼厂，与被告有业务往来，关系较好。2006 年，第三人李某云需融资 100 万元而找到被告陈某容，被告即将此事告知原告钟某志，原告基于对被告的信任同意借款给陈某容。2006年11月8日，钟某志、陈某容、李某云三方一起就借款事项进行协商，约定借款100万元，月利息5万元，借期1个月。陈某容向钟某志出具“今借到钟某志人民币壹佰零伍万元整（1050000元），借期一个月，陈某容。2006年11月8日”的借据。李某云向陈某容出具“今借到陈某容现金壹佰零伍万元整（1050000元），借期一个月还清。茶陵吉祥有色金属公司借款人李某云。2006年11月8日”的借据，李某云并在借据上注明了自己的身份证号、手机号及信用社存折号。该两张借条均在同一纸上出具，并由原告保存。次日，原告钟某志转账100万元至李某云的信用社账户上。嗣后，李某云并未按约偿还借款，原、被告到李某云处催收时，李某云付给原告10万元利息。2006年12月14日，李某云在其出具的借条下方承诺“此借款延期到2007年1月8日前还清”，但李某云仍未履约。2008年10月8日，李某云又向钟某志出具“2006年9月份借钟某志现金壹佰万元整到现在加利息壹佰万元，共计币贰佰万元整（2000000元）。此款分期分批还，在2009年10月还清。在2008年10月付壹拾万，11月还壹拾万，2月还贰拾万元整。2009年元月份开始每月还壹拾捌万元”的条子。同年10月20日，原告以上述两份借条向本院松柏法庭起诉陈某容和李某云，要求两人连带偿还借款，后因原告未交纳诉讼费而按自动撤诉处理。

【案件焦点】

1. 陈某容在原一审时未提出诉讼时效抗辩，发回重审中提出诉讼时效抗辩法院是否应当支持；2. 如何认定2008年10月8日李某云向钟某志出具的条子的性质，是构成债务转移还是债务加入。

【法院裁判要旨】

湖南省常宁市人民法院经审理认为：被告在一审时针对原告主张的债权进行了实体上的答辩，在二审时被告没有提出诉讼时效抗辩，视为放弃诉讼时效抗辩权，被告在重审中提出诉讼时效抗辩，应不予支持。钟某志、陈某容、李某云三方在协议借款时，实际上形成了两种借贷关系，即钟某志借款给陈某容，陈某容再转借给李某云。在之后的履约过程中，因李某云未按约还款，钟某志即多次向陈某容催收或和陈某容一起向李某云催收，也直接向李某云催收过，李某云直接支付了10万元利息给钟某志，其行为符合第三人代为履行的情形。《中华人民共和国合同法》第八十四条规定：债务人将合同的义务全部或者部分转移给第三人的，应当经债权人同意。本案中，陈某容没有直接证据证实钟某志同意将陈某容应承担的还款责任转移给第三人李某云，也没有证据证实钟某志同意免除陈某容的还款责任，反而陈某容出具给钟某志的借条一直由钟某志收执。李某云出具给钟某志的条子，并非一种新的借款，该条子是基于2006年11月8日的那笔借款而出具的，无债权人明示同意免除被告陈某容的清偿责任，仅构成债务加入，而非债务转移，故李某云、陈某容应共同承担连带清偿责任。

湖南省常宁市人民法院依照《中华人民共和国合同法》第八条、第一百零七条、第二百零七条，《中华人民共和国民法通则》第九十条、第一百零八条，《最高人民法院关于贯彻执行〈中华人民共和国民法通则〉若干问题的意见（试行）》第一百二十五条及《中华人民共和国民事诉讼法》第一百四十四条之规定，判决：

被告陈某容及第三人李某云在本判决生效后三十日内共同偿还原告钟某志的借款本金100万元及自2006年12月9日起至2015年1月

22 日止按银行同期贷款利率的利息（应减去已付利息 10 万元）。

陈某容持原审意见提出上诉。湖南省衡阳市中级人民法院审理认为：陈某容在一审针对钟某志主张的债权进行了实体上的答辩，并没有提出诉讼时效抗辩，本案发回重审期间，只是依法按照一审程序另行组成合议庭进行审理，并不属于新的诉讼，原审对上诉人提出的诉讼时效抗辩不予支持符合法律规定。2006 年 11 月 8 日，钟某志、陈某容、李某云三人在商议借款事宜时，钟某志虽然知道实际用款人是李某云，但明确出于对陈某容的信任，只愿意借给陈某容，由陈某容再转借给李某云，故当时三人之间出具了两张借条，形成了两种借贷关系，即钟某志借给陈某容，由陈某容向钟某志出具借条，陈某容再转借给李某云，由李某云向陈某容出具借条，三方均明确知道钟某志这笔 100 万元债权的借款人及实际用款人。而在之后的履约过程中，因实际用款人李某云未按约还款，以致钟某志的债权没有按约实现。钟某志即多次向上诉人催收或和上诉人陈某容一起向李某云催收，也直接向李某云催收过，李某云直接支付了 10 万元利息给钟某志，李某云的还款行为系第三人清偿，在此情形下，上诉人作为借款人应当与第三人承担连带清偿责任。2008 年 10 月 8 日，李某云出具给钟某志的条子是基于 2006 年 11 月 8 日的那笔借款而出具的，不能与那两张借条割裂开来。被上诉人收执李某云的条子，但又没有将上诉人陈某容的借条退给上诉人，说明被上诉人仅同意李某云作为第三人加入债的关系与原债务人陈某容共同偿还债务，被上诉人没有明确表示同意免除陈某容的清偿责任，仅构成债务加入，不构成债务转移。综上，上诉人陈某容的上诉理由均不成立。原审判决认定事实清楚，适用法律正确，应当予以维持。

湖南省衡阳市中级人民法院依照《中华人民共和国民事诉讼法》

第一百四十四条、第一百七十条第一款第一项、第一百七十四条规定，作出如下判决：

驳回上诉，维持原判。

【法官后语】

本案涉及两个争议焦点的认定：

一、陈某容在原审、二审阶段未提出诉讼时效抗辩，重审阶段提出诉讼时效抗辩，法院应否支持

我国法律对于当事人在审理阶段的举证期限、答辩期限、提出诉讼时效抗辩等期限都作出了很明确的规定，如果未在法定期限内行使权利，视为对自己诉讼权利的放弃。这种立法规定不仅符合法律公平公正的立法精神，而且也方便当事人行使自己的诉讼权利，试想如果在案件审理阶段当事人可以“随时提出”答辩、抗辩意见等，那么整个案件审理将会陷入不稳定状态，也容易造成司法资源的极大浪费。另外，发回重审并非完全独立的审判程序，它依赖于原审诉讼程序，是原审诉讼过程的延续，它与一、二审的诉讼过程共同构成了完整的诉讼程序。《最高人民法院关于审理民事案件适用诉讼时效制度若干问题的规定》（2008 年）第四条规定，“当事人在一审期间未提出诉讼时效抗辩，在二审期间提出的，人民法院不予支持，但其基于新的证据能够证明对方当事人的请求权已过诉讼时效期间的情形除外”。笔者认为，对于“一审期间”应当适用限缩解释，发回重审虽然适用第一审程序重新组成合议庭审理，重新编排案号，但它不是全新独立的审判程序，而是原一、二审诉讼程序的延续，并共同构成案件完整的审理过程。本案被告在原一审中未提出超过诉讼时效抗辩，而且针对原告主张的债权进行了实体上的

答辩，由此可以看出，被告对原告超过诉讼时效的起诉是认可的。被告在一审期间不提出诉讼时效抗辩，应视为对诉讼时效利益的放弃、对原债权债务关系的承认。基于上述理由，对该案被二审法院发回重审后，被告提出超过诉讼时效问题，法院应不予支持。

二、2008年10月8日李某云向钟某志出具的条子的性质，是构成债务加入还是债务转移

我国现行法律中对债务加入没有进行明确规定，根据理论界对债务加入概念的通说，结合司法实践经验，债务加入的法律特征包括：(1) 原债务人与债权人的合同关系仍然存在，原债务人没有脱离原债务关系。(2) 第三人与债权人订立代债务人还款的协议，债务人可以不参加协议的订立，协议内容不涉及债务人是否免除还款责任。(3) 第三人与债务人一般具有关联关系。(4) 债务为可转移债务，如果法律规定或当事人约定不得转让或具有人身专属性质的债务，当事人不能协议转让，第三人也不能加入。从本案案情来分析，2006年的两张借条实际形成了两种借贷关系，原告借款给被告，被告再转借给第三人。2008年第三人向原告出具了书面还款承诺，原告收执第三人的还款承诺书，但又没有将被告的借条退还给被告，原告并没有明确表示同意免除被告的清偿责任，被告并未脱离债务关系而是与第三人为连带债务人，所以仅构成债务加入，不构成债务转移。

本案判决时适用的《中华人民共和国民法通则》普通诉讼时效期间二年的规定，现《中华人民共和国民法典》第一百八十八条已将普通诉讼时效从二年延长为三年。本案适用的《中华人民共和国合同法》第八条、第一百零七条、第二百零七条内容已更新为《中华人民共和国民法典》第一百一十九条、第五百七十七条、第六百七十六条。本案适用的《中华人民共和国民事诉讼法》(2012修正)

第一百四十四条、第一百七十条、第一百七十四条更新为《中华人民共和国民事诉讼法》（2021修正）第一百四十七条、第一百七十七条、第一百八十一条，《最高人民法院关于审理民事案件适用诉讼时效制度若干问题的规定》（2008年）第四条已更新为《最高人民法院关于审理民事案件适用诉讼时效制度若干问题的规定》（2020年修订）第三条。

编写人：湖南省常宁市人民法院　尹兰兰

036　私刻（伪造）公章行为的法律效力

——工贸公司诉物资公司、徐某斌民间借贷案

【案件基本信息】

1. 裁判书字号

福建省厦门市中级人民法院（2017）闽02民终1554号民事判决书

2. 案由：民间借贷纠纷

3. 当事人

原告（被上诉人）：工贸公司

被告（上诉人）：物资公司

被告：徐某斌

【基本案情】

2008年5月8日，工贸公司向物资公司转账50万元，注明“往来款”。2010年5月9日，工贸公司与物资公司签订一份《借款合同》，约定在原合同的基础上，物资公司向工贸公司的借款50万元延期两年，借款月利率2.5%，逾期按月利率2.5%计。后双方分

别于2011年5月9日、2012年5月9日两次续签借款合同，将借款期限延至2014年5月9日。

2010年6月7日，工贸公司与物资公司签订一份《借款合同》，约定工贸公司分别于2010年6月7日、6月29日向物资公司电汇40万元、60万元，物资公司向工贸公司借款共计100万元；计息日期为2010年6月7日起，利息按月利率2.5%计；借款期限自2010年6月7日至2011年6月7日。2010年6月7日、6月29日，工贸公司分别向物资公司电汇40万元、60万元。双方又分别于2011年6月7日、2012年6月7日两次续签借款合同，将借款期限延至2014年6月7日。

以上六份《借款合同》，徐某斌均作为担保方签名，承诺为借款提供连带责任担保，担保期限至借款人付清全额本金及利息时止。其中，2010年5月9日、2011年5月9日、2010年6月7日、2011年6月7日的四份《借款合同》上加盖"物资公司合同专用章"；2012年5月9日、2012年6月7日的两份《借款合同》上加盖"物资公司"公章。除2010年5月9日的《借款合同》外，其余《借款合同》均由徐某斌代表物资公司签字。

福建历思司法鉴定所对六份《借款合同》上加盖的"物资公司合同专用章"、单位行政章的同一性进行鉴定，作出鉴定意见如下：1. 工贸公司提供的六份《借款合同》上加盖的"物资公司合同专用章"与《承诺保证函》《众达产品代销合同》上加盖的"物资公司合同专用章"是同一枚印章所盖印；2. 六份《借款合同》中加盖的"物资公司合同专用章"、单位行政章与物资公司所提供的样本上的合同章、行政章不是出自同一枚印章所盖印。

【案件焦点】

公司管理人员私刻公章，以公司名义与他人签订借款合同，该公司是否要承担责任。

【法院裁判要旨】

福建省厦门市思明区人民法院经审理认为：加盖“物资公司合同专用章”的四份《借款合同》经鉴定，与物资公司提供的合同专用章不符，但却与《承诺保证函》《众达产品代销合同》《协议书》上所加盖的合同专用章系出自同一枚印章所盖。物资公司确认该合同专用章系徐某斌在承包其下属金属材料经营部期间私自刻制，故能由此证明徐某斌确实多次使用该合同专用章以物资公司的名义从事一系列经营活动。工贸公司依据上述事实，对《借款合同》上加盖的“物资公司合同专用章”形成合理信赖，其合理信赖利益应受到保护。且在实际履行过程中，讼争的150万元确实系由工贸公司转至物资公司的账户，物资公司称该款项已抵作徐某斌承包金属材料经营部的承包款缺乏相应的证据加以证明，且即使该款项已抵作承包款，亦应认定是物资公司与徐某斌内部之间对该款项的使用，不能对抗第三人。应当认定，讼争《借款合同》直接约束被告物资公司，物资公司是150万元的借款人。现物资公司缺乏证据证明其已还款，理应承担违约责任，偿还工贸公司借款本金150万元，并支付相应的利息、财产保全费。徐某斌作为上述债务的连带责任保证人，理应对上述债务承担连带清偿责任，并有权在承担保证责任后，向物资公司追偿。

福建省厦门市思明区人民法院依据《中华人民共和国合同法》第一百零七条、第二百零六条、第二百零七条，《中华人民共和国担保法》第十八条、第三十一条之规定，作出如下判决：

一、被告物资公司应于本判决生效之日起十日内偿还原告工贸公司借款本金150万元，并支付利息（其中本金50万元自2008年5月9日起计，本金40万元自2010年6月7日起计，本金60万元自2010年6月29日起计，均按月息2%计至实际还款之日止）；同时支付财产保全费5000元；

二、被告徐某斌应对上述债务承担连带清偿责任，并有权在承担保证责任后，向被告物资公司追偿。

物资公司不服一审判决，提出上诉。福建省厦门市中级人民法院经审理，同意一审法院裁判意见，依照《中华人民共和国民事诉讼法》第一百七十条第一款第一项规定，判决：

驳回上诉，维持原判。

【法官后语】

本案的核心争议点即“公司管理人员私刻公章，以公司名义与他人签订借款合同，该公司是否要承担责任?”欲对该争议焦点作答，应先从前述签订借款合同的法律效力开始谈起。

一、是否可以以“伪造公章”属于法律禁止之事项为由认定以伪造之公章所签订的合同为无效合同

关于企业印章不得被伪造，以及伪造的企业印章不得被使用的禁止性规范，在《中华人民共和国治安管理处罚法》和《中华人民共和国刑法》中均有严格的明文规定。既然如此，对于本案讼争的借款合同，是否可依据上述法律的强制性规范，认定其为违反法律强制性规定的无效合同？因本案讼争的纠纷发生在《中华人民共和国民法典》施行之前，故根据当时生效的《最高人民法院关于适用〈中华人民共和国合同法〉若干问题的解释（二）》第十四条的规定，“强制

性规定”仅限于“效力性强制性规定”。本案徐某斌虽然涉嫌伪造公章罪已被监视居住，但该刑事案件主要针对的是徐某斌伪造公章的行为，且伪造公章的行为发生在借款合同订立之前，而非合同行为的组成部分。因此，尽管伪造公章系违法行为，但不可当然推论徐某斌以伪造的公章订立的借款合同存在违法情形。除非出借人工贸公司对此伪造公章的行为是知道，存在与徐某斌恶意串通损害物资公司的情形，否则，该借贷行为就应属于国家法律允许之事项，不构成对强制性规定的违反，不应依《中华人民共和国合同法》第五十二条第五项之规定认定借款合同无效。

该纠纷虽然发生在《中华人民共和国民法典》颁布之前，适用当时的法律规定对效力作出认定。但2019年发布的《全国法院民商事审判工作会议纪要》对于合同效力的认定作出与《最高人民法院关于适用〈中华人民共和国合同法〉若干问题的解释（二）》相一致的规定，即仅当合同之债中的给付行为违反效力性强制性规定时，才得被认定为无效法律行为。因此，即使该“伪造公章”签订合同的行为发生在现在，仍应当认定有效。

二、物资公司是否应承担《借款合同》中的还款责任

公司的印章本应具有唯一性。但实践中，有些公司的公章并不唯一，如本案物资公司，在讼争的《借款合同》上使用的“物资公司合同专用章”虽然与物资公司备案的合同专用章不符，但该公章却在物资公司与其他单位的往来交易中使用过，在物资公司与案外人的《承诺保证函》《众达产品代销合同》《协议书》上所加盖的合同专用章经鉴定系出自同一枚印章所盖。由此可以证明徐某斌确实多次使用该合同专用章以物资公司的名义从事一系列经营活动。因此，人民法院在审查案件时，应当主要审查签约人于盖章之时有无代表权或者

代理权。表见代理是指行为人没有代理权、超越代理权或者代理权终止后仍以代理人名义订立合同，而善意相对人客观上有充分的理由相信行为人具有代理权的，该代理行为有效，被代理人应按照合同约定承担其与相对人之间的民事责任。但如果合同系以合法形式掩盖非法目的，依法为无效合同的，在此情况下不应适用《中华人民共和国合同法》关于表见代理的规定。本案中，徐某斌虽未经物资公司授权，以私刻公章盖印与工贸公司签署借款合同，该行为不具有代理权；但徐某斌是长期担任物资公司金属材料经营部的承包人，其确实多次使用私刻的合同专用章以物资公司的名义从事一系列经营活动，物资公司对该私刻公章的存在、使用是知晓的。尽管其主张公章伪造，但其在明知该公章存在并使用的情况下，未采取措施防止相对人的利益损害。则不能对同一印章的效力在不同的交易或诉讼中做不同选择。即公司对外使用的公章已经在某一交易或诉讼中承认其效力，则不论公章是否经公司授权、是否系他人私刻甚至伪造、是否进行工商备案，均不得在另一交易或诉讼中否定其效力。本案原告作为交易相对人，并无审查签订合同所用印章是否为真实的义务，故其以物资公司在其他的场合使用过该公章，且该公司没有否定其效力；徐某斌代表物资公司使用该公章签订合同构成表见代理为由，主张其合理信赖利益应受到保护，应予支持。法院最终以该理由作为认定徐某斌私刻公章签订借款合同系物资公司行为的重要理由之一。

编写人：福建省厦门市思明区人民法院　林芳　曾国川

037 职工在职期间未冲销的款项是否能够认定为借款

——汽车公司诉马某借款合同案

【案件基本信息】

1. 裁判书字号

北京市第一中级人民法院（2016）京01民终字第5259号民事判决书

2. 案由：借款合同纠纷

3. 当事人

原告（被上诉人）：汽车公司

被告（上诉人）：马某

【基本案情】

2014年1月26日，马某填写《汽车公司借款凭证（付款凭证附件）》（以下简称借款凭证），借款凭证载明：借款人马某申请金额为30万元，预计还款或冲销时间为2014年8月，单位为国内营销，仅限营销项目借款。借款凭证中手写注明：严格按报告执行，由全某和马某负责，与业绩挂钩，如不能返还，由以上两人承担。

另查，2014年1月26日，刘某涛向马某汇款30万元。

2015年11月12日，汽车公司出具《关于解除马某同志劳动合同的通知》，载明：国内营销公司某市场部销售经理马某，于2014年1月底向公司借款30万元，其拿到借款未开展实际业务，也未能实现销售，公司要求其归还借款时，无正当理由拒绝归还，直至今日仍未归还。该同志以上行为严重违反公司规章制度，根据《员工违纪管理办法》与《中华人民共和国劳动合同法》第三十九条第二项的规定，经与部分领导沟通研究决定从 2015 年 11 月 12 日起依法自动解除与马某同志签订的劳动合同。

【案件焦点】

马某与汽车公司是否存在借款合同法律关系。

【法院裁判要旨】

北京市昌平区人民法院经审理认为：本案争议焦点系汽车公司与马某之间是否形成了借款合同关系。对此，当事人对自己提出的诉讼请求所依据的事实或者反驳对方诉讼请求所依据的事实有责任提供证据加以证明。没有证据或者证据不足以证明当事人的事实主张的，由负有举证责任的当事人承担不利后果。本案中，汽车公司提供了借款凭证及银行转账凭证等证据，证实其向马某交付 30 万元的事实，马某亦认可其借款凭证上的签字及收款的事实，故对双方之间存在借款合同法律关系予以确认。马某提供了《空调公交车订购合同书》，证明其支取上述款项是为了开展汽车公司与客户之间的义务，该行为系公司内部行为，不属于民事主体之间的法律关系。马某提供的合同不能证明其将上述款项用于开展业务，故马某的该项主张缺乏充分有效证据佐证，不予采纳。汽车公司要求马某偿还借款于法有据，予以支持。因双方约定预计还款时间为 2014 年 8 月，故自 2014 年 9 月 1 日开始起算利息更为适宜。

北京市昌平区人民法院依据《中华人民共和国合同法》第一百

九十六条、第二百零六条、第二百零七条之规定，判决：

一、被告马某于本判决生效后七日内返还原告汽车公司借款三十万元；

二、被告马某于本判决生效后七日内支付原告汽车公司自二〇一四年九月一日至实际付清之日止的利息（以三十万元为基数，按照中国人民银行同期贷款利率的标准计算）；

三、驳回原告汽车公司的其他诉讼请求。

马某不服一审判决提起上诉。北京市第一中级人民法院经审理认为：根据《最高人民法院关于适用〈中华人民共和国民事诉讼法〉的解释》第九十一条规定："人民法院应当依照下列原则确定举证证明责任的承担，但法律另有规定的除外：（一）主张法律关系存在的当事人，应当对产生该法律关系的基本事实承担举证证明责任……"汽车公司以借款合同纠纷为由起诉马某，其应就双方之间存在借款合同关系的事实承担举证责任。在汽车公司主张的借款事实发生期间，马某担任该公司销售，承接该公司在公交车项目事宜。马某虽认可在任职期间从汽车公司支取过款项，但表示该款项均用于公司的经营管理，并非其个人借款，且相关款项的支出凭证已交回汽车公司。故本案双方当事人争议的焦点即在于马某与汽车公司是否存在借款合同法律关系。

汽车公司起诉主张，本案马某的借款为业务性借款，在记账凭证中记录为业务费，业务费支付后实报实销，马某未向汽车公司提交报销票据或者归还借款。结合上述汽车公司的主张，以及马某在汽车公司任职期间为公司销售的事实，可以认定，本案马某向汽车公司的"借款"实为马某以汽车公司经营需要而预支的业务性支出。而马某所签署的借款凭证是作为公司内部记账及结算意义上的款项支出凭证，目的不是要求“借款人”返本付息，而是需要“借款人”提供支出凭单或者报销票据用以证明款项具体用于公司哪方面的经营活动，同时在会计账册上用以冲减相关费用。从汽车公司提交的马某其他的还款凭证中亦可看出，所谓“还款”即是马某提交支出凭单或者公司开立收据用以冲减借款。另，从本案汽车公司提交的借款凭证的形式和填制内容看，借款并不需要法定代表人签字盖章，而是由公司负责人、财务主管、会计人员签字确认后即可支取，亦表明“借款凭证”实质上属于在公司内部财务管理和经营运作活动中，员工因公司经营需要从公司支取现金的审批程序，不是员工因私借款的凭据。综上，在汽车公司无证据证明马某的借款系其个人因私借款的情况下，马某签字并从公司支取钱款的行为，并不是平等民事主体之间的借贷行为，汽车公司以民间借贷为由起诉马某没有事实及法律依据，不予支持。一审法院对双方法律关系的认定存在错误，应当纠正，马某的上诉请求有事实及法律依据，应当予以支持。

北京市第一中级人民法院依照《中华人民共和国合同法》第二百零六条，《最高人民法院关于适用〈中华人民共和国民事诉讼法〉的解释》第九十一条，《中华人民共和国民事诉讼法》第一百七十条第一款第二项之规定，判决如下：

一、撤销北京市昌平区人民法院民事判决；

二、驳回汽车公司的全部诉讼请求。

【法官后语】

冲销属于单位内部的财务制度，现在许多单位中，职工都是先支取款项后，再开展相应业务，最后职工凭发票等凭证进行冲销。

但是在实践当中，如果职工在领取款项之后离职，单位凭借借款单以借款纠纷为由诉至法院，单位的该项诉讼请求能否得到支持？也即本案的焦点马某与汽车公司之间是否形成了借款合同关系？

对此，笔者认为，应当先区分借款支取的事由是个人需要还是公务需要。下面分几种情形进行分析：

一、借款单中明确列明因个人需要向单位借款的情形

若借款单中列明的事由为“个人生活需要”“家庭应急”“个人经营需要”等，为了满足自身利益的需求而支取的款项，应当作为平等主体之间的债务关系，故应视为单位已经就双方借款合同的法律关系成立完成了初步举证责任，参照处理一般借款合同纠纷案件处理，审查交付方式、借款用途、还款等情况，作出综合判断后依法判决。如职工以执行公务为由抗辩，则此时按照“谁主张，谁举证”的原则，由职工对该笔款项的用途负举证责任。

二、借款单中未明确列明支取款项的事由

双方对支取事由存在争议或者约定不明确的，应当严格按照“谁主张，谁举证”原则，如单位坚持以借款合同纠纷为由，应当根据《最高人民法院关于适用〈中华人民共和国民事诉讼法〉的解释》第九十一条规定：“人民法院应当依照下列原则确定举证证明责任的承担，但法律另有规定的除外：（一）主张法律关系存在的当事人，应当对产生该法律关系的基本事实承担举证证明责任……”故单位应当提供公司内部记账册、账簿等证据予以佐证，如未能提供相应证据，应当承担举证不能的法律后果。

三、借款单中列明因执行公务支取款项的情形

此种情形下，应当充分考虑借款单的形式、交付形式等因素，综合认定款项支取的原因，如确因执行公务支取的，因支取款项发

生在劳动关系存续期间，故该纠纷并不是平等民事主体之间的借贷行为，单位可以采取扣罚奖金等措施进行追偿。

回归到本案，从汽车公司提交的借款凭证的形式和填制内容看，借款并不需要法定代表人签字盖章，而是由公司负责人、财务主管、会计人员签字确认后即可支取，亦表明“借款凭证”实质上属于在公司内部财务管理和经营运作活动中，员工因公司经营需要从公司支取现金的审批程序，不是员工因私借款的凭据。综上，在汽车公司无证据证明马某的借款系其个人因私借款的情况下，马某签字并从公司支取钱款的行为，并不是平等民事主体之间的借贷行为，汽车公司以民间借贷为由起诉马某没有事实及法律依据，不予支持。

编写人：北京市昌平区人民法院　玄红莲

038　民间借贷诉讼中出借人履行支付义务的认定

——计某诉建筑公司等借款合同案

【案件基本信息】

1. 裁判书字号

重庆市第五中级人民法院（2015）渝五中法民再终字第 00060 号民事判决书

2. 案由：借款合同纠纷

3. 当事人

原告（上诉人、被申诉人）：计某

被告（被上诉人、被申诉人）：信用担保公司

被告（被上诉人、申诉人）：建筑公司

被告（被上诉人）：袁某

【基本案情】

2009年6月19日，计某（资金方，甲方）、建筑公司（借款方，乙方）、信用担保公司（保证方，丙方）以及袁某（保证方，丁方）共同签订融资借款担保协议一份，该协议约定："甲方提供丙方的转账支票一张，支票金额150万元整借给乙方使用，资金到账后此笔资金使用期限按三个时间段还本金和付息：1.2009年6月19日至7月18日借用本金150万元整，2009年7月18日还本金50万元整，支付税后利息3.75万元整，合计53.75万元；2.2009年7月19日至8月18日借用本金100万元整，2009年8月18日还本金50万元整，支付税后利息2.5万元整，合计52.5万元；3.2009年8月19日至9月18日借用本金50万元整，2009年9月18日还本金50万元整，支付税后利息1.25万元整，合计51.25万元；丙方及丁方为乙方提供无限连带责任保证的担保，若乙方违约，丙方和丁方承担连带责任保证"等内容。协议签订当日，信用担保公司出具中信银行转账支票一张，支票号为0110×××，付款行为中信银行解放碑支行，出票人账号为7421110182600×××××，金额为150万元，付款期限为十天，该支票收款人处未填写，出票人签章处加盖信用担保公司财务专用章及其法定代表人朱淑玉个人鉴印章。计某从信用担保公司处获得上述转账支票后即交给了建筑公司。

2009年6月20日，建筑公司向计某出具收据一份，上载："今收到计某提供的信用担保公司转账支票，金额壹佰伍拾万元整，支票号0110××××，开户行中信银行解放碑支行。”

2009年8月5日，建筑公司出具承诺书一份，上载：“我司于2009年6月19日向自然人计某借到人民币150万元整，向自然人李锡芬借到人民币150万元整，以上借款合计人民币300万元整。在此，本司承诺于2009年8月18日以前偿还计某、李锡芬以上全部借款，本息合计共人民币315万元整”等内容。

2009年9月4日，信用担保公司通过中国建设银行电子汇划划款100万元至建筑公司账户中。

2009年9月9日，计某向建筑公司出具领（借）款申请单一份，确认收到建筑公司通过银行现金转账划款方式归还的借款100万元。

2009年12月15日，计某向信用担保公司发出律师函，要求信用担保公司在2009年12月31日前代建筑公司支付尚欠的借款50万元及合同约定的利息和违约金。当日，信用担保公司收悉上述律师函后在该律师函上加盖公司公章确认并批注：“此函已收到，本司承诺2010年3月31日以前履行连带担保责任，代建筑公司偿还完该笔借款。”

2011年7月28日，计某向建筑公司及袁某分别邮寄发出律师函，要求建筑公司及担保人袁某在2011年7月31日前偿还完全部借款并按合同约定支付利息和承担合同约定的违约金。该次邮寄送达的律师函，计某申请公证处对计某邮寄的律师函内容及过程进行证据保全。

2011年12月14日，计某向信用担保公司发出律师函，要求信用担保公司代建筑公司支付尚欠的借款50万元及合同约定的利息和违约金。当日，信用担保公司收悉上述律师函后在该律师函上签收批注："此函已收到，本司承诺在2012年5月31日以前履行连带担保责任，代建筑公司偿还完该笔借款本息。"

一审审理中，经一审法院依法向中信银行调查核实，信用担保公司账号7421110182600××××××，该单位的支票号为0110××××的中信银行转账支票，在中信银行记录状态为"领用"，即未使用状态。计某向重庆市渝中区人民法院提起诉讼，请求判令：1. 建筑公司偿还尚欠计某的借款本金50万元并支付相应的利息（利息构成包括：以150万元为基数，从2009年6月19日起至2009年9月8日止，按照月利率2.5%计算的利息，以及以50万元为基数，从2009年9月9日起至该笔50万元款项付清时止，按照月利率2.5%计算的利息）；2. 袁某及信用担保公司对建筑公司上述债务向计某承担连带清偿责任。

【案件焦点】

计某是否向建筑公司履行了其作为出借人的出借借款的义务。

【法院裁判要旨】

重庆市渝中区人民法院经审理认为：计某提交的证据不足以证明其已经按约履行完毕了向建筑公司出借150万元借款的出借义务。具体理由如下：

首先，计某按约向建筑公司提供的150万元转账支票并未进入银行实际转账，即建筑公司并未通过该张转账支票获得借款150万元，则计某未按照协议约定的出借方式向建筑公司提供借款。转账支票本身并不等同于资金，其仅是资金的载体；计某虽向建筑公司交付了转账支票，但计某的出借义务仍需以转账支票进入银行转账后，建筑公司收到其出借的款项后方为完成。

其次，信用担保公司于 2009 年 9 月 4 日通过银行电子汇划方式向建筑公司划款 100 万元；而建筑公司于 2009 年 9 月 9 日即以银行现金转账划款方式向计某划款 100 万元。三方当事人之间的上述划款行为可以证明该 100 万元资金的流向，但不足以证明计某已向建筑公司履行了 150 万元的出借义务。退一步讲，即使该 100 万元是信用担保公司代计某向建筑公司履行出借义务而划拨的款项，建筑公司也向计某偿还了该 100 万元借款。现计某起诉要求建筑公司偿还借款本金 50 万元，并支付相应的利息，该诉讼请求并不涉及信用担保公司、建筑公司以及计某三方前述划款行为中的款项 100 万元。据此，仅凭计某提交的前述 100 万元的划款依据并不足以证明计某已按约向建筑公司履行了 150 万元的划款义务。

最后，计某在审理中还提交了建筑公司及其法定代表人袁某出具的承诺书以及信用担保公司对计某发出的催还款律师函作出的还款确认回复，但上述证据的内容均与本案中查明的事实不符，不足以证明计某作为上述融资借款担保协议的出借人已经按约履行完毕了对借款 150 万元出借义务的事实。

至于袁某及信用担保公司是否应当向计某承担连带责任保证的问题。一审法院认为，计某提交的证据不足以证明其已经按约履行完毕了向建筑公司出借 150 万元借款的支付义务，即本案所涉主债权债务并未实际发生，则袁某及信用担保公司作为主债务的连带保证人亦不存在任何清偿责任，故一审法院对计某要求袁某及信用担保公司承担连带清偿责任的诉讼请求不予支持。

重庆市渝中区人民法院依照《中华人民共和国合同法》第一百

九十六条、第二百一十条以及《中华人民共和国民事诉讼法》第一百四十二条之规定，判决：

驳回计某的诉讼请求。

计某不服一审判决，提起上诉。重庆市第五中级人民法院经审理认为：计某提交的证据证明其已经按约履行完毕了向建筑公司出借150万元借款的出借义务。理由如下：

虽然没有直接证据证明计某履行完毕支付诉争借款的义务，但是从其他证据综合分析能够印证计某实际履行完毕支付诉争款项的事实：一是建筑公司已出具还款承诺书，二是信用担保公司出具承诺履行保证责任函，三是建筑公司已归还部分诉争款项。建筑公司对于上述行为，不能给予合理的解释，应该视为其实际上收到了诉争借款。

重庆市第五中级人民法院依照《中华人民共和国民事诉讼法》第一百七十条第一款第三项的规定，判决：

一、撤销重庆市渝中区人民法院民事判决。

二、建筑公司于本判决生效之日起十日内向计某归还借款本金50万元及相应的利息，利息计算方式为：自2009年6月19日起至2009年9月8日止，以150万元为基数，按照中国人民银行规定的同期贷款基准利率四倍计算；自2009年9月9日起至付清之日止，以50万元为基数，按照中国人民银行规定的同期贷款基准利率四倍计算。

三、信用担保公司、袁某对建筑公司的第二项支付义务承担连带偿还责任。

四、驳回计某的其他诉讼请求。

建筑公司不服民事判决，向检察机关申诉。重庆市人民检察院向重庆市高级人民法院提出抗诉。重庆市高级人民法院指令重庆市第五中级人民法院再审。

重庆市第五中级人民法院再审认为：计某已经向建筑公司履行完毕 150 万元的借款义务，理由如下：

在本案中，按照相关当事人的约定，从时间节点上看，信用担保公司应向计某归还欠款 150 万元在先，计某出借 150 万元资金给建筑公司在后。而计某、建筑公司、信用担保公司以及袁某按照四方融资担保协议约定，由信用担保公司直接将 150 万元资金通过支票方式付给建筑公司。这样一来，本案诉争借款应由信用担保公司代替计某支付完成。基于本案中四方融资担保协议约定特定支付方式，计某举示了建筑公司收到诉争钱款支票的收条，应视为计某完成了其履行支付诉争借款义务的举证。而建筑公司法定代表人袁某在没有收到 150 万元款项的情况下而出具还款承诺书的原因解释为“一是出于对于信用担保公司的信任，在没有向公司财务人员核实的情况下就出具了还款承诺书；二是出具还款承诺书的背景特殊，其涉嫌犯罪被采取刑事强制措施，精神压力大，疏于经营管理公司”，该解释与常理不符，不应当予以采信。加之计某向建筑公司发律师函，催促其尽快归还借款，建筑公司对此并未否认，且信用担保公司作为担保人之一，对其应履行的保证责任并未提出异议，且明确承诺代建筑公司归还借款本息的时间。更重要的是，在计某催促建筑公司还款后，建筑公司向其以电子划账的方式支付 100 万元，进一步佐证了计某已经实际上履行完毕其支付 150 万元借款的义务。本案中，有证据显示建筑公司与信用担保公司之间有较为密切的经济往来，结合建筑公司法定代表人袁某出具还款承诺书的行为，以及本案诉争借款支票并未实际承兑的事实，显然不能排除信用担保公司已经以其他方式履行完毕支付150万元款项的重大可能。

重庆市第五中级人民法院依照《中华人民共和国民事诉讼法》第二百零七条第一款、第一百七十条第一款第一项之规定，判决：

维持判决。

【法官后语】

《中华人民共和国合同法》第一百九十六条调整为《中华人民共和国民法典》第六百六十七条，条文内容不变；第二百一十条调整为《中华人民共和国民法典》第六百七十九条，条文内容发生微调，由“自然人之间的借款合同，自贷款人提供借款时生效”调整为“自然人之间的借款合同，自贷款人提供借款时成立”。

本案争议焦点是计某是否已经向建筑公司履行完毕150万元的借款义务。本案是民间借贷纠纷中较为特殊的一个案件，具有典型性，其对规范公司法人财务管理制度、防御个人借贷风险具有现实指导意义。本案诉争借款的支付履行人并不是实际债权人，而是第三方代为履行支付，更特殊的是这个约定代为履行支付诉争借款义务的第三方还是担保人。民间借贷纠纷案中，在一般情况下，主张履行完毕出借钱款义务的当事人需承担主要的举证责任，但是本案中基于当事人特殊的履约方式，出借人是无法举示直接证据证明其主张。重庆市第五中级人民法院从举证责任分配、关键事实的认定以及全案证据的综合分析等方面，对本案作出了终审判决。

一、本案主要当事人举证责任的合理分配

举证责任分配制度是我国民事诉讼证据制度这一核心的中心，不同的举证责任分配方案会引起截然不同的诉讼结果，如果分配不当，不仅会极大地损害一方当事人的合法权益，还会破坏法律的公平与正义。

本案中，计某请求法院判决建筑公司归还剩余借款50万元并支付相应的利息，其举示证据主要是四方融资担保协议、建筑公司出具的还款承诺书、建筑公司归还诉争借款本金100万元的收据、计某向建筑公司和信用担保公司发出的催款函及确认还款答复函。

本案诉争借款按照四方融资担保协议的约定应是由信用担保公司代替计某支付完成的，支付完成的证据理应由信用担保公司掌握。虽然计某作为150万元诉争借款的实际出借人，但其却并不可能具备出具向建筑公司支付完毕150万元借款证据的能力。

考虑到本案中四方融资担保协议约定诉争款项的特定支付方式，生效判决依据《最高人民法院关于民事诉讼证据的若干规定》（法释〔2001〕33号）第七条需要说明的是，“在法律没有具体规定，依本规定及其他司法解释无法确定举证责任承担时，人民法院可以根据公平原则和诚实信用原则，综合当事人举证能力等因素确定举证责任的承担”关于举证责任负担原则性的规定，认定在计某举示了建筑公司收到诉争钱款支票收条的前提下，应视为计某完成了其履行支付诉争借款义务的举证。

上述第七条在《最高人民法院关于民事诉讼证据的若干规定》2019年修订后被删除，笔者认为该条的废止并非否定之前关于举证责任负担的原则性规定，而是因为经过《最高人民法院关于民事诉讼证据的若干规定》（法释〔2001〕33号）颁布施行将近二十年的司法实践检验，此项举证责任负担的原则性条款已深入人心而达成普遍共识，因为举证责任负担是事关当事人诉讼成败的核心因素，是维护公平正义的重要基石，毕竟法谚有云“举证之所在，败诉之所在”。

二、建筑公司收到诉争借款的事实形成证据锁链

本案中，按照四方融资担保协议约定，由信用担保公司直接将150万元资金通过支票的方式付给建筑公司，而该支票承兑期限仅有十天。建筑公司在领取支票后，应该及时到银行承兑。如果支票无法承兑，建筑公司作为计某150万元资金的债务人，应该及时向计某反馈转账支票无法承兑的信息，以利于计某尽快督促信用担保公司履行其代为出借钱款的义务。

事实上，建筑公司并未在支票承兑期内及时承兑，且没有证据表明建筑公司及时告知计某支票无法承兑的事实。对于计某而言，其作为150万元的借款的出借人，在收到建筑公司出具的支票收条且在承兑期内没有收到支票无法承兑信息的情况下，其有充分理由相信建筑公司已经实际上如数收到信用担保公司代为支付的款项。

此外，有证据显示建筑公司与信用担保公司之间有较为密切的经济往来，结合建筑公司法定代表人袁某出具还款承诺书的行为，以及本案诉争借款支票并未实际承兑的事实，显然不能排除信用担保公司已经以其他方式履行完毕支付150万元款项的重大可能。

三、综合全案证据，可以认定出借人履行完毕付款义务

民间借贷纠纷中，如果诉争款项出借人虽然没有直接证据证明其已经履行完毕支付借款义务，但是借款人未曾收到借款依然承诺还款甚至履行部分还款义务的，抑或债务担保人没有在合理期限内就主债务提出异议甚至答复履行保证责任的，借款人或担保人不能就上述行为给出合理解释或不能提出反证的，应综合全案证据，按照各方证据证明力大小就诉争借款的支付履行与否作出最终认定。

建筑公司法定代表人袁某在没有收到150万元款项的情况下而出具还款承诺书的原因解释为："一是出于对于信用担保公司的信任，在没有向公司财务人员核实的情况下就出具了还款承诺书；二是出具还款承诺书的背景特殊，其涉嫌犯罪被采取刑事强制措施，精神压力大，疏于经营管理公司。"这显然只是一种说辞，亦难以让人信服，且无直接证据证明其观点。

计某向建筑公司发律师函，催促其尽快归还借款，建筑公司对此并未否认收到诉争借款并承诺还款期，这有悖常理。而信用担保公司作为担保人之一，计某同样向其发函催促其履行保证责任，信用担保公司并未提出异议，且明确承诺代建筑公司归还借款本息的时间。在计某催促建筑公司还款后，建筑公司向其以电子划账的方式支付100万元，从证据层面进一步佐证了信用担保公司已经向建筑公司变更了履行方式，而计某相当于履行完毕支付给建筑公司150万元借款的义务。

综上所述，当事人之间约定支票转账履行付款义务，出借人无法举示直接证据证明其履行完毕支付义务，尽管支票未被实际承兑，但其举示间接证据能够形成证据锁链，足以证明其实际履行完毕支付借款义务的，债务人仍应承担还款责任。

编写人：重庆市第五中级人民法院成渝金融法院　郝绍彬　刘德宝

039 借条未载明借款人时应如何认定债权人

——装饰公司诉王甲、雷某民间借贷案

【案件基本信息】

1. 裁判书字号

福建省厦门市中级人民法院（2016）闽02民终字第1878号民事裁定书

2. 案由：民间借贷纠纷

3. 当事人

原告（上诉人）：装饰公司

被告（被上诉人）：王甲、雷某

第三人：建设公司

【基本案情】

2011年9月18日，厦门市海沧区某工程项目木工班组工人王乙在该项目工地施工过程中被砸伤头部，受伤诊断为：特重型颅脑损伤。厦门市人力资源和社会保障局认定第三人建设公司的工人王乙因上述事故构成工伤。王乙于2014年6月22日因医治无效死亡。2011年11月10日至2014年5月9日，被告王甲（王乙的弟弟）和被告雷某（王乙的配偶）陆续向"公司"借款共计人民币935000元，并出具了借条20份、收据1份，该借条和收据现由原告持有。收据由王甲书写，载明"今收到公司给王乙（工伤）营养费、生活费、住宿费等15000元（壹万伍仟元整）。收款人：王乙弟弟王甲代办。2014年5月9日"。王甲在其名字处签名

捺印。20份借条的内容与收据类似，雷某特别授权委托代理人对借条、收据均予以认可。2014年7月22日，建设公司某工程项目部作为甲方与被告雷某等作为乙方签订《协议书》，约定："……二、经乙方自愿提出，甲、乙双方一致同意对就死者（王乙）死亡一事作出一次性补贴。三、各方确认：死者王乙自工伤之日起截至本协议签订之日所实际发生的医疗费等各项花费，已由甲方全部付清（已付清），不存在任何未支付的款项或需要承担的费用。本协议签订后，乙方不得再就此事以任何理由和方式向甲方主张任何费用补贴或支付款项。乙方（或王甲）在甲方（公司）所有借条/收据全部作废，乙方（或王甲）不欠甲方（公司）任何款项，甲方（公司）不能据此再以任何理由和方式向乙方（或王甲）主张任何费用或欠款项。否则，甲方应向乙方支付上述一次性补助金20%的违约金，且就此事主张所发生的任何费用全部由甲方承担。四、甲、乙双方经协商后一致同意：由甲方（包括通过保险理赔金的方式）向乙方一次性支付丧葬补助金、一次性伤残补助金、保险理赔金、一次性死亡赔偿金、被抚养人赡养费及抚养费（即供养亲属抚恤金）、精神补偿费等全部费用合计人民币：100万元（大写：壹佰万元整），此费用包含其身后的一切事务等全部费用，乙方成员自愿接受以上所述费用并确认不再有其他需要补助或补偿的项目和费用。五、本协议双方签字即生效。协议生效后（两日内）甲方预先支付人民币伍拾万元补助金至乙方指定的账号。逾期则由甲方向乙方支付违约金（按伍拾万元的日千分之五计算）。乙方收到上述伍拾万元补助金后应立即安排王乙的后事并提供一切应该由乙方提供的材料，全力配合甲方至保险机构办理理赔事宜。全部保险理赔完成取得赔偿款后，再由甲方或保险机构把剩余伍拾万元支付至乙方指定的账号。乙方收取的款项包括保险理赔金和甲方补助款合计为壹佰万元整，保险机构赔偿的全部金额如果不足伍拾万元，则由甲方补足伍拾万元给乙方；保险机构赔偿的全部金额如果超过伍拾万元，则超过部分归属甲方并由甲方支配。如超过部分已由乙方收取，乙方应在收到后3日内将超过部分退还给甲方，逾期退还，按未退部分的日千分之五向甲方支付违约金……七、本协议生效后，甲方与王乙的劳动关系即刻终止，王乙工伤经医治无效身故的处理即告终止，乙方就此事保证不以任何形式、任何理由再向甲方要求任何其他费用。甲、乙双方之间不再有任何权利、义务，以后因此事衍生的任何结果亦由乙方自行承担，甲方对此不再承担任何责任。”2014年7月22日，建设公司某工程项目部作为甲方与被告雷某作为乙方签订补充协议书，约定：“一、乙方同意甲方一次性补助金（王乙死亡）协议书后，经甲、乙双方协商如下费用由甲方全部承担：1. 王乙死后医院料理后事费用：3830元，王乙尸体冷藏押金费用：4000元，小计：7830元。2. 王乙死亡前四个月公司未提供费用，由家属王甲垫付房租、王乙医院护理用品等费用，小计：3000元。3. 王乙尸体在殡仪馆一切费用由甲方全部支付。4. 直系亲属交通费：4人×2000元/人，亲属交通费：17人×300元/人，小计：13100元。5. 直系亲属4人目前办理手续期间：住宿费用、生活费（50元/人/天）全部由甲方承担（由甲方安排人员提前支付）。6. 家属后续办理保险机构手续期间，每月支付人民币1000元房租费用，直到手续办理完为止。”上述两份协议甲方的签字代表为陈某超，第三人建设公司对该两份协议予以认可，并于2014年7月24日向被告雷某转账支付500000元。

另查明，2011年12月21日，原告装饰公司、第三人建设公司作为分包单位和工程总包单位与案外人某工程房地产开发公司就“某工程2-01#楼干挂石材幕墙、玻璃幕墙工程”签订《某工程幕墙施工协议书》。庭审中，第三人建设公司确认案外人陈某超系其公司班组长，负责项目现场管理，死者王乙工伤死亡赔偿事宜由建设公司负责。两被告主张王乙受伤后，都是与建设公司协商沟通，陈某超都是以建设公司名义全程参与。2014年5月9日、2014年7月25日陈某超分别转账15000元、20000元至被告王甲账户。庭审中，被告主张陈某超转账15000元系陈某超借给王甲的。

再查明，2015年3月1日，第三人建设公司申请本院向医院调取两被告报销王乙受伤、治疗一事报销医疗费用的相关凭证。2015年3月9日，医院向本院出具了《王乙住院期间医药费用结算情况证明》：“王乙从2011年9月8日入院，于2014年6月22日死亡，住院总费用910940.08元，预交金700000元，社保工伤报销861651.21元，于2014年7月28日将预交金余额650711.13元退还给其弟弟王甲，转入王甲的建行卡上，其卡号为6227001935720××××××，特此证明。”

【案件焦点】

借条持有人所持有的借条未载明借款人，应如何认定债权人。

【法院裁判要旨】

福建省厦门市集美区人民法院经审理认为：本案中原告和第三

人主张死者王乙与原告存在劳动关系，两被告主张死者王乙与第三人存在劳动关系。死者王乙虽未签订书面劳动合同，但第三人确认死者王乙工伤赔偿事宜由其负责，并为死者王乙申报工伤，厦门市人力资源和社会保障局亦以此确认王乙的工伤，且在死者王乙家属与第三人签订的《协议书》中第七条明确约定第三人与王乙劳动关系即刻终止。故根据上述事实可以认定死者王乙与第三人建设公司存在劳动关系。退一步说，即便原告才是死者王乙真正的用人单位，原告与第三人双方之间责任分担可另行协商解决，协商不成可依法另行主张。第三人作为死者王乙的用人单位，应对王乙的工伤事故承担相应的工伤保险责任，第三人在王乙受伤治疗期间向王乙家属支付款项既是履行其义务也符合生活常理，且与讼争借条和收据的内容相契合：（1）借款时间。本案讼争借条和收据的借款时间发生在2011年11月10日至2014年5月9日，而该段时间正是王乙受伤后至死亡前的治疗期间。（2）借款用途。讼争借条和收据的借款用途主要为王乙（工伤）医疗费，部分为营养费、护理费、住宿费用、家属生活费、车旅费、房租费等，而这些费用正是王乙受伤治疗期间的合理支出。（3）借款金额。王乙在医院住院期间的总费用为910940.08元，讼争借条和收据的借款金额为930000元，两项金额相差不到20000元。且根据死者王乙家属与第三人签订的《协议书》中第三条约定："死者王乙自工伤之日起截至本协议签订之日所实际发生的医疗费等各项花费，已由第三人全部付清（已付清），不存在任何未支付的款项或需要承担的费用。"依据该约定第三人已付清死者王乙的医疗费用等各项费用，若讼争借款为原告所支付，则原告与第三人向两被告重复支付900000余元的费用，而原告与第三人作为王乙工伤事故的工程总分包单位均参与事故处理，重复支付如此巨额费用明显与常理不符。（4）款项支付。本案讼争收据载明两被告于2014年5月9日收到公司给王乙（工伤）营养费、生活费、住宿费等15000元，2014年5月9日陈某超转账15000元至被告王甲账户。2014年7月22日，陈某超代表第三人与被告雷某等签订《补充协议书》约定建设公司向被告雷某再支付部分费用，2014年7月25日陈某超转账20000元至被告王甲账户。陈某超系第三人的员工，又参与两份协议的签订，两次转账的时间又与上述约定付款时间节点相吻合。第三人主张陈某超转账15000元系陈某超转账给王甲，既未有陈某超本人的证人证言，也未有其他证据予以证明，明显与事实不符，本院不予支持。

综上，《中华人民共和国民事诉讼法》第一百一十九条规定："起诉必须符合下列条件：（一）原告是与本案有直接利害关系的公民、法人和其他组织……"原告虽持有借条和收据，但该借条和收据并未载明债权人的具体名称而是简略表述为"公司"或"贵司"，因此无法根据借条和收据直接确定原告为出借人。而根据前述从借款原因、借款时间、借款用途、借款金额、借款经过等因素的综合分析，原告所提供的证据尚不足以证明其为讼争借条和收据的出借人，两被告对原告的债权人资格提出抗辩认为实际债权人为第三人建设公司具有相应事实依据，故原告装饰公司不是本案适格的原告。

福建省厦门市集美区人民法院依照《中华人民共和国民事诉讼法》第一百一十九条、第一百五十四条第一款第三项，《最高人民法院关于适用〈中华人民共和国民事诉讼法〉的解释》第二百零八条第三款的规定，裁定如下：

一、驳回原告装饰公司的起诉。

二、本案案件受理费13150元，全部退还。本案保全费用5000

元，由原告装饰公司负担（已预缴）。

装饰公司持原审起诉意见提起上诉。福建省厦门市中级人民法院经审理认为的意见与一审意见一致。据此依照《中华人民共和国民事诉讼法》第一百七十条第一款第一项、第一百七十一条之规定，判决如下：

驳回上诉，维持原裁定。

【法官后语】

在生活实践中有时会出现当事人因为彼此信任、借款金额小等原因未在借条上签署出借人的名字，由此导致发生纠纷时对债权人的身份发生争议。结合本案例，笔者欲探讨两个问题：一是借条未载明借款人，借条持有人是否可以提起诉讼。二是对于此类情况中债权人的身份应如何进行认定。

一、借条未载明借款人，借条持有人是否可以提起诉讼

借条若未载明借款人，虽然依据借条可以判断可能存在民间借贷，但由于债权人无法确定，自然也就无法判断借条持有人是否与被告存在民间借贷关系。但从生活实践来看，民间借贷中由于当事人的法律素质、交易习惯简易化、交易方式非正式、借款金额、关系亲疏等因素，借条未载明债权人姓名的情形亦有发生。且在实际生活当中，非真正债权人持有未载明债权人借条的情形较为罕见，提起诉讼的更是少有发生。因此当事人持有借条一般可推定其与出借人之间存在民间借贷关系。从民事诉讼法规定来看，《中华人民共和国民事诉讼法》第一百一十九条第一项（2021 年修订后，序号调整为第一百二十二条第一项）规定：“起诉必须符合下列条件：(一）原告是与本案有直接利害关系的公民、法人和其他组织。”所

谓“原告是与本案有直接利害关系”包括两种情形：第一种情形是请求法院保护的民事权益属于原告；第二种情形是请求法院保护的民事权益受原告管理或保护。[1] 但在立案阶段仅是进行形式审查，并不要求对当事人提供的证据进行实体审查，依据前述分析借条持有人已可推定与被告存在借贷关系，持有借条便已达到形式审查的标准，人民法院可予以立案。至于债权人是否为借条持有人可以通过审理阶段进行确认，无须在立案阶段进行过多审查，这既方便当事人救济其权利，也减少立案审查的难度。本案中，借条虽未载明原告的名称，但原告以此提出民间借贷纠纷诉讼，符合法律规定，应当予以受理。

二、债权人资格的认定

依据前述分析，从日常生活经验判断，借条持有人为真正债权人的概率较高，但这仅是一种推定，被告对此可以质疑。基于程序救济对等原则，被告对于借条持有人的债权人资格可以提出抗辩。但被告就抗辩主张应承担举证责任，提出相应的事实依据。如被告未能举证，仅是无依据、无理由否定借条持有人的债权人资格，则可以依据优势证据原则，认定借条持有人的主张。被告的举证要到足以推翻借条持有人的主张的程度，在诉讼中可以从两个方面入手：或是否定借条持有人的主体资格，或是否定债权人实际另有他人。若被告的举证足以证明其主张，则借条持有人此时需承担证明其债权人资格的举证责任，否则需承担举证不能的法律后果。

本案正是按照上述逻辑展开，原告虽持有借条，但借条并未载

① 江必新主编：《新民事诉讼法理解适用与实务指南》，法律出版社 2015 年版，第 452 页。

明债权人的具体名称，原、被告双方需就各自的主张进一步举证。由于讼争借款是因为被告家属工伤死亡而发生的借贷，根据被告提供的证据，讼争借条从借款原因、借款时间、借款用途、借款金额、借款经过等方面综合分析，都能与被告的陈述相吻合，而原告仅是持有借条原件，对于借条书写、款项支付、经办人员等关键事实都不能提供证据予以证明，因此被告的证据已足以证明真正债权人另有他人，原告并非真正的债权人，因此法院依法裁定驳回原告的起诉。

编写人：福建省厦门市集美区人民法院　林达

040　债务承担为无因行为，承担人不得以承担债务的原因对抗债权人

——投资基金公司诉钱某虎等借款合同案

【案件基本信息】

1. 裁判书字号

北京市高级人民法院（2016）京民终字第233号民事判决书

2. 案由：借款合同纠纷

3. 当事人

原告（上诉人）：投资基金公司

被告（被上诉人）：钱某虎、创业投资企业、王某安

【基本案情】

2013年5月28日，创业投资企业与钱某虎签订《借款合同》，约定创业投资企业向钱某虎提供共计1亿元的借款，借款期

限为1年，借款利息按照年利率25%计算。此后，创业投资企业分两笔向钱某虎支付5000万元。2014年2月11日，创业投资企业与钱某虎签订《合同终止协议》，约定提前终止《借款合同》，钱某虎承诺向创业投资企业偿还《借款合同》项下本息。2014年6月26日，创业投资企业、钱某虎、投资基金公司、王某安签订《补充协议》。约定：截至2014年6月19日，钱某虎尚欠付创业投资企业借款本金5000万元及相应利息706万元，款项共计5706万元；经创业投资企业、钱某虎、投资基金公司、王某安友好协商，现钱某虎将《借款合同》及《合同终止协议》项下的全部债务（款项共计5706万元）转移给投资基金公司，投资基金公司受让上述债务，承担还款责任并继续支付利息，王某安愿意就上述债务的偿还承担担保责任；投资基金公司同意以"某地下商业街"房产销售收入优先偿还给创业投资企业；钱某虎与投资基金公司之间的任何其他协议或债权债务均与本协议无关；本协议生效后，投资基金公司不应以其与钱某虎或第四方之间的任何其他协议或债权债务的无效、撤销或解除为由，拒绝履行本协议约定的还款义务。投资基金公司向一审法院起诉请求：撤销投资基金公司与钱某虎、创业投资企业、王某安签订的《补充协议》。主要理由：投资基金公司与钱某虎、创业投资企业、王某安签订的《补充协议》主要内容是钱某虎将其在《借款合同》项下对创业投资企业产生的债务5706万元无对价转移给了投资基金公司，作为原债务人的钱某虎变身为原债务的担保人，没有实际退出原债权债务关系。投资基金公司基于2014年5月4日与钱某虎及其相关企业签订了《投资并购重组框架协议》，其中约定如果投资基金公司为钱某虎相关企业融资担保后可以处置其关联企业资产，各方在《补充协议》“债务偿还”部分再次明确可以销售处理“某地下商业街”项目。同时，投资基金公司也基于对原债务人钱某虎自身实力的信任及其承诺的担保还款保障，没有约定该笔债务5706万元转移的实际对价。钱某虎在《补充协议》签订过程中的隐瞒“某地下商业街”被查封且严重资不抵债、毫无剩余价值事实的欺诈行为。

【案件焦点】

创业投资企业在签订《补充协议》时是否对投资基金公司存在欺诈，而投资基金公司与钱某虎之间的意思表示瑕疵，是否影响投资基金公司的责任承担。

【法院裁判要旨】

北京市第三中级人民法院经审理认为：《补充协议》明确钱某虎、创业投资企业签署《合同终止协议》，而该《合同终止协议》写明了创业投资企业与钱某虎终止《借款合同》的原因系钱某虎多次违约，钱某虎未能完成红筹重组、第三方信贷公司指定的会计师事务所撤场且信贷公司确定不对化工公司进行私募投资。可见创业投资企业与钱某虎没有隐瞒《合同终止协议》的故意，投资基金公司主张创业投资企业、钱某虎就此向其隐瞒构成欺诈，缺乏事实依据。关于投资基金公司主张钱某虎在协议签订过程中故意隐瞒其提供的作为还款来源的“某地下商业街”被超额查封且毫无剩余价值一项。《补充协议》第二条第一款约定：“在2014年7月30日前，丙方（投资基金公司）向甲方（创业投资企业）偿还部分借款本金人民币30000000元，并同意以‘某地下商业街’的房产销售收入优先偿还给甲方（创业投资企业）。”投资基金公司主张该条应视为钱某虎承诺将“某地下商业街”作为投资基金公司的还款来源。而从该条的文义可见，该条系约定创业投资企业就该房产的销售收入有优先受偿权，该条应为就创业投资企业的权利约定。投资基金公司虽主张该房产系钱某虎承诺转让给投资基金公司，但投资基金公司如何取得该房产及销售收入并未在该《补充协议》中约定，《补充协议》亦未约定投资基金公司的还款需要以其取得“某地下商业街”为前提或者以此为限，而《补充协议》第四条第一款明确约定投资基金公司与钱某虎之间的任何其他协议或债权债务均与本协议无关，现钱某虎以“某地下商业街”被查封等主张《补充协议》撤销，缺乏事实及法律依据，法院不予采信。根据《补充协议》约定，该协议主要内容为投资基金公司向创业投资企业表示愿意替钱某虎偿还债务，钱某虎、王某安作为保证人。《补充协议》中对于投资基金公司的承债条件并无约定，亦未约定投资基金公司承担该债务的对价，《补充协议》实质为投资基金公司、钱某虎、王某安就钱某虎所负债务向创业投资企业进行的债务偿还约定。即使投资基金公司签订该《补充协议》系基于其与钱某虎之间的其他约定或承诺，但《补充协议》本身对此没有体现，现有证据也不足以证明创业投资企业知道或者应当知道投资基金公司的承债条件，更无证据证明创业投资企业就《补充协议》同意任何附加条件；且《补充协议》明确约定钱某虎与投资基金公司之间的任何其他协议或债权债务均与《补充协议》无关，并约定《补充协议》生效后，投资基金公司不应以其与钱某虎或第四方之间的任何其他协议或债权债务的无效、撤销或解除为由，拒绝履行本协议约定的还款义务。投资基金公司现主张本协议的签订系受到欺诈，缺乏事实及法律依据，法院无法采信。

北京市第三中级人民法院依照《中华人民共和国合同法》第五十四条、第五十五条，《中华人民共和国民事诉讼法》第一百五十二条，《最高人民法院关于适用〈中华人民共和国民事诉讼法〉的解释》第九十条之规定，判决：

驳回投资基金公司的诉讼请求。

投资基金公司不服一审判决提起上诉，请求撤销一审判决，撤销投资基金公司与钱某虎、创业投资企业、王某安签订的《补充协议》。理由是：钱某虎在《补充协议》签订过程中隐瞒“某地下商业街”被查封且严重资不抵债、毫无剩余价值的事实。一审法院认为《投资并购重组协议》与《补充协议》没有直接联系，但该《投资并购重组协议》系在钱某虎与创业投资企业借款行为发生后、《补充协议》签署前形成的，《投资并购重组协议》是《补充协议》的基础。钱某虎在签订《补充协议》时故意掩盖“某地下商业街”项目被查封且严重资不抵债的事实，在《补充协议》签订过程中，相关当事人故意告知投资基金公司虚假情况或故意隐瞒真实情况，诱使投资基金公司作出错误意思表示。综合本案相关证据，钱某虎夸大企业实力、虚构红筹上市等利好消息，在创业投资企业因陷于“欺诈借款”要求终止协议的情况下，创业投资企业为避免自己损失或扩大对自己债权的保护，急需“接盘人”的出现，各方均存在隐瞒欺诈的事实。

北京市高级人民法院依照《中华人民共和国民事诉讼法》第一百七十条第一款第一项规定，判决如下：

驳回上诉，维持原判。

【法官后语】

本案的关键证据是《补充协议》，应明确其性质及法律后果。《补充协议》经创业投资企业、钱某虎、投资基金公司、王某安各方签字、盖章，依法成立并生效。根据《补充协议》的约定，其主要内容为投资基金公司向创业投资企业表示愿意替钱某虎偿还债务，钱某虎、王某安作为保证人。因此，该《补充协议》实质为投资基金公司、钱某虎、王某安就钱某虎所负债务向创业投资企业进行的债务偿还约定，即投资基金公司作为第三人替代原债务人钱某虎承受债务人地位加入债的关系，属免责的债务承担。虽然钱某虎、王某安亦在《补充协议》中签字，但是以保证人身份加入《补充协议》，其与创业投资企业之间建立的担保法律关系与投资基金公司、钱某虎、创业投资企业之间形成的债务承担关系不是同一法律关系。

从《补充协议》的约定表明，各方对债务承担、担保的意思表示是真实、明确的。债务承担为无因行为，虽然债务承担通常有其原因，但该原因约定并非债务承担协议的一部分，无论此种原因约定无效、被撤销或者解除，均不影响债务承担协议的效力，纵使承担人与债务人之间存在欺诈等意思表示瑕疵，但在转让债务的意思表示获得债权人同意的情况下，依然发生债务承担的效果，承担人不得以承担债务的原因对抗债权人，当承担人与债权人订立债务承担协议时，债务即于协议成立并生效时移转于该承担人。况且，根据《补充协议》第四条的约定，钱某虎与投资基金公司之间的任何其他协议或债权债务均与本协议无关，本协议生效后，投资基金公司不应以其与钱某虎或第四方之间的任何其他协议或债权债务的无效、撤销或解除为由，拒绝履行本协议约定的还款义务。因此，除非有证据证明创业投资企业在签订《补充协议》过程中对投资基金公司存在欺诈行为，否则钱某虎与投资基金公司的相关原因行为或约定，均不能构成《补充协议》的撤销条件。

关于创业投资企业在签订《补充协议》时是否对投资基金公司存在欺诈行为。投资基金公司主张《投资并购重组框架协议》中约定投资基金公司有权处置钱某虎及其相关企业的资产用于还款担保，其中包括沧州中防地下空间投资有限公司的“某地下商业街”项目，钱某虎在签订《补充协议》过程中存在隐瞒“某地下商业街”被查封且严重资不抵债的事实，诱使其签订《补充协议》，《补充协议》应予撤销。对此，即便《投资并购重组框架协议》中存在此类约定，但创业投资企业并非该协议的签约人，且《补充协议》对于投资基金公司的承债条件并无约定，故以所谓“某地下商业街”项目作为还款担保并非投资基金公司在《补充协议》中的承债条件。相反，各方在《补充协议》第二条约定，2014 年 7 月 30 日前，投资基金公司向创业投资企业偿还部分借款本金 3000 万元，并同意以其在“某地下商业街”的房产销售收入优先偿还给创业投资企业。上述约定说明，投资基金公司在签订《补充协议》时向创业投资企业明确表示“某地下商业街”项目已经在投资基金公司控制之下。因此，投资基金公司签订《补充协议》并非基于创业投资企业向其隐瞒“某地下商业街”被查封且严重资不抵债的情况所致，投资基金公司以钱某虎在签订《补充协议》过程中存在隐瞒“某地下商业街”被查封且严重资不抵债的事实为由请求撤销《补充协议》的上诉主张，没有法律依据。在《补充协议》中已经明确了该协议的签订背景，投资基金公司明知借款发放及签订《合同终止协议》的事实，而在《合同终止协议》中明确写明了创业投资企业与钱某虎终止《借款合同》的原因系钱某虎多次违约，以及钱某虎“未能完成红筹重组、第三方信贷公司指定的会计师事务所撤场且信贷公司确定不对化工公司进行私募投资”。以上事实证明，创业投资企业亦未隐瞒签署《合同终止协议》的事实。

编写人：北京市高级人民法院　杨绍煜

041　“名为保理，实为借贷”保理合同的效力认定

——商业保理公司诉生物科技公司等借款合同案

【案件基本信息】

1. 裁判书字号

广东省广州市中级人民法院（2015）穗中法金民终字第1633号民事判决书

2. 案由：借款合同纠纷

3. 当事人

原告（被上诉人）：商业保理公司

被告（上诉人）：生物科技公司、郭某、许某

【基本案情】

2015年3月25日，原告商业保理公司（保理商，甲方）与被告生物科技公司（卖方，乙方）签订《国内保理业务合同》，约定鉴于乙方与各买方/债务人签订的商务合同所形成的应收账款向甲方申请办理国内保理业务，且愿意将商务合同项下的应收账款转让给甲方；甲方同意按本合同约定受让应收账款并向乙方提供保理融资、应收账款管理及催收等国内保理服务；保理融资类型

为有追索权的暗保理，保理融资一次性额度为400000元，有效期自2015年4月17日起至2016年4月15日止；合同项下每笔融资利息月利率1.2%；每笔融资以年费方式按保理融资额度的3%支付保理费，乙方应在保理融资款发放当日或应收账款转让日向甲方一次性支付该笔保理费，该费用不因乙方提前还款或在额度有效期内未支用完毕或其他原因而退还，甲、乙双方同意乙方应支付的保理费在甲方发放的融资款中予以冲抵；对于有追索权保理业务，如买方/债务人未按时支付货款，甲方有权随时宣布保理融资提前到期，并要求乙方自筹资金归还甲方对其发放的保理融资本金及其未付利息、罚息和/或其他费用；每笔融资本金按融资期限每月等额归还，融资利息按融资期限以融资本金×月平均利率计算每月等额支付，该本金及利息于融资本金发放的次月15日及以后的每月15日支付上月本金及利息，即从2015年5月15日起至2016年4月15日止，每月15日归还本金33333.34元、利息/手续费4800元，每期还款总额为38133.34元；乙方未按合同约定的日期偿还融资或支付其他款项的，每次逾期应按照以下方法高者计算，向原告支付违约金或罚息，或由甲方酌情决定：（1）一次性支付违约金300元；（2）按逾期天数向甲方支付逾期罚息，逾期罚息利率为合同约定的融资利率的150%，逾期罚息计算期间自应付之日起至实际清偿之日止；乙方违约时，应当承担甲方为此而支付的催收费用、诉讼费（或仲裁费）、保全费、公告费、执行费、律师费、差旅费及其他费用。同日，被告生物科技公司向原告商业保理公司出具《应收账款转让申请书》，载明根据双方签订的上述《国内保理业务合同》，被告生物科技公司将其对某公司的应收账款 800000 元权益全部转让给原告商业保理公司。2015 年 4 月 17 日，原告商业保理公司与被告生物科技公司将该笔转让的应收账款在中国人民银行征信中心进行了动产权属统一登记。

2015 年 3 月 25 日，原告商业保理公司与被告郭某、许某签订《保证合同》，约定被告郭某、许某为原告商业保理公司与被告生物科技公司签订的《国内保理业务合同》所形成的债权提供连带责任保证担保，保证期间为主合同项下债务履行期满之日起两年，担保范围为保理融资金额之和以及利息、罚息、违约金、损害赔偿金和债权人为实现债权发生的费用（包括律师费、诉讼费、公告费、财产保全费、差旅费、执行费等）。

根据原告商业保理公司提供的《东亚银行网上银行交易凭证》，原告商业保理公司于 2015 年 4 月 17 日将保理款 388000 元发放给被告生物科技公司。庭审中，原告商业保理公司称因《国内保理业务合同》约定被告生物科技公司在发放融资款当日支付 3% 的保理费，所以原告商业保理公司就在应发放的融资款总金额 400000 元中扣除了 12000 元保理费。

《国内保理业务合同》签订后，被告生物科技公司依照合同偿还了前 2 期借款本息，并于 2015 年 7 月 27 日、7 月 30 日、8 月 19 日、8 月 20 日分六笔转账给原告共计 77234 元。截至 2015 年 10 月 16 日，被告生物科技公司尚欠原告商业保理公司融资款本金 266666. 64 元、利息 9600 元、逾期利息 1009. 28 元，成讼。

2015 年 7 月 15 日，原告商业保理公司与广东某律师事务所签订《委托律师民事代理合同书》，约定原告商业保理公司委托该所律师在其与三被告借款合同纠纷案中，担任原告商业保理公司的委托代理人，律师代理费为14353元。原告商业保理公司于2015年10月13日向该律师事务所支付了上述律师费。原告商业保理公司请求法院判令：（1）被告生物科技公司清偿保理融资本金333333.32元及利息、逾期利息；（2）被告生物科技公司向原告商业保理公司支付为实现债权而支出的律师费14353元；（3）被告郭某、许某对上述债务承担连带清偿责任；（4）本案诉讼费用由三被告承担。

三被告辩称：对原告商业保理公司起诉的事实及欠款金额均无异议，没有按时还款是由于资金周转困难导致，请求法院主持调解。

【案件焦点】

1. 对于“名为保理，实为借贷”的合同效力如何认定；2. 如何确定当事人之间的权利义务关系。

【法院裁判要旨】

广州市越秀区人民法院经审理认为：原告商业保理公司与被告生物科技公司签订的《国内保理业务合同》以及与被告郭某、许某签订的《保证合同》均是双方当事人在自愿平等、协商一致的基础上形成的合意，合同内容没有违反法律、行政法规的强制性规定，具有法律约束力。原告商业保理公司已向被告生物科技公司发放了融资款，履行了合同义务，被告生物科技公司未能按合同约定的期限及金额履行还款义务构成违约。保理合同订明如买方/债务人未按时支付货款，甲方有权随时宣布保理融资提前到期，并要求乙方自筹资金归还甲方对其发放的保理融资本金及其未付利息、罚息和/或其他费用，故原告商业保理公司要求被告生物科技公司支付拖欠的本金、利息及逾期利息，符合合同约定，法院予以支持。原告商业保理公司为本案纠纷支出律师费 14353 元，现原告商业保理公司要求被告生物科技公司承担该费用，符合双方合同约定，法院予以支持。被告郭某、许某签署《保证合同》，自愿为被告生物科技公司的债务承担连带责任保证，被告郭某、许某应对被告生物科技公司的上述债务承担连带清偿责任，并在承担保证责任后享有《中华人民共和国担保法》第三十一条规定的追偿权。

综上所述，广州市越秀区人民法院依照《中华人民共和国合同法》第八条、第六十条第一款、第一百零七条、第一百九十八条、第二百零五条、第二百零六条、第二百零七条，《中华人民共和国担保法》第十八条、第二十一条、第三十一条，《最高人民法院关于适用〈中华人民共和国担保法〉若干问题的解释》第四十二条之规定，判决：

一、在本判决发生法律效力之日起十日内，被告生物科技公司向原告商业保理公司偿还融资款本金 266666.64 元及利息、逾期利息（计至 2015 年 10 月 16 日的利息 9600 元、逾期利息 1009.28 元，从 2015 年 10 月 17 日起至款项还清之日止的逾期利息按《国内保理业务合同》约定标准计算）；

二、在本判决发生法律效力之日起十日内，被告生物科技公司向原告商业保理公司支付律师费 14353 元；

三、被告郭某、许某对被告生物科技公司的上述债务承担连带清偿责任。被告郭某、许某承担保证责任后，有权按照《中华人民共和国担保法》第三十一条的规定向被告生物科技公司追偿。

宣判后，三被告提出上诉。广州市中级人民法院判决：

驳回上诉，维持原判。

【法官后语】

一、问题的提出

随着购货商赊销付款逐步成为主导结算方式，部分应收账款不可能及时变现，保理业务拓宽了融资渠道，有效解决了中小企业的融资困难。虽然银行保理业务已经有较大规模，但其服务渗透很不充分，民营小微企业很难得到银行保理业务，因此，商业保理已经成为非常必要和有益的补充。商业保理公司由于不能从事吸收存款和发放贷款的业务，部分商业保理公司为拓宽业务，便变通方式，与需要融资的企业签订了“名为保理，实为借贷”的合同，此类合同在效力认定及保理商的追索途径上存在一定的争议。

二、保理法律关系的界定

1. 保理法律关系的定义。在保理法律关系中，存在两个合同，即保理业务中涉及债权人与保理商之间的保理合同，债权人与债务人之间的买卖合同等基础合同。两个合同中涉及三方当事人，包括债务人（基础合同项下的付款义务人）、债权人（基础合同中的债权人，同时也是保理合同中的应收账款出让人）、保理商（开展保理业务的金融机构及商业保理公司，即保理合同中的应收账款受让人）。保理法律关系不同于一般借款关系。保理融资的第一还款来源是债务人支付应收账款，而非债权人直接归还保理融资款。保理法律关系也不同于债权转让关系，保理商接受债务人依基础合同支付的应收账款，在扣除保理融资本息及相关费用后，应将余额返还债权人。

2. 保理法律关系的特点。保理法律关系最独有的特征，即保理融资的第一还款来源是债务人支付应收账款，而非债权人直接归还保理融资款。虽然有追索权的暗保理，在保理融资到期后，也可以要求债权人直接回购融资款，但前提是先由暗保理转为明保理，即通知债务人还款给保理商，在债务人不能足额归还款项后，保理商才可以向债权人进行追偿。

3. 保理法律关系的法律规定。在《中华人民共和国民法典》颁布之前，在我国法律层面尚未有保理业务的概念，保理合同在《中华人民共和国合同法》中并没有明确规定，根据《中华人民共和国合同法》第一百二十四条的规定："本法分则或者其他法律没有明文规定的合同，适用本法总则的规定，并可以参照本法分则或者其他法律最相类似的规定"，保理合同属于非典型性合同，是无名合同，案件的审理应以保理合同中双方权利义务的约定以及《中华人民共和国合同法》的相关规定为处理原则。随着供应链金融的发展，保理业务在我国蓬勃发展，纠纷也随之增多，因此《中华人民共和国民法典》第三编第十六章专章规定了"保理合同"，设置了九个条款。至此，保理合同从无名合同进入有名合同的行列。

三、"名为保理，实为借贷"的保理合同的审查思路

1. "名为保理，实为借贷"的保理合同特点。

在司法实践中，有部分保理合同，虽然从表面来看，法律关系符合有追索权的暗保理的法律特征，但是仔细鉴别，其与传统保理关系有区别的是，保理合同中约定了预先扣除保理费用、保理融资本金按融资期限分期偿还，还存在部分保证人的情况，脱离了保理关系中第一还款来源应是债务人支付应收账款这一最为独有的特征，而实践中这些独特的预先扣费、分期还款方式、保证担保等约定又与常见的借贷模式相同，应将此类保理合同的效力认定为借贷合同，应按借贷法律关系来处理，保理商可基于合同中有关利息约定条款主张权益。该种保理合同属于"名为保理，实为借贷"的法律关系。

2. “名为保理，实为借贷”的保理合同效力的司法争议。

在司法实践中，“名为保理，实为借贷”的保理合同是否有效，存在两种意见。第一种是合同无效说，即保理商没有发放贷款的资质，却违规经营，违反了相关金融法规的规定，故保理合同应无效，债务人取得保理商的资金无合同依据和法律依据，应予返还；第二种是合同有效说，应严格遵守当事人意思自治原则，不损害国家、集体和第三人利益的情况下，尊重市场规律，从保护借款人利益的角度而言，应认定保理合同有效。

笔者赞同合同有效说。根据《中华人民共和国合同法》第五十二条规定：有下列情形之一的，合同无效：(1) 一方以欺诈、胁迫的手段订立合同，损害国家利益；(2) 恶意串通、损害国家、集体或者第三人利益；(3) 以合法形式掩盖非法目的；(4) 损害社会公共利益；(5) 违反法律、行政法规的强制性规定。“名为保理，实为借贷”的保理合同，一不存在欺诈、胁迫的情况；二不损害国家、集体或第三人的权益；三未损害社会公共利益，不符合上述《中华人民共和国合同法》第五十二条规定的合同无效的情形。而且随着我国立法的趋势及审理实践，在审判中，如果双方当事人意思自治，未违反法律和行政法规的规定，法院一般认可当事人之间签署合同的有效性，按合同有效处理。

3. “名为保理，实为借贷”的保理合同应按实际的借贷关系来审理。

对于以保理之名行借贷之实的案件，应查明事实，从是否存在基础合同、保理商是否明知虚构基础合同、双方当事人之间实际的权利义务关系等方面审查和确定合同性质。如果确实是名为保理、实为借贷的，仍应当按照借款合同确定案由并据此确定当事人之间的权利义务。在实务中一般分两种情况来处理。第一，若保理商对虚假的应收账款并不知情，与交易卖方无通谋意思表示，不应当然认定保理合同无效。此外，交易卖方以虚假的应收账款骗取保理商融资款的欺诈行为，保理商可以单方撤销保理合同。第二，保理商与交易卖方共同达成虚伪的意思表示，以保理之名行借款之实的，应以双方真实意思即借款行为认定合同性质，并以借贷关系确定保理商和债务人的权利和义务。

四、启示

鉴于未来发展的趋势，保理公司必须开始着手关注贷款和保理的区别和界限，来规避未来经营可能产生的风险。虽然本案的判决肯定了“名为保理，实为借贷”的合同效力，且确认了双方约定的“回购条款”的合法性。但是该案例也说明，商业保理公司应完善业务流程，依法依规开展保理业务，从而规避经营风险，维护自身权益。

编写人：广东省广州市越秀区人民法院　赵璐璐

042　第三人以与债权人订立房屋买卖合同方式为债务人提供担保也应担责

——童某建诉顾某辉等民间借贷案

【案件基本信息】

1. 裁判书字号

江苏省无锡市中级人民法院（2015）锡民终字第 1238 号民事裁定书

2. 案由：民间借贷纠纷

3. 当事人

原告（被上诉人）：童某建

被告（上诉人）：顾某辉

被告（被上诉人）：金某、顾某

【基本案情】

自2010年起，金某多次向童某建借款。2011年8月16日，金某出具借条，确认借到童某建5000000元用于个人资金周转，定于2011年9月15日前归还，并承诺如到期不还，还需赔偿借款利息、违约金及其他损失。2011年8月至11月，金某分四次向童某建共计归还680000元。

2011年11月22日，顾某辉与童某建签订购房协议书，约定：顾某辉将龙湖别墅出卖给童某建；顾某辉保证房屋权属状况清楚，无抵押；购房款为5000000元整，在签订协议当天一次性支付（附收款凭证）；顾某辉于协议签订后十天内协助童某建办理权属变更登记手续。同日，顾某辉出具收条，确认收到童某建支付的购房款5000000元。11月24日，顾某与童某建签订协议，约定：一、金某、顾某于2011年8月16日向童某建借款现金5000000元，现因金某、顾某确无偿还能力，先行将儿子顾某辉名下的商品房作价5000000元卖给童某建抵偿借款；二、童某建在实现第一条所列债权时，因存在不确定因素，故金某、顾某借童某建的借条暂时仍有效，童某建暂时保留债权；三、童某建采用诉讼形式向金某、顾某儿子按“购房协议”行使债权中产生的各项费用，减除后如果低于5000000元，则童某建有权对原“借款协议”行使追偿权；另备注，待顾某辉房产证过户变更至童某建名户后，原于2011年

8月16日出具的5000000元的借条作废。2012年1月1日，童某建接收了该房屋及相关购房资料。9月11日，顾某辉领取了该房屋产权证，登记产价为4345600元。同月20日，顾某辉将该房屋抵押给案外人，并办理了抵押登记。2012年9月至11月，顾某辉分四次向童某建共计支付了877000元。2013年1月10日，前述房屋被其他法院查封。

诉讼中，双方均确认不再继续履行童某建与顾某辉之间的购房协议。关于2013年9月还款877000元的行为，双方均表示当时签订的购房协议确有担保之意，童某建本意想拿现金，签订购房协议只是作为一个担保，故金某后来归还的877000元，童某建也接受了，此后双方还曾口头协商过，先归还2000000余元，其余的慢慢再还，但因金某无支付能力所以也没有按此口头协议还款。

【案件焦点】

1. 金某、顾某应归还童某建的借款本金数额是多少，利息是多少；2. 顾某辉是否应承担还款责任，范围应为多大。

【法院裁判要旨】

江苏省无锡高新技术产业开发区人民法院经审理认为：金某向童某建借款本金5000000元的事实清楚，对于未超过贷款利率四倍的利息予以保护。该债务先后归还了1557000元。因无证据证明还款性质，故在冲抵顺序上应先用于冲抵法律保护范围内的利息部分。经核对，截至2014年6月22日，金某、顾某尚欠童某建本金4566400元、利息1860303.1元，应予以归还。

关于顾某辉责任承担的问题。虽然童某建与顾某辉签订的是购房协议，但两份协议并非两个独立的民事行为，而是针对同一民事行为，即对债务清偿事项达成的合意，两份协议的真实意思是对金某到期借款的还款期限予以延展，并以由顾某辉与童某建订立购房协议这种方式为借款合同关系提供保证，即双方签订购房协议的真实目的是在借款人不能按期还款时，童某建便可获得房屋的所有权，以弥补其不能收回借款所遭受的损失。据此，应确认童某建、顾某辉之间为借款保证合同关系，而非商品房买卖合同关系。因购房协议中约定的房价为 5000000 元，故顾某辉承担保证责任的范围也应以 5000000 元为限。

江苏省无锡高新技术产业开发区人民法院依照《中华人民共和国民法通则》第九十条、第一百零八条之规定，判决：

一、金某、顾某归还童某建借款本金 4566400 元、利息 1860303.1 元；

二、顾某辉在 5000000 元的范围内对上述第一项付款义务承担连带付款责任。

一审判决作出后，顾某辉提起上诉，但未预交二审案件受理费，故江苏省无锡市中级人民法院裁定：

按照顾某辉自动撤回上诉处理。

【法官后语】

本案中，首先需要解决的是买卖合同与借款合同的关联，即第三人顾某辉与童某建签订的房屋买卖合同，与债务人金某、顾某与债权人童某建签订的借款还款协议是单独签订的两份协议，在房屋买卖合同中并未明确指出订立合同的目的，该买卖合同是作为独立的合同处理还是作为与本案借款合同有关联的合同处理。

经过庭审查明的事实，房屋买卖合同订立的目的是抵销金某所欠债务，从顾某辉未实际收到购房款却出具收条的原因得知顾某辉并不需要童某建实际支付该款，两份协议在签订的时间上具有同期性、涉及的购房款金额与还款金额具有一致性、在协议内容上具有可对应性。由此可见，该两份协议并非两个独立的民事行为，而是针对同一民事行为，即对债务清偿的相关事项达成的合意，两份协议的真实意思是对金某的到期借款的还款期限予以延展，并以由顾某辉与童某建订立购房协议这种方式为借款合同关系提供保证，故两份协议应予一并处理。

其次，购房协议的性质如何理解？从童某建与金某、顾某之间还款协议中提及的借条继续有效的表示、顾某辉与童某建签订购房协议之后继续的还款行为以及双方对签订购房协议初衷的表述来看，双方签订购房协议的真实目的不是变更债务清偿方式，而是保证借款合同的履行，即债务人能够继续清偿原债务，只有在债务人不能还款时，童某建才有权向顾某辉主张获得房屋的所有权，以弥补其不能收回借款所遭受的损失。据此，三方之间以第三人顾某辉与童某建签订购房协议的行为来为金某延展还款期限提供一种保证，应确认童某建、顾某辉之间为借款保证合同关系，而非房屋买卖合同关系。

最后，第三人顾某辉以订立房屋买卖合同的方式提供了保证，但债务久拖未能清偿，而顾某辉也未能将购房协议中的标的物过户至债权人名下，并未发生以物抵债的效力，债权人显然只能依据原债权债务关系向债务人主张债权，但若因否定购房协议的效力而使得第三人顾某辉无须承担任何责任，显然不符合三方签订购房协议以保证还款从而达到延展还款期限的初衷，反而使得债务人从中受益，债权人得不到有利保护，故第三人顾某辉以签订购房协议方式提供担保的行为应认定有效，并应当承担相应责任。

需要补充说明的是，此种买卖型担保方式有别于以物抵债、让与担保等情形，仅产生了债权请求权的效力，未产生物权效力，不会出现流质、流押的情形，也未产生原债消灭的后果，其担保效力应当得到确认。但本案案例发生之时对类型非典型担保方式尚无法律规定，故法院依据各方当事人达成担保的真实意思，并结合顾某辉后续参与转账还款的情形，将此种非典型担保方式参照当时法律依据中更为接近的第三人保证予以定性，确认童某建、顾某辉之间为借款保证合同关系而非房屋买卖合同关系，只不过此时的保证责任不是保证人的全部财产而仅限于特定合同权利范围。而在本案审结后施行的《最高人民法院关于审理民间借贷案件适用法律若干问题的规定》第二十四条已经明确确认了此种担保方式的效力。实践中，认定所涉买卖合同是独立的买卖关系还是买卖型担保关系，应以当事人真实意思作为判断的基础。当事人签订买卖合同，其目的在于为借贷设定担保，而非为了通过支付对价获取标的物所有权，这是区别于其他关系类型以及处理此类纠纷的基础。

买卖型担保的功能效果如何实现？本案中，既然顾某辉通过签订购房协议作出了保证，理应在债务履行期间保证该房屋的权属无瑕疵，现顾某辉擅自违约将房屋抵押，且后还被法院查封，致使其对债权人的保证丧失了实现的可能，应当承担相应的违约责任。因购房协议中约定的购房价款为5000000元，则顾某辉承担保证责任的范围也应以5000000元为限，又因双方并未对担保责任方式约定，参照当时的法律规定，约定不明的按连带责任处理，故顾某辉应在5000000元的范围内对金某的还款义务承担连带还款责任。需要进一步说明的是，虽然此后施行的《最高人民法院关于审理民间借贷案件适用法律若干问题的规定》确认了此种类型的合同效力，但在是否得直接请求履行买卖合同的问题上，实践中则存在分歧。

按照《最高人民法院关于审理民间借贷案件适用法律若干问题的规定》第二十四条的规定，本案中童某健仅能在借款人不履行生效判决确定的金钱债务时主张拍卖标的物以清偿债务。但案涉顾某辉的房产已被抵押及查封，不具备实现担保清偿的条件，此时如何实现担保功能法律未有明确规定。但既然确认了买卖型担保有效，当出现债务人不履行到期债务或者发生当事人约定的情形时，担保人即负有按约履行的担保义务，现因顾某辉的原因致无法履约，用以担保的买卖合同只得解除，为体现担保效能，此时担保人应当承担违约责任，具体体现为对原合同目的不能实现的赔偿责任，也即在债务人不能清偿债务时的损失赔偿责任，类比于《最高人民法院关于适用〈中华人民共和国民法典〉有关担保制度的解释》第四十六条关于抵押合同有效但无法办理抵押登记的相关规定，对于买卖型担保合同，也应认定因担保人原因无法继续履行的，债权人有权请求担保人在约定的担保范围内承担责任，但不得超过设立此项担保时担保人应当承担的责任范围，以本案例为例即认定顾某辉应在5000000元范围内承担违约赔偿责任。但依照现行法律法规，关于买卖型担保的违约责任性质，一则《中华人民共和国民法典》改变了原担保法对于连带保证和一般保证的识别方式，连带责任需有当事人明确约定，故违约责任承担方式不宜直接认定为连带责任；二则此种违约责任本就是在债务人不能清偿给债权人造成损失时担保人需承担的赔偿责任，故应认定为补充责任为宜。

借贷合同衍生了许多纷繁复杂的担保关系，从本案审结后陆续施行的《最高人民法院关于审理民间借贷案件适用法律若干问题的规定》《全国法院民商事审判工作会议纪要》《中华人民共和国民法典》等相关法律法规、司法解释中关于担保制度的规定来看，对于非典型担保方式体现出了更为开放的态度。在审判实务中不宜为了适配现有法条情形而过于机械，除法定的无效事由情形外不应轻易认定合同无效，还是应结合个案的具体情况加以具体分析，尽量探寻当事人的真实意思，明确区分不同情形，尊重当事人之间的交易安排，辅之以显示公平等制度加以调整，应在坚持合同自由、合法、公平的原则下，保护债权人的合法权益。

编写人：江苏省无锡市新吴区人民法院　郭莹华

043　未经股东会（大会）决议为公司股东或实际控制人提供担保的效力

——资产公司诉科技公司等企业借贷案

【案件基本信息】

1. 裁判书字号

浙江省杭州市中级人民法院（2015）浙杭商终字第 1084 号民事判决书

2. 案由：企业借贷纠纷

3. 当事人

原告（被上诉人）：资产公司

被告（上诉人）：置业公司

被告（被上诉人）：杨某贵

被告：科技公司、房地产公司、胡某妹

【基本案情】

2011年10月10日，科技公司向资产公司出具《承诺函》，承诺因其作为另一公司的担保人需履行担保责任，向临浦镇政府借款1000万元，在10天内向银行办理好贷款手续后，立即归还给临浦镇政府，利息按银行同期利率支付。同日，资产公司将上述借款出借给科技公司。2013年9月30日，科技公司向资产公司出具《承诺书》要求延期归还上述借款，承诺在同年11月10日前归还本金，同时由杨某贵、胡某妹、房地产公司、置业公司对上述债务提供担保，约定了担保期间、担保范围等。此后，科技公司未按约定履行义务。杨某贵、胡某妹、房地产公司及置业公司未依约承担保证责任。

另外，置业公司法定代表人于2012年8月13日由陈某飞变更为杨某贵，于2014年5月28日由杨某贵变更为赵某福。2012年7月19日，置业公司启用新印章，《承诺书》上“置业公司”印章印文非其新印章的印章印文。

原告认为科技公司应还本付息，各担保人应承担连带付款义务。置业公司认为《承诺书》中的印文非公司真实印文，且该担保未经股东会决议。依照《中华人民共和国担保法》和《中华人民共和国公司法》的规定，公司董事、经理违规为公司股东或者其他个人债务提供担保的，担保合同无效，故其公司无须承担担保责任。

【案件焦点】

未经股东会（大会）决议为公司股东或实际控制人提供担保是否应认定为无效。

【法院裁判要旨】

浙江省杭州市萧山区人民法院经审理认为：关于置业公司是否应承担保证责任问题。第一，本案中，未有证据材料显示，资产公司知道或者应当知道杨某贵代表置业公司为案涉借款提供保证超越权限，故根据《中华人民共和国合同法》第五十条及《最高人民法院关于适用〈中华人民共和国担保法〉若干问题的解释》第十一条之规定，认定置业公司依法对案涉借款提供保证。第二，公司的法定代表人依法代表公司对外进行民事活动。法定代表人发生变更的，应办理变更登记。公司法定代表人已被股东决定停止执行职务，但未办理工商变更登记手续，不影响善意相对人信赖公司登记机关登记与其进行交易。本案中，依据登记资料，杨某贵在 2013 年 9 月 30 日仍是置业公司的法定代表人，其以置业公司名义对案涉借款提供担保，公司仍应承担保证责任。第三，《承诺书》上“置业公司”印章印文由时任该公司的法定代表人杨某贵加盖形成，杨某贵在该函上签名行为就是代表公司的职务行为，置业公司应对其法定代表人的职务行为承担民事责任。第四，《中华人民共和国公司法》第十六条第二款规定，公司为公司股东或者实际控制人提供担保的，必须经股东会或者股东大会决议。但公司法并未明确规定公司违反上述规定对外提供担保导致担保合同无效，该条款非效力性强制性规定；公司内部决议程序，不得约束第三人；违反该规定认定担保合同无效，不利于维护合同的稳定和交易的安全。故置业公司应当承担相应的担保责任。据此，判决：

……

五、房地产公司、置业公司、杨某贵、胡某妹对判决第一项、第二项、第三项给付义务负连带责任……

置业公司不服一审判决，提起上诉。浙江省杭州市中级人民法院经审理认为：《承诺书》上所盖置业公司的公章虽并非其于2012年7月19日新启用的印章，但杨某贵在盖章处进行了签名，而其系公司登记载明的该公司法定代表人，且置业公司诉讼中主张当时杨某贵系其实际控制人，杨某贵在承诺书上签名应认定不仅作为自然人保证人提供担保，同时也代表公司作为保证人提供担保。因置业公司并无证据证明资产公司知道或者应当知道杨某贵代表置业公司为案涉借款提供连带责任保证担保超越了权限，故原审法院认定杨某贵的代表行为对置业公司有约束力并无不当。2006年1月1日起施行的《中华人民共和国公司法》第十六条第二款之规定并非效力性强制性规定，不能作为认定公司对外提供担保行为无效的法律依据。判决：

驳回上诉，维持原判。

【法官后语】

《中华人民共和国公司法》第十六条第二款规定，公司为公司股东或者实际控制人提供担保的，必须经股东会或者股东大会决议。第一，该条款并未直接规定公司若违反上述规定将直接导致对外担保无效的法律后果，公司担保是否经过股东会（大会）决议仅仅是公司的内部管理范畴，该规定仅仅是对公司内部管理规范作出规定，对第三人并无直接约束力，只要公司在表示担保意思书面载体上盖章确认，担保即发生效力，对未经决议即以公司名义对外提供担保的具体经办人可以由公司追究其责任，但不能否认担保的效力，否则对善意第三人是不公平的。第二，该条款并非效力性强制性规定。根据《最高人民法院关于适用〈中华人民共和国合同法〉若干问题的解释（一）》第四条“合同法实施以后，人民法院确认合同无效，应当以全国人大及其常委会制定的法律和国务院制定的行政法规为依据，不得以地方性法规、行政规章为依据”以及《最高人民法院关于适用〈中华人民共和国合同法〉若干问题的解释（二）》第十四条再一次明确“合同法第五十二条第（五）项规定的‘强制性规定’，是指效力性强制性规定”的规定，进一步缩小了合同因“违反法律、行政法规的强制性规定”而无效的范围，其目的就是维护动态交易安全。本案基于上述法律规定经审理认为即使公司未经股东会或者股东大会决议为公司股东或实际控制人提供担保的，在无证据证明债权人明知之下，不应轻易认定无效。

但是，随着2019年《全国法院民商事审判工作会议纪要》的出台，关于公司为他人提供担保的合同效力问题的裁判尺度发生了较大变化。实践中，公司控股股东和实际控制人操控公司不受规制地随意对外提供巨额担保损害公司中小股东利益的案例时有发生，在法定代表人未经授权擅自为他人提供担保的情形下，对担保合同的效力从严审查认定显得尤为必要。因此，该会议纪要对裁判尺度进行了统一，明确了区分订立合同时债权人是否善意分别认定合同效力的精神实质。《中华人民共和国民法典》施行后，上述会议纪要精神实质得以落实。根据《最高人民法院关于适用〈中华人民共和国民法典〉有关担保制度的解释》第七条规定：公司的法定代表人违反公司法关于公司对外担保决议程序的规定，超越权限代表公司与相对人订立担保合同，人民法院应当依照民法典第六十一条和第五百零四条等规定处理：（一）相对人善意的，担保合同对公司发生效力；相对人请求公司承担担保责任的，人民法院应予支持。（二）相对人非善意的，担保合同对公司不发生效力；相对人请求公司承担赔偿责任的，参照适用本解释第十七条的有关规定。法定代表人超越权限提供担保造成公司损失，公司请求法定代表人承担赔偿责任的，人民法院应予支持。第一款所称善意，是指相对人在订立担保合同时不知道且不应当知道法定代表人超越权限。相对人有证据证明已对公司决议进行了合理审查，人民法院应当认定其构成善意，但是公司有证据证明相对人知道或者应当知道决议系伪造、变造的除外。根据该条规定，相对人在订立担保合同时应当审查公司同意提供担保的股东会决议，否则应当认定相对人非善意，担保合同对公司不发生效力。当然，需要说明的是，此处要求相对人对公司决议进行审查的标准不宜过于严格，一般应限于形式审查，相对人只需尽到注意义务，在审查了公司具有股东会决议且参与决议表决的人员系公司股东的情况下，应认为相对人已经完成审查义务，而不应再要求相对人对决议实质的真实性包括该决议是否系法定代表人伪造、变造、决议程序是否违法、签章（名）是否真实等尽审查义务。

此外，根据《最高人民法院关于适用〈中华人民共和国民法典〉时间效力的若干规定》第一条第二款规定：民法典施行前的法律事实引起的民事纠纷案件，适用当时的法律、司法解释的规定，但是法律、司法解释另有规定的除外。故公司对外担保的合同效力的认定还要注意处理好新旧法衔接的问题。

编写人：浙江省杭州市萧山区人民法院　金晓璐

044 债务人不能提供证据推翻债权人提供的借条及付款凭证时，借贷关系应予认定

——旅游用品公司诉机械制造公司保证合同案

【案件基本信息】

1. 裁判书字号

江苏省扬州市中级人民法院（2015）扬商终字第00263号民事裁定书

2. 案由：保证合同纠纷

3. 当事人

原告（被上诉人）：旅游用品公司

被告（上诉人）：机械制造公司

【基本案情】

韩某林原系被告法定代表人，2014年2月24日变更为马某桂。借款人为韩某林、落款时间为2013年9月23日的借条，载明“今借到旅游用品公司人民币壹佰肆拾万元整。担保人机械制造公司”，并加盖了被告公司字样的印章。上述借条书写在被告营业执照副本复印件的背面。2012年2月17日，原告通过网银转给被告130万元，电子交易回单记载用途为货款。

诉讼中，被告虽对借条及背面营业执照上被告的印章真实性无法确认，并表示经被告法定代表人辨认后提交书面意见，但并未提供。原告表示2012年2月17日出借款项时，韩某林出具了借

条，被告也提供了担保。诉讼中，原告撤回了对韩某林及黄某兴的起诉，也撤回了利息的诉请。

上述事实有下列证据证明：

（1）被告营业执照复印件及工商变更登记事项的通知书、变更申请书；

（2）2013 年 9 月 23 日的借条；

（3）2012 年 2 月 17 日银行电子交易回单。

【案件焦点】

1. 原告与韩某林之间是否存在 140 万元的借贷关系；2. 被告是否为韩某林的借款提供了担保。

【法院裁判要旨】

江苏省扬州市广陵区人民法院经审理认为：2013 年 9 月 23 日韩某林向原告出具的 140 万元的借条及在“担保人机械制造公司”处加盖被告印章，被告未能提供证据否认其真实性，则原告与韩某林间借贷的合意，及被告提供保证的合意，依法应予认定。

原告与韩某林间 130 万元的借贷关系应予认定，被告应承担担保责任。1. 对于借款的交付，原告表示款项均是 2012 年 2 月 17 日交付，其提供了 2012 年 2 月 17 日 130 万元的银行电子交易回单，并表示该笔借款根据韩某林指示汇入被告账户，被告对收到该笔款项并无异议；对于 10 万元现金的交付，原告未能提供证据证实。2. 被告作为 130 万元的收款人，对于该款的用途应该清楚，然而被告虽提出该银行电子交易回单记载用途是货款并不是借款，且原告未能提供款项交付时的借据的抗辩，但被告并未能提供证据证明其收取款项是基于与原告存在其他法律关系。3. 退一步说，被告否认韩某林或被告与原告间借贷关系、被告与原告间保证关系，但被告不能对收取原告 130 万元系存在其他法律关系进行举证，原、被告间仍存在 130 万元的债权债务关系。综上，原告提供的借条及打款 130 万元的回单，可以相互印证证实原告实际交付 130 万元借款；被告作为担保人，应对韩某林所欠原告借款，承担连带责任保证。原告要求被告代偿借款，依法应予支持。

江苏省扬州市广陵区人民法院依照《中华人民共和国担保法》第十八条、第二十一条之规定，判决如下：

一、被告机械制造公司于本判决生效后十日内给付原告旅游用品公司 130 万元；

二、驳回原告的其他诉讼请求。

案件受理费 17400 元减半为 8700 元、保全费 5000 元，合计 13700 元（原告已预交），由原告负担 1000 元，被告负担 12700 元（被告负担之款，履行本判决时一并给付原告）。

机械制造公司持原审答辩意见提起上诉。江苏省扬州市中级人民法院根据事实与证据认为，上诉人经传票传唤，无正当理由拒不到庭。

江苏省扬州市中级人民法院根据《中华人民共和国民事诉讼法》第一百四十三条、第一百五十四条第一款第十一项、第一百七十四条之规定，裁定如下：

本案按撤回上诉处理，原审判决即发生法律效力。

【法官后语】

本案的缘起，是由于被告原法定代表人暨借款人韩某林死亡，被告现任法定代表人以对借款、担保情况不明为由拒不同意承担担保责任。在本案中，原被告双方对借款的交付、被告是否提供担保均存在争议。

本案中，被告是否提供担保是比较容易认定的。借款人韩某林作为被告法定代表人，在出具借条时，在借条上注明由被告担保，并加盖了被告公司字样的印章。诉讼中，被告虽对被告的印章真实性无法确认，并表示经被告现任法定代表人辨认后提交书面意见，但并未提供否认意见或相关证据予以否认。根据民事诉讼法及证据规则的规定，应视为被告对答辩及举证、质证权利的放弃。故被告为借款提供担保意思明确，应予认定。

对于借款是否实际交付问题，有两种意见：

第一种意见认为：原告表示借条系韩某林2012年2月17日借款未还而重新出具的借据，即2013年9月23日并未实际出借款项。而原告提供的银行电子交易回单，金额是130万元并不是借条上记载的140万元；用途是货款并不是借款；收款人是被告也不是借款人韩某林，且原告也无证据证明被告系借贷双方约定的收款人；同时，原告对于现金交付的10万元，也未能提供证据证实；另外，借条上也未对换据的事实进行记载，故130万元的电子交易回单不能反映与140万元借条间的关联性，即原告的证据不能证明已向借款人交付了借条上所载借款。

第二种意见认为：原告在提供140万元借条的同时，提供了130万元的银行电子交易回单。被告以银行汇款回单所载金额、用途、时间与借条不符抗辩借贷关系的成立，并由此否认担保的成立。借款人韩某林当时是被告单位法定代表人，款项汇入被告单位，被告对基础法律关系的抗辩负有举证责任，即被告辩驳所收原告130万元不是韩某林向原告所借而是货款或是其他款项，被告完全可以也应该提出证据予以反驳。被告不能提供证据加以驳斥，则原告提供的借条及银行汇款回单及原告陈述可以相互印证，原告通过指示交付的方式交付了130万元的借款，即原告与案外人韩某林间的130万元借贷关系成立。另10万元的交付因原告未能提供证据，不予认定。

笔者同意第二种意见。在借贷合同纠纷案件中，出借人以借据主张债权，借款人抗辩借据载明的借款没有交付、根本没有借款事实的，（本案中借款人已死亡，担保人可代为抗辩），出借人应当对款项交付事实承担举证责任。出借人提供了银行汇款回单用以佐证，然而本案的银行汇款回单由于所载金额、用途、时间与借条不符，并不能当然地与借条相印证。出借人对此提出了金额不同是因为另有10万元现金交付，以及用途为货款系记载错误、实际与出借人或担保人并无其他经济往来，借条是重新出具的陈述。出借人的陈述内容前后并无矛盾，在出借人既有借条又有款项交付凭证的情况下，出借人基于借贷担保关系主张返还借款，应予认定。加之，担保人作为130万元款项的收款人，抗辩不是代借款人收取借款，而是货款或其他款项，完全可以提供买卖合同、交货凭证等予以反驳，担保人未能提供相关证据，应承担对其不利的后果。在实际审判实践中，重新出具借条的情况也屡见不鲜；当事人为规避企业间借贷的规定款项交付时往往回避“借款”用途；法定代表人出具借条、单位担保，或是单位出具借条、法定代表人担保等，款项打入单位账户或法定代表人个人户头的情况也比比皆是。此后出台的《最高人民法院关于审理民间借贷案件适用法律若干问题的规定》（2020年第二次修正）第十四条第一款规定，原告以借据、收据、欠条等债权凭证为依据提起民间借贷诉讼，被告依据基础法律关系提出抗辩或者反诉，并提供证据证明债权纠纷非民间借贷行为引起的，人民法院应当依据查明的案件事实，按照基础法律关系审理。即借款人（担保人）提出与出借人是货款关系的抗辩，须提供证据证明债权纠纷非民间借贷行为引起。

本案在一审判决后，被告虽提出上诉，但在二审期间无故缺席，被扬州市中级人民法院按自动撤回上诉处理。

编写人：江苏省扬州市广陵区人民法院　李卫

045 出借人签名改写后的借条作为债权凭证的效力认定

——郭某孟诉郭某、石某虹民间借贷案

【案件基本信息】

1. 裁判书字号

山东省淄博市中级人民法院（2013）淄民一终字第524号民事判决书

2. 案由：民间借贷纠纷

3. 当事人

原告（被上诉人）：郭某孟

被告（上诉人）：郭某

被告：石某虹

【基本案情】

2011年10月21日，被告郭某向原告借款212000元，言明于2012年1月21日还清，并约定逾期利息按每万元每三个月700元计算，并由被告石某虹（系被告郭某之妻）作为担保人在借条上签字。之后，被告陆续向原告还款，其中2012年1月21日，原告向被告出具收到利息6000元的收条一份。另查明，原告持有的借条上载明今借原告现金“贰拾壹万贰仟元整（212000元）”，其中“贰拾壹万贰仟元整（212000元）”部分已划掉，上述已划掉部分右下角有原告签字，并对划掉部分有原告书写“↘”予以注明，上述划掉部分上面一行“壹拾伍万玖仟元整（159000元）”同样已划掉，该划掉部分右下角同样有原告签字并同样对该划掉部分用“↘”也予以注明，但该划掉部分的上面一行“壹拾万陆仟元整（106000元）”却并未划掉，且原告没有在该部分右下角签字，也没有用上述的方式“↘”予以注明。对上述内容被告认为，所借原告的212000元该数字已经划掉并有原告签字确认，其余划掉部分忘记了是怎么回事。未划掉部分106000元是最后还款记的账，如果还欠原告106000元，被告会重新向原告出具借条。但被告没有提交已经还清借款的充分证据。原告对被告的上述主张也不予认可，主张被告向原告出具向原告借款212000元的借条后，陆续向原告还款，其中被告还一笔款后就将原款项划掉，重新在上面写上尚欠款项的数额，再还款后又将上面的欠款数额划掉，再写上最后欠款数额。所以，每笔还款后对最先借款的数额划掉并有原告在右下角予以签字认可，并用“↘”予以确认，然后在划掉部分上面重新写下欠款数额，被告再还款后又将余欠款划掉，再在划掉部分上面写下最后的欠款数额，故已还款部分均有原告划掉部分右下角签字并用“↘”予以确认。因此借条中未划掉的106000元，证实被告尚未还款，故没有划掉，原告也没有签字。原告向被告追索上述借款106000元未果，形成诉讼。

【案件焦点】

本案中原告持有经过改写过的借条能否主张被告偿还借款。

【法院裁判要旨】

山东省淄博市临淄区人民法院经审理认为：被告向原告借款后应按约定及时、足额向原告履行还款义务，逾期未还也应按约定向原告支付利息。被告认为向原告出具的借条中所借款项212000元已经划掉并经原告签字认可，故主张已向原告还清借款，但没有提交向原告还清借款的相关证据，仅有向原告支付利息6000元的收条一份予以证实。而且原告对借条中划掉部分和未划掉部分的解释说明与被告主张已还清借款的解释说明的证明力相比，原告的证明力显然远高于被告所提供证据的证明力，故被告尚欠原告106000元未还，应当依法予以确认，被告应当继续向原告履行还款义务。由于被告没有按双方约定还清借款，应当依照双方约定向原告履行支付利息义务，且双方对利息的约定不违反法律规定，故对原告的主张，本院予以支持，被告认为已还清借款的意见，不予采纳。被告郭某向原告借款至今，被告石某虹与被告郭某系夫妻关系，而且被告石某虹又在担保人处签字，因此被告石某虹应与被告郭某共同向原告承担偿还借款本金义务。

山东省淄博市临淄区人民法院依照《中华人民共和国合同法》

第六十条、第一百零七条，《中华人民共和国民事诉讼法》第六十四条之规定，判决如下：

被告郭某、石某虹偿还原告郭某孟借款106000元、利息37100元，于本判决生效后十日内付清。

郭某持原审意见提起上诉。山东省淄博市中级人民法院经审理认为原审判决认定事实清楚，证据充分，适用法律正确，应予以维持。判决如下：

驳回上诉，维持原判。

【法官后语】

依据《最高人民法院关于适用〈中华人民共和国民事诉讼法〉的解释》第九十一条规定，主张法律关系存在的当事人，应当对产生该法律关系的基本事实承担举证证明责任。主张法律关系变更、消灭或者权利受到妨害的当事人，应当对该法律关系变更、消灭或者权利受到妨害的基本事实承担举证证明责任。在合同纠纷案件中，主张合同关系成立并生效的一方当事人对合同订立和生效的事实承担举证责任；主张合同关系变更、解除、终止、撤销的一方当事人对引起合同关系变动的事实承担举证责任。具体到民间借贷案件，出借人应对双方有借贷合意并已实际出借进行举证，借款人对已经还清借款进行举证。本案尽管借条存在瑕疵，有划痕。但原告解释，被告陆续向原告还款，每笔还款后对最先借款的数额划掉并有原告在右下角予以签字认可，并用“↘”予以确认，然后在划掉部分上面重新写下欠款数额，被告再还款后又将余欠款划掉，再在划掉部分上面写下最后的欠款数额，故已还款部分均有原告划掉部分右下角签字并用“↘”予以确认。因此借条中未划掉的106000元，证实被告尚未还款，故没有划掉，原告也没有签字。被告对212000元数字已经划掉并有原告签字确认并无异议，但对原告的解释并无回应，反而主张其余划掉部分忘记了是怎么回事。未划掉部分106000元是最后还款记的账，如果还欠原告106000元，被告会重新向原告出具借条。被告的主张无视双方实际履行借款、还款的事实，民间借贷借款还款的方式多种多样，并非在偿还部分借款后，对剩余借款一定由借款方向出借方重新出具借条。《最高人民法院关于适用〈中华人民共和国民事诉讼法〉的解释》第九十条规定，当事人对自己提出的诉讼请求所依据的事实或者反驳对方诉讼请求所依据的事实，应当提供证据加以证明，但法律另有规定的除外。在作出判决前，当事人未能提供证据或者证据不足以证明其事实主张的，由负有举证证明责任的当事人承担不利的后果。第一百零五条规定，人民法院应当按照法定程序，全面、客观地审核证据，依照法律规定，运用逻辑推理和日常生活经验法则，对证据有无证明力和证明力大小进行判断，并公开判断的理由和结果。本案中，被告向原告借款共计212000元，扣除被划掉且由原告签名确认已偿还的部分，被告对其改写借条中未被划掉的剩余借款106000元，应当予以偿还。其主张已经归还了原告全部借款，但其未提供相关反驳证据推翻原告提供的涉案借款凭证，且其对欠条中改写的未划掉的剩余借款106000元是否予以偿还，亦不能作出合理的解释，其应当承担举证不能的法律后果。被告主张6000元利息，应当从剩余借106000元中扣除，原告对此提出异议，主张其于2012年1月21日收到被告支付的利息6000元是借条中被划掉的159000元产生的利息。被告的该项理由与其上述所称已经归还了原告全部欠款的理由相互矛盾，且被告向原告借款时约定了利息，至借款期限届满，被告支付相应利息，亦符合双方的借款约定，故被告主张从剩余借款106000元中扣除6000元利息的理由不成立，依法不能支持。

编写人：山东省淄博市临淄区人民法院　刘海红

046 债权受让人进行债权转让通知的法律效果及债务人擅自向原债权人偿还债务的效力认定

——姜某诉王某琴、张某文借款合同案

【案件基本信息】

1. 裁判书字号

北京市西城区人民法院（2014）二中民（商）终字第08636号民事判决书

2. 案由：借款合同纠纷

3. 当事人

原告（被上诉人）：姜某

被告（上诉人）：王某琴、张某文

【基本案情】

王某琴与张某文系夫妻关系。2012年5月2日，王某琴、张某文（甲方）与白某霞（乙方）签订了《借款合同》，约定：甲方向乙方借款150万元，借款期限为2个月，利息按银行同期贷款利率四倍计算。同日，各方就上述合同办理了公证。后，白某霞向王某琴账号内汇款150万元；王某琴、张某文将其所有的房屋进行了抵押登记。

2012年6月8日，白某霞与姜某签订了《债权转让协议》，约定白某霞将张某文和王某琴的150万元债权无偿转让给姜某；协议签订之日起10日内，白某霞负责通知。同日，白某霞与姜某就上述协议办理了公证。

王某琴、张某文自认在2012年7月27日前曾接到电话，姜某在电话中向其告知了《债权转让协议》，并要求其偿还债务，王某琴在电话中表示同意。2012年7月27日，王某琴、张某文又与白某霞签订了《债权债务确认书》，共同确认王某琴、张某文只向白某霞还款。2012年7月底，王某琴、张某文收到姜某邮寄送达的债权转让通知。

2013年2月17日，白某霞就《债权转让协议》提起撤销之诉。法院判决驳回了白某霞的诉讼请求；二审维持原判。张某文擅自于2013年12月21日、2013年12月22日分四次，向白某霞支付共计150万元。

因王某琴、张某文拒绝向姜某偿还借款，故姜某诉至法院，要求判令：王某琴、张某文偿还借款150万元，支付利息（以150万元为基数，按照中国人民银行同期贷款利率四倍的标准，自2012年5月2日起计算至2012年7月1日止）、滞纳金（以实际欠款本金为基数，按照每日万分之五的标准，自2012年7月1日起计算至实际付清之日止），及确认姜某对抵押房屋享有抵押权，并对该抵押房屋拍卖、变卖、折价后所得价款有权行使优先受偿权。

【案件焦点】

1.《债权转让协议》签订后，让与人拒不履行通知义务，受让人直接通知债务人，当通知到达债务人后，该转让对债务人是否发生效力；2.《债权转让协议》生效后，债务人擅自向原债权人偿还债务，是否对受让人发生法律效果。

【法院裁判要旨】

北京市西城区人民法院经审理认为：根据法律规定，债权转让合同一经成立并生效，在让与人和受让人之间立即发生债权转让的效果。姜某作为本案的债权转让受让人，其行为确实客观上达到了通知的效果，其通知行为并未违反法律强制性规定，故该通知行为应属有效；且姜某向本院提起诉讼，亦应视为姜某向王某琴、张某文履行了通知义务。故《债权转让协议》合法有效，各方均应按照约定履行合同义务。

王某琴、张某文收到债权转让通知后即对其产生法律效力，应以受让人姜某为债权人，不得再向原债权人白某霞履行债务；原债权人白某霞于《债权转让协议》签订生效后，其即丧失了债权人身份，无权再处分其原享有的债权，亦不得再接受债务人向其履行债务。故白某霞与王某琴、张某文在未取得姜某同意的情况下签订的《债权债务确认书》及王某琴、张某文擅自向白某霞偿还款项等损害债权受让人合法权益的行为，对姜某均不产生法律效力。

本案中，虽然《借款合同》中并未约定抵押内容，但王某琴、张某文为担保该《借款合同》项下的款项，在《借款合同》签订后，将其所有的房屋进行了抵押登记，产生法律效力。按照《中华人民共和国物权法》第一百九十二条之规定，债权转让的，担保该债权的抵押权一并转让，故本案中王某琴、张某文为担保《借款合同》而设立的抵押权亦应一并转让。依据《中华人民共和国合同法》的规定，债权人转让权利的，受让人取得与债权有关的从权利，但该从权利专属于债权人自身的除外。本案中《债权转让协议》签订时，利息尚未届期，故转让的债权应包括主债权借款本金及利息。故姜某要求王某琴、张某文向其偿还本金及利息的主张，于法有据，本院予以支持。

依据《借款合同》的约定，如王某琴、张某文未按本合同约定的还款期限归还借款本金，则应承担下列违约责任，即每延期一天，须支付其剩余借款本金的万分之五作为滞纳金。虽然该款项的性质写明为滞纳金，但该款项在合同中明确写入违约责任承担的内容中，故该款项应认定为违约金性质，因该款项约定的标准，并未违反法律强制性规定，故姜某有权要求王某琴、张某文支付上述款项，但因《借款合同》约定的借款期限最后一日为 2012 年 7 月 1 日，故上述款项计算的起始日期应为 2012 年 7 月 2 日，对姜某主张的 2012 年 7 月 1 日发生的滞纳金，本院不予支持。

综上，北京市西城区人民法院经判决如下：

一、王某琴、张某文向姜某偿还借款本金 150 万元；

二、王某琴、张某文向姜某支付利息（以 150 万元为基数，按照中国人民银行同期贷款利率四倍的标准，自 2012 年 5 月 2 日起计算至 2012 年 7 月 1 日止）；

三、王某琴、张某文向姜某支付滞纳金（以实际欠款本金为基数，按照每日万分之五的标准，自 2012 年 7 月 2 日起计算至实际付清之日止）；

四、姜某在本判决第一项、第二项、第三项债权范围内，对抵押房屋享有抵押权，对该房屋折价、拍卖、变卖后所得的价款，享有优先受偿权；

五、驳回姜某的其他诉讼请求。

王某琴、张某文不服一审判决，提起上诉。北京市第二中级人民法院经审理认为：依据白某霞与姜某债权转让合同纠纷一案的生效判决认定的内容，《债权转让协议》为合法有效合同，故王某琴、张某文作为债务人应向姜某偿还债务。综上所述，判决如下：

驳回上诉，维持原判。

【法官后语】

第一，关于《债权转让协议》签订后，债权转让人拒不履行通知义务，债权受让人直接通知债务人，是否产生通知的效力的问题。首先，根据法律规定，债权转让合同一经成立并生效，在债权转让人和债权受让人之间立即发生债权转让的效果，故《债权转让协议》签字后即在白某霞与姜某之间发生债权转让的效果。其次，债权人转让权利的，应当通知债务人。未经通知，该转让对债务人不发生效力。虽然根据法律规定，债权转让通知的义务人应为债权转让人，但法律并未否定债权受让人为履行债权转让通知的义务人。本院认为，姜某作为本案的债权受让人，通过电话通知的方式履行了债权转让的通知义务，其行为在客观上达到了通知的效果，其通知行为并未违反法律强制性规定，故应属有效；且姜某向本院提起诉讼，本院依法送达起诉书的事实，亦应视为姜某向王某琴、张某文履行了通知义务，即《债权转让协议》对债务人王某琴、张某文具有法律效力，王某琴、张某文应当向姜某偿还债务。

第二，关于《债权转让协议》生效后，债务人擅自向债权转让人偿还债务，是否对债权受让人发生法律效果的问题。由于白某霞转让债权的行为发生在先，且王某琴、张某文自认在《债权债务确认书》签订之前，其已接到姜某的电话通知，该债权转让行为在债务人王某琴、张某文收到债权转让通知后即对其产生法律效力，即姜某已取代了债权转让人白某霞的地位，成为新的债权人，债务人王某琴、张某文应以债权受让人姜某为债权人，不得再向原债权人白某霞履行债务。同时，对债权转让人白某霞而言，《债权转让协议》签订生效后，其即丧失了债权人身份，无权再处分其原享有的债权，亦不得再接受债务人向其履行债务。据此，原债权人白某霞与债务人王某琴、张某文在债权转让行为生效后，在未取得债权受让人姜某同意的情况下，签订《债权债务确认书》及王某琴、张某文擅自向白某霞偿还款项等损害债权受让人合法权益的行为对姜某均不产生法律效力。王某琴、张某文在明知债权已经转让的情况下，且在诉讼过程中，擅自向白某霞支付150万元及白某霞擅自受让该笔债务的行为与本案不属同一法律关系，可另案向白某霞主张其相应权利。

本案判决于《中华人民共和国民法典》施行之前，适用《中华人民共和国合同法》第八十条的规定，即"债权人转让权利的，应当通知债务人。未经通知，该转让对债务人不发生效力。债权人转让权利的通知不得撤销，但经受让人同意的除外"。上述法律规定具有一定的原则性、概括性，并未明确规定债权受让人进行通知能否发生法律效力。本案例对当时的法律适用进行了延伸解释，为此类案件审理提供可供参考的实践参考。确认债权受让人进行债权转让通知具有法律效力，更有利于促进交易便捷开展及稳性，有利于促进市场经济的发展；亦符合诚实信用原则，有利于构建诚实有序的社会价值体系。《中华人民共和国民法典》编纂时沿用了上述法律规定，该法第五百四十六条规定："债权人转让债权，未通知债务人的，该转让对债务人不发生效力。债权转让的通知不得撤销，但是经受让人同意的除外。”《中华人民共和国民法典合同编理解与适用》对该法条的解释中首次明确地指出，本条规定并未限制仅能由债权人作为通知主体。在受让人能够提供充足的证据证明债权转让的事实，也可以允许其对债务人作出通知。该解释与本文案例的法律适用是一致的。①

编写人：北京市西城区人民法院　张彤

047　如何认定借款已经给付

——刘某清诉雷某海借款合同案

【案件基本信息】

1. 裁判书字号

江苏省镇江市中级人民法院（2013）镇民终字第1289号民事判决书

---

① 经案例检索，最高人民法院曾确立如下规则：（1）债权转让在此前未通知债务人，但是在案件正式开庭时，受让人以原告身份起诉，起诉事实实质就是通知了债务人，符合《中华人民共和国合同法》第八十条的规定。见最高人民法院（2015）民二终字第14号民事判决书，载中国裁判文书网，https：//wenshu. court. gov. cn/website/wenshu/181107ANFZ0BXSK4/index. html？docId=MPLip4EWDjiuxSrPQlHrcfXEQwwzuFz9nP4WGfoo2ZuD1tPT2eEF0/UKq3u+IEo4w4OaGAbnG2A8A8lfcm2NXSN05NRB6QgWvb77MR4zDn5cFb9+YUkPnwV9VK/7nv/C，最后访问时间：2023年2月8日。（2）债权转让通知主体并未限定只能由原债权人履行，原债权人委托新的受让人进行债权转让的通知并未违反法规法律规定，当通知到达债务人后，在未征得新的受让人同意的情况下原债权人不得撤销。见最高人民法院（2016）最高法民申2296号民事裁定书，载中国裁判文书网，https：//wenshu. court. gov. cn/website/wenshu/181107ANFZ0BXSK4/index. html？docId=OJatr6oGTDI9w4+NsDgEBorzgrf+Dhq2/fF6eCrWk/D1VNNoR1X/tvUKq3u+IEo4w4OaGAbnG2A8A8lfcm2NXSN05NRB6QgWvb77MR4zDn6jFAsIsatDvBh91wt7VH4u，最后访问时间：2023年2月8日。

2. 案由：借款合同纠纷

3. 当事人

原告（上诉人）：刘某清

被告（被上诉人）：雷某海

【基本案情】

2012年7月16日，原告刘某清与被告雷某海签订资金出借协议，双方约定，被告雷某海向原告刘某清借款1500000元，以银行卡卡转账为准。借款月利率为2‰，按月计息。在协议空白处，被告书写借条一份，载明“今借到刘某清人民币现金1500000元整，以银行卡卡转账为准”。被告雷某海委托张某虎为其办理借记卡，并要求其将借款打入所办借记卡中。

2012年7月19日，张某虎持有雷某海的身份证办理雷某海信用卡一张，卡号为×2513。同日，原告刘某清从自己所有的卡号为×7218卡上转账300000元到被告雷某海×2513号信用卡。当日8时14分张某虎从×2513卡上现金取款300000元，8时15分，原告办理现金存款业务300000元至×7218卡上，并卡卡转账300000元至被告雷某海×2513卡上，当日8时21分张某虎从×2513卡上办理现金取款业务300000元，当日8时22分，原告办理现金存款业务300000元至×7218卡上，并卡卡转账300000元至被告雷某海×2513卡上，当日8时26分，张某虎从×2513卡上办理现金取款业务300000元，当日8时28分，原告办理现金存款业务300000元至×7218卡上，并卡卡转账300000元至被告雷某海×2513卡上，当日8时31分张某虎从×2513卡上办理现金取款业务300000元，当日8时32分，原告办理现金存款业务300000元至×7218卡上，并卡卡转账 300000 元至被告雷某海×2513 卡上，当日 8 时 36 分，张某虎从×2513 卡上办理现金取款业务 300000 元。上述现金存款业务、卡卡转账业务和现金取款业务都由银行某柜员一人连续办理。2012 年 7 月 19 日，银行没有 1500000 元现金出账记录。雷某海×2513 借记卡余额为 5 元。

【案件焦点】

原告是否将 1500000 元实际交付给被告。

【法院裁判要旨】

江苏省镇江市句容市人民法院经审理认为：本案借款合同成立生效，但合同的履行应依诚实信用原则进行。本案中案外人张某虎和刘某清于 2012 年 7 月 19 日 8 时 14 分至 8 时 36 分期间，在同一柜台五次循环办理存、取款、转账业务，当日银行并无 1500000 元现金出账。由此，认定原告刘某清与案外人张某虎系互相串通，虚构 1500000 元的款项交付事实。原告刘某清不能证明 1500000 元的款项交付事实，故对其要求被告雷某海归还 1500000 元的诉讼请求法院不予支持。

江苏省镇江市句容市人民法院依照《中华人民共和国民事诉讼法》第六十四条第一款、第一百四十二条之规定，判决如下：

驳回原告刘某清对被告雷某海的诉讼请求。

刘某清提起上诉。江苏省镇江市中级人民法院经审理认为：民间借贷法律关系成立必须符合两个构成要件，一是双方有借款合意，二是有交付款项的行为。本案中，虽然雷某海与刘某清签订了借款协议，双方有借款合意，但出借人刘某清没有款项交付的行为。因此，双方之间的借款法律关系不成立。上诉人刘某清与案外人张某虎用雷某海委托张某虎办理的银行卡在银行连续转账五次，使雷某海卡上入账150万元，但同时也被取出150万元，借款人雷某海并未收到刘某清交付的150万元款项，该款被案外人张某虎取出。而雷某海并未授权案外人张某虎取款，案外人张某虎取款违背雷某海意志，对雷某海不发生效力。而刘某清对案外人张某虎取款后将款交与自己再次向雷某海卡内打款系明知，两人构成恶意串通损害雷某海利益，故上诉人刘某清与案外人张某虎用雷某海银行卡办理转账行为，对雷某海不发生效力。因此，对上诉人刘某清向雷某海银行卡内打款行为不认定是有效的付款行为。

江苏省镇江市中级人民法院依照《中华人民共和国民事诉讼法》第一百七十条第一款第一项之规定，作出如下判决：

驳回上诉，维持原判。

【法官后语】

《中华人民共和国民法典》已于2020年5月28日公布，于2021年1月1日起正式施行。根据《最高人民法院关于适用〈中华人民共和国民法典〉时间效力的若干规定》第一条第二款的规定，民法典施行前的法律事实引起的民事纠纷案件，适用当时的法律、司法解释的规定，但是法律、司法解释另有规定的除外。因此，原则上《中华人民共和国民法典》对其施行之前发生的民事行为没有溯及力，2020年12月31日之前发生的民事行为应适用当时的法律规定，不适用《中华人民共和国民法典》新规则。

本案发生在《中华人民共和国民法典》施行前，应适用当时的法律即《中华人民共和国合同法》，该法第二百一十条“自然人之间的借款合同，自贷款人提供借款时生效”。而《中华人民共和国民法典》第六百七十九条则规定："自然人之间的借款合同，自贷款人提供借款时成立。"合同的成立与生效是两个不同性质、不同范畴的问题。合同的成立属于合同的订立范畴，解决的是合同是否存在的事实问题，属于对合同的事实上的判断。而合同的生效属于合同的效力范畴，解决的是已经存在的合同是否符合法律规定，是否具有法律效力的问题。合同成立是判断合同生效的前提，合同只有在成立以后，才谈得上生效问题，也就是说，合同成立后，只有符合生效条件的合同，才能受到法律保护。而不符合生效条件的合同，尽管其已经成立，并且有可能反映当事人之间事实上发生了一定的经济往来关系，但这种合同及其反映的经济往来关系不仅得不到法律的保护，有时还要受到法律的制裁。如果成立的合同嗣后无效，或被撤销，则合同虽已成立，但其设定的权利义务对双方当事人没有约束力。而合同生效属于法律上的判断，是法律对当事人意思表示的肯定性评价。从"生效"改为"成立"，体现了《中华人民共和国民法典》对自然人之间借款合同回归实践性合同的定位，无疑更符合我国当下的社会经济发展现状。

本案为自然人之间的借款行为，也就是通常所说的民间借贷。案件的争议焦点在于借款是否实际给付。无论是《中华人民共和国合同法》第二百一十条，还是《中华人民共和国民法典》第六百七十九条，均强调了自然人之间借款合同的实践性的属性。因此，合同的生效应以出借人给付借款为条件，出借人应当就履行交付借款义务承担举证责任，借款人应当证明已经偿还借款的事实。目前，出借人的规避手段越来越"高明"。通常情况下，出借人往往不列明利息计算方式而是将利息预先在本金中扣除；或将未归还借款的利息计入本金，重新出具借条计算复利；或约定巨额违约金、罚金或其他费用，借款人对此往往举证困难。如此等等，不一而足，使得法院在案件事实的查明上存在很大难度。

具体到本案，原告的规避手段更为“高明”。原告为证明借款已给付，向法院提交了 5 张 300000 元的银行转账回单，共计 1500000 元，且汇入账户的银行卡也属被告所有，如果仅仅通过原告所提交的表面证据，通常情况下会认为原告已经完成了借款交付的举证责任。但在该案的审理中，由于借款数额巨大，有一个疑问一直横亘在法官心中，那就是出借人既然要将借款汇给借款人为何要分五次汇款而非一次性汇款 1500000 元？在存在合理疑点无法形成内心确认的情况下，法官加强了对借款事实的审查，强化了对证据的综合分析，依职权主动向银行经办人调查取证，核实原告的陈述和所提供证据的真实性，了解了汇款的事实及经过，查明原告与案外第三人持被告的银行卡于同一天在同一柜台五次循环办理存、取款、转账业务，且都由银行同一工作人员连续办理，当日该银行并无 1500000 元现金出账。因此可以认定原告与案外第三人系互相串通，虚构 1500000 元的款项交付事实，原告不能证明 1500000 元的款项交付事实。法官理性形成“自由心证”认定案件事实，是本案判决中最值得称道的地方。

编写人：江苏省镇江市句容市人民法院　吴静

048 判决驳回以收条作借条起诉的事实认定和法律理由

——张某诉马某民间借贷案

【案件基本信息】

1. 裁判书字号

新疆兵团第十四师中级人民法院（2013）兵十四民终字第 3 号民事判决书

2. 案由：民间借贷纠纷

3. 当事人

原告（上诉人）：张某

被告（被上诉人）：马某

【基本案情】

原告张某持被告马某在一张《购货协议》背面用汉语书写的《收条》向法院起诉称，2011 年 11 月，马某借张某 8 万元，后经多次催要，马某不予偿还。现请求法院判令马某返还借款 8 万元及逾期付款利息 1729 元。马某辩称，与张某之间不存在借贷关系。8 万元是二人做红枣生意中张某支付的定金。后因张某违约，定金依法不应返还。

【案件焦点】

1. 收条能否作借条认定；2. 如何把握类案中举证责任转换。

【法院裁判要旨】

新疆生产建设兵团和田垦区人民法院经审理认为：原告张某提

供的“收条”不能反映其与被告马某之间存在借贷关系，仅能证明被告收到原告的现金，故原告主张借贷法律关系存在、要求被告偿还 8 万元借款的诉讼请求缺乏相应的证据证明，不予支持。

新疆生产建设兵团和田垦区人民法院依照《中华人民共和国民事诉讼法》第六十四条第一款、《最高人民法院关于民事诉讼证据的若干规定》第二条的规定，判决：

驳回原告张某的诉讼请求。

张某不服一审判决，提起上诉。新疆生产建设兵团第十四师中级人民法院经审理认为：本案《收条》是在一张打印有《购货协议》字样的背面用汉语书写：“收条，今收张某现金捌万元整（80000 元），收款人：马某。”原本 8 开的纸经折叠，撕掉四维后只剩下表明内容的 14×6 厘米的窄条，紧挨收款人签名以下被折叠后撕掉。马某辩称，原来收条上收款人签名下面紧接一行就写有收条的落款日期，是 2010 年 11 月，因双方正是在那段时间发生收购红枣关系。如张某不裁掉落款时间，就可与背面的《购货协议》相印证，进一步证明是在双方存在收购红枣关系期间所写的收条。因不利于张某诉为借贷关系，所以被张某裁掉，以便于把时间说成是一年以后的借贷关系。但 2011 年双方根本就未发生红枣收购关系，不可能用《购货协议》背面写收条。张某则对此否认，陈述说马某出具收条时原本未签署时间。

法院认为，张某在原审时起诉马某的证据是收条而非借条或欠条。收条的内容并未涉及借款利率、期限、还款方式等借贷法律关系成立的主要内容。马某否认张某以收条作为借贷关系凭证的属性，认为其是在自己与张某的另外一些经济往来中先于张某起诉所确定的时间一年前形成的。对此张某代理人提出要求马某举出证据，否则就证明借贷关系成立。法院认为，在张某所举证据尚未证明借贷关系成立的情况下，要求通过举证责任转换来反证积极举证一方的证据为借贷关系性质，是对"谁主张，谁举证"法则的不正确理解。法院审判本案的任务并不在于查清当事人双方是否有过红枣收购关系，而在于查明双方争议的收条是借贷性质的还是凭证性质的。显然，上诉人在这一争议焦点或根本问题上虽经二审仍证明不能，其上诉理由不成立。原判事实清楚，对收条性质的认定正确，依法应予维持。

新疆生产建设兵团第十四师中级人民法院依照《中华人民共和国民事诉讼法》第一百七十条第一款第一项的规定，判决如下：

驳回上诉，维持原判。

【法官后语】

一、判决驳回以收条作借条起诉的事实认定和法律理由

本案事实关系清楚，证据单一且一致。争议焦点也很分明，就是张某诉马某借款的《收条》能否认定为借贷性质的条据？张某诉马某的唯一证据是一张收条而非借条或欠条。被马某反驳后张某又不能进一步提供证据加以证明其与马某之间的8万元经济往来排除其他关系形成的可能性。而马某提出的8万元是张某购买红枣所交的定金，因张某违约而依法不应承担返还义务，以及收条上的落款时间被裁剪，原本是在双方发生经济往来时间段中现场就用《购货协议》封面的次页书写的主张，却得到书证——《收条》本身确实被裁剪以及张某代理人陈述的"被告出具了红枣合同"等证据的印证，说明双方确曾发生农副产品买卖关系。因此不能排除双方是在其他经济往来中形成收条的可能性。收条作为借贷关系的唯一性进一步被拆分。张某在马某出示证据证明双方存在其他经济往来后，

也承认双方确实存在过红枣收购关系。收条又如马某所述确实是写在《购货协议》的翻页，反映出当时是在红枣收购过程中就地取材，现场利用纸张写就的收条。而且明显可见，收条紧挨收款人签名以下确实是被折叠后撕掉的，而收条的保管者是张某。根据收条书写内容完整，格式规范，大小写齐全，对应性强等特点，判断收条书写当时落款时间要素应具备。那么，收条持有者为什么要刻意将收条紧挨收款人签名以下部分裁剪？目的、原因和裁剪内容虽已无从查清，但反而在一定程度上印证了马某之说，即张某利用了原先双方存在经济往来关系期间形成的《收条》作借贷诉讼之用。再者，作为原告和上诉人的张某在一二审开庭审理时，经法院传票通知后均不亲自到庭与对方展开质证，而是始终委托其代理人出庭，也在一定程度上说明了问题。

的确，在我国经济快速发展、民众法律意识还不是很健全的今天，社会生活中对收条、借条、欠条等经济往来凭证不当使用甚至错位运用的现象不是个别的。但诉诸法律后人民法院必须加以有效鉴别，才能对案件作出正确裁判。收条与借条、欠条所证明的客观事实是不同的，其法律构成和结果、作用也不相同。收条，是收到钱（物）的人给交付人开具的证明收到该钱（物）的书面证明。它本身只能证明双方当时钱（物）交接的情况，并不能证明因什么关系的设立或发生而促成该钱（物）交接，更不能证明双方今后即由此确立起债权债务关系。开具收条的人并没有到期通过给付钱（物）来赎回收条的意思表示和法律义务。根据众所周知的事实和已为人们接受的日常社会生活经验，收条的作用在一般情况下就是用来消灭在前的债权债务关系而不是用以证明此后债权债务关系延续的。如，人们会在收到供货商提供的货物并给付货款、赎回定金时出具收条给供货商，但这并不意味着同供货商之间建立起了新的债权债务关系；在收到快递公司投递的物件时，人们也需要签署作用相当于收条的回执以证明投递物件已被接收，当然同样不能以此证明收件人同快递公司之间建立起了债权债务关系。借条和欠条则与收条完全不同。借条是指在借用法律关系中钱（物）借用人向出借人开具的表明借用人有到期归还借用钱（物）以赎回借条的权利义务凭证；欠条是在商业交往之后产生的债务人向债权人开具证明，证实双方存在欠付钱（物）事实同时表明债务人有到期归还该钱（物）以赎回欠条的权利义务凭证。借条形成的原因是特定的，就是钱（物）出借的事实，而欠条形成的原因则很多，可以是基于买卖关系而产生，也可以是因劳务、承包关系或者损害赔偿等法律关系而建立。借条证明借钱（物）事实，欠条证明欠钱（物）关系。借钱（物）肯定同时也是欠钱（物），但欠钱（物）则不一定成立借钱（物），因为所借钱（物）有可能被其他法律关系所覆盖。如甲乙当天经过结算，乙欠甲10万元，次日乙找出了曾还给甲的工程垫付10万余元的凭证，双方经过进一步结算基本互不相欠。又由于双方履行手续不是很到位，以为互不相欠就没有收回前一天的欠条。借条持有人凭借条诉诸法律，由于通过借条本身较易于辨识和确认当事人之间存在借用钱（物）事实，一般都能得到法院认定与支持，除非另一方当事人从根本上否定借条的真实性。但当欠条持有人向法院主张权利时，法院还需查明该欠条形成的关联事实，如遇另一方当事人抗辩，欠条持有人需进一步证明欠条内容未发生改变的事实，证明不能则承担相应败诉后果。

二、类案举证责任的正确分配

审理此类案件影响审判结论正确作出的关键因素是举证责任转

换。张某代理人提出要求马某举出证据证明8万元是因收购红枣而给付的定金，否则就反证为《收条》作为借贷关系成立。这一主张的实质是将自己积极主张《收条》是借贷关系的证明责任暗地转由消极主张事实的马某承担，在诉讼机理上是说不通的。按照现代证明理论，民事纠纷作为一种私权利借助国家公权力实施司法救济的手段之一，其前提条件是当事人对自己提出的诉讼请求所依据的事实或是反驳对方诉讼请求所依据的事实负有证明义务。争议事实的证据应当由积极主张该事实存在或发生的一方当事人负证明责任，而不应当由认为该事实已经归于消灭的一方当事人负担，除非是法定的举证责任倒置案件。同时，举证责任在一个案件中又不是固定由一方当事人负担而另一方可以自始至终不负担的。随着当事人一方提供证据将被证事实的明了程度提升，举证责任转由另一方负担，并且由于其主张的新事实得到证据的支持，举证责任再次转回，由初始提出主张的一方当事人负担。正是在这种螺旋式交替履行证明责任的作用下，案件需要证明的争议内容的清晰程度逐步提升到一个新层次。尽管履行交替证明责任的主体是当事人，但是法官在其中并不是无所作为的。法官对证明责任移转度的把握和对于再次分配于当事人之间负担的证明责任合理标准的确立就成为影响裁判结果的重要因素。如果在一个本该由一方负担证明责任的环节上不适度地确定由另一方负担，或者把一方当事人应尽的证明责任确定到他无法证明的程度，那么，一方当事人担当不应由他担当的败诉责任和另一方当事人取得不是基于事实和证据的胜诉就是不可能避免的。如本案，要马某举证证明收购红枣关系是如何建立的，8万元是定金而不是其他金钱给付，张某怎样违约，定金已给付枣农而无法收回等，否则就反证为《收条》作为借贷关系成立，就如同要一个已经还了钱的被告自己证明钱是如何还的一样不合理，也超出了法院审理本案的范围和任务。

该案的典型意义在于，《最高人民法院关于修改〈关于审理民间借贷案件适用法律若干问题的规定〉的决定》（法释〔2020〕6号）颁布前，司法实践对收条与借条、欠条应有的区别加以有益探索，为司法解释的制定提供了一定程度的参考。例如，《最高人民法院关于审理民间借贷案件适用法律若干问题的规定》（2020年修正）多个条款都规定要注意区分借据、收据、欠条等债权凭证的不同法律性质，第十八条更明确规定："依据《最高人民法院关于适用〈中华人民共和国民事诉讼法〉的解释》第一百七十四条第二款之规定，负有举证责任的原告无正当理由拒不到庭，经审查现有证据无法确认借贷行为、借贷金额、支付方式等案件主要事实的，人民法院对原告主张的事实不予认定。"这些后来成型的司法理念，在本案审判中都得以接近或处理的比较符合要求。

再如，《最高人民法院关于审理民间借贷案件适用法律若干问题的规定》（2020年修正）第十六条第二款规定："被告抗辩借贷行为尚未实际发生并能作出合理说明的，人民法院应当结合借贷金额、款项交付、当事人的经济能力、当地或者当事人之间的交易方式、交易习惯、当事人财产变动情况以及证人证言等事实和因素，综合判断查证借贷事实是否发生。"显然，"合理说明"不等于举证责任转移，这是该案取得审判成果一个很重要的节点把握。如果允许作为积极主张债权成立的张某一方在自身证明责任未完成的情况下，就转移举证责任于作为消极证明该债务不存在的马某一方负担，那么，"人民法院应当结合借贷金额、款项交付、当事人的经济能力、当地或者当事人之间的交易方式、交易习惯、当事人财产变动情况以及证人证言等事实和因素，综合判断查证借贷事实是否发生”的审判任务便无从完成。

编写人：新疆生产建设兵团第十四师中级人民法院　武理民

049　合同相对性原则的坚守与突破之争

——黄某玉诉缪某平、赵某明民间借贷案

【案件基本信息】

1. 裁判书字号

上海市第二中级人民法院（2013）沪二中民一（民）终字第2101号民事判决书

2. 案由：民间借贷纠纷

3. 当事人

原告（被上诉人）：黄某玉

被告（上诉人）：缪某平、赵某明

【基本案情】

在本案中，原告诉称：被告缪某平因急需资金，经人介绍（庭审查明，此介绍人乃为唐某娟）向原告黄某玉借款人民币150000元。2011年3月21日，被告缪某平出具借条一份，后原告黄某玉将150000元通过银行转账方式转入被告缪某平的账户，之后，被告缪某平出具收条，双方约定被告缪某平于2011年3月31日前归还借款，被告赵某明出具担保书，为上述借款担保。借款到期后，被告缪某平未归还任何借款，原告多次催讨未果，故诉至法院。诉讼请求是：1. 被告缪某平归还原告借款人民币 150000 元并按照中国人民银行同期同类贷款利率的四倍支付上述款项自 2011 年 3 月 21 日起至判决生效之日止的利息；2. 被告赵某明对被告缪某平上述款项承担连带保证责任；3. 诉讼费由两被告承担。

与原告黄某玉简单描述的借款经过不同，被告缪某平在抗辩中指出：2011 年 3 月，案外人黄某东由于急需资金，向案外人唐某娟提出借款。因案外人黄某东名下无房产，因此找到被告缪某平，被告缪某平出于朋友帮忙，答应做名义上的借款人，向原告借款，实际所借款项是由案外人黄某东使用并予以偿还。2011 年 3 月 21 日，被告缪某平签完借据后，原告黄某玉通过银行转账方式将 150000 元打给被告缪某平，接着缪某平将 100000 元转账给案外人李某。这里，需要说明的是根据法庭庭审笔录记载，黄某东意欲取得本案被告赵某明名下房屋的房屋产权（另根据被告赵某明陈述，被告赵某明名下的上述房屋实际所有人是黄某东，被告赵某明只是名义产权人），但基于在上述房屋上有案外人李某的他项权利，为成功过户，需先涤除李某的他项权利，所以，缪某平将 100000 元转账给案外人李某。至于借款中余下的 50000 元，被告缪某平与案外人蒲某莹一起从银行卡内取出，其中 30000 元交给案外人黄某东处理，后案外人黄某东将 30000 元还给了原告黄某玉。另外，剩余 20000 元，案外人蒲某莹给了缪某平 5000 元，余下的 15000 在蒲某莹处。

被告赵某明辩称：其通过朋友介绍认识原告黄某玉及被告缪某平。本案实际借款人为案外人黄某东，由于实际产权人是黄某东的房屋登记在被告赵某明名下，所以，就由被告赵某明用这套房屋对原告缪某平的借款合同做担保。

需要另外说明的是，被告缪某平亦有抗辩称：由于案外人黄某东已将30000元归还给原告黄某玉，因此，实际借款数额为120000元，借款利息应以此为基准计算。此外，案外人黄某东曾分三次还款42000元本金给介绍人唐某娟（这里有疑问，即为什么还款给介绍人唐某娟，而不是原告黄某玉？据原、被告所作陈述，及案外人证明，这是由于借款合同当事人另外约定为之。在这种情况下，根据《中华人民共和国合同法》第六十四条、第六十五条之规定，合同得以履行最好，若出现违约情形，便涉及合同相对性之讨论问题。本案就是这种情形的最佳例证），其中一次为2011年10月24日，案外人黄某东以被告赵某明的名义向介绍人唐某娟偿还了16000元，介绍人唐某娟出具收条，另外一次案外人黄某东归还介绍人唐某娟8000元，自己是在场的，未出具收条，还有一次介绍人唐某娟也未出具收条，目前尚欠本金78000元，故不同意原告要求归还借款150000元的诉请。因实际借款数额为120000元，故不同意原告要求关于借款利息的计算方式。因各方已经约定由黄某东直接向唐某娟进行还款，而本案原告两年来也一直未进行催告，故被告缪某平有理由认为案外人黄某东已按约将该笔借款还清，事隔两年，原告才提起还款，显然有将利息扩大的故意，原告有明显主观恶意，故不同意向原告支付逾期利息。

审视原、被告双方的陈述，本案之主干法律关系，毋庸置疑，应是原告黄某玉与被告缪某平之间建立的借款合同法律关系。原《中华人民共和国合同法》第一百九十六规定："借款合同是借款人向贷款人借款，到期返还借款并支付利息的合同。"2021年1月

1 日施行的《中华人民共和国民法典》第六百六十七条对借款合同作了相同规定。在本案中，该借款合同是主合同，为确保主合同的到期有效履行，本案被告赵某明与原告黄某玉订立处于从属地位的保证合同。进一步而言，根据原《中华人民共和国担保法》第十九条规定："当事人对保证方式没有约定或者约定不明确的，按照连带责任保证承担保证责任。"本案被告赵某明在担保书上，未明确注明仅承担一般保证责任或者能推定为一般保证的字样，因此，被告赵某明系负有连带责任保证，而不享有先诉抗辩权，这意味着原告黄某玉一并起诉被告赵某明并无不当。值得注意的是，《中华人民共和国民法典》对保证责任的推定方式进行了重大修正。《中华人民共和国民法典》第六百八十六条第二款规定："当事人在保证合同中对保证方式没有约定或者约定不明确的，按照一般保证承担保证责任。"这意味着，一般保证成为保证责任的默认形式。

本案中，主债法律关系，即原告黄某玉与被告缪某平之间的借款合同法律关系，以及从债法律关系，即原告黄某玉与被告赵某明之间的保证合同法律关系，分别有被告缪某平出具的借据和收条、被告赵某明提供的担保书为佐证，已无可非议之点。

【案件焦点】

1. 间接代理制度能否作为突破合同相对性原则的抗辩事由；2. 本案可否刺破"合同相对性"的面纱。

【法院裁判要旨】

上海市宝山区人民法院经审理认为：本案的争议焦点有四：第一，本案的贷款人及借款人为何人；第二，借款是否预先扣除了

30000元本金；第三，缪某平、赵某明是否归还借款；第四，赵某明是否应当承担连带担保责任。针对争议一，黄某玉提供了缪某平出具的借据、收条，以及转账凭据，证明黄某玉与缪某平就是本案借款合同的相对方，缪某平对其出具借据、收条，转账的过程予以认可。缪某平仅凭证人证言并不足以证明本案的贷款人为唐某娟。钱款到账之后，缪某平将钱款交与黄某东使用系其自己的处分行为，并不能以此为由否认缪某平作为本案借款合同相对方的地位。故本案的贷款人为黄某玉，借款人为缪某平。针对争议二，借款是否预先扣除了30000元本金，证人黄某东陈述，当天将30000元给了黄某玉；证人贺某杰陈述，当天缪某平将30000元给了一个女士；缪某平在审理中表示，其与案外人蒲某莹一起取出50000元，其中30000元交给黄某东处理。显然，缪某平的陈述与证人证言存在矛盾，而黄某玉对此也予以否认，故原审法院对借款预先扣除30000元本金的事实难以采信。针对争议三，缪某平、赵某明是否归还借款，缪某平辩称曾分三次由黄某东归还给唐某娟借款，共计42000元，但缪某平无确凿证据证实，黄某玉对此予以否认。审理中赵某明未明确表示其归还过借款，也未提供还款的证据，故本案认定缪某平、赵某明未归还过借款。针对争议四，当事人在保证合同中约定保证人与债务人对债务承担连带责任的，为连带责任保证。连带责任保证的债务人在主合同规定的债务履行期届满没有履行债务的，债权人可以要求债务人履行债务，也可以要求保证人在其保证范围内承担保证责任。保证合同约定保证人承担保证责任直至主债务本息还清时为止等类似内容的，视为约定不明，保证期间为主债务履行期届满之日起二年。本案主债务到期日为2011年3月31日，黄某玉在保证期间内起诉担保人赵某明，要求其承担连带责任保证，符合法律规定，原审法院予以支持。

综上，上海市宝山区人民法院依照《中华人民共和国合同法》第二百零六条、第二百零七条，《中华人民共和国担保法》第十八条，《最高人民法院关于适用〈中华人民共和国担保法〉若干问题的解释》第三十二条第二款，《最高人民法院关于民事诉讼证据的若干规定》第二条的规定，判决：

一、缪某平于判决生效之日起十日内归还黄某玉借款人民币150000元；

二、缪某平于判决生效之日起十日内支付黄某玉借款利息（以本金150000元为基数，自2011年3月21日起至2011年3月31日止，按照中国人民银行同期同类贷款利率四倍计算）；

三、缪某平于判决生效之日起十日内支付黄某玉借款逾期利息（以本金150000元为基数，自2011年4月1日起至判决生效之日止，按照中国人民银行同期同类贷款利率四倍计算）；

四、赵某明对于上述应付之款项承担连带还款责任。

缪某平、赵某明不服一审判决，提起上诉。上海市第二中级人民法院经审理认为：依据现有证据，缪某平向黄某玉出具借条，黄某玉依约向缪某平支付借款，双方借贷关系成立。缪某平认为实际借款人为黄某东，未能举证证明，缪某平所提供的黄某东向其出具的150000元的借条，并不能证明黄某东为本案的实际借款人，仅说明其与黄某东之间可能存在借贷关系，故本院对缪某平的上述主张，不予采信。赵某明作为本案系争借款的担保人，理应承担担保责任。综上，原审认定事实清楚，判决并无不当，法院予以维持。

上海市第二中级人民法院依照《中华人民共和国民事诉讼法》第一百七十条第一款第一项之规定，判决如下：

驳回上诉，维持原判。

【法官后语】

本案所涉法律关系，乃为借款合同法律关系，并且是简单的自然人之间的借款合同法律关系，加之本案的诉讼标的仅有150000元，与动辄上百万元、千万元的商事案件相比，本不值一提。但是，笔者认为，于本案而言值得“蜗牛角上作道场”。若我们将目光转离本案所谓法官完全可以凭借“优势证据”标准予以裁断的主干法律关系，而聚焦松散于借款合同之主干的细枝末节的法律关系时，我们惊呼，其中隐含着别有一番洞天的美妙图景，这便是：合同相对性原则的坚守与突破之争。

一、本案概览及问题提出：主角是合同相对性原则

在细致讨论合同相对性这一理论性问题之前，笔者想对上述“枝叶”法律关系，作一基本勾勒：毫无疑问，原告黄某玉与被告缪某平之间的借款合同，符合《中华人民共和国合同法》第一百九十六条（即《中华人民共和国民法典》第六百六十七条）规定的成立及生效要件，被告到期未归还原告借款，导致被诉，这也于法有据。然而，根据被告缪某平、赵某明的陈述，本案实际借款人乃是案外人黄某东，被告缪某平实际是名义借款人。笔者在这里不讨论被告辩称可信与否（其实，综合全案证据来看，被告赵某明之所以用实际产权人是黄某东的房产替被告缪某平做担保，从这点可以透视出，案外人黄某东才为真正借款的“控制人”，被告缪某平仅为“被控制人”而已，当然这只是笔者的逻辑推断而已，从二审判决书中可以看出这一推断并未得到法官的认可），只想依此作为基点（即案外人黄某东为实际借款人，被告缪某平是名义借款人）铺展理论场景。

当本案的理论卷轴缓缓展开之际，藏匿其中的理论争议也无疑暴露在人们面前：从形式上看，白纸黑字，清楚无误地写着，原告黄某玉是借款合同的债权人，被告缪某平是借款合同的债务人，而被告赵某明则是借款合同的担保人；从实质上看，借款合同法律关系发生在原告黄某玉与案外人黄某东之间。由此，可以得出，被告缪某平是案外人黄某东的受托人，案外人黄某东是委托人。以上是学理阐述，下面引出法律规范：形式上的理解出自《中华人民共和国合同法》第一百二十一条：当事人一方因第三人的原因造成违约的，应当向对方承担违约责任。当事人一方和第三人之间的纠纷，依照法律规定或者按照约定解决。《中华人民共和国民法典》第五百九十三条也作了相同规定。在理论界，通常这一条款被看作合同相对性原则的规范性展示。应该指出，合同相对性原则其实是一个纯理论问题，在《中华人民共和国民法通则》以及《中华人民共和国合同法》中，根本没有合同相对性原则的文字描述。但是，合同相对性原则作为被认可的民事法原则，《中华人民共和国合同法》第一百二十一条之规定就是法律彰显。与《中华人民共和国合同法》第一百二十一条阐明的合同相对性原则的坚守相悖，《中华人民共和国合同法》第四百零二条、第四百零三条则作出了对合同相对性原则突破的规定——间接代理制度。《中华人民共和国民法典》第九百二十五条、第九百二十六条继续沿用了上述两条规定。我国原有的民商立法及民法学说中，仅承认直接代理制度，并不认同间接代理。但随着我国对外门户开放，外贸经营活动的增多，为促进外贸进出口，并对其进行合理化规范，《中华人民共和国合同法》在第四百零二条、第四百零三条中，设置了间接代理制度。在之后的《中华人民共和国民法典》编纂过程中，间接代理制度得到了保留。梳理本案被告的抗辩陈述，我们不难看出，这基本体现了间接代理制度的蕴意。在一定程度上，间接代理是对直接代理的突破，立足这种考量，直接代理制度折射了合同相对性原则，这就合乎逻辑地推导出，间接代理制度是对合同相对性原则坚守的突破。至此，笔者提出焦点问题是：一种理论之争，发生于合同相对性原则的坚守与突破之间。检讨本案，其审判结果表明合同相对性原则得到贯彻，这也是笔者赞同的态度。

二、坚守抑或突破：合同相对性原则之存废

合同相对性原则，是指合同之债能够且也只能对债权人和债务人产生拘束力。由于合同本质上是当事人之间一方请求他方为一定给付的法律关系，所以合同之债权不能像物权一样有追及性，而只能对特定人产生效力。

合同相对性原则包含了非常丰富和复杂的内容，并且广泛体现于合同中的各项制度之中，法学界一般都将其概括为以下三个方面：(1) 主体的相对性，即指合同关系只能发生在特定的主体之间，只有合同当事人一方能够向合同的另一方当事人基于合同提出请求或提起诉讼。(2) 内容的相对性，即指除法律、合同另有规定以外，只有合同当事人才能享有合同规定的权利，并承担该合同规定的义务，当事人以外的任何第三人不能主张合同上的权利，更不负担合同中规定的义务。(3) 责任的相对性，即指违约责任只能在特定的合同关系当事人之间发生，合同关系以外的人不负违约责任，合同当事人也不对其承担违约责任。

合同相对性原则，作为民事法领域尤其是债法领域的基石性原则，在千百年的民事交易活动中，扮演了重要角色。虽然，其可称为“耄耋老者”，但其仍然存有生命，并极有可能生生不息。然而，残酷的现实终将抵挡不住置合同相对性原则于死地的意图。这是因为随着商品经济的发展和市场经济体制的建立与完善，合同相对性原则已在许多交易领域变得力不从心（其中，《中华人民共和国公司法》体现尤甚，例如：隐名股东及实际控制人），严重影响了社会交易的效率。为此，有必要对该原则作出例外性规定。《中华人民共和国合同法》第四百零二条、第四百零三条（即《中华人民共和国民法典》第九百二十五条、第九百二十六条）所规定的间接代理制度就是其中一例。

合同相对性原则的坚守抑或突破，是关系这一原则生死存亡的大事情。申言之，若坚守合同相对性原则，则意味着合同相对性原则之生、之存；相反，若突破合同相对性原则，则表征了合同相对性原则之死、之废。古人讲，“生死存亡之道，不可不察”，对于牵扯国家之命脉的市场经济活动的合同交易而言，笔者以为更要细致详查。

1. 从立法之历史角度分析考察：合同相对性原则始终为学界、学者情有独钟。《中华人民共和国民法典》第五百九十三条重申了合同相对性原则。该条规定：“当事人一方因第三人的原因造成违约的，应当依法向对方承担违约责任。当事人一方和第三人之间的纠纷，依照法律规定或者按照约定处理。”相较于《中华人民共和国合同法》第一百二十一条规定，两则条文之间仅有个别文字的修改，而规定的内容和立法用意则完全一致。

（2）从《中华人民共和国合同法》第四百零二条、第四百零三条入手分析考察：尽管《中华人民共和国合同法》第四百零二条规定了间接代理制度，这赋予了委托人可自动介入受托人与第三人之间的合同法律关系。若人们仅以之判定，合同相对性原则依然悄无声息地走向了死亡的边缘。那么，笔者认为，这种想法未免失之笼统，犯了管中窥豹的错误。为什么这么说呢？原因是：相比于《中华人民共和国合同法》第四百零二条赋予委托人之介入权而言，《中华人民共和国合同法》第四百零三条赋予了第三人之选择权，这一情况犹如为合同相对性原则穿上了铁布衫，罩上了金钟罩。换言之，为想要突破合同相对性原则的想法设置了障碍或者附加了不自由的樊篱。由此可见，合同相对性原则依然生之有命，并没有出现严重的被突破之危机。这点同样体现于《中华人民共和国民法典》第九百二十五条、第九百二十条规定中。《中华人民共和国民法典》第九百二十五条几乎原样保留了原《中华人民共和国合同法》第四百零二条的内容，规定："受托人以自己的名义，在委托人的授权范围内与第三人订立的合同，第三人在订立合同时知道受托人与委托人之间的代理关系的，该合同直接约束委托人和第三人；但是，有确切证据证明该合同只约束受托人和第三人的除外。"依照该条规定，委托人可以介入受托人和第三人订立的合同关系；同样，委托人亦受到合同约束。显而易见，合同相对性原则在这种情况下受到了挑战。不过，法律在赋予委托人介入权的同时，也赋予了第三人选择权。《中华人民共和国民法典》第九百二十六条同样几乎保留了原《中华人民共和国合同法》第四百零三条的内容，规定："受托人以自己的名义与第三人订立合同时，第三人不知道受托人与委托人之间的代理关系的，受托人因第三人的原因对委托人不履行义务，受托人应当向委托人披露第三人，委托人因此可以行使受托人对第三人的权利，但第三人与受托人订立合同时如果知道该委托人就不会订立合同的除外。受托人因委托人的原因对第三人不履行义务，受托人应当向第三人披露委托人，第三人因此可以选择受托人或者委托人作为相对人主张其权利，但第三人不得变更选定的相对人。委托人行使受托人对第三人的权利的，第三人可以向委托人主张其对受托人的抗辩。第三人选定委托人作为其相对人的，委托人可以向第三人主张其对受托人的抗辩以及受托人对第三人的抗辩。”由于第三人可以自主选择受托人作为合同相对方；这样一来，合同相对性原则被突破的尴尬被消除了。

三、回归本案：合同相对性原则的实践应用

以笔者之见，本案判决深刻显示了合同相对性原则的效用力量，即驳回了被告借助披露第三人而使自己免责的请求。具体而言，在本案中，被告缪某平，无论作为名义借款人还是案外人黄某东的受托人，都决不影响其成为本案借款合同的债务人。只不过，这种债务人地位，可能多设一个因披露实际借款人或者委托人而享有的抗辩权。另外，对于被告缪某平所述的案外人黄某东多次还款给案外人唐某娟，至多，案外人黄某东与案外人唐某娟之间，产生不当得利之债法律关系，这可另案处理。

换个维度予以观察，本案原告黄某玉起诉被告缪某平、赵某明，可识别为该借款合同之债权人行使《中华人民共和国合同法》第四百零三条（《中华人民共和国民法典》第九百二十六条）所赋予的选择权，这样一来，无疑将间接代理制度抛进了羁束的笼子里。这从反面折射了合同相对性原则的坚守。更遑论，运用《中华人民共和国合同法》第一百二十一条（《中华人民共和国民法典》第五百九十三条）之规定，提示法官积极对合同相对性原则作实践性应用。

编写人：上海市宝山区人民法院　张广洋　韩杰

050 债权人因债务人赠与他人财产损害债权行使撤销权的认定

——严某英诉吴某民等债权人撤销权案

【案件基本信息】

1. 裁判书字号

江苏省无锡市中级人民法院（2013）锡民终字第0969号民事裁定书

2. 案由：债权人撤销权纠纷

3. 当事人

原告（被上诉人）：严某英

被告（上诉人）：吴某民、杨某俊、杨某江

【基本案情】

2010年8月20日，吴某民向严某英借款400万元，后归还40万元。2012年1月，严某英将吴某民、杨某俊诉至无锡市惠山区人民法院，要求其归还借款本息。同年6月20日，该院作出一审判决。吴某民、杨某俊不服提出上诉。同年12月3日，经江苏省无锡市中级人民法院终审判决，确认吴某民、杨某俊应归还严某英借款本金360万元及相应利息（自2011年12月21日起至该判决确定的还款之日止，以360万元为基数，按年利率15%计算）。

吴某民与杨某俊系夫妻，其子为杨某江。2011年12月31日，吴某民、杨某俊与杨某江签订赠与合同，将某处房屋赠与杨某江。2012年1月13日，该房屋所有权登记至杨某江名下。

严某英认为吴某民与杨某俊赠与房屋的行为导致吴某民、杨某俊无能力偿还其借款，直接损害其债权，请求判令撤销吴某民、杨某俊向杨某江赠与房屋的行为，确认该房屋仍归吴某民、杨某俊所有。

【案件焦点】

吴某民、杨某俊向杨某江赠与房屋的行为是否损害了严某英的债权。

【法院裁判要旨】

江苏省无锡市崇安区人民法院经审理认为：因债务人放弃其到期债权或者无偿转让财产，对债权人造成损害的，债权人可以请求人民法院撤销债务人的行为。本案中，债权人严某英对债务人吴某民、杨某俊享有借款360万元及逾期利息的债权已经生效法律文书确定，吴某民、杨某俊无偿转让房屋的行为使其财产减少，导致严某英不能顺利实现债权，损害了严某英的合法权益。严某英请求撤销吴某民、杨某俊向杨某江赠与房屋的行为并确认该房屋仍归吴某民、杨某俊所有的诉讼请求合法有据，本院予以支持。

江苏省无锡市崇安区人民法院依照《中华人民共和国合同法》第七十四条、最高人民法院《关于适用〈中华人民共和国合同法〉若干问题的解释（一）》第二十五条第一款之规定，作出如下判决：

撤销吴某民、杨某俊向杨某江赠与房屋的行为，确认该房屋归吴某民、杨某俊所有。

吴某民、杨某俊、杨某江提出上诉，后撤回上诉。江苏省无锡市中级人民法院作出如下裁定：准许上诉人吴某民、杨某俊、杨某江撤回上诉，原审判决即发生法律效力。

【法官后语】

《中华人民共和国民法典》第五百三十八条规定，债务人以放弃其债权、放弃债权担保、无偿转让财产等方式无偿处分财产权益，或者恶意延长其到期债权的履行期限，影响债权人的债权实现的，债权人可以请求人民法院撤销债务人的行为。上述法条赋予了债权人撤销权，债权人在债务人与他人实施处分其财产或权利的行为危害债权的实现时，可以依据上述法条的规定申请法院撤销债务人处分财产或权利的行为。《中华人民共和国民法典》设置债权人撤销权制度的目的在于维持债务人的责任财产以备全体债权的清偿，体现了现代民法强化契约信赖以保护债权人利益的价值取向。审判实践中，处理债权人撤销权纠纷，主要涉及以下方面的考量。

一、债务人的行为有害于债权人的债权的判断

债权人撤销权的行使对债务人与第三人之间的法律关系产生破坏，构成了对债务人活动自由和交易安全的威胁，所以法律必须在强化债权人权益和债务人自治以及交易安全之间维持一个平衡点，该平衡点即为“债务人的行为是否有害于债权”，以此作为界限划分债务人的自由空间与债权人对债务人行为干涉的范围。因此，关键是如何判断债务人的行为有害于债权人的债权。为解决判断标准确定困难问题，应当实行举证责任倒置，即债权人只需举证证明债务人有无偿处分或低价转让财产等处分财产的行为，可能危及其债权的实现，则推定债务人的行为有害于该债权。此时，债务人必须举证证明其行为无害于债权人的债权，否则承担举证不能的法律后果。

二、债务人有偿转让财产时，债务人、受让人恶意的判断

根据《中华人民共和国民法典》第五百三十八条规定，在无偿转让行为场合，债权人撤销权的成立不要求主观要件，仅要求具备客观要件即债务人无偿转让行为的存在。而在有偿行为场合，债权人的撤销权以债务人有恶意为成立要件，以受让人有恶意为行使要件。故在债务人放弃其到期债权或者无偿转让财产的场合，处理案件较为简单，只需要判断债务人的行为是否对债权人造成损害即可作出裁判，但在债务人有偿转让财产的场合，由于原则上不能推定债务人具有恶意，此时就需要判断债务人、受让人主观上是否具有恶意。

根据前述法条规定的债权人行使撤销权的构成要件，债权人只要举证证明债务人存在“以明显不合理的低价转让财产”的行为，就可以认定其主观上有恶意。对何谓“明显不合理的低价”，一般根据当时当地市场的价格来判断。对受让人恶意的判定，不要求其知道债务人转让财产的行为有害于债权人的债权，关键是看其于受让该财产时是否知道“明显的低价”，即转让的价格与当时当地的市场价格相比差距较大，任何一个合理的经营者在此情况下都会认为该价格过低。债权人只需要证明依据当时具体情形受让人应当知道明显低价，即可推定受让人具有恶意，如果受让人对此推定不服，应就其主观上的善意负有举证责任。

本案中，转让方与受让方系无偿赠与，且系亲子关系，转让方赠与财产的行为明显损害了债权人的债权，债权人依法有权撤销。

编写人：江苏省无锡市梁溪区人民法院　刘刚

051 第三人已经支付全款并实际占有不动产，未办理过户但无过错的，人民法院不得查封、扣押、冻结

——甲投资公司诉甲建设公司案外人执行异议案

【案件基本信息】

1. 裁判书字号

北京市高级人民法院（2013）高民终字第541号民事判决书

2. 案由：案外人执行异议纠纷

3. 当事人

原告（上诉人）：甲投资公司

被告（被上诉人）：甲建设公司

【基本案情】

房地产公司是诉争房产的开发商。乙建设公司、丁投资公司、房地产公司为关联公司。李某是甲投资公司、乙投资公司、丙投资公司、体育用品商店的法定代表人。

2008年1月28日，乙投资公司（甲方、委托人）、某银行（乙方、贷款人、受托人）、乙建设公司（丙方、借款人）签订委托贷款借款合同，约定由甲方委托乙方向丙方贷款6000万元，委托贷款期限3个月。甲方先将足额资金存入在乙方开立的存款账户后，乙方向丙方发出贷款。2008年1月28日，甲方通过乙方向丙方支付6000万元。2008年4月29日，乙投资公司（甲方、委托人）、乙建设公司（乙方、借款人）、丁投资公司及戊投资公司

（丙方、担保人）分别签订两份委托贷款借款展期担保协议书，分别约定延长贷款期限并由丙方提供担保。此后，乙建设公司又多次要求展期。

2008年9月26日，房地产公司（出卖人）与李某（买受人）签订北京市商品房现房买卖合同，由李某购买D座61套商业用房，总房价为3481.91万元。同日，房地产公司（出卖人）与李某（买受人）签订另一份北京市商品房现房买卖合同，由李某购买C座5套诉争房屋，总房价为1063.6521万元。就66套房屋涉及的4545.5621万元购房款的支付，房地产公司向李某发出两份付款指令：其一要求李某将购房款2000万元付至乙投资公司，代乙建设公司偿付所欠该公司委托贷款本金。其二要求李某将购房款2000万元付至商贸公司。李某通过银行转账方式依指令分多笔支付了上述4000万元。诉讼中，甲投资公司称另有5455621元购房款，李某以现金方式支付给房地产公司，并提供了房地产公司向李某出具的66份已全额支付4545.5621万元购房款的收据。房地产公司与李某就上述66套房屋分别签订了两份购房交接单。

2009年9月23日，房地产公司与李某就上述66套房屋签订两份退房协议。同日，双方又签订两份补充协议，约定房地产公司共向李某支付退房违约金、补偿款、购房款共计6805.445万元，房地产公司将上述66套房屋在解除网签合同当日另行出卖给甲投资公司，并由甲投资公司代房地产公司向李某支付全部退款。

2009年9月24日，房地产公司与甲投资公司就上述66套房屋分别签订了66份商品房现房买卖合同，约定购房款共计6805.445万元。房地产公司向甲投资公司发出委托付款指令，令其将购房款支付给李某（未载明日期）。甲投资公司于2009年9月28日通过交通银行以转账方式分3笔共向李某支付1520万元。

2009年9月27日，李某向甲投资公司发出付款指令，令其将3026万元、2259.4450万元分别支付给丙投资公司、体育用品商店。甲投资公司分别以转账方式按李某要求支付。

2009年9月28日，房地产公司向甲投资公司出具了对66套房屋已全额付款的66份收据。同日，房地产公司与甲投资公司就诉争房屋签订购房交接单。2011年10月11日，税务所代房地产公司向甲投资公司出具前述5套诉争房屋的购房发票。2012年6月15日，税务所出具说明，证明房地产公司因拖欠税款，税务部门限制华佳公司对外开具发票，若需开具发票，只能通过税务部门审核后由该所代开。

诉讼中，甲投资公司提供其与丁投资公司签订的写字间租赁合同。

另查，甲建设公司因建设工程施工合同纠纷案，曾于2010年向一审法院起诉乙建设公司、丁投资公司、房地产公司，判决生效后，三公司未履行付款义务，经甲建设公司申请强制执行，一审法院依法查封了诉争房产。甲投资公司对此提出执行异议，经审查，北京市第二中级人民法院就诉争房产作出执行裁定书，驳回了甲投资公司的异议请求。

再查，甲投资公司向原审法院起诉时未将乙建设公司、丁投资公司、房地产公司列为当事人，原审法院在审理中未询问上述三公司意见，亦未将上述三公司追加为诉讼当事人。二审审理期间，上述三公司出具书面说明，表示同意甲投资公司的诉讼请求。

甲投资公司与甲建设公司均同意本案进行实质审理。

上述事实，有民事判决书、执行裁定书、《商品房现房买卖合同》、有关票据及当事人陈述等相关证据在案为证。

【案件焦点】

被执行人将其所有的需要办理过户登记的房屋出卖给第三人，第三人已经支付全部价款并实际占有，但未办理过户登记手续的，如果第三人对此没有过错，人民法院能否查封、扣押、冻结。

【法院裁判要旨】

北京市第二中级人民法院经审理认为：甲投资公司与房地产公司就本案诉争房屋签订了《商品房现房买卖合同》，合同签订后，甲投资公司称其总计欠付房地产公司 66 套房屋的房款 6805.445 万元，甲投资公司向法院出示了付款证据，该付款凭证所载明的付款记录不能证明甲投资公司就本案诉争房屋向房地产公司真实支付了房款。关于实际占有，甲投资公司称其自购买诉争房屋后一直自用，后出租给丁投资公司。甲投资公司同时称因为房地产公司没有为其办理产权证，故其未交纳物业费、水电费。现甲投资公司仍未交纳物业、水电等费用，同时未就此作出合理解释，甲投资公司称其实际占有使用了诉争房屋，事实依据不足。关于办理产权过户手续，甲投资公司称因房地产公司拖欠税款，税务部门限制其对外开具发票，故未办理产权证。甲投资公司所述不能证明其对未办理过户登记手续无过错。综上所述，甲投资公司要求停止诉争房屋的执行，依据不足，不予支持。

北京市第二中级人民法院依据《最高人民法院关于人民法院民

事执行中查封、扣押、冻结财产的规定》第十七条之规定，判决如下：

驳回甲投资公司的诉讼请求。

甲投资公司持原审起诉意见提起上诉。北京市高级人民法院经审理认为：关于已付购房款和房屋占有的问题，原由甲投资公司的法定代表人李某于 2008 年 9 月 26 日向房地产公司购买前述 66 套房屋，房地产公司向李某出具了 66 份已全额支付 4545.5621 万元购房款的收据，双方还签订了购房交接单。尤其是在 2009 年 9 月 23 日，房地产公司与李某就上述 66 套房屋签订两份退房协议，同日，又签订两份补充协议，这是对李某购房的一个全面总结。依据上述情况形成的证据链及对应的付款凭证，结合乙投资公司、华夏银行股份有限公司、乙建设公司的委托贷款、借款行为，北京市高级人民法院综合认定，在 2009 年 9 月 23 日前，李某应当已全额支付了 66 套房屋购房款并占有 66 套房屋。李某退房次日，甲投资公司依据退房协议安排，向房地产公司购买 66 套房屋。因李某是甲投资公司的法定代表人，甲投资公司向李某支付新核定的购房款并从李某处占有房屋相对简单易行。甲投资公司就支付购房款和房屋占有的问题，与房地产公司通过购房款收据及涉案房屋交接单的形式给予确定。虽然，前述 66 套房屋的购买过程烦琐，但从李某至甲投资公司，整个购房的事实是清楚的。因涉案的 61 套商业用房，甲投资公司已取得房屋所有权证，故 61 套商业用房在款项支付上是真实的，而依前所述，在合同的签订及购房款的支付方面，66 套房屋的买卖是一个整体的行为，故 5 套诉争房屋在款项支付上也是真实的。因占有房屋不等同于自用房屋，故 5 套诉争房屋的实际使用人可以不是甲投资公司。综合甲投资公司提交的一系列证据，可以证明在执行法院采取查封措施前，甲投资公司确已实际支付了全部购房款，并已实际占有房屋。关于未能办理产权过户的问题，依据现有证据，可以证明系因房地产公司拖欠税款等原因未能办理诉争房屋的房屋产权过户登记，这是甲投资公司作为买受人所无法控制和克服的，由此造成的不利后果不应由甲投资公司承担。综上，本案符合《最高人民法院关于人民法院民事执行中查封、扣押、冻结财产的规定》第十七条规定的应当解除查封的情形，对甲投资公司的上诉请求，北京市高级人民法院予以支持。

北京市高级人民法院依照《中华人民共和国民事诉讼法》第一百七十条第一款第二项之规定，作出如下判决：

一、撤销北京市第二中级人民法院民事判决；

二、停止对C座房屋的执行。

【法官后语】

本案二审中争议焦点在于《最高人民法院关于人民法院民事执行中查封、扣押、冻结财产的规定》（以下简称《查封、扣押、冻结规定》）第十七条规定在执行异议之诉案件中应当如何适用的问题。

《查封、扣押、冻结规定》第十七条规定，买受人在符合已经支付全款、实际占有财产、对未办理财产过户不存在过错三个构成要件的情况下，法院不得查封，已经查封的，应予解封。关于无过错房屋买受人权利的属性，有观点认为，符合前述司法解释规定三个要件的买受人对房屋享有的是物权，或者是事实上的物权。笔者不同意这种观点，依据《中华人民共和国物权法》第九条第一款的规定，不动产物权变动经登记才发生法律效力，尚未办理房屋登记的，买受人享有的仍是债权，而不是物权，前述观点显然与《中华人民共和国物权法》的规定相冲突，因此无过错的房屋买受人要求确认房屋归其所有的，不应当得到支持。但是，由于出卖人不配合等原因，严格依据前述物权变动原则执行确实客观上会存在对无过错的买受人保护不周的情形，因此，该司法解释规定适当引入了过错原则，赋予了无过错的房屋买受人一种特殊的债权，该债权可以优先于其他普通金钱债权获得保护，因此，房屋买受人作为案外人提起执行异议之诉，经审查符合司法解释规定的三个构成要件的，应当判决停止对房屋的执行。关于该解释规定的构成要件，实践中以本案涉诉房屋为例，应做如下理解：

1. 买受人（案外人）与被执行人之间应当存在真实有效的房屋买卖关系，案外人在法院针对房屋采取查封等强制执行措施开始前，已经支付全部房屋价款并实际占有该房屋。如果双方的房屋买卖合同由于存在无权代理、无权处分等违反法律效力性强制性规定的情形而被认定为无效，当然不符合前述规定的构成要件。并且，案外人虽然在法院查封之前签订房屋买卖合同，但明知或应当知道法院已经查封房屋仍然继续支付购房款或占有房屋的，也不符合前述规定。判断“实际占有”房屋的标准是出卖人已将房屋交付给案外人，案外人既可以直接占有房屋用于自己居住，也可以间接占有将房屋对外出租，当然案外人占有应当是合法占有，而不是非法占有。需要注意的是，前述规定中的“已经支付全部价款并实际占有”房屋是指一种客观的事实状态，与买受人是否存在过错无关。例如，房屋买卖合同约定待办理房屋过户时买受人再支付剩余10%

的购房款，由于房屋至今未办理过户，买受人对于未支付剩余房款不存在任何过错，但是在执行异议之诉案件审理中，应当认为买受人并不符合前述规定的“已经支付全部价款”的要件，不能停止对房屋的执行。

2. 前述规定中的“第三人对此没有过错”是指案外人对于房屋没有办理过户登记不存在过错，具体包括以下情形：(1) 因登记机关原因未能办理房屋过户的，如案外人已向房屋登记机关提出登记申请，但因登记机关原因办理迟延导致未核准登记等。(2) 因被执行人原因未能办理房屋过户的，包括被执行人下落不明、被执行人开发的房地产项目行政手续不齐全、被执行人以该房屋作为抵押为其债务提供担保、有证据证明案外人要求办理房屋过户，但被执行人不予协助等。(3) 因其他案外人不能控制的原因未能办理房屋过户的，如房屋被其他法院等有权部门查封等。

实践中认定案外人对于房屋没有办理过户登记存在过错的，主要包括以下情形：(1) 被执行人通知案外人房屋具备办理过户的条件，因案外人未依照合同约定或法律规定提交办理过户所需材料或交纳相关费用等原因导致房屋迟延未能过户。(2) 案外人为规避法律、行政法规及相关政策规定或逃避债务，故意不办理房屋过户的。(3) 在房屋不存在过户障碍的情况下，案外人明显怠于主张权利，在相当长时间内不要求办理过户的。至于何谓案外人明显怠于主张权利？有观点认为，依据《城市房地产开发经营管理条例》第三十三条的规定：“预售商品房的购买人应当自商品房交付使用之日起90日内，办理土地使用权变更和房屋所有权登记手续；现售商品房的购买人应当自销售合同签订之日起90日内，办理土地使用权变更和房屋所有权登记手续。”因此商品房的购买人未在前述规定期限内要求办理房屋过户的，应当认定其有过错。也有观点认为，如果被执行人不履行协助过户义务的，案外人应当通过诉讼或仲裁的方式积极主张权利强制被执行人履行过户义务，案外人未积极主张的，视为有过错。笔者认为，前述条例规定不属于强制性规定，90日期限也明显过短，并且，案外人主张权利的方式有多种，不仅限于诉讼或仲裁，案外人有权进行选择，因此，上述要求对案外人过于严苛。例如，《黑龙江省高级人民法院关于审理执行异议之诉案件若干问题的解答》第九条第九项规定“案外人已依据其与被执行人的买卖合同支付全部价款并实际占有需要办理权属变更登记的执行标的，虽然未办理变更登记，但其没有不依据合同约定或者法律规定提供手续、支付费用和其他拖延办理登记等过错行为的”，可以判决停止强制执行特定执行标的物。

3. 在举证责任分配上，案外人应当就其符合前述规定的构成要件承担举证责任。为证明双方存在房屋买卖关系，案外人应当提交房屋买卖合同、预售合同备案登记证明、网签手续等证据。为证明已支付全部房屋价款，案外人应当提交付款发票、收据、资金银行转账证明、支付凭证等证据。为证明实际占有房屋，案外人应当提交房屋交接记录、物业服务合同、物业费缴费凭证、水电费缴费凭证、出租合同等证据，法院也可以采取现场查看的方式。为证明无过错，案外人应当提交向房屋登记机关提出登记的申请、要求被执行人办理房屋过户通知、房屋存在抵押登记、查封、行政手续不全等客观障碍的证据等。另外，被执行人也应当提交相应证据对上述事实予以证明，如房款入账的财务账簿等。为防止案外人与被执行人恶意串通对抗申请执行人的情形发生，法院应当严格审查，综合上述证据予以认定。

另，《最高人民法院关于人民法院办理执行异议和复议案件若干问题的规定》（以下简称《执行异议和复议规定》），于2015年5月5日实施。该规定实施后，《查封、扣押、冻结规定》第十七条规定虽未被废止，但在金钱债权执行的司法实践中，买受人对登记在被执行人名下的不动产提出异议时，已被《执行异议和复议规定》第二十八条、第二十九条确立的评判标准所替代。《执行异议和复议规定》第二十八条规定，金钱债权执行中，买受人对登记在被执行人名下的不动产提出异议，符合下列情形且其权利能够排除执行的，人民法院应予支持：（一）在人民法院查封之前已签订合法有效的书面买卖合同；（二）在人民法院查封之前已合法占有该不动产；（三）已支付全部价款，或者已按照合同约定支付部分价款且将剩余价款按照人民法院的要求交付执行；（四）非因买受人自身原因未办理过户登记。第二十九条规定，金钱债权执行中，买受人对登记在被执行的房地产开发企业名下的商品房提出异议，符合下列情形且其权利能够排除执行的，人民法院应予支持：（一）在人民法院查封之前已签订合法有效的书面买卖合同；（二）所购商品房系用于居住且买受人名下无其他用于居住的房屋；（三）已支付的价款超过合同约定总价款的百分之五十。进而，在执行异议之诉的审判实践中，法院应当优先适用《执行异议和复议规定》第二十八条、第二十九条的规定予以审理。

需要说明的是，《查封、扣押、冻结规定》于2020年修正后，原第十七条现为第十五条；《中华人民共和国物权法》第九条第一款现为《中华人民共和国民法典》第二百零九条第一款；《城市房地产开发经营管理条例》于2020年第二次修正后，原第三十三条现为第三十二条；《黑龙江省高级人民法院关于审理执行异议之诉案件若干问题的解答》修订后，原第九条第九项无变化；《执行异议和复议规定》于2020年修正后，原第二十八条、第二十九条无变化。

编写人：北京市高级人民法院　张雅侠　金曦

052　如何确定涉外民事案件的准据法

——唐甲诉唐乙民间借贷案

【案件基本信息】

1. 裁判书字号

江西省高级人民法院（2012）赣民四终字第9号民事判决书

2. 案由：民间借贷纠纷

3. 当事人

原告（被上诉人）：唐甲

被告（上诉人）：唐乙

【基本案情】

唐甲与唐乙均系奥地利国籍。唐乙先后向唐甲借款共计500万元，并于2010年6月7日向唐甲出具借条：我唐乙向唐甲借伍佰万元人民币，还款时间由双方商定。该借条系在F公司。唐乙出具借条后，唐甲多次向唐乙主张债权，唐乙至今未归还借款，故唐甲诉至法院，要求唐乙归还借款500万元并赔偿损失100万元。唐甲和唐丙系夫妻。唐乙自2010年4月后十次转款44万元给唐丙。唐乙享有南昌市某房屋的产权。

【案件焦点】

1. 本案应适用的准据法是奥地利法还是中国法；2. 唐乙向唐甲借款 500 万元的构成是借款还是委托投资款。

【法院裁判要旨】

江西省南昌市中级人民法院经审理认为：本案案由为民间借贷纠纷，属于合同纠纷，因唐乙在江西省南昌市有可供扣押的房产，故该院对本案依法具有管辖权。因借条系中文打印，且借款系人民币，故本案应适用与合同有最密切联系的国家的法律，应适用中国法律作为准据法。唐乙向唐甲借款 500 万元的事实，证据充分，应予确认。唐乙向唐甲出具了借款金额为 500 万元的借条一张，同时唐乙并未提供证据证实其中 450 万元系唐甲委托投资款，故唐乙关于借款实系委托投资款的辩解不成立，不予支持。唐乙提出其已归还 44 万元，而该 44 万元均系唐乙分十次转账给唐丙，且其中两笔转款时间在借条出具前，唐丙与唐甲虽然系夫妻关系，但鉴于唐丙与唐乙系兄弟关系，故唐乙称该 44 万元系归还唐甲的借款证据不足，不予支持。故唐甲凭借唐乙出具的借条向唐乙主张还款合理合法，予以支持。但因借条未载明还款期限且未约定利息，故唐甲要求唐乙赔偿利息损失 100 万元的诉请，不予支持。

江西省南昌市中级人民法院依照《中华人民共和国民法通则》第九十条、第一百四十二条、第一百四十五条，《中华人民共和国合同法》第六十条、第二百一十一条，《中华人民共和国涉外民事关系法律适用法》第四十一条，《中华人民共和国民事诉讼法》第二百三十五条、第二百四十一条之规定，作出如下判决：

一、唐乙于该判决生效后十日内返还唐甲人民币 500 万元。

二、驳回唐甲其他诉讼请求。

唐乙持原审答辩意见提起上诉。江西省高级人民法院经审理认为：本案当事人唐乙、唐甲虽均为奥地利籍华人，但本案借款合同系在我国境内签订，合同主要义务的履行地在我国境内，依照最密切联系原则，相较其他国家法律，中华人民共和国法律与本案联系最为密切，故本案应适用中华人民共和国法律为准据法。被上诉人唐甲与唐丙系夫妻关系，但本案借条的相对方为被上诉人唐甲与上诉人唐乙，唐乙并非本案借条的相对方。唐丙虽对被上诉人唐甲的债权享有共同权利义务，但在一审中被上诉人唐甲系作为原告起诉主张权利，唐乙作为被告亦未对唐丙提起反诉，本案系解决被上诉人唐甲与上诉人唐乙债权债务关系之诉，上诉人唐乙如与唐丙有其他债权债务关系可在另案中通过诉讼解决。上诉人唐乙上诉称500万元借款共有三部分：入股F公司300万元，出借给F公司150万元，其他借款部分50万元，因此对该借款的构成，上诉人唐乙有责任提供证据加以证明。其向法院提交的证据材料不能证明上诉人唐乙向被上诉人唐甲借款500万元的资金情况，上诉人唐乙应依法承担举证不能的法律后果。上诉人唐乙在一审提交的证据只能证明唐乙、唐丙的资金往来情况，唐乙、唐丙的债权债务关系亦可另案解决。

江西省高级人民法院依照《中华人民共和国民事诉讼法》第一百五十三条第一款第一项之规定，作出如下判决：

驳回上诉，维持原判。

【法官后语】

本案系涉外民间借贷纠纷，涉及的主要法律问题是准据法的选择、证明责任及是否应当追加当事人等。

关于准据法的问题。本案双方当事人为奥地利籍华人，双方为借款合同关系，依照我国法律规定，当事人可以协议选择合同适用的法律，但双方在本案一审法庭辩论终结前，并未就准据法的确定达成一致。据此，依照《中华人民共和国涉外民事关系法律适用法》第四十一条之规定，应当适用履行义务最能体现该合同特征的一方当事人经常居所地法律或者其他与该合同有最密切联系的法律为准据法。所谓“最密切联系”，是指合同应当适用的法律是合同在经济意义或其他社会意义上集中地定位于某一国家或地区的法律。本案合同系在中国境内订立，采用中文书写，借款金额采用中国法定货币人民币计算；虽然双方对争议款项的性质有争议，但对该款项主要用于在中国境内的投资、消费等经济活动一事均不持异议，故根据最密切联系原则选择中华人民共和国法律为本案准据法，是完全正确的。

关于证明责任的问题。本案为民间借贷纠纷，系合同纠纷，依照《最高人民法院关于民事诉讼证据的若干规定》（以下简称《民事证据规定》）第二条和第五条的规定，应当由原告举证证明借贷关系成立以及自己履行了向被告给付借款的义务。围绕本案标的500万元款项，双方存在两项争议：其一为该笔款项是否全部为借款；其二为该笔借款是否已部分归还。关于第一项争议，原告提交的证据为被告向原告出具的借据，证明双方之间存在借贷关系且给付了借款，被告对此并未做出反驳，且认可从原告处取得了500万元，构成了诉讼法上的自认，据此可以认定双方当事人之间民间借贷关系成立，原告作为出借人已经履行了自己的合同义务。被告主张所取得的款项部分为委托投资款，部分为原告借给案外人F公司的借款，但其所提交的证据中并无投资授权委托书、案外人与原告订立的借款合同等直接证据，亦无有足够证明力的由间接证据形成的证据链，故其主张因证据不足，应当承担证明不能的不利后果。关于第二项争议，依照《民事证据规定》第五条第二款的规定，应当由被告承担举证责任。被告主张其已经分十次归还部分借款，但根据其所提交的证据材料，其第一次和第二次转款均发生在借条签字日之前，且十次转款均发生在被告与原告丈夫唐丙之间，并非直接还款给原告。虽然唐丙与原告系夫妻，但被告与唐丙系兄弟，且被告与唐丙均为奥地利华商，被告未能提出其他证据佐证其与唐丙的资金往来与本案的关联性。原告对被告关于已经部分归还借款的答辩意见不予认可。因此，本案借款是否已经部分归还，处于证据法上所说的真伪不明状态。在此情况下，负有证明责任一方应当承担举证不能的不利后果。

关于追加当事人的问题。当事人追加，是指在诉讼过程中，受诉法院发现必须共同进行诉讼的当事人没有参加诉讼时，通知该当事人参加诉讼的制度。这种追加，可以是法院依职权追加；也可以是当事人申请，法院经审查后予以追加。本案中，被告主张追加原告的丈夫唐丙为当事人参加诉讼，人民法院就应当进行审查，确认是否需要追加唐丙为本案当事人。本案借贷关系发生在原告与被告之间，原告出借的款项究竟来源于夫妻共同财产还是个人财产，难以查明；因夫妻之间相互构成夫妻表见代理关系，即使出借的款项为夫妻共同财产，原告向被告主张财产权利，不仅不会损害唐丙的合法权益，而且是对夫妻共同财产的维护；本案事实清楚，证据充分，唐丙不参与本案诉讼，并未造成本案事实难以查明或纠纷不易解决；被告所述与唐丙之间发生的资金往来，其标的额与本案涉诉标的额不同，在发生时间上亦与本案有矛盾之处，且该资金往来并未涉及本案原告，诚如二审法院之认定，被告与唐丙之间的争议与本案系不同的法律关系，可另案处理。由此可知，被告申请追加当事人，理由不充分，人民法院予以驳回是正确的。

关于新旧法衔接的问题。由于《中华人民共和国民法典》（以下简称《民法典》）自2021年1月1日起施行，《中华人民共和国民法通则》（以下简称《民法通则》）与《中华人民共和国合同法》（以下简称《合同法》）同时废止，其他相关法律和司法解释也多有修改，故本案适用的实体法律规范存在新旧法衔接问题。具体内容如下：

1.《民法通则》第九十条在内容上无直接承袭法律规范，其立法精神被《民法典》第六百六十七条至第六百八十条以及《最高人民法院关于审理民间借贷案件适用法律若干问题的规定》所吸收。

《民法典》关于借款合同的法律规范，集中在第三编“合同”第二分编“典型合同”第十二章“借款合同”之内，共14条，主要调整各类民事主体相互之间的借款合同关系。对借款合同的定义、形式及内容、贷款人和借款人双方的权利义务以及当事人违反合同的责任等内容作出规定。《民法典》这一部分的新规，对自然人之间的借款合同的成立和生效做了厘清，进一步明确了什么是合法的借贷关系，对人民法院在新时期审理民间借贷纠纷更具与时俱进的指导意义。

2.《民法通则》第一百四十二条在内容上无直接承袭法律规范，其调整事项适用《中华人民共和国涉外民事关系法律适用法》（以下简称《法律适用法》）的规定。

3.《民法通则》第一百四十五条被《法律适用法》第四十一条

吸收。

此外，由于《中华人民共和国民事诉讼法》（以下简称《民事诉讼法》）于2021年12月24日进行了第四次修正，《民事证据规定》于2019年10月14日进行了第二次修订，故本案适用的程序法律规范也存在新旧法衔接问题。具体内容如下：

1.《民事诉讼法》（2007年修正）第一百五十三条第一款第一项，现为第一百七十七条第一款第一项。

2.《民事诉讼法》（2007年修正）第二百三十五条，现为第二百六十六条。

3.《民事诉讼法》（2007年修正）第二百四十一条，现为第二百七十二条。

4.《民事证据规定》第二条被删除，其内容已经被《最高人民法院关于适用〈中华人民共和国民事诉讼法〉的解释》（以下简称《民事诉讼法解释》）第九十条吸收。

5.《民事证据规定》第五条被删除，其关于合同纠纷证明责任分配的规定，均可以通过适用《民事诉讼法解释》第九十一条关于证明责任分配规则的规定解决，无须重复规定。

编写人：江西理工大学法学院讲师、法学院本科教学指导委员会委员　马龙

053 经济活动中如何甄别职务行为与个人行为

——张某军诉石油公司甲分公司、石油公司乙分公司借款合同案

【案件基本信息】

1. 裁判书字号

山东省聊城市中级人民法院（2011）聊民一终字第254号民事判决书

2. 案由：借款合同纠纷

3. 当事人

原告（被上诉人）：张某军

被告（上诉人）：石油公司甲分公司

被告：石油公司乙分公司

【基本案情】

2000年12月间，石油集团第九加油站负责人李某桥为了加油站的经营需要，向原告借款，经双方协商，2000年12月18日，以原告的名义在原告所在的信用合作社贷款66000元，利率5.58‰，约定还款日为2001年1月18日。贷款当日由李某桥给原告出具借条，“欠张某军现金陆万陆仟元整。九加：某桥，12.18号”。上述借款及李某桥自筹的款项共计326000元，于2000年12月19日，交至石油集团在信用社的201310778××账户，李某桥亲自填写了“城市信用社现金交款单”，该交款单除显示日期、金额、收款人及账号外，在款项来源栏注明“油款”，交款部门为“九

加”。上述贷款到期后，由于李某桥没有及时还款，原告为减少损失，于2001年2月9日至2001年9月28日分三次还本66000元，付息4057.02元，合计为70057.02元。

2001年3月间，李某桥因涉嫌贪污被人民检察院批捕。2001年8月13日，该院以李某桥犯滥用职权造成损失罪向法院提起公诉。法院审理查明：从2000年10月7日至2000年12月28日，被告人李某桥任石油集团第九加油站负责人期间，为获取领导赏识等个人目的，滥用职权，蒙骗公司领导，对国有资产极度不负责任，将大量国有资产按低于石油公司价格出售给个体加油站，造成100余万元的经济损失。据此判决李某桥犯滥用职权造成损失罪，判处其有期徒刑三年。2003年12月17日，在公证处，李某桥在打印好的声明中签字并按手印。该声明主要内容为“1986年1月1日至2003年12月31日在石油集团和石油集团第九加油站工作期间，除吴某胜290000元、张某迪60000元两笔借款是以石油集团和石油集团第九加油站的名义外，其他任何与我有关的债权、债务都与石油集团和石油集团第九加油站无关，属于我个人行为，其债权、债务均由我本人承担”。

原石油集团是具有独立法人地位的企业法人，现已不存在。2000年间，国家在对石化系统改制后，分别成立了相应股份有限公司，在基层也分别成立相应的分公司。被告石油公司甲分公司与被告石油公司乙分公司均属石油公司依法设立的分支机构，均不具有法人资格。

诉讼中张某军向法院提供李某桥任职证明、当年的借据、李某桥本人的供述等证据证明该债权债务存在合法性并系其职务行为，希望法院支持其要求石油公司甲分公司和石油公司乙分公司偿还债务的诉求。石油公司甲分公司和石油公司乙分公司则举证李某桥任职期间滥用职权，该债务属于其个人行为，所借多为个人生活支出、挥霍，并出具李某桥述称的公证书一份，证明该份债务产生属于李某桥的个人行为，要求法院驳回张某军的诉讼请求。

【案件焦点】

1. 公司部门负责人在履行其职务过程中犯罪被判刑，其在经营期间以公司名义的借款，是否因其犯罪行为而失效；2. 相应民事责任应由其所在公司承担还是其个人承担。

【法院裁判要旨】

山东省聊城市东阿县人民法院经审理认为：被告李某桥在担任被告第九加油站负责人期间向原告借款，并由原告以自己名义贷款后，由李某桥会同其自筹的其他款项一并交至公司账户，事实清楚、证据确凿，债权债务关系明确，原告的证据能形成一个完整的证据链条，对该事实本院予以认可。原告持上述证据向被告主张债权，依法应予支持。李某桥作为被告第九加油站的负责人，其因职务行为对外的借款应该由被告承担相应责任。被告提供的公证书虽然李某桥签字确认，并对外具有相应公示的作用，但该公示效力只能作用于该公证书出具以后的时间里，对于公示前李某桥的职务行为不会以自己声明而无效，该声明属于李某桥及公司内部行为，也无法对抗第三人。被告以此证明原告该笔借款非李某桥职务行为的证据不足。本院很难支持。由于原告以自己名义的贷款已于 2001 年 9 月 28 日还清，因此，对此日期前的贷款利息，均系借款未按时归还的实际损失，故原告要求被告承担这些利息，本院可以支持。对于此后的利息，尽管原告的借款一直没有归还，但由于没有利息的约定，本院不予确认。被告石油公司甲分公司没有否认自己的主体资格，在本院要求的举证期间内，也没有出具证据证实石油集团与石油公司甲分公司二者之间的法律关系，本院有理由相信二者之间具有权利义务的承接关系。因此，上述借款由被告石油公司甲分公司承担并无不当。但由于二被告均属石油公司的分支机构，从工商登记营业执照看二者不存在法律上的隶属关系，故将石油公司乙分公司再列为被告，并要求其承担责任没有法律依据，被告的该项辩称本院可以支持。

山东省聊城市东阿县人民法院依据《中华人民共和国民法通则》第八十四条、第一百零六条、第一百零八条，《最高人民法院关于贯彻执行〈中华人民共和国民法通则〉若干问题的意见（试行）》第五十八之规定，作出判决：

一、被告石油公司甲分公司于本判决书生效之日起10日内归还原告借款66000元，并承担利息4057.02元；

二、驳回原告要求被告石油公司乙分公司承担还款义务的诉讼请求。

石油公司甲分公司持原审答辩意见提起上诉。山东省聊城市中级人民法院经审理认为：原审判决认定事实清楚，适用法律正确，应予维持。

山东省聊城市中级人民法院根据《中华人民共和国民事诉讼法》第一百五十二条、第一百五十三条第一款第一项、第一百五十八条之规定，判决如下：

驳回上诉，维持原判。

【法官后语】

本案的争议焦点主要是李某桥在担任被告第九加油站负责人期间向原告借款的行为是否为职务行为？借款责任该由哪一方承担？实际生活中这种案件时有发生，审理该案的法理运用对于今后处理该类案件是一个有益的借鉴。

该案的审理难点在于如何区分李某桥的行为是职务行为还是个人行为。职务行为，通常指工作人员履职工作职责的活动，与工作人员的个人行为相对应。司法实践中，职务行为的认定，需从以下几方面进行考察：第一，该行为是否具有单位的明确授权，是否是具有雇佣关系的工作人员所为；第二，该行为是否发生在工作时间、工作场所，单位对该行为的工作范围、工作目的是否具有明确的指示或授权；第三，该行为是否是以单位的名义实施；第四，该行为是否是该工作人员工作职责范围之内，行为的内容是否系工作需要。甄别个人行为还是职务行为，其重要切入点便是职权，即行为的目的。为了单位的利益行为，则被认定为职务行为。反之，即个人行为。

从法院查明的事实看，李某桥在担任被告第九加油站负责人期间向原告借款属于职务行为，事实清楚。理由有三：其一，李某桥是被告石油公司甲分公司任命的第九加油站站长，其借款是用于第九加油站的业务需要；其二，李某桥已将上述借款（含其在其他地方筹措的资金）交至被告石油公司甲分公司在信用合作社的账户；其三，即使不当履行职务行为构成职务犯罪，其给第三者造成的民事损失也应由其所在单位承担。被告提供的公证书虽然有李某桥的签字确认，并对外具有相应公示的作用，但该公示效力只能作用于该公证书出具以后的时间里，公示前李某桥的职务行为不会因自己声明而无效，且该声明属于李某桥及公司内部行为，也无法对抗第三人。被告以此证明原告该笔借款非李某桥职务行为的证据不足。法院很难支持。因此，上述借款由被告石油公司甲分公司承担并无不当。但由于二被告均属石油公司的分支机构，从工商登记营业执照看二者不存在法律上的隶属关系，故将石油公司乙分公司再列为被告，并要求其承担责任没有法律依据，被告的该项辩称法院可以支持。基于查明的事实，一审法院作出上述判决。被告上诉后，二审查明的事实与一审一致，作出维持原判的裁定也在情理之中。

编写人：山东省聊城市东阿县人民法院　周传指

054　真意保留的认定及处理

——建筑公司诉潘某借款合同案

【案件基本信息】

1. 裁判书字号

重庆市第五中级人民法院（2011）渝五中法民再终字第94号民事判决书

2. 案由：借款合同纠纷

3. 当事人

原告（被上诉人、被申诉人）：建筑公司

被告（上诉人、申诉人）：潘某

【基本案情】

2005年12月9日，某镇人民政府与建筑公司签订了工程承包合同书，约定建筑公司承包工程内容为某公路，全长4.1867km。之后，建筑公司项目经理朱某华又以某公路指挥部的名义与刘某签订了单项工程承包及施工责任制合同，将某公路的片石基层和碎石满铺工程发包给刘某进行施工，并且双方约定了单项项目劳务的核算价格。尔后，刘某便要求潘某为其组织民工为该工程施工。为此，潘某组织了30余名工人对该工程进行了施工。该工程于2006年3月正式启动，于同年9月底竣工。在施工过程中，工人每天出勤情况由刘某委托其妹夫万某先负责记录，潘某与工人同工同酬。此后，因刘某另承包了另一公路工程，刘某离开了该工地，万某先仍负责记录工人的出勤情况，由潘某继续组织工人施工。2006年5月18日，潘某向建筑公司出具借条借款5000元；2006年5月31日，潘某向建筑公司出具借条借款3000元；2006年6月10日，潘某向建筑公司出具借条借款5000元；2006年7月14日，潘某向建筑公司出具借条借款10000元；2006年8月8日，潘某向建筑公司出具借条借款1000元；2006年11月3日，潘某向建筑公司出具借条借款1000元；共计借款25000元。对借款的事实和金额，双方当事人均无异议。潘某借、领款的名义为"某公路现金""某公路工程款""某公路工资"。潘某在刘某承包工程的施工中负责组织管理工人施工，并经手发放工人工资、支出生活费用。高某元等工人因未得到劳务工资，以万某先记录的考勤为依据，向法院起诉要求建筑公司、刘某支付劳务工资，法院判决支持了高某元等人的诉讼请求。

【案件焦点】

潘某的借款行为究系民间借贷，还是工程款预付。

【法院裁判要旨】

重庆市永川区人民法院经审理认为：合法的借贷关系应受法律保护。潘某先后向建筑公司借款 25000 元，并出具了借条，双方之间形成了债权、债务关系，潘某久拖不还酿成本案纠纷，应承担全部责任。建筑公司与潘某之间没有形成合同关系，建筑公司未委托潘某向工人支付工资，且潘某亦无义务代建筑公司向工人发放工资。潘某辩称，其向建筑公司的借款已支付了工人工资，潘某可凭证据向他人主张权利，其据此作为不归还借款的抗辩理由不能成立。潘某向建筑公司借款未约定还款期限，权利人可随时主张权利，起诉已过诉讼时效的理由不能成立。

重庆市永川区人民法院依照《中华人民共和国民法通则》第一百零八条之规定判决：

由被告潘某于判决生效后 5 日内偿还原告建筑公司借款 25000 元。

潘某持原审答辩意见提起上诉。重庆市第五中级人民法院经审理认为：建筑公司就工程款与刘某进行了结算，该 25000 元借款并未结算在内，仍然作为潘某的借款。故潘某理应承担向建筑公司归还借款的民事责任。至于潘某主张其借款系受刘某委托的事实，属潘某与刘某之间另一法律关系，不宜在本案中一并审理。

重庆市第五中级人民法院依照《中华人民共和国民事诉讼法》第一百五十三条第一款第一项之规定，判决：

驳回上诉，维持原判。

重庆市人民检察院抗诉认为：潘某向建筑公司以借支方式领取的六笔款项（25000 元）系代建筑公司发放给工人的工资款。该款已由潘某发放给工人，其不再有将此款返还给建筑公司的义务。至于建筑公司是否将此款纳入与刘某的结算范围，系建筑公司与刘某之间的结算问题，均不得作为其要求潘某返还工人工资款的理由。

重庆市第五中级人民法院再审认为：本案借款关系是否成立应根据借款及其使用依法认定。从本案借、领款的名义可知，潘某所借、领款项实为刘某承包工程的预付工程款。再审中，潘某提交的新证据，即永川区检察院调查的证人证言补强了一审法院调查的证人证言，证明潘某经手发放工人工资、支出生活费用。而工人已领取的工资和支出的生活费用在生效判决中已从应付工资中扣除，故潘某的借、领款理应纳入建筑公司与刘某的工程结算。生效判决系从债务主体的角度认定刘某已支付工人部分工资，与潘某经手发放工人工资的事实并不矛盾。施工期间及之后较长时间内，建筑公司和刘某对潘某借、领工程款的事实并无异议。建筑公司现以该笔借款未纳入工程款结算为由诉请潘某归还借款，与查明的事实不符，且会影响生效判决确定的工资支付关系之安定。至于刘某与潘某之间究系何种关系，不影响建筑公司以该笔借款抵扣工程款。综上，本案借款实为预付工程款且已实际用于工程开支，建筑公司通过工程结算抵扣该笔借、领款更符合本案实际情况，不应将之作为借款向潘某主张权利，其返还借款的诉讼请求应予驳回。

重庆市第五中级人民法院依照《中华人民共和国民法通则》第一百零八条、《中华人民共和国民事诉讼法》第一百八十六条第一款、第一百五十三条第一款第二项、第三项之规定，判决如下：

一、撤销重庆市永川区人民法院民事判决；

二、驳回被申诉人建筑公司的诉讼请求。

【法官后语】

本案涉及民法上真意保留的认定及处理。

1. 本案借款的民法界定

本案借款属民法上的真意保留。所谓真意保留，指表意人故意隐匿其真意，而表示与其真意不同之意思的意思表示。真意保留应具备以下要件：须有意思表示；须表示与真意不符；须表意人明知其表示与真意不符。① 本案中，潘某出具借、领条，所表示的意思是借款。但从借、领条的内容可知，借、领款项是与建筑公司承建的某公路有关的工程款、工资或现金。潘某作为建筑公司分包工程施工方的代表，其借、领款的真意在于预支工程款，用于工程开支，而非借贷。而且，潘某与建筑公司之间并无其他关系，建筑公司作为企业，不可能无故借款给潘某个人。二者对借、领款的真意均应为明知。因此，潘某出具借、领条的行为，表示意思与内心真意不符，属民法上的真意保留。

2. 本案借款的效力认定

民法上的真意保留因表示与意思不符，其效力认定存在三种主张。一是意思主义，即以行为人的内心真意为准，侧重于对表意人的保护。二是表示主义，即以行为人所表示的意思为准，侧重于对相对人的保护。三是折中主义，即按内心真意还是表示意思认定效力，可视具体情况而定，以调和私法自治与交易安全，避免过分强调对某一方之保护。② 我国理论与实务均采折中主义，通说以表示意思为原则，内心真意为例外。其例外情形为相对人明知表示意思与

---

① 梁慧星：《民法总论》，法律出版社 1996 年版，第 166 页。

② 史尚宽：《民法总论》，中国政法大学出版社 2000 年版，第 377~378 页。

内心真意不一致。从查明的事实可知，潘某系分包工程承包方代表，建筑公司系分包工程发包人。工程承包人以借款形式预支工程款亦为建筑行业之交易惯例。建筑公司对潘某以某公路工程款等名义借款并无异议，其对本案借款表示意思与内心真意的不一致应为明知。因此，本案借款应按内心真意认定效力，即应为预付工程款。

3. 本案处理与相关法律关系的安定

本案借款的处理涉及建筑公司与刘某之间的工程分包合同关系、刘某与参与施工的工人之间的工资支付关系。在生效判决已确定刘某与工人之间的工资关系后，刘某否认潘某借款之代表行为，并与建筑公司将该款合意排除于分包工程结算范围，是本案借款纠纷之发生原因。综合本案证据，潘某经手发放工人工资、支出生活费用属实。而根据生效判决，工人已领取的工资和支出的生活费用已从应付工资中扣除，故潘某的借、领款理应纳入建筑公司与刘某的工程结算范围。生效判决系从债务主体的角度认定刘某已支付工人部分工资，与潘某经手发放工人工资的事实并不矛盾。施工期间及之后较长时间内，建筑公司和刘某就潘某借、领工程款的事实并未进行追讨或提出异议。建筑公司现以该笔借款未纳入工程款结算为由诉请潘某归还借款，如获主张，则潘某将向工人追索其经手发放的工资和支出的生活费用，从而引发讼累，影响生效判决确定的工资支付关系之安定。

综上，本案借款为民法上的真意保留，且已实际用于工程开支，并为相对人所明知，应根据真意保留之法理认定其效力，即应为预付工程款。原一、二审判决按表示意思认定效力，不仅有违表意人所保留、相对人所明知的内心真意，而且影响已为生效判决所确定工资支付关系的安定。

编写人：重庆市第五中级人民法院　熊学庆

055 存款凭证可否作为借款关系之依据

——王某香诉何某民间借贷案

【案件基本信息】

1. 裁判书字号

北京市第二中级人民法院（2011）二中民终字第9182号民事判决书

2. 案由：民间借贷纠纷

3. 当事人

原告（被上诉人）：王某香

被告（上诉人）：何某

【基本案情】

2010年2月25日，原告通过银行向被告汇款人民币29200元。诉讼中，原告称该笔款项系被告向其所借的29000元及其给被告之女的过节费200元，现其要求被告偿还全部款项；被告认可收到该款项，但其称该款项并非借款，而系原告偿还其母亲李某荣的欠款。被告为证明其主张，特申请其母亲李某荣及邻居杨某英出庭作证。原告对李某荣所述该款项系原告归还的欠款一事不予认可，对杨某英所述李某荣与原告关系很好，经常往来一事则表示认可。

【案件焦点】

在被告认可收到原告提交的汇款凭证上所载钱款后，进一步证明该款项产生原因的举证责任究竟是在原告方，还是在被告方。

【法院裁判要旨】

北京市通州区人民法院经审理认为：债务应当清偿。本案中，被告认可收到该款项，却主张该款项系原告偿还李某荣的欠款，因其提供的证人证言不足以充分证明原告汇款系偿还李某荣欠款之情况，故本院对被告该主张难以采信，因此该29000元应认定为被告向原告的借款。现被告一直拖欠该款项不付，实属不妥，故对原告要求被告偿还借款的诉讼请求，本院予以支持；但鉴于原告表示其中200元系其给被告之女的过节费，故该200元应视为赠与，在该200元交付后，原告要求返还并无法律依据，本院不予支持。

北京市通州区人民法院依照《中华人民共和国合同法》第二百零六条，判决如下：

一、被告何某于本判决生效之日起7日内给付原告王某香欠款人民币29000元；

二、驳回原告王某香的其他诉讼请求。

何某持原审答辩意见提起上诉。北京市第二中级人民法院经审理认为：通过王某香提供的存款业务凭单可以认定王某香向何某汇款人民币29200元，表明二人之间存在债权债务关系。现何某认为该款项系王某香向李某荣偿还的欠款，但对此未能举证予以证明，所以何某应向王某香偿还该笔款项。对于29200元中的200元，因王某香称系其给何某家孩子的过节费，所以该200元何某无须返还。基于此，何某的上诉理由不成立，原审判决并无不妥，应予维持。

北京市第二中级人民法院依照《中华人民共和国民事诉讼法》第一百五十三条第一款第一项之规定，判决：

驳回上诉，维持原判。

【法官后语】

本案的焦点在于，在被告认可收到原告提交的汇款凭证上所载钱款后，进一步证明该款项产生原因的举证责任究竟是在原告方，还是在被告方。对此，有两种不同的观点。第一种观点认为，根据“谁主张，谁举证”的证据规则，原告未完成其举证责任，存款凭证仅能证明双方之间的资金往来关系，不能证明系因借贷而产生债务。第二种观点认为，本案中原告虽仅提供了能够证明双方之间资金往来关系的存款凭条，但根据证据优势原则，结合日常生活逻辑，参考以往法院的生效判决，可以认定双方之间的债权债务关系。

笔者同意第二种观点。原因在于：第一，从法律规定来看，《最高人民法院关于适用〈中华人民共和国民事诉讼法〉的解释》第一百零八条第一款规定，对负有举证证明责任的当事人提供的证据，人民法院经审查并结合相关事实，确信待证事实的存在具有高度可能性的，应当认定该事实存在。根据上述法律规定，本案中被告反驳原告提交的存款凭证为借款依据的证据仅为被告之母的证言及被告之母邻居的证言，故根据证据优势规则，对原告提交的存款凭证及其证明力予以采信较为适宜。第二，从日常生活逻辑来看，民事法律行为作为社会行为的一种，必然存在诸多社会属性，因此是否符合日常生活逻辑也是法院对证据之效力进行认定的参考标准。随着经济的发展及网络等通信手段的发达，通过银行汇款等方式进行借贷的行为日渐增多，此种情形下一般都无借条等足以认定借贷关系的证据存在，如当事人在能够提供汇款凭证等具有较强证明力证据的情形下，仅因其未提供借条就对双方的借贷关系不予认定，不仅与事实真相相违背，而且无疑会对人们现已习惯的通过在银行汇款进行借款往来的行为造成冲击。第三，从以往的生效判决来看，在原告提供存款凭证证明双方之间资金往来的情形下，如被告无法提供相关证据证明该笔款项产生的原因，那么法院一般都会做出对被告不利的判决。从维护法律的权威性、稳定性角度出发，本案中法院判令被告给付原告相应款项是合适的。

《中华人民共和国民法典》出台后，《中华人民共和国合同法》的相关条文已经被取代。具体而言，《中华人民共和国民法典》第六百六十八条第一款规定，借款合同应当采用书面形式，但是自然人之间借款另有约定的除外。一般而言，借贷关系需要有书面的借款合同等书面证据予以佐证，但是这并不能否认口头借款形式的存在。第六百七十五条规定，借款人应当按照约定的期限返还借款。对借款期限没有约定或者约定不明确，依据本法第五百一十条的规定仍不能确定的，借款人可以随时返还；贷款人可以催告借款人在合理期限内返还。本案中双方并未约定还款期限，因此原告可以随时主张返还该笔借款。

编写人：北京市通州区人民法院　雷小云

056　夫妻间的借款应如何偿还及举证责任的分配

——杨某诉徐某民间借贷案

【案件基本信息】

1. 裁判书字号

北京市第二中级人民法院（2011）二中民终字第 19992 号民事判决书

2. 案由：民间借贷纠纷

3. 当事人

原告（上诉人）：杨某

被告（上诉人）：徐某

【基本案情】

杨某与徐某原系夫妻关系，二人于 2000 年 4 月 26 日登记结婚，婚后无子女。

婚姻关系存续期间，徐某于 2000 年 12 月 28 日、2001 年 7 月 18 日、2001 年 9 月 12 日、2001 年 10 月 5 日、2001 年 12 月 17 日、2002 年 5 月 17 日分别向杨某出具借到现金的借条，数额累计为 112000 元。

2009 年 3 月 27 日，杨某与徐某协议离婚，并签订离婚协议书，该协议对夫妻共同财产的处理、电气公司的债权债务等问题进行了约定。双方在该协议中确认“夫妻共同财产在协议中已明确列明。除上述内容外，并无其他财产”。该协议“夫妻共同财产”部分未列明本案借条及项下款项。

杨某称，其于 1997 年 7 月大学毕业后即参加工作，并在各类媒体发表作品，担任时装周的评委，上述借款的来源均为其婚前个人财产，徐某结婚初期并无正当职业和收入，现要求徐某偿还借款 112000 元。徐某则称，其在借款发生时有工作收入，所借款项属于夫妻共同财产，且均用于投资设立夫妻共同经营的工艺美术品销售中心，该公司的法定代表人和股东均为杨某，故不同意还款。杨某否认上述借款用于成立工艺美术品销售中心，但其亦表示不清楚借款的用途。

【案件焦点】

1. 借款发生时，杨某与徐某系夫妻关系，此种夫妻间的借款，能否予以支持；2. 如果予以支持，偿还的数额为多少；3. 双方提交的证据均无法证明案件事实的情况下，举证责任如何分配。

【法院裁判要旨】

北京市丰台区人民法院经审理认为：合法的借贷关系受法律保护。现杨某持借条起诉要求徐某偿还借款，徐某并未提出相反的证据，故应认定杨某以其婚前个人财产提供借款给徐某，双方的借贷关系成立。但因借款发生在婚姻关系存续期间，杨某未能提供证据证明借款用于徐某一方的个人经营活动或其他个人事务，故在双方并未对夫妻财产进行约定的情况下，应视为借款用于夫妻共同生活，徐某应偿还借款的一半，而另一半则为杨某自我受益。

北京市丰台区人民法院依照《中华人民共和国民法通则》第九十条，《中华人民共和国婚姻法》第十七条、第十八条、第十九条的规定，作出如下判决：

一、被告徐某于本判决生效之日起 7 日内偿还原告杨某借款 56000 元；

二、驳回原告杨某的其他诉讼请求。

杨某、徐某均持原审意见提起上诉。北京市第二中级人民法院经审理认为：杨某与徐某未在离婚协议书中将本案借条项下款项列为夫妻共同财产，且徐某就涉案款项向杨某出具了借条，所以该款项应属杨某的个人财产。鉴于杨某与徐某之间的借款发生在婚姻关系存续期间，确认还款责任应当考虑徐某所借款项是否用于夫妻共同生活，对此，徐某作为借款的使用人应当承担相应举证责任。徐某在一审中答辩称，所借款项均用于投资设立杨某为法定代表人的工艺美术品销售中心，但徐某未就其陈述提交相应证据，本院不予采信。由于徐某未能举证证明所借款项实际用于夫妻共同生活，所以徐某应当向杨某偿还借条项下的款项共计 112000 元。一审判决举证责任分配有误，应予纠正。

北京市第二中级人民法院依照《中华人民共和国民事诉讼法》第一百五十三条第一款第二项之规定，作出如下判决：

一、撤销北京市丰台区人民法院民事判决；

二、徐某于本判决生效之日起七日内偿还杨某借款人民币 112000 元。

【法官后语】

婚后夫妻一方所得的财产，除法律另有规定或当事人另有约定的外，均属于夫妻共同共有。因此，与一般的民间借贷相比，夫妻间的借款具有以下特殊性：在来源上，所借款项可能是夫妻一方的个人财产，也可能是夫妻共同财产；在用途上，所借款项可能用于一方的个人事务，也可能用于夫妻共同生活。如果所借款项是个人财产，作为所有权人的夫妻一方拥有完全的处分权，另一方若要动用该财产，必须经过一方的同意，在此过程中可能形成的借条等书面形式，即为所有权人处分权能的体现；如果所借款项来源于夫妻共同财产，因为双方对共同财产均有平等的处分权，故借款行为可视为双方对共同财产处分的一种形式。如果所借款项用于一方个人事务，由于金钱的种类物属性，该笔款项即成为一方的个人所有财产；如果所借款项用于夫妻共同生活，出借款项的一方实际上也享受到了此笔款项所带来的收益，故在确定是否需要偿还借款及偿还的数额时，此点应当予以考虑。

从理论上说，夫妻间的借款可简单地分为四种情况：(1) 一方以个人财产出借给另一方，财产用于夫妻共同生活；(2) 一方以个人财产出借给另一方，财产用于个人事务；(3) 以夫妻共同财产出借给一方，但财产最终仍被用于夫妻共同生活；(4) 以夫妻共同财产出借给一方，财产被一方用于个人事务。在上述四种情况中，如果双方对如何偿还借款没有进行约定，基于前文所述的理由，一般应分别作出如下处理：(1) 偿还借款数额的一半；(2) 偿还全部借款；(3) 不予偿还；(4) 偿还借款数额的一半。本案即属于第 (2) 种情况，而《最高人民法院关于适用〈中华人民共和国民法典〉婚姻家庭编的解释（一）》第八十二条的规定则属于第 (4) 种情况。当然，上述四种情况只是理论假设，实践远比此复杂，应根据个案情况作出处理。

另外，因为夫妻关系的特殊性，夫妻间的借款纠纷经常会出现事实无法查清的情况，此时，就需要把握好举证责任分配的方向和尺度。首先，在款项的来源上，如果没有约定财产为个人所有，则应当推定来源于夫妻共同财产，由出借方承担借款来源于个人财产的举证责任。如果约定财产为个人所有，则应推定来源于夫或妻的一方个人财产，由借款方承担借款来源于夫妻共同财产的举证责任。当然，在很多情况下，由于夫妻间钱款流动的内部性，出借方或借款方所提交的证据并不能达到完全查明事实的程度，此时就需要法官结合借款的时间、结婚的时间、款项的数额、双方的收入水平等因素进行综合考虑，达到内心确信的程度后，即可将举证责任转由对方承担。其次，在款项的用途上，考虑到款项由借款方控制，其应当比出借方更清楚款项的去向，而且双方以借款协议的形式对财产进行处分，故应由借款方承担借款用于夫妻共同生活的举证责任，否则视为用于个人事务，当然，此中亦应把握好举证责任的分配尺度。本案中，一审法院正确地处理了款项来源的举证责任分配，但在款项用途的举证责任分配上出现了错误，二审法院对此予以纠正是正确的。

编写人：北京市丰台区人民法院　迟公化　唐春泉

057　被告收取原告贷款账户管理费的计算方式应如何确定

——李某政诉某银行金融借款合同案

【案件基本信息】

1. 裁判书字号

上海市第一中级人民法院（2010）沪一中民六（商）终字第 79 号民事判决书

2. 案由：金融借款合同纠纷

3. 当事人

原告（上诉人）：李某政

被告（被上诉人）：某银行

【基本案情】

原告李某政在 2008 年 7 月 22 日签署《贷款申请表》，向被告某银行提出个人无担保贷款申请。该《贷款申请表》载明：原告向被告申请贷款 33000 元，实际贷款金额以被告审核贷款金额为准，申请的贷款仅限于个人消费用途，贷款年利率以 8.8%为基准利率，银行有权依据借款人资质状况以及其他因素在基准利率的基础上上下浮动15%，具体利率以银行发放的放款通知书为准，借款人应每月按贷款本金的0.49%向银行支付账户管理费，贷款期限24个月，还款方式为按月等额本息还款等。同时，原告在《某银行幸福时贷个人无担保贷款申请表》第5.1条“年利率以8.8%”和第5.2条“按贷款本金的0.49%向银行支付账户管理费”处重点划线且签名署期予以确认。2008年7月29日，被告向原告寄送了《放款通知书》，明确原告实际贷款金额为27500元，年利率为7.7%，每月分期还款金额（含账户管理费）为1374.91元，每月还款日为每月29日，贷款生效日为2008年7月29日，首次分期还款日为2008年8月29日，贷款到期日为2010年7月29日。此后，原告每月均按被告通知的还款金额归还相应款项。2009年6月25日，原告欲提前还贷时，对于账户管理费的计算方式提出异议。原告认为，账户管理费的基数应当是每期贷款剩余本金，而不是全部贷款本金，被告关于账户管理费的计算方式有失公平，侵害了原告的合法权益。因双方交涉无果，故诉至法院。

【争议焦点】

1. 被告能否收取贷款账户管理费；2. 贷款账户管理费如何计算。

【法院裁判要旨】

上海市浦东新区人民法院认为：原告通过签署《贷款申请表》向被告提出贷款申请，被告经审核后向原告寄送《放款通知书》，原、被告之间通过要约、承诺方式订立了借款合同，该借款合同是原、被告双方当事人的真实意思表示，故合法有效，原、被告均应当恪守。原告诉请被告退还部分账户管理费、利息并调整账户管理费计算方法之主张缺乏事实和法律依据，本院难以支持。对于原告提出的要求被告赔礼道歉的诉讼请求，因赔礼道歉是特定侵权行为承担民事责任的方式，而被告收取贷款账户管理费具有合同依据，且于法无悖，并不存在侵犯原告合法民事权利的行为，故对原告的该项诉请，本院亦不予支持。

上海市浦东新区人民法院依照《中华人民共和国民法典》第五百零九条（原《中华人民共和国合同法》第六十条）之规定，作出如下判决：

驳回原告李某政的诉讼请求。

李某政持原审起诉意见提起上诉。上海市第一中级人民法院认为一审判决认定事实清楚，适用法律正确。判决：驳回上诉，维持原判。

【法官后语】

本案中，诉讼双方的矛盾源自对系争贷款条款第5.2条的不同理解。该条约定："借款人应每月按贷款本金的0.49%向银行支付账户管理费。"李某政认为其中的"贷款本金"一词是指每月贷款本金余额，而非某银行主张的贷款总额，理由是："贷款本金"一词在贷款条款中出现多次，且存在两种解释。一种解释是固定的贷款总额；另一种解释是不断变化的应归还本金额。因此第5.2条中"贷款本金"一词的意思是不明确的，某银行对此也未明确说明，由于贷款条款系某银行单方制定的格式条款，应做出不利于某银行的解释。

根据《商业银行服务价格管理办法》第六条，根据服务的性质、特点和市场竞争状况，商业银行服务价格分别实行政府指导价和市场调节价，而账户管理费并不在实行政府指导价的项目之列，由此应实行市场调节价。由商业银行自主决定是否收取以及收取多少数额。与住房贷款有所不同，时尚购物、旅游、求学等方面的超前消费观在当年还未达到社会普遍认可的程度，许多人还奉行“量入为出”“先攒钱，后花钱”的消费观，以本案所涉个人消费信贷为例，其受众主要是个人资质较高的白领阶层，因此不属于关系广大群众切身利益的公用事业、公益性服务。另外，凡是根据《中华人民共和国商业银行法》依法设立并取得经营资质的商业银行，均可以发放个人消费信用贷款，因此也不符合自然垄断经营的特征。目前，普惠金融的发展，各类商业银行、消费金融公司、小额贷款公司等均提供信用贷款服务，个人可以通过各种形式获得信用贷款服务，市场竞争较为激烈，亦不适用政府指导定价。所以，《中华人民共和国价格法》第二十三条的规定并不适用本案系争贷款账户管理费的情形。

商业银行收取账户管理费的前提是银行提供了有效的账户管理服务，发生了必要的账户管理成本，主要体现在：一是硬件管理。如定期维护银行主机和数据系统；定期对账户资金进行转划和结算；定期或依约定提供账户往来明细；定期向客户投寄还款提示单等。此种管理不因贷款余额减少而免除，只要借款人全部贷款尚未还清，银行的账户管理服务必须同样提供，因此银行以贷款总额而非贷款余额为基数计算账户管理费具有合理性。二是风险管理。如持续关注借款人的还款情况，当借款人还款不能时，采取必要措施避免坏账形成。由于银行债权以个人信用为保证，相对于抵押贷款而言，更易发生违约损失风险，因此对个人消费信贷产品的风险管理成本通常高于个人抵押贷款，商业银行以贷款总额为计算基数收取账户管理费，有其合理性。

在自由竞争的市场中，任何一笔有效率的交易都是交易双方追求自身利益最大化的结果，体现出双赢而非独赢的价值追求。以个人无担保贷款为例，一方面，银行作为以营利为目的的商事主体，只在有利可牟的前提下才会开展此类业务，如果不能收取账户管理费，或者收取的费用达不到预期收益，则可能缩小甚至放弃此类业务，最终使客户的需求无法得到满足；另一方面，虽然银行有权自主决定账户管理费的计算方式，但是也面临着来自其他竞争者的压力，有必要与客户保持良好关系和长期合作，因此银行也会尽量将账户管理费用控制在客户可以接受的范围内，以保持其产品的竞争力。

编写人：上海市浦东新区人民法院　顾权　沈竹莺　王朝辉

二、保证

058 缺乏明确债务人、债务到期后的承诺系担保还是债务加入

——贾某诉控股公司保证合同案

【案件基本信息】

1. 裁判书字号

北京市朝阳区人民法院（2019）京 0105 民初 34308 号民事判决书

2. 案由：保证合同纠纷

3. 当事人

原告：贾某

被告：控股公司

【基本案情】

2017 年 11 月 23 日，基金管理公司发起某基金，某基金资产用于受让便利店公司股权，业绩比较基准利率为年化 10%。贾某与基金管理公司签署《基金合同》及《基金份额转让确认函》，成为某基金的投资人。《基金合同》约定，基金成立满 12 个月，且基金无法实现退出的情况下，经管理人同意，基金投资者可向管理人转让基金份额。《基金份额转让确认函》约定，基金投资期满一年不能退出，则在投资期满一年后申请由基金管理人安排转让。

贾某通过银行转账方式向指定帐户汇款100万元，2018年11月12日，基金管理公司出具收据，确认贾某认购某基金金额100万元。2018年11月25日，控股公司向某基金投资者出具《担保函》，载明：本着对投资人负责的原则，针对某基金二期已到期并出现延期兑付的现象，发行机构在积极推进产品的回款和对本产品投资者的兑付，如果出现不能兑付的情况，我公司对本产品的本金收益兑付作出如下担保承诺：我公司就本产品的份额持有人承诺，对该产品的偿付在原有增信措施的基础上，追加不可撤销的无限连带责任担保；担保义务范围包括应支付的全部偿付价款（本产品的本金、收益、违约金及相关的各项费用）。截至2018年12月，某基金投资期届满，但基金管理公司未按约安排基金退出，亦未向贾某兑付本金及收益，控股公司亦未承担还款责任。

【案件焦点】

1. 涉案《担保函》的性质及效力认定；2. 业绩比较基准利率是否系固定收益的计算标准。

【法院裁判要旨】

北京市朝阳区人民法院经审理认为：首先，保证是指保证人和债权人约定，当债务人不履行债务时，保证人按照约定履行债务或者承担责任的行为。第三人单方以书面形式向债权人出具担保书，债权人接受且未提出异议的，保证合同成立。控股公司在《担保函》中作出“对本产品的兑付和产品回款提供资金保障，追加不可撤销的无限连带责任担保，担保义务范围包括应支付的全部偿付价款（本产品的本金、收益、违约金及相关的各项费用）”的承诺，贾某予以接受，故，贾某与控股公司之间成立保证合同法律关系。

贾某与控股公司之间的保证合同，针对的主债权债务系贾某与基金管理公司之间的投资与基金份额转让关系。贾某按照《基金合同》约定履行了支付投资款义务，基金管理公司出具《收据》予以确认，基金管理公司在《基金份额转让确认函》中确认投资期满之后安排转让，主合同合法有效且债权金额明确。现投资期满，贾某要求转让，基金管理公司应向贾某支付基金份额转让价款。《基金合同》及《基金份额转让确认函》对业绩比较基准利率作出特别提示，且合同多处明确约定基金管理人不保收益，贾某按照业绩比较基准利率年化10%的标准主张投资期限内收益，不予支持，投资期限内收益标准，应参照中国人民银行同期贷款利率标准计算，贾某主张本金、收益有误之处，法院予以调整。

某基金投向便利店公司股权，控股公司持有商业管理公司70%股权，商业管理公司持有便利店联盟公司87.73%股权，便利店联盟公司持有便利店公司82.2%股权，故控股公司针对某基金出具《担保函》，属于公司为其直接或者间接控制的公司开展经营活动向债权人提供担保的情形，故控股公司出具《担保函》系其真实意思表示，属合法有效，控股公司应按其承诺承担保证责任。现基金管理公司未按约定履行基金转让价款支付义务，贾某在保证期间内要求控股公司承担其承诺的保证责任，控股公司的保证责任不应免除，控股公司应按其承诺向贾某给付投资本金、收益。

综上所述，北京市朝阳区人民法院依照《中华人民共和国合同法》第六十条、第一百零七条，《中华人民共和国担保法》第十八条、第三十一条规定，判决：

一、控股公司于本判决生效之日起七日内向贾某支付投资本金

100 万元；

二、控股公司于本判决生效之日起七日内向贾某支付期限内收益（以 100 万元为基数，自 2017 年 12 月 12 日至 2018 年 12 月 11 日，按照中国人民银行同期贷款利率标准计算）；

三、驳回贾某的其他诉讼请求。

判决后，双方当事人均未上诉，本判决现已生效。

【法官后语】

本案系投资人在私募基金投资失败、基金管理人失联、基金无法清算的情况下，转而起诉担保方进行维权的纠纷。

一、案涉《担保函》的性质认定

针对本案投资人贾某与基金管理公司之间的投资与基金份额转让关系，控股公司作为第三方所出具的《担保函》存在两处争议：第一，案涉《担保函》出具时间晚于基金管理公司基金份额转让义务履行期届满之日，即原债务履行期已届满，第三人所作承诺是否仍属于保证；第二，案涉《担保函》中的“担保”承诺缺乏明确的债务人。因此，实践中对案涉《担保函》的性质认定存在如下分歧：

一种观点认为，案涉《担保函》属于债务加入。《中华人民共和国民法典》第五百五十二条规定，第三人与债务人约定加入债务并通知债权人，或者第三人向债权人表示愿意加入债务，债权人未在合理期限内明确拒绝的，债权人可以请求第三人在其愿意承担的债务范围内和债务人承担连带债务。故，债务加入并不能使原债务人脱离债务关系，而是增加了一个新债务人，具有担保债权实现的功能。对于保证合同而言，根据《中华人民共和国民法典》第六百八十一条规定，保证合同是为保障债权的实现，保证人和债权人约定，当债务人不履行到期债务或者发生当事人约定的情形时，保证人履行债务或者承担责任的合同。因此，保证的补充性决定了保证是在债务人到期不能偿还时承担保证责任，若债务已经到期，则理论上再无订立保证合同之需要。案涉《担保函》缺乏明确的债务人，且在基金合同满一年、基金无法按期兑付的情况下出具，是对到期债务承担偿还责任的承诺，不符合保证合同的构成要件。与此同时，投资人起诉控股公司表明其接受该承诺，双方之间成立新的债权债务关系，即偿还债务的法律关系。

第二种观点认为，案涉《担保函》属于保证。《中华人民共和国民法典》第六百八十五条第二款规定，第三人单方以书面形式向债权人作出保证，债权人接收且未提出异议的，保证合同成立。案涉《担保函》明确载明对涉案基金提供无限连带责任担保，提供担保的意思表示明确具体，担保的范围内容具体明确，应认定为担保。

作为债权债务关系的增信措施，债务加入与保证合同均使第三人负担一定的还款责任。但是，债务加入人的责任相较于保证人的责任而言更为严苛。第一，债务加入仅受到诉讼时效限制，而保证担保还受保证期间的规制；第二，债务加入具有并存性，第三人加入债务后成为新债务人，是对自己的债务负责。而保证责任具有从属性，保证人是对原债务人的债务负责；第三，保证人承担保证责任后具有追偿权，而债务加入人是否可以向原债务人追偿，取决于加入债务时债务加入人与原债务人之间的具体约定。如无特别约定，债务加入人不享有对原债务人的追偿权。

具体到本案，认定《担保函》的性质仍应在尊重当事人意思自治的前提下探究当事人的真实意思表示。首先，根据保证合同的定义，控股公司以书面形式向基金投资人出具《担保函》，投资人接收且未提出异议的，保证合同成立。其次，《担保函》明确载明对涉案基金提供无限连带责任担保，提供担保的意思表示明确具体，担保的范围内容具体明确，应认定为担保。最后，文件名称为《担保函》，文义表述为“连带责任担保”“担保义务”等字样，内容表述为“出现不能兑付的情况”，结合条款的文字含义及责任承担的补充性，《担保函》应认定为保证责任。

二、案涉《担保函》的效力争议

一种观点认为，公司出具担保函属于公司对外担保，须经过股东决议。本案《担保函》未经股东会决议通过，担保无效。涉案《担保函》系向基金产品投资人作出，债务人应为基金管理人基金管理公司，基金管理公司与控股公司之间不存在直接或者间接控制关系，担保无效。

另一种观点认为，公司为其直接或间接控制的公司开展经营活动向债权人提供担保，没有公司机关决议，也应当认定担保合同符合公司的真实意思表示，合同有效。

本案中，某基金投向便利店公司股权，控股公司持有商业管理公司70%股权，商业管理公司持有便利店联盟公司87.73%股权，便利店联盟公司持有便利店公司82.2%股权，故控股公司针对某基金出具《担保函》，属于公司为其直接或者间接控制的公司开展经营活动向债权人提供担保的情形，无须股东会决议，担保合法有效。

三、本案适用情况分析

业绩比较基准利率系基金管理人过往业绩及收取管理费的参考，无论是法律规范，还是中国证券投资基金业协会关于私募基金备案的要求，均禁止保本保收益以及将业绩与收益挂钩。本案中，合同多处明确约定基金管理人不保收益并进行加粗等特别提示，贾某按照业绩比较基准利率年化10%的标准主张收益，缺乏依据。另外，虽然本案基金尚未清算，但基金管理人被注销管理人资格且处于失联状态，无法继续进行清算事宜，故投资人损失确定，担保范围亦能够确定，故法院支持投资人请求。

需要说明的是，本案审结时，《中华人民共和国民法典》尚未颁布，公司对外担保无须机关决议的依据为2019年《全国法院民商事审判工作会议纪要》第十九条①，其规定了公司对外担保无须机关决议的四种情形。《中华人民共和国民法典》颁布后，《最高人民法院关于适用〈中华人民共和国民法典〉有关担保制度的解释》（以下简称《民法典担保制度解释》）第八条第一款②作出修改，删除了“公司为其直接或者间接控制的公司开展经营活动向债权人提供担保”，因此，《中华人民共和国民法典》施行后，“公司为其直接或者间接控制的公司开展经营活动向债权人提供担保”这一例外情形便无适用空间。如本案发生在《中华人民共和国民法典》施行之后，无其他无须审查公司决议的情形，本案《担保函》将被认定为无效。

编写人：北京市朝阳区人民法院　马娇

---

① 第十九条规定：“存在下列情形的，即便债权人知道或者应当知道没有公司机关决议，也应当认定担保合同符合公司的真实意思表示，合同有效：（1）公司是以为他人提供担保为主营业务的担保公司，或者是开展保函业务的银行或者非银行金融机构；（2）公司为其直接或者间接控制的公司开展经营活动向债权人提供担保；（3）公司与主债务人之间存在相互担保等商业合作关系；（4）担保合同系由单独或者共同持有公司三分之二以上有表决权的股东签字同意。”

② 第八条第一款规定：“有下列情形之一，公司以其未依照公司法关于公司对外担保的规定作出决议为由主张不承担担保责任的，人民法院不予支持：（一）金融机构开立保函或者担保公司提供担保；（二）公司为其全资子公司开展经营活动提供担保；（三）担保合同系由单独或者共同持有公司三分之二以上对担保事项有表决权的股东签字同意。”

059 《差额补足承诺函》的性质，需要结合合同条款，上下文、文义等内容综合认定

——陈某彤诉甲公司、马某保证合同案

【案件基本信息】

1. 裁判书字号

北京市朝阳区人民法院（2020）京 0105 民初 36603 号民事判决书

2. 案由：保证合同纠纷

3. 当事人

原告：陈某彤

被告：甲公司、马某

【基本案情】

2019 年 5 月 30 日，陈某彤与投资公司签订《投资认购协议》，约定陈某彤认购投资产品，认购金额 300 万元，年化收益率 9%，期限 9 个月，到期日为 2019 年 11 月 30 日，投资公司在产品到期日后 5 个工作日内向陈某彤兑付产品全部本金及收益。陈某彤在签署《投资认购协议》时，甲公司和马某分别出具《差额补足承诺函》《保证担保函》，愿意为投资公司在产品到期无法兑付本金及收益时提供全额无条件不可撤销的连带保证义务。2019 年 11 月 30 日，投资产品到期，截至 2020 年 1 月，陈某彤根据约定提起仲裁，要求投资公司履行义务，但甲公司、马某亦未承担保证责任。

【案件焦点】

《差额补足承诺函》的性质及效力认定。

【法院裁判要旨】

北京市朝阳区人民法院经审理认为：马某出具《保证担保函》承诺对投资公司的溢价回购价款提供连带保证义务，投资产品于2019年11月30日到期，投资公司未按约定履行溢价回购义务，陈某彤在保证期间内要求马某承担保证责任，马某应按其承诺对投资产品的本金及收益承担连带责任保证。《保证担保函》未约定担保范围包括产品到期日后的利息，陈某彤要求马某支付利息，缺乏依据。甲公司出具《差额补足承诺函》承诺"一旦发生投资公司的溢价回购资金来源金额或溢价回购资金来源时间缺口，则由本公司对本资产收益权转让项目的溢价回购价款提供全额无条件不可撤销的连带差额补足义务"，从该条款的含义界定来看，该约定符合保证的定义，即保证人甲公司约定当投资公司未履行产品的溢价回购价款支付义务时，甲公司按照约定承担保证责任。关于《差额补足承诺函》的效力，甲公司系乙公司股东之一，乙公司系投资公司股东，持股99.4167%，故甲公司为投资公司的义务向投资人出具《差额补足承诺函》提供担保，属于公司为其直接或者间接控制的公司开展经营活动向债权人提供担保的情形，故甲公司出具《差额补足承诺函》合法有效。《差额补足承诺函》约定甲公司对投资公司的溢价回购价款提供差额补足义务，现投资公司未按约履行溢价回购义务，甲公司应按其承诺对投资产品的本金及收益承担连带责任保证。《差额补足承诺函》未约定担保范围包括产品到期日后的利息，陈某彤要求甲公司支付利息，缺乏依据。

综上所述，北京市朝阳区人民法院依照《中华人民共和国担保法》第十八条，《中华人民共和国民事诉讼法》第一百四十四条规定，判决：

一、甲公司、马某于本判决生效之日起十日内向陈某彤偿还本金 300 万元；

二、甲公司、马某于本判决生效之日起十日内向陈某彤支付收益 135369. 86 元；

三、驳回陈某彤的其他诉讼请求。

判决后，双方当事人均未上诉，本判决现已生效。

【法官后语】

商事交易中，为了满足债权人的需要，通常引入第三方增信措施作为担保，除去抵押、质押、保证等典型性担保，也有让与担保等非典型性担保，还有差额补足、流动性支持等作为增信手段。

一、差额补足的性质

关于差额补足承诺函的性质，《全国法院民商事审判工作会议纪要》（以下简称《九民会议纪要》）第九十一条规定，差额补足内容符合保证的，认定为保证，不符合保证规定的，根据案件事实情况确定相应的民事责任。《最高人民法院关于适用〈中华人民共和国民法典〉有关担保制度的解释》（以下简称《民法典担保制度解释》）第三十六条第一款、第二款和第三款规定，差额补足具有担保的意思表示，按照保证处理，具有加入债务意思表示的，认定为债务加入，难以确定性质的，应当认定为保证。

可见，差额补足并非单一性质，需要结合合同条款，上下文、文义等内容综合认定，差额补足是债务加入、保证或是独立的合同义务，因此，认定差额补足的责任性质，首先需要明确保证和债务加入的差别。

二、本案《差额补足承诺函》的性质认定

认定《差额补足承诺函》的性质，需要结合合同约定判定。首先，从该条款适用前提看，差额补足是补充性责任，即“在投资公司未履行……价款支付义务时”“如投资公司未能按时履行……溢价回购义务”。其次，从合同表述的后果看，“本资产收益权转让项目的本金及收益”，即承担责任范围的收益权转让的本金及收益。最后，本案中马某为涉案收益权提供保证，马某出具《保证担保函》所载文字内容与《差额补足承诺函》约定的文本内容完全一致。

对比保证与债务加入的区别，差额补足承诺具有从属性、补充性，且缺乏明确的债务加入之意，结合《保证担保函》的文字表述内容，本案差额补足的约定符合保证的定义，《差额补足承诺函》的性质为保证合同。即是说，甲公司承诺当投资公司未履行产品的溢价回购价款支付义务时，甲公司按照约定承担保证责任，在陈某彤与甲公司之间成立保证合同法律关系。

三、《差额补足承诺函》的效力认定

《中华人民共和国公司法》第十六条规定，公司对外提供担保须经公司决议。甲公司为投资公司的涉案产品提供保证属于公司对外担保的类型，故《差额补足承诺函》须经过公司股东会或者董事会决议通过，本案中，甲公司未召开股东会或者董事会等机关决议，因此需要考虑本案是否存在公司对外担保无须机关决议的例外情况。

《九民会议纪要》第十九条规定，存在下列情形的，即便债权人知道或者应当知道没有公司机关决议，也应当认定担保合同符合公司的真实意思表示，合同有效……公司为其直接或者间接控制的公司开展经营活动向债权人提供担保。本案中，甲公司系乙公司股东，乙公司持有投资公司99.4167%股份，故甲公司为投资公司的义务向投资人出具《差额补足承诺函》提供担保，属于公司为其直接或者间接控制的公司开展经营活动向债权人提供担保的情形，《差额补足承诺函》合法有效。

《民法典担保制度解释》第八条第一款规定："有下列情形之一，公司以其未依照公司法关于公司对外担保的规定作出决议为由主张不承担担保责任的，人民法院不予支持：（一）金融机构开立保函或者担保公司提供担保；（二）公司为其全资子公司开展经营活动提供担保；（三）担保合同系由单独或者共同持有公司三分之二以上对担保事项有表决权的股东签字同意。"列举了公司对外担保的例外情形，一是删除了"公司为其直接或者间接控制的公司开展经营活动向债权人提供担保"规定，原因在于公司对直接或者间接控制的公司，除自身还有其他股东持有股权，如公司为其关联公司提供担保，依然存在可能损害其他中小股东利益的情况。二是增加了公司为其全资子公司开展经营活动提供担保，因为母公司为其全资子公司提供担保，不存在损害母公司其他股东利益的情况。

四、本案的意义

《九民会议纪要》关于差额补足规定仅限于营业信托纠纷，在营业信托纠纷之外，比如委托理财法律关系、私募基金法律关系或者其他合同纠纷中，当事人出具的差额补足文件的性质如何认定，可否参照《九民会议纪要》第九十一条？《民法典担保制度解释》第三十六条的规定，一方面，延续了《九民会议纪要》关于差额补足的性质认定表述。另一方面，认定差额补足作为一种增信措施，适用范围不局限于营业信托纠纷。本案案由并非营业信托纠纷，也并非因信托引发的其他纠纷，仅为理财产品兑付引发的纠纷，但该案的审判思路恰好体现了《民法典担保制度解释》关于差额补足的性质认定的精神。

需要提示的是，我国法律禁止资管产品的刚性兑付，故在资管计划、信托产品中如差额补足条款被认定为刚性兑付的情形，则可能因违反效力性强制性规定或者违背公序良俗而无效。

五、关于法律适用

本案在《中华人民共和国民法典》之前审结，故依据当时的担保法规定做出裁判。《中华人民共和国民法典》施行后，担保法的有关规定被吸收融入《中华人民共和国民法典》中，鉴于本案约定了“连带”，因而各方对保证方式约定明确且优先适用约定，若无约定，即便《差额补足承诺函》性质构成保证，按照《中华人民共和国民法典》第六百八十六条规定，保证方式应为一般保证。《民法典担保制度解释》删除了“公司为其直接或者间接控制的公司开展经营活动向债权人提供担保”“公司与主债务人之间存在相互担保等商业合作关系例外情形”，《中华人民共和国民法典》颁布后，将无法以“公司为其直接或者间接控制的公司开展经营活动向债权人提供担保”为依据认定公司担保行为的效力，即本案如发生在《中华人民共和国民法典》颁布后，如无其他对外担保无须股东会决议的例外情形，《差额补足承诺函》将因缺乏公司决议，违反强制性规定而无效。

编写人：北京市朝阳区人民法院　马娇

060 让与担保权人擅自处分担保物的责任认定

——浦某辉诉施某保证合同案

【案件基本信息】

1. 裁判书字号

江苏省启东市人民法院（2020）苏 0681 民初 1824 号民事判决书

2. 案由：保证合同纠纷

3. 当事人

原告：浦某辉

被告：施某

【基本案情】

2018 年 10 月，浦某辉因需要偿还他人债务，经蔡某介绍向施某借款 130 万元，并将名下房屋通过房屋买卖的形式过户至施某名下作为借款的担保，并约定一年后归还借款时施某将案涉房屋返还给浦某辉。浦某辉、施某于 2018 年 10 月 17 日签订《房地产买卖合同》，约定房屋建筑面积为 86.39 平方米，成交总价款为 130 万元。次日办理房屋过户手续，施某支付契税、个人所得税合计 2.6 万元。同日，施某通过其丈夫陈某账户向浦某辉转账 117.4 万元。2018 年 12 月 25 日，施某向浦某辉转账 10 万元。2019 年 4 月 1 日，浦某辉向施某银行转账归还 2 万元。2019 年 7 月 4 日，浦某辉向施某微信转账归还 1 万元。另案外人浦某涛代浦某辉向施某银行转账归还 5 万元。2019 年 5 月底，浦某辉与施某丈夫陈某商谈还款事宜，浦某辉认可2个月5万元的利息，并约定在2019年7月底归还135万元。

2019年7月4日，施某通过微信向浦某辉催要借款，浦某辉同意归还2个月5万元利息，并承诺会主动归还借款。至2019年10月，施某多次向浦某辉催要，浦某辉仍无法偿还借款。2019年10月23日，施某丈夫陈某电话联系浦某辉父亲，浦某辉父亲在电话中认可借款130万元，利息4万元，过户费6万元，合计140万元，同意月底搬出案涉房屋，用案涉房屋抵销债务。2019年10月31日，施某丈夫陈某与浦某辉电话确认浦某辉已搬离案涉房屋。

2020年1月16日，施某及其丈夫陈某与案外人龚某签订《房屋买卖合同》，约定案涉房屋的成交价160万元，施某、陈某承担全部过户费用以及中介费用。2020年2月25日，施某、陈某与龚某办理了房屋过户手续。

【案件焦点】

1. 浦某辉到期未清偿债务，施某是否有权处分案涉房屋；2. 如系无权处分，如何确定房屋价值与案涉借款本金及利息，并根据双方过错认定责任承担。

【法院裁判要旨】

江苏省启东市人民法院经审理认为：让与担保是指债务人或者第三人与债权人订立合同，约定将财产形式上转让至债权人名下，债务人到期清偿债务，债权人将该财产返还给债务人或者第三人。债务人到期没有清偿债务，财产归债权人所有的约定无效，但债权人可以请求对财产拍卖、变卖、折价偿还债权。本案中，双方虽未签订书面借款合同，但双方在形式上签订了房屋买卖协议，且施某将款项交付浦某辉，故法院认定本案系浦某辉向施某借款，为担保债务的履行浦某辉将自己名下房屋以房屋买卖形式过户至施某名下作为借款的担保，双方成立让与担保的法律关系。

关于如何认定案涉借款本金数额及利息。关于借款本金，施某向浦某辉交付127.4万元，法院予以确认。施某支付的过户费用2.6万元，因案涉房屋作为借款的担保，且双方约定案涉房屋价款为130万元，该2.6万元系办理房屋过户产生的合理费用，应由浦某辉承担，故法院认定案涉借款本金为130万元。关于利息，双方虽未书面约定利息，但根据双方的微信聊天记录、录音资料以及银行交易明细等证据可以证明双方之间约定了2个月5万元的利息。截至5月底前浦某辉共计支付了8万元利息，并未超过法律规定的上限。故法院认定浦某辉结欠施某借款本金130万元、利息自2019年6月1日起至实际还款之日止按照2个月5万元的标准即年利率23.08%计算。

关于施某是否有权处分案涉房屋。债务人到期没有清偿债务的，债权人和债务人均可以请求对财产拍卖、变卖、折价用于偿还债权。本案中，双方并未对案涉借款进行结账，也未对案涉房产进行估价，双方的通话录音证据仅视为双方对交付房屋达成一致，无法证明双方就债务金额和标的物价值进行了清算，并就真实转让标的物的所有权达成合意，不符合“折价”的构成要件，本质上约定了浦某辉到期不能清偿债务，案涉房屋直接归施某所有，双方以物抵债行为系流质约定，应属无效，故法院对施某以房屋折价方式抵债不违反法律禁止性规定的抗辩不予采纳，施某应当返还浦某辉的案涉房屋，并支付自2019年10月31日起无权占有浦某辉房屋使用费。然施某于2020年1月16日未经浦某辉同意将案涉房屋擅自出售给案外人，属无权处分，应赔偿浦某辉因无权处分房屋造成的损失。因双方基础法律关系为民间借贷纠纷，浦某辉结欠施某借款本息尚未履行完毕，法院为减少诉累对该两笔债务进行抵销，按照“多退少补”方式，由一方支付相应差价。至于处分房屋损失的计算，施某出售案涉房屋的成交价 160 万元符合案涉房屋在该时间节点的市场价值，故法院认定施某应赔偿因无权处分房屋给浦某辉造成的损失 160 万元。截至 2020 年 1 月 16 日，浦某辉结欠施某借款本金 130 万元、利息 19 万元，合计 149 万元。故施某应向浦某辉支付因赔偿无权处分房屋给浦某辉造成的损失和浦某辉结欠施某借款本息的差价 11 万元。至于案涉房屋占有使用费，浦某辉于 2019 年 10 月 31 日搬离案涉房屋，将其交付施某，应从该日起计算至施某应赔偿浦某辉处分房屋造成浦某辉损失之日即 2020 年 1 月 16 日止，计算标准法院综合案涉房屋地段租金、面积等情况酌定为 2000 元/月。故法院认定施某应向浦某辉支付房屋占有使用费 5133 元。最后，法院根据合同无效的法律规定，综合浦某辉、施某的过错程度，认定导致合同无效的责任由双方各半承担，故施某支付浦某辉差价赔偿款及占有使用费的一半合计 57566. 5 元。

江苏省启东市人民法院依照《中华人民共和国民法总则》第一百一十八条，《中华人民共和国物权法》第一百零六条、第一百七十一条，《中华人民共和国合同法》第五十二条、第五十八条规定，判决：

一、施某于本判决生效之日起十日内支付浦某辉差价损失及房屋占有使用费合计 57566. 5 元；

二、驳回浦某辉的其他诉讼请求。

判决后，双方当事人均未上诉，本判决现已生效。

【法官后语】

让与担保是一种非典型担保方式，以真实、合法、有效的债权债务关系为基础，让与担保的财产在债务人到期没有清偿债务时可以通过拍卖、变卖、折价偿还债权的方式来实现债权。让与担保因本身具有适用的便捷性、交易成本低、融资灵活性等优点在实践中被广泛运用，但因受传统民法关于违反禁止流质流押、属于通谋虚伪表示、违反物权法定原则等影响在理论和实务上备受争议。然而随着市场经济及信用交易的发展，对公平、效率的高度追求，让与担保的制度价值日益凸显，并逐渐被立法选择。1995 年 10 月 1 日实施的《中华人民共和国担保法》和 2007 年 10 月 1 日实施的《中华人民共和国物权法》均确立了禁止流质流押的强制性规定，明确了在债务履行届满前，不得约定担保财产归债权人所有。这使让与担保因具有发生权利归属的外观一度被法律所禁止。2019 年 12 月 23 日发布的《全国法院民商事审判工作会议纪要》（以下简称《九民会议纪要》）首次对让与担保作出正面回应，其第七十一条明确了让与担保的构成要件及担保物权的效力，仍然否认了归属型让与担保的效力，但承认了清算型让与担保的物权属性和合同效力。《九民会议纪要》既不是法律，也不是司法解释，不能作为裁判依据进行援引，但是该条可以在裁判文书的“本院认为”部分中进行说理，对于民商事裁判具有重要的导向作用。2021 年 1 月 1 日实施的《中华人民共和国民法典》仍未明确规定让与担保，仅在第三百八十八条第一款作出“其他具有担保功能的合同”的概括性表述。但立法理念已逐渐缓和物权法定原则，对流质条款的效力不再是禁止流质的成文表述，而是创新性地采用了法律后果说的立法模式，即当事人如果约定流质契约，权利人只能就财产优先受偿。同日实施的

《最高人民法院关于适用〈中华人民共和国民法典〉有关担保制度的解释》（以下简称《担保制度司法解释》）第六十八条是对《九民会议纪要》第七十一条规定的进一步重申和修改完善，具体规定了让与担保的认定规则及参照担保物权的权利实现方式。该条作为司法解释，确立了让与担保在担保制度中的法律地位，为让与担保提供了可直接适用的裁判依据，让与担保终于从隐形走向显形。本案发生在《中华人民共和国民法典》及《担保制度司法解释》施行之前，《九民会议纪要》发布之后。然本案的裁判顺应了《中华人民共和国民法典》的立法理念，符合《担保制度司法解释》关于让与担保的规定。

当事人选择让与担保的方式主要基于担保物的权属已变更至债权人名下，可以防止担保人擅自处分担保物。让与担保在设定之初，当事人往往还会达成口头或书面约定债务人不履行到期债务，担保物归债权人所有，该约定因违反流质契约而无效。法律禁止流质契约的目的是防止债权人利用债务人的危困地位牟取暴利或侵占债务人财产，但该约定的无效并不影响当事人有关提供担保的意思表示的效力，债权人仍对担保物享有优先受偿权，即债务人不能履行到期债务，债权人不能直接取得担保物的所有权，而是双方通过清算程序以实现担保物权的方式来达到双方权利和义务的平衡。

实现担保物权的方式一般有折价、拍卖、变卖三种。对于拍卖、变卖两种方式，法律已经有相对规范成熟的操作规定。对于折价方式，《中华人民共和国民法典》中对抵押权、质权、留置权的担保物权实现均规定了“协议折价”。所谓“协议折价”指当事人书面协议由专门的资产评估机构或者通过法院指定具有鉴定资质的鉴定机构对担保财产进行鉴定，并对双方的基础债权进行结算，在平等协商的基础上达成折价协议，以“多退少补”为原则，如果财产价值大于债权价值，由债权人向债务人支付相应差价，债权人依法取得担保财产的所有权；如果财产价值小于债权价值，债权人直接取得担保财产的所有权，债务人对剩余债权参照普通债权仍须承担还款责任。本案处理的关键是浦某辉自行搬离房屋行为是否构成“折价”。案涉债务到期后，双方并未就案涉房屋价值、借款本金及利息进行清算，而浦某辉搬离房屋的行为默示了房屋直接归债权人所有，违反了法律的强制性规定。故法院依法认定双方未履行清算程序，施某擅自处分担保物的行为无效，应根据双方过错程度承担相应的侵权责任。

让与担保是建立在信用基础上以财产权利转移为手段的一种担保方式，本质上仍囿于担保的从属性，履行清算程序是债权人实现让与担保的重要途径。通过履行清算程序，引导民事主体在法律规定的实现担保物权的方式中灵活选择对担保物进行处理，以提高交易效率，维护交易安全，促进市场发展。让与担保的“正名”，既显示了我国立法理念的进步，也彰显了其制度强大的生命力，而履行清算程序，可以有效发挥让与担保制度的价值功能和司法裁判的引领作用。

编写人：江苏省启东市人民法院　潘小维

061　公司对外担保中相对人审查义务的边界

——某银行诉农副产品市场公司等金融借款合同案

【案件基本信息】

1\. 裁判书字号

北京市第一中级人民法院（2020）京01民终339号民事判决书

2. 案由：金融借款合同纠纷

3. 当事人

原告（被上诉人）：某银行

被告（上诉人）：农副产品市场公司

被告：科技集团、矿业公司、吴某

【基本案情】

2014年3月31日，某银行与科技集团签订《额度贷款合同》，约定某银行向科技集团提供额度贷款，如科技集团未按合同约定履行对某银行的支付和清偿义务，则某银行有权要求保证人承担保证责任。同日，某银行与矿业公司、农副产品市场公司、吴某签订《最高额保证合同》，约定矿业公司、农副产品市场公司、吴某为科技集团上述借款合同项下债务向某银行提供连带责任保证。合同签订时，农副产品市场公司股东及持股比例分别为科技集团51.5%，刘某13%，潘某10%，吴某5%。吴某作为科技集团的股东，持股比例为55%。

某银行依约发放贷款，科技集团未依约还款。2017年6月26日，某银行分别向科技集团、矿业公司、农副产品市场公司、吴某发送《某银行催/还款通知书》，要求承担相应的还款和保证责任。

农副产品市场公司2013年8月31日及2014年12月31日的公司章程上，均由吴某作为法定代表人签字。《最高额保证合同》的签字页上，吴某作为农副产品市场公司的法定代表人签字，同时加盖了农副产品市场公司公章，农副产品市场公司对《最高额保证合同》的真实性不持异议。

某银行提交的农副产品市场公司的股东会决议显示“经股东会一致决定，同意农副产品市场公司为科技集团在某银行办理的2500万元整的流动资金贷款额度提供担保”，决议上有吴某、刘某、潘某签字字样，同时加盖了农副产品市场公司公章。

【案件焦点】

《最高额保证合同》中涉及农副产品市场公司部分的效力问题。

【法院裁判要旨】

北京市海淀区人民法院经审理认为：某银行与科技集团、矿业公司、农副产品市场公司、吴某签订的合同，未违反国家法律、法规效力性强制性规定，合法有效。科技集团作为借款人，未依约按期足额还本付息，构成违约，应承担违约责任。某银行依据合同取得抵押权并办理了抵押权登记，依法享有优先权。矿业公司、农副产品市场公司、吴某作为保证人，应当依照合同约定承担保证责任。

北京市海淀区人民法院依照《中华人民共和国民事诉讼法》第一百四十四条，《中华人民共和国合同法》第八条、第一百零七条、第二百零五条、第二百零七条，《中华人民共和国担保法》第十八条、第二十一条、第三十一条，《中华人民共和国物权法》第一百七十六条、第二百零三条、第二百二十九条规定，判决：

一、科技集团于本判决生效后十日内偿还某银行借款本金、利息并支付罚息和复利；

二、某银行有权就抵押物在第一项规定的科技集团的债务范围内优先受偿；

三、矿业公司、农副产品市场公司、吴某对第一项规定的科技集团的债务承担连带责任保证；

四、矿业公司、农副产品市场公司、吴某承担担保责任后，有权在其承担责任范围内向被告科技集团行使追偿权。

农副产品市场公司不服一审判决，提起上诉。北京市第一中级人民法院经审理认为：农副产品市场公司为其股东科技集团提供担保，按照法律规定，担保事项必须经农副产品市场公司股东会决议。债权人某银行提供了贷款时其审核的股东会决议，农副产品市场公司就该份股东会决议的实质真实性及表决比例提出了抗辩，故此时需要解决的问题为，《最高额保证合同》签订时，针对农副产品市场公司提供保证部分，某银行是否善意。就此法院认为，某银行作为债权人，已经尽到了其对股东会决议的审查义务，在针对公司机关决议内容审查时，作为案外人的某银行，不可能实际参与到农副产品市场公司的内部决议事项中，故对其审查的要求应限定于形式审查，而非实质审查。本案中，某银行提交的股东会决议中，决议事项明确具体，债务人以外的三名自然人股东进行了签字，三名自然人股东的持股比例达 28%，除去债务人科技集团，上述三名股东的表决权已过半数，足以证明某银行已尽必要的注意义务。针对农副产品市场公司的抗辩意见，一是股东会决议的真实性问题，包括决议时间缺失及刘某签字不真实，法院认为股东签字的真实性问题超出了债权人形式审查的合理性范畴，决议时间的缺失并不影响决议内容的整体效力。二是吴某作为科技集团的大股东，是否也应进行表决回避的问题。就此法院认为，前文已经论述债权人对公司决议的审查应限定于形式审查，《最高额保证合同》签订时，吴某虽然同时担任科技集团和农副产品市场公司的法定代表人，也同时作为二公司的股东，但从形式角度出发，案涉债务人系科技集团而非吴某个人，如果要求债权人对股东会决议的签字股东进行多层持股的穿透性审查，明显加重债权人义务，增加交易成本，《中华人民共和国公司法》第十六条亦未作出上述规定。同时，根据现有证据，并不足以证明某银行明知案涉股东会决议不真实，或某银行在签订《最高额保证合同》时存在明显恶意，根据《中华人民共和国合同法》第五十条的规定，应认定《最高额保证合同》合法有效。

因一审判决作出后，案涉《额度贷款合同》项下借款进行了部分清偿，故法院按核对金额仅对借款本金以及尚欠利息、复利、罚息部分予以改判。

北京市第一中级人民法院依照《中华人民共和国合同法》第五十条、第一百零七条，《中华人民共和国担保法》第十八条、第二十一条、第三十一条，《中华人民共和国物权法》第一百七十六条、第一百九十五条，《最高人民法院关于适用〈中华人民共和国民事诉讼法〉的解释》第九十条，《中华人民共和国民事诉讼法》第一百四十四条、第一百七十四条、第一百七十条第一款第二项规定，判决：

一、撤销北京市海淀区人民法院民事判决；

二、科技集团于本判决生效后十日内偿还某银行借款本金、利息并支付罚息和复利（截至 2020 年 8 月 4 日，借款本金为 9190439.16 元，利息、复利、罚息为 8870623.45 元；自 2020 年 8 月 5 日起的利息、罚息、复利按照《额度贷款合同》约定的标准支付至借款本金实际清偿之日止并以年利率 24%为限）；

三、某银行有权就抵押物在上述第二项确定的科技集团的债务范围内优先受偿；

四、矿业公司、农副产品市场公司、吴某对上述第二项确定的科技集团的债务承担连带清偿责任；

五、矿业公司、农副产品市场公司、吴某承担保证责任后，有权在其承担责任范围内向科技集团追偿；

六、驳回某银行的其他诉讼请求。

【法官后语】

长期以来，关于公司对外担保合同订立中，相对人是否应当承担审查义务，如果承担审查义务是形式审查抑或实质审查，应当审查哪些事项，审查到何种程度等问题观点纷纭。《全国法院民商事审判会议纪要》（以下简称《九民会议纪要》）回应了司法的困惑，认为相对人对公司机关的决议只需要进行“形式审查”，尽到必要的注意义务即可，标准不宜太过严苛，基本要求一是审查股东或者董事的身份是否属实；二是明确了对关联担保和非关联担保的善意判断标准，在关联担保的情况下，需要审查应当回避表决的股东是否参与了表决。

《最高人民法院关于适用〈中华人民共和国民法典〉有关担保制度的解释》较《九民会议纪要》的用词发生变化，规定善意相对人应进行“合理审查”，似乎进一步提高了相对人的注意义务。

但从“形式审查”到“合理审查”的变化，并不意味着相对人的义务需要上升到“实质审查”的高度。公司对外担保中对于相对人“善意”的要求，源自《中华人民共和国民法典》第五百零四条的规定，即除相对人知道或应当知道法定代表人超越权限外，法定代表人超越权限的代表行为有效，订立的合同对法人发生效力。其目的是要从相对人的角度，主动审查担保人的真实意思表示，尽力排除双方在订立合同时存在恶意串通损害公司、中小股东以及其他债权人利益的可能性。在司法实践中，“形式审查”与“合理审查”

的区别，主要在于相对人证明标准的不同。前者只需要相对人举证证明其在形式上完成了审查工作，法院就可以据此认定其构成善意；后者则需要相对人证明其尽到了与合同注意义务相匹配的审查义务，才能证明其善意。至于如何审查相对人是否尽到了“合理审查”义务，不同案件之间的情况千差万别，《中华人民共和国民法典》及《最高人民法院关于适用〈中华人民共和国民法典〉有关担保制度的解释》并未给出统一的答案，需要结合不同案件的具体情况进一步判断。

本案中，相对人举证证明其已审查了担保人的股东会决议，担保人则针对股东会决议的表决比例提出了抗辩，双方对于相对人是否构成善意的争议焦点主要在于，相对人是否需要对股东会决议中的表决股东进行多层持股的穿透性审查。

从法律规定的角度而言，《中华人民共和国公司法》第十六条的立法目的在于防止法定代表人越权订立担保合同从而损害公司及股东的利益，仅要求被担保的股东或被担保的实际控制人所支配的股东不得参加表决。与此对应，《九民会议纪要》中亦只要求在关联担保的情况下，相对人需要审查应当回避表决的股东是否参与了表决。对于在股东会决议上的签字股东进行多层持股的穿透性审查，并无法律上直接明确的依据。

从促进交易的角度而言，关联交易在市场中普遍存在，立法也并未禁止，而关联担保只是众多关联交易类型中的一种，即使担保对于公司而言是纯负担行为，仍需兼顾交易效率及合同履行中双方的权利义务、法律经济环境等因素进行利益平衡。在确定相对人的注意义务时，应当采用恰当的中间尺度，如果要求过高，则其行为自由将受到限缩，市场交易的动力也会随之受阻。因此，如果在已经规定相对人需对应当回避的股东是否回避进行审查的基础上，还进一步要求其对参与表决的股东进行多层持股的穿透性审查，似乎过于苛刻，与经济合理原则相悖。

结合本案的具体情况进一步考察，在担保合同签订时，农副产品市场公司股东及持股比例分别为科技集团51.5%，刘某13%，潘某10%，吴某5%。假设考虑到吴某同时作为科技集团持股比例55%的股东，在将其排除于表决权之外的情况下，刘某和潘某的持股比例也已经超过了剩余其他股东持股总数的过半数。

因此应当认为，当相对人已经按照现有规定，证明其在订立合同时对股东会决议进行了审查，被担保股东已回避表决，该项表决由出席会议的其他股东所持表决权的过半数通过，签字人员也符合公司章程规定的情况下，应当认定相对人已经尽到了合理审查的义务。

需要说明的是，在出席股东会议的表决股东同时系被担保人控股股东或实际控制人的情况下，该股东是否应当回避表决，则是另外涉及公司法对于关联交易如何规制的问题，由于不属于本案争议焦点，在此不再另行讨论。

编写人：北京市第一中级人民法院　王晴　曲建婷

062　股东会决议内容对外不构成其承担保证责任的自认

——某银行诉电器公司等金融借款合同案

【案件基本信息】

1. 裁判书字号

江苏省无锡市锡山区人民法院（2020）苏0205民初580号民事判决书

2. 案由：金融借款合同纠纷

3. 当事人

原告：某银行

被告：许某、沈某、电器公司

【基本案情】

2017年11月，许某向某银行申请汽车分期贷款，借款11万元，期限36个月，并约定了期内利息、逾期利息、分期手续费等。同时双方签订贷款抵押合同，约定许某以贷款所购汽车抵押给某银行，沈某向某银行出具《共同还款承诺》及《共有人承诺》。2017年11月8日，电器公司形成《股东会决议》，对许某的前述债务承担连带担保责任，并放弃物的担保优先行使的抗辩权，同时经全体股东签字并加盖电器公司公章。2019年1月，许某未按期还款，某银行提前宣布贷款到期，要求许某立即归还借款并支付利息及手续费，同时要求沈某承担共同还款责任，确认贷款所购汽车折价或以拍卖、变卖车辆的价款优先受偿，并要求电器公司对上述债务承担连带责任保证。

【案件焦点】

电器公司内部形成的《股东会决议》内容是否构成对外承担保证责任的自认，某银行是否能够据此要求电器公司承担连带责任保证。

【法院裁判要旨】

江苏省无锡市锡山区人民法院经审理认为：《股东会决议》的作出仅表明公司意思形成，系单方意思，并不调整公司与第三人之间的关系，在未以该意思表示与第三人订立法律行为前，并无法律约束力，此外，《中华人民共和国担保法》第十三条规定，保证人与债权人应当以书面形式订立保证合同，本案中某银行与电器公司未订立书面保证合同，故保证合同未成立，法院对某银行仅据电器公司所形成的《股东会决议》，要求电器公司承担连带责任保证的诉请，不予支持。

据此，江苏省无锡市锡山区人民法院依照《中华人民共和国合同法》第一百零七条、第一百九十六条、第一百九十八条、第二百零五条、第二百零六条、第二百零七条，《中华人民共和国担保法》第十三条、第十八条、第三十一条、第三十三条，《中华人民共和国民事诉讼法》第一百四十四条规定，判决：

一、许某、沈某于本判决生效后十日内向某银行给付截至 2019 年 11 月 20 日的借款本息 72968.49 元（其中本金 70265 元，利息 2703.49 元）、手续费 6675.29 元、自 2019 年 11 月 21 日起至实际给付之日止以本息 72968.49 元为基数按每日万分之五计算的利息及律师费 15148 元；

二、某银行有权对上述第一项债务及本案诉讼费以案涉汽车折价或以拍卖、变卖前述车辆的价款优先受偿；

三、驳回某银行的其他诉讼请求。

判决后，双方当事人均未上诉，本判决现已生效。

【法官后语】

股东会决议达成一致，由公司对外担保，但公司未与相对方签订保证合同的，则该股东会决议本身，对外不构成承担保证责任的自认。理由主要分为三个层次：

第一，自认系当事人对自身的权利的处分，作出自认的必须为当事人，不利自认的法律效果亦归属于作出主体。股东会系公司内部的决议、内设机构，并非法律认定的可以作出自认主体，严格意义而言，其无法径行代替公司自认，公司具有独立人格，应由其对外作出。且自认的法律效果为免除相对方的举证责任，也并非构成一个新的法律关系。

第二，保证担保系要式合同，具有特殊的格式、设立要求。根据《中华人民共和国民法典》第一百三十五条规定："民事法律行为可以采用书面形式、口头形式或者其他形式；法律、行政法规规定或者当事人约定采用特定形式的，应当采用特定形式"，故而不同的民事法律行为作出的形式，有所不同，部分特殊规定的民事法律行为的形式要件缺失，将会对该民事法律行为的效力产生影响。设定保证合同是保证人和债权人之间的法律行为，不仅要求当事人双方意思表示一致，还要求通过一定的法律形式表现出来，《中华人民共和国民法典》第六百八十五条规定："保证合同可以是单独订立的书面合同，也可以是主债权债务合同中的保证条款。第三人单方以书面形式向债权人作出保证，债权人接收且未提出异议的，保证合同成立。"明确了保证合同的要式性，均需以书面形式形成，债权人仅以行为人口头承诺、行为推定等其他形式主张行为人承担保证责任的，不应予以支持。

第三，股东会的决议本身，不能视作对外作出意思表示。股东会决议经股东按法定程序作出，且内容不违反法律、行政法规，即刻生效。股东会决议在股东层面，系股东之间按相关法律法规达成的多方合约，可以视为股东集体达成的共同意思表示，在各股东之间存在约束力；而在公司层面，公司为法律赋予权利义务的拟人体，为股东利益的集合，本身并无思想意识，需由股东会按法律及章程内部决策程序产生公司的意思表示，股东会系公司作出各项对内、对外行为的重要决策机构，但由于股东会作出的书面股东会决议仅是以书面的形式记录公司意思表示形成的过程情况，类似自然人在脑海中形成意识想法的过程，故股东会决议的形成仅表明公司形成了意思，在未对外作出相应法律行为之前，甚至可以按法律程序及章程进行变更、撤销，不具备该当性，且生效的股东会决议系单方意思，并不必然代表公司决定要向第三人表达，正如不能仅根据猜测自然人的臆想，而判断其行为，同理，股东会决议也不调整公司与第三人之间的关系。根据《中华人民共和国民法典》第四百六十五条第二款之规定："依法成立的合同，仅对当事人具有法律约束力，但是法律另有规定的除外"，而公司具有独立人格对外开展业务活动，其交易方自然明确其交易的对手是公司本身，而非与该公司的股东们进行商业交易。故要调整这种关系，必须以公司的名义与第三人订立法律行为，形成为公司外部可知的权利外观。因此，股东会决议作为公司意思在向第三人表示并以该意思与第三人订立法律行为前，对第三人没有约束力。而股东会决议形成后，须经有权代表公司的机关依据股东会决议的内容与第三人发生法律关系，方可认定在公司层面已作出意思表示，该行为才对公司与第三人具有约束力。

编写人：江苏省无锡市锡山区人民法院　周晟

063 阶段性保证条款系对保证责任终止所附解除条件约定

——某银行诉置业公司等金融借款合同案

【案件基本信息】

1. 裁判书字号

北京市第一中级人民法院（2020）京01民终7317号民事判决书

2. 案由：金融借款合同纠纷

3. 当事人

原告（上诉人）：某银行

被告（被上诉人）：置业公司

被告：魏某芳、魏某明

【基本案情】

置业公司系房地产开发商，2013年12月15日，置业公司与魏某芳签署《商品房预售合同（商业、办公等非住宅类）》，约定置业公司向魏某芳出售房屋一套。同日，魏某芳填写某银行个人商用房贷款申请表。

2015年1月4日，某银行（贷款人）和魏某芳（借款人）及置业公司（保证人）签署《个人购房借款/担保合同》，约定借款129万元，用于购买涉案房屋，还款方式为按月等额本息偿还并约定“借款人连续三个月或累计六次未按时足额偿还贷款本息的，贷款人可宣布未归还的借款和其他融资款项立即到期，要求借款人立即清偿未偿还款项及产生的利息、罚息及其他费用……置业公司承担阶段性连带责任保证：保证人对本合同项下全部贷款本金、利息、罚息、复利、违约金、补偿金、贷款人实现债权的费用和借款人所有其他应付费用承担连带责任保证，但满足包括不限于以下条件的，保证人对该项条件满足之日后到期的借款人债务免除保证责任：本合同第20.2条约定的正式抵押登记手续已办理完毕，且贷款人收到记载有上述正式抵押登记信息的房屋他项权证书”。该合同第20.2条约定“抵押物为尚未取得产权的房屋的，应在本合同签订之日起30日或贷款人另行要求的合理时间内办妥预售登记备案或抵押权预告登记手续。抵押人获得房屋所有权证书后，应在30日或贷款人要求的合理时间内办妥正式抵押登记手续。抵押人同意贷款人代为申请抵押权预告登记和正式抵押登记，相关登记事项如需抵押人协助，抵押人应履行必要的协助义务”。抵押物即涉案房屋。同日，某银行发放贷款。

2016年9月29日，置业公司将涉案房屋的所有权证书交与某银行。某银行于2016年10月17日将相应材料交房地产经纪公司代为办理抵押登记，后因房地产市场情况及“黄牛”扰乱业务办理秩序的影响，业务办理进度缓慢，并提交相应新闻报道截屏为证，另提交魏某芳同一批次办理抵押登记的不动产登记证明若干，载明的颁发时间为2017年4月6日至2017年12月27日。2017年4月20日，天津市东丽区人民法院对涉案房屋进行了司法查封。2017年8月，某银行将魏某芳办理抵押登记事宜交给新的代办机构办理，因该房屋被司法查封，抵押登记已无法办理。

借款人魏某芳分别于2015年9月至2017年12月5日五次逾期还款，自2018年4月5日起，魏某芳未再归还借款。

【案件焦点】

阶段性保证的保证人如已履行合同约定义务，是否仍须在正式抵押登记手续办理完毕前承担保证责任。

【法院裁判要旨】

北京市石景山区人民法院经审理认为：关于本案中置业公司是否需要承担保证责任一节，首先，依照《个人购房借款/担保合同》第20.2条约定抵押人获得房屋所有权证书后，应在30日或贷款人要求的合理时间内办妥正式抵押登记手续。魏某芳之抵押登记系由某银行代为申请，从某银行收到置业公司交付的房产证直至涉案房屋被法院查封，已逾半年时间，在魏某芳已经连续出现多次逾期付款的情况下，仍未完成抵押登记，已超出了合理的办理时间，某银行系怠于履行合同义务。其次，依照《个人购房借款/担保合同》第20.2条的约定，办理抵押登记的主体为某银行和抵押人魏某芳，置业公司将涉案房屋所有权证交付给某银行后，其对于办理抵押登记事宜不具有任何义务，也无法控制办理抵押登记的时间进度，且从某银行提交的已经办理完成的不动产登记证明来看，其完全可能在房产查封日之前完成涉案房屋的抵押登记，及时解除置业公司的担保义务。最后，关于某银行主张因受2016年市场因素及不动产登记预约办理制度等影响导致未能及时办理抵押登记，考虑到抵押登记代办机构系某银行自行选定，合同中并未就此种情形约定为置业公司承担责任的事由，且关于房地产市场火热及不动产部门出现“黄牛”等新闻报道并不能成为涉案房屋不能办理抵押登记的合理理由。依据双方的合同，贷款人收到他项权利证书后，即免除置业公司的阶段性连带责任保证，而某银行怠于办理抵押登记的行为，应视为置业公司阶段性保证的保证责任免除条件成就，故置业公司无须对涉案借款承担保证责任。

北京市石景山区人民法院依照《中华人民共和国合同法》第八条、第六十条、第一百零七条，《中华人民共和国担保法》第十八条、第二十五条第二款，《中华人民共和国民事诉讼法》第一百四十四条规定，判决：

一、魏某芳、魏某明于本判决生效后十日内共同偿还某银行贷款本金958964.25元并支付利息、复利、罚息；

二、驳回某银行的其他诉讼请求。

某银行不服一审判决，提起上诉。北京市第一中级人民法院经审理同意一审法院裁判意见，依照《中华人民共和国民事诉讼法》第一百四十四条、第一百七十条第一款第一项规定，判决：

驳回上诉，维持原判。

【法官后语】

随着房地产市场的蓬勃发展以及金融工具的更新迭代，阶段性保证也随之诞生、发展以及普遍适用。所谓阶段性保证，系贷款银行为保障放款日至按揭房屋产权证及抵押权证办理完毕并收执日之间贷款风险敞口期的贷款资金风险，要求由房屋开发商、房产中介或担保公司提供连带保证，条款一般表述为：某房产公司为本合同贷款向贷款人提供阶段性保证。保证期间为本合同生效之日（或贷款实际发放之日）起至借款人所购房产的房地产权证及他项权证办理完毕并交贷款人执掌之日止。设计雏形最早见于商业银行的贷款办法中，设立初衷在于降低因正式产权登记未完备导致的债权清偿风险，促使开发商及时完成项目开发建设、积极协助办理产权登记手续。

对于阶段性保证中关于“保证期间”性质的有以下两种不同观点：

第一种观点认为，应遵循关于“保证期间”的规定，以担保合同中已有的书面约定为准，尊重当事人意思自治，只要借款人所购房产的房地产权证及他项权证尚未办理完毕或尚未交贷款人，合同约定的“阶段性保证”期限就尚未届满，故开发商仍需继续按约定承担保证责任。

第二种观点则认为，担保合同中对于阶段性保证的约定，并非对保证期间的约定，而是当事人对于“保证合同在何种情况下解除”问题的一种约定，其实质是对保证合同所附加的解除条件。

笔者支持第二种观点，理由如下：

一、符合法理解释

案件发生于民法典实施之前，根据《中华人民共和国担保法》第二十六条及《最高人民法院关于适用〈中华人民共和国担保法〉若干问题的解释》第三十一条、第三十二条[①]的规定，保证合同约定的保证期间早于或者等于主债务履行期限的，视为没有约定，保证期间为主债务履行期届满之日起六个月，保证合同约定保证人承担保证责任直至主债务本息还清时为止等类似内容的，视为约定不

① 《中华人民共和国担保法》第二十六条：“连带责任保证的保证人与债权人未约定保证期间的，债权人有权自主债务履行期届满之日起六个月内要求保证人承担保证责任。在合同约定的保证期间和前款规定的保证期间，债权人未要求保证人承担保证责任的，保证人免除保证责任。”《最高人民法院关于适用〈中华人民共和国担保法〉若干问题的解释》第三十一条：“保证期间不因任何事由发生中断、中止、延长的法律后果。”第三十二条：“保证合同约定的保证期间早于或者等于主债务履行期限的，视为没有约定，保证期间为主债务履行期届满之日起六个月。保证合同约定保证人承担保证责任直至主债务本息还清时为止等类似内容的，视为约定不明，保证期间为主债务履行期届满之日起二年。”

明，保证期间为主债务履行期届满之日起二年。保证期间不发生中止、中断和延长。《中华人民共和国民法典》第六百九十二条①部分继承了相关规定，进一步明示了“保证期间”的定义是“确定保证人承担保证责任的期间”，并将约定不明的保证期间自两年缩短至六个月，其主旨无甚差别。而购房抵押贷款合同中阶段性保证条款约定的“保证期间”一般为贷款合同生效之日（或贷款实际发放之日）起至借款人所购房产的房地产权证及他项权证办理完毕并交贷款人执掌之日止，其往往早于主债务履行期限届满之时，如依照“保证期间”理解阶段性保证，则应视为合同未约定保证期间或对保证期间约定不明，应自主债务履行期届满之日起六个月或两年计算保证期间，又何必多此一举形成阶段性保证制度呢？实际上，阶段性保证保障的法益限于贷款人在放款日至按揭房屋产权证及抵押权证办理完毕并收执日之间贷款风险敞口期的贷款资金风险（即银行未取得他项权证且债务人违约的风险），而非银行作为债权人于债务人（购房人）不能按期偿还按揭贷款时保证人连带清偿剩余本金、利息、违约金等的法益。可见购房抵押贷款合同中阶段性保证条款系对保证责任所附解除条件约定，并非保证期间约定。

二、符合公平原则

如前所述，开发商阶段性保证设立的初衷在于降低债权清偿风险，敦促开发商完成项目。如开发项目已如期竣工，保证人取得房

---

① 第六百九十二条 【保证期间】保证期间是确定保证人承担保证责任的期间，不发生中止、中断和延长。债权人与保证人可以约定保证期间，但是约定的保证期间早于主债务履行期限或者与主债务履行期限同时届满的，视为没有约定；没有约定或者约定不明确的，保证期间为主债务履行期限届满之日起六个月。债权人与债务人对主债务履行期限没有约定或者约定不明确的，保证期间自债权人请求债务人履行债务的宽限期届满之日起计算。

屋产权登记证并交付贷款人，应视为已完成合同义务。而房屋他项权利证书一般由贷款人及借款人办理，其办理过程不受保证人的控制。如保证人已履行约定义务，仍严格按照合同书面意思，要求其承担保证责任，显失公平。

因此，当保证人已按照合同约定履行义务（一般为将房地产权证交贷款人办理他项权证时），保证人有证据证明贷款人怠于或拒绝履行协助办证义务或拒绝收执的，按照《中华人民共和国民法典》第一百五十八条“民事法律行为可以附条件，但是根据其性质不得附条件的除外。附生效条件的民事法律行为，自条件成就时生效。附解除条件的民事法律行为，自条件成就时失效”，第一百五十九条“附条件的民事法律行为，当事人为自己的利益不正当地阻止条件成就的，视为条件已经成就；不正当地促成条件成就的，视为条件不成就”之规定，视为解除条件已成就，保证人的保证责任终止。

编写人：北京市石景山区人民法院　朱薇　倪莞

064　物保与人保并存情况下保证人的信赖利益保护

——唐某洪诉裴某兵、朱某峰民间借贷案

【案件基本信息】

1. 裁判书字号

湖北省宜昌市中级人民法院（2020）鄂05民再9号民事判决书

2. 案由：民间借贷纠纷

3. 当事人

原告（被上诉人）：唐某洪

被告（上诉人）：朱某峰

被告（被上诉人）：裴某兵

【基本案情】

2014年4月22日，唐某洪与裴某兵签订借款合同，约定裴某兵向唐某洪借款200万元，借款期限两个月，裴某兵以其在建材公司全部股权250万元为借款提供质押担保。签约后，唐某洪与裴某兵并未就该股权质押进行工商登记。当日，唐某洪与裴某兵、朱某峰订立借款担保合同，约定朱某峰为上述借款承担连带责任保证担保，保证期间两年。次日，唐某洪向裴某兵转账200万元。2015年10月22日，裴某兵与唐某洪经结算后出具《欠据》并订立还款协议，载明尚欠唐某洪借款本金111.738295万元，定于2016年1月21日前一次性清偿。

2015年1月30日，裴某兵分别与案外人王某、裴某签订股权转让协议，将其所持有的建材公司50%股权，以150万元转让30%股权给裴某，以100万元转让20%股权给王某。2月4日，转让给裴某的30%股权办理了工商变更登记。3月9日，因执行裴某债务案，湖北省宜都市人民法院作出民事裁定，冻结该股权。后经评估、拍卖，法院作出执行裁定，裁定登记在裴某名下的建材公司30%股权及相应权利归买受人谢某武所有。2017年1月9日，该股东变更办理了工商登记。

本案原审判决发生法律效力后，湖北省五峰土家族自治县人民法院于2019年3月5日作出民事裁定，再审本案。

【案件焦点】

1. 质押与担保并存，债务人提供的股权质押未设立，保证人应否在质押担保的范围内部分或全部免除保证责任；2. 如果部分或全部免除保证责任，保证人具体的免责范围应如何认定。

【法院裁判要旨】

湖北省五峰土家族自治县人民法院经审理认为：1. 关于借款本息数额和利率的问题。唐某洪与裴某兵双方约定的月利率2.5%（即年利率30%）超过了受司法保护的民间借贷年利率24%的最高限额，但唐某洪对尚未给付的利息自愿调整为按月利率2%（年利率24%）计算，符合相关法律规定，也未加重朱某峰的保证责任，予以许可。2. 关于股权质押问题。根据《中华人民共和国物权法》第二百二十六条规定，唐某洪与裴某兵双方拟设定的质权因未登记而未设立，唐某洪无权行使质权。3. 关于律师费的问题。律师费属《最高人民法院关于审理民间借贷案件适用法律若干问题的规定》第三十条规定所指的“其他费用”。案涉借款合同约定的借款利率已超过年利率24%的法律规定，故对唐某洪超过年利率24%的律师费用的主张不予支持。4. 关于朱某峰的保证责任问题。唐某洪与裴某兵和朱某峰签订的借款担保合同约定，担保人承担连带责任的保证担保。朱某峰认为唐某洪和裴某兵之间存在恶意串通，欺骗朱某峰提供担保的主张无证据支持，不予采信。股权质押因未登记而未设立，裴某兵的股权因转让、被执行现已不存在，唐某洪已丧失主张质权的权利，且朱某峰与唐某洪签订的借款担保合同系独立存在，不以裴某兵与唐某洪签订股权质押合同为前提和条件，故朱某峰应对借款合同项下的债务承担连带责任保证，其保证责任并不因唐某洪和裴某兵签订借款合同时曾订立质押条款而免除。

湖北省五峰土家族自治县人民法院依照《中华人民共和国合同法》第六十条第一款、第一百九十六条、第一百九十八条、第二百零五条、第二百零六条、第二百一十一条第二款，《中华人民共和国物权法》第二百二十六条第一款，《中华人民共和国担保法》第六条、第十八条、第二十一条第一款、第三十一条，《最高人民法院关于适用〈中华人民共和国担保法〉若干问题的解释》第三十条、第四十二条，《最高人民法院关于审理民间借贷案件适用法律若干问题的规定》第二十六条、第三十条，《中华人民共和国民事诉讼法》第一百四十四条规定，判决：

一、撤销原湖北省五峰土家族自治县人民法院民事判决第一项，变更为：裴某兵于判决生效之日起十日内返还唐某洪借款本金111.738295万元，并按年利率24%支付2015年6月22日至判决确定的给付本金之日止的利息；

二、撤销原湖北省五峰土家族自治县人民法院民事判决第二项，变更为：朱某峰对裴某兵的上述债务承担连带清偿责任。朱某峰承担清偿责任后有权向裴某兵追偿；

三、驳回唐某洪的其他诉讼请求。

朱某峰不服一审判决，提起上诉。湖北省宜昌市中级人民法院经审理认为：

一、关于债务人提供的股权质押未设立，保证人应否在质押担保的范围内部分或全部免除保证责任的问题

《中华人民共和国物权法》第一百七十六条规定："被担保的债权既有物的担保又有人的担保的，债务人不履行到期债务或者发生当事人约定的实现担保物权的情形，债权人应当按照约定实现债权；

没有约定或者约定不明确，债务人自己提供物的担保的，债权人应当先就该物的担保实现债权；第三人提供物的担保的，债权人可以就物的担保实现债权，也可以要求保证人承担保证责任。提供担保的第三人承担担保责任后，有权向债务人追偿。”本案中，唐某洪与裴某兵订立合同后并未就约定的裴某兵在建材公司的全部股权到工商部门办理出质登记，双方拟设定的质权因未登记而未设立。保证人朱某峰基于前述法律规定对其仅就债权人实现担保物权后仍未受清偿的部分债权承担保证责任存在合理信赖，由此产生的保证人的信赖利益应受法律保护。保证人因信赖利益保护而享有的免责范围，应依据债权人（质权人）、债务人（出质人）、保证人各方过错情况，在债务人提供的物的担保范围内部分或全部免除保证人的保证责任。本案各方并无证据证实案涉股权质押未办理登记的责任系债权人唐某洪未积极要求办理还是债务人裴某兵怠于履行，双方均存在过错，而保证人朱某峰作为时任出质股权对象建材公司的经理，其对案涉股权质押事宜理应明知，且亦有条件知悉办理股权质押登记的进展情况，其对自身信赖利益受损害亦有过错。故应由唐某洪、裴某兵、朱某峰对朱某峰信赖利益受损各承担三分之一的责任，朱某峰可在案涉股权质押担保三分之二的范围内免除保证责任。

二、关于保证人朱某峰具体免责范围或额度的认定问题

根据《中华人民共和国物权法》关于质押担保的相关规定，在质权正常设立情况下，质押担保债务的额度应以质权人实现质权时质物的市场价值为限。虽然本案朱某峰并未提供案涉借款到期时（即债权人可实现质权时）案涉质押股权市场价值的证据，但一方面，在债权人唐某洪与债务人裴某兵签订的借款合同中对全部质押股权 250 万元价值已明确；另一方面，裴某兵于案涉借款到期后的

2015 年 1 月 30 日向案外人转让案涉股权的总价款亦为 250 万元，故可以认定案涉借款 2014 年 6 月 21 日到期时案涉质押股权的市场价值为 250 万元，即本案所涉质押担保债务的额度可认定为 250 万元。依前述，保证人朱某峰可按 250 万元的三分之二在 1666666.67 元额度内免除保证责任。

湖北省宜昌市中级人民法院依照《中华人民共和国合同法》第六十条第一款、第二百零五条、第二百零六条、第二百零七条、第二百一十一条，《中华人民共和国物权法》第一百七十二条第一款、第一百七十六条、第二百一十九条第二款、第二百二十一条、第二百二十六条第一款，《最高人民法院关于审理民间借贷案件适用法律若干问题的规定》第二十六条、第三十条，《中华人民共和国民事诉讼法》第一百七十条第一款第二项规定，判决：

一、维持湖北省五峰土家族自治县人民法院民事判决第一项，即裴某兵于判决生效之日起十日内返还唐某洪借款本金 111.738295 万元，并按年利率 24%支付 2015 年 6 月 22 日至判决确定的给付本金之日止的利息；

二、撤销湖北省五峰土家族自治县人民法院第二项、第三项，即朱某峰对裴某兵的上述债务承担连带清偿责任，朱某峰承担清偿责任后有权向裴某兵追偿，驳回唐某洪的其他诉讼请求；

三、朱某峰对本判决第一项所确定的裴某兵的给付义务扣除 1666666.67 元后的剩余部分承担连带责任保证，朱某峰承担保证责任后，有权向裴某兵追偿；

四、驳回唐某洪的其他诉讼请求。

【法官后语】

本案讨论的重点是债务人物保和保证人人保并存情况下保证人的信赖利益保护问题。

第一，关于债务人物保和保证人人保并存情况下保证人信赖利益的存在基础。我国法律关于混合共同担保情形下的债权实现规则经历了一定的演变过程后，确立了《中华人民共和国物权法》第一百七十六条的法律规定。《中华人民共和国民法典》第三百九十二条规定沿袭了上述规定。基于对意思自治的尊重和激发经济活力的考虑，对于混合共同担保情形下担保物权的实现规则确立了当事人约定优先原则，该种约定可以是针对担保权的行使顺序，也可以是关于不同担保权的责任份额承担，只要当事人协商一致，法律并无理由不予支持。然而，如果当事人没有约定或约定不明，此时即应考虑物上保证人的法律地位并对担保权的行使顺序加以规定，从而确保担保制度的实现。

具体来说，从法律地位来看，无论是一般责任保证还是连带责任保证，保证人仅对债务承担补偿性责任，而债务人才是债务的终局承担者，故在债务人自身已经提供物保的情况下，理应由债权人就债务人物保优先受偿，而不应再赋予债权人以实现顺序选择权，以体现公平原则，维护保证人的合理利益，同时亦避免保证人承担保证责任后转而向债务人追偿，徒增交易成本。因此，在债务人提供物保与第三人提供保证并存情形下，如当事人未就债权的实现顺序进行约定，则债权人应首先依债务人提供的物保实现其债权，保证人基于相信债务人物保的优先实现对其仅就债权人实现担保物权后仍未受清偿的部分债权承担保证责任存在合理信赖，由此产生的保证人的信赖利益应受法律保护。反之，如担保物权最终因未能登记而未设立，则保证人有关其仅就债权人实现担保物权后仍未受清偿的部分债权承担保证责任之目的即会落空、信赖利益即会受损，并有可能使保证人成为债务的最终承担者。

第二，基于民法“有权利必有救济”的基本价值理念，权利（利益）一旦被侵犯，法律理应提供一定的救济渠道。而权利的救济方式，既可以表现为积极的补偿，即权利人依据自己的行为和意思主张使受损的权益得以补偿；也可以是消极的免责，即权利人请求他人作为或不作为一定的行为来辅助自己以避免更大范围损失的发生。就债务人物保与保证人人保并存情形下保证人的信赖利益而言，保证人在其预期的合理信赖利益已然落空的情况下，其权利救济的方式即表现为保证责任的相应免除，从而实现对权利的保护和各方利益的平衡。

第三，市场经济的健康有序发展，离不开民法的保驾护航。《中华人民共和国民法典》施行后，担保制度的功能定位，不仅限于保障债权实现，降低信用风险这一传统价值，随着我国市场经济体制的逐渐完善，营商环境的不断优化，担保制度对规范民商事法律行为，维护社会经济秩序，拓宽中小企业融资渠道，促进商品流通和经济繁荣都具有更加积极深远的影响。因此，作为市场经济主体，无论是借贷关系中资金供需双方的债权人、债务人，还是为促进交易顺利进行的担保人，理应按照诚实信用原则，规范理性从事交易行为，充分利用市场资源。反之，如果民商事主体在市场交易活动中怠于行使相应权利，未能按照约定全面履行自己的义务，不仅不利于当事人自身权益，更将削弱市场主体参与经济活动的积极性，不应得到鼓励，且需视过错情况承担相应的违约责任或侵权责任，以利于社会经济有序高效运行。

本案中，债权人（质权人）、债务人（出质人）、保证人对案涉股权质押未办理登记并导致保证人信赖利益受损均存在过错。而债务人物保及保证人人保并存情形下，保证人信赖利益受损在本质上系债权人、债务人在担保物权设立过程中对保证人信赖利益的侵害，侵权法上的过错责任原则理应成为有效厘清各方责任的一般原则。二审法院根据各方当事人的过错情况，裁量由三人对保证人信赖利益受损各承担三分之一的责任，免除保证人在案涉股权质押担保债务三分之二范围内的保证责任，实现了对当事人合理信赖利益的保护，体现了民商法维护交易安全、降低交易风险之基础价值，又兼顾了公平原则，平衡了复合担保情形下各方当事人的利益。同时从长远看，也宣示复合担保情形下各方当事人应积极审慎履行各自的义务，避免担保制度落空，彰显了《中华人民共和国民法典》担保制度保障债权实现这一核心要义，有利于培植市场主体守信践诺的契约精神，营造稳定、公平、有序的营商环境，为经济高质量发展提供法治保障。

编写人：湖北省宜昌市中级人民法院　王春柳

065　让与担保的构成要件和裁判规则

——宋某诉李某礼、李某英民间借贷案

【案件基本信息】

1. 裁判书字号

北京市东城区人民法院（2020）京 0101 民初 1079 号民事判决书

2. 案由：民间借贷纠纷

3. 当事人

原告：宋某

被告：李某礼、李某英

【基本案情】

2014年1月6日，宋某与李某礼签订《借款协议》，约定李某礼向宋某借款300万元，年息20%。此后，双方于2015年1月5日、2016年1月4日、2016年12月6日分别签订续借协议，借款至2018年1月6日，约定每月支付利息5万元。李某礼仅支付利息至2019年4月。2016年12月，李某礼又向宋某新增借款1000万元，12月7日出具借据，借款期限一年，年息200万元。借款由案外人王某提供。2017年12月5日，双方再次签署续借款协议，约定还款期限及利息支付等相关事项，2018年10月28日，宋某（甲方）、张某（乙方）、李某礼（丙方）再次签订备忘录一份，约定李某礼于2018年12月30日前归还甲方1000万元一年的利息200万元，或归还1300万元，宋某同意免除张某的两年利息……2019年1月12日，李某英（出让方）与宋某、张某（均为受让方）、李某礼（债务人）签订股权转让协议，约定李某英将其持有的燃气公司股权的49%转让给宋某，作为李某礼的债务保证。股权转让价款为20738727元，各方确认本次股权转让无须实际出资。

【案件焦点】

1.《股权转让协议》的性质如何认定；2. 李某英在本案中承担

的还会给付相应的费用补偿。反之，则买卖合同项下的标的物不再归卖方所有。但以上这两种方式均不是以买卖为目的的合同，而是以回购或者附期限、附条件的解除权来达到融资的目的的担保。这类案件虽然形式上不存在借贷合同，但实质上是通过签订买卖合同并实质转让所有权的方式，为卖方提供借款融资做担保的。

3. 后让与担保。后让与担保与让与担保的不同在于“后”字。让与担保系先行转让所有权，后让与担保则是约定债务人如不能按时还款，则在条件具备的情况下将相应财产转让给债权人，转移所有权的行为在后。因此，这种未提前转移所有权的担保方式为后让与担保。

上述判决认为，让与担保分为狭义和广义，广义上的让与担保包括狭义的让与担保和卖渡担保。后让与担保因未提前转移所有权，不构成让与担保的表现形式。随着金融市场的发展，可能还会出现更多“让与担保”的表现形式，但法官还应把握让与担保构成的两个关键，在众多案件中予以区分。

二、让与担保的“让与”行为仅具有对外公示效力

担保的本质是为了确保债权的顺利实现，担保的作用是使债权人对担保物获得排除第三方的权利，让与担保也不例外。就一般的动产让与担保而言，交付即转让所有权，对于不动产的让与担保和特殊的动产让与担保（如依法可以转让的股权），笔者认为其本质是与不动产抵押或权利质押相同的。不动产抵押登记可以使被登记抵押合同的债权具有对抗第三人的效力，最终目的是确保被抵押不动产只对被登记的债权发生效力。权利质押的登记目的亦是如此。而不动产让与担保或股权让与担保中的转移所有权，虽然将所有权名义上登记至债权人名下，却并不享有实际的所有权。以股权让与担保为例，判断登记至股东名册的股东是否是基于让与担保成为股东的重要标准就是

其是否实际参与公司实际经营，参与利润分配等。若其实际参与公司经营管理，则不能构成让与担保。由此可知，让与担保权人只是名义上的所有权人，让与担保是为了确保债权的实现而发生的。

因此，让与担保中的所有权转移登记行为或者交付行为起到的都是公示作用，都是为了使债权获得对抗第三人的效力。若将来债权不能实现，债权人有权对被登记财产或被转移所有权财产主张权利。

三、关于让与担保案件的裁判规则

关于构成让与担保的案件，目前可依据的法律规定有2021年1月1日起施行的《最高人民法院关于适用〈中华人民共和国民法典〉有关担保制度的解释》第六十八条第一款，债务人或者第三人与债权人约定将财产形式上转移至债权人名下，债务人不履行到期债务，债权人有权对财产折价或者以拍卖、变卖该财产所得价款偿还债务的，人民法院应当认定该约定有效。当事人已经完成财产权利变动的公示，债务人不履行到期债务，债权人请求参照民法典关于担保物权的有关规定就该财产优先受偿的，人民法院应予支持。

关于不构成让与担保的案件，目前可参考的是《最高人民法院关于审理民间借贷案件适用法律若干问题的规定》第二十三条关于买卖合同作为民间借贷合同担保的相关规定。该条规定明确法官应当按照基础法律关系审理，待作出的判决生效后，出借人可以申请拍卖买卖合同标的物以偿还债务。

本案中，宋某与李某英因未完成权利变动公示，股权未变更至宋某名下，所以本案无法按照让与担保的法律关系审理，只能待本案判决生效，李某礼不履行债务的情况下另行处理。

编写人：北京市东城区人民法院　陈春生　张萌萌

066 保证期间从主合同履行期限提前届满日起开始计算

——机械公司诉全某、张某买卖合同案

【案件基本信息】

1. 裁判书字号

重庆市第五中级人民法院（2020）渝 05 民终 8396 号民事判决书

2. 案由：买卖合同纠纷

3. 当事人

原告（被上诉人）：机械公司

被告（上诉人）：张某

被告：全某

【基本案情】

全某作为买受人向机械公司购买挖掘机一台，采取分期方式付款。张某为货款提供连带责任保证，保证期间为合同履行期限届满之日两年。挖掘机交付后，全某未按照合同约定支付货款。2014 年 5 月 16 日，全某、机械公司达成协议，由机械公司收回挖掘机，并给予全某 15 天宽限期，明确 15 日内未与机械公司结清逾期欠款的，机械公司有权通过变卖所收回的设备用于偿还逾期欠款。6 月 1 日宽限期届满后，全某未能结清欠款，机械公司遂将挖掘机出卖给案外人。

【案件焦点】

分期付款债务中，债务人违约导致主债务履行期限提前届满，保证期间的起算问题。

【法院裁判要旨】

重庆市九龙坡区人民法院经审理认为：机械公司与全某之间的买卖合同，机械公司与张某之间的保证合同系当事人的真实意思表示，合法有效。全某应该按照合同约定支付货款及其逾期付款损失，同时张某应该按照约定承担担保责任。

重庆市九龙坡区人民法院依照《中华人民共和国合同法》第一百零七条、第一百一十四条，《中华人民共和国担保法》第十八条、第二十一条规定，判决：

一、全某支付机械公司货款本金 306224 元；

二、全某支付机械公司按照一定标准计算的逾期付款违约金；

三、张某对全某的上述债务承担连带清偿责任。

张某不服一审判决，提起上诉。重庆市第五中级人民法院经审理认为：本案的争议焦点为保证期间的起算问题。《最高人民法院关于适用〈中华人民共和国担保法〉若干问题的解释》第三十条第二款明确规定，债权人与债务人对主合同履行期限作了变动，未经保证人书面同意的，保证期间为原合同约定的或者法律规定的期间。对于因债务人违约导致主债务履行期限提前届满，保证期间应从原合同约定的债务履行期届满之日起算，还是从提前届满之日起算，法律和司法解释均未作出明确规定。主合同双方擅自变更主债务履行期限是保证人所无法预料的，而履行期限非应当事人约定而变更，是保证人在提供保证时应当预计的风险。保证期间应从主债务履行期限提前届满日起算。本案中，因全某的违约行为导致主债务履行期限届满时间为2014年6月1日。现机械公司未举证证明其于2016年6月1日前向张某主张过权利，张某免除保证责任。

重庆市第五中级人民法院依照《中华人民共和国民事诉讼法》第一百七十条第一款第二项规定，判决：

一、维持重庆市九龙坡区人民法院民事判决第一项、第二项；

二、撤销重庆市九龙坡区人民法院民事判决第三项；

三、驳回机械公司的其他诉讼请求。

【法官后语】

保证期间问题，在保证法律制度中占据核心地位，所有保证债务均有保证期间的适用。债权人未在保证期间内依法行使权利的，保证债务消灭。基于此，人民法院在审理保证合同纠纷案件时，应当将保证期间是否届满等事实作为案件基本事实予以查明，审查的关键在于保证期间的起算点和长度。本案中，保证期间长度已无争议，案件处理的关键在于保证期间的起算。

1.《最高人民法院关于适用〈中华人民共和国担保法〉若干问题的解释》第三十条第二款适用范围

从担保从属性的角度看，主合同是保证人承担责任的前提和基础，当主合同发生变更时，保证合同的内容也随之变更。正因如此，可能会出现债务人和债权人合谋变更主合同损害保证人利益的情况。为此，《最高人民法院关于适用〈中华人民共和国担保法〉若干问题的解释》第三十条第一款规定主合同内容发生变更，加重保证人责任的，保证人对加重部分不承担保证责任。第二款作例外规定，即债权人、债务人变更主合同履行期限的，未经保证人书面同意的，保证期间不受影响。

意思自治系私法的基本原则，契约自由在整个私法领域具有重要的核心地位，合同自当强调法律关系主体的意思表示自由。原《最高人民法院关于适用〈中华人民共和国担保法〉若干问题的解释》第三十条第二款的构成要件有二，其一，债权人、债务人变更主合同履行期限；其二，未经保证人书面同意。两个构成要件同时满足，法律效果为保证期间不受影响。第一个构成要件强调债权人、债务人的意思表示合意；第二个构成要件强调保证人对债权人、债务人意思表示合意的合意。然而，意思表示自由不是绝对自由而是有其界限，基于交易安全与效率、实质公平正义等因素考量，意思表示自由应有相应限制。相应地，债权人、债务人、保证人意思表示自由亦有其边界。若存在无须考虑债权人、债务人、保证人意思表示合意而导致主债务履行期限提前届满的情形，则不应适用《最高人民法院关于适用〈中华人民共和国担保法〉若干问题的解释》第三十条第二款规定。

2. 本案请求权基础

就本案而言，看似是债权人机械公司、债务人全某未经保证人张某同意缩短了合同履行期限，实则是因为全某在此之前付款逾期所致。本案不应援引《最高人民法院关于适用〈中华人民共和国担保法〉若干问题的解释》第三十条第二款（《中华人民共和国民法典》第六百九十五条第二款）规定。全某在此之前付款逾期的行为在法律上评价为预期违约行为。

《中华人民共和国合同法》第一百零八条规定了预期违约制度，明确规定在当事人一方存在法定违约情形时，另一方当事人可以要求承担相应的违约责任，其中包括货款履行期限提前届满。预期违约责任系法律明确规定，本案中，履行期限的提前届满属于法定情形，自然不适用《最高人民法院关于适用〈中华人民共和国担保法〉若干问题的解释》第三十条第二款规定。

3. 保证期间应于主债务履行期限提前届满日起开始计算

首先，《中华人民共和国合同法》第一百零八条是对预期违约而给予守约方的权利救济方式。对应的是违约一方当事人。"其"包括主债务人，也包括保证债务人。其次，若债务人预期违约，债权人只能起诉债务人，待原保证期间届满后才能起诉保证人。无异加重了当事人诉累和成本，与法治效率原则相悖。最后，保证具有从属性，债权人可以依据法律规定向保证人行使请求权。[①] 因此，债务人违约导致主债务履行期限提前届满，保证合同中未将债务人违约导致主债务履行期限提前届满作为行使保证债权情形加以约定，保证期间亦应于主债务履行期限提前届满日起开始计算。

案涉债务具有整体性，保证期间本应从最后一期债务履行期届满之日后起算。但是，合同履行过程中全某违约导致主债务履行期限提前届满，保证期间应于主债务履行期限提前届满日起开始起算，故本案保证期间应从宽限届满日即 2014 年 6 月 1 日起算两年。现机械公司未举示证据证明其在保证期间内向张某主张权利，张某不应承担责任。

需要说明的是，《最高人民法院关于适用〈中华人民共和国担保法〉若干问题的解释》第三十条第一款、第二款现为《中华人民共和国民法典》第六百九十五条；《中华人民共和国合同法》现为

---

① 包晓丽、司伟：《民法典保证期间规定理解适用中的几个问题》，载《法律适用》2021 年第 1 期。

《中华人民共和国民法典》第五百七十八条。

编写人：成渝金融法院　王晓利　杨曦

重庆市第五中级人民法院　柳光洪

067 保证人恶意处分财产权益害及债权实现的，债权人可以行使撤销权

——蔡某诉高某英等债权人撤销权案

【案件基本信息】

1. 裁判书字号

江苏省无锡市中级人民法院（2020）苏02民终2392号民事判决书

2. 案由：债权人撤销权纠纷

3. 当事人

原告（被上诉人）：蔡某

被告：高某英、章某刚、章某人

第三人（上诉人）：高某生

【基本案情】

高某生与周某系夫妻关系，高某英系二人之女。2017年1月1日，高某英出具《还款书》，载明结欠高某生688.8万元，其中本金492万元，2013年至2016年利息196.8万元，以房产抵偿。

高某英与章某刚系夫妻关系，章某人系二人之子。2017年1月8日，高某生与高某英、章某刚签订《抵押借款协议》，约定高某英

向高某生借款500万元，高某英、章某刚将A房屋抵押给高某生。同日，高某生又与高某英、章某刚、章某人签订《抵押借款协议》，约定高某英向高某生借款400万元，高某英、章某刚、章某人将B房屋抵押给高某生。

2019年11月4日，各方就AB两处房屋分别办理了抵押登记，抵押权人均为高某生。双方确认案涉房屋抵押登记所涉债权系《还款书》载明的款项。

2011年至2012年时，蔡某向张某出借款项，高某英作保证担保。2018年时，蔡某将张某、高某英诉至江苏省无锡市锡山区人民法院，法院作出民事判决，判令张某归还蔡某借款本金372万元及利息，高某英承担连带责任。后张某提起上诉，江苏省无锡市中级人民法院作出民事判决，驳回张某的上诉，维持原判。该案经蔡某申请执行，张某无还款能力。经核算，截至2020年2月13日，张某应归还本息合计675.96万元。

本案中，蔡某以高某英对上述675.96万元债务负有还款义务，但高某英为逃避债务，恶意将房屋抵押给高某生，损害其合法债权为由，要求撤销上述抵押行为。高某英陈述，其与高某生的借款关系实际发生在2012年至2013年，其收到款项后又转借给张某，有张某的签收记录。2015年至2016年其向张某催讨借款时遭到推诿。2019年其将房屋办理抵押登记时，除了两套房屋外没有其他价值较高的财产。高某生陈述，其因公司拆迁获得高额拆迁款，具备出借款项的能力，在出借给高某英的款项中有130万元系妻子周某银行卡中的款项，周某的银行卡实际由高某英使用。高某生未提供证据对银行卡交付事实予以证明。

【案件焦点】

1. 高某生和高某英抗辩二人于2012年至2013年之间形成的债权债务关系是否真实；2. 高某英、章某刚、章某人将涉案房产抵押给高某生的行为是否属恶意串通，是否对蔡某的债权造成损害。

【法院裁判要旨】

江苏省无锡市锡山区人民法院经审理认为：关于债权债务是否真实，高某生、周某系高某英的父母，高某生和高某英提供的证据均不足以证明双方之间存在真实的债权债务关系；且高某英出具的《还款书》中记载的欠款本息金额与《抵押借款协议》中记载的借款金额差距较大，二人对差额未作出合理说明，法院对其意见不予采纳。

关于抵押行为是否属恶意串通，首先，高某英多次在张某与蔡某的借贷中作为保证人，对于自身应承担的担保责任是明知的，该担保责任产生的时间远早于涉案房屋设定抵押登记的时间；其次，高某英在向张某催讨款项过程中应当知晓张某的偿债能力出现了问题；最后，高某英就涉案房屋设立抵押登记时，除涉案房屋外无其他价值较高的财产。综上，高某英将其唯一具有较高价值的财产向高某生设立抵押登记的行为损害了其他债权人的利益，双方恶意串通具有高度盖然性，应当予以撤销。

据此，江苏省无锡市锡山区人民法院依照《中华人民共和国合同法》第七十四条，《最高人民法院关于适用〈中华人民共和国担保法〉若干问题的解释》第六十九条，《最高人民法院关于适用〈中华人民共和国合同法〉若干问题的解释（一）》第二十六条，《中华人民共和国民事诉讼法》第十三条、第六十四条、第一百四十

四条,《最高人民法院关于适用〈中华人民共和国民事诉讼法〉的解释》第九十条规定,判决:

一、撤销高某英、章某刚将房屋抵押给高某生的行为;

二、撤销高某英、章某刚、章某人将房屋抵押给高某生的行为;

三、驳回蔡某的其他诉讼请求。

高某生不服一审判决,提起上诉。

江苏省无锡市中级人民法院经审理认为:债务人有多个普通债权人的,在清偿债务时,债务人恶意将其全部或者部分财产抵押给其中一个债权人,因此丧失了履行其他债务的能力,损害了其他债权人的合法权益,受损害的其他债权人可以请求人民法院撤销该抵押行为。本案中,高某英与高某生、周某之间的银行承兑汇票和银行账户明细不足以证明双方的借贷关系。即使如高某英所称借贷关系成立,高某英作为张某债务的担保人,在明知张某偿债能力出现问题,其财产又不足以清偿全部债务的情况下,以其家庭不动产为直系亲属、利害关系人高某生设立抵押,损害了其他债权人利益,蔡某作为生效判决中确认的高某英的债权人有权请求法院撤销高某英等人将涉案房屋抵押给高某生的行为。

江苏省无锡市中级人民法院依照《中华人民共和国民事诉讼法》第一百七十条第一款第一项规定,判决:

驳回上诉,维持原判。

【法官后语】

一、债权人撤销权的对象应包含保证人

债务人的责任财产是普通债权人实现债权的唯一保障。为了维持债务人责任财产的充足，《中华人民共和国合同法》第七十四条[①]针对债务人无偿处分或恶意不当处分财产的情形，设立了债权人撤销权制度以限制债务人处分财产的自由，赋予债权人撤销有害于其债权实现行为的权利。在此基础上，《中华人民共和国民法典》第五百三十八条、第五百三十九条[②]从强化债权保护的角度对债权人撤销权制度进行了完善，拓展了债务人无偿或恶意处分财产利益的情形，并降低了债务人诈害行为与债权人债权实现之间因果关系程度的要求。

债权人撤销权的对象通常多指向主债务人，对保证人等担保之债的债务人涉及较少。然而在保证责任有效存续的情况下，保证人原则上以其全部财产为债权提供担保。对于债权人来说，主债务人和保证人的财产变动均会影响到债权的实现，因此，在债权实现前或者在保证责任消灭前，保证人不当处分责任财产影响债权人实现债权时，债权人有权向保证人行使撤销权。

二、债权人对保证人行使撤销权的构成要件

保证人基于担保之债承担责任。在判断债权人能否向保证人行使撤销权时，亦应以此为基础加以认定。第一，保证责任具有从属

---

① 《中华人民共和国合同法》第七十四条："因债务人放弃其到期债权或者无偿转让财产，对债权人造成损害的，债权人可以请求人民法院撤销债务人的行为。债务人以明显不合理的低价转让财产，对债权人造成损害，并且受让人知道该情形的，债权人也可以请求人民法院撤销债务人的行为。撤销权的行使范围以债权人的债权为限。债权人行使撤销权的必要费用，由债务人负担。"

② 《中华人民共和国民法典》第五百三十八条："债务人以放弃其债权、放弃债权担保、无偿转让财产等方式无偿处分财产权益，或者恶意延长其到期债权的履行期限，影响债权人的债权实现的，债权人可以请求人民法院撤销债务人的行为。"第五百三十九条："债务人以明显不合理的低价转让财产、以明显不合理的高价受让他人财产或者为他人的债务提供担保，影响债权人的债权实现，债务人的相对人知道或者应当知道该情形的，债权人可以请求人民法院撤销债务人的行为。"

性，即要求债权人向保证人行使撤销权时要审查主债务和保证债务的效力。对于无效之主债或无效之保证，债权人当然无权行使撤销权。第二，保证人处分责任财产的行为需发生在保证期间或债权人已向保证人主张保证责任后的诉讼时效期间内。第三，要区分保证人处分责任财产的对价情况。对于保证人无偿处分的行为，仅需证明该处分行为客观地害及债权即可，无须苛以主观恶意。对于保证人有偿但不当处分责任财产的行为，除客观害及债权之外，债权人需证明保证人具有主观恶意。而对保证人主观恶意的判断，应结合案件情况综合认定。如保证人明知或者应知主债务人不具备履行能力或者有极高可能需要其承担保证责任时，保证人仍不当处分责任财产致其无力履行保证责任进而妨害债权实现的，则可以认定保证人具有主观恶意。关于保证人对责任财产的处分行为，既包括转让责任财产所有权，也包括在责任财产上设定负担。以本案为例，高某英在明知自己负有保证责任的情况下，仍将名下主要财产向其父亲设定抵押，妨害了蔡某合法债权的实现，可以推定高某英存在主观恶意。第四，保证人有偿但不当处分责任财产时，相对人应当承担证明自己是善意的举证责任，否则债权人有权向保证人及相对人主张撤销权。

关于在没有证据证明主债务人存在履行风险的情况下，保证人对责任财产的处分行为可否被撤销，在本案的讨论中存在一些争议。笔者认为，保证责任是为了保障债权实现，虽然保证人并非必然承担保证责任，但只要保证人的处分行为使责任财产与保证设立时比较发生重大变化，足以影响债权人设立保证担保的决定，则可以认定该处分行为害及债权，债权人有权予以撤销。

三、恶意串通行为的无效与债权人撤销权的竞合

本案中，蔡某主张高某英与高某生系父女关系，双方虚构债务

并设定抵押权系恶意串通行为。关于恶意串通，《中华人民共和国民法典》第一百五十四条规定，行为人与相对人恶意串通，损害他人合法权益的民事法律行为无效。因此，如果保证人与他人恶意串通处分财产的行为同时满足债权人撤销权的构成要件，则发生恶意串通与债权人撤销权竞合之情形。笔者认为，恶意串通和债权人撤销权属不同效力之法律范畴。恶意串通系无效法律行为，基于恶意串通而订立的合同当然无效。而债权人行使撤销权的前提则是被撤销之标的合法有效且已履行。在上述竞合情形发生时，为防止无效行为被作有效处理的情况发生，应优先适用恶意串通的规则进行审理，即如果保证人与他人构成恶意串通，则应直接认定相应的法律行为无效，债权人可作为利害关系人提起确认合同无效之诉。债权人提起撤销权之诉的，法院应向债权人释明相关法律关系。对于债权人坚持主张撤销权的，法院可依法驳回其诉讼请求。本案中，高某英与高某生之间的债权债务具有盖然性，没有充分的证据能够证明高某生与高某英存在侵害蔡某债权的共同恶意，因此本案不构成恶意串通。二审法院最终以保证人向具有利害关系的部分债权人设定抵押权，侵害了其他债权人的利益为由，认定债权人可以行使撤销权。

编写人：江苏省无锡市锡山区人民法院　刘家强　刘燕妮

068 连带共同保证人保证责任免除抗辩权的行使

——包某诉基金中心追偿权案

【案件基本信息】

1. 裁判书字号

浙江省台州市中级人民法院（2021）浙10民终198号民事判决书

2. 案由：追偿权纠纷

3. 当事人

原告（上诉人）：包某

被告（被上诉人）：基金中心

第三人：某银行

【基本案情】

包某与某公司的法定代表人李某原系夫妻。基金中心是一家为小微企业贷款提供信用担保等的事业单位法人。

包某及李某分别于2016年2月4日、2017年7月3日为某公司向某银行的借款提供最高额保证。2018年8月7日，基金中心与某银行签订《合作协议》，约定由基金中心为某银行发放的融资业务提供担保，合作的期限为2018年8月7日至2021年8月6日；某银行在针对相关融资业务追加其他担保时，需同时为基金中心所提供的信用保证代为办理相应反担保，反担保的担保人需包含为同一笔融资业务提供担保的其他全部担保人；某银行在办理本保证授信时，追加其他担保，但未按约定同时为甲方代办相应反担保的，基金中心将免除该保证责任，不予代偿。并约定，上述“其他担保”，是指某银行为保证其融资业务的安全，除基金中心提供信用保证外，对同一笔融资业务同时要求客户以自有资产提供担保，或者要求以与客户有关联关系的自然人（包括法定代表人、实际控制人、股东及其配偶、成年子女等）、企业（包括形成投资或控股关系的母子公司、其他企业等）提供保证的担保。

2018年11月20日，某公司向某银行贷得款项50万元。2018年11月28日，基金中心承诺承担担保责任。某银行没有为基金中心代为办理反担保手续。

【案件焦点】

1. 包某和基金中心是否属于连带共同保证人；2. 基金中心是否享有免责抗辩权；3. 基金中心的免责抗辩权是否及于主张追偿权的保证人包某。

【法院裁判要旨】

浙江省台州市椒江区人民法院经审理认为：《合作协议》约定代偿免责的情形之一是某银行追加其他担保，但未按约定同时为基金中心代办反担保，《合作协议》对“追加其他担保”的意思未作明确约定；从文义上理解，“追加其他担保”并不仅理解为基金中心提供担保的时间早于其他，也可理解为除了基金中心外还有其他担保存在。在《合作协议》签订前，《自主保证产品说明（试行）》就明确载明，某银行提出代偿申请时，需提交《反担保函》原件、反担保人身份证明资料；如未按规定提交完整各项资料的，某银行无法获得基金中心代偿。在此情形下，“追加其他担保”应理解为除基金中心提供担保外，还有其他担保存在。并且，基金中心是政府为小微企业贷款提供信用担保等而设立的事业单位法人，《合作协议》约定“追加其他担保”亦应理解为除了基金中心提供担保外，还存在其他担保。在案涉贷款发生时，包某和李某分别提供担保属于《合作协议》约定的“其他担保”，某银行未代办反担保手续，基金中心的代偿义务应予免除。

浙江省台州市椒江区人民法院依照《中华人民共和国民法总则》第三条规定，判决：

驳回包某的诉讼请求。

包某不服一审判决，提起上诉。浙江省台州市中级人民法院认为：本案构成连带共同保证当无疑义。包某主张基金中心承担保证份额的前提是各保证人均应当承担保证责任。《合作协议》约定了基金中心代偿免责情形。涉案债务发生时，包某提供担保符合“其他担保”的情形。本案争议的是“追加其他担保”中“追加”如何理解。基金中心的设立目的主要是为小微企业等的融资提供信用保证，降低小微企业等的融资成本；《合作协议》约定某银行代办反担保目的是降低基金中心追偿不能的风险。只有在这两个目的都能实现的情况下，基金中心才能更好地运营，并承担起服务小微企业等的社会责任。因此，对“追加其他担保”如何理解，应当从基金中心的设立目的、合作协议条款、自主保证产品说明等方面进行整体上的把握。如果依提供担保时间来界定是否属于“追加其他担保”情形，则会出现因“其他担保”提供时间不同而产生银行有无代办相应反担保义务的不同，进而导致基金中心承担不同的保证风险。这不符合基金中心设立及运营的目的。另外，由于“其他担保”的担保人均与债务人存在特定的关联关系，基金中心通过反担保将其代偿后风险转移给“其他担保”的担保人，更加公平合理。某银行没有代办反担保，基金中心据此约定不应承担保证代偿责任，包某追偿缺乏前提条件。各保证人承担或不承担保证责任均基于其各自与债权人订立的保证合同，包某不能向基金中心追偿，是由于根据《合作协议》约定其免于向某银行承担保证责任，而不是《合作协议》排除或限制包某追偿权的结果，故不存在《合作协议》约定损害包某利益的问题。

浙江省台州市中级人民法院依照《中华人民共和国民事诉讼法》第一百七十条第一款第一项规定，判决：

驳回上诉，维持原判。

【法官后语】

本案系一项债务存在多个保证人的案件。案涉借款、提供保证和一审处理均在《中华人民共和国民法典》施行前，二审处理则在该法施行后。案件处理过程中对保证人分别提供保证的方式、责任后果的法律规定发生了变化。

一、关于包某、基金中心是否属于连带共同保证人

双方各自承诺提供保证，而基金中心在《自主保证业务担保确认函》中并未明确保证责任方式。一、二审处理阶段，法律对相关行为的后果规定截然不同。因基金中心提供保证的行为和涉案纠纷一审处理均在《中华人民共和国民法典》施行前，根据《最高人民法院关于适用〈中华人民共和国民法典〉时间效力的若干规定》的规定，应适用《中华人民共和国担保法》第十九条规定，基金中心应承担连带责任保证。但是，随着《中华人民共和国民法典》的出

台，保证方式约定不明确的后果发生了颠覆性变化。该法第六百八十八条第一款规定，当事人在保证合同中约定保证人和债务人对债务承担连带责任的，为连带责任保证。基金中心并未明确对某公司的债务承担连带责任，故其提供的是一般责任保证。司法实践中，为保障债权实现，债权人通常要求保证人在债权凭证上保证人签名处署名，却很少要求其写明保证方式，故可以预见，今后一段时间因保证方式约定不明确产生纠纷的案件将大幅增多，且随着民法典知识普法宣传的不断深入又将逐渐减少。双方先后提供保证，根据《最高人民法院关于适用〈中华人民共和国民法典〉时间效力的若干规定》第十三条规定，不能认定双方为共同保证人，但不论是涉案纠纷一审处理还是双方提供保证的行为均发生在该解释施行前，故应适用《中华人民共和国担保法》及《最高人民法院关于适用〈中华人民共和国担保法〉若干问题的解释》的规定。虽然现无证据反映出双方有共同保证的意思表示，但依据《最高人民法院关于适用〈中华人民共和国担保法〉若干问题的解释》第十九条第一款的规定，应当认定为连带共同保证。

二、关于基金中心是否应当承担保证责任

这也是本案处理的关键和难点所在。保证人向其他保证人主张权利，前提是该其他保证人应当承担保证责任。本案中，《合作协议》约定了基金中心代偿免责的情形。双方争议的焦点是对《合作协议》中“追加其他担保”的理解。《合作协议》未明确规定“追加其他担保”具体含义，但从文义理解，“追加其他担保”，既可以理解为从时间角度在某种担保方式之后增加了担保，也可以理解为数量上增加了其他担保。本案中，对“追加其他担保”如何理解，应当从基金中心设立目的、《合作协议》《自主保证产品说明》约定等方面综合进行把握。并且，毕竟包某或李某与某公司存在特定关系，基金中心通过反担保方式将代偿后风险转移给包某或李某，也更体现公平、合理。因此，某银行没有代办反担保手续，基金中心的保证责任免除。

三、关于被免责保证人的抗辩权是否及于追偿权人

诚然，审查保证人是否需要承担保证责任是债权人向该保证人主张权利的前提，那么保证人可否以其已被债权人免除保证责任对抗其他保证人，在司法实务中争议很大。有观点认为，保证人相互追偿系因各保证人均为连带共同保证人，即使免除了保证责任，免责事由也只能约束债权人，不能拘束其他保证人，该保证人仍应向其他保证人承担保证责任，其承担保证责任后，可向债权人追偿。还有观点认为，被追偿保证人需承担保证责任是追偿权行使的前提，既然保证人被债权人免除了保证责任，那么该保证人自然无须向其他保证人承担责任。笔者同意后一种观点。前一观点的立足点是，保证人之间有共同保证的合意。事实上，两个以上保证人对同一债务分别提供保证，只能说明保证人与债权人约定，其愿意承担保证责任；无法推理出保证人之间有共同提供保证的合意。而按照《最高人民法院关于适用〈中华人民共和国担保法〉若干问题的解释》第十九条规定，却推定保证人之间为连带共同保证，故前一观点很难成立。《中华人民共和国民法典》施行后，《最高人民法院关于适用〈中华人民共和国民法典〉有关担保制度的解释》第二十九条第二款规定，保证人因债权人原因免除保证责任，可以对抗其他债权人。此条规定更符合法理。本案中，双方承担或不承担担保责任均基于各自出具的担保函件，双方承担共同保证责任的法律依据是《最高人民法院关于适用〈中华人民共和国担保法〉若干问题的解

释》第十九条的规定；而现在导致基金中心不承担代偿责任的还是因其与某银行的约定，双方的约定是基础，故基金中心向某银行所提抗辩理由，当然也能对抗包某。

编写人：浙江省台州市椒江人民法院　王秀云

069 反担保合同中约定违约责任的效力及反担保范围的认定

——担保公司诉甲公司等追偿权案

【案件基本信息】

1. 裁判书字号

北京市高级人民法院（2019）京民终326号民事判决书

2. 案由：追偿权纠纷

3. 当事人

原告（上诉人）：担保公司

被告（被上诉人）：甲公司、生化公司、商贸集团、乙公司

被告：孙某、商贸公司、淀粉公司

【基本案情】

2014年1月15日，乙公司与担保公司签订《授信追偿合同》，约定：鉴于担保公司同意为乙公司因向某银行申请贷款、向某银行以保证的方式提供担保，双方经协商订立本合同。担保公司同意授予乙公司最高2.2亿元的担保授信额度。担保公司按照约定履行全部或部分保证责任后，有权要求乙公司立即归还担保公司为履行保证责任支付的全部款项和自支付之日起的利息（利率

为日万分之五）以及担保公司的其他费用和损失。同日，担保公司、淀粉公司与某银行签订《最高额保证合同》，约定担保公司为上述主合同提供最高额保证担保，担保的最高债权额为2.2亿元。

同日，甲公司、生化公司分别与担保公司签订《反担保保证合同（最高额）》，甲公司、生化公司同意为乙公司向担保公司提供2.2亿元最高额反担保保证，承担连带责任保证。反担保保证的范围包括主合同中约定的乙公司应向担保公司支付的代偿款本金、利息、担保费、违约金、赔偿金以及担保公司实现债权的费用。同时还约定，如甲公司、生化公司未履行或未完全履行本合同的约定，应按照款项总额（即乙公司应向担保公司支付的所有款项）的5%向担保公司支付违约金。

同日，乙公司向担保公司提供最高额抵押反担保。孙某以其个人及家庭所有的财产向担保公司提供最高额反担保保证，以其股权出质提供最高额质押反担保。商贸公司以其股权出质提供最高额质押反担保。上述担保均签订书面合同并办理了相关手续，最高债权额均为2.2亿元。

随后，某银行向乙公司发放多笔款项。担保公司在其担保范围内先后为乙公司代偿了未付利息、复利及本金等共计1亿余元。

【案件焦点】

甲公司、生化公司在反担保合同中约定违约责任的效力及范围认定问题。

【法院裁判要旨】

北京市第一中级人民法院经审理认为：担保公司按照约定履行

全部或部分保证责任后，有权要求乙公司归还担保公司为履行保证责任支付的全部款项，包括代偿款本金1亿余元及利息、违约金、担保费、律师费等。孙某、生化公司、甲公司就上述债务承担连带责任保证。乙公司提供了抵押，担保公司有权在担保范围内对抵押财产折价或者拍卖、变卖的价款优先受偿。孙某、商贸公司以其持有的股权提供了质押，担保公司有权在质押担保范围内对质押股权折价或者拍卖、变卖的价款优先受偿。

关于甲公司、生化公司在反担保合同中约定违约责任的效力及范围认定问题。法院认为，保证合同具有从属性，即保证合同是主合同的从合同，保证债务是主债务的从债务，主要表现为保证的范围从属于主债务，不得大于主债务，债权人虽可以与保证人协商保证担保的范围，但若保证合同约定的保证债务的范围大于主债务的，应减到主债务的限度。本案中，甲公司、生化公司分别与担保公司关于违约金的约定均超过了主债务的范围，应减到主债务的限度，故担保公司要求甲公司、生化公司支付因未及时向其履行反担保保证责任的违约金缺乏依据，不予支持。

另外，担保公司、淀粉公司分别与某银行签订《最高额保证合同》，未约定保证份额，为连带共同保证，担保公司、淀粉公司应平均分担。担保公司有权要求淀粉公司就已经认定的代偿款及利息承担对乙公司不能向担保公司偿还部分的三分之一承担清偿责任。

综上，北京市第一中级人民法院依照《中华人民共和国合同法》第八条、第一百零七条、第一百一十四条第一款，《中华人民共和国物权法》第一百七十六条、第一百八十条第一款第二项和第四项、第一百八十七条、第一百八十八条、第二百零三条第一款、第二百二十六条，《中华人民共和国担保法》第十八条、第二十一条、第三十一条，《最高人民法院关于适用〈中华人民共和国担保法〉若干问题的解释》第十九条第一款、第二十条第二款、第二十二条第一款、第二十三条、第四十二条第一款，《中华人民共和国民事诉讼法》第一百四十四条，《最高人民法院关于适用〈中华人民共和国民事诉讼法〉的解释》第九十条规定，判决：

一、乙公司给付担保公司代偿款102082303.131元、利息、违约金、担保费及律师费；

二、孙某、甲公司、生化公司就本判决确定的乙公司所负债务向担保公司承担连带责任保证。承担连带责任保证后，有权向乙公司追偿；

三、担保公司有权就本判决确定的乙公司所负债务对乙公司抵押财产折价、拍卖、变卖的价款享有优先受偿权；

四、担保公司有权就本判决确定的乙公司所负债务对孙某、商贸公司用于质押的股权折价、拍卖、变卖的价款享有优先受偿权；

五、淀粉公司对代偿款102082303.131元及利息承担对乙公司不能向担保公司偿还部分的三分之一的清偿责任；

六、驳回担保公司的其他诉讼请求。

担保公司不服一审判决，提起上诉。北京市高级人民法院经审理认为：关于甲公司、生化公司在反担保合同中约定违约责任的效力及范围认定问题。法院认为，甲公司、生化公司分别与担保公司就反担保人的担保责任，约定如生化公司、甲公司未履行或未完全履行反担保责任，应按照主债务总额的5%向担保公司支付违约金。该违约责任已经超出了主债务的范围，额外增加了反担保人的负担，与担保的从属性不符。故超出部分的约定应属无效，甲公司、生化公司的反担保责任均应缩减至担保公司基于《最高额保证合同》向某银行支付的代偿款项的范围之内。

北京市高级人民法院依照《中华人民共和国民事诉讼法》第一百七十条第一款第一项规定，判决：

驳回上诉，维持原判。

【法官后语】

担保在商事行为中是一种非常常用的制度，对于促进资金融通和商品流通都具有重要意义。本案是一例在商事行为中运用担保制度的典型案例，相关商事主体为了保障自身债权利益的实现，设计了比较复杂的担保关系，包括最高额担保、保证担保、质押担保、抵押担保、反担保等。本案中，争议焦点之一是反担保合同中约定违约责任的效力问题，解决该问题首先要分析反担保的性质及担保责任的范围。

反担保是指替债务人提供担保的第三人，无论该第三人是提供人的担保还是物的担保，为了保证自己的追偿权得到实现，可以要求债务人为自己追偿权的实现提供担保。第三人替债务人为债权人设定的担保物权是为了实现债权而设立，反担保也是为了实现债权而设立。只是在担保法律关系中，担保的主债务是“债务人应向债权人履行的债权”。在反担保法律关系中，反担保的主债务是“第三人承担担保责任后，可向债务人主张的追偿债权”，第三人承担担保责任后，成为债务人的新债权人。因此，反担保属于担保的一种特殊表现形式，其法律性质、具体适用规则等与担保制度一致。《中华人民共和国民法典》第三百八十七条第二款规定：“……反担保适用本法和其他法律的规定。”

担保具有从属性，《全国法院民商事审判工作会议纪要》（以下简称《九民会议纪要》）第五十五条“担保责任范围”规定，担保人承担的担保责任范围不应当大于主债务，是担保从属性的必然要求。当事人约定的担保责任的范围大于主债务的，如针对担保责任约定专门的违约责任、担保责任的数额高于主债务、担保责任约定的利息高于主债务利息、担保责任的履行期先于主债务履行期届满，等等，均应当认定大于主债务部分的约定无效，从而使担保责任缩减至主债务的范围。《最高人民法院关于适用〈中华人民共和国民法典〉有关担保制度的解释》第三条与《九民会议纪要》第五十五条精神保持一致。

实践中，最为常见的担保责任范围大于主债务就是本案中针对反担保责任约定专门违约责任的情形。在此种情形下，反担保的担保权人往往主张双方明确约定了反担保的违约责任，法院应当支持当事人的合同约定。但如果法院支持了该主张，反担保人除了要支付债务人因违约而支付的违约金外，还要支付自己违约所要支付的违约金，这不仅加重了反担保人的负担，更重要的是，反担保所担保的范围实际上超过了其担保的主债务的范围。而有关担保从属性的规定属于强制性规定，不能通过约定的方式予以排除。因此，针对反担保责任约定专门违约责任的，应当认定无效，担保责任的范围应当缩减至主债务的范围。

如果保证债务的范围不受主债务的限制，允许当事人自由约定，债权人将从保证人处获得从债务人处无法获得的额外利益，且保证人承担该部分额外责任后无法向主债务人进行追偿，损害保证人利益，不符合公平原则。

甲公司、生化公司作为反担保人，其担保的“主债务”为担保公司的保证债务，即担保公司基于《最高额保证合同》应当向某银行支付的代偿款项。

编写人：北京市高级人民法院　夏林林　陈旭云

070 夫妻一方不能以个人与债权人的部分债务的执行和解协议对抗保证人追偿的权利

——赵某诉白甲、白乙追偿权案

【案件基本信息】

1. 裁判书字号

陕西省渭南市中级人民法院（2020）陕05民终1005号民事判决书

2. 案由：追偿权纠纷

3. 当事人

原告（被上诉人）：赵某

被告（上诉人）：白甲

被告（被上诉人）：白乙

【基本案情】

白甲、白乙原系夫妻关系，于2017年9月8日离婚。在婚姻关系存续期间，白甲、白乙因资金周转向第三人借款，担保公司为其提供担保，赵某和李某作为白甲、白乙的朋友，提供反担保。白甲、白乙未能偿还借款，担保公司依约代为清偿。后担保公司向白甲、白乙追偿未果，诉请法院判令白甲、白乙偿还代偿款及利息，赵某和李某承担连带责任。2018年12月17日，陕西省渭南市临渭区人民法院作出民事判决："白乙、白甲于判决生效后十日内偿还担保公司代偿款9万元及利息（月利率2%，从2014年

10月28日起至实际还款之日止，已支付利息5000元）；赵某、李某承担连带清偿责任。”担保公司申请执行上述判决。执行中，白甲与担保公司2019年7月31日签订《执行和解协议书》约定："白甲一次性偿还担保公司5万元后，其他款项担保公司不再要求白甲承担还款责任。”以上协议即日履行。随后，赵某与担保公司2019年8月13日签订《执行和解协议书》约定："赵某一次性偿还担保公司10万元后，其他款项担保公司不再要求赵某承担，赵某履行该10万元后，有权向被执行人白甲白乙行使追偿权，本协议经双方签字后生效。”该协议也即日履行。后赵某向白乙、白甲追偿未果。

【案件焦点】

白甲与担保公司达成《执行和解协议书》，约定白甲还款5万元后，其余款项担保公司不再要求白甲承担偿还责任，是否能对抗保证人赵某的追偿权。

【法院裁判要旨】

陕西省渭南市临渭区人民法院经审理认为：保证人承担责任后，有权向债务人追偿。本案中，赵某已代白乙、白甲向担保公司清偿了应由二人偿还的借款，履行了担保责任，依法享有追偿权，结合赵某提交的证据，可以认定赵某主张的追偿权成立。

陕西省渭南市临渭区人民法院依照《中华人民共和国担保法》第四条、第二十一条、第三十一条，《最高人民法院关于审理民间借贷案件适用法律若干问题的规定》第二十九条第一项规定，判决：

白甲、白乙共同偿还赵某代为清偿的借款100625元及利息。

白甲不服一审判决，提起上诉。陕西省渭南市中级人民法院经审理认为：赵某作为案涉借款的保证人，向担保公司还款 10 万元，履行了保证责任，依法取得追偿权。赵某主张债务人白乙、白甲偿还其代付款 10 万元、执行款 625 元及相应利息，予以支持。白甲诉称其已与白乙离婚，在《离婚协议书》中约定该笔款项由白乙承担。白甲、白乙的离婚协议只能对协议双方产生约束力，不能对外产生法律效力。白甲诉称其在与担保公司的《执行和解协议书》中约定白甲还款 5 万元后，其余款项担保公司不再要求白甲承担偿还责任，并提交欠条、收条及陕西省渭南市临渭区人民法院的结案通知书予以佐证。该证据只能证明白甲向担保公司还款 5 万元，担保公司不再向白甲主张其余款项，但与赵某承担担保责任后能否追偿无关。

陕西省渭南市中级人民法院依照《中华人民共和国民事诉讼法》第一百七十条第一款第一项规定，判决：

驳回上诉，维持原判。

【法官后语】

保证人追偿权对于保证人和债权人的权益均提供了制度性保障。在司法实践中，非法定情形外，不得对抗保证人追偿权。

一、保证人追偿权的产生

《中华人民共和国民法典》第七百条吸收了《中华人民共和国担保法》第十二条，《最高人民法院关于适用〈中华人民共和国担保法〉若干问题的解释》第二十条、第四十三条的部分内容。《中华人民共和国民法典》第七百条规定，保证人承担保证责任后，除当事人另有约定外，有权在其承担保证责任的范围内向债务人追偿，享有债权人对债务人的权利，但是不得损害债权人的利益。《中华人民共和国民法典》完善了保证人的追偿权，明确保证人在其承担保证责任的范围内向债务人追偿。保证人之所以享有追偿权，是因为虽然保证人向债权人承担保证责任是其依保证合同所应承担的义务，但是保证人对债权人承担保证责任毕竟是代主债务人履行债务，保证人是为了主债务人的利益而遭受的损失，从公平和等价交换原则出发，应当赋予保证人向主债务人追偿的权利。同时该追偿权只有在保证人已承担保证责任后才会产生，包括保证人的实际履行、代位清偿、抵销，甚至保证人的财产被强制执行等承担方式，即代位追偿权行使的前提条件便是保证人已向债权人承担了保证合同约定的或法定的保证责任。本案中，赵某作为保证人，以执行和解的方式承担了保证责任，当然享有对债务人白甲、白乙的追偿权。

二、对抗保证人追偿权的情形

1. 保证人承担保证责任存在过错。保证人在承担保证责任后，有义务及时通知债务人，若保证人怠于通知债务人，致使债务人无过失地又向债权人履行的，保证人丧失追偿权。保证人可以不当得利请求债权人返回，债权人应予返回。另外，保证人在承担保证责任时怠于行使债务人对债权人的抗辩权，而作出大于债务人应承担债务范围的清偿，以及担保人支出非必要的花费，使债务人的债务范围扩大，对扩大部分，保证人丧失追偿权。

2. 在主债权已消灭的情况下，保证人的清偿不产生追偿权。在债务人已经清偿了主债务或其他使主债务已经消灭的，由于主债权债务已消灭，保证人的追偿权无从成立，保证人只能依不当得利之规定，向债权人请求返还。

本案中，白甲、白乙离婚时关于共同债务由白甲承担的约定，仅对其二人产生约束力，不能对抗保证人对二人的追偿权。白乙与债权人在《执行和解协议书》约定，其一次性偿还债权人5万元后，债权人不再向其主张剩余的其他债权。根据该和解协议书，白乙虽然部分履行了债务，却并没有消灭主债权，且该协议也仅限于白乙与债权人，当然不能对抗保证人对白乙的追偿权。保证人赵某与债权人达成执行和解，在应承担债务范围内清偿了部分债务，并及时向债务人追偿，未导致债务人无过失地又向债权人履行，也未导致债务人的债务范围扩大，所以赵某在已承担保证责任的范围内享有完全的追偿权。

编写人：陕西省渭南市中级人民法院　文茜　亢俊谦

071 意向性约定担保不成立

——储运集团诉汽车部件公司等借款合同案

【案件基本信息】

1. 裁判书字号

广西壮族自治区柳州市中级人民法院（2019）桂02民终2531号民事判决书

2. 案由：借款合同纠纷

3. 当事人

原告（上诉人）：储运集团

被告（被上诉人）：机械制造公司、覃某裕、韩某

被告：汽车部件公司

【基本案情】

2016年6月6日，储运集团与机械制造公司、覃某裕、韩某签订了一份《保证担保协议》。协议约定：储运集团受让汽车部件公司的股权并向其出借经营资金；覃某裕保证汽车部件公司在交割股权前不存在尚未向储运集团披露的债务和争议；如存在未披露的债务和争议，覃某裕必须予以解决，否则覃某裕赔偿储运集团全部损失；机械制造公司、韩某对覃某裕保证的上述事宜以及储运集团出借款项承担连带责任保证；保证期间为汽车部件公司向储运集团披露债务或争议起两年。

2016年8月2日，储运集团与汽车部件公司签订一份《借款协议》。协议约定：储运集团向汽车部件公司提供最高额不超过2000万元的经营借款；储运集团提出还款要求时，汽车部件公司应立即还款；逾期还款的，每月应按借款本金及利息的1%支付违约金。

2016年8月3日至2018年8月21日，储运集团共向汽车部件公司提供借款3287.9396万元。二审期间，汽车部件公司与储运集团认可截至2019年9月26日。汽车部件公司尚欠储运集团借款本金1548.510575万元和违约金44.345637万元；韩某自愿承担连带清偿责任。

【案件焦点】

案涉《保证担保协议》经合同双方当事人签字或盖章，约定的保证担保是否成立。

【法院裁判要旨】

广西壮族自治区柳州市柳北区人民法院经审理认为：案涉《保

证担保协议》在法律属性上当属意向性约定，该意向的落实，尚需具体的借款事项发生后由当事人另行签订符合担保合同成立要件的合同。由于当事人未对《保证担保协议》中的所谓担保条款予以有效补正或者重新订立保证合同，因此储运集团与机械制造公司、覃某裕、韩某之间的担保法律关系并未成立，不能产生担保法律效力。

广西壮族自治区柳州市柳北区人民法院依照《中华人民共和国民法总则》第一百三十条，《中华人民共和国担保法》第五条第一款、第六条、第十五条之规定，判决：

一、汽车部件公司应于本判决生效之日起十日内向储运集团偿还借款 17790567.9 元并支付违约金（违约金从 2018 年 11 月 1 日起开始计算，每月支付 177905.68 元，直至款项付清之日止）；

二、驳回储运集团的其他诉讼请求。

储运集团不服一审判决，提起上诉。

广西壮族自治区柳州市中级人民法院经审理认为：法院对于一审法院关于案涉《保证担保协议》对借款担保的约定属于意向性约定的认定予以认可。由于储运集团及汽车部件公司二审期间对借款本金及违约金达成新的共识，以及韩某二审期间作出愿意承担连带清偿责任的意思表示，因此法院对一审法院的判决作相应调整。

广西壮族自治区柳州市中级人民法院依据《中华人民共和国民事诉讼法》第一百七十条第一款第二项之规定，判决：

一、撤销广西壮族自治区柳州市柳北区人民法院民事判决；

二、汽车部件公司向储运集团偿还借款本金 1548.510575 万元，并支付违约金 44.345637 万元（该部分违约金已计算至 2019 年 9 月 26 日，2019 年 9 月 26 日之后的违约金，以尚欠的借款本金为基数，按照 1%/月的标准，计付至债务清偿之日）；

三、韩某对上述第二项债务承担连带清偿责任；

四、驳回储运集团的其他诉讼请求。

【法官后语】

《中华人民共和国民法典》第四百九十条第一款规定："当事人采用合同书形式订立合同的，自当事人均签名、盖章或者按指印时合同成立……"笔者想分析的是案涉《保证担保协议》已经过合同双方当事人签字或盖章，协议中约定的保证担保仍不能成立的原因。

一、案涉《保证担保协议》作为从合同在主合同《借款协议》签订前就先行签订，是否是导致保证担保不成立的原因

保证属于债的担保的种类之一，债的担保具有从属性，以主债的存在或者将来存在为前提，随着主债的消灭而消灭。担保合同的从属性是由其法律地位决定的，保证合同与主债务合同签订的先后顺序并不影响保证合同作为从合同的地位，保证合同对于将来成立的主合同也可以成立保证担保。案涉《保证担保协议》虽然在主合同《借款协议》签订前就先行签订，但不影响保证担保的成立。

二、案涉《保证担保协议》不完全具备法律规定的内容，是否是导致保证担保不成立的原因

《中华人民共和国民法典》第六百八十四条沿用了《中华人民共和国担保法》第十五条规定："保证合同的内容一般包括被保证的主债权的种类、数额，债务人履行债务的期限，保证的方式、范围和期间等条款。"案涉《保证担保协议》并不完全具备上述法律规定的内容。但是，保证合同中履行债务的期限、保证的方式、保证担保的范围、保证的期间没有约定时，当事人可以根据《中华人民共和国民法典》的相关规定予以确定。如保证方式没有约定的，按

照《中华人民共和国民法典》第六百八十六条第二款之规定，当事人在保证合同中对保证方式没有约定或者约定不明确的，按照一般保证承担保证责任。需要注意的是，这一规定颠覆性地改变了《中华人民共和国担保法》第十九条的规定，即对于当事人对保证方式没有约定或者约定不明确的，不再将保证人的保证方式推定为连带责任保证而推定为一般保证。保证的范围没有约定的，按照《中华人民共和国民法典》第六百九十一条的规定，保证担保的范围包括主债权及利息、违约金、损害赔偿金和实现债权的费用；保证期间没有约定的，按照《中华人民共和国民法典》第六百九十二条之规定确定保证期间。需要注意的是，《中华人民共和国民法典》第六百九十二条第二款统一规定了没有约定或者约定不明确的，保证期间为主债务履行期限届满之日起六个月，不再区分规定保证期间没有约定和约定不明这两种情形下不同的保证期间。因此案涉《保证担保协议》不完全具备法律规定的内容，不是导致保证担保不能成立的原因。

三、案涉《保证担保协议》没有明确主债权的数额，属于意向性的约定，是导致保证担保不能成立的原因

案涉《保证担保协议》关于"机械制造公司、韩某对覃某裕保证的上述事宜以及储运集团出借款项承担连带责任保证"的约定，并没有明确被保证的主债权的数额，在法律属性上属于意向性约定。该意向的落实，尚需具体的借款事项发生后由当事人另行签订担保合同，只有能够明确主债权数额的担保合同签订后，才能产生担保法律责任。

从2016年6月6日签订《保证担保协议》至2016年8月2日签订《借款协议》，没有证据证明机械制造公司参与了储运集团与汽车部件公司的借款磋商过程，储运集团也没有在《借款协议》签订后及时告知机械制造公司主债权的数额，即径行向汽车部件公司支付

借款。储运集团与汽车部件公司的行为不仅剥夺了机械制造公司对主债权数额的知情权，也使储运集团与汽车部件公司可以以自己的意志决定机械制造公司的义务范围。因此，如果意向性的约定能够成立的话，明显违反公平、公正以及当事人意思自治原则。

编写人：广西壮族自治区柳州市柳北区人民法院　卓小萍

072　非金融机构开具“独立保函”的效力

——铁路工程公司诉投资担保公司保证合同案

【案件基本信息】

1. 裁判书字号

北京市第一中级人民法院（2019）京01民终2754号民事判决书

2. 案由：保证合同纠纷

3. 当事人

原告（上诉人）：铁路工程公司

被告（被上诉人）：投资担保公司

第三人：机电工程公司

【基本案情】

2013年8月20日，主包商与铁路工程公司（分包商）就某项目工程签订《分包合同》。2014年7月22日，铁路工程公司科威特公司（承包商）与机电工程公司（分包商）就前述《分包合同》项下项目签订了《钢结构分包合同》，约定：承包商将《分包合同》项下工程中的钢结构工程分包给分包商，合同包干价为

KD701104.20，分包商应以无条件保函信件形式向承包商出具一份履约保函，金额为KD70110.42，保函形式应为中国的银行或保险公司提供保函；分包商还需提交由中国银行或保险公司提供银行的金额为合同额的20%（即KD140220.84）的预付款保函或保证信函，其条款应被承包商确认接受，其后，承包商向分包商支付相应预付款。

机电工程公司与投资担保公司分别签订《承包商履约委托保证合同》《预付款委托保证合同》，约定由投资担保公司以连带保证方式向发包人提供工程履约担保及预付款担保；保证范围为机电工程公司未履行主合同约定的义务给发包方造成的实际损失；投资担保公司需在机电工程公司支付担保费之日起1日内向发包人出具《承包商履约保函》及《承包商预付款保函》。

投资担保公司向铁路工程公司科威特公司（发包方）分别出具《预付款保函》及《履约保函》。其中，《预付款保函》载明：投资担保公司承诺在收到发包方的书面索赔通知时，投资担保公司将立即支付索赔金额（最高限额不超过KWD140220.84），不论就基础合同有任何争议，或者机电工程公司要求投资担保公司不予支付；本保函受中华人民共和国法律约束及解释。《履约保函》载明：保证人保证在收到受益人于保函有效期内提交的索赔文件及承包人未履行上述合同的书面索赔证明及本保函正本后7个工作日内，向受益人偿付金额不超过KWD70110.42的履约保证金；本保函适用于中华人民共和国法律。

审理中，铁路工程公司与机电工程公司均确认钢结构分包合同已无法继续履行，但双方就合同履行不能的责任问题尚未达成一致。

投资担保公司在出具涉案保函时不具有相应《融资性担保机构经营许可证》，投资担保公司亦确认其不具有金融机构的相关资质与牌照。

【案件焦点】

《预付款保函》和《履约保函》是否构成“先付款，后争议”的独立保函。

【法院裁判要旨】

北京市海淀区人民法院经审理认为：本案所涉《预付款保函》及《履约保函》不宜认定为独立保函，理由如下：

首先，铁路工程公司与机电工程公司签订的《钢结构分包合同》中约定，机电工程公司需要向铁路工程公司提供的保函是“由中国银行或保险公司提供”的银行保函或保证信函，本案中，出具《预付款保函》和《履约保函》的投资担保公司显然不属于“银行或保险公司”的范围；其次，本案所涉《预付款保函》和《履约保函》的开立人并非银行，亦非有权经营融资性担保业务的非银行金融机构，其出具的《预付款保函》和《履约保函》缺乏可适用《关于审理独立保函纠纷案件若干问题的规定》来确认其独立性的依据；再次，本案所涉《预付款保函》及《履约保函》系依机电工程公司的申请开立，但机电工程公司因申请开立保函而与投资担保公司签订的两份“委托保证合同”中，载明的保证范围均为机电工程公司未履行主合同约定的义务给铁路工程公司造成的实际损失，保证方式均为“连带保证”，以上内容与独立保函性质特征不相符；最后，铁路工程公司确认其未按照合同约定向机电工程公司支付全部预付款，但其在本案中向投资担保公司主张的预付款数额却为其按照合同应当向机电工程公司支付的全部预付款，同时，《钢结构分包合同》履行不能的相关责任尚不明确，铁路工程公司是否享有索赔的权利尚无定论，此时铁路工程公司要求投资担保公司向其支付相应款项的主张有失公允。

综上，法院认为本案所涉《预付款保函》及《履约保函》不宜认定为适用《最高人民法院关于审理独立保函纠纷案件若干问题的规定》的独立保函。在此情况下，铁路工程公司依据《预付款保函》及《履约保函》直接要求投资担保公司支付相应款项及利息的诉讼请求，缺乏事实和法律依据，法院不予支持。

北京市海淀区人民法院依照《中华人民共和国合同法》第五条，《中华人民共和国担保法》第二条第二款、第六条，《最高人民法院关于审理独立保函纠纷案件若干问题的规定》第一条第一款、第三款，《中华人民共和国民事诉讼法》第六十四条之规定，判决：

驳回铁路工程公司的全部诉讼请求。

铁路工程公司不服一审判决，提起上诉。

北京市第一中级人民法院经审理同意一审法院裁判意见，依照《中华人民共和国民事诉讼法》第一百七十条第一款第一项之规定，判决：

驳回上诉，维持原判。

【法官后语】

独立保函具有不依赖基础合同独立性和“单证相符”的单据性特点，因此，独立保函不同于我国传统担保法律体系中以从属性为基本特征的担保形式，其在商事实践中的运用也容易产生欺诈和滥用权利等现象。但独立保函所附带的金融性、便利性、高效性等特点，使其在商事交易，尤其是国际商事交易中被大量使用。为正确审理实践中发生的独立保函纠纷，《最高人民法院关于审理独立保函纠纷案件若干问题的规定》（2020修正）第一条将独立保函规定为“银行或非银行金融机构作为开立人，以书面形式向受益人出具的，同意在受益人请求付款并提交符合保函要求的单据时，向其支付特定款项或在保函最高金额内付款的承诺”。

前述规定出台后，非金融机构的担保公司等主体开立的“独立保函”的效力，在理论与实践中主要存在两种观点。

第一种观点认为，当事人可通过约定，对担保合同的效力或从属性作出例外约定。第二种观点认为，担保的从属性不能通过约定排除，除法定的独立担保外，其他关于排除担保从属性的约定都不产生法律效力。

本案判决采用了第二种观点。第一种观点的法律依据在于《中华人民共和国担保法》第五条第一款，该条款规定：“担保合同是主合同的从合同，主合同无效，担保合同无效。担保合同另有约定的，按照约定。”但在其后施行的《中华人民共和国物权法》第一百七十二条第一款规定：“设立担保物权，应当依照本法和其他法律的规定订立担保合同。担保合同是主债权债务合同的从合同。主债权债务合同无效，担保合同无效，但法律另有规定的除外。”将担保从属性的例外限定于“法律另有规定”，显然否定了当事人关于排除物权担保从属性约定的效力。在人的担保方面，最高人民法院于2019年11月发布的《全国法院民商事审判工作会议纪要》在“四、关于担保纠纷案件的审理”中亦明确规定：“从属性是担保的基本属性，但由银行或非银行金融机构开立的独立保函除外……银行或者非银行金融机构之外的当事人开立的独立保函，以及当事人有关排除担保从属性的约定，应当认定无效。但是，根据‘无效法律行为的转换’原理，在否定其独立担保效力的同时，应当将其认定为从属性担保……”至此，实践中已倾向于认定担保合同的从属性不能通过当事人约定排除，但还存在一定争议。

需要注意的是，《中华人民共和国民法典》第三百八十八条第一款规定，设立担保物权，应当依照本法和其他法律的规定订立担保合同。担保合同包括抵押合同、质押合同和其他具有担保功能的合同。担保合同是主债权债务合同的从合同。主债权债务合同无效的，担保合同无效，但是法律另有规定的除外。第六百八十二条第一款规定，保证合同是主债权债务合同的从合同。主债权债务合同无效的，保证合同无效，但是法律另有规定的除外。对比《中华人民共和国担保法》第五条第一款，《中华人民共和国民法典》在强调担保合同的从属性、主合同无效则从合同无效的同时，将该条规定的“担保合同另有约定的，按照约定”，更改为“法律另有规定的除外”，显然不允许当事人约定排除担保效力从属性。

综上所述，《中华人民共和国民法典》颁布后，通过第三百八十八条第一款、第六百八十二条第一款的统一表述，从法律层面明确否定当事人关于排除物权担保、保证担保合同从属性约定的效力。至此，关于约定独立担保条款效力之争在法律适用上终有定论，对于清除法律适用障碍、统一裁判尺度大有裨益。实践中，审查有关独立保函效力问题时，应首先审查保函开立主体是否具有金融机构资质。

编写人：北京市海淀区人民法院　刘雨

073 公司为他人担保的合同效力审查问题

——李某诉信通公司保证合同案

【案件基本信息】

1. 裁判书字号

北京市第一中级人民法院（2019）京01民终4630号民事判决书

2. 案由：保证合同纠纷

3. 当事人

原告（被上诉人）：李某

被告（上诉人）：信通公司

【基本案情】

2017年5月17日，Y集团与李某签订《借款合同》，约定：Y集团因经营或创业需要向李某借款，借款金额为7000万元。借款期限3个月，自2017年5月19日至2017年8月18日。借款利率为月利率1.8%。Y集团逾期偿还借款、支付利息，应向李某支付日0.05%的罚息。此后，信通公司与李某签订《保证合同》，约定：信通公司就上述借款向李某提供连带保证担保，保证范围为借款本金7000万元、利息、Y集团应支付的违约金、赔偿金和实现抵押权的其他费用（包括但不限于诉讼费、评估费、拍卖费、律师费等），保证期间自本合同约定的用款期及期满后2年止。

2017年5月19日、22日，李某分别向Y集团支付4000万元、3000万元。

2017 年 8 月 18 日，李某与科技公司签订《委托保证合同》，约定：科技公司为李某向北京市海淀区人民法院申请财产保全的 4800 万元资产，以保函的方式提供连带责任保证，李某应支付担保费、评审费 144000 元。

2018 年 8 月 21 日，李某向律师事务所支付律师费 15 万元。对此，李某称上述款项系其就本案纠纷委托律师事务所代理而支付了律师费，该合同约定律师费 30 万元，协议签订之日起三日内支付 15 万元，本案作出裁判文书，生效后 10 日内支付 15 万元。

【案件焦点】

《保证合同》对信通公司是否发生法律效力。

【法院裁判要旨】

北京市海淀区人民法院经审理认为：《中华人民共和国公司法》的立法目的在于限制公司主体行为，防止公司的实际控制人或者高级管理人员损害公司、小股东或其他债权人的利益，公司对外担保应遵守的程序规定实质是内部控制程序，不能以此约束交易相对人，宜理解为管理性强制性规定。信通公司依据《中华人民共和国公司法》第十六条的规定主张保证合同无效，于法无据。信通公司应对涉案借款承担连带责任保证，保证范围为借款本金、利息、Y 集团应支付的违约金、赔偿金和实现抵押权的其他费用（包括但不限于诉讼费、评估费、拍卖费、律师费等）。结合保证合同、借款合同的内容，上述抵押权的表述系笔误，应为债权。上述利息从广义上理解，既包括借款期间的利息、逾期还款的利息，也包括逾期罚息。李某已向 Y 集团出借 7000 万元，现借款期限已经届满，Y 集团没有偿还借款本金、支付借款利息。同时，依照我国相关司法解释的规定，借款利息、逾期罚息、违约金、律师费、保全担保费的总和不应超过年利率24%。综上，李某要求信通公司承担连带责任保证向其支付借款本金7000万元、借款利息、逾期罚息的诉讼请求，予以支持，该利息的计算方式为以借款本金7000万元为基数，自2017年6月20日至实际付清之日止，按照年24%的标准计算。

北京市海淀区人民法院依照《中华人民共和国合同法》第八条、第五十二条、第一百零七条、第一百九十六条、第二百零七条，《中华人民共和国担保法》第六条、第十八条、第二十一条、第三十一条，《中华人民共和国公司法》第一条、第十六条，《最高人民法院关于适用〈中华人民共和国合同法〉若干问题的解释（二）》第十四条，《最高人民法院关于审理民间借贷案件适用法律若干问题的规定》第三十条，《最高人民法院关于适用〈中华人民共和国担保法〉若干问题的解释》第一百二十六条，《最高人民法院关于民事诉讼证据的若干规定》第二十五条第二款之规定，判决：

一、信通公司向李某承担连带责任保证，偿还李某借款本金7000万元，支付借款利息、逾期罚息（以借款本金7000万元为基数，自2017年6月20日至实际付清之日止，按照年24%的标准计算），于本判决生效之日起十日内付清；

二、信通公司承担上述保证责任后，有权向债务人Y集团追偿；

三、驳回李某的其他诉讼请求。

信通公司不服一审判决，提起上诉。北京市第一中级人民法院经审理认为：《中华人民共和国合同法》第四十九条规定："行为人没有代理权、超越代理权或者代理权终止后以被代理人名义订立合同，相对人有理由相信行为人有代理权的，该代理行为有效。"第五十条规定:“法人或者其他组织的法定代表人、负责人超越权限订立的合同，除相对人知道或者应当知道其超越权限的以外，该代表行为有效。”判断订立合同行为是否构成表见代理或者表见代表并对被代理人或者法人产生约束力，重要的考量因素是合同相对人是否善意、无过失，如果相对人在订立合同时未尽基本的审查和注意义务，则不符合表见代理或者表见代表的法律特征，在被代理人或者法人不予追认的情况下，合同对被代理人或者法人不产生约束力。《中华人民共和国公司法》第十六条第二款规定:“公司为公司股东或者实际控制人提供担保的，必须经股东会或者股东大会决议。”信通公司在上海证券交易所公示的公司章程第五十五条第一款第五项规定:“对股东、实际控制人及其关联方提供担保，需经股东大会审议通过。”信通公司为股份有限公司，Y 集团系信通公司的股东，根据《中华人民共和国公司法》及信通公司章程上述规定，信通公司为 Y 集团债务提供担保，必须经过股东大会决议。本案无证据显示信通公司为 Y 集团对李某的债务提供担保经过了上述内部决议程序。作为上市公司，信通公司章程、对外担保决议情况均可在公开渠道查询，李某知道或者应当知道信通公司签署《保证合同》为 Y 集团债务提供担保，应当经过股东大会决议，李某没有依据《中华人民共和国公司法》第十六条和关于上市公司对外披露信息的相关规定，审查核实信通公司对外担保是否经过了股东大会的决议，具有过错，不属于善意相对人，信通公司对担保行为不予追认，并主张《保证合同》对其不发生效力，具有事实和法律依据，应予采信。一审判决信通公司对 Y 集团债务承担连带责任保证，适用法律错误，应予纠正。信通公司的上诉请求成立，应予支持。

北京市第一中级人民法院依照《中华人民共和国公司法》第十

六条第二款，《中华人民共和国民事诉讼法》第一百七十条第一款第二项，判决：

一、撤销北京市海淀区人民法院民事判决；

二、驳回李某的全部诉讼请求。

【法官后语】

一、关于《中华人民共和国公司法》第十六条的规范性质

《中华人民共和国公司法》作为组织法，其规范既有组织规范，也有行为规范，《中华人民共和国公司法》第十六条属于组织规范的范畴，不能简单地将其归入管理性规定或效力性规定，该条限制的是法定代表人的代表权限，即法定代表人尽管可以一般地代表公司对外从事行为，但对于担保行为，因其涉及公司以及股东的重大利益，不是法定代表人所能单独决定的事项，而必须要以公司股东（大）会、董事会等公司机关的决议作为法定代表人代表权的基础和来源。法定代表人未经授权擅自为他人提供担保的，构成越权代表，应当根据《中华人民共和国民法典》第五百零四条的规定来认定其效力。

二、越权担保的效力

关于越权担保的效力，既要根据《中华人民共和国公司法》的相关规定判断是否构成越权，也要根据《中华人民共和国民法典》的相关规定来认定合同效力。一方面，根据《中华人民共和国公司法》第十六条的规定，不论是关联担保还是非关联担保，都要经过公司决议程序来决定。因此，法定代表人未经公司决议程序擅自对外提供担保的，构成越权代表。另一方面，根据《中华人民共和国民法典》第五百零四条的规定，法人的法定代表人或者非法人组织的负责人超越权限订立的合同，除相对人知道或者应当知道其超越

权限外，该代表行为有效，订立的合同对法人或者非法人组织发生效力。缔约时相对人是善意的，构成表见代表，由公司承担担保责任；反之，缔约时相对人恶意的，则公司不承担担保责任。

三、未经公司决议，担保有效的例外情形

在没有公司决议的情况下，根据目前公司治理不规范的现实情况，对公司法定代表人或实际负责人所提供的担保，如果案件事实表明该担保是为了公司的利益，可以认定公司具有对外提供担保的真实意思表示。主要包括：(1) 公司是以为他人提供担保为主营业务的担保公司，或者是开展保函业务的银行或者非银行金融机构；(2) 公司为其直接或间接控制的公司开展经营活动向债权人提供担保；(3) 公司与主债务人之间存在相互担保等商业合作关系；(4) 担保合同系由单独或者共同持有公司三分之二以上有表决权的股东签字同意。

四、"善意"相对人的认定

所谓善意，指的是相对人对法定代表人超越代表权限的事实不知情。反之，如果其对该事实知情，则构成恶意。区分善意与恶意，只有在法定代表人越权代表而又可能构成表见代表的情形才有意义。就善意的举证责任而言，一是在无公司决议的情况下，举证证明存在上述例外情形；二是在有决议的情况下，举证证明已对相关决议进行了合理审查。法定代表人尽管向相对人提供了形式上符合要求的决议，但在该决议实质上不合格甚至违法的情况下，有必要考察相对人是否履行了合理审查义务，从而认定其是否构成善意，确定是否应使用表见代表制度。相对人对决议内容的审查一般只能限于形式审查，因为相对人毕竟不是公司的内部人，难以了解公司决议的具体情况，其审查的基本要求包括：一是审查股东或者董事的身份是否属实；二是在关联担保情况下，应当回避表决的股东是否参与了表决。《最高人民法院关于适用〈中华人民共和国民法典〉有关担保制度的解释》第七条对相对人合理审查公司决议，进而能否认定相对人构成“善意”作出了规定。

五、关于民间借贷利息的规定的变化

《最高人民法院关于审理民间借贷案件适用法律若干问题的规定》于2020年8月18日修订，2020年8月20日起施行，最高人民法院严格落实《中华人民共和国民法典》第六百八十条“禁止高利放贷”的原则精神，将有关民间借贷利息的规定调整为：以中国人民银行授权全国银行间同业拆借中心每月20日发布的一年期贷款市场报价利率（LPR）的4倍为标准确定民间借贷利率的司法保护上限，取代了原规定中“以24%和36%为基准的两线三区”的规定，从而大幅度降低了民间借贷利率的司法保护上限，促进民间借贷利率逐步与我国经济社会发展的实际水平相适应。

编写人：北京市海淀区人民法院　王焱

074　“为境外机构向境内债权人提供担保”效力在批准登记程序前置方面的突破

——进出口公司诉王某、丁某保证合同案

【案件基本信息】

1. 裁判书字号

北京市第三中级人民法院（2019）京03民终13333号民事判决书

2. 案由：保证合同纠纷

3. 当事人

原告（被上诉人、再审被申请人）：进出口公司

被告（上诉人、再审申请人）：丁某

被告：王某

【基本案情】

2018年11月15日，进出口公司与A公司签订《购销合同NO5》，该合同标注日期为2018年11月5日，合同约定合同总价值为234000元，货物品名小麦面包粉，数量900吨，单价260美元/吨，发货时间为供货方账户自收到资金五日内发货，交货条件为DAP阿拉山口站换装库等内容。其中，合同第六条C项约定：供货方未按期发货，应支付购货方违约金，违约金按每日1‰总货款计算。逾期发货超过15天，购货方有权终止合同。供货方应在约定交货期20日内返还全部货款并支付每日3‰总货款的滞纳金及总货款的20%作为违约金。合同约定适用中国法，在中国管辖。合同尾部还手写载明：本人丁某、王某作为合同牵头人，愿为本合同提供保证：承诺就供货方在该合同项下的全部义务承担连带责任保证，包括但不限于供货方在本合同项下产生的主债务、违约金及购货方为实现债权所产生的律师费、诉讼费、财产保全费、担保费、鉴定费等，保证期间为自合同生效起两年。上述保证条款系丁某手写，丁某签名并注明日期为2018年11月14日；王某亦在上述手写保证条款后签字，并注明日期为2018年11月19日。合同签订后，进出口公司支付了货款，A公司随后于2018年12月20日及2018年12月27日各延期发货300吨面粉，剩余货物

至今未交付。2019年2月28日，进出口公司通过邮件通知A公司取消该笔订单。后A公司至今未退还该款。另查，进出口公司因此次诉讼共支付律师费5万元，进出口公司遂诉至法院。

【案件焦点】

以其他形式跨境担保方式签订跨境担保合同的，是否需经国家有关部门批准或者登记，否则合同无效。

【法院裁判要旨】

北京市通州区人民法院经审理认为：《中华人民共和国担保法》第十四条规定，保证人与债权人可以就单个主合同分别订立保证合同，也可以协议在最高债权额限度内就一定期间连续发生的借款合同或者某项商品交易合同订立一个保证合同。本案中，丁某、王某在购销合同尾部手写担保条款，与进出口公司形成担保合同关系，该担保合同系双方真实意思表示，且不违背强制性法律规定，应属合法有效。丁某、王某应根据该合同约定承担连带担保责任。王某主张其仅在合同尾部上签名，不能推定为当然的担保人，因王某签字确认的担保条款载明“本人丁某、王某作为合同牵头人，愿为本合同提供保证”，故对其该项辩解意见，法院不予采信。

丁某、王某主张，根据《中华人民共和国外汇管理条例》第十九条之规定，提供对外担保，应当向外汇管理机关提出申请，由外汇管理机关根据申请人的资产负债等情况作出批准或者不批准的决定。本案担保未经上述机关批准，故根据《最高人民法院关于适用〈中华人民共和国担保法〉若干问题的解释》第六条第二项之规定，未经国家有关主管部门批准或者登记，为境外机构向境内债权人提供担保的，对外担保合同无效。对此，法院认为，上述外汇管理条例于1996年实施，司法解释于2000年实施，2014年5月12日，《国家外汇管理局关于发布〈跨境担保外汇管理规定〉的通知》载明，为深化外汇管理体制改革，简化行政审批程序，规范跨境担保项下收支行为，国家外汇管理局决定改进跨境担保外汇管理方式，制定了《跨境担保外汇管理规定》及其操作指引。《跨境担保外汇管理规定》第三条规定，按照担保当事各方的注册地，跨境担保分为内保外贷、外保内贷和其他形式跨境担保。内保外贷是指担保人注册地在境内、债务人和债权人注册地均在境外的跨境担保。外保内贷是指担保人注册地在境外、债务人和债权人注册地均在境内的跨境担保。其他形式跨境担保是指除前述内保外贷和外保内贷以外的其他跨境担保情形。第二十五条第二款规定，境内机构办理其他形式跨境担保，可自行办理担保履约。从上述规定的制定过程可以看出，为深化外汇管理体制改革，简化行政审批程序，涉案的担保已无须有关部门批准，故《最高人民法院关于适用〈中华人民共和国担保法〉若干问题的解释》第六条第二项之适用前提已不存在，丁某、王某据此主张担保合同无效，于法无据。

北京市通州区人民法院依照《中华人民共和国担保法》第十四条，《中华人民共和国合同法》第一百一十四条第二款、第一百一十七条第一款之规定，判决：

王某、丁某连带给付进出口公司货款及违约金。

丁某不服一审判决，提起上诉。北京市第三中级人民法院经审理同意一审法院裁判意见，依照《中华人民共和国民事诉讼法》第一百七十条第一款第一项之规定，判决：

驳回上诉，维持原判。

丁某不服二审判决，申请再审。北京市高级人民法院经审查同意一、二审法院裁判意见，依照《中华人民共和国民事诉讼法》第二百零四条第一款，《最高人民法院关于适用〈中华人民共和国民事诉讼法〉的解释》第三百九十五条第二款之规定，裁定：

驳回丁某的再审申请。

【法官后语】

本案的焦点问题在于案涉担保合同的效力问题。具体来说，即涉案跨境担保合同未经国家外汇管理部门批准或者登记，是否有效的问题。

争议焦点的症结在于1996年颁布的《中华人民共和国外汇管理条例》第十九条以及2000年颁布的《最高人民法院关于适用〈中华人民共和国担保法〉若干问题的解释》第六条第二项之规定明确对外担保未经国家有关主管部门批准或者登记则无效。而根据2014年5月12日颁布的《跨境担保外汇管理规定》第三条、第二十五条第一款之规定，本案涉及的对外担保合同如在符合境内外法律规定和本规定的前提下，可自行签订跨境担保合同，除外汇局另有明确规定外，担保人、债务人不需要就其他形式跨境担保到外汇局办理登记或备案。条文之间的规定似有“冲突”，实则不然。

首先，跨境担保即对外提供担保的行为属于外汇行为，受《中华人民共和国外汇管理条例》规制。《中华人民共和国外汇管理条例》第二条规定，国务院外汇管理部门及其分支机构依法履行外汇管理职责，负责本条例的实施。该条明确了外汇管理职责系由国务院外汇管理部门及其分支机构履行。第十九条第一款规定，提供对外担保，应当向外汇管理机关提出申请，由外汇管理机关根据申请人的资产负债等情况作出批准或者不批准的决定，国家规定其经营范围需经有关主管部门批准的，应当在向外汇管理机关提出申请前办理批准手续。该条明确外汇管理部门系对“提供对外担保”进行审批和登记的部门。因此，外汇管理部门有权明确对外担保需要审批和登记的情形。《跨境担保外汇管理规定》第二十五条第一款规定，其他形式跨境担保在符合境内外法律法规和本规定的前提下，可自行签订跨境担保合同，除外汇局另有明确规定外，担保人、债务人不需要就其他形式跨境担保到外汇局办理登记或备案。

其次，需要说明的是，在审理此案时，我院就“为境外机构向境内债权人提供担保”是否需要经国家有关主管部门批准或者登记向国家外汇管理局北京外汇管理部发出协助调查函，国家外汇管理局北京外汇管理部针对本案所涉担保的情形亦作出了答复。复函明确了本案所涉担保为其他形式跨境担保，无须到外汇管理部门办理登记或者备案。复函的答复排除了《跨境担保外汇管理规定》第二十五条第二款的除外情形。

再次，《跨境担保外汇管理规定》第二十五条第一款规定的“在符合境内外法律法规和本规定的前提下”，指的是本案合同是否有效应当审查所涉《购销合同》及担保是否违反效力性禁止性规定，涉案购销合同及担保合同属当事人真实意思表示，内容不违反相关法律规定，应属有效。

最后，本案法律适用上不存在上位法与下位法相抵触的情况。《最高人民法院关于适用〈中华人民共和国担保法〉若干问题的解释》中规定的“未经国家有关主管部门批准或者登记”适用存在前提条件，即如果国家有关主管部门规定跨境担保需要批准和登记，方才适用该司法解释规定。如果国家有关主管部门未规定跨境担保需要批准和登记，“皮之不存，毛将焉附”，自然无法受《最高人民法院关于适用〈中华人民共和国担保法〉若干问题的解释》规定规制。

综上，本案跨境合同无须到外汇管理部门办理登记或者备案，其自然不必受《最高人民法院关于适用〈中华人民共和国担保法〉若干问题的解释》对于“批准和登记”前置的强制性规定。值得一提的是，《中华人民共和国民法典》《最高人民法院关于适用〈中华人民共和国民法典〉有关担保制度的解释》实施后，该条文也已被删除。

编写人：北京市通州区人民法院　奉一兵　马帅

075　主债务人破产，主债权停止计息的效力及于保证人
——银行诉甲公司等保证合同案

【案件基本信息】

1. 裁判书字号

安徽省淮北市杜集区人民法院（2019）皖0602民初2188号民事判决书

2. 案由：保证合同纠纷

3. 当事人

原告：银行

被告：甲公司、乙公司、王某、徐某松、李某妍、高某

【基本案情】

2016年9月30日，银行（乙方）与丙公司（甲方）签订了流动资金借款合同约定：本合同项下的借款额度为200万元，借款期限为12个月，借款额度有效期间自2016年9月30日至2017

年9月30日；贷款利率为固定利率，年利率9.57%；贷款逾期的罚息利率为贷款利率上浮50%；按月结息，结息日固定为每月第20日；支付方式为乙方受托支付等。

同日，银行（债权人）分别与甲公司、乙公司、王某、徐某松、李某妍、高某（保证人）签订保证合同，为了确保丙公司与债权人签订的借款合同（以下简称主合同）的切实履行，保障债权人债权的实现，保证人愿意为债务人依主合同与债权人所形成的债务提供保证，约定：保证方式为连带责任保证；保证范围包括但不限于主合同项下的债务本金、利息、逾期利息、复息、罚息、违约金、诉讼费等；保证期间为主合同约定的债务人履行期限届满之日起两年等。

2016年9月30日，银行向丙公司发放贷款200万元，借据记载：借款到期日2017年9月30日，贷款利率为年利率9.57%等。

截至2018年7月20日，丙公司尚欠银行借款本金200万元，利息427725.83元，合计2427725.83元。

2018年7月20日，安徽省淮北市中级人民法院作出民事裁定书，裁定受理丙公司的破产清算申请。2019年7月29日，根据银行提供的材料，丙公司管理人确认该行的债权金额为2427725.86元，其中本金200万元、利息427725.86元等。

【案件焦点】

1. 主债务人丙公司进入破产程序，债权人银行已向管理人申报破产债权后，债权人能否在保证期间内同时向保证人主张权利；2. 保证人承担连带清偿责任的范围是什么；3. 主债权停止计息的效力是否及于保证人。

【法院裁判要旨】

安徽省淮北市杜集区人民法院经审理认为：双方分别签订的《流动资金借款合同》《保证合同》是双方当事人真实意思表示，不违反法律法规的强制性规定，合同依法成立，具有法律效力，双方当事人应当按照合同约定履行各自权利义务。合同签订后，银行已经按照借款合同的约定向丙公司提供了借款，丙公司取得贷款后，未按照合同约定偿还贷款本息。保证期间，人民法院受理债务人破产案件的，债权人既可以向人民法院申报债权，也可以向保证人主张权利。另《最高人民法院关于适用〈中华人民共和国担保法〉若干问题的解释》第四十四条第二款规定了债权人向保证人行使权利的期间（即债务人破产程序终结后的六个月），该期间不能发生取代保证期间的作用，银行在保证期间内向各保证人主张权利并无不当。

《中华人民共和国企业破产法》第四十六条第二款规定，附利息的债权自破产申请受理时停止计息。银行已向管理人申报破产债权，确认为 2427725.86 元，其中利息计算至 2018 年 7 月 20 日。对于上述破产债权，银行在债务人丙公司破产程序中可以分得的部分予以扣除后，甲公司等保证人对未能清偿部分承担连带给付责任。

安徽省淮北市杜集区人民法院依照《中华人民共和国合同法》第六十条、第一百九十六条、第二百零五条、第二百零六条、第二百零七条，《中华人民共和国担保法》第十八条，《中华人民共和国企业破产法》第四十六条，《最高人民法院关于适用〈中华人民共和国民事诉讼法〉的解释》第九十条之规定，判决：

一、甲公司、乙公司、王某、徐某松、李某妍、高某于淮北市丙公司破产程序终结之日起六十日内对银行申报的破产债权 2427725.86 元范围内未能清偿的部分承担连带给付责任；

二、驳回银行的其他诉讼请求。

判决后，双方当事人均未上诉，本判决现已生效。

【法官后语】

因破产衍生的诉讼中，在主债务人破产后，债权人如何向保证人行使权利，在理论和实务中均存在争议。对于主债务人破产后能否同时向保证人主张权利、主债权停止计息的效力是否及于保证人、法院如何裁决等，笔者观点如下：

一、主债务人进入破产程序，债权人已申报破产债权后，债权人在保证期间内可同时向保证人主张权利

《最高人民法院关于适用〈中华人民共和国民法典〉有关担保制度的解释》第二十三条第一款规定："人民法院受理债务人破产案件，债权人在破产程序中申报债权后又向人民法院提起诉讼，请求担保人承担担保责任的，人民法院依法予以支持。"本款在《最高人民法院关于适用〈中华人民共和国担保法〉若干问题的解释》第四十四条第一款的基础上，进一步明确了债权人可同时向债务人和担保人行使相应的权利。债务人破产程序的启动不影响债权人向担保人主张担保责任，对于债权人既向人民法院申报债权，又向保证人主张权利的情况，可以结合案件的具体情况，在确认担保有效的前提下，判决保证人在破产程序终结后，对债权人未受清偿的部分承担保证责任，而不必驳回债权人的诉讼请求。《最高人民法院关于适用〈中华人民共和国担保法〉若干问题的解释》第四十四条第二款规定的债权人向保证人行使权利的期间（即债务人破产程序终结后的六个月），主要针对的是债权人就破产程序中未受清偿部分向保证人追偿的期限问题，并非禁止债权人在申报债权的同时向保证人主

张权利，该期间并不能发生取代保证期间的作用。

二、债务人破产后，主债权停止计息的效力及于保证人

第一，从对保证范围的规定分析。《中华人民共和国民法典》第三百八十九条规定，保证担保的范围应当限于主债务人应当承担的责任范围，主债务人没有发生或者依照法律规定不承担的主债权及其利息、违约金、损害赔偿金、保管担保财产和实现担保物权的费用，要求保证人承担是没有依据的，包括主债务人被宣告破产后的利息也是如此。

第二，从法律的体系解释分析，担保之债具有从属性，该属性决定了担保责任的范围不大于主债务，上述观点是担保法理论的一个法理基础，基于此，在法律没有明确对保证责任从属性予以限制的情形下，应当默认保证责任的从属性不受限制。

第三，从利益平衡的层面分析，担保制度得以有效运转，在于债权人的风险转移以及担保人取得追偿权两大功能，担保制度缺少上述两大功能的任何一项都将不能再存续。因此，在制度设计中优先考虑债权人利益时，对担保人的利益也应予以适当考虑。

三、人民法院径行判决保证人承担保证责任，应当在判决中明确应扣除债权人在债务人破产程序中可以分得的部分

《最高人民法院关于适用〈中华人民共和国民法典〉有关担保制度的解释》第二十三条第三款“债权人在债务人破产程序中未获全部清偿，请求担保人继续承担担保责任的，人民法院应予支持”是以本条第一款为前提，并在《最高人民法院关于适用〈中华人民共和国担保法〉若干问题的解释》第四十四条第二款规定的基础上，吸收了《全国法院破产审判工作会议纪要》（法〔2018〕53号）第三十一条的规定，明确如果债权人先从债务人破产程序中获得清偿

的，可依据《中华人民共和国企业破产法》第九十二条、第一百零一条、第一百二十四条之规定，要求担保人就未能受偿部分继续承担担保责任。基于《中华人民共和国民法典》第七百条规定之精神，即保证人行使追偿权不得损害债权人利益，实务中，为避免债权人超额受偿现象的出现，担保人在清偿了全部或部分债权后，应当主动向债务人的破产管理人提供相应的清偿凭证，披露担保责任的承担信息，破产管理人也应及时向担保人反馈对债权人清偿债权的进展与结果。

本案无须等待破产程序结束，可径行判决保证人承担保证责任。但如果保证人在破产程序尚未终结前履行了保证责任，而债权人又在破产程序中获得了部分受偿，就可能出现债权人就同一债务双重受偿的情况。并且，如果债权人在双重受偿后，又未将双重受偿部分主动返还给保证人，将引发新的纠纷和诉讼。因此，为了避免双重受偿的纠纷发生，在判决担保人偿还破产程序中未清偿部分债务的同时，将担保人履行付款义务的时间节点设定为破产程序终结后的一定时日内。

编写人：安徽省淮北市杜集区人民法院　安静　王波

076　非明确为保证人的签章行为是否构成保证责任，应如何认定

——陆某文诉张某英保证合同案

【案件基本信息】

1. 裁判书字号

北京市朝阳区人民法院（2019）京0105民初76605号民事判决书

2. 案由：保证合同纠纷

3. 当事人

原告：陆某文

被告：张某英

【基本案情】

2017年9月3日，陆某文作为出借人与案外公司资产管理公司签订《借款合同》，约定陆某文向资产管理公司出借20万元，借款期间6个月，自2017年9月3日至2018年3月2日。当日，陆某文向资产管理公司支付20万元。

2017年9月3日，为保证上述投资的安全，案外人刘某（张某英之女）作为甲方责任担保人与陆某文作为乙方投资人签订《推荐投资责任担保书》，承诺陆某文与资产管理公司签订的《借款合同》绝非非法经营以及非法集资范畴的非法性质合同，否则若造成对陆某文的投资本金及合同上所规定的全额和足额的效益性收益，均由刘某负责并承担因此引起的无限连带责任赔偿。该担保书经甲、乙双方协商约定，须经资产管理公司一名员工见证，也须经过甲方家庭代表1~3人在同意鉴定此责任担保协议书的情况下，视为甲方以个人以及家庭财产成立的担保资格与能力作为责任担保。《推荐投资责任担保书》中甲方刘某、乙方陆某文及甲方家庭成员代表张某英签字。

此后，资产管理公司未能依约履行合同项下的还本付息义务，刘某亦未依约承担保证责任。

2017年10月11日，陆某文向刘某、张某英发送了《明确违约告知书》，要求刘某及张某英于2017年10月17日前针对上述涉案借款向陆某文承担担保责任。

此后，刘某、张某英均未承担还款责任。2018年，陆某文将刘某诉至北京市朝阳区人民法院，法院于2018年12月28日作出民事判决书，判决刘某就《借款合同》项下的本金、利息向陆某文承担连带责任保证，并已查明，资产管理公司因涉嫌非法吸收公众存款罪，已经刑事立案。该判决于2019年3月22日生效。此后，陆某文向北京市朝阳区人民法院申请强制执行，执行期间，因刘某无财产可供执行，刘某无法向陆某文支付案款。陆某文依据与刘某签订的上述《推荐投资责任担保书》，将张某英诉至法院。

【案件焦点】

张某英作为刘某家庭成员代表在《推荐投资责任担保书》上签字的行为，是否可以认定张某英应当对涉案的债务承担保证责任。

【法院裁判要旨】

北京市朝阳区人民法院经审理认为：依照《最高人民法院关于审理民间借贷案件适用法律若干问题的规定》第二十一条关于“他人在借据、收据、欠条等债权凭证或者借款合同上签字或者盖章，但未表明其保证人身份或者承担保证责任，或者通过其他事实不能推定其为保证人，出借人请求其承担保证责任的，人民法院不予支持”的规定，认定张某英是否对涉案债务承担连带责任保证的关键在于通过全案证据是否能够推定张某英具有以自己财产承担保证责任的意思表示。对此，从《推荐投资责任担保书》来看，当中载明经过甲方刘某家庭成员代表签字，则视为刘某以个人以及家庭财产而成立担保，张某英作为甲方家庭成员代表在该担保书中签字。

对于张某英的签字行为的认定，首先，从签字行为的意思表示来看，张某英既然作为刘某的家庭成员代表签字，即应当认定其同意以家庭财产承担担保责任，因刘某作为具备完全民事行为能力及独立财产的民事主体，其对自己的财产及债务负担具有独立的处分权，涉案争议中，若刘某仅以个人财产进行担保，则张某英实际并无签字的必要，因此，张某英的涉案签字行为，依常理应当认定为张某英同意以包括其个人财产在内的家庭财产对涉案债务承担担保责任的一种处分行为。其次，从签字的效果及对外形成的表象来看，《推荐投资责任担保书》中关于以家庭财产承担担保责任的约定，以及张某英作为家庭成员代表签字的行为，无疑对陆某文决定是否进行涉案借款行为起到了重要推动作用，陆某文基于张某英的签字行为所形成的对于涉案担保主体及担保财产范围的信赖利益，依法应当受到保护。综上，法院认为结合《推荐投资责任担保书》约定的内容以及张某英签字的行为，可以推定张某英对于以自己及刘某共同的财产对涉案债务承担保证责任的事实具有清晰的认识，且更符合各方当事人签署《推荐投资责任担保书》时的真实意思表示，故对于陆某文要求张某英对涉案债务承担保证责任的诉讼请求予以支持。

关于保证范围，因民事判决书中对此已经做出明确认定，张某英的保证范围应当同刘某的保证范围一致。

北京市朝阳区人民法院依照《中华人民共和国担保法》第十八条、第二十一条、第二十六条，《最高人民法院关于审理民间借贷案件适用法律若干问题的规定》第二十一条之规定，判决：

张某英于本判决生效之日起七日内就《借款合同》项下的本金184000元、利息18000元及后续利息（以本金184000元为计算基数，自2018年3月3日起至实际给付之日止，按照年利率24%标准计算）在刘某未清偿的范围向陆某文承担连带责任保证。

判决后，双方当事人均未上诉，本判决现已生效。

【法官后语】

保证担保作为重要的担保方式之一，在各项经济业务的开展中有着极为重要的作用，但司法实践中，因保证合同的签署在形式上、内容上的不规范，或因签章手续不完备、提供保证的意思表示不明确以及第三人在他人出具的相关材料上签名而引发的诉讼时有发生。此时，当事人的签章是否意味着其应当承担保证责任是审判实践中需要探讨的问题。

在司法实践中，第三人在债权凭证或者借款合同中签字盖章的法律意义具有多种可能性，《最高人民法院关于审理民间借贷案件适用法律若干问题的规定》第二十一条规定："他人在借据、收据、欠条等债权凭证或者借款合同上签名或者盖章，但是未表明其保证人身份或者承担保证责任，或者通过其他事实不能推定其为保证人，出借人请求其承担保证责任的，人民法院不予支持。"此条规定包括几层含义，第一，仅有他人签名或者盖章的，不足以认定保证人身份，他人也就不承担保证责任。所谓"仅有"，是指既未在借款凭证或借款合同中表明保证人身份，也未在其中约定保证条款并指向签字或盖章人，同时也无其他证据证明该签字或盖章人为保证人。第二，只有在"通过其他事实不能推定其为保证人"的情况下，才能作出他人非为保证人的判断。第三，仅有第三人在其中签字或者盖章，但表明了签字或者盖章人是保证人，或者通过其他条款或事实能够推定出其为保证人的，则应当对借款承担担保责任。

因此在仅有第三人签名，意思表示不明确或者标的不明确的情形下，判断其是否应当承担保证责任的基本原则是以其意思表示为准。而保证人的意思表示应从主客观两个方面综合判断，合同双方之外的第三人仅有签名或者盖章无其他意思表示的，或者无其他证据证明该第三人承担保证责任的意思表示的，不应认定第三人的保证人地位。保证人地位的认定涉及合同解释问题，应当根据合同所使用的词句、合同的有关条款、合同的目的、交易习惯以及诚实信用原则，确定该条款的真实意思。对第三人在借款合同上签字盖章行为这一意思表示作出解释时，也应当坚持这一原则，以探求签字盖章这一外在表示行为的真实意思。

具体到本案，张某英在《推荐投资责任担保书》中作为甲方刘某的家庭成员代表进行签字，对于其保证人的身份，因未明确标注为保证人，属约定不明确，因此要判断其是否应当承担保证责任，应看“通过其他事实”能否推定其为保证人，如果不能推定其为保证人则无须承担保证责任，反之，则应当承担保证责任。《推荐投资责任担保书》约定：本协议担保书经甲乙双方协商约定，须经资产管理公司一名员工作为见证人，也须经过甲方家庭代表1~3人在同意鉴定此责任担保协议书的情况下，视为甲方以个人以及家庭财产成立担保的资格与能力作为责任担保。《推荐投资责任担保书》中甲方刘某、乙方陆某文及甲方家庭成员代表张某英签字，张某英作为家庭成员代表签字，应视为其同意用其家庭财产对陆某文进行担保，因甲方刘某已经明确作为保证人处分其财产，则推断张某英的签字视为以其个人财产进行的保证。因此，能够推定张某英为案涉合同的保证人身份。故本案对于陆某文要求张某英对涉案债务承担保证责任的诉讼请求予以支持。

编写人：北京市朝阳区人民法院　周裕财　柏振芳

077 保证期间届满，保证人并不必然免除保证义务

——涂某国诉李某红、张某龙民间借贷案

【案件基本信息】

1. 裁判书字号

湖南省常德市中级人民法院（2019）湘07民终1798号民事判决书

2. 案由：民间借贷纠纷

3. 当事人

原告（上诉人）：涂某国

被告（上诉人）：张某龙

被告（被上诉人）：李某红

【基本案情】

涂某国与李某红同住某小区，李某红因承揽了超市装修业务，需资金周转，2016年6月10日，经张某龙介绍，李某红向涂某国借款1050000元，借期为4个月零20天，双方商定该借期内利息共计250000元，计入借款本金，李某红按上述约定向涂某国出具了借款1300000元，借期为4个月零20天，不计利息的借据，张某龙作为担保人在借据上签了字。后李某红未积极向涂某国清偿完借款，经涂某国多次催讨，2017年1月10日，李某红、张某龙向涂某国出具了《承诺书》，承诺“本人承诺将所欠涂某国1100000元于2017年1月20日之前一次性全部还清。否则将从借款（1300000元）之日起按月息4分结算支付”。

出具借条后，李某红于2016年12月2日向涂某国还款200000元，于2017年1月24日二次共还款500000元，于2017年1月27日二次共还款60000元，于2017年5月13日还款100000元，于2017年5月31日还款30000元，于2017年7月1日二次共还款100000元，上述九次共计还款990000元。对于上述990000元还款金额具体偿还多少本金、多少利息，双方当事人未进行结算。

【案件焦点】

张某龙应否承担保证责任。

【法院裁判要旨】

湖南省安乡县人民法院经审理认为：李某红借款时，张某龙为其提供了担保，未约定保证方式及保证期间，按照《中华人民共和国担保法》第十九条、第二十六条的规定可以推定为连带责任保证，保证期限为6个月，故本案的保证期间为2016年11月1日至2017年4月30日。涂某国在保证期间内向张某龙主张了权利，张某龙于2017年1月10日向涂某国出具了还款承诺书。根据《最高人民法院关于适用〈中华人民共和国担保法〉若干问题的解释》第三十四条第二款“连带责任保证的债权人在保证期间届满前要求保证人承担保证责任的，从债权人要求保证人承担保证责任之日起，开始计算保证合同的诉讼时效”的规定，保证人张某龙的保证期间从2017年1月10日转化为保证债务诉讼时效。另外，根据《中华人民共和国民法总则》第一百八十八条第一款“向人民法院请求保护民事权利的诉讼时效期间为三年”的规定，涂某国要求张某龙承担保证责任在诉讼时效之内，故张某龙应承担保证责任，其承担保证责任后有权向李某红追偿。

湖南省安乡县人民法院依照《中华人民共和国合同法》第二百零六条、第二百零七条、第二百一十一条第一款，《最高人民法院关于审理民间借贷案件适用法律若干问题的规定》第二十六条、第二十九条，《最高人民法院关于适用〈中华人民共和国合同法〉若干问题的解释（二）》第二十一条，《中华人民共和国担保法》第十九条、第二十一条、第二十六条、第三十一条，《最高人民法院关于适用〈中华人民共和国担保法〉若干问题的解释》第三十四条第二款及《中华人民共和国民法总则》第一百八十八条第一款的规定，判决：

一、李某红于本判决生效之日起十日内偿还涂某国借款本金257249元及利息104786元（利息已计算至2019年3月12日，之后利息按年利率24%计算至清偿之日止）；

二、张某龙对本判决主文第一项债务的清偿承担连带责任保证，其承担保证责任后有权向李某红追偿；

三、驳回涂某国其他诉讼请求。

涂某国、张某龙不服一审判决，提起上诉。

湖南省常德市中级人民法院经审理同意一审法院裁判意见，依照《中华人民共和国民事诉讼法》第一百七十条第一款第一项规定，判决：

驳回上诉，维持原判。

【法官后语】

保证期间与诉讼时效期间，在期间的经过上有相似之处，都是一定的事实状态，经过一定的期间后引起一定的法律后果，但不能因此而将保证期间与诉讼时效期间等同。保证期间约定的并不是保证人承担保证义务的时间界限，保证期间届满后，保证人并不必然免除保证义务。只有债权人在此期间内未按照法律规定行使权利，才导致保证人的保证义务免除。当债权人按照法律规定的方式向债务人或者保证人主张权利后，保证期间的使命随即完成，进而自然转换为保证合同的诉讼时效期间，开始适用保证合同诉讼时效期间的规定。

债权人要实现保证期间与保证合同诉讼时效之间的转换，应注意以下几点：第一，债权人要追求保证人承担保证责任的法律后果，就必须在保证期间之内也就是保证期间届满日之前提出权利主张的要求，但是提出权利主张的要求时要区分一般保证和连带责任保证，在一般保证中，因保证人享有先诉抗辩权，债权人需要在保证期间内以诉讼或仲裁的方式向债务人主张权利，而在连带责任保证中，只要债权人向保证人主张过权利即可，不要求以诉讼或仲裁的方式。第二，在连带责任保证中，债权人在保证期间仅向债务人主张权利的，并不表示同时也对保证人主张权利，债权人主张权利的直接对象必须是保证人并要求其承担保证责任，而不能仅针对主债务人提出。第三，作为保证人，保证期间对其的保护是一次性的，只要能证明债权人在保证期间向保证人主张了权利，保证期间就转换为保证合同的诉讼时效期间，开始适用保证合同诉讼时效期间的规定。不同方式的保证责任所引起的保证合同的诉讼时效起算点是不同的。在一般保证的情况下，一般保证人享有先诉抗辩权，只有当债权人对主债务人提起诉讼或仲裁并就主债务人财产依法强制执行仍不能满足债权的，债权人对一般保证人才可以主张权利，因此，一般保证的保证合同诉讼时效从主合同经判决或者仲裁，并就债务人财产依法强制执行仍不能履行债务时开始计算。而在连带责任保证中，由于保证人无先诉抗辩权，在主债务履行期届满时，保证人与债务人处于同等地位，连带责任保证的债权人在保证期间届满前要求保证人承担保证责任的，从债权人要求保证人承担保证责任之日起，开始计算保证合同的诉讼时效。

《中华人民共和国民法典》将保证作为合同的一种在合同编中予以规定，并进行了重要修改，这些修改将对保证合同在实践、司法审判、商事仲裁等领域产生深远影响。尤其在保证方式的推定、保证期间的推定等方面发生了较大的变化，这些变化将直接关系到债权人的切身利益，需要正确理解与适用。

1. 关于保证方式的推定。《中华人民共和国担保法》第十九条规定："当事人对保证方式没有约定或者约定不明确的，按照连带责任保证承担保证责任。"而《中华人民共和国民法典》第六百八十六条第二款规定："当事人在保证合同中对保证方式没有约定或者约定不明确的，按照一般保证承担保证责任。"完全改变了《中华人民共和国担保法》第十九条的规定，审判实践中应予注意。

2. 关于保证期间的推定。《最高人民法院关于适用〈中华人民共和国担保法〉若干问题的解释》第三十二条规定："保证合同约定的保证期间早于或者等于主债务履行期限的，视为没有约定，保证期间为主债务履行期届满之日起六个月。保证合同约定保证人承担保证责任直至主债务本息还清时为止等类似内容的，视为约定不明，保证期间为主债务履行期届满之日起二年。"《中华人民共和国民法典》第六百九十二条第二款规定："债权人与保证人可以约定保证期间，但是约定的保证期间早于主债务履行期限或者与主债务履行期限同时届满的，视为没有约定；没有约定或者约定不明确的，保证期间为主债务履行期限届满之日起六个月。”因此，《中华人民共和国民法典》施行后，无论是保证合同没有约定，还是虽然有约定但约定不明，保证期间均为主债务履行期限届满之日起6个月。

3. 关于一般保证债务诉讼时效的起算点。《最高人民法院关于适用〈中华人民共和国担保法〉若干问题的解释》第三十四条第一款规定：“一般保证的债权人在保证期间届满前对债务人提起诉讼或者申请仲裁的，从判决或者仲裁裁决生效之日起，开始计算保证合同的诉讼时效。”但是判决或裁定生效以后，主债务人是否有足够的财产可供执行尚不确定，这实质上是使保证合同诉讼时效起算点提前了，与先诉抗辩权制度存在一定的冲突。为此，《中华人民共和国民法典》对此规定作出了修改，《中华人民共和国民法典》第六百九十四条第一款规定：“一般保证的债权人在保证期间届满前对债务人提起诉讼或者申请仲裁的，从保证人拒绝承担保证责任的权利消灭之日起，开始计算保证债务的诉讼时效。”《最高人民法院关于适用〈中华人民共和国民法典〉有关担保制度的解释》第二十八条第二款规定：“一般保证的债权人在保证期间届满前对债务人提起诉讼或者仲裁，债权人举证证明存在民法典第六百八十七条第二款但书规定情形的，保证债务的诉讼时效自债权人知道或者应当知道该情形之日起开始计算。”

编写人：湖南省常德市安乡县人民法院　黎聪

078 在连带保证期间内，债权人仅向部分连带保证人主张权利的，其他连带保证人不得以债权人未在保证期间内向其主张权利而免责

——甲银行诉罗某、罗某华保证合同案

【案件基本信息】

1. 裁判书字号

四川省成都市青羊区人民法院（2019）川0105民初5338号民事判决书

2. 案由：保证合同纠纷

3. 当事人

原告：甲银行

被告：罗某、罗某华

【基本案情】

2015年1月26日，乙银行与罗某、罗某华签订最高额保证合同，主要约定保证人罗某、罗某华自愿为债务人工程公司在债权人乙银行办理约定的各类业务实际形成的债务的最高余额，折合人民币492万元整提供保证担保；保证范围包括债务人依主合同与债权人发生的全部债务本金、利息、逾期利息、复利、罚息、违约金、损害赔偿金以及诉讼费、律师费、抵押物处置费、过户费等债权人实现债权的一切费用；保证方式为连带责任保证；银行承兑汇票的保证期间为债权人垫付款项之日起两年。2015年7月

28日，工程公司与乙银行签订承兑汇票合同，约定由乙银行同意对工程公司申请承兑的一张总金额为820万元的商业汇票予以承兑，工程公司按本次申请承兑的汇票金额的50%在乙银行开列定期存单作为质押担保，对申请承兑的商业汇票票面金额与工程公司缴纳的保证金或提供的定期存单之差额部分，由工程公司提供以下担保：由张某才、苏某华、罗某、罗某华提供连带责任保证担保。合同签订后，承兑银行依约承兑了820万元的汇票，出票日期为2015年7月28日，汇票到期日为2016年1月28日。2016年5月25日，公证处出具公证执行证书，载明汇票到期后，出票人工程公司未按时交付应付票款，申请执行人乙银行扣除了被申请执行人在银行开立的保证金定期存单的利息共计47970元后，代工程公司垫款4052030元，并明确被申请执行人为工程公司、张某才、苏某华及执行标的金额。2016年7月21日，四川省成都市武侯区人民法院受理了乙银行对工程公司、张某才、苏某华的执行申请。2019年5月9日，四川省成都市武侯区人民法院出具执行裁定书，载明“法院于2016年7月21日……初次受理乙银行申请执行工程公司、张某才、苏某华借款合同案。在执行中，法院向被执行人发出执行通知书，责令其履行生效法律文书确定的义务”。

2017年2月27日，乙银行变更为甲银行。

【案件焦点】

债权人在连带保证期间内向部分连带保证人主张权利的，其法律效果是否及于其他连带保证人。

【法院裁判要旨】

四川省成都市青羊区人民法院经审理认为：

第一，关于最高额保证合同效力。甲银行与罗某、罗某华签订的最高额保证合同、最高额抵押合同系当事人自愿签订，内容未违反法律、行政法规强制性规定，合法有效。虽罗某、罗某华抗辩称合同的签订非其真实意思表示，且存在欺诈，但未提交相关证据，故对其抗辩主张，法院不予采纳。2019 年 5 月 9 日执行裁定已经明确借款人工程公司未履行还款义务，故甲银行有权依据保证合同约定，单独向其连带保证人罗某、罗某华主张权利。

第二，关于本金及资金利息。工程公司与甲银行签订承兑汇票合同后，甲银行依约承兑了 820 万元的汇票，但截至汇票到期，工程公司仍未按约还款。甲银行有权要求罗某、罗某华承担保证责任。至于罗某、罗某华抗辩称甲银行未提交其垫款证据，与事实不符，法院不予采纳。截至 2019 年 4 月 22 日，结合期间 104.17 元的还款情况，工程公司尚欠甲银行承兑汇票垫款本金 4051925.83 元，甲银行要求罗某、罗某华偿还垫款本金 4051925.83 元的主张，法院予以支持。至于资金利息，因工程公司于 2016 年 9 月 23 日还款 104.17 元，之后再无还款，故截至 2019 年 4 月 23 日的资金利息为 2388622.725 元，自 2019 年 4 月 23 日起的资金利息，应以 4051925.83 元为基数，按照日利率 5‱计算至垫款本金清偿之日止。

第三，关于违约金。工程公司与甲银行签订承兑汇票合同明确约定，工程公司未按约偿还汇票垫款的，甲银行有权要求工程公司按照已承兑的商业汇票总额的 10% 支付违约金。现甲银行已承兑的商业汇票敞口金额为 410 万元，故违约金金额为 41 万元的诉讼请求，法院予以支持。另甲银行向工程公司收取了 41000 元的手续费，结合罗某、罗某华就利息等提出异议，故对甲银行所主张的资金利息、手续费、违约金之和应以 4052030 元本金的年利率 24%为限。

第四，关于律师费。按照合同约定，甲银行有权要求债务人、担保人支付为实现债权而产生的律师费。根据甲银行提交的转账凭证及发票，法院认为，甲银行实际已支付的律师费为 27474 元，故法院支持律师费 27474 元，至于尚未实际产生的律师费用，法院不予支持。

第五，关于保证责任。保证合同约定罗某、罗某华对工程公司在甲银行处产生的最高余额 492 万元的债务提供连带责任保证，保证期间为承兑汇票到期之日起两年。罗某、罗某华抗辩称甲银行未在保证期间内向其主张担保责任，现保证期间已过，罗某、罗某华不再承担保证责任。对此，法院认为，根据《最高人民法院关于适用〈中华人民共和国担保法〉若干问题的解释》第十九条第一款“两个以上保证人对同一债务同时或者分别提供保证时，各保证人与债权人没有约定保证份额的，应当认定为连带共同保证”之规定，案外人张某才、苏某华也与甲银行签订有保证合同，约定对工程公司的债务提供连带担保责任，虽然罗某、罗某华与张某才、苏某华分别签署的是不同的保证合同，但均是对同一债务人的同一债务提供保证，且未约定保证份额，故罗某、罗某华、张某才、苏某华均系该债务的连带共同保证人。案涉承兑汇票于 2016 年 1 月 28 日到期，债务人工程公司未按约支付承兑汇票款项，2016 年 7 月 21 日，甲银行向四川省成都市武侯区人民法院立案，就涉案债权向工程公司、张某才、苏某华申请执行，根据《中华人民共和国担保法》第十二条规定，债权人在保证期间向保证人之一主张权利的效力，及于其他连带责任保证人。《最高人民法院关于审理民事案件适用诉讼时效制度若干问题的规定》第十七条第二款规定，“对于连带债务人中的一人发生诉讼时效中断效力的事由，应当认定对其他连带债务人也发生诉讼时效中断的效力”，甲银行向工程公司、张某才、苏某华催收债务的行为不仅中断了张某才、苏某华保证债务的诉讼时效，同时也对罗某、罗某华的诉讼时效发生中断的效力。故罗某、罗某华抗辩其保证期间已过的意见，于法无据，法院不予采纳；甲银行有权要求罗某、罗某华对上述债务承担连带清偿责任。由于四川省成都市武侯区人民法院针对涉案主债权，已将案外人苏某华与张某才共有的房屋进入司法拍卖流程，尚无具体处置结果，故罗某、罗某华承担的保证范围应以上述债务扣除四川省成都市武侯区人民法院拍卖执行到位的款项后尚欠的债务为限。

第六，关于抵押物优先受偿权。抵押合同约定罗某、罗某华就其所有的房屋为案涉债务提供抵押担保，并就该约定房屋办理了抵押登记，甲银行作为该房屋的抵押权人，有权要求就该抵押物折价、拍卖或者变卖后所得价款优先受偿。至于罗某、罗某华抗辩称，抵押合同约定的抵押期限是 2015 年 1 月 26 日至 2018 年 1 月 25 日，抵押期限已过，甲银行无权要求优先受偿权。法院认为，抵押合同约定：“抵押人自愿为自 2015 年 1 月 26 日至 2018 年 1 月 25 日，在抵押权人处理约定的各类业务实际形成的债务的最高余额，折合人民币 492 万元提供担保。”根据甲银行与工程公司签订的合同，承兑银行依约承兑了 820 万元的汇票，出票日期为 2015 年 7 月 28 日，汇票到期日为 2016 年 1 月 28 日。即本案主债务的形成日期为 2015 年 7 月 28 日，确实发生在 2015 年 1 月 26 日至 2018 年 1 月 25 日，而到期日为 2016 年 1 月 28 日。根据《中华人民共和国民法总则》第一百八十八条之规定，案涉债权的诉讼时效期间应为自 2016 年 1 月 28 日起三年，同时，甲银行于 2016 年 7 月 21 日向四川省成都市武侯区人民法院申请执行，根据《中华人民共和国民法总则》第一百九十五条“有下列情形之一的，诉讼时效中断，从中断、有关程序终结时起，诉讼时效期间重新计算……（四）与提起诉讼或者申请仲裁具有同等效力的其他情形”之规定，故抵押权人甲银行于2019年4月16日向法院提起诉讼主张抵押权，发生主债务的诉讼时效中断，诉讼时效应予重新计算，故其主张抵押权发生在主债权的诉讼时效期间，根据《中华人民共和国物权法》第二百零二条“抵押权人应当在主债权诉讼时效期间行使抵押权；未行使的，人民法院不予保护”之规定，对甲银行主张抵押权的诉讼请求法院依法予以支持。

四川省成都市青羊区人民法院依照《中华人民共和国合同法》第一百九十六条、第二百零五条、第二百零六条、第二百零七条，《中华人民共和国担保法》第十二条、第十八条、第三十三条，《最高人民法院关于适用〈中华人民共和国担保法〉若干问题的解释》第十九条，《中华人民共和国物权法》第二百零二条，《中华人民共和国民法总则》第一百八十八条、第一百九十五条，《中华人民共和国民事诉讼法》第六十四条、第一百四十二条之规定，判决：

一、罗某、罗某华于本判决发生法律效力之日起十日内，偿还甲银行承兑垫款本金4051925.83元、违约金410000元及截至2019年4月22日的资金利息2388622.725元，并支付自2019年4月23日起以本金4051925.83元为基数，按照日利率5‰计算至垫款本金清偿之日止的资金利息（工程公司已支付的手续费41000元与上述罗某、罗某华应付的违约金410000元及资金利息之和，应以本金4052030元为基数，按照年利率24%计算为限）；

二、罗某、罗某华于本判决发生法律效力之日起十日内，支付甲银行为实现债权产生的律师费27474元；

三、上述第一项、第二项的应付款项，应扣除四川省成都市武侯区人民法院执行裁定书中执行到位款项；罗某、罗某华就剩余款项，向甲银行在最高额4920000元的担保范围内承担连带清偿责任；

四、甲银行有权就罗某、罗某华所有的房屋折价或者拍卖、变卖后所得价款，在担保范围内依法受偿；

五、罗某、罗某华承担担保责任后，有权向工程公司追偿；

六、驳回甲银行其他诉讼请求。

判决后，双方当事人均未上诉，本判决现已生效。

【法官后语】

人民法院在处理借款纠纷中，当存在多个连带责任保证人时，债权人为了加快案件的审理进度以尽快实现债权，其在起诉时往往会根据保证人的自然情况、偿债能力等进行选择，而不将全部保证人都列为案件被告，以避免出现公告送达、拖延诉讼的情形。由此带来的问题是，债权人在保证期间内仅向部分保证人进行主张，那么其他连带保证人能否以保证期间内债权人未要求其承担保证责任为由免除自身的保证责任。对此，笔者结合本案，就连带保证的债权人向部分保证人主张保证责任，其效力是否及于其他保证人进行解答。

一、各连带保证人地位的认定

连带责任担保是当事人在保证合同中约定保证人与债务人对债务承担连带责任的一种担保方式。由保证人与主债务人对主合同债务承担连带责任，这意味着保证人与主债务人对主合同债务均负有全部清偿的责任。主债务人在债务履行期届满没有履行债务时由保证人承担保证责任。根据《中华人民共和国民法典》第六百九十九条“同一债务有两个以上保证人的，保证人应当按照保证合同约定的保证份额，承担保证责任；没有约定保证份额的，债权人可以请求任何一个保证人在其保证范围内承担保证责任”规定之精神，连带责任保证人作为一个整体共同对债权人承担保证责任，债权人向共同保证人中的一人主张权利，都是债权人要求保证人承担保证责任的行为。在连带责任保证的情况下，一旦主债务人到期不履行主合同债务，债权人既可以要求主债务人清偿债务，也可以要求保证人承担保证责任。故，承担连带责任保证的各保证人之间实际上处于连带债务人的地位，即各连带保证人负担的债务具有牵连性和同一性，债权人向任何一个保证人主张权利的法律效果都及于其他保证人。具体到本案，案外人张某才、苏某华也与甲银行签订有保证合同，约定对债务人工程公司的债务提供连带担保责任，虽然罗某、罗某华与张某才、苏某华分别签署了不同的保证合同，但均是对同一债务人的同一债务提供保证，且未约定保证份额，故罗某、罗某华、张某才、苏某华均系该债务的连带共同保证人。债权人向其他连带保证人张某才、苏某华主张权利的法律效果应当及于本案中的连带保证人，即罗某、罗某华。

二、连带共同保证的牵连性

根据《最高人民法院关于审理民事案件适用诉讼时效制度若干问题的规定》第十五条“对于连带债权人中的一人发生诉讼时效中断效力的事由，应当认定对其他连带债权人也发生诉讼时效中断的效力。对于连带债务人中的一人发生诉讼时效中断效力的事由，应当认定对其他连带债务人也发生诉讼时效中断的效力”之规定，连带共同保证的牵连性不仅体现在保证期间上，也体现在诉讼时效上。具体而言，如果债权人在保证期间内向保证人主张过权利，则从保证合同的诉讼时效开始起算。此时，债权人向部分连带共同保证人主张保证债务的，即构成对全体连带共同保证人诉讼时效的中断。本案中，案涉债务到期后，债务人工程公司未按约履行还款义务，2016年7月21日，甲银行向成都市武侯区人民法院立案，就涉案债权向工程公司、张某才、苏某华申请执行，甲银行向工程公司、张某才、苏某华催收债务的行为不仅中断了张某才、苏某华的保证债务的诉讼时效，同时也对罗某、罗某华的诉讼时效发生中断的效力。故罗某、罗某华称其保证期间已过的抗辩主张，于法无据，法院不予采纳；债权人甲银行有权要求罗某、罗某华对上述债务承担连带清偿责任。

连带责任保证旨在有效保护债权人的合法权益，依法赋予债权人主张权利时的选择权，以最大可能地实现债权人的权利。对于债权人而言，其应充分利用连带共同保证对各保证人效力上的牵连性这一特征及其优势，最大限度地节约实现权利的成本，可就近选择主张权利的连带保证人、就近选择提起诉讼的法院、选择更易通知到的保证人等。当然，如为稳妥，也可向全体保证人主张权利。对于多个连带责任保证人来说，多个保证人作为一个整体对债权人承担保证责任，任一保证人都负有对全部债务承担保证责任的义务，连带保证人相对于债权人而言，在保证债务的履行上具有共同性、一致性和不可分性。债权人在保证期间内向任一保证人主张权利都意味着其向其他连带责任保证人进行了权利主张，因此债权人对其中一个保证人或者一部分保证人主张保证责任的效力及于其他保证人。

需要注意的是，《中华人民共和国民法典》对担保制度作出了重大修改。涉及本案的相关法律条文主要有：

一是《中华人民共和国民法典》统一规定没有约定或约定不明的保证期间。第六百九十二条第二款规定，债权人与保证人可以约定保证期间，但是约定的保证期间早于主债务履行期限或者与主债务履行期限同时届满的，视为没有约定；没有约定或者约定不明确的，保证期间为主债务履行期限届满之日起六个月。这一规定统一了没有约定或者约定不明确的，保证期间为主债务履行期限届满之日起六个月，清晰明确，有利于法律的适用。

二是《中华人民共和国民法典》增加了保证人承担保证责任后享有债权人对债务人的权利。第七百条规定，保证人承担保证责任后，除当事人另有约定外，有权在其承担保证责任的范围内向债务人追偿，享有债权人对债务人的权利，但是不得损害债权人的利益。《中华人民共和国担保法》第三十一条规定，保证人承担保证责任后，有权向债务人追偿。《中华人民共和国民法典》第七百条增加了保证人承担保证责任后，不仅享有追偿权，亦享有债权人对债务人的权利。该条款赋予了保证人享有债权人的权利，即可享有债权人代位权、撤销权、破产财产分配权、债权转让权、债务免除权等，增加了保证人权利的类型及行使权利的方式。

编写人：四川省成都市青羊区人民法院　张瑶

079　债权人起诉连带保证人执行不能后可再行起诉债务人

——某银行诉陈某武借款合同案

【案件基本信息】

1. 裁判书字号

湖北省武汉市中级人民法院（2019）鄂01民终7936号民事判决书

2. 案由：借款合同纠纷

3. 当事人

原告（被上诉人）：某银行

被告（上诉人）：陈某武

第三人（被上诉人）：物业发展公司

【基本案情】

2007年6月12日，陈某武与某银行签订两份《个人购房借款/担保合同》，合同约定：陈某武分别向某银行借款84万元和89万元，用于购买两套房屋，陈某武用以上购买的两套房屋向某银行提供抵押担保，并办理期房抵押登记，物业发展公司对以上两笔借款提供连带责任保证。某银行按约定发放贷款后，陈某武仅履行部分还款义务。

2009年1月18日，物业发展公司与陈某武签订《解除合同协议书》，解除双方签订的《武汉市商品房买卖合同》，同时约定：物业发展公司分别退还陈某武购房首付款567250元、607250元，陈某武在某银行办理的按揭借款84万元本金及利息，89万元本金及利息，全部由物业发展公司承担。但是没有证据表明《解除合同协议书》已实际履行和陈某武已实际收到退款。

2009年6月15日，某银行以陈某武未按期归还借款本息为由起诉陈某武及物业发展公司，由于陈某武下落不明，某银行撤回了对陈某武的起诉。2010年8月11日，某银行与物业发展公司达成调解协议。因物业发展公司未能履行民事调解书，某银行于2010年9月6日提出强制执行申请，后在法院主持下达成执行和解协议，但该和解协议未能实际履行，物业发展公司未清偿某银行任何款项。

2017年7月6日，湖北省武汉市新洲区人民法院作出民事裁定书，受理由申请人自动化设备公司提出的对物业发展公司进行破产清算的申请。2017年11月22日，某银行向破产清算管理人进行债权申报，申报金额包括民事调解书确定的债权本息。此后，某银行提起诉讼。

【案件焦点】

陈某武是否应按照《个人购房借款/担保合同》承担偿还借款本息的责任。

【法院裁判要旨】

湖北省武汉市洪山区人民法院经审理认为：2007年6月12日，陈某武与某银行签订两份《个人购房借款/担保合同》，该合同合法有效，陈某武、某银行及物业发展公司均未对合同效力提出异议。某银行依照合同约定如期发放了贷款，陈某武理应承担还款责任。但陈某武仅履行了部分还款义务，其余部分应该依约还款。对某银行主张的借款本金人民币1468942.6元，利息810792.25元（计算至2014年6月21日），陈某武对数额并没有异议，但认为自己至今没有收房，不应该还款。法院认为，物业发展公司没有向陈某武交房，陈某武可以另案向物业发展公司主张权利，不能以此作为拒不承担还本付息的理由。2009年1月18日，物业发展公司与陈某武签订《解除合同协议书》，但是作为债权人的某银行明确表示不同意还本付息责任仅由物业发展公司承担。根据《中华人民共和国合同法》第八十四条规定，该债务转移对某银行没有约束力，某银行仍然可以向陈某武主张权利。2010年8月11日，某银行与物业发展公司达成调解协议，法院制作并送达民事调解书，在该调解书的执行过程中，双方又达成和解协议。但该和解协议仍没有得到履行。

虽然案涉债权有民事调解书予以确认，但调解书并未得到履行，某银行没有根据此调解书得到任何款项。在陈某武与某银行的按揭购房关系中，某银行是债权人，陈某武是债务人，物业发展公司是连带责任保证人。当保证人已经进行破产清算程序不能履行保证义务时，作为债权人的某银行可以向债务人陈某武主张权利。民事调解书不应成为本案判决的障碍。需要指出的是，由于民事调解书已经生效，某银行已经在武汉市新洲区人民法院申报破产债权，某银行通过破产清算程序受偿的债权份额，在本案执行中予以相应扣减。

湖北省武汉市洪山区人民法院依照《中华人民共和国合同法》第八条、第六十条、第八十四条、第一百零七条，《中华人民共和国担保法》第十八条，《中华人民共和国民事诉讼法》第一百五十二条，判决：

一、陈某武于本判决生效之日起十五日内向某银行给付借款本金 1468942.6 元，利息 810792.25 元（计算至 2014 年 6 月 21 日）；

二、陈某武于本判决生效之日起十五日内向某银行给付 2014 年 6 月 22 日之后的利息（以 1468942.6 元为基数，按《个人购房借款/担保合同》约定的利息计算至本判决确定的给付之日止）。

陈某武不服一审判决，提起上诉。

湖北省武汉市中级人民法院经审理同意一审法院裁判意见，依照《中华人民共和国民事诉讼法》第一百七十条第一款第一项的规定，判决：

驳回上诉，维持原判。

【法官后语】

在部分商品房预售买卖合同中，贷款银行、购房人与开发商三方约定，在合同所涉期房正式办理不动产抵押登记之前，由开发商对购房人的银行借款承担连带责任保证。在此情形下，如果借款人不能按期偿还贷款，则贷款银行多会将购房人和开发商一同作为被告起诉，要求连带清偿所欠贷款。一般而言，不会出现本案仅要求开发商承担还款责任后，由于执行期间开发商没有偿还能力，导致债务未能清偿，作为债权人的银行再另行起诉债务人的情形。因为此种情形较为少见，司法实践中对类似案件的处理存在一定的认识误区，部分人持“否定说”，即认为案涉债务已有生效裁判文书予以确认，债权人在前诉中已就实现债务的方式作了选择，因此不能再另行起诉债务人。

为澄清上述误解，对此问题可从法教义学视角进行解读。在我国现行法律规范中，规定连带责任的基础性法律规范为《中华人民共和国民法典》第一百七十八条第一款：“二人以上依法承担连带责任的，权利人有权请求部分或者全部连带责任人承担责任。”对连带责任保证的法律规范依据为《中华人民共和国民法典》第六百八十八条第二款：“连带责任保证的债务人不履行到期债务或者发生当事人约定的情形时，债权人可以请求债务人履行债务，也可以请求保证人在其保证范围内承担保证责任。”本案裁判时连带责任的法律依据为《中华人民共和国担保法》第十八条第二款“连带责任保证的债务人在主合同规定的债务履行期届满没有履行债务的，债权人可以要求债务人履行债务，也可以要求保证人在其保证范围内承担保证责任”的规定，该规定与《中华人民共和国民法典》第六百八十八条第二款的内容基本一致。司法实践中，“否定说”的观点认为，法律规定在连带责任之债中，债权人可请求部分或者全部连带责任人承担责任，既然债权人在前诉中已经放弃了向债务人追偿债务的权利，且其债权已有生效裁判文书予以确认，若允许其另行起诉债务人，则会导致债权人就同一债权得到双重清偿的后果。通过对上述观点的分析，可以得知其立论的基本依据为《最高人民法院关于适用〈中华人民共和国民事诉讼法〉的解释》第二百四十七条，即重复诉讼的规定。但根据该条规定，重复诉讼的认定需要满足三个条件：一是后诉与前诉的当事人相同；二是后诉与前诉的诉讼标的相同；三是后诉与前诉的诉讼请求相同，或者后诉的诉讼请求实质上否定前诉裁判结果。结合本案事实可以清楚地看到，债权人在债权没有得到清偿的情形下，另行起诉债务人，其请求权基础明显不同，并不符合重复诉讼的构成要件。因此，“否定说”的观点没有理论基础和法律依据。

因此，本案中债权人可以再行就债务人提起诉讼。在肯定债权人可以另行起诉债务人的基础上，结合本案的实际情况，以下事项必须同时予以明确说明，即当债权人要求债务人清偿债务请求得到支持的情况下，会出现同一债权有两份生效裁判文书同时予以确认的情形。为避免债权人获得双重清偿，应当在后诉裁判文书中明确，在后诉案件执行过程中，应扣除债权人在前案执行程序中已得到清偿的部分，避免发生债权人获得双重清偿的情形。

编写人：湖北人武汉市洪山区人民法院　冉超

080 保证人对超出最高债权余额限度代为清偿的借款本息无权向债务人追偿

——谢某文诉地产公司、郭某华追偿权案

【案件基本信息】

1. 裁判书字号

江西省吉安市中级人民法院（2019）赣08民终1145号民事判决书

2. 案由：追偿权纠纷

3. 当事人

原告（上诉人）：谢某文

被告（被上诉人）：地产公司、郭某华

第三人：饶某龙

【基本案情】

2015年2月17日，地产公司及法定代表人郭某华因公司经营需要资金周转，向饶某龙借款300万元。双方签订的借款合同约定：借款本金300万元，月利率3.5%，借期1个月。同日，谢某文与饶某龙签订了一份最高额保证合同，约定保证人谢某文愿意为债权人饶某龙与债务人地产公司于2015年2月17日至3月16日形成的债权提供最高债权余额为300万元的担保，并明确保证范围包括主合同项下借款本金、利息、罚息、复利、违约金等，保证方式为连带责任担保。上述合同签订后，饶某龙按地产公司要求的方式交付了300万元。借款合同履行期届满后，地产公司、郭某华未还本付息。但谢某文在2015年3月16日至12月25日，以月利率3.5%的标准，先后向饶某龙指定的账户归还本息累计373.63万元。2017年12月20日，饶某龙出具了一份情况说明，称谢某文代地产公司、郭某华向其归还了借款本金及利息。谢某文履行完担保责任后，地产公司、郭某华一直未还款给谢某文。2018年1月15日，谢某文以其已代地产公司、郭某华向饶某龙清偿借款本息为由诉至法院。

【案件焦点】

保证人谢某文对超出最高债权余额限度300万元而代为清偿的借款本息能否向债务人地产公司和郭某华追偿。

【法院裁判要旨】

江西省吉安市遂川县人民法院经审理认为：债权人饶某龙与债务人地产公司、郭某华成立借款合同关系。谢某文为地产公司、郭某华的借款提供连带担保责任，并签订了最高额保证合同。谢某文作为连带责任保证人，在债务人逾期未归还借款本息的情况下，代偿借款本息后，有权向债务人进行追偿。依谢某文与饶某龙签订的最高额保证合同约定，谢某文担保债权的最高额为300万元整，虽然该合同中另行约定了保证担保的范围包括本合同项下借款本金、利息、罚息等贷款人实现债权的一切费用，但谢某文担保债权的最高余额仅为300万元，故谢某文归还给第三人饶某龙超过300万元限额外的本息无权向地产公司、郭某华追偿。

江西省吉安市遂川县人民法院，依照《中华人民共和国担保法》

第十四条、第三十一条之规定，判决：

一、地产公司、郭某华于本判决生效后十日内返还谢某文代偿款300万元；

二、驳回谢某文其他诉讼请求。

谢某文不服一审判决，提起上诉。江西省吉安市中级人民法院经审理认为：在最高额保证中，保证人的责任范围就是最高债权额限度内的债权余额。本案中，依据饶某龙与谢某文签订的《最高额保证合同》第一条约定，案涉借款本金、利息、罚息、费用等均属于债权余额范畴。如果该300万元最高限额仅指借款本金，那么对于保证人而言，其可能负担的债权是一个未知数，这有违《中华人民共和国担保法》关于最高额保证制度的立法本意。故谢某文本应依合同约定，在最高限额300万元之内对所发生的借款本金、利息以及贷款人实现债权的费用等承担保证责任，而对超出该300万元限额的部分不承担责任。根据《中华人民共和国担保法》第三十一条规定，担保人只要按照担保合同的约定向债权人清偿责任后，即可取得对债务人的追偿权。但若担保人承担保证责任时，实际给付的金额大于担保合同约定的金额，则对于超出部分，保证人不得向债务人追偿。

江西省吉安市中级人民法院依照《中华人民共和国民事诉讼法》第一百七十条第一款第一项规定，判决：

驳回上诉，维持原判。

【法官后语】

当下，社会主义市场经济日趋活跃，因合同关系产生的债权债务越来越庞杂，到期债权无法得到清偿时，实践中债务人常常以保证方式向债权人保证其能及时清偿债务。在保证方式中，最高额保证制度因其特有的灵活性而受到债权人和保证人的青睐。

随着最高额保证制度的广泛使用，与该制度相关的法律适用问题也逐渐出现，本案涉及的核心焦点是保证人自行履行在借贷关系中承担的最高额保证责任时，如其实际代为清偿的借款本金、利息等债务额度大于合同约定的最高债权余额限度，对超出部分，保证人是否有权向债务人追偿。从法理及利益平衡等因素考量，答案是否定的。

首先，保证人代为清偿超过最高债权余额限度的债务超出了各方合意。保证人代为清偿超过最高债权余额限度的借款本息，并非各方当事人订立保证合同时意思表示一致的结果，不具有法定或约定的原因，也有违最高额保证制度之限额保证这一主要特征，故不应认定保证人实施的超出各方合意的行为对债务人具有相应法律效力。实际上，谢某文成为保证人是基于债务人地产公司的委托。依委托之基本法理，对于保证人超出债务人之委托范畴，而自行承担的保证责任的部分，自然不产生委托的法律效果。其次，支持保证人对代偿的超过最高债权余额限度部分享有追偿权，有可能损害其他债权人的利益。日常生活中，保证人与债权人之间除了存在担保合同关系之外，还可能因借贷、买卖、货物运输、加工承揽等经济活动而建立其他产生金钱往来的法律关系。当债务人的财产不足以清偿多个债权人的债权时，如保证人与某个债权人恶意串通，将他们之间因其他法律关系发生的往来款项主张为债务人应向该债权人偿还的超过最高债权余额限度的借款本息时，必然会损害其他债权人的利益。最后，不支持保证人的请求，有利于警示同类案件中的保证人依法行使抗辩权。作为保证人，在承担保证责任时，既可以行使自身对债权人的抗辩权，也可以行使债务人对债权人的抗辩权。

本案中，保证人谢某文在自行承担保证责任时，并未根据保证合同关于300万元最高债权余额限度的约定，向债权人行使抗辩权，拒绝偿还超过300万元的借款本息。相反，保证人谢某文按月利率3.5%向债权人饶某龙还本付息。谢某文怠于行使抗辩权，使其已清偿的超过300万元的款项部分能否最终得以归还处于未知状态。而且，债务人应否偿还保证人已实际支付的年借贷利率24%~36%之间部分的自然之债，是另一个有争议的问题。保证人怠于行使抗辩权，可能导致自身及债务人的利益均遭受损失。

当然，保证人对超出最高债权余额限度代为清偿的借款本息部分，虽无权向债务人追偿，但保证人可以另行提起不当得利之诉，向债权人请求返还其已为的给付。

关于本案中涉及的法律要点，《中华人民共和国民法典》及其司法解释中有新的变化，需要在今后审理类似案件时加以注意。

一是关于保证人抗辩权的变化。《中华人民共和国担保法》第二十条规定，一般保证和连带责任保证的保证人享有债务人的抗辩权。债务人放弃对债务的抗辩权的，保证人仍有权抗辩。抗辩权是指债权人行使债权时，债务人根据法定事由，对抗债权人行使请求权的权利。《中华人民共和国民法典》第七百零二条规定，债务人对债权人享有抵销权或者撤销权的，保证人可以在相应范围内拒绝承担保证责任。该条明确了保证人享有债务人抗辩权的内容，具体为抵销权和撤销权。债务人享有抵销权或者撤销权，保证人可以在相应范围内直接拒绝承担保证责任，而非《中华人民共和国担保法》第二十条规定的代位抗辩，《中华人民共和国民法典》的规定更为直接、具体，增强了对保证人权利的保护。

二是关于民间借贷利息的规定的变化。2020年修订的《最高人民法院关于审理民间借贷案件适用法律若干问题的规定》将有关民间借贷利息的规定调整为：以中国人民银行授权全国银行间同业拆借中心每月20日发布的一年期贷款市场报价利率（LPR）的4倍为标准确定民间借贷利率的司法保护上限。

三是关于保证人承担保证责任后享有债权人对债务人的权利的变化。《中华人民共和国担保法》第三十一条规定，保证人承担保证责任后，有权向债务人追偿。《中华人民共和国民法典》第七百条规定，保证人承担保证责任后，除当事人另有约定外，有权在其承担保证责任的范围内向债务人追偿，享有债权人对债务人的权利，但是不得损害债权人的利益。相对于《中华人民共和国担保法》第三十一条，该条增加了保证人承担保证责任后，不仅享有追偿权，亦享有债权人对债务人的权利。赋予了保证人享有债权人的权利，即可享有债权人代位权、撤销权、破产财产分配权、债权转让权、债务免除权等，增加了保证人权利的类型及行使权利的方式。《最高人民法院关于适用〈中华人民共和国民法典〉有关担保制度的解释》第十八条第二款则进一步明确这种权利包括对债务人财产的抵押权等担保物权，即承担了担保责任或者赔偿责任的第三人，主张行使债权人对债务人享有的担保物权的，人民法院应予支持。考虑到担保人原则上不得请求其他担保人承担担保责任，该款明确规定承担担保责任的第三人仅有权对债务人自己提供的担保物权主张权利。还需注意的是，《最高人民法院关于适用〈中华人民共和国担保法〉若干问题的解释》第九条第一款规定，担保人因无效担保合同向债权人承担赔偿责任后，可以向债务人追偿。《最高人民法院关于适用〈中华人民共和国民法典〉有关担保制度的解释》第十八条第一款沿袭了上述规定，即无论是担保合同有效时担保人承担的担保责任，还是担保合同无效时担保人承担的民事赔偿责任，其均有权在其承担责任的范围内向债务人追偿。

编写人：江西省吉安市中级人民法院　吴富强

081 数个保证人中一人履行了保证责任后与债务人重新约定还款期限的，在还款期限届满前不得向其他保证人行使追偿权

——牛某诉聂某梅等追偿权案

【案件基本信息】

1. 裁判书字号

新疆生产建设兵团乌鲁克垦区人民法院（2019）兵0202民初132号民事判决书

2. 案由：追偿权纠纷

3. 当事人

原告：牛某

被告：聂某梅、杨某勇、宋某利、唐某平

【基本案情】

2014年2月14日，罗某、杨某云因种植土地需要资金，与某银行签订《个人借款/担保合同》及《个人贷款业务商户联动协议》，罗某、杨某云从该行贷款480000元，贷款期限为一年，牛某、聂某梅、杨某勇、宋某利、唐某平为上述贷款本息的共同连带

责任担保人，均签字确认。贷款到期后，罗某、杨某云未能偿还贷款本息，新疆维吾尔自治区库尔勒市铁路运输法院作出民事调解书。

民事调解书生效后，罗某、杨某云及其他保证人未按约定履行调解书所确定的还款义务，某银行向新疆维吾尔自治区库尔勒市铁路运输法院申请强制执行。在执行过程中，牛某向新疆维吾尔自治区库尔勒市铁路运输法院交纳 274295.36 元，聂某梅、杨某勇夫妻交纳 30000 元，宋某利、唐某平夫妻交纳 30000 元，新疆维吾尔自治区库尔勒市铁路运输法院于 2018 年 9 月 29 日分别向牛某、聂某梅、杨某勇、宋某利、唐某平出具了结算票据。2018 年 9 月 28 日，由于牛某、聂某梅、杨某勇、宋某利、唐某平五名保证人替债务人罗某、杨某云偿还了部分贷款，罗某、杨某云向聂某梅、杨某勇出具欠条一份，其内容为："现欠聂某梅、杨某勇替罗某还某银行的贷款 30000 元，分三年还清，2021 年 12 月 31 日前付清，欠款人罗某、杨某云。"罗某、杨某云同时向宋某利、唐某平出具欠条一份，其内容为："现欠宋某利、唐某平替罗某还某银行的贷款 30000 元，分三年还清，2021 年 12 月 31 日前付清，欠款人罗某、杨某云。"2018 年 9 月 29 日，罗某向牛某出具借条一份，其内容为："今借到牛某替罗某还某银行贷款 274295.36 元，于 2020 年开始还款，每年 12 月 31 日前还 20000 元，直到还完为止，借款人罗某。"2018 年 9 月 28 日，宋某利向牛某的父亲牛某勇出具欠条一份，其内容为："今欠牛某勇 10600 元（系为罗某承担担保责任），2018 年 12 月 31 日前还给牛某勇。"以上欠条及借条复印件均来源于新疆维吾尔自治区库尔勒市铁路运输法院档案室，法院注明原件在当事人手中。

【案件焦点】

保证人牛某履行保证责任后，债务人罗某向牛某重新出具借条约定的还款期限尚未到期，能否向其他保证人行使追偿权。

【法院裁判要旨】

新疆生产建设兵团乌鲁克垦区人民法院经审理认为：《中华人民共和国担保法》第十二条规定："……已经承担保证责任的保证人，有权向债务人追偿，或者要求承担连带责任的其他保证人清偿其应当承担的份额。"本案中，牛某作为已经承担保证责任的保证人，在新疆维吾尔自治区库尔勒市铁路运输法院执行过程中替债务人罗某、杨某云偿还债务 274295. 36 元后，虽然有权要求承担连带责任的其他保证人聂某梅、杨某勇、宋某利、唐某平清偿其应当承担的份额，但是由于债务人罗某向牛某重新出具借条约定："今借到牛某替罗某还某银行贷款 274295. 36 元，于 2020 年开始还款，每年 12 月 31 日前还 20000 元，直到还完为止。"该借条经新疆维吾尔自治区库尔勒市铁路运输法院确认在当事人手中，说明牛某已经接受了借条约定的内容，因此该借条合法有效，债务人罗某、杨某云及保证人牛某应按该借条的约定行使权利并履行义务。根据借条的约定，债务人罗某、杨某云向牛某的还款期限尚未到期，如果支持牛某向其他保证人行使追偿权，必然会否定罗某向牛某重新出具的借条效力（对还款期限的约定）。因此，在罗某向牛某重新出具的借条履行期限届满之前，牛某尚不具备条件向其他保证人行使追偿权。另外，如果支持牛某向其他保证人行使追偿权，其他保证人偿还债务后又可向债务人罗某、杨某云再行使追偿权，牛某、聂某梅、杨某勇、宋某利、唐某平亦可持其重新出具的欠条和借条再向债务人罗某、杨某云行使追偿权，导致连环追偿，增加诉累，同时也违反了债务人罗某、杨某云向其他保证人牛某、聂某梅、杨某勇、宋某利、唐某平重新出具欠条和借条的真实意思表示。

新疆生产建设兵团乌鲁克垦区人民法院依照《最高人民法院关于适用〈中华人民共和国民事诉讼法〉的解释》第九十条的规定，判决：

驳回牛某的诉讼请求。

判决后，双方当事人均未上诉，本判决现已生效。

【法官后语】

《中华人民共和国担保法》第十二条规定："……已经承担保证责任的保证人，有权向债务人追偿，或者要求承担连带责任的其他保证人清偿其应当承担的份额。"牛某作为已经承担保证责任的保证人，履行保证责任后，虽然有权要求承担连带责任的其他保证人聂某梅、杨某勇、宋某利、唐某平清偿其应当承担的份额，但是由于债务人罗某向牛某重新出具借条并约定还款期限，说明牛某已经接受了借条约定的内容，因此该借条合法有效，债务人罗某、杨某云及保证人牛某应按该借条的约定行使权利并履行义务。根据借条的约定，债务人罗某、杨某云向牛某的还款期限尚未到期，如果支持牛某向其他保证人行使追偿权，必然会否定罗某向牛某重新出具的借条效力。因此，在罗某向牛某重新出具的借条履行期限届满之前，牛某尚不具备条件向其他保证人行使追偿权。

牛某作为已经承担保证责任的保证人，有权向债务人追偿，或者要求承担连带责任的其他保证人清偿其应当承担的份额，这是法律明确规定的。但是，牛某接受罗某向牛某重新出具的借条后，再次向其他保证人主张追偿权，违反了诚实信用原则和依合同履行义务的原则。另外，如果支持牛某向其他保证人行使追偿权，其他保证人偿还债务后又可向债务人罗某、杨某云再行使追偿权，牛某、聂某梅、杨某勇、宋某利、唐某平亦可持其重新出具的欠条和借条再向债务人罗某、杨某云行使追偿权，导致连环追偿增加诉累，同时也违反了债务人罗某、杨某云向其他保证人牛某、聂某梅、杨某勇、宋某利、唐某平重新出具欠条和借条的真实意思表示。

需要注意的是，《中华人民共和国担保法》第三十一条规定，保证人承担保证责任后，有权向债务人追偿。《中华人民共和国民法典》第七百条规定，保证人承担保证责任后，除当事人另有约定外，有权在其承担保证责任的范围内向债务人追偿，享有债权人对债务人的权利，但是不得损害债权人的利益。该条对于保证人承担保证责任后享有的权利有所变化，相对于《中华人民共和国担保法》第三十一条，增加了保证人承担保证责任后，不仅享有追偿权，亦享有债权人对债务人的权利。该条款赋予了保证人享有债权人的权利，即保证人可享有债权人代位权、撤销权、破产财产分配权、债权转让权、债务免除权等，增加了保证人权利的类型及行使权利的方式。

此外，在担保人之间可以相互追偿的场合，担保人承担担保责任后，其向其他担保人追偿的范围是否限于向主债务人不能清偿的部分，对此《最高人民法院关于适用〈中华人民共和国民法典〉有关担保制度的解释》第十三条规定，应该区分当事人对于追偿问题的不同约定，如果担保人之间约定相互追偿及分担份额，承担了担保责任的担保人可以请求其他担保人按照约定分担份额；如果当事人仅约定承担连带共同担保，或者约定相互追偿但是未约定分担份额，或者通过各担保人在同一份合同书上签字、盖章或者按指印推定存在连带共同担保意思联络时，为了避免向债务人追偿、向其他担保人追偿的不确定性及循环追偿的问题，应该先向主债务人追偿，对于主债务人不能追偿的部分，再向其他担保人追偿。

编写人：新疆生产建设兵团乌鲁克垦区人民法院　沈国华

082　主合同与反担保合同关于保证期间的起算规则差异

——李某智诉欧某鹏等追偿权案

【案件基本信息】

1. 裁判书字号

湖南省郴州市中级人民法院（2020）湘10民终602号民事判决书

2. 案由：追偿权纠纷

3. 当事人

原告（上诉人）：李某智

被告（被上诉人）：欧某鹏、邝某源、研究院

【基本案情】

2015年12月28日，邝某源、李某智向某银行出具一份《共同借款人承诺书》，其中载明：推荐邝某源作为代表人办理借款手续，借款金额为100000元，期限为24个月，代表人在银行所立借据形成的债务是双方的共同债务，双方自愿对借款承担连带清偿责任。同日，邝某源与某银行签订了一份《个人借款合同》，双方约定：1. 借款用途为经营研究院推广，借款金额为100000元；2. 借款期限为24个月，自实际提款之日起计算，借款利率为月利率6.9583‰。次日，人力资源和社会保障局经济开发区分局、李某

智分别与某银行签订《保证合同》，合同主要约定：1. 对邝某源的借款承担连带责任担保，担保范围为债务本金、利息等费用；2. 担保期限为主债务履行期限届满之日起二年。

2016 年 1 月 7 日，邝某源、欧某鹏、研究院共同向李某智出具一份《承诺书》，载明："今承诺李某智为研究院（法人邝某源）借到人力资源创业贷款资金 10 万元提供的担保，保证两年之内按时归还清，一定不会让李某智承担。如出现没有按时归还的情形，则让出股份 10%，或者 5 倍偿还李某智。"

2015 年 12 月 28 日《个人借款合同》到期后，邝某源偿还贷款本金 8081. 28 元，剩余 91918. 72 元由人力资源和社会保障局经济开发区分局于 2018 年 7 月 4 日代偿。人力资源和社会保障局经济开发区分局于 2018 年向湖南省郴州市北湖区人民法院起诉要求邝某源、李某智偿还上述代偿款项。湖南省郴州市北湖区人民法院于 2019 年 2 月 28 日作出民事判决，认定案涉贷款 100000 元系邝某源、李某智两人的共同债务，依法判决由邝某源、李某智偿还人力资源和社会保障局经济开发区分局 91918. 72 元。该判决生效后，李某智自行偿还人力资源和社会保障局经济开发区分局 1000 元代偿款。同时，在诉讼中，湖南省郴州市北湖区人民法院依法冻结李某智的银行存款 100000 元。

研究院成立于 2008 年 3 月 20 日，系普通合伙企业。邝某源在涉案贷款期间系该院的执行事务合伙人。2018 年 3 月 5 日，变更周某为该院的执行事务合伙人。2018 年 12 月 24 日，邝某源退出合伙。欧某鹏现系该院的普通合伙人之一。

【案件焦点】

1. 李某智与邝某源、欧某鹏、研究院之间的法律关系应当如何认定；2. 本案是否超过保证期间，李某智的诉讼请求是否应予支持。

【法院裁判要旨】

湖南省郴州市苏仙区人民法院经审理认为：本案系保证合同纠纷。案涉《承诺书》系邝某源、欧某鹏、研究院为李某智与邝某源于 2015 年 12 月 28 日共同向某银行借款 100000 元提供的保证担保，该保证担保系当事人的真实意思表示，且不违反法律、法规的强制性规定，合法有效。因没有约定保证方式，依照《中华人民共和国担保法》第十九条之规定，应按照连带责任保证承担保证责任。《承诺书》约定的“保证两年之内按时归还清 10 万元贷款”，该保证合同约定的保证期间等于主债务履行期限，依照《最高人民法院关于适用〈中华人民共和国担保法〉若干问题的解释》第三十二条之规定，视为没有约定，保证期间为主债务履行期届满之日起六个月。故李某智应在涉案的主债务 10 万元借款履行期限届满之日起六个月内要求邝某源、欧某鹏、研究院承担保证责任。逾期保证人免除保证责任。涉案的主债务于 2017 年 12 月 28 日到期，李某智作为该笔借款的共同债务人，明知邝某源及其本人均未按借款期限偿还借款本息，李某智应最迟于 2018 年 6 月 28 日前向邝某源、欧某鹏、研究院主张保证责任。然而李某智于 2019 年 11 月 22 日才向一审法院起诉要求承担保证责任，于法不符，故对李某智的诉讼请求，不予支持。

湖南省郴州市苏仙区人民法院依照《中华人民共和国担保法》第五条、第六条、第十三条、第十九条、第二十六条，《最高人民法院关于适用〈中华人民共和国担保法〉若干问题的解释》第三十一条、第三十二条第一款，《中华人民共和国民事诉讼法》第一百四十二条之规定，判决：

驳回原告李某智的诉讼请求。

李某智不服一审判决，提起上诉。湖南省郴州市中级人民法院经审理认为：《中华人民共和国担保法》第四条规定，第三人为债务人向债权人提供担保时，可以要求债务人提供反担保。反担保适用本法担保的规定。根据该规定，反担保是担保的担保，是为了保障保证人承担担保责任后实现对债务人追偿而设定的担保。反担保所担保的对象并非主债权，而是主债权的担保人对债务人的追偿权，这是一种未来的、尚未产生的追偿债权。反担保所担保的债权（追偿权）的范围、履行期限、期间等都是不确定的，需根据日后主债权的实现情况来具体确定。本案中，《共同借款人承诺书》《个人借款合同》《保证合同》及湖南省郴州市北湖区人民法院生效民事判决等证据证实，案涉贷款100000元对外系邝某源、李某智两人的共同债务。但根据《承诺书》约定的内容可知，研究院和邝某源是案涉贷款的实际借款人，李某智仅提供担保；邝某源、欧某鹏、研究院就案涉贷款向李某智提供了反担保。因此，李某智与邝某源、欧某鹏、研究院之间系担保与反担保关系。

《中华人民共和国担保法》第三十一条规定，保证人承担保证责任后，有权向债务人追偿。根据该条规定，担保保证人对主债务人的追偿权应从其承担责任之日起成立，也从该日起担保人才有向反担保人主张承担反担保保证责任的权利。反担保责任的履行应以保证人已履行担保责任为前提，只有担保主债权的担保人履行了担保责任，才取得对主债务人的追偿权。本案中，李某智要求邝某源、欧某鹏、研究院承担担保责任的前提是李某智自己作为担保人已实际承担了主债权的担保责任。而实际上，李某智至今仅代偿了案涉100000元贷款中的1000元，故李某智行使本案追偿权的条件尚未完全成就，待李某智实际代偿了案涉贷款，履行了担保责任后可向邝某源、欧某鹏、研究院进行追偿。反担保的保证期间应当从担保人实际履行担保责任之日起计算（反担保保证期间的起算以追偿权成立为条件），而非从主债权履行期届满之日起开始计算，一审判决混淆了主合同的保证期间与反担保人的保证期间，从而认定本案已过保证期间属适用法律错误，法院予以纠正。综上所述，一审判决认定事实清楚，适用法律错误，但裁判结果正确，予以维持。

湖南省郴州市中级人民法院依照《中华人民共和国民事诉讼法》第一百七十条第一款第一项规定，判决：

驳回上诉，维持原判。

【法官后语】

下面结合《中华人民共和国民法典》关于保证合同的新规定，探讨一下《中华人民共和国民法典》关于反担保的新变化。

一、关于反担保的表述有变化，但实质仍是担保的担保

《中华人民共和国民法典》第六百八十九条规定："保证人可以要求债务人提供反担保。"按照《中华人民共和国担保法》第四条第一款"第三人为债务人向债权人提供担保时，可以要求债务人提供反担保"的规定，反担保是担保的担保，是为了保障保证人承担担保责任后实现对债务人追偿而设定的担保。反担保所担保的对象并非主债权，而是主债权的担保人对债务人的追偿权，这是一种未来的，尚未产生的追偿债权。反担保所担保的债权（追偿权）的范围、履行期限、期间等都是不确定的，需根据日后主债权的实现情

况来具体确定。准确理解反担保是担保的担保，是正确运用反担保制度的基础，也是在诉讼中选择正确诉讼思路的逻辑前提。本案中，一审法院错误地计算了反担保人的保证期间的起算点，表面上看是因为法律没有明确规定反担保人保证期间的起算点，但更深层次的原因是没有充分理解反担保制度的逻辑构造和制度内涵。

二、保证期间约定不明时，保证期间由二年变更为六个月

反担保与本担保的保证期间性质相同，类似于除斥期间。根据《中华人民共和国民法典》第六百九十二条第一款、第二款规定："保证期间是确定保证人承担保证责任的期间，不发生中止、中断和延长。债权人与保证人可以约定保证期间，但是约定的保证期间早于主债务履行期限或者与主债务履行期限同时届满的，视为没有约定；没有约定或者约定不明确的，保证期间为主债务履行期限届满之日起六个月。"按照《最高人民法院关于适用〈中华人民共和国担保法〉若干问题的解释》第三十二条第二款规定："保证合同约定保证人承担保证责任直至主债务本息还清时为止等类似内容的，视为约定不明，保证期间为主债务履行期届满之日起二年。"《中华人民共和国民法典》实施后，该条司法解释不再适用，即保证期间约定不明时，保证期间为六个月。反担保保证期间是指反担保保证人在所担保的追偿债务履行期限届满后，容许担保人向其主张反担保责任的最长期限。对于追偿债务履行期限届满日的确定，当事人有约定的从约定，无约定的应当以追偿权得以行使之日（本担保人向主债权人实际承担担保责任之日为准）起六个月。

三、一般保证的诉讼时效从权利消灭之日起算

《中华人民共和国民法典》第六百九十四条第一款规定："一般保证的债权人在保证期间届满前对债务人提起诉讼或者申请仲裁的，

从保证人拒绝承担保证责任的权利消灭之日起，开始计算保证债务的诉讼时效。”按照《最高人民法院关于适用〈中华人民共和国担保法〉若干问题的解释》第三十四条第一款规定，“……从判决或者仲裁裁决生效之日起，开始计算保证合同的诉讼时效”。一般保证的诉讼时效起算点发生了变化，《中华人民共和国民法典》实施后，该条司法解释不再适用，具体规则详见《最高人民法院关于适用〈中华人民共和国民法典〉有关担保制度的解释》第二十八条之规定。在反担保合同签订时，反担保人所担保的债权尚未发生，反担保人实际上是对未来可能发生的债权所提供的一种担保。因此，与普通担保不同，反担保在担保合同签订时并不以所担保的债权（追偿权）实际发生为前提，在担保的从属性上要求较低。同时，反担保所担保的债权（追偿权）的范围、履行期限、期间等都是不确定的，需根据日后主债权的实现情况来具体确定。本案中，李某智至二审庭审结束前只代偿了100000元贷款中的1000元，故本案作为反担保人的李某智的担保责任并不能算真正发生。其担保的债权范围、履行期限、担保期间需要等偿还主要贷款后才最终确定。反担保是为了保障保证人承担担保责任后实现债务人追偿权而设定的担保，反担保责任的履行应以保证人已履行担保责任为前提。主合同的保证期间与反担保人的保证期间二者适用的起算规则不同，反担保人的保证期间应当从担保人实际履行了担保责任之日起计算。

四、保证人享有追偿权与代位权，但《中华人民共和国民法典》取消了保证人之间相互追偿

按照《中华人民共和国民法典》第七百条规定：“保证人承担保证责任后，除当事人另有约定外，有权在其承担保证责任的范围内向债务人追偿，享有债权人对债务人的权利，但是不得损害债权

人的利益。”本案中，李某智作为反担保中的保证人，其担保的对象为追偿权，故李某智对邝某源、欧某鹏、研究院的追偿权应自其承担担保责任之日起方可成立。所以，二审法院最终认定本案反担保的“保证期间应当从担保人实际履行了担保责任之日起计算”，而非从主债权履行期届满之日起开始起算。一审法院错误计算了反担保人保证期间的起算点，据此认定本案反担保已超过保证期间错误。综上所述，反担保人担保的是一种未来的、尚未产生的追偿债权。只有债务人出现违约，在约定期限届满未能向债权人履行义务时，担保人承担担保义务进行代偿取得追偿权。追偿债权的权利人是担保人，债务人是借款人，权利来源于双方的委托担保合同，担保人行使权利受阻时，可要求作为追偿债权担保方的反担保人承担担保责任。

编写人：湖南省郴州市中级人民法院　陈道勇

083 保证人在主债务履行期届满后作出保证不适用保证期间制度

——某银行诉力合公司等金融借款合同案

【案件基本信息】

1. 裁判书字号

北京市西城区人民法院（2019）京0102民初380号民事判决书

2. 案由：金融借款合同纠纷

3. 当事人

原告：某银行

被告：力合公司、科技公司、投资公司

【基本案情】

1998年12月28日，某银行与力合公司签署《人民币借款合同》，约定：某银行向力合公司提供1700万元贷款，提款日期为1999年1月15日，还款日期为1999年11月15日。某银行如约放款。贷款期满后，力合公司未能全部偿还贷款本息，尚有100万元本金未还，且从2001年6月21日起，未再依约支付利息。

2002年1月，科技公司、投资公司向某银行出具《保证书》，承诺由科技公司与投资公司为案涉借款合同项下100万元人民币本金及该合同项下所有欠息承担连带责任的保证担保。

后某银行于2002年8月14日、2006年10月31日、2008年10月17日、2011年9月2日、2004年11月12日、2010年11月4日、2011年11月25日、2012年11月22日、2013年12月13日、2014年12月3日、2015年11月11日、2016年12月2日等时间，以当面、向注册地邮寄并公证的方式向力合公司送达《逾期贷款索偿函》《逾期贷款催收函》等催收款项文件，督促力合公司还款。

某银行于2002年8月14日、2006年11月8日、2007年11月2日、2009年7月2日、2011年9月2日、2011年11月25日、2012年11月22日、2013年12月13日、2014年12月3日、2015年11月11日、2016年12月2日等时间，以当面、向注册地邮寄并公证的方式向保证人科技公司、投资公司送达《逾期贷款协助催收函》《逾期贷款催收函》《逾期贷款担保催收函》等催收款项文件，要求两公司承担担保责任。

【案件焦点】

1. 科技公司、投资公司在主债务履行期届满后出具《保证书》，应认定与某银行构成何种法律关系；2. 主债务履行期届满后作出的保证是否适用保证期间制度。

【法院裁判要旨】

北京市西城区人民法院经审理认为：

一、科技公司、投资公司在主债务履行期届满后出具《保证书》，应认定与某银行构成保证合同关系

有观点认为，在欠款已经逾期后作出保证的行为，应认定为作出保证承诺者进行了债的加入。对于此种观点，法院认为不宜适用于本案。其一，本案中，各方当事人均对科技公司、投资公司与某银行构成保证关系并无异议，均未主张构成债的加入。其二，各方来往文件及函件中，均基于保证关系进行沟通。其三，若认定为债的加入，科技公司、投资公司在承担完保证责任后，或将丧失对力合公司的追偿权，这与科技公司、投资公司出具《保证书》时对于其义务与权利的认知相悖。违反各方当事人的意思自治，强行将相关法律关系界定为债的加入并不妥帖。因此，科技公司、投资公司与某银行构成保证合同关系。

二、主债务履行期届满后作出的保证是否适用保证期间制度

法院认为，对于主债务履行期届满后作出的保证，若约定了保证期间，在该约定不违法亦不从根本上否定保证承诺的情况下，应从其约定。而若是未约定保证期间，则不宜适用保证期间制度。其理由在于，在连带责任保证中，法律仅规定了，保证人在主债务履行期届满前作出了保证，未约定保证期间的，债权人须自主债务履

行期届满之日起六个月内要求保证人承担保证责任。就保证期间的维度而言，法律并未要求债权人对于主债务履行期届满后作出的连带保证须在某一个时间内要求保证人承担保证责任，以满足保证期间制度的要求。当然，债权人的权利也并非不受到任何制约，其依然受到诉讼时效制度的制约。

北京市西城区人民法院依据《中华人民共和国民法总则》第一百八十八条第一款，《中华人民共和国民法通则》第一百三十五条、第一百四十条，《中华人民共和国合同法》第八条、第六十条第一款、第一百零七条，《最高人民法院关于适用〈中华人民共和国担保法〉若干问题的解释》第二十二条第一款、第四十二条，《最高人民法院关于审理民事案件适用诉讼时效制度若干问题的规定》第十条第一款第一项至第二项、第十六条，《最高人民法院关于适用〈中华人民共和国民法总则〉诉讼时效制度若干问题的解释》第二条，《中华人民共和国民事诉讼法》第六十四条第一款之规定，判决：

一、力合公司于本判决生效后十日内偿还某银行贷款本金1000000元以及罚息（以实际欠款为基数，按日利率万分之三计算，自2001年6月21日起计算至实际支付日止）；

二、科技公司、投资公司对本判决第一项内容承担连带责任保证；科技公司、投资公司在承担连带责任保证后，有权向力合公司追偿；

三、驳回某银行的其他诉讼请求。

判决后，双方当事人均未上诉，本判决现已生效。

【法官后语】

保证期间的法律适用较为复杂，而且存在不确定性，厘清保证期间在保证责任上的实质性影响，对于债权人合理预期其债权实现风险意义重大。保证期间的性质在实务届和理论界存在三种意见：一是认为属于诉讼时效；二是认为属于除斥期间；三是认为属于特殊除斥期间。《中华人民共和国民法典》（以下简称《民法典》）第六百九十二条第一款规定：保证期间是确定保证人承担保证责任的期间，不发生中止、中断和延长。《民法典》采取了保证期间为除斥期间的主张。未在保证期间内行使保证权利，丧失的不仅是胜诉权，而是将丧失整个权利。此外，债权人行使权利的期间应当是固定的，不应当发生中断、中止或延长，否则将使保证人承担责任处于不确定状态。

《民法典》第六百九十二条第二款、第三款规定：债权人与保证人可以约定保证期间，但是约定的保证期间早于主债务履行期限或者与主债务履行期限同时届满的，视为没有约定；没有约定或者约定不明确的，保证期间为主债务履行期限届满之日起六个月。债权人与债务人对主债务履行期限没有约定或者约定不明确的，保证期间自债权人请求债务人履行债务的宽限期届满之日起计算。可见，保证期间一般起算于主债务履行期限或宽限期届满之日（主债务履行期限没有约定或者约定不明确时）。而对于保证人在主债务履行期届满后出具《保证书》应认定与债权人构成何种法律关系，是否需要受到保证期间制度的调整，并未明确规定。相关问题在实务界存在较大争议。

有观点认为，在欠款已经逾期后作出保证的行为，应认定为作出保证承诺者进行了债的加入。其理由为，《民法典》规定：保证合同是为保障债权的实现，保证人和债权人约定，当债务人不履行到期债务或者发生当事人约定的情形时，保证人履行债务或者承担责任的合同。当欠款已经逾期后，债务人不履行债务已经成为事实状态，故此时作出的保证，并非一般意义上的担保，应认定为作出保证承诺者与债权人构成了新的债权债务关系，即债的加入。

本案中，违反各方当事人的意思自治，强行将相关法律关系界定为债的加入并不妥切。《民法典》第六百八十五条第二款规定：第三人单方以书面形式向债权人作出保证，债权人接收且未提出异议的，保证合同成立。故各方构成保证合同关系。

另有观点认为，主债务履行期届满后作出的保证亦适用保证期间，若无约定保证期间，则保证期间为作出保证后的六个月。前述观点由来并类比适用于《民法典》第六百九十二条第二款关于保证期间早于主债务履行期限或者与主债务履行期限同时届满的视为无约定的规定。

可见，保证期间为保证人承担保证责任的起止期间，也是债权人依保证合同主张保证人履行保证责任的有效期间。保证期间从主债务履行期届满或符合法律规定的约定时间开始起算，如在保证期间内，债权人向保证人主张权利的，保证期间作用停止，保证债务不受保证期间的限制，而只受制于诉讼时效的限制。在保证期间内，债权人不向保证人主张权利的，保证人的保证债务消灭。因此，保证期间是当主债务履行期限届满或者约定的时间届至后，债务人能够向保证人主张承担保证责任的最长时间。

需要注意的是，《民法典》对没有约定或约定不明的保证期间进行了统一规定。但并未对超出债务履行期限的保证是否适用保证期间作出明确规定。这将导致两处争议。一是是否适用的争议。二是如是适用，起算时间的争议。

笔者认为，对于主债务履行期届满后作出的保证，若约定了保证期间，在该约定不违法亦不从根本上否定保证承诺的情况下，应从其约定确认保证期间。而在没有约定的情况下，现行法律并未要求债权人对于主债务履行期届满后作出的连带保证，须在某一段时间内要求保证人承担保证责任，以满足保证期间制度的要求。保证人在主债务履行期届满后作出保证，若是未约定保证期间，则不宜适用保证期间制度。

编写人：北京市西城区人民法院　舒锐

084　连带保证期间的计算方式与诉讼时效的关系

——张某红诉梁某疆保证合同案

【案件基本信息】

1. 裁判书字号

新疆生产建设兵团第八师中级人民法院（2019）兵08民终858号民事判决书

2. 案由：保证合同纠纷

3. 当事人

原告（被上诉人）：张某红

被告（上诉人）：梁某疆

【基本案情】

2015年6月10日，张某红与借款人许某签订借款合同，合同内容为借款人许某向张某红借款2870000元，借款期限为2015年6月10日至2015年12月10日。借款人到期时应按时还款，否则除应按同期银行贷款利息的4倍给付利息至出借人债权实现之日外，并应按借款总额20%承担违约金，以及出借人为实现债权所发生的一切费用。梁某疆作为担保人在担保信息处签字。

2016年5月4日，张某红在新疆维吾尔自治区石河子市人民法院起诉许某、梁某疆，请求梁某疆承担连带担保责任。2016年5月30日，因梁某疆传票无法送达，张某红撤回对梁某疆的起诉。2016年6月7日，新疆维吾尔自治区石河子市人民法院作出判决书，判决许某归还张某红借款2870000元并支付利息688800元。

2016年9月9日，张某红起诉梁某疆，请求梁某疆对许某债务承担担保责任。2016年11月2日，张某红以双方私下达成和解为由撤回起诉。

2017年6月20日，张某红再次起诉梁某疆，请求梁某疆对许某债务承担担保责任。2017年11月6日，张某红以梁某疆下落不明为由撤回起诉。

【案件焦点】

1. 梁某疆属于一般保证人还是连带保证人；2. 张某红请求梁某疆承担保证责任是否超过保证期间；3. 本案担保债务是否已过诉讼时效。

【法院裁判要旨】

新疆维吾尔自治区石河子市人民法院经审理认为：关于梁某疆属于哪种保证人的问题，张某红与梁某疆之间存在保证合同关系，该保证合同是双方真实意思表示，且不违反法律法规的强制性规定，应为合法有效。根据《中华人民共和国担保法》第十九条规定："当事人对保证方式没有约定或者约定不明确的，按照连带责任保证承担保证责任。”本案中对担保方式没有约定，故梁某疆应属于连带保证人。

关于是否超过保证期间的问题，根据《中华人民共和国担保法》第二十六条规定：“连带责任保证的保证人与债权人未约定保证期间的，债权人有权自主债务履行期届满之日起六个月内要求保证人承担保证责任。在合同约定的保证期间和前款规定的保证期间，债权人未要求保证人承担保证责任的，保证人免除保证责任。”本案双方当事人未约定保证期间，故保证期间应从主债务履行期届满之日起计算六个月，即 2015 年 12 月 10 日至 2016 年 6 月 10 日。而张某红已在 2016 年 5 月 4 日起诉梁某疆承担连带责任保证，故张某红请求梁某疆承担连带责任保证并未超过保证期间。

关于诉讼时效问题，根据《最高人民法院关于适用〈中华人民共和国担保法〉若干问题的解释》第三十四条第二款规定：“连带责任保证的债权人在保证期间届满前要求保证人承担保证责任的，从债权人要求保证人承担保证责任之日起，开始计算保证合同的诉讼时效。”本案中张某红在保证期间届满前（2016 年 5 月 4 日）起诉梁某疆承担保证责任。2016 年 9 月 9 日、2017 年 6 月 20 日，张某红又分别起诉梁某疆要求其承担连带责任保证。根据《中华人民共和国民法总则》第一百八十八条第一款规定：“向人民法院请求保护民事权利的诉讼时效期间为三年。法律另有规定的，依照其规定。”第一百九十五条规定：“有下列情形之一的，诉讼时效中断，从中断、有关程序终结时起，诉讼时效期间重新计算：（一）权利人向义务人提出履行请求；（二）义务人同意履行义务；（三）权利人提起诉讼或者申请仲裁；（四）与提起诉讼或者申请仲裁具有同等效力的其他情形。”故本案担保债务诉讼时效已发生中断，担保债务诉讼时效应从 2017 年 6 月 20 日起重新开始计算。综上，本案担保债务并未超过诉讼时效。

新疆维吾尔自治区石河子市人民法院依照《中华人民共和国民法总则》第一百八十八条第一款、第一百九十五条，《中华人民共和国担保法》第十九条、第二十六条，《最高人民法院关于适用〈中华人民共和国担保法〉若干问题的解释》第三十四条第二款之规定，判决：

梁某疆于本判决生效之日起对新疆维吾尔自治区石河子市人民法院民事判决主文中确定的给付义务承担连带责任保证。

梁某疆不服一审判决，提起上诉。新疆生产建设兵团第八师中级人民法院经审理认为：本案的争议焦点为：梁某疆是否对许某欠张某红的借款及利息承担连带责任。《最高人民法院关于民事诉讼证据的若干规定》第九条规定："下列事实，当事人无需举证证明……（四）已为人民法院发生法律效力的裁判所确认的事实……前款（一）、（三）、（四）、（五）、（六）项，当事人有相反证据足以推翻的除外。"经新疆维吾尔自治区石河子市人民法院生效民事判决确认张某红与许某的借款合同为有效合同，梁某疆主张涉及他案借款合同无效与生效判决确认的事实相悖，且其亦未提供足以推翻该判决的证据，法院对新疆维吾尔自治区石河子市人民法院民事判决的内容予以确认，故梁某疆主张主合同无效且导致担保合同无效的上诉理由不能成立，法院不予采信。《最高人民法院关于民事诉讼证据的若干规定》第二条规定："当事人对自己提出的诉讼请求所依据的事实或者反驳对方诉讼请求所依据的事实有责任提供证据加以证明。没有证据或者证据不足以证明当事人的事实主张的，由负有举证责任的当事人承担不利后果。"梁某疆陈述许某以其车辆抵偿张某红借款100万元，张某红对此不予认可，梁某疆亦未提交证据证实，法院对梁某疆的该陈述不予采信。梁某疆提出张某红在一审法院第一次撤诉时明确表示放弃其承担保证责任，通过张某红向一审法院提交的申请可见，因无法向梁某疆送达开庭传票，张某红才在该案中放弃对梁某疆的起诉，梁某疆的辩解理由不能成立，法院不予采信。根据《中华人民共和国担保法》第二十六条第一款规定，涉案借款于2015年12月10日到期，本案保证期间为2015年12月10日至2016年6月9日。张某红已于2016年5月4日向一审法院起诉梁某疆承担保证责任，其已在保证期间内向梁某疆主张权利，故梁某疆主张本案已过保证期间的上诉理由不能成立，法院不予采信。综上，梁某疆的上诉请求不成立，应予驳回。

新疆生产建设兵团第八师中级人民法院依照《中华人民共和国民事诉讼法》第一百七十条第一款第一项规定，判决：

驳回上诉，维持原判。

【法官后语】

一、关于连带保证期间的计算方式

所谓连带责任保证期间，是根据当事人约定或者法律规定，债权人应当向保证人主张权利的期间，债权人没有在该期间主张权利，则保证人不再承担责任。对于连带责任保证期间的计算起点与时长，可分为法定计算方式、约定计算方式与宽限计算方式。1. 从法定计算方式来看，《中华人民共和国担保法》第二十六条规定："连带责任保证的保证人与债权人未约定保证期间的，债权人有权自主债务履行期届满之日起六个月内要求保证人承担保证责任。在合同约定的保证期间和前款规定的保证期间，债权人未要求保证人承担保证责任的，保证人免除保证责任。”该条规定实际就确定保证期间的一般计算起点与时长为自主债务履行期限届满之日起开始计算，到何时为止，可以由当事人自行约定，没有约定的，规定为自主债务履行期限届满之日起六个月。2. 从约定计算方式来看，除法定方式外如果保证合同约定了保证期间的起算时间与时长，应当首先尊重当事人的意思自治从其约定。但当事人约定的计算起点必须要符合法律的规定，《最高人民法院关于适用〈中华人民共和国担保法〉若干问题的解释》第三十二条第一款规定：“保证合同约定的保证期间早于或者等于主债务履行期限的，视为没有约定，保证期间为主债务履行期届满之日起六个月。”由此可知，对于保证期间的起算时间，如当事人在合同中约定排除主债务履行期限届满之日，而选择主债务履行期限届满之后的某个日期的法律不作限制。[①] 3. 从宽限计算方式来看，该种计算方式实际是对法定计算方式的补充，即当事人未约定主债务履行期限或者约定不明的情况下，由于无法确定保证期间的起算时间，转而赋予债权人补正的机会。《最高人民法院关于适用〈中华人民共和国担保法〉若干问题的解释》第三十三条规定：“主合同对主债务履行期限没有约定或者约定不明的，保证期间自债权人要求债务人履行义务的宽限期届满之日起计算。”[②]

---

① 《中华人民共和国民法典》第六百九十二条第二款规定：“债权人与保证人可以约定保证期间，但是约定的保证期间早于主债务履行期限或者与主债务履行期限同时届满的，视为没有约定；没有约定或者约定不明确的，保证期间为主债务履行期限届满之日起六个月。”

② 《中华人民共和国民法典》第六百九十二条第三款规定：“债权人与债务人对主债务履行期限没有约定或者约定不明确的，保证期间自债权人请求债务人履行债务的宽限期届满之日起计算。”

连带责任保证期间起算点	连带责任保证期间时长
约定：主债务期限届满后某日	从约定或自主债务期限届满之日起六个月，约定优先
法定：主债务期限届满之日	
宽限：宽限期限届满之日	

二、连带责任保证期间与诉讼时效的关系

根据《最高人民法院关于适用〈中华人民共和国担保法〉若干问题的解释》第三十四条第二款规定："连带责任保证的债权人在保证期间届满前要求保证人承担保证责任的，从债权人要求保证人承担保证责任之日起，开始计算保证合同的诉讼时效。"① 1. 债权人在保证期间没有按照法定的方式要求保证人承担保证责任，保证人不再承担保证责任，因债权人对保证人的实体请求权消灭，因此保证期间一旦经过而债权人未向保证人主张，即起到了阻碍诉讼时效起算的作用。2. 债权人在保证期间内向保证人主张权利，要求保证人承担责任的保证期间就失去作用，按照诉讼时效之规定开始计算，有关诉讼时效中止、中断以及延长也同样适用。因此一旦债权人在保证期间内向保证人主张权利，即开始计算保证合同的诉讼时效。

三、新旧法衔接适用应当注意的情形

一是推定保证方式的颠覆性改变。《中华人民共和国担保法》第十九条规定："当事人对保证方式没有约定或者约定不明确的，按照连带责任保证承担保证责任。"《中华人民共和国民法典》第六百八十六条规定："保证的方式包括一般保证和连带责任保证。当事人在

① 《中华人民共和国民法典》第六百九十四条第二款规定："连带责任保证的债权人在保证期间届满前请求保证人承担保证责任的，从债权人请求保证人承担保证责任之日起，开始计算保证债务的诉讼时效。"

保证合同中对保证方式没有约定或者约定不明确的，按照一般保证承担保证责任。”该条第二款与《中华人民共和国担保法》第十九条作出了完全相反的规定，即对于没有约定保证方式或约定不明的，不再将保证人的保证方式推定为连带责任保证，而推定为一般保证。基于此规定，债权人在不与保证人约定保证方式的情况下，将面临保证人责任减轻的不利局面。

二是一般保证诉讼时效起算点改变。《最高人民法院关于适用〈中华人民共和国担保法〉若干问题的解释》第三十四条第一款规定，“一般保证的债权人在保证期间届满前对债务人提起诉讼或者申请仲裁的，从判决或者仲裁裁决生效之日起，开始计算保证合同的诉讼时效”。按照本规定，一般保证从判决或者仲裁裁决生效之日开始计算诉讼时效，而此时债权人还未开始就债务人财产申请强制执行，一般保证人有权拒绝承担保证责任，在一般保证人不负有代为清偿义务时，即开始计算诉讼时效，有违法理。《中华人民共和国民法典》第六百九十四条第一款规定，“一般保证的债权人在保证期间届满前对债务人提起诉讼或者申请仲裁的，从保证人拒绝承担保证责任的权利消灭之日起，开始计算保证债务的诉讼时效”。显然，该条规定更加合理，“保证人拒绝承担保证责任的权利消灭”以后，债权人应该主张权利，开始计算诉讼时效。“保证人拒绝承担保证责任的权利消灭”应依据该条规定进行确定，即从一般保证人的先诉抗辩权消灭之日起开始计算保证债务的诉讼时效。

编写人：新疆维吾尔自治区石河子市人民法院　冯浩楠

085 保证人的追偿之诉是否为重复起诉

——何某庆诉黄某煌、胡某娥追偿权案

【案件基本信息】

1. 裁判书字号

福建省厦门市思明区人民法院（2019）闽 0203 民初 20308 号民事判决书

2. 案由：追偿权纠纷

3. 当事人

原告：何某庆

被告：黄某煌、胡某娥

【基本案情】

2012 年 2 月 24 日，某银行与黄某煌签订一份《限价商品房组合借款合同》，约定：某银行向黄某煌提供住房公积金贷款 36 万元，用于购买厦门市集美区锦和里×号×室，借款期限 228 个月，自 2012 年 2 月 24 日至 2031 年 2 月 24 日。在住房公积金借款期限内，本合同项下住房公积金贷款执行年利率暂约定为 4.9%，即执行中国人民银行公布的个人住房公积金贷款利率。本合同签订后、贷款首次发放前，如遇利率管理机构调整利率或利率政策发生重大变化时，则本合同执行起息日以当日中国人民银行公布实施的个人住房公积金贷款利率为基础重新计算贷款年利率。本合同项下住房公积金贷款自起息日起至贷款本息全部清偿之日止，贷款利率于每年的 1 月 1 日根据当日施行的中国人民银行公布的个人住

房公积金贷款利率以及上调/下调幅度调整一次。本合同项下借款采用等额本金还款法（递减法）分期还款。借款人不按本合同约定按时足额偿还借款本息或其他应付款项的，构成违约，贷款人有权宣布贷款立即到期，要求借款人立即清偿借款本息及相关费用。对于借款人未按时还清的任意一期借款本金和利息（包括被贷款人宣布全部或部分到期的借款本金和利息），自借款逾期之日起至拖欠本息全部清偿之日止，按本合同规则计算出的借款逾期罚息利率和约定的结息方式计收罚息和复利，逾期罚息利率为借款逾期之日个人住房公积金贷款利率的150%，贷款利率按照本合同约定进行调整的，逾期罚息利率根据调整后的贷款利率及浮动幅度同时进行相应调整。黄某煌以其购买的厦门市集美区锦和里×号×室房产提供抵押，抵押担保范围为本金、利息（包括复利和罚息）、违约金、某银行为实现债权和抵押权而发生的相关费用等。

同日，某银行与黄某煌、何某庆签订一份《保证合同》，何某庆愿意为黄某煌就《限价商品房组合借款合同》项下的债务提供连带责任保证，保证范围为本金、利息（包括复利及罚息）、违约金、某银行为实现债权与担保权利而发生的费用等。保证期间自本合同生效之日起至主合同项下债务履行期限届满之日后两年止。

2012年3月9日，厦门市集美区锦和里×号×室房产办理抵押权预告登记。2012年4月13日，某银行向黄某煌发放贷款36万元，贷款期限自2012年4月13日至2031年4月14日。

黄某煌未依合同约定按期足额偿还贷款本息，某银行向福建省厦门市思明区人民法院起诉黄某煌、何某庆，福建省厦门市思明区人民法院于2017年7月18日作出民事判决书，判决：黄某煌应偿还某银行借款本金 298420.95 元及利息、罚息和复利；何某庆就黄某煌前述债务向某银行承担连带清偿责任，且何某庆承担保证责任后，有权向黄某煌追偿。上述判决生效后，某银行申请强制执行，何某庆于 2019 年 8 月 26 日代偿本息合计 221294.44 元，某银行申请执行结案。

【案件焦点】

在前判明确确认保证人的追偿权的情况下，保证人对债务人提起追偿权诉讼是否属于重复起诉。

【法院裁判要旨】

福建省厦门市思明区人民法院经审理认为：何某庆与黄某煌、某银行签订的《保证合同》系各方当事人真实意思表示，内容并不违反法律、行政法规的强制性规定，应认定为合法有效。现因黄某煌未按约还款，何某庆依约履行保证责任，代为偿付某银行 221294.44 元，有权向黄某煌追偿。何某庆要求黄某煌偿还代偿款 221294.44 元并支付自代偿之日（2019 年 8 月 26 日）起按年利率 6%计算的资金占用费，有事实和法律依据，予以支持。何某庆主张其还代偿 54000 元，该 54000 元实际系黄某煌向何某庆的借款，与本案并非同一法律关系，对该部分诉讼请求不予支持，何某庆应另案起诉。黄某煌向某银行的上述贷款发生于其与胡某娥婚姻关系存续期间，且贷款用于购买房产，形成夫妻共同财产，应认定为该债务用于夫妻共同生活。何某庆主张其所代偿的前述债务为黄某煌、胡某娥的夫妻共同债务，并要求胡某娥承担共同还款责任，有事实和法律依据，予以支持。黄某煌、胡某娥还应共同支付何某庆财产保全费1920元。

福建省厦门市思明区人民法院依照《中华人民共和国合同法》第六十条第一款、第一百零七条，《中华人民共和国担保法》第三十一条，《最高人民法院关于审理涉及夫妻债务纠纷案件适用法律有关问题的解释》第三条，《中华人民共和国民事诉讼法》第六十四条第一款、第一百四十四条规定，判决：

一、黄某煌、胡某娥应于本判决生效之日起十日内共同向何某庆支付代偿款221294.44元并支付资金占用费（资金占用费以应付代偿款为基数，自2019年8月26日起按年利率6%的标准计至实际还款之日止），同时支付财产保全费1920元；

二、驳回何某庆的其他诉讼请求。

判决后，双方当事人均未上诉，本判决现已生效。

【法官后语】

本案系保证人因承担保证责任后对债务人提出的追偿之诉，而其追偿权在债权人起诉的前诉判决中已得到确认。《中华人民共和国民法典》第七百条将《中华人民共和国担保法》第三十一条“保证人承担保证责任后，有权向债务人追偿”的规定修改为“保证人承担保证责任后，除当事人另有约定外，有权在其承担保证责任的范围内向债务人追偿，享有债权人对债务人的权利，但是不得损害债权人的利益”。该条相对于《中华人民共和国担保法》第三十一条，增加了保证人承担保证责任后，不仅享有追偿权，亦享有债权人对债务人的权利。该条赋予了保证人享有债权人的权利，即可享有债权人代位权、撤销权、破产财产分配权、债权转让权、债务免除权等，增加了保证人权利的类型及行使权利的方式。在债权人一并起诉债务人与连带保证人并获胜诉的判决中，判决主文中往往会明确连带保证人在承担保证责任后有权向债务人追偿。在有该判决存在的前提下，连带保证人在实际承担保证责任后为行使自己的追偿权，有可能会向债务人提起追偿之诉。关于该追偿之诉，实务中存在不同见解。

第一种观点认为，只有在前诉判决书未明确追偿权的情形下，保证人才能按其承担保证责任的事实提起追偿之诉。反之，在前诉判决书已明确追偿权的情况下，保证人再提起追偿之诉与前诉构成重复起诉，违反“一事不再理”原则，应裁定驳回起诉。保证人行使追偿权只能依据前诉生效判决所确定的追偿权对债务人申请强制执行。

第二种观点认为，追偿权以保证人承担保证责任为前提，而实际承担保证责任的范围、代偿具体金额系前诉判决作出之后产生的新事实，并不属于前诉的审判对象范围，故追偿之诉并不构成重复起诉，不能以此为由裁定驳回，而应在查明代偿金额、是否存在重复履行、有无过错等事实的基础上依法作出裁判。

笔者认同第二种观点。首先，在前诉判决中明确保证人的追偿权本身就超出了当事人的诉讼请求范围，违反意思自治原则。法院审判的对象应当限于当事人的请求范围，以同时起诉债务人和保证人的民间借贷诉讼为例，债权人的诉讼请求主要为要求债务人还本付息和要求保证人承担保证责任，保证人承担保证责任后所享有的追偿权与债权人无关，债权人没有必要也没有权利将“保证人在承担保证责任后有权向债务人追偿”列为其诉讼请求，故法院在此类案件判决的判决主文部分明确保证人的追偿权超出了当事人的诉讼请求范围。

其次，保证人承担保证责任后如何向债务人追偿，属于保证人与债务人之间的关系问题。前诉判决处理的是债权人与债务人之间的债权债务关系及债权人与保证人之间的保证合同关系，如果仅因前诉判决中明确保证人的追偿权而导致保证人向债务人的追偿之诉成为重复起诉，显然剥夺了保证人针对债务人的诉权，同时也剥夺了债务人的诉权，债务人对保证人所主张的代偿事实理应有其正当的抗辩权利和程序。

再次，前诉明确追偿权的判项并无具体的给付内容，原则上难以执行。保证人若据类似确权之判决申请执行，理应提供履行保证债务的相关证据，但该部分履行事实未经法院审理，直接作为执行依据欠妥。保证人的履行是否超出债务范围、是否存在过错，甚至有无赠与的意思表示等，均可构成债务人的抗辩事由，不能以执行程序中的审查代替诉讼的审理。

最后，前诉判决中明确保证人的追偿权虽有违当事人意思自治原则，但是系出于减轻保证人诉累的政策考量，在其已成既定事实和通行做法的情况下，赋予保证人径行申请强制执行的权利无疑是符合法律规定和解释精神的，但如果保证人选择另行起诉，法院也不应以重复起诉为由裁定驳回。本案即在此理解的基础上，支持了保证人关于要求债务人支付代偿款的诉讼请求，同时也注意审查了保证人并未就前诉判决申请执行，以避免当事人滥用诉讼权利。

编写人：福建省厦门市思明区人民法院　曾国川

086 刑民交叉民间借贷纠纷案件中担保责任的认定

——向某荣诉荣某清担保合同案

【案件基本信息】

1. 裁判书字号

湖南省株洲市芦淞区人民法院（2019）湘0203民初459号民事判决书

2. 案由：担保合同纠纷

3. 当事人

原告：向某荣

被告：荣某清

【基本案情】

2015年1月15日，荣某清以收款人兼担保人的名义向向某荣出具收条一张，载明："今收到向某荣投资邦鑫公司对接项目贰拾壹万元整（以荣某清名义签合同），月息1.5%，特立此据。每月10日利息汇入农行账户（每月利息3150元）（整月）。收款人：荣某清（签名并按手印）并担保，2015.1.15。"

向某荣于2015年1月15日向案外人刘某洋（原系邦鑫公司股东）的账户转账15万元，汇款单上备注的用途为借款。2014年7月15日，向某荣还向案外人王某（原系邦鑫公司财务人员）的账户转账6万元。

湖南省株洲市芦淞区人民检察院以起诉书指控薛某军犯集资诈骗罪，刘某洋、史某洋、刘某、吴某明、崔某从、邬某、张某平、肖某清、常某、荣某清涉嫌犯非法吸收公众存款罪，于2016年9月1日向湖南省株洲市芦淞区人民法院提起公诉，法院经审理后于2018年6月27日作出刑事判决，认定薛某军、刘某洋、荣某清等犯非法吸收公众存款罪，同时判决对荣某清已经退缴的人民币合计701695元，按比例发还给各集资人；集资人的余下损失责令薛某军、刘某洋退赔给各集资人。在该刑事案件的司法鉴定意见中，明确以荣某清为投资人的名义借入的金额为127万元，归还本金53557元，归还利息236444.67元，归还本息合计290001.67元，债务余额为979998.33元。

双方当事人在庭审中一致确认，向某荣的21万元款项全部以荣某清的名义投入邦鑫公司，并与邦鑫公司签订合同，且计入刑事判决中认定的以荣某清为投资人名义借入的127万元金额中。双方还共同确认：向某荣2014年7月15日支付给案外人王某的款项6万元，由荣某清以个人名义与邦鑫公司签订了合同，该款到期后，与向某荣2015年1月15日投入的15万元一起再次由荣某清投入该公司，故荣某清于当日向向某荣出具了21万元的收条。向某荣认为，其投入的21万元款项未以个人名义，而是以荣某清的名义列入刑事案件的投资名单中，荣某清在出具给向某荣的收条中注明担保，故其应当承担担保责任。

【案件焦点】

1. 向某荣能否提起民事诉讼；2. 荣某清是否应承担偿还借款本息的担保责任。

【法院裁判要旨】

湖南省株洲市芦淞区人民法院经审理认为：首先，虽然荣某清等被生效刑事判决认定为有罪，但出借人起诉担保人承担担保责任，其责任主体与刑事案件的责任主体并不一致，如果是连带担保的担保人，在承担担保责任后，可向债务人进行追偿，也不会导致重复或冲突，且荣某清本身已经作为投资人计入刑事案件中，本案中其担保的 21 万元款项也算入了其投资总额中。

其次，《最高人民法院关于审理民间借贷案件适用法律若干问题的规定》第八条明确规定："借款人涉嫌犯罪或者生效判决认定其有罪，出借人起诉请求担保人承担民事责任的，人民法院应予受理。"担保制度的设立就是为了在债务人不履行合同或不适当履行合同时，债权人可从担保人处获得履行或补救，如果借款人被认定犯罪，出借人不能通过民事诉讼追究担保责任的话，担保就失去了意义。具体到本案中，2015 年 1 月 15 日，荣某清向向某荣出具的收条上有其本人的签名，在收条上荣某清注明了其担保人的身份，该收条系荣某清的真实意思表示；且在诉讼中向某荣已明确要求荣某清承担的是担保责任，故向某荣可向法院提起民事诉讼。

本案的担保法律关系不因荣某清等人构成非法吸收公众存款罪而当然无效。虽然荣某清在收取向某荣款项后，再以个人名义投入邦鑫公司的行为已经被生效法律文书认定构成非法吸收公众存款罪，但刑事责任是依据刑法规范对其行为作出的法律评价，而对出借人与担保人形成的担保关系，则属于民法规范评价和调整的范畴。因此，荣某清向向某荣出具收条，并自愿作为担保人对债务进行担保的行为有效，且向某荣在将款项交与荣某清或邦鑫公司时，并不知道该行为系违法犯罪行为，也不存在其与荣某清或邦鑫公司其他员工串谋等构成合同无效的其他情形，但向某荣作为完全民事行为能力人，应当知道投资（出借资金）有风险，故其自身对资金款项的损失存在一定的过错。根据查明的事实，双方当事人的过错比例酌情认定为 1∶9，即荣某清应对向某荣的款项承担 90% 的担保责任，即 189000 元。在庭审中查明的荣某清已经向向某荣支付的款项 13710 元，应当予以抵扣，向某荣损失尚余 175290 元，荣某清应当承担返还给向某荣的担保责任。又因本案债务人的行为已经构成犯罪，故向某荣仅可以通过民事诉讼主张返还本金损失，对于利息等其他间接损失法院不予支持。

湖南省株洲市芦淞区人民法院依照《中华人民共和国合同法》第一百零七条，《中华人民共和国担保法》第十九条与《最高人民法院关于审理民间借贷案件适用法律若干问题的规定》第八条、第十三条第二款之规定，判决：

一、荣某清于本判决生效之日起十日内向向某荣返还款项 175290 元；

二、驳回向某荣的其他诉讼请求。

判决后，双方当事人均未上诉，本判决现已生效。

【法官后语】

在民间借贷、P2P 等融资活动中，法院受理的与涉嫌诈骗、非法吸收公众存款等犯罪有关的民商事案件的数量有所增加，实践中出现了一些新情况和新问题。本案就涉及与非法吸收公众存款犯罪有关的民刑交叉案件之间的程序关系，以及受害人能否单独提起民事诉讼要求担保人承担相应责任、担保合同的效力、担保人责任大小的认定等问题。《中华人民共和国民法典》出台后，有关《中华人民共和国合同法》以及其中担保制度、民间借贷的司法解释均已修订，但涉及本案例裁判规则的基本法律规定及司法解释原则未有大的变更。

犯罪行为与民事合同的牵连、交叉与叠加，必然产生一个很现实的理论问题：如何评价民事合同的效力？这是刑民交叉中最为重要的法律实体问题。涉嫌犯罪的民事案件在司法实践中屡见不鲜，这一类刑民交叉案件往往更为复杂、疑难。《最高人民法院关于审理民间借贷案件适用法律若干问题的规定》第十二条将涉嫌犯罪与民事合同的效力交织规定，是我国司法解释对于刑民交叉案件中对民事合同效力如何认定所作出的大胆尝试，具有重要的意义。对于该条的理解与适用也必将成为司法实践中的难点和热点。目前，对于刑民交叉的民间借贷纠纷案件中担保责任的认定，在司法实践中仍存在两种不同的观点：

第一种观点认为，《中华人民共和国合同法》第五十二条规定：有下列情形之一的，合同无效：（一）一方以欺诈、胁迫的手段订立合同，损害国家利益；（二）恶意串通，损害国家、集体或者第三人利益；（三）以合法形式掩盖非法目的；（四）损害社会公共利益；（五）违反法律、行政法规的强制性规定。《中华人民共和国民法典》实施以后，其第一百四十六条、第一百五十三条、第一百五十四条内容替代了《中华人民共和国合同法》第五十二条的规定，其中对“以合法形式掩盖非法目的”无效的规定，继续改造为3个规范：第一百四十六条关于“通谋虚伪行为无效”的规定；第一百五十三条关于“违反法律、行政法规的强制性规定的民事法律行为无效”的规定；第一百五十四条关于“行为人与相对人恶意串通，损害他人合法权益的民事法律行为无效”的规定。借款人在向社会公众借款时有犯罪的故意和行为，特别是像本案中借款人邦鑫公司、荣某清等人被生效刑事判决认定有罪，因此所涉及的民间借贷合同只能认定无效。尤其是在刑事领域，这种观念根深蒂固，具有很强的诱导性。基于上述理论，涉合同类犯罪成立，相关民商事合同当然无效，担保合同是民间借贷合同的从合同，根据主合同无效则从合同无效的原则，主合同无效，从合同必然也无效。因此，借款人、担保人等的行为构成犯罪行为，应认定合同无效。即使《最高人民法院关于审理民间借贷案件适用法律若干问题的规定》第十二条对此有所规定，但其规定的是“并不当然无效”，意味着民间借贷合同可能有效，也可能无效。在这种情况下，担保人应否承担责任应根据担保人是否有过错予以确定。按照《最高人民法院关于适用〈中华人民共和国民法典〉有关担保制度的解释》第十七条第二款“主合同无效导致第三人提供的担保合同无效，担保人无过错的，不承担赔偿责任；担保人有过错的，其承担的赔偿责任不应超过债务人不能清偿部分的三分之一”之规定，如果担保人无过错的，则担保人不承担民事责任；如果担保人有过错的，则担保人承担民事责任的部分，不应超过债务人不能清偿部分的1/3。

第二种观点认为，在非法吸引公众存款类犯罪构成时，行为人构成非法吸收公众存款罪或非常经营罪，其与社会公众之间签订的民间借贷合同并不当然无效。《最高人民法院关于审理民间借贷案件适用法律若干问题的规定》规定的是“并不当然无效”，意思是要根据情况进行审查，区别不同情形对合同效力作出认定，一是以合同相对人是否参与犯罪或明知对方借款系用于犯罪为标准进行划分，合同相对人参与犯罪或明知对方将所借资金用于犯罪的情形，对该合同相对人与犯罪方签订的合同应当认定为无效，如果担保人也是犯罪相对方或其工作人员或明知该合同的资金系用于犯罪时，担保合同也应当认定为无效。放在本案中，如果原告在将资金出借给邦鑫公司时，明知邦鑫公司或担保人将所借资金用于犯罪，或者原告直接参与了犯罪活动，那么该民间借贷合同以及担保合同均应当认定为无效，原告不能再提起民事诉讼。二是由于非法吸收公众存款罪的对象为不特定的社会公众，而要开展吸收公众存款的市场活动，首先必须获得国家主管机关的批准。最高人民法院 2009 年发布的《关于当前形势下审理民商事合同纠纷案件若干问题的指导意见》第十六条规定："人民法院应当综合法律法规的意旨，权衡相互冲突的权益，诸如权益的种类、交易安全以及其所规制的对象等，综合认定强制性规定的类型。如果强制性规范规制的是合同行为本身即只要该合同行为发生即绝对地损害国家利益或者社会公共利益的，人民法院应当认定合同无效。如果强制性规定规制的是当事人的'市场准入'资格而非某种类型的合同行为，或者规制的是某种合同的履行行为而非某类合同行为，人民法院对于此类合同效力的认定，应当慎重把握，必要时应当征求相关立法部门的意见或者请示上级人民法院。"该类规范在民法上属于管理性强制性规定，而非效力性强制规定。一方当事人的行为违反市场准入制度构成犯罪的，在另一方不知情或者没有参与犯罪时，只是合同一方违反了管理性强制规定，该犯罪行为是由一方缔约主体单独实施，而非双方主体共同实施的，作为合同相对方的债权人（出借者）在行为人非法吸收公众存款中一般并无过错，其利益更应受到保护，如果认定双方的合同无效，就有可能损害无过错方的利益，故双方之间签订的民间借贷合同本身仍然是有效的。

基于上述第二种观点，在民间借贷合同有效的情况下，对于担保的责任承担，可以从以下方面理解：担保制度的设立就是为了在债务人不履行合同或不适当履行合同时，债权人可从担保人处获得履行或补救，如果借款人被认定犯罪，出借人不能通过民事诉讼追究担保责任的话，担保就失去了意义，因此担保合同的资金积累认定，更多地取决于担保行为本身。如果民间借贷合同有效而担保合同有效，担保人应当承担担保责任；如果民间借贷合同有效而担保合同无效，出借人有过错的，担保人与借款人对出借人的本金与利息损失，承担连带赔偿责任；出借人、担保人有过错的，按照《最高人民法院关于适用〈中华人民共和国民法典〉有关担保制度的解释》第十七条第一款“主合同有效而第三人提供的担保合同无效，人民法院应当区分不同情形确定担保人的赔偿责任：（一）债权人与担保人均有过错的，担保人承担的赔偿责任不应超过债务人不能清偿部分的二分之一；（二）担保人有过错而债权人无过错的，担保人对债务人不能清偿的部分承担赔偿责任；（三）债权人有过错而担保人无过错的，担保人不承担赔偿责任”的规定，担保人承担民事责任的部分，不应超过借款人不能清偿部分的1/2。

具体到本案中，《最高人民法院关于审理民间借贷案件适用法律若干问题的规定》第十二条规定，借款人或者出借人的借贷行为涉嫌犯罪，或者已经生效的裁判认定构成犯罪，当事人提起民事诉讼的，民间借贷合同并不当然无效。人民法院应当依据民法典第一百四十四条、第一百四十六条、第一百五十三条、第一百五十四条以及本规定第十三条之规定，认定民间借贷合同的效力。担保人以借款人或者出借人的借贷行为涉嫌犯罪或者已经生效的裁判认定构成犯罪为由，主张不承担民事责任的，人民法院应当依据民间借贷合同与担保合同的效力、当事人的过错程度，依法确定担保人的民事责任。本案中，本案的担保法律关系不因荣某清等人构成非法吸收公众存款罪而当然无效。虽然被告在收取原告款项后，再以个人名义投入邦鑫公司的行为已经被生效法律文书认定构成非法吸收公众存款罪，但刑事责任是依据刑法规范对其行为作出的法律评价，而对出借人与担保人形成的担保关系，则属于民法规范评价和调整的范畴。因此，被告向原告出具收条，并自愿作为担保人对债务进行担保的行为有效，且原告在将款项交与被告或邦鑫公司时，并不知道该行为系违法犯罪行为，也不存在其与被告或邦鑫公司其他员工串谋等构成合同无效的其他情形，但原告作为完全民事行为能力人，应当知道投资（出借资金）有风险，故其自身对资金款项的损失存在一定的过错。

编写人：湖南省株洲市芦淞区人民法院　张青

087　连带保证人受让其所担保的债权应认定为有效

——远望公司诉兴益公司等金融借款合同案

【案件基本信息】

1. 裁判书字号

江苏省江阴市人民法院（2019）苏0281民初6305号民事判决书

2. 案由：金融借款合同纠纷

3. 当事人

原告：远望公司

被告：兴益公司、吕某、黄某伟

【基本案情】

2017 年 11 月 22 日，某银行与兴益公司签订《最高额抵押担保借款合同》，约定某银行向兴益公司提供最高余额不超过 300 万元的贷款，其中本金余额不超过 250 万元，借款年利率为 7.5%。兴益公司自愿以其名下的房地产为借款提供抵押担保。借款人未按约归还贷款本金的，贷款人有权计收罚息和复利。因借款人违约致使贷款人采取诉讼方式实现债权的，借款人应当承担律师费等费用。借款借据为合同附件，具有同等法律效力。

借款合同签订后，某银行与兴益公司办理不动产登记证明，为兴益公司名下的土地设立抵押登记，担保债权分别为 251 万元和 49 万元，抵押权人为某银行。

2017 年 11 月 28 日，某银行向兴益公司发放贷款 250 万元，借款借据载明借款利率 7.5%，到期日为 2018 年 11 月 27 日。同日，远望公司与某银行签订《保证合同》，远望公司为兴益公司上述 250 万元借款提供连带责任保证，远望公司放弃兴益公司提供的物的担保的法定优先。同日，吕某、黄某伟向某银行出具《承诺书》，承诺对兴益公司的上述债务承担连带责任保证，最高债权限额为 250 万元，并承诺放弃兴益公司提供的物的担保的法定优先。

2019 年 4 月 2 日，某银行与远望公司签订《债权暨抵押权转让协议》，约定某银行将其对兴益公司享有的债权本金及利息（含罚息、利息计至 2019 年 4 月 1 日）总计 2649184.10 元以及相应的抵押权、保证债权转让给远望公司，由远望公司向债务人追偿，并依法行使抵押权、保证债权，转让价款为 2649184.10 元。同日，远望公司付清转让价款后，某银行、远望公司向兴益公司、吕某、黄某伟分别邮寄债权转让通知书，告知其某银行已将上述债权、抵押权、保证债权转让给远望公司，要求其向债权人远望公司履行还款义务。

后兴益公司未向远望公司履行还款义务，吕某、黄某伟亦未承担保证责任，远望公司遂诉至法院。

【案件焦点】

1. 远望公司作为连带保证人受让其所担保的债权是否有效；2. 如远望公司受让债权的行为有效，则吕某、黄某伟是否应承担保证责任以及应承担何种保证责任。

【法院裁判要旨】

江苏省江阴市人民法院经审理认为：兴益公司截至 2019 年 4 月 1 日结欠某银行借款本息 2649184.10 元，并以其名下房地产提供抵押担保，远望公司、吕某、黄某伟提供连带保证担保的事实清楚、证据充分，法院依法予以确认。

对远望公司作为连带保证人能否受让其所担保的债权，法院认为，债权人可以将合同的权利全部或部分转让给第三人，但依据合同性质、当事人约定或法律规定不得转让的除外。本案中，合同性质为借款合同，当事人之间未有不得债权转让的约定，也无法律规定不得转让的情形，且远望公司系债权人、主债务人之外的第三人，故远望公司可以受让某银行对兴益公司的债权，兴益公司与某银行签订的《债权暨抵押权转让协议》合法有效。某银行与远望公司已将债权转让事宜通知兴益公司、吕某、黄某伟，故远望公司有权要求兴益公司归还借款本息、承担律师费损失并对兴益公司提供的抵押物优先受偿。

对吕某、黄某伟是否应承担保证责任及应承担何种保证责任，法院认为，远望公司受让其所担保的债权后，债权人与保证人混同，但如认定远望公司担保责任消灭，将影响其他连带保证人在承担保证责任后要求未承担责任的保证人清偿其应当承担的份额的权利，故远望公司的保证责任不因债权转让而消灭。对同一债务有两个以上连带保证人的，债权人可以要求任何一个保证人承担全部保证责任，保证人都负有担保全部债权实现的义务，故远望公司有权要求吕某、黄某伟对兴益公司的上述债务承担连带清偿责任。因吕某、黄某伟未到庭答辩，由此产生的不利后果由吕某、黄某伟承担。

江苏省江阴市人民法院依照《中华人民共和国合同法》第六十条、第七十九条、第二百零五条、第二百零六条、第二百零七条，《中华人民共和国担保法》第十八条、第二十一条，《中华人民共和国物权法》第一百七十六条，《中华人民共和国民事诉讼法》第一百四十四条之规定，判决：

一、兴益公司应于本判决发生法律效力之日起十日内归还远望公司借款本息2649184.10元及以本金250万元为基数自2019年4月2日起至实际给付之日止按年利率7.5%再上浮50%计算的逾期利息；

二、兴益公司应于本判决发生法律效力之日起十日内赔偿远望公司律师费损失102475元；

三、对兴益公司的上述债务，远望公司有权以兴益公司名下的土地使用权以折价，或以拍卖、变卖的价款分别在251万元、49万元范围内按抵押顺位优先受偿；

四、吕某、黄某伟对兴益公司的上述债务在最高额250万元范围内承担连带清偿责任。

判决后，双方当事人均未上诉，本判决现已生效。

【法官后语】

《中华人民共和国民法典》（以下简称《民法典》）、《最高人民法院关于适用〈中华人民共和国民法典〉有关担保制度的解释》（以下简称《民法典担保制度解释》）出台前，实务界对连带保证人能否受让其所担保的债权，以及如可以受让则其他连带保证人应承担的担保责任范围这一问题观点不一。第一种观点认为，连带保证人以支付转让款的方式受让其所担保的债权，实质是履行担保责任的行为，保证人履行担保责任后，应当享有的是对主债务人及其他连带保证人的追偿权，对主债务人向债权人提供的抵押物不享有优先权，亦不得要求其他连带保证人承担全部的保证责任。认可连带保证人可以受让担保债权，会加重主债务人和其他连带保证人的负担。第二种观点认为，连带保证人不是债权人和主债务人，债权转让属于当事人意思自治的范畴，只要不属于法律规定的不得转让的除外情形，连带保证人可以受让其所担保的债权。因债权转让，受让人成为新的债权人，与保证人身份混同，受让人的担保责任消灭，且受让人不可能起诉自己承担保证责任，故其余连带保证人承担的担保责任的范围应当直接扣除受让人应分担的份额。第三种观点认为，连带保证人可以受让其所担保的债权，理由同第二种观点，但债的混同不能影响第三人的权益，直接认定受让人与保证人身份混同将影响其他连带保证人的权利，在受让人未明示免除其自身保证责任的情况下，不能直接认定受让人的保证责任消灭，受让人及其他连带保证人仍应对所有债务承担连带担保责任。基于《中华人民共和国担保法》（以下简称《担保法》）及司法解释的相关规定，本案承办人赞同第三种观点，主债务人对债权人本应承担债务清偿责任及抵押担保责任，允许连带保证人受让其所担保的债权，并未加重主债务人的负担，在主债务人有其他债务的情况下能够更好地保护偿还债务的连带保证人的权益。至于其他连带保证人，可以另案起诉要求受让人清偿其应当承担的份额，也可以在同案中向受让人提出抵销的诉讼主张来减轻其担保责任，故允许连带保证人受让担保债权，亦未加重其他连带保证人的负担。

《民法典》《民法典担保制度解释》在保持司法制度连续性的基础上，对原担保制度中的部分条款进行了实质性修改，且增加了部分新的规定，至此，本案争议尘埃落定，有了统一的裁判规则。

第一，担保人受让其所担保的债权的，不发生债权转让的法律后果。《民法典担保制度解释》第十四条规定，同一债务有两个以上第三人提供担保，担保人受让债权的，人民法院应当认定该行为系承担担保责任。该规定首次明确了担保人受让债权的法律性质，确定了连带保证人以支付转让款的方式受让其所担保的债权的行为，本质上是履行担保责任的行为，担保人不得以此方式替代债权人的身份，规避其实际应承担的担保责任。本案中远望公司受让某银行的债权，应认定其已履行担保责任，不得再以债权人的身份要求兴益公司向其履行债务清偿之责。

第二，担保人受让其所担保的债权后，可以向债务人追偿，且享有债权人对债务人的权利。根据《民法典》第七百条、《民法典担保制度解释》第十八条第二款的规定，担保人受让其所担保的债权，虽不产生债权转让的后果，但对债务人享有追偿权，且可行使债权人对债务人所享有的担保物权。《民法典》担保制度虽否定了该情形下的债权转让效力，但对债权人、主债务人及承担保证责任的担保人之间的利益进行了平衡，充分保障了承担担保责任的担保人的权益。本案中，远望公司承担保证责任后，在向兴益公司追偿的同时，可以对兴益公司提供的抵押物行使优先受偿权。

第三，担保人受让其所担保的债权后，不得要求其他担保人承担保证责任，但可按照《民法典担保制度解释》第十三条的规定要求其他担保人承担相应份额。《民法典》及《民法典担保制度解释》对担保人之间相互追偿的规则进行了重构，依据新的担保人相互追偿规则，各担保人之间约定相互追偿，承担连带共同担保，在同一份合同书上签字、盖章或者按指印的，担保人受让其所担保的债权后，可要求其他担保人分担其向债务人不能的追偿部分；如不存在上述情形的，担保人受让其所担保的债权后，不得要求其他担保人承担保证责任，也不得要求其他担保人分担其向债务人不能追偿部分。本案中，远望公司与吕某、黄某伟不存在上述担保人可相互追偿的情形，故远望公司不得要求吕某、黄某伟承担担保责任，亦不得要求吕某、黄某伟分担其向债务人不能追偿的部分。

编写人：江苏省江阴市人民法院　诸国新　华吉红

088 缺乏保证表示意思和效果意思的签名行为不能视为保证的承诺

——徐某诉赵某仁、张某娣保证合同案

【案件基本信息】

1. 裁判书字号

江苏省江阴市人民法院（2019）苏 0281 民初 5356 号民事判决书

2. 案由：保证合同纠纷

3. 当事人

原告：徐某

被告：赵某仁、张某娣

【基本案情】

2012年3月1日，江苏省江阴市人民法院对徐某诉赵某某欠款案作出判决，判令赵某某偿还徐某龙骨款728470元。该案生效后，徐某申请执行，该执行案件未执行到财产，于2012年12月终结执行。2017年8月8日，徐某和赵某某在江苏省江阴市人民法院执行局签订《执行和解协议》，约定内容如下：1. 赵某某将华益村中属于赵某某的两间房屋归徐某占有，将来如有拆迁补偿款归徐某所有，用于抵偿该欠款。2. 赵某某于2017年春节前归还徐某10000元，从2018年起每年春节前归还30000元，至还清为止。次日，徐某夫妇至赵某某父母赵某仁和张某娣家中，当时赵某仁不在家。徐某妻子让张某娣在《执行和解协议》的下部空白处书写了如下文字，“同意赵某某的以上各款，连带责任但保人”，张某娣在其后签名按指印，并代赵某仁签名。后徐某夫妇又在外找到赵某仁，让赵某仁在协议底部签名按指印。上述签字过程赵某某均在场，但赵某某、徐某夫妇均未向两位老人解释签字的意思及法律后果，徐某也不清楚两位老人是否识字，不确定两位老人是否看了协议内容。由两位老人签字的协议仅一份，一直由徐某持有。2017年年底，徐某联系赵某某要求其按期归还欠款，赵某某告知徐某其将1万元交给了张某娣，由徐某妻子从张某娣处收回1万元。此后，徐某未收回任何款项，遂诉至法院。

另查明，赵某仁文化程度为文盲或半文盲，最初在外打工，后在煤矿井下挖煤直至退休，现每月养老金为3672元。张某娣文化程度为小学，最初干农活，后在村里纺纱，五十几岁后一直在家，现无工作收入，无社保退休金。

【案件焦点】

赵某仁、张某娣在《执行和解协议》上的签名是否可以认定为其作出保证的意思表示。

【法院裁判要旨】

江苏省江阴市人民法院经审理认为：本案《执行和解协议》的协议双方为徐某与赵某某，该协议就赵某某如何履行生效判决书的给付义务进行了两项约定，协议第二条约定赵某某于2017年春节前还徐某1万元，从2018年起每年春节前归还3万元，至还清为止。此协议系赵某某的真实意思表示，不违反法律规定，对赵某某具有约束力。徐某可依据此协议或原判决要求赵某某履行给付义务。徐某为确保其债权实现，又在次日让张某娣在协议后面书写“同意赵某某的以上各款，连带责任但保人”，并叫张某娣及赵某仁签字。由于两位老人签字并未在执行法官的组织下进行，签字后的协议也未入执行卷宗，故该协议并非执行过程中形成的法律文书，并不具备当然的执行效力。依据本案实际情况，两位老人不应承担徐某所主张的连带清偿责任，理由如下：

一、基于民事活动的诚实信用原则，善意的权利人要求第三方承担担保责任时应作出明确的意思表示，并确保担保人知晓法律后果徐某在《执行和解协议》签订后次日找两位老人签字，从其起诉目的来看，旨在让两位老人对赵某某所负债务718470元承担连带清偿责任，即将不相关但沉重的债务加于两位老人身上。作为善意的民事主体，徐某在扩大自己权利并加重他人责任时，应当依据诚实信用原则将签字作为担保人的意思、法律后果进行告知，但徐某并未作出任何告知和解释，对两位老人是否看过《执行和解协议》也不确认，相反在劝两位老人签字时，所作的意思表示含混不清，明显淡化了签字的责任，甚至误导了两位老人，未尊重两位老人应有的知情权，在两位老人权利意识模糊的情况下让其完成了签名按手印的行为，有违诚实信用原则。

二、担保人承担责任应基于其作出了自愿担保的真实意思表示

本案《执行和解协议》所列当事人仅有“申请执行人徐某”及“被执行人赵某某”，并未列担保人，两位老人对该协议的签订不在场也不知情，并未主动要求承担担保责任，只是在徐某夫妇的要求下签字，且开始明显有本能地拒绝，可见其并无主动担保的意愿。赵某仁是耄耋之年，文化程度是文盲或半文盲，张某娣已年过古稀，文化程度是小学文化，即使在徐某妻子的指导下也错将“担保人”写成“但保人”，两位老人的人生经历也表明其没有多少文化与法律知识，以上事实均表明两位老人对其所写文字及签名的法律内涵、后果并不清楚。且两位老人均已退休，两人每月收入加起来已难以负担其生活支出及治病之需，其并无能力担保赵某某的巨额债务逐年归还，两位老人称其签字时并不知道是要还款，符合签字时在场当事人的陈述，也符合情理。依据两位老人的行为、年龄、文化水平，不能认定两位老人作出了自愿担保的真实意思表示。

综上，双方在缔结连带保证法律关系时，徐某发出的担保合同

要约内容并不具体确定，也没有表明两位老人需受还款责任的约束，非有效的要约，且其行为有违诚实信用原则，而两位老人的签字行为并不能推定为同意担保还款的意思表示，非有效的承诺，故双方未形成有效的担保合同关系，徐某的诉讼请求缺乏事实与法律依据，不予支持。

江苏省江阴市人民法院依照《中华人民共和国民法总则》第五条、第六条、第七条，《中华人民共和国担保法》第三条，《中华人民共和国合同法》第六条、第十三条、第十四条之规定，判决：

驳回徐某的诉讼请求。

判决后，双方当事人均未上诉，本判决现已生效。

【法官后语】

执行过程中，在被执行人无法履行生效法律文书确定的义务时，申请人与被执行人协商由被执行人的配偶、父母、子女等近亲属承担保证责任代为偿还债务的情况时有发生。被执行人近亲属承担保证责任应以其作出保证的真实意思表示为前提，不应仅凭被执行人近亲属的签名和书写的相关文字认定其承担相应的保证责任。

保证，本质上是一种合同法律关系。《中华人民共和国民法典》在《中华人民共和国担保法》的基础上，明确将保证合同作为典型合同在第二编合同编第十三章予以规定。因此保证的成立，应当遵循合同成立的一般规则。当事人订立合同，采取要约、承诺方式，合同的成立应以各方当事人意思表示一致为前提。所谓意思表示一致，既包括要约人作出希望与他人订立合同的意思表示，也包括受要约人同意要约的意思表示。判断受要约人是否作出承诺，需以意思表示的成立要件为判断依据。意思表示的成立需同时具备内心意思和表示行为两个要件，其中内心意思包括行为意思、表示意思、效果意思。行为意思是指表意人自觉控制自己行为的意思，表示意思是指行为人认识其行为具有法律意义的意思，效果意思是指行为人欲依其表示发生特定法律效果的意思。

民事主体从事民事活动，应当遵循诚信原则，亦不得违背公序良俗。尊老敬老是中华民族的传统美德，爱老助老是全社会的共同责任。债权人与债务人近亲属订立保证合同时，在债权人明知债务人近亲属年事已高、文化程度较低的情况下，债权人作出保证的要约时，应当向债务人近亲属明确说明提供保证的意义和法律后果，明确告知债务人近亲属书写相关文字和签名即视为对债务人的债务承担保证还款责任的承诺。若债权人未作明确说明和告知，债务人近亲属在不理解保证内容、意义和法律后果的情况下，其书写相关文字和签名的行为，并不具备保证的内心表示意思和效果意思，不应视为其作出了提供保证的真实意思表示，债权人与债务人近亲属之间缺乏意思表示的一致性，因此保证合同不能成立。本案中，申请人和被执行人在明知被执行人父母文化程度较低且偿债能力有限的情况下，并未说明在和解协议上签名和书写相关文字系承担保证责任代为履行债务的法律后果，违反了诚实信用的法律原则，也背离了尊老孝亲的善良风俗。因此，被执行人父母签名和书写相关文字的行为不能推定为其愿意提供保证的真实意思表示。

编写人：江苏省江阴市人民法院　俞拥军　高雅静

089 保证合同不因保证人涉嫌非法吸收公众存款而当然无效

——姬某英诉张某民保证合同案

【案件基本信息】

1. 裁判书字号

北京市第一中级人民法院（2019）京 01 民终 5665 号民事判决书

2. 案由：保证合同纠纷

3. 当事人

原告（被上诉人）：姬某英

被告（上诉人）：张某民

【基本案情】

2016 年 9 月 7 日，将军红公司（甲方）与姬某英（乙方）签订《借款协议书》，协议书中约定甲乙双方就甲方向乙方借款，用于集团旗下项目建设。甲方向乙方借款的金额为 20 万元整，借款期限为一年，自 2016 年 9 月 7 日至 2017 年 9 月 6 日。甲方向乙方借款，按照借款金额的 14%计 2.8 万元支付年利息，满整年到期 5 个工作日内支付一次。借款期满 5 个工作日内本金利息一次性还清。关于违约责任，双方约定，在协议有效期内，甲乙双方均不得要求提前或延期解除协议（如遇法定节假日顺延），如有违反，违约方须按借款金额的 8%作为违约金赔付给守约方。将军红公司在甲方处盖合同专用章，姬某英在乙方处签字。同日，将军红公司出具收据，确认收到姬某英20万元，收款方式：续，收款事由：筹建资金（一年期）。

同日，张某民、杨某强签署担保书，为将军红公司就借款事宜提供担保，担保姬某英借给将军红公司20万元整的本金与利息于合同期满日准时如数一次性归还。担保书约定如未能按时还本付息，从延误之日起由担保人负责按本金与利息总额的8%作为违约金进行赔付。担保如违约，担保人愿以公司的直接责任人身份承担相应责任，并授权银行，从本人开立的所有银行账户存款中扣收全部借款资金并收取逾期利息。张某民、杨某强在担保人处签字。

2016年10月18日，北京市公安局东城分局对将军红公司涉嫌非法吸收公众存款立案侦查。

二审期间，张某民提交如下新证据材料：北京市公安局东城分局作出《取保候审决定书》，证明张某民因涉嫌非法吸收公众存款被取保候审，本案涉及刑事案件，因将军红公司非法集资，张某民被取保候审。

【案件焦点】

张某民签署的保证书是否因其涉嫌非法吸收公众存款被公安机关立案侦查而无效。

【法院裁判要旨】

北京市海淀区人民法院经审理认为：有关担保书的效力问题，担保书作为主合同《借款协议书》的从合同，主合同效力影响担保合同效力。张某民否认《借款协议书》的真实性，认为与其无关，但认可协议由将军红公司出具，张某民出具的担保书中亦对姬某英出借将军红公司的借款金额进行了明确，故确认《借款协议书》的真实性。此外，《借款协议书》的债务人将军红公司因涉及非法吸收公众存款被立案侦查，并不直接影响其与姬某英签署的《借款协议书》的效力，《借款协议书》反映了双方当事人的真实意思表示，且内容未违反法律、行政法规的效力性强制性规定，应属有效。就担保书而言，张某民认可签字系其本人所签，但称其系受欺骗且有痴呆，并非本人意愿的体现，张某民未就此举证证明，不予采信。因此，担保书反映了张某民的真实意思表示，张某民与姬某英之间形成保证合同关系，该法律关系未违反法律、行政法规的效力性强制性规定，应属有效。将军红公司刑事案件的审理结果不影响本案的审理，张某民辩称本案应中止审理，法院不予采信。法院认定《借款协议书》的20万元已经实际出借。张某民签署的担保书明确了担保范围为20万元借款本金及利息。张某民在担保书中未明确保证方式，故保证方式应为连带责任保证。本案主债务履行期于2017年9月6日届满，担保书未对保证期间作出约定，故张某民的保证期间为主债务履行期届满之日起六个月，而姬某英在此期间内已提起诉讼，故张某民的保证责任不能免除。将军红公司未依约还本付息，张某民应按照担保书的约定对其担保的借款本金20万元及利息向姬某英承担连带担保责任。

北京市海淀区人民法院依照《中华人民共和国合同法》第八条，《中华人民共和国担保法》第五条、第十八条第二款、第十九条、第二十一条第一款、第二十六条，《最高人民法院关于审理民间借贷案件适用法律若干问题的规定》第二十九条第二款第二项、第三十条之规定，判决：

一、张某民于判决生效后十日内向姬某英偿还借款本金20万元并支付利息（利息以20万元为基数，按照年利率14%，自2016年9月8日起计算至实际支付之日止）；

二、张某民于判决生效后十日内向姬某英支付违约金18240元。

张某民不服一审判决，提起上诉。

北京市第一中级人民法院经审理认为：《最高人民法院关于审理民间借贷案件适用法律若干问题的规定》第十三条规定："借款人或者出借人的借贷行为涉嫌犯罪，或者已经生效的判决认定构成犯罪，当事人提起民事诉讼的，民间借贷合同并不当然无效。人民法院应当依据《中华人民共和国合同法》第五十二条以及本规定第十四条之规定，认定民间借贷合同的效力。担保人以借款人或者出借人的借贷行为涉嫌犯罪或者已经生效的判决认定构成犯罪为由，主张不承担民事责任的，人民法院应当依据民间借贷合同与担保合同的效力、当事人的过错程度，依法确定担保人的民事责任。"本案中，将军红公司虽因涉嫌非法吸收公众存款被立案侦查，但姬某英与将军红公司签订的《借款协议书》以及张某民出具的《担保书》并非当然无效，现张某民并未提供证据证明姬某英在出借款项时即已得知将军红公司借款用于违法犯罪活动，亦未提供证据证明《借款协议书》和《担保书》存在应被认定无效的其他情形，同时，张某民认可其被公安机关取保候审并非基于出具案涉《担保书》，故张某民上述主张缺乏事实和法律依据。本案中，姬某英系依据张某民出具的《担保书》要求其承担保证责任，与《借款协议书》属不同法律关系，张某民依据《担保书》承担保证责任，并非必须以将军红公司、张某民是否存在非法吸收公众存款的事实为依据，故张某民关于应中止本案审理的主张缺乏事实和法律依据。《担保书》并未约定张某民承担保证责任的方式，故其应就诉争债务承担连带责任保证，姬某英有权单独就张某民承担保证责任提起本案诉讼。

北京市第一中级人民法院依照《中华人民共和国民事诉讼法》第一百七十条第一款第一项规定，判决：

驳回上诉，维持原判。

【法官后语】

一、非法吸收公众存款罪中具体借贷合同并非当然无效

审判实践中，非法吸收公众存款罪的外在表象为犯罪嫌疑人与不特定多数公众之间的一系列的借贷、委托理财等合同，呈现出罪名整体化与行为分散化的特点，即从事非法吸收公众存款行为的主体因“吸收”不特定多数人员款项而违反市场准入制度构成犯罪，而参与其中的个体的“存款”行为并未违反前述制度，不属于应承担刑事责任的范畴，一般而言，众多出借人（参与人）的出借行为之间并无意思联络，对国家经济秩序和金融秩序没有直接影响，且当前环境下的民间借贷行为具有较强的商事行为特征，综合以上情况，一概认定出借人与犯罪嫌疑人的借贷合同无效不利于对商事行为及交易规则的保护，故将具体的借贷合同认定为无效合同，更不应认定为共同犯罪行为。

二、借款人非法吸收公众存款的犯罪行为并非免除借贷法律关系项下保证责任的当然事由

《最高人民法院关于审理民间借贷案件适用法律若干问题的规定》颁布前，司法实践对于涉及刑事犯罪的民事合同多做无效认定的处理，由此签订的担保合同亦做无效认定。该规定生效后，在明确了主合同并非因当事人涉及刑事犯罪而当然无效的前提下，规范了对保证合同这一从合同效力的认定规则。如前所述，在借款人涉嫌非

法吸收公众存款被采取刑事强制措施，甚至被刑事裁判文书认定构成犯罪的情况下，借款人与出借人签订的借贷合同并非当然无效，据此，对该借款合同提供担保的担保合同，除非具有《中华人民共和国民法典》规定的无效情形，否则不应否定其合同效力。另外，依据《中华人民共和国民法典》第六百八十二条“保证合同是主债权债务合同的从合同。主债权债务合同无效的，保证合同无效，但是法律另有规定的除外。保证合同被确认无效后，债务人、保证人、债权人有过错的，应当根据其过错各自承担相应的民事责任”的规定，在借贷合同被确认无效后而担保合同亦属无效的情况下，仍应依据保证人的过错程度认定其责任承担的范围，原因在于，保证合同因借贷无效而无效的法律后果系因法律规定的主从合同效力认定规则所致，保证人与借款人之间对此并非当然存在共同过错，如保证人与借款人的犯罪行为并无关联，甚至保证人签订保证合同亦因借款人的诈骗、胁迫等犯罪行为所致，则保证人对于合同无效的后果并无过错，理应免除保证责任，反之，应根据其过错程度认定责任范围。

三、借款人和保证人均涉嫌非法吸收公众存款时，保证人并非当然免除保证责任

实践中，借款人和保证人均属非法吸收公众存款犯罪的嫌疑人时，保证人常以借款合同涉嫌经济犯罪而主张中止对民事案件的审理并主张免除其保证责任。本案中，张某民即提出该种抗辩。而根据已经查明的事实，张某民为免除其保证责任，以其系将军红公司非法吸收公众存款案件犯罪嫌疑人为由主动到公安机关自首，公安机关对其采取了强制措施。但是，据此并不能认定出借人与借款人之间的合同以及出借人与保证人的保证合同因借款人存在犯罪嫌疑而无效。将军红公司虽然涉嫌非法吸收公众存款被刑事侦查，但姬

某英作为出借人并未参与吸收存款行为，而张某民在姬某英向将军红公司出借款项以及将军红公司续借款项时并未提供担保，而是在借款后对债务承诺承担保证责任，该行为亦非将军红公司非法吸收公众存款的手段，故借款合同和保证合同不存在应被认定无效的情形，将军红公司和张某民的犯罪嫌疑并非认定合同效力的依据。需要注意的是，借款人以外的涉嫌非法吸收公众存款的人员，在借款人无法偿还借款的情况下，对出借人做出承诺清偿借款的意思表示时，该承诺并非对债务进行的担保，而是债务加入或债务承担，与借款合同并非从主合同的关系，故不应再认定合同效力及承诺人的责任。

需要注意的是，《中华人民共和国民法典》对本案中涉及的法律条文有所改变，在今后审理类似案件时将会有不同的结果。

一是推定保证方式的颠覆性改变。《中华人民共和国民法典》第六百八十六条第二款“当事人在保证合同中对保证方式没有约定或者约定不明确的，按照一般保证承担保证责任”对《中华人民共和国担保法》第十九条“当事人对保证方式没有约定或者约定不明确的，按照连带责任保证承担保证责任”的规定作出了完全相反的规定，即对于没有约定保证方式或约定不明的，不再将保证人的保证方式推定为连带责任保证，而推定为一般保证。基于此规定，债权人在不与保证人约定保证方式的情况下，将面临保证人责任减轻，追索债权难度加大的不利局面。

二是对没有约定或约定不明的保证期间进行了统一规定，且保证期间的期限有所缩短。《最高人民法院关于适用〈中华人民共和国担保法〉若干问题的解释》第三十二条规定：“保证合同约定的保证期间早于或者等于主债务履行期限的，视为没有约定，保证期间为主债务履行期届满之日起六个月。保证合同约定保证人承担保证责任直至主债务本息还清时为止等类似内容的，视为约定不明，保证期间为主债务履行期届满之日起二年。”将保证期间区分为没有约定与约定不明两种情形，且分别规定了保证期间，易产生混淆。《中华人民共和国民法典》第六百九十二条第二款规定：“债权人与保证人可以约定保证期间，但是约定的保证期间早于主债务履行期限或者与主债务履行期限同时届满的，视为没有约定；没有约定或者约定不明确的，保证期间为主债务履行期限届满之日起六个月。”统一规定了没有约定或者约定不明确的，保证期间为主债务履行期限届满之日起六个月，清晰明确，有利于法律的适用。与此同时，《中华人民共和国民法典》统一将保证期间确定为六个月，债权人亦应及时向保证人主张权利，避免因保证期间的届满而丧失要求保证人承担保证责任的权利。

编写人：北京市第一中级人民法院　徐硕

090　保证人行使追偿权时的利息适用问题

——科技公司诉陈某英追偿权案

【案件基本信息】

1. 裁判书字号

福建省泉州市安溪县人民法院（2018）闽0524民初4211号民事判决书

2. 案由：追偿权纠纷

3. 当事人

原告：科技公司

被告：陈某英

【基本案情】

陈某英因购买摩托车（两轮/三轮）需要资金，于2017年10月5日通过科技公司开发的“×星生活”App向信用合作联社申请办理小康卡，并签订相关电子协议。“小康卡”系信用合作联社与科技公司联合发行的福万通贷记卡，用于申请人就指定商品/服务申请消费分期及还款，“×星生活”App系科技公司为消费者在线申请及办理“小康卡”及消费分期服务而开发的应用程序。2016年7月5日，科技公司向信用合作联社出具《担保声明书》，承诺自愿为通过“×星生活”App在线申请及办理“小康卡”及消费分期服务的所有消费者办理前述业务项下的全部债务提供连带责任保证，保证期间为主债务履行期限届满之日起两年。2017年10月5日，陈某英通过“×星生活”App向信用合作联社申请办理该贷记卡并通过该卡进行分期贷款，用于购买价格为50000元的摩托车一辆，根据陈某英签署的相关电子协议约定，陈某英向信用合作联社贷款50000元，分18期按月偿还，每月应偿还金额为3277.78元，如陈某英逾期还款，应按日万分之五标准支付透支利息，并按最低还款额的未还部分5%标准支付违约金，如因陈某英违约导致科技公司向信用合作联社承担保证责任代偿的，应按代偿金额的日万分之五标准支付资金占用期间的利息损失，并承担由此产生的一切费用。在前述申请表第八条、领用合约第五条第六款、章程第五条第一款第四项均明确约定申请人即持卡人在申请表上所填写的常住地址、电子邮箱、电话均可作为信用合作联社或科技公司对其催收、债权转让、法院诉讼、执行法律文书送达的地址。《×星分期用户服务协议》第八条第一款约定因履行协议产生争议，以×星生活或者用户所在地作为解决争议的管辖法院。2017年10月5日，信用合作联社根据陈某英的申请向指定收款账户转入贷款50000元。贷款后陈某英仅于2017年11月15日偿还3300元，之后便再未履行还款义务，科技公司为此于2018年5月29日向信用合作联社代被告偿还结欠的债务58126.68元。陈某英至今未向科技公司归还上述款项。

【案件焦点】

科技公司在向陈某英行使追偿权时能否主张利息。

【法院裁判要旨】

福建省泉州市安溪县人民法院经审理认为：科技公司与陈某英及案外人信用合作联社签订的案涉协议均系当事人真实意思表示，内容不违反法律、行政法规强制性规定的，应为合法有效。科技公司依约为陈某英承担保证责任，代陈某英向信用合作联社偿付借款本息及违约金合计58126.68元后，陈某英未依约归还科技公司代偿款，其行为已构成违约，应承担相应的违约责任。现科技公司主张陈某英归还代偿款58126.68元及根据约定标准计算的利息损失，具有事实及法律依据，予以支持。

福建省泉州市安溪县人民法院依照《中华人民共和国合同法》第六十条、第一百零七条、第一百一十四条，《中华人民共和国担保法》第十八条、第三十一条及《中华人民共和国民事诉讼法》第一百四十四条之规定，作出如下判决：

陈某英应于本判决生效之日起十日内支付科技公司代偿款58126.68元及利息损失（以58126.68元代偿款为基数，按每日万分之五的标准自2018年5月29日起计至款项还清之日止）。

判决后，双方当事人均未上诉，本判决现已生效。

【法官后语】

本案的争议焦点主要是关于保证人行使担保追偿权能否主张利息损失的问题，实践中存在不一致的观点。有的观点认为，保证人在承担保证责任后，无权向债务人主张利息损失。此观点是基于《中华人民共和国民法典》第七百条（《中华人民共和国担保法》第三十一条）的规定，保证人承担保证责任后可以向债务人追偿，但是并未涉及利息；而且保证人作为担保人，其应承担债务人履行不能的全部风险。

笔者认为保证人可以向债务人主张利息损失。虽然《中华人民共和国民法典》第七百条及司法解释没有明确规定追偿利息损失，但也未排斥，法无禁止即自由；自保证人向债权人代偿贷款之日起，债务人与债权人的债务债权关系即消灭，继而保证人与债务人之间产生新的债权债务关系。保证人向债务人行使追偿权的范围是其所承担的保证责任的范围，应以保证人的清偿行为使主债务人所受利益为限；债务人不能及时向保证人偿还代垫款项，给保证人造成了资金占用损失，故保证人行使追偿权的范围除了主债务及利息以外，还应当包括债务人逾期履行的违约金或损害赔偿金、保证人承担保证责任所支出的必要费用、保证人在承担保证责任过程中所受到的损害、保证人代偿款项的利息损失等。在本案中，毕竟是因为陈某英违反了诚实信用原则，才导致主债务的形成，对此，科技公司并无过错。科技公司作为保证人履行保证责任之日其对陈某英的债权即告成立，从该日起，陈某英作为被保证人就负有向科技公司偿付代垫款项的义务，陈某英未能向科技公司偿付所欠款项，除应当向科技公司偿还代垫的全部透支本息外，还应向科技公司承担因占用科技公司代垫资金所造成利息损失的民事责任。

在保证人与债务人就利息损失事先未约定的情况下，保证人向债务人追偿利息计算标准各不相同，笔者认为，本案中，科技公司与陈某英约定按每日万分之五计算利息，应当依法予以支持；若出现双方未达成有关款项追偿的约定，也没有事先在保证条款中作出利息追索的约定的情况，应参照法定利率6%计算。依据是《最高人民法院关于审理民间借贷案件适用法律若干问题的规定》第二十九条第二款第一项的规定，出借人主张借款人自逾期还款之日起按照年利率6%支付资金占用期间利息的，人民法院应予支持。关于利息的起算点，笔者认为应当自清偿之日起计算，因为利息是一种损失，就应该从损失实际发生之日即清偿之日起算。

《中华人民共和国民法典》第六百七十六条规定："借款人未按照约定的期限返还借款的，应当按照约定或者国家有关规定支付逾期利息；"《最高人民法院关于审理民间借贷案件适用法律若干问题的规定》（2020年第二次修正）第二十八条规定："借贷双方对逾期利率有约定的，从其约定，但是以不超过合同成立时一年期贷款市场报价利率四倍为限。未约定逾期利率或者约定不明的，人民法院可以区分不同情况处理：（一）既未约定借期内利率，也未约定逾期利率，出借人主张借款人自逾期还款之日起参照当时一年期贷款市场报价利率标准计算的利息承担逾期还款违约责任的，人民法院应予支持；（二）约定了借期内利率但是未约定逾期利率，出借人主张借款人自逾期还款之日起按照借期内利率支付资金占用期间利息的，人民法院应予支持。"

编写人：福建省泉州市安溪县人民法院　苏逸群

091 保证人骗走借款的犯罪行为不影响其追偿权的行使

——于某霞诉于某亮、任某梅追偿权案

【案件基本信息】

1. 裁判书字号

山东省莱西市人民法院（2018）鲁0285民初1578号民事判决书

2. 案由：追偿权纠纷

3. 当事人

原告：于某霞

被告：于某亮、任某梅

【基本案情】

2013年11月28日，被告于某亮向案外人李某坤借款30000元，并出具借据一张，约定月息二分，由原告于某霞提供担保。后李某坤向于某亮、于某霞催款无果，将二人诉至法院。法院经审理判决于某亮还款付息，于某霞承担连带责任。于某霞作为担保人向法院缴纳执行款45390元、执行费360元，合计45750元。

经查，于某亮向李某坤借款30000元后，凑齐51000元，与于某霞携款51000元到广西南宁投资，于某亮按照于某霞要求开设银行账户并存款，银行卡及密码交与于某霞，后于某霞伙同他人将银行卡内存款转走。随后于某亮报警。2017年8月8日，于某霞以诈骗罪被判处有期徒刑四年，并处罚金15000元，同时责令退赔赃款50800元（含本案向李某坤的借款30000元）给于某亮。

2018年3月9日，于某霞起诉于某亮及其妻子任某梅，追偿垫付执行款、执行费45750元，并要求二被告承担垫付后产生的利息。

【案件焦点】

本案借款系被担保人骗走，借款本金及产生的执行费、利息、诉讼费是否应当返还。

【法院裁判要旨】

山东省莱西市人民法院经审理认为：被告于某亮向李某坤借款、原告于某霞为借款提供担保，均是当事人的真实意思表示，其内容不违反法律法规的规定，相关民事法律行为的效力已经法院生效判决认定。于某霞作为保证人履行了担保责任，根据法律规定，其有权在承担保证责任的范围内向于某亮追偿。本案焦点是借款系被担保人骗走，借款本金及产生的执行费、利息、诉讼费是否均应当包含在借款人返还的范围内。

关于借款本金 30000 元。于某霞已经履行保证责任向李某坤清偿；该借款本金后被于某霞以投资方式骗走，刑事判决已责令退赔，若刑事判决执行完毕，于某霞将重复支付涉案 30000 元。另外，刑事判决书中已经认定于某霞为被告于某亮垫付 4.5 万元执行款系民事法律关系。故借款本金 30000 元，于某亮应予向于某霞偿还。

关于借款产生的执行费、利息、诉讼费。考虑到于某亮不能按期偿还借款系由原告于某霞诈骗的犯罪行为所致，故由此产生的损失应由于某霞自行承担。

被告任某梅、于某亮系夫妻关系，但本案借款非基于夫妻共同意思表示产生，也未用于家庭共同生活或共同生产经营，故被告任某梅对该借款不应承担共同还款责任。

据此，山东省莱西市人民法院依照《中华人民共和国担保法》第十八条、第三十条之规定，判决如下：

一、被告于某亮于判决生效后十日内给付原告于某霞30000元；

二、驳回原告于某霞的其他诉讼请求。

判决后，双方当事人均未上诉，本判决现已生效。

【法官后语】

保证人追偿权又称保证人求偿权。其行使的基础和依据，原担保法及民法典均有规定，且前后理念基本一致。《中华人民共和国担保法》第三十一条规定："保证人承担保证责任后，有权向债务人追偿。"《最高人民法院关于适用〈中华人民共和国担保法〉若干问题的解释》第四十二条规定："人民法院判决保证人承担保证责任或者赔偿责任的，应当在判决书主文中明确保证人享有担保法第三十一条规定的权利……"《中华人民共和国民法典》第七百条规定："保证人承担保证责任后，除当事人另有约定外，有权在其承担保证责任的范围内向债务人追偿，享有债权人对债务人的权利，但是不得损害债权人的利益。"《最高人民法院关于适用〈中华人民共和国民法典〉有关担保制度的解释》第十八条第一款规定："承担了担保责任或者赔偿责任的担保人，在其承担责任的范围内向债务人追偿的，人民法院应予支持。"

从上述法律规定特别是司法解释的表述来看，保证人行使追偿权的基础及依据均是已经"承担保证责任"，即除非有约定或法定的除外情形，保证人只要履行了保证责任，其便依法取得向债务人追偿的权利。

关于保证人行使追偿权的除外情形。除《中华人民共和国民法典》第七百条规定的约定除外情形，《最高人民法院关于适用〈中华人民共和国民法典〉有关担保制度的解释》第三十五条规定了法定除外情形，即在债务人未放弃诉讼时效抗辩，且保证人知道或应当知道主债权已过诉讼时效的情况下，保证人仍然提供担保或承担保证责任。

本案中，保证人于某霞已经通过向法院缴纳案款的形式向债权人李某坤清偿，且不存在追偿权行使的约定或法定除外情形。同时，债权人李某坤起诉债务人、保证人的民间借贷案件判决中也已经明确于某霞承担保证责任后有权追偿。故于某霞依法应当取得追偿权。

至于于某霞将借款骗走的行为，发生在李某坤、于某亮之间的债权债务合法成立之后，系独立的刑事法律关系。从法律程序上讲，不应与属于追偿权的民事法律关系混同处理。从当事人实体权利保护上讲，于某霞的诈骗行为已经法院刑事判决确认并责令退赔，借款人于某亮基于于某霞履行保证责任的行为已经免去借款清偿责任并有权取得退赔款，此时若否定于某霞追偿权，于某亮将取得不当利益，于某霞亦将承担双倍责任。

关于追偿权的范围。根据《中华人民共和国民法典》及《最高人民法院关于适用〈中华人民共和国民法典〉有关担保制度的解释》的规定，原则上，只要属于保证人已经承担保证责任范围内的债务，其都有权利追偿，包括：主债务及其利息，逾期履行违约金或损害赔偿金，承担保证责任所支出的诉讼、执行费用等。同时，对代偿金额自代偿之日起产生的利息、因承担保证责任而受到的损害等，保证人亦有权向债务人主张。但在本案中，于某亮借款30000元后随即便被于某霞诈骗走，于某亮不能按期偿还借款系由原告于某霞诈骗的犯罪行为所致，故由此产生的损失应由于某霞自行承担，对借款产生的利息、执行费、诉讼费以及代偿金额自代偿之日起产生的利息等，于某亮均无须承担责任。

编写人：山东省莱西市人民法院　封晓娜

092 出借人仅起诉连带保证的保证人应受法律保护

——邵某诉毛某东民间借贷案

【案件基本信息】

1. 裁判书字号

天津市第二中级人民法院（2018）津02民终7228号民事判决书

2. 案由：民间借贷纠纷

3. 当事人

原告（被上诉人）：邵某

被告（上诉人）：毛某东

【基本案情】

案外人孙某柱于2015年8月15日向原告邵某借款，双方签订借款合同，借款金额为350000元，借款期限两个月，月利率1.5%，如逾期每日罚息5‰，借款用于付工程款。孙某柱在乙方（贷款方）处签字按手印，案外人彩钢制品公司在丁方（担保方）处盖章，被告毛某东在合同首部丙方（担保方）处签字按手印，担保方式为连带保证，保证期限为自借款期限届满之次日起两年。2015年8月21日，邵某向孙某柱转账350000元。孙某柱于当日向邵某出具收条，载明：今收到邵某现金人民币350000元。2015年11月21日，邵某与毛某东进行交涉，要求毛某东偿还借期内利息，毛某东予以认可并代为偿还，并承诺就孙某柱另外100000元借款先行偿还。2016 年 8 月 4 日，邵某再次与毛某东交涉并录音，毛某东陈述：“这个钱当时我担保的时候也跟你说了，就是他不还我肯定替他还上的。”双方在录音中陈述孙某柱共从原告处拿 450000 元。毛某东分别于 2016 年 8 月 8 日、2016 年 9 月 23 日分两次偿还其中 100000 元。

【案件焦点】

1. 保证人未在合同落款处签章是否影响保证合同效力；2. 出借人是否可仅起诉连带保证的保证人。

【法院裁判要旨】

天津市滨海新区人民法院经审理认为：原告邵某主张案外人孙某柱向其借款 350000 元，并提交借款合同、收条及转账记录加以证实，可以确认双方存在借贷关系。原告主张被告毛某东承担保证责任，法院认为，毛某东未在合同落款处签名，但在合同首部以担保人名义签名捺印，根据《最高人民法院关于适用〈中华人民共和国担保法〉若干问题的解释》第二十二条第二款的规定：“主合同中虽然没有保证条款，但是，保证人在主合同上以保证人的身份签字或者盖章的，保证合同成立。”在本案中，毛某东以保证人身份签字按手印的行为可以证实保证合同成立。毛某东辩称，不清楚借贷事实，法院认为，毛某东对其在合同中签名捺印的行为不能作出解释，其在录音中已明确陈述代为偿还利息及对借款进行担保，对其抗辩意见不予采信。关于保证期间，毛某东在 2016 年 8 月 4 日录音中承诺还款，原告提起诉讼并未超过保证合同诉讼时效。毛某东辩称，原告直接对毛某东提起诉讼与法律相悖，法院认为，毛某东承担连带责任保证，根据《最高人民法院关于适用〈中华人民共和国担保法〉若干问题的解释》第二十条第一款的规定："连带共同保证的债务人在主合同规定的债务履行期届满没有履行债务的，债权人可以要求债务人履行债务，也可以要求任何一个保证人承担全部保证责任。"因此，孙某柱未偿还借款，原告要求毛某东承担全部保证责任符合法律规定，应予以支持。关于逾期利息，原告主张自 2015 年 10 月 21 日起按月利率 2%计算，双方约定逾期日利率 5‰，原告按月利率 2%主张，未超出双方约定及法律规定，应予以准许。

天津市滨海新区人民法院依照《中华人民共和国合同法》第一百零七条、第一百九十六条、第二百零六条，《中华人民共和国担保法》第十八条、第十九条，《最高人民法院关于适用〈中华人民共和国担保法〉若干问题的解释》第二十条、第二十二条之规定，作出如下判决：

被告毛某东于本判决发生法律效力之日起十日内向原告邵某支付借款本金 350000 元及逾期利息（自 2015 年 10 月 21 日至实际给付之日，按月利率 2%计算）。

毛某东不服一审判决，提起上诉。天津市第二中级人民法院经审理认为：邵某主张案外人孙某柱向其借款 350000 元，并提交了借款合同、收条及转账记录予以证实，虽然借款合同中案外人孙某柱在贷款方签名，但从孙某柱出具收条以及被上诉人转账的事实来看，邵某为出借人，案外人孙某柱为借款人，故邵某提交的借款合同、收条及转账记录能够证明被上诉人与孙某柱之间的借贷关系成立。毛某东主张本案借贷关系不成立，邵某未履行借款合同，依据不足，法院不予支持。关于担保责任问题，涉诉借款合同中约定，担保方式为连带保证，保证期间为自借款期限届满之次日起两年，上诉人在担保方处签名捺印，且上诉人在2016年8月4日的录音中承诺还款，故被上诉人起诉未超过诉讼时效，因孙某柱未偿还借款，上诉人应对本案借款承担连带责任保证。一审判决对本案借款本金及逾期利息的认定并无不当，予以维持。

天津市第二中级人民法院依照《中华人民共和国民事诉讼法》第一百六十九条第一款、第一百七十条第一款第一项之规定，作出如下判决：

驳回上诉，维持原判。

【法官后语】

民间借贷案件中借款合同或债权凭证往往存在合同内容拟定、签署不专业、不规范等特点，司法实践应结合合同内容、文字逻辑和履行情况对案件事实加以考量，合理保护借贷双方的合法权益。本案借款合同保证人毛某东仅在借款合同首页的担保方一栏签名捺印，未在合同落款处签名捺印，其主张合同未成立。但根据《最高人民法院关于适用〈中华人民共和国担保法〉若干问题的解释》第二十二条第二款的规定，保证人在主合同上以保证人的身份签字或者盖章的，保证合同成立。本案被告毛某东仅在合同首页签名捺印，该合同的签订的确存在不完善之处，但法院结合毛某东对为何在合同上签名捺印不能作出合理解释，并在此后通过电话向出借人承诺还款的事实，认为其对承担保证责任是知晓的，应当承担保证责任。另外，《中华人民共和国民法典》施行以后，《最高人民法院关于适用〈中华人民共和国担保法〉若干问题的解释》已经失效，但依据《最高人民法院关于审理民间借贷案件适用法律若干问题的规定》（2020年第二次修正）第二十条的规定，他人在借据、收据、欠条等债权凭证或者借款合同上签名或者盖章，但是未表明其保证人身份或者承担保证责任，或者通过其他事实不能推定其为保证人，出借人请求其承担保证责任的，人民法院不予支持。因此，依然可以据此对他人以保证人身份签名或盖章的行为进行解释，或者结合其他证据对保证人的身份加以确定。

对于出借人是否可以仅起诉连带保证人问题，根据《最高人民法院关于审理民间借贷案件适用法律若干问题的规定》第四条第一款的规定，保证人为借款人提供连带责任保证，出借人仅起诉借款人的，人民法院可以不追加保证人为共同被告；出借人仅起诉保证人的，人民法院可以追加借款人为共同被告。因此，对于连带保证，出借人可以以借款人为被告提起诉讼，也可以以连带保证人为被告提起诉讼，债务人与保证人处于相同的法律地位，债权人拥有选择权。但“可以追加”借款人较“可以不追加”保证人在“必须度”上有明显增加，这是因为债务人参加诉讼，有利于法院对借款事实的查明，一并处理债务人与保证人就债务数额、时效等提出的抗辩，有利于保证人追偿权的实现，减轻当事人的诉累。具体是否追加，应由法官在案件审理过程中向出借人释明，根据出借人所述理由加以判断。

在本案审理过程中，法官重点查明：（1）出借人与借款人之间的债权债务是否存在，借款及还款金额是否清楚，不追加债务人是否影响事实的查明；（2）向出借人释明是否向债务人及另一位保证人主张权利，其陈述的理由是否合理。出借人邵某考虑到借款人孙某柱及彩钢制品公司已经失联，如果追加其参加诉讼会进一步加大诉讼成本，而本案借款人孙某柱系毛某东介绍认识，毛某东也有能力知晓孙某柱债务是否有减少或消灭的事实，并加以举证，但其未对此事实提出抗辩或举证。法院综合上述情形，未追加孙某柱参加诉讼。

编写人：天津市滨海新区人民法院　杨辰

093 反保证人的保证人保证期间认定

——甲融资担保公司诉文化传媒公司等追偿权案

【案件基本信息】

1. 裁判书字号

北京市第二中级人民法院（2018）京02民终7900号民事判决书

2. 案由：追偿权纠纷

3. 当事人

原告（被上诉人）：甲融资担保公司

被告（上诉人）：乙融资担保公司

被告：科技公司、文化传媒公司

【基本案情】

2013年8月，文化传媒公司向某银行申请贷款，委托原告甲融资担保公司为其上述借款提供保证担保，并于2013年8月26日与原告签署《委托保证合同》。原告在2013年11月与某银行签订了《保证合同》，为文化传媒公司向该行贷款提供担保。在原告为其提供了担保的前提下，文化传媒公司于2013年11月与某银行签订《借款合同》，获得贷款人民币300万元整。2013年8月26日，针对此笔借款丙融资担保公司与原告签订了合同编号为：《信用反担保合同》，为上述担保提供了反担保，约定对原告为被告文化传媒公司代为清偿后的代偿本金、利息、罚息、违约金、诉讼费用等承担连带责任保证，保证期间为原告代偿之日起两年，并约定了违约责任、争议解决等。2011年5月，甲融资担保公司、丙融资担保公司、乙融资担保公司三方签订《战略合作协议》，约定了合作模式、操作细则、保证责任、合作期限为五年，保证责任条款中明确“丙方（即乙融资担保公司）对乙方（丙融资担保公司）承担的全部项目的责任风险向甲方（即原告）承担第三方信用连带责任保证，不再逐一单笔出具保证合同。丙方在合作范围内对乙方提供的保证担保承担无限连带责任”。2015年1月27日，甲融资担保公司向某银行代偿文化传媒公司贷款300万元，某银行向甲融资担保公司出具代偿确认书。

【案件焦点】

反保证人的保证人保证期间认定。

【法院裁判要旨】

北京市西城区人民法院经审理认为：连带责任保证中，保证期间是否已过，属于法院主动审查的事项；反保证人的保证期间自保证人承担保证债务之日起算；反保证人的保证人的保证期间自保证人要求反保证人承担保证责任之日起算，但以反保证人的债务未消灭为前提；当事人约定的保证期间可以少于6个月，也可以超过2年。

该案各方签订《借款合同》《保证合同》《委托保证合同》《信用反担保合同》《战略合作协议》均是真实意思表示，且不违反法律法规的强制性规定，应属合法有效，各方当事人均应按照合同的约定行使权利履行义务。各方对甲融资担保公司代偿事实并无异议，该院予以确认。

北京市西城区人民法院依据《中华人民共和国合同法》第八条、第六十条、第一百一十三条第一款、第一百一十四条第一款，《中华人民共和国担保法》第四条、第二十一条、第三十一条以及《最高人民法院关于审理民间借贷案件适用法律若干问题的规定》第九条，《中华人民共和国民事诉讼法》第一百四十四条之规定，判决：

一、文化传媒公司于判决生效之日起七日内向甲融资担保公司支付违约金 15 万元；

二、丙融资担保公司（现名称为科技公司）、乙融资担保公司于判决生效之日起七日内对上述款项承担连带清偿责任，履行保证责任后，丙融资担保公司（现名称为科技公司）、乙融资担保公司有权向文化传媒公司追偿；

三、驳回甲融资担保公司的其他诉讼请求。

乙融资担保公司提起上诉。北京市第二中级人民法院经审理认为：关于涉案文化传媒公司贷款担保项目是否属于《战略合作协议》项下的合作项目。甲融资担保公司、科技公司、乙融资担保公司三方签订《战略合作协议》约定：合作范围仅限于除甲融资担保公司及区县合作机构原有项目外的新增担保项目，科技公司不得损害甲融资担保公司及其区县合作机构、分公司原有项目利益。首先，上述《战略合作协议》签订时间为 2011 年 5 月，合作期限为 5 年，涉案担保项目发生在 2013 年 8 月，故涉案担保项目发生在《战略合作协议》约定的合作期间内；能够佐证涉案项目属于《战略合作协议》项下合作项目；其次，涉案文化传媒公司贷款担保项目由科技公司向甲融资担保公司提供反担保，该事实能够佐证涉案项目属于《战略合作协议》项下的合作项目；最后，乙融资担保公司主张涉案项目不属于《战略合作协议》项下的合作项目，但其未提交任何证据证明该项目属于甲融资担保公司及区县合作机构原有项目，且《战略合作协议》关于限制合作项目的约定，系为了保护甲融资担保公司的利益，并非为甲融资担保公司设定义务。基于以上分析，本院认定涉案担保项目属于《战略合作协议》项下的合作项目，故对乙融资担保公司的该项主张，本院不予采信。

关于乙融资担保公司的涉案保证债务是否已过保证期间。依据相关法律的规定，当事人未约定保证期间，保证期间主债务履行期届满之日起六个月。本案中，依据《战略合作协议》约定，乙融资担保公司为科技公司的债务向甲融资担保公司提供连带责任保证，即乙融资担保公司提供保证的主债务为科技公司向甲融资担保公司承担的保证责任。科技公司承担保证责任的期间为 2015 年 1 月 27 日（甲融资担保公司代偿贷款之日）至 2017 年 1 月 27 日（保证期间两年期届满之日），在该期间内，科技公司是否承担保证责任取决于甲融资担保公司在该期间内是否向科技公司主张保证责任。甲融资担保公司于 2017 年 1 月 18 日向一审法院起诉要求科技公司主张保证责任，因该日期处于科技公司提供保证的期间内，故此时科技公司确定地负有向甲融资担保公司承担还款责任，即科技公司对甲融资担保公司保证的债务进入还款期间，亦即乙融资担保公司担保的主债务的履行期已经届满。因《战略合作协议》中未有关于乙融资担保公司承担保证责任期间的约定，故依据法律的规定，乙融资担保公司承担保证责任的期间为主债务履行期届满之日起六个月，即 2017 年 1 月 18 日（科技公司向甲融资担保公司确定地负有还款责任之日）至 2017 年 7 月 18 日（保证期间六个月期满之日）。因甲融资担保公司于 2017 年 1 月 18 日向一审法院提起本案之诉，并持续向乙融资担保公司主张承担保证责任至今，故甲融资担保公司向乙融资担保公司主张保证责任处于乙融资担保公司提供保证的期间之内。另，如按乙融资担保公司的主张，其保证债务已过保证期间，就会出现在主债务人承担责任期间内保证人不承担保证责任的情形，明显与《最高人民法院关于适用〈中华人民共和国担保法〉若干问题的解释》第三十二条第一款规定（保证合同约定的保证期间早于或者等于主债务履行期限的，视为没有约定，保证期间为主债务履行期届满之日起六个月）的精神相悖，有违法理。基于以上分析，本院认定乙融资担保公司的涉案保证债务未过保证期间，对其该项主张，本院不予采信。综上所述，乙融资担保公司的上诉请求不能成立，应予驳回；一审判决认定事实清楚，适用法律正确，应予维持。依照《中华人民共和国民事诉讼法》第一百七十条第一款第一项的规定，判决如下：

驳回上诉，维持原判。

【法官后语】

本案中出现了反保证人的保证人，这非常鲜见，增加了本案的处理难度。解决本案纠纷的前提是要正确认识以下法律问题。

一、保证期间是否属于法院主动审查的事项

在当事人未抗辩保证期间已过的情形下，法院是否应当主动审查，司法实践中莫衷一是。有种观点认为，保证期间与诉讼时效一样，当事人不抗辩，法院不应主动审查。法院对该事项主动审查侵害了债权人的利益，违反了居中裁判的立场。笔者不同意这种观点，理由如下：保证期间属于除斥期间，债权人在该除斥期间内未主张权利，保证债务消灭，也就是说，过了保证期间，债权人的实体权利消灭。而诉讼时效并非如此，诉讼时效是债权人请求公权力保护其实体权利的期间，过了诉讼时效，公权力不予保护，但债权人的实体权利并未消灭。法院之所以不主动审查诉讼时效，须以债务人的抗辩为前提，根源在于此种情形下债权人仍享有实体权利，其请求权的基础即实体权利完整的存在，仅是成为自然债务，自然债务当事人自愿履行，法院应当支持，不宜干涉。基于保证期间已过，保证债务消灭，债权人的实体权利消灭，而债权人诉讼请求成立的基础要件是其享有实体权利，这是债权人最基本的举证义务，不因债务人不抗辩而免除，法院应对请求权成立的基础要件进行审查是其必须进行的审查义务，故保证期间是否已过属于法院主动审查的事项。笔者的上述观点在2021年1月1日施行的《最高人民法院关于适用〈中华人民共和国民法典〉有关担保制度的解释》中予以确认，该司法解释第三十四条第一款规定：人民法院在审理保证合同纠纷案件时，应当将保证期间是否届满、债权人是否在保证期间内依法行使权利等事实作为案件基本事实予以查明。至此，关于法院是否应当主动审查保证期间是否届满的争议，终于尘埃落定。

二、保证期间与保证债务诉讼时效的区别和联系

保证债务极其特殊，既有保证期间又有诉讼时效，二者极易混淆。二者存在明显的不同，依据相关法律规定及学理通说，保证期间为除斥期间，不能中止、中断和延长；无论保证人是否抗辩，债权人未在该期间内向保证人主张权利，保证债务消灭，该事项属于法院主动审查的事项；当事人可以约定该期间。而诉讼时效是权利受公权力保护的期间，能中止、中断和延长；该事项依当事人的抗辩而审查，不属于法院主动审查的事项；该期间为法定期间，当事人不能通过约定排除其适用。二者亦存在紧密的关联性，在保证期

间内，债权人依法向保证人主张权利，保证期间消灭，保证债务的诉讼时效开始起算。

三、保证人担保的主债务及保证期间

广义的保证人包括保证人、反保证人、反保证人的保证人。

保证人担保的主债权为主合同项下债务人所负的履行义务即违约责任或者主合同解除时债务人应当承担的民事责任，保证期间为主债务履行期间届满之日起的六个月或约定的期限，该期间属于签订担保合同时即可确定的期间。本案中，甲融资担保公司担保的主债务即为文化传媒公司向某银行所负的还款责任及违约责任，担保期间为文化传媒公司还款义务履行期间届满之日起的两年。

反保证人担保的主债务为债务人向保证人所负的追偿债务，保证期间自保证人承担保证责任之日起计算，因为只有保证人承担保证责任后才享有对债务人追偿及要求反保证人承担保证责任的事实基础，如不以此确定，显然有违法理，该期间在签订反担保合同时是无法确定的期间。本案中，科技公司担保的主债务为文化传媒公司对甲融资担保公司所负的追偿债务，科技公司承担保证责任的期间为2015年1月27日（甲融资担保公司代偿贷款之日）至2017年1月27日（保证期间两年期届满之日）。

四、关于反保证人的保证人担保的主债务及保证期间

反保证人的保证人担保的主债务为反保证人向保证人所负的保证债务，保证期间为保证人要求反保证人承担保证责任之日起算。如果保证人未在反保证人的保证期间内主张权利，该保证债权消灭，亦即反保证人担保的主债务消灭，反保证人的保证人自无承担保证责任的基础，因为保证人的债权已经不存在。有观点认为，反保证人的保证人的保证期间自保证人代偿之日起算，因为此时保证人即

可向反保证人的保证人主张保证责任。笔者不同意这个观点，理由将以本案为例着重分析。

本案中，依据相关法律的规定，当事人未约定保证期间，保证期间自主债务履行期届满之日起六个月。本案中，依据《战略合作协议》约定，乙融资担保公司为科技公司的债务向甲融资担保公司提供连带责任保证，即乙融资担保公司提供保证的主债务为科技公司向甲融资担保公司承担的保证责任。科技公司承担保证责任的期间为2015年1月27日（甲融资担保公司代偿贷款之日）至2017年1月27日（保证期间两年期届满之日），在该期间内，科技公司是否承担保证责任取决于甲融资担保公司在该期间内是否向科技公司主张保证责任。甲融资担保公司于2017年1月18日向一审法院起诉要求科技公司主张保证责任，因该日期处于科技公司提供保证的期间内，故此时科技公司确定地负有向甲融资担保公司承担还款责任，即科技公司对甲融资担保公司保证的债务进入还款期间，亦即乙融资担保公司担保的主债务的履行期已经届满。因《战略合作协议》中未有关于乙融资担保公司承担保证责任期间的约定，故依据法律的规定，乙融资担保公司承担保证责任的期间为主债务履行期届满之日起六个月，即2017年1月18日（科技公司向甲融资担保公司确定地负有还款责任之日）至2017年7月18日（保证期间六个月期满之日）。因甲融资担保公司于2017年1月18日向一审法院提起本案之诉，并持续向乙融资担保公司主张承担保证责任至今，故甲融资担保公司向乙融资担保公司主张保证责任处于乙融资担保公司提供保证的期间之内。另，如按乙融资担保公司的主张，其保证债务已过保证期间，就会出现在主债务人承担责任期间内保证人不承担保证责任的情形，明显与《中华人民共和国民法典》第六百九十二条第二款规定（债权人与保证人约定的保证期间早于主债务履行期限的，视为没有约定，保证期间为主债务履行期间届满之日起六个月）的精神相悖，有违法理。

五、保证人的保证期间能否少于六个月或多于三年

该问题属于本案衍生的问题，也是司法实务中困惑的问题。《中华人民共和国民法典》第六百九十二条第二款规定：债权人与保证人可以约定保证期间，但是约定的保证期间早于主债务履行期限或者与主债务履行期限同时届满的，视为没有约定；没有约定或者约定不明确的，保证期间为主债务履行期限届满之日起六个月。《最高人民法院关于适用〈中华人民共和国民法典〉有关担保制度的解释》第三十二条进一步规定：保证合同约定保证人承担保证责任直至主债务本息还清之日止等类似内容的，视为约定不明，保证期间为主债务履行期限届满之日起六个月。依据上述法律规定，有观点认为，当事人约定的保证期间不能少于六个月。已经失效的《最高人民法院关于适用〈中华人民共和国担保法〉若干问题的解释》第三十二条第二款规定，保证合同约定保证人承担保证责任直至主债务本息还清时为止等类似内容的，视为约定不明，保证期间为主债务履行期届满之日起二年。有观点认为，虽然《中华人民共和国民法典》已经对上述法律规定作出更改，但该法律规定体现的保证期间不能超过诉讼时效期限的精神，并未被否定，当事人约定的保证期间不能超过诉讼时效期限。

一是保证期间跨越债务的履行期间，保证期间是否一律认定没有约定，适用六个月的规定。笔者认为，上述规定仅适用保证期间等于或早于主债务的履行期间，系为了解决保证合同条款之间的矛盾而作出的安排，因为依据保证合同，保证人应当承担保证责任，

但依据保证期间的约定，保证人又不承担保证责任，犹如保证合同没有签订一样。权衡利弊，认为保证人保证的意思表示明确，仅是保证期间的约定不发生效力，作出此种安排，不违背保证人提供保证的真实意思表示，亦不损害其合法权益。基于上述分析，既然跨越保证期间债务并不发生保证合同条款之间根本冲突的问题，当无否定该条款所有效力的必要，法院不宜干涉，仅否定债务履行期间届满前的保证期间不生效力即可，否则可能损害当事人的合法利益。比如，跨越债务履行期限的保证期间实际为三个月，强行解释为没有约定，适用六个月的规定，无疑无正当事由偏向了债权人的利益，损害了保证人的利益；又如，跨越债务履行期限的保证期间实际为六个月以上，强行解释为没有约定，适用六个月的规定，无疑无正当事由偏向了保证人的利益，损害了债权人的利益。

二是当事人明确保证期间为三年以上，保证期间是否一律认定为三年。有观点认为，约定的保证期间不能超过三年，因为主债务的诉讼时效为三年，超过三年的约定没有意义。笔者不同意这种观点，理由如下：首先，已经失效的《最高人民法院关于适用〈中华人民共和国担保法〉若干问题的解释》第三十二条第二款并非基于保证期间最长为两年而作出该规定，而系此种约定致使保证人对承担保证责任的期间没有确定的预期实质上等同于债务加入，与保证法律关系的本质相悖。其次，该规定中的两年并非必然与诉讼时效相关，因为最高人民法院作为该解释的制定主体，未作出该解释，且如此认为，在《中华人民共和国民法典》对诉讼时效期间已经作出更改，意味着该规定必须作出更改，但《最高人民法院关于适用〈中华人民共和国民法典〉有关担保制度的解释》并未作相应修改，而是彻底否定了该规定，看不出与诉讼失效存在任何关联。再次，即使认为该规定中的两年与诉讼时效相关，允许约定的保证期间超过两年，对债权人并非没有意义，而是意义重大。比如，约定的保证期间为五年，在主债务发生诉讼时效中断未过诉讼时效的情形下，债权人在第四年才向保证人主张保证责任，保证人应当承担保证责任，如果保证期间不能超过诉讼时效，此时保证人不承担保证责任。最后，《最高人民法院关于适用〈中华人民共和国民法典〉有关担保制度的解释》第三十五条规定：保证人知道或者应当知道主债权诉讼时效期间届满仍然提供保证和承担保证责任，又以诉讼时效期间届满为由拒绝承担保证人或者请求返还财产的，人民法院不予支持。依据上述司法解释规定，允许保证人对已过诉讼时效的债务提供保证并承担担保责任。

编写人：北京市第二中级人民法院　韩耀斌

094　公司对外担保的合同效力认定及效果归属

——杨某诉刘某荣、通信公司民间借贷案

【案件基本信息】

1. 裁判书字号

北京市第一中级人民法院（2018）京01民初344号民事判决书

2. 案由：民间借贷纠纷

3. 当事人

原告：杨某

被告：刘某荣、通信公司

【基本案情】

2017年10月28日，杨某作为甲方与乙方刘某荣、担保人通信公司签订一份《借款协议》，载明：一、借款金额：8000万元（大写：人民币捌仟万元整）。二、借款期限：借款期限为捌个月，自2017年10月28日至2018年6月28日止；实际放款起始时间与约定日期不一致的，以甲方通过银行账户向乙方银行账户实际转款的日期为准；还款时间、计息时间按本合同约定对应调整。三、借款利息：月息按2.5分计息；每满一个月偿付一次利息。四、借款本金偿还：乙方每满一个月偿还一次本金；每次偿还本金的额度为1000万元。每次偿还本金以后，相应的计息基数和计息时间重新起算。五、担保条款：担保人通信公司对乙方偿还借款的合同义务无条件地承担连带担保责任。担保范围为甲方实现债权的全部费用，包括本金、利息、罚息、诉讼费、律师费等各项综合费用……七、违约处理：如乙方逾期偿还本金及利息的，每逾期一日按千分之五计算违约金；超过三十日的，将利息及违约金转为本金，加上未清偿的本金，重新计算利息和违约金，直至清偿完毕为止……十、生效：本协议经各方签字（盖章）后生效。本合同共六份，各方各执两份……本合同若有其他未尽事宜，双方进一步商定补充条款。甲方处杨某签字，乙方处刘某荣签字，担保人处通信公司盖章。

2017年10月26日，杨某通过某银行向刘某荣账户分两笔各打入4000万元，共计8000万元。2017年12月1日，案外人向杨某账户转入200万元。杨某表示该200万元系刘某荣支付的2017年10月26日到2017年11月25日的利息，故其诉讼请求从2017年

11月26日开始计算利息。诉讼中，杨某未提交证明其在订立合同时对通信公司章程、公司决议等与担保相关的文件进行了形式审查。

【案件焦点】

通信公司是否应当承担担保责任。

【法院裁判要旨】

北京市第一中级人民法院经审理认为：《中华人民共和国公司法》第十六条规定："公司向其他企业投资或者为他人提供担保，依照公司章程的规定，由董事会或者股东会、股东大会决议；公司章程对投资或者担保的总额及单项投资或者担保的数额有限额规定的，不得超过规定的限额。公司为公司股东或者实际控制人提供担保的，必须经股东会或者股东大会决议。前款规定的股东或者受前款规定的实际控制人支配的股东，不得参加前款规定事项的表决。该项表决由出席会议的其他股东所持表决权的过半数通过。"本案中，虽然担保人处加盖有通信公司公章，但杨某未能提供通信公司为担保刘某荣借款所形成的董事会、股东会或者股东大会决议，不符合公司提供担保之规定。此外，亦无证据显示杨某在订立合同时对通信公司章程、公司决议等与担保相关的文件进行了形式审查，无法认定本案构成表见代表，故通信公司关于不承担担保责任的答辩意见具有事实和法律依据，法院予以支持，对杨某的该项诉讼请求，法院不予支持。

北京市第一中级人民法院依照《中华人民共和国合同法》第八条、第六十条第一款、第一百零七条、第二百零五条、第二百零六条、第二百零七条、第二百一十条、第二百一十一条，《中华人民共和国公司法》第十六条，《最高人民法院关于审理民间借贷案件适用法律若干问题的规定》第二十六条、第三十条,《中华人民共和国民事诉讼法》第六十四条第一款、第一百四十四条之规定,判决如下:

一、刘某荣于本判决生效后十日内偿还杨某借款本金 8000 万元并支付利息(以 8000 万元为基数,自 2017 年 11 月 26 日起至实际清偿之日止,按照年利率 24%的标准计算);

二、刘某荣于本判决生效后十日内偿还杨某律师费 20 万元;

三、刘某荣于本判决生效后十日内偿还杨某保全费 5000 元;

四、驳回杨某其他诉讼请求。

判决后,双方当事人均未上诉,本判决现已生效。

【法官后语】

本案对于刘某荣偿还借款并支付利息等并无争议,主要焦点在于通信公司是否应当对涉案借款承担担保责任。对于司法实践中常见的公司法定代表人及其工作人员违反法定程序,未经公司股东会决议,擅自加盖公司公章对外担保,是否能够对公司产生法律上的约束力,一直有不同的观点。

笔者赞同对公司产生约束力的观点(内部关系说),该观点认为:《中华人民共和国公司法》(2018 年修正)第十六条规定的公司章程限制,实质上属于公司内部的组织规范,其效力范围限于公司内部,仅能约束公司、股东及其高级管理人员,不具有对外的效力。为了保护交易的安全、稳定,实际交易中不可能要求相对人审查公司的章程等内部约束。因此,只要加盖有公司的公章,不管是否经过公司章程规定的决议程序,对外均具有效力。对内公司可要求相关人员进行责任赔偿。此外,从《中华人民共和国民法典》第六十一条的规定看,法定代表人的行为后果也由法人承担。主张对代表权予以限制的观点（代表权限制说）认为：公司作为法律拟制的组织体，其行为必然要由自然人进行实施。法律既然赋予了公司具有独立的民事权利能力和民事行为能力，那么公司及其代表人的意思表示区分就是核心问题之一，即需要考虑对代表人的权限进行限制。《中华人民共和国公司法》第十六条关于公司对外担保的规定，是法律明确对公司对外担保的法定限制。违反《中华人民共和国公司法》第十六条，又不能构成表见代理的，担保行为对公司不发生法律效力。

笔者认为，代表权限制说更为合理。第一，公司法本质上属于团体法、组织法，必然要对相关人员的代表权范围予以限制。《中华人民共和国公司法》第十六条的规定就属于此种限制，具有天然的正当性和合理性。内部关系说混淆了公司的意思表示和相关人员的意思表示，片面强调了对公司相对人的利益保护，容易引起利益失衡。第二，依据不知法不免责的原理，任何人不应以不知道法律规定为由进行免责抗辩。此种情况下，第十六条实际上赋予了相对人一定的审查义务。第三，法律赋予相对人审查义务并不是实质上的审查义务，需要对虚假文件等一一辨别，而是合理的、形式上的审查，即如果公司章程要求股东会决议，相对人需要要求公司予以出示。对于决议程序是否合法、签字是否真实则在所不问。从可操作性上看并不具有重大障碍，也不会损害交易的便捷与安全。相反，对各方利益的保护更加周全。第四，《中华人民共和国民法典》第六十一条的规定与《中华人民共和国公司法》第十六条并不冲突，《中华人民共和国民法典》第六十一条第三款的规定不适用于公司法定代表人未经公司机关决议而对外签订担保合同的情形。对于违反《中华人民共和国公司法》第十六条的合同效力的审查，应对引入表见代表/代理制度予以解决。相对人能够证明其在订立合同时已经对公司章程规定的文件进行了审查，且决议在形式上符合法律规定的，应认定为善意相对人，担保合同对公司产生约束力。否则，则无法认定其为善意相对人，担保合同对公司不产生约束力。

值得说明的是，2021 年 1 月 1 日实施的《最高人民法院关于适用〈中华人民共和国民法典〉有关担保制度的解释》第七条采纳了代表权限制说，明确相对人善意的，担保合同对公司发生效力；相对人非善意的，担保合同对公司不发生效力；相对人请求公司承担赔偿责任的，参照适用担保合同无效的规则处理。至此，公司越权担保问题有了更为清晰、明确的裁判规则指引。

编写人：北京市第一中级人民法院　郭帅

095　开发商阶段性连带责任保证的分析

——某银行诉置业公司等金融借款合同案

【案件基本信息】

1. 裁判书字号

湖北省宜昌市中级人民法院（2018）鄂 05 民终 1122 号民事判决书

2. 案由：金融借款合同纠纷

3. 当事人

原告（被上诉人）：某银行

被告（上诉人）：置业公司

被告：杜某华、郑某芳

【基本案情】

被告杜某华与被告郑某芳系夫妻关系。2014年3月24日，原告某银行与被告置业公司签订《项目按揭贷款合作协议》，约定某银行给置业公司开发的楼盘的购房人提供个人按揭贷款，置业公司为本楼盘贷款购房者提供无条件、不可撤销的连带责任保证。2014年12月9日，原告与被告杜某华、郑某芳、置业公司签订了《个人购房借款/担保合同》，主要约定如下：（1）杜某华、郑某芳购买置业公司开发的楼盘中的13套商品房；（2）杜某华、郑某芳因购房向某银行按揭贷款150万元；（3）置业公司为杜某华、郑某芳的贷款承担阶段性保证责任。

2015年1月8日，某银行向杜某华、郑某芳发放贷款150万元。2016年8月25日，置业公司将杜某华、郑某芳名下的13套房屋产权证原件交与某银行。13套房屋已于2014年6月17日办理预购商品房预告登记，但一直未办理抵押预告登记或抵押登记。2016年9月27日，杜某华、郑某芳因欠他人借款被宜昌市夷陵区人民法院采取诉讼财产保全。2016年9月28日，涉案13套房屋被夷陵区法院查封。2017年1月至2月，涉案13套房屋被司法拍卖。2017年4月11日，该13套房屋被司法执行过户至他人名下。

自2016年9月开始，某银行得知杜某华前述13套房屋被法院查封，多次向三被告催促，但杜某华、郑某芳电话失联、下落不明，而置业公司认为无责，故原告宣布贷款提前到期，并诉至法院，请求判令：（1）被告杜某华、郑某芳共同偿还原告贷款本金1246034元，并自2017年3月22日按罚息利率支付罚息直至本息全部清偿时止。（2）被告置业公司对杜某华、郑某芳的上述债务承担连带清偿责任。

【案件焦点】

1. 置业公司的阶段性保证责任是否已免除；2. 某银行是否存在阻止保证责任免除条件成就的行为；3. 某银行和置业公司对担保物的灭失是否存在过错。

【法院裁判要旨】

湖北省宜昌市西陵区人民法院经审理认为：被告杜某华在原告处贷款，其妻子郑某芳为共同还款人，因此原告与杜某华、郑某芳存在金融借款合同关系，原告依约出借款项，两被告应按时足额还款。现贷款所购房屋已被其他法院查封拍卖，而杜某华、郑某芳下落不明，依合同约定原告可以宣布贷款提前到期，并要求两被告立即还款。因杜某华、郑某芳未到庭抗辩，故对原告诉称的欠款金额予以采信。原告主张按年利率 8.085%计算逾期罚息，该利率标准符合合同约定，法院予以支持。

《项目按揭贷款合作协议》约定置业公司为购房者提供无条件、不可撤销的连带责任保证，该责任范围与《个人购房借款/担保合同》阶段性保证约定明显不同，考虑到《项目按揭贷款合作协议》系置业公司与原告就涉案整个楼盘所达成的贷款协议，而《个人购房借款/担保合同》系针对杜某华、郑某芳单独所签，且签订时间在后，故本案置业公司的保证责任应以《个人购房借款/担保合同》约定为准。

《个人购房借款/担保合同》首页明确载明“本合同由通用条款和特别约定条款构成，通用条款与特别约定条款不一致时，视为对通用条款的修改”，故置业公司的保证责任应首先援引特别条款。针对置业公司的阶段性保证责任免除情形，合同特别条款第 31 条明确指向引用通用条款第 18.2 条第（2）项，而第 18.2 条第（2）项第 1 条、第 2 条分别规定了正式抵押登记、抵押预告登记两种情形。而正式抵押登记指向引用通用条款第 15.8 条第（1）项，抵押预告登记指向引用通用条款第 15.8 条第（2）项。虽然第 15.8 条第（2）项约定了“办妥预售登记备案或抵押权预告登记”两种情形，但第 18.2 条第（2）项第 2 条中仅出现“抵押权预告登记”，未出现“预售登记备案”，可见第 18.2 条第（2）项第 2 条不包括预售登记备案这一情形。因此，只有在涉案房屋办理正式抵押或抵押预告登记时，置业公司的阶段性保证责任才能免除。

《个人购房借款/担保合同》第 18.6 条约定“置业公司不得以贷款人未先就其他担保实现债权为由拒绝承担本合同项下保证责任，原告放弃任何担保的（包括但不限于任何借款人或其他任何提供的抵押、质押等物的担保），保证人的保证责任不以任何方式减少或免除”，因此，置业公司抗辩保证责任免除，与合同约定不符。

被告置业公司辩称依据《中华人民共和国担保法》第二十八条“同一债权既有保证又有物的担保的，保证人对物的担保以外的债权承担保证责任。债权人放弃物的担保的，保证人在债权人放弃权利的范围内免除保证责任”的规定。1. 置业公司于 2016 年 8 月 25 日向原告交付涉案房屋不动产权证，2016 年 9 月 28 日房屋即被法院查封，间隔 1 个月未能办理抵押登记，不能据此认定原告放弃物的担保。2. 置业公司所述《中华人民共和国担保法》的条款与《中华人民共和国物权法》第一百七十六条规定不一致，按新法优于旧法原则，应适用《中华人民共和国物权法》第一百七十六条“被担保的债权既有物的担保又有人的担保……债权人应当按照约定实现债权……”3. 涉案 13 套房屋被司法拍卖前均未办理抵押登记，故抵押权未设立，被告辩称的物的担保亦不存在。

湖北省宜昌市西陵区人民法院依照《中华人民共和国合同法》第六十条、第一百零八条、第二百零五条、第二百零六条、第二百零七条，《中华人民共和国物权法》第一百七十六条，《中华人民共和国民事诉讼法》第一百四十四条，《最高人民法院关于进一步加强民事送达工作的若干意见》第七条、第八条，《最高人民法院关于适用〈中华人民共和国民事诉讼法〉的解释》第九十条之规定，作出如下判决：

一、被告杜某华、郑某芳应在本判决生效后十五天内，向原告某银行偿还截止到2017年3月22日时的贷款本金1246034元。杜某华、郑某芳并以本金1246034元为基数，按年利率8.085%向原告支付逾期罚息，逾期罚息自2017年3月23日计算至债务全部清偿时止；

二、被告置业公司对杜某华、郑某芳上述债务承担连带清偿责任。

置业公司提起上诉。

湖北省宜昌市中级人民法院经审理认为：针对置业公司的阶段性保证责任免除情形，三方签订的《个人购房借款/担保合同》特别条款第31条指向通用条款第18.2条第（2）项，而该项的第1条、第2条又分别指向第15条第（8）项第1点约定的正式抵押登记手续已办理完毕、第15条第（8）项第2点约定的抵押权预告登记手续已办理完毕两种情形才能免除保证责任。本案中，杜某华拟设立抵押的房屋未办理抵押权预告登记，亦未办理正式抵押登记。因此，从合同约定的情形来看，置业公司保证责任免除的条件尚未成就。但该免除保证责任的条件未成就是否是某银行的责任，及某银行是否存在阻止保证责任免除条件成就的行为，法院分述如下：

一、关于正式抵押登记手续的办理。合同第 15 条第（8）项第 1 点约定“本合同签订后，抵押人应及时到有关登记机关办理抵押登记手续……”可见，合同约定的办理抵押登记手续的义务人是抵押人（即借款人杜某华），并不是某银行宜昌分行。上诉人亦未举证证明某银行宜昌分行存在不配合、故意拖延等阻止办理正式抵押登记手续的行为，故涉案房屋因被法院查封未能完成正式抵押登记，某银行宜昌分行不存在过错。

二、关于抵押权预告登记手续的办理。合同第 15 条第（8）项第 2 点约定“抵押物为尚未取得产权的房屋的，应在本合同签订之日起 30 天内或贷款人另行要求的合理时间内办妥预售登记备案或抵押权预告登记手续……”该条虽未写明办理预售登记备案或抵押权预告登记手续的义务人，但从该条文的字义及上下文的约定来看，应当理解为售房人和购房人，而不是某银行。且事实上，涉案房屋办理完成预售登记备案也是在签订《个人购房借款/担保合同》之前。可见，某银行没有合同义务办理抵押权预告登记手续，且上诉人亦未举证证明某银行存在不配合、故意拖延等阻止办理抵押权预告登记手续的行为，故涉案房屋未办理抵押权预告登记手续，不能归责于某银行。

因此，上诉人认为某银行为自己的利益，违反合同约定，怠于履行合同义务，事实上不正当地阻止了担保责任免除的条件成就，应视为条件已经成就，上诉人的保证责任应当免除的主张，法院不予采信。

湖北省宜昌市中级人民法院依照《中华人民共和国民事诉讼法》第一百七十条第一款第一项之规定，作出如下判决：

驳回上诉，维持原判。

【法官后语】

本案系购房者拖欠贷款后“跑路”，而房屋未办理抵押，被其他债权人另案查封，银行遂起诉开发商承担连带责任保证。本案所涉情形，在实践中多发，具有一定指导意义。笔者结合本案谈一下几点想法：

一、阶段性连带保证合同的性质

在商品房预售买卖交易中，开发商希望早日回收资金减轻压力，但买受人并未取得不动产登记证，无法办理以银行为抵押权人的抵押权证，银行在没有增信措施的情况下不愿意放款。开发商为了促成交易，解决银行在放款日至取得房屋抵押权证期间无任何增信措施的问题，愿意在此期间提供连带责任保证，待银行取得抵押权证后，不再承担保证责任，阶段性保证应运而生。从阶段性保证制度的设立初衷来看，是为了解决贷款风险敞口期的问题，加快房屋买卖的进程。因此，阶段性连带保证合同，是一种附解除条件的合同，即一旦抵押登记（或合同约定其他条件）办妥，开发商即免除保证责任。在此之前，开发商作为连带保证人，要对银行贷款承担保证责任。

二、混合担保中的先后清偿顺序

实践中，银行的贷款担保方式往往既有抵押（或质押）又有保证。前者俗称物保，后者俗称人保。民法理论上将这类同时存在物保、人保的担保称为混合担保。

同一债权上物保和人保并存时，债权的清偿顺序，《中华人民共和国担保法》《最高人民法院关于适用〈中华人民共和国担保法〉若干问题的解释》《中华人民共和国物权法》在立法上有一个发展过程。1995年颁布的《中华人民共和国担保法》第二十八条第一款规定“同一债权既有保证又有物的担保的，保证人对物的担保以外的债权承担保证责任”，该条被理解为“债务人先行主义”，即在债务人自己提供物保情况下，优先以债务人的担保物清偿，可以避免日后出现的保证人向债务人追偿问题，减少诉累。2000年颁布的《最高人民法院关于适用〈中华人民共和国担保法〉若干问题的解释》第三十八条第一款规定：“同一债权既有保证又有第三人提供物的担保的，债权人可以请求保证人或者物的担保人承担担保责任”，此解释将物保区分为债务人自己提供物保、第三人提供物保，并在针对第三人物保情形下赋予债权人选择权。2007年颁布的《中华人民共和国物权法》第一百七十六条规定，债权既有物保又有人保时，首先按约定实现债权；没有约定或约定不明的，债务人自身提供物保的，债权人应先就该物的担保实现债权；第三人提供物保的，债权人既可以就物保实现债权，也可以要求保证人实现债权。可见《中华人民共和国物权法》作为后来者，对《中华人民共和国担保法》《最高人民法院关于适用〈中华人民共和国担保法〉若干问题的解释》进行了继承发展，将混合担保中清偿顺序进行了完善，这一顺序被学界简称为“约定主义优先+第三人优待主义+债权人选择主义”。2021年1月1日起施行的《中华人民共和国民法典》也继承了这一观点，《中华人民共和国民法典》第三百九十二条规定“被担保的债权既有物的担保又有人的担保的，债务人不履行到期债务或者发生当事人约定的实现担保物权的情形，债权人应当按照约定实现债权；没有约定或者约定不明确，债务人自己提供物的担保的，债权人应当先就该物的担保实现债权；第三人提供物的担保的，债权人可以就物的担保实现债权，也可以请求保证人承担保证责任。

提供担保的第三人承担担保责任后，有权向债务人追偿”。

三、混合担保中物保未设立，对人保的影响

物的担保行为具有债权物权二元性，担保合同成立生效是前提，办理登记或交付质物使担保物特定化，才是担保物权设立的必备条件。债务人提供物保的，若债务人不办理抵押登记或交付质物，甚至私自处分抵押物、质物，均是一种明显的违约行为，主观上具有逃避债务、转嫁风险给其他保证人的恶意。另一情况，若债权人不积极行使合同权利，怠于配合债务人办理抵押登记或接受质物，甚至主动放弃物保，导致担保物权无法实现，也将对其他保证人利益产生重大影响。从公平原则考虑，债权人作为担保物权的最终受益人，其不作为的行为，应视为权利的自行放弃，故其他保证人在物保放弃的范围内应免除相应的责任。例如，《中华人民共和国物权法》第一百九十四条第二款规定，“债务人以自己的财产设定抵押，抵押权人放弃该抵押权、抵押权顺位或变更抵押权的，其他担保人在抵押权人丧失优先受偿权益的范围内免除担保责任……”《中华人民共和国物权法》第二百一十八条规定：“……债务人以自己的财产出质，质权人放弃该质权的，其他担保人在质权人丧失优先受偿权益的范围内免除担保责任……”

本案中，物保未设立，债权人即某银行一无过错，二未主动放弃，因此人保即置业公司不能免除保证责任。

四、因第三人原因导致解除条件未成就时，开发商有无保证责任

这里的第三人原因，主要是指因案外因素或房屋登记机构的迟延办理，致使房屋被另案查封或被他人善意取得而无法办理抵押登记的情形。这种情况下，其实债权人银行、保证人开发商均无过错，

责任的承担实际是谁承担风险问题。笔者认为，按一般法理，如果当事人之间对此有约定的，从其约定。如果没有约定的，因阶段性保证制度设立初衷在于解决银行风险敞口期，避免无增信措施的空档期，故应由开发商承担不能办理抵押的风险。即在此情形下，开发商的阶段性保证责任不能免除。

五、办理抵押登记或抵押预告登记的义务主体

我国《城市房地产抵押管理办法》是规范抵押登记的部门规章，该办法第三十二条规定，办理抵押登记，应向登记机关提供抵押当事人的身份证明或法人资格证明、抵押登记申请书、抵押合同等资料。条文中并未规定办理抵押登记或抵押预告登记的义务主体。即开发商、购房者、银行均可办理，并非限定某一方。实践中，大量的房产开发商、中介经纪公司代为办理抵押手续，均属合法有效。因此，关于办理登记的义务人，当事人之间若有约定，从其约定。若无约定，则任何一方均可办理。

回到本案中，如二审判决书所言，从双方的合同条文“本合同签订后，抵押人应及时到有关登记机关办理抵押登记手续……”“应在本合同签订之日起30天内或贷款人另行要求的合理时间内办妥预售登记备案或抵押权预告登记手续……”可见办理登记义务人是购房者，而不是银行。因此，银行不是合同约定的登记义务人，不承担未能登记的不利后果。

编写人：湖北省宜昌市西陵区人民法院　周云

096 与借款人在同一借条上签名并非必然认定为借款保证人

——史某虎诉滑某西担保合同案

【案件基本信息】

1. 裁判书字号

江苏省南京市六合区人民法院（2018）苏0116民初4号民事判决书

2. 案由：担保合同纠纷

3. 当事人

原告：史某虎

被告：滑某西

【基本案情】

2014年5月23日，史某虎向案外人唐某银银行账户存入30万元。同年6月1日，唐某银向史某虎书写一份借条，载明："今借到史某虎现金伍拾万元整（500000.00，此款全年付息壹拾伍万元整，半年付息一次）。"借条下方落款处依次为被告滑某西、唐某银及唐某银妻子高某华的签名。另外，借条右下方还加盖有唐某银经营的粮油加工厂的印章及唐某银的印章。

关于借款的交付及借条的形成，史某虎庭审中陈述，唐某银经滑某西介绍向其借款50万元，2014年5月23日，其向唐某银银行账户存入30万元，同年6月1日有唐某银妻子高某华在场的情况下，其在唐某银住处又借给唐某银现金20万元，合计借款50

万元。为利息计算方便，两次借款写入一个借条，借条载明的借款日期为 2014 年 6 月 1 日。唐某银写好借条后，唐某银妻子高某华作为共同借款人在借条上签名，稍后滑某西作为担保人在借条上签名。

滑某西辩称，史某虎、唐某银均是其朋友，他们一个从事民间放贷，另一个从事粮食加工。唐某银因经营需要资金，经他介绍与史某虎相识。2014 年 6 月 1 日，史某虎、唐某银在唐某银的住处让他在已写好的借条上签字，至于史某虎出借给唐某银钱款的具体数额、钱款的给付过程及后来借款的归还情况、利息支付情况他均不知情。2017 年 10 月，唐某银因经营不善跑路了，史某虎找到他问借款怎么办，他说帮忙联系唐某银后一直联系不上。故其不是涉案借款的担保人，而只是作为介绍人、见证人在借条上签名，不应承担担保责任。

【案件焦点】

与借款人在同一借条上签名是否必然认定为借款保证人。

【法院裁判要旨】

江苏省南京市六合区人民法院经审理认为：当事人对自己提出的诉讼请求所依据的事实或者反驳对方的诉讼请求所依据的事实有责任提供证据加以证明。没有证据或者证据不足以证明当事人的事实主张的，由负有举证责任的当事人承担不利后果。《最高人民法院关于审理民间借贷案件适用法律若干问题的规定》第二十一条规定：“他人在借据、收据、欠条等债权凭证或者借款合同上签字或者盖章，但未表明其保证人身份或者承担保证责任，或者通过其他事实不能推定其为保证人，出借人请求其承担保证责任的，人民法院不予支持。”在本案中，原告提供了紫金农商银行存款凭条一份及借条一份，拟证明其出借钱款50万元给案外人唐某银、高某华，被告滑某西对借款及利息承担担保责任的事实。其中借条下方落款处签名的排序依次为滑某西、唐某银、高某华，但滑某西是最后签名的。由于滑某西的签名前未写明保证人或担保人等字样标明其为保证人身份或者承担担保责任，庭审中原告也未提供其他证据证明被告在借条上签名为保证的意思表示，故原告仅依据借条中被告的签名主张被告为保证人，并要求被告对借条中50万元借款及相应利息承担连带担保责任，证据不充分，法院不予支持。

综上，江苏省南京市六合区人民法院依照《最高人民法院关于审理民间借贷案件适用法律若干问题的规定》第二十一条，《中华人民共和国民事诉讼法》第六十四条第一款，《最高人民法院关于民事诉讼证据的若干规定》第二条之规定，判决如下：

驳回原告史某虎的诉讼请求。

判决后，双方当事人均未上诉，本判决现已生效。

【法官后语】

本案作为借款担保纠纷，涉及的主要问题是滑某西在借条落款处签名，是否可以认定其为借款保证人？

民间借贷往往立足于“熟人关系”和“个人信用”，要么发生在亲戚、朋友、同事等熟人之间；要么与熟人存在直接或间接的关联。与金融借贷相比，民间借贷合同无论在内容上还是形式上，都经常呈现出不规范、不完备的特征。例如，利息、还款时间约定有歧义，签字盖章手续不完备，提供担保的意思表示不明确等。审判

证明其签字或盖章具有保证的意思表示。该其他证据包括借贷合同中已有第三人签字或盖章具有保证作用的条款，或过往的交易习惯中签名即具有保证的意思表示，或磋商过程中形成的往来函件、通信记录中已对保证形式另行进行了明确的说明或约定等。第二种情形为作为见证人、中间人或介绍人在借款合同中签名或盖章，此种情形不能认定保证关系的存在。所谓见证人，就是参与借贷过程、目睹借贷关系发生的人，将其记载于借贷合同或借贷凭证之中，目的在于防止一旦双方发生争议无相关第三方加以证明。所谓中间人，也称为介绍人，是指向出借人或借款人传递信息，说合借贷，为借款关系的发生提供机会或媒介服务的人。此两种情形下，无论是当事人订立保证合同，还是第三方单方出具保证书或以保证人身份签字或盖章，均需以签名人或盖章人有明确的承担保证责任的意思为前提。若根本欠缺承担保证责任的意思内容，即使在相关债权人凭证上签字或盖章，仍然不能认定保证关系成立。

最后，就本案而言，被告滑某西与案外人唐某银、高某华在借条下方签名，根据原告的陈述及被告的答辩，从形式上看有两种可能性：或者是见证人或介绍人；或者是借款保证人。由于借条上仅有滑某西的签名，原告针对被告的抗辩未提供其他的证据进一步证实滑某西在借条上签名时有保证的意思表示，故该签名仅能证实滑某西具有见证人或介绍人的身份，而不是涉案借款的保证人，故无须承担保证责任。

编写人：江苏省南京市六合区人民法院　黑长保

097 非法吸收公众存款罪与合同类案件民刑交叉情形下的合同效力认定

——常某诉段某保证合同案

【案件基本信息】

1. 裁判书字号

北京市第三中级人民法院（2018）京 03 民终 8206 号民事判决书

2. 案由：保证合同纠纷

3. 当事人

原告（被上诉人）：常某

被告（上诉人）：段某

【基本案情】

2013 年 9 月 9 日、9 月 18 日、12 月 24 日，常某与 Z 公司分别签订了《出借咨询与服务协议》，出借共计 105 万元，其间分别至 2014 年 9 月 9 日、9 月 18 日、12 月 24 日。2014 年 3 月 12 日，段某书写欠条一张，载明“欠常某壹佰零伍万元整（105 万），分 6 期 3 个月一付贰拾万元整，付完壹佰零伍万元止”。段某在尾部欠款人处签名并捺手印。同日，常某出具字条称：“购买 Z 公司 105 万元整，如果案件终结退还款项后，如常某的 105 万元没归还完用此款补，如多余部分归段某，欠款还完后，两条自动作废。”2015 年 11 月 12 日，北京市朝阳区人民法院作出刑事判决书，认为 Z 公司系从公司成立之日起即非法从事吸收公众存款行为，且不存在合法的经营行为，系为了实施犯罪行为而设立的公司，不符合单位犯罪的要件要求，并判决被告人肖某瑞、李某莎、周某、李某等人犯非法吸收公众存款罪。2016年1月26日，北京市第三中级人民法院作出刑事裁定书，驳回了肖某瑞、李某莎、周某、李某等人的上诉，维持原判。

诉讼中，段某称其被胁迫书写欠条，并申请法院向公安机关调取相关证据。经法院向公安机关了解，段某当时前往公安机关报案称被胁迫，但并没有制作笔录，公安机关也未立案。

【案件焦点】

1. 涉案欠条是否系在受胁迫的情形下出具；2. 涉案欠条的性质属于保证合同还是债务加入；3. 本案中因刑事案件的存在，《出借咨询与服务协议》的合同效力问题以及涉案欠条的效力问题。

【法院裁判要旨】

北京市朝阳区人民法院经审理认为：虽然Z公司相关行为涉嫌非法吸收公众存款罪，但该罪名规制的是市场准入资格而非合同行为本身，属于管理性强制规定而非效力性强制规定；常某作为投资人签订该协议的真实意思亦非与Z公司共同实施违法犯罪行为，故该协议不违反法律、行政法规的强制性规定，应属合法有效。本案争议焦点在于，段某向常某出具的欠条是否具备保证的意思表示。法院认为，《中华人民共和国担保法》（以下简称《担保法》）规定，保证是指保证人和债权人约定，当债务人不履行债务时，保证人按照约定履行债务或者承担责任的行为。在本案中，段某以欠款人身份向常某出具欠条，载明“欠常某壹佰零伍万元整（105万），分6期3个月一付贰拾万元整，付完壹佰零伍万元止”。从该欠条的意思表示来看，直接表示的是双方之间形成了债权债务关系，且段某愿意承担还款责任，并非保证的意思表示。但从常某单方面出具的字据来看，“购买Z公司105万元整，如果案件终结退还款项后，如常某的105万元没归还完用此款补，如多余部分归段某，欠款还完后，两条自动作废”则可以看出，该105万元欠款实际上为常某购买Z公司105万元理财产品的款项，且在Z公司未能归还常某的105万元的情况下，则段某给付的105万元视为Z公司的还款。由此可以看出，在欠条和字据形成时，常某和段某就Z公司欠常某的105万元达成了协议，段某如按约定给付常某105万元，则该105万元为Z公司履行返还常某投资款的保证金。结合欠条和字据，可以看出，段某为Z公司对常某的欠款提供了保证责任。段某虽然提出欠条系胁迫所写，但段某并未提供证据予以证明。故法院对段某该意见不予采信。双方形成的保证合同关系，系双方的真实意思表示，亦不违反法律、行政法规的强制性规定，应属合法有效。

关于保证方式。《担保法》第十九条规定，当事人对保证方式没有约定或者约定不明确的，按照连带责任保证承担保证责任。在本案中，段某应当先行向常某支付105万元用作Z公司履行还款义务的保证金，根据该意思表示，并未区分保证人应否在主债务人客观偿还不能后方承担保证责任，因此，此处保证责任应为连带责任保证。《担保法》第二十六条规定，连带责任保证的保证人与债权人未约定保证期间的，债权人有权自主债务履行期间届满之日起六个月要求保证人承担保证责任。在合同约定的保证期间和前款规定的保证期间，债权人未要求保证人承担保证责任的，保证人免除保证责任。本案中，段某明确了其向常某付款的期间，故应当按照其约定的期间向常某履行保证责任。

据此，北京市朝阳区人民法院判决如下：

段某于判决生效之日起十日内就 Z 公司应返还常某的本金 978000 元向常某承担连带清偿责任。如果未按判决指定的期间履行给付金钱义务，应当依照《中华人民共和国民事诉讼法》第二百五十三条之规定，加倍支付迟延履行期间的债务利息。

段某提起上诉。北京市第三中级人民法院经审理认为：涉案欠条在法律关系性质上属于债务加入，非法吸收公众存款罪中所涉及的相关民间借贷合同并不违反法律强制性规定，合同不因成立非法吸收公众存款罪而无效，涉案《借款咨询与服务协议》及涉案欠条是各方当事人真实意思表示，不违反法律法规强制性规定，合法有效。一审法院虽适用法律错误，但判决结果正确，故判决如下：

驳回上诉，维持原判。

【法官后语】

本案值得探讨的问题主要有以下两个：一是涉案欠条在法律关系性质上属于保证合同关系还是债务加入。二是刑民交叉下涉案《借款咨询与服务协议》及本案涉及的欠条的效力问题。

判断一个行为的法律关系，应当根据相应的证据材料内容所要表达的真实意图为基础，并结合当事人的意思表示进行综合认定。《中华人民共和国民法典》第五百五十二条规定，第三人与债务人约定加入债务并通知债权人，或者第三人向债权人表示愿意加入债务，债权人未在合理期限内明确拒绝的，债权人可以请求第三人在其愿意承担的债务范围内和债务人承担连带债务。具体到本案中，从欠条本身的内容看，并无债务人不偿还欠款，由段某承担责任的意思表示，也没有涉及主债务的情况，故从欠条本身看并无提供保证的意思表示。结合本案中常某所出具的字条内容分析，涉案《欠条》作为段某单方向常某出具的书面材料，针对《出借咨询与服务协议》涉及的105万元的债务，并未作出在一定条件成就的情况下代为付款的单方承诺，也不存在明显的主从关系或履行顺序性。基于此从现有证据上分析涉案《欠条》不具备保证的形式及实质要件，应属第三人向债权人表示愿意加入债务，债权人未在合理期限内明确拒绝的情形，更符合债务加入的特征，法律关系性质上应当认定为债务加入。

本案的非法吸收公众存款的刑事认定不属于效力性强制规定。在本案中，Z公司的相关行为涉嫌非法吸收公众存款罪，非法吸收公众存款罪犯罪主体的交易行为仅系违反金融市场准入的管理性规定，犯罪侵害的客体为国家的金融管理秩序。在违反市场准入类犯罪的情形下，公法所规制的是当事人的市场准入资格，而非该种类型的合同。因此，非法吸收公众存款罪作为违反市场准入型犯罪，打击的是扰乱国家金融管理秩序的非法吸收公众存款的行为，而非否定或禁止其中单个借贷行为。故非法吸收公众存款罪中所涉及的相关民间借贷合同并不违反法律强制性规定，合同不因成立非法吸收公众存款罪而无效。此外在非法吸收公众存款罪中，由于非法吸收公众存款罪不以非法占有为要件。因此，犯罪行为人向他人借款的意思表示真实。犯罪行为人实施的每一起吸存行为，仍然属于民法上的借贷法律行为。对此《最高人民法院关于审理民间借贷案件适用法律若干问题的规定》（2020年第二次修正）第十二条第一款亦规定："借款人或者出借人的借贷行为涉嫌犯罪，或者已经生效裁判认定构成犯罪，当事人提起民事诉讼的，民间借贷合同并不当然无效。”

关于涉案民事合同的效力。应当按照《中华人民共和国民法典》、其他国家法律和最高人民法院的司法解释的相关规定予以认定。《中华人民共和国民法典》第一百四十三条规定，具备下列条件的民事法律行为有效：（一）行为人具有相应的民事行为能力；（二）意思表示真实；（三）不违反法律、行政法规的强制性规定，不违背公序良俗。本案涉及非法吸收公众存款罪与民间借贷行为的交叉，这类案件中，对于民间借贷行为的效力需要从两方面看，首先，如上文所述，该民间借贷行为并不当然无效，非法吸收公众存款的每个民间借贷行为应属双方真实意思表示。所以在此类案件存在刑民交叉的情形时，保护债权人的合法民事权益与惩罚借款人的犯罪行为两者并不矛盾，可以并行审理。本案系属借款人一方的借贷行为被认定为犯罪，在此情形下，如果出借人不知道也不应当知道借款人借款的目的非法性，则借贷合同不能简单化地一律因借款人将借款用于犯罪而被认定无效。笔者认为，此类案件应当坚持民事判断的独立性，不应仅以与刑事犯罪存在交叉而当然地认定合同效力，还应当从相关当事人及合同订立时的主客观要件来综合认定。从本案看，相关当事人在订立《借款咨询与服务协议》时意思表示真实，出借人主观上没有损害其他合法利益的故意和过错，不存在违反法律、行政法规的强制性规定和以合法形式掩盖非法目的的情形，故《借款咨询与服务协议》及本案涉及的欠条均属有效。

编写人：北京市第三中级人民法院　王黎　胡震霄

098 起诉后撤诉，诉讼时效不中断

——甲信用担保公司诉兰某杰追偿权案

【案件基本信息】

1. 裁判书字号

吉林省白山市中级人民法院（2018）吉06民终607号民事判决书

2. 案由：追偿权纠纷

3. 当事人

原告（被上诉人）：甲信用担保公司

被告（上诉人）：兰某杰

【基本案情】

2008年2月18日，兰某杰与农联社签订了一份《借款合同》。同日，兰某杰与乙信用担保公司签订了《委托保证合同》。后农联社与乙信用担保公司之间签订了《保证合同》。2008年3月14日，农联社以现金方式向兰某杰发放了贷款500万元，兰某杰在贷款凭证的借款人处签字并加盖名章。2010年2月8日，农联社、兰某杰及乙信用担保公司三方签订了一份《借款展期协议书》。兰某杰未能按约如数向农联社进行还款，致使乙信用担保公司两次代兰某杰向农联社偿还所欠本息共计6980746.77元。其间，乙信用担保公司将兰某杰交付的保证金5万元予以扣收用以冲抵上述代偿款项。至此，乙信用担保公司为兰某杰共计代偿本息

6930746.77元。2016年9月28日，乙信用担保公司与甲信用担保公司之间签订《资产转让合同》，将其对兰某杰所享有的上述债权转让给了甲信用担保公司。2016年11月4日，乙信用担保公司与甲信用担保公司将上述债权转让事项在北方法制报发布《债权转让暨债务催收联合公告》，并要求债务人兰某杰向甲信用担保公司履行还款义务。

2012年4月19日，贺某军、乙信用担保公司为农联社出具的《债务人、保证人确认还款承诺书》，载明兰某杰、国某、李某胜三笔贷款金额11379131.39元（其中兰某杰借款金额4000000.00元）由贺某军实际使用，由贺某军偿还，担保人承担连带偿还责任。2012年4月30日利息结清。贺某军、乙信用担保公司签字、盖章。

2013年12月19日，乙信用担保公司以兰某杰为被告向白山市浑江区人民法院提起诉讼，要求兰某杰偿还其代偿贷款本息。因乙信用担保公司未在法定期限内缴纳案件受理费，2014年3月13日，白山市浑江区人民法院作出民事裁定书，裁定：本案按撤诉处理。2015年7月21日，甲信用担保公司曾派员到兰某杰单位所在地牡丹江市找兰某杰催收过上述款项。

【案件焦点】

1. 起诉后，未缴纳诉讼费，法院按撤诉处理，是否中断诉讼时效；2. 担保公司在承担担保责任后，是否可以向实际借款人主张权利。

【法院裁判要旨】

吉林省白山市浑江区人民法院经审理认为：不应免除本案中兰

某杰按照借款合同的约定应承担的还款义务。乙信用担保公司与甲信用担保公司在债权转让前后，通过书面通知、派员电话催收、提起诉讼等多种方式曾向兰某杰主张过权利，上述行为已多次引起诉讼时效的中断，截至本次诉讼，甲信用担保公司的诉求未超过法定诉讼时效期间。

吉林省白山市浑江区人民法院依照《中华人民共和国合同法》《中华人民共和国担保法》《最高人民法院关于适用〈中华人民共和国民事诉讼法〉的解释》之规定，作出如下判决：

兰某杰于本判决发生法律效力后立即向甲信用担保公司偿还被代偿的银行欠款150万元。

兰某杰不服一审判决，提起上诉。吉林省白山市中级人民法院经审理认为：虽然乙信用担保公司有权向兰某杰主张追偿，但由于乙信用担保公司起诉后，一审法院按撤诉处理，表明其否定了权利行使，放弃了请求法院依法对权利保护的请求，并不发生起诉的效果，也不产生诉讼时效的中断；同时起诉状亦未送达给兰某杰，不能视为乙信用担保公司已经行使了请求权。乙信用担保公司没有其他证据向兰某杰主张过权利，已超过诉讼时效期间。因此，甲信用担保公司主张兰某杰偿还其代兰某杰偿还所欠利息762454.28元的请求，法院不予支持。

贺某军、乙信用担保公司为农联社出具《债务人、保证人确认还款承诺书》，说明乙信用担保公司在明知贺某军为实际使用人并由其偿还的情况下，仍承诺为该笔债务担保并承担连带偿还责任，应视为乙信用担保公司认可案涉借款的债务人由兰某杰变更为贺某军，并对案涉借款再次为贺某军提供连带责任保证。因此，甲信用担保公司主张兰某杰偿还案涉贷款所欠本息6218292.49元的诉讼请求，无事实及法律依据，法院不予支持。

吉林省白山市中级人民法院依照《中华人民共和国民法通则》第一百三十五条、《最高人民法院关于适用〈中华人民共和国担保法〉若干问题的解释》第四十二条第二款及《中华人民共和国民事诉讼法》第一百七十条第一款第三项之规定，作出如下判决：

一、撤销吉林省白山市浑江区人民法院民事判决；

二、驳回甲信用担保公司的诉讼请求。

【法官后语】

随着经济的发展，特别近几年银行业对于贷款的严格把控，在此情况下应运而生出许多担保公司，担保公司审查借款人的资质后，为借款人担保，向银行申请贷款，该模式既能保证借款人用款需求，也能保证银行贷款的收回。但担保公司承担担保责任后，与借款人的纠纷也时有发生，法院案件审理中的诉讼时效问题日益凸显。

关于诉讼时效中断，《中华人民共和国民法总则》第一百九十五条规定："有下列情形之一的，诉讼时效中断，从中断、有关程序终结时起，诉讼时效期间重新计算：(一) 权利人向义务人提出履行请求；(二) 义务人同意履行义务；(三) 权利人提起诉讼或者申请仲裁；(四) 与提起诉讼或者申请仲裁具有同等效力的其他情形。"原《中华人民共和国民法通则》第一百四十条规定："诉讼时效因提起诉讼、当事人一方提出要求或者同意履行义务而中断。从中断时起，诉讼时效期间重新计算。"《中华人民共和国民法总则》在总结我国理论研究成果和吸收先进实务经验的基础上，对诉讼时效中断制度作了科学规定。较《中华人民共和国民法通则》的规定，其主要修改有：其一，明确了申请仲裁作为诉讼时效中断的事由，这是吸收司法解释的经验做法的结果；其二，新增了“与提起诉讼或者申请仲裁具有同等效力的其他情形”作为诉讼时效中断的事由，以更符合当前及今后审判实际；其三，对于权利人主张权利及义务人同意履行义务作了进一步明确，在表述上更加科学严谨；其四，针对诉讼时效中断后的时效起算问题，明确了对于通过诉讼、仲裁等程序的情形，时效起算点为“有关程序终结时起，诉讼时效期间重新计算”。

《中华人民共和国民法典》总则编对《中华人民共和国民法总则》的规定予以沿用。《中华人民共和国民法典》第一百九十五条规定：“有下列情形之一的，诉讼时效中断，从中断、有关程序终结时起，诉讼时效期间重新计算：（一）权利人向义务人提出履行请求；（二）义务人同意履行义务；（三）权利人提起诉讼或者申请仲裁；（四）与提起诉讼或者申请仲裁具有同等效力的其他情形。”

当事人起诉后未依法缴纳诉讼费，经催告仍不缴纳，法院裁定按撤诉处理，不能引起诉讼时效中断。因为撤诉是当事人依其意思表示放弃因起诉而发生的法律后果的行为，是当事人对其诉讼权利的处分，按照诉讼法上的“撤回的诉，视同未起诉”的诉讼规则，不发生起诉的效果，自然也就不产生诉讼时效的中断。从诉讼时效的客体来看，其客体为请求权。请求权是相对权，必须向相对人送达才能产生请求权的效果。权利人向人民法院起诉或反诉本身，请求权的意思只是到达了法院，法院不是请求权的相对人，只是实现请求权的居中裁判者，而未经法定程序到达相对人时，不能视为当事人已经行使了请求权。当法院已向对方当事人送达诉状后，请求权的意思表示已经到达义务人。引起诉讼时效中断的事由已非起诉，而是权利人向义务人主张权利，只是这种主张是通过法院送达的。这时的法院所起的作用并非裁判者，而是意思表示的传递者。此时，法院送达起诉状和普通的意思表示传递者并无区别。在此种情形下可以发生诉讼时效中断的后果。但发生诉讼时效中断的效果已不属于《中华人民共和国民法典》第一百九十五条规定的第三种情形即权利人提起诉讼，而是属于该条规定的第一种情形即权利人向义务人提出履行请求。本案甲信用担保公司提供的乙信用担保公司于2013年12月19日向一审法院起诉兰某杰等要求偿还其代偿贷款本息民事起诉状和2013年3月13日一审法院按撤诉处理民事裁定书，以证明乙信用担保公司在诉讼时效期间向兰某杰主张过权利，诉讼时效由此中断，甲信用担保公司的诉求并不超过法定诉讼时效期间。但由于乙信用担保公司起诉后，一审法院按撤诉处理，表明其否定了权利行使，放弃了请求法院依法对权利保护的请求，并不发生起诉的效果，也不产生诉讼时效的中断；同时起诉状亦未送达给兰某杰，不能视为乙信用担保公司已经行使了请求权。乙信用担保公司没有其他证据证明其向兰某杰主张过权利，已超过诉讼时效期间。因此，甲信用担保公司主张兰某杰偿还利息的请求，不应得到支持。

编写人：吉林省白山市中级人民法院　赵希海

099　刑民交叉情形下民事合同的效力评价标准

——黄某群诉李某西保证合同案

【案件基本信息】

1. 裁判书字号

福建省宁德市中级人民法院（2018）闽09民终1197号民事判决书

2. 案由：保证合同纠纷

3. 当事人

原告（被上诉人）：黄某群

被告（上诉人）：李某西

【基本案情】

案外人蔡某曦系某银行业务经理。2016 年 4 月，黄某群经李某西介绍，将钱借给蔡某曦办理过桥还贷业务，赚取利息，李某西自愿承担担保责任。2016 年 4 月 7 日，蔡某曦向黄某群借款 100 万元，约定借款月利率为 2%，款项汇至蔡某曦指定收款人游某文账户，李某西为该款提供连带责任保证。2016 年 4 月 9 日至 12 日，黄某群分 8 笔将 100 万元汇入蔡某曦指定收款人账户。借款后，蔡某曦偿还本金 20 万元，至今仍拖欠本金 80 万元。

2017 年 11 月 13 日，蔡某曦因诈骗罪被福鼎市人民法院判处有期徒刑 12 年 6 个月，并责令蔡某曦退赔李某西经济损失 3538500 元。黄某群系蔡某曦诈骗罪一案的受害人，李某西系该案证人，本案所涉借款包含在刑事判决所认定的诈骗金额及退赔的经济损失范围内。

黄某群追讨借款未果，遂诉至法院，请求判令保证人李某西偿还黄某群借款本金 80 万元。

【案件焦点】

1. 蔡某曦与黄某群之间的民间借贷合同是否有效；2. 李某西应否承担保证责任。

【法院裁判要旨】

福建省福鼎市人民法院经审理认为：李某西抗辩因借款人蔡某曦涉嫌诈骗罪，保证合同无效的理由不属于《中华人民共和国合同法》第五十二条规定的合同无效的情形。借款人蔡某曦构成刑事犯罪与本案所涉及的保证合同系两个不同法律关系，蔡某曦犯罪与否不能作为保证人对抗借款人的理由。根据《中华人民共和国合同法》第四十四条第一款规定，依法成立的合同，自成立时生效，故案涉保证合同在李某西作为保证人在借条上签字时已依法成立，合法有效。因借条未约定还款期限与担保方式，李某西依法应承担连带责任保证，黄某群有权仅选择保证人作为被告起诉，故李某西应当对案涉借款承担保证责任。

福建省福鼎市人民法院依照《中华人民共和国合同法》第六十条，《中华人民共和国担保法》第十八条第二款等规定，作出如下判决：

李某西应于本判决生效之日起十五日内偿还黄某群借款本金 80 万元。

李某西不服一审判决，提起上诉。福建省宁德市中级人民法院经审理认为：由于评价对象与评价标准的不同，同一合同行为构成诈骗犯罪与该合同行为有效并不存在矛盾，蔡某曦的诈骗行为构成犯罪是刑法对其行为的评价，而在民法范畴，与蔡某曦行为相对应的应当是“欺诈行为”，以欺诈手段订立的合同，只有在损害国家利益的情况下才属无效合同，本案蔡某曦的欺诈行为侵害的是黄某群的财产权益，仅属可撤销的合同，在受欺诈方未请求撤销合同前，本案民间借贷合同仍是有效合同。基于此，李某西关于保证合同因作为主合同的民间借贷合同无效而导致无效的主张不能成立，本案担保合同效力应依照《中华人民共和国合同法》第五十二条及《中华人民共和国担保法》等相关法律、司法解释的规定予以认定。担保合同的合同主体是保证人与债权人，即李某西与黄某群，蔡某曦并非担保合同的合同主体，李某西并未举证证明本案担保合同存在法律规定的无效情形，应承担举证不能的不利后果。

福建省宁德市中级人民法院依照《中华人民共和国民事诉讼法》第一百七十条第一款第一项之规定，作出如下判决：

驳回上诉，维持原判。

【法官后语】

本案属于典型的刑民交叉案件，涉及民间借贷合同、保证合同与诈骗罪的牵连、交叉。长期以来，“涉犯罪的民间借贷合同当然无效”的观点根深蒂固，该观点泛化导致的结果是出借人的资金损失通过刑事退赔程序解决后即告终结，其基于合同约定的债权或物权权益如利息、保证担保或抵押担保等却因为作为主合同的民间借贷合同无效而不受到保护，相当于犯罪人反而从刑事犯罪中受益，显然是有违公平的。

笔者认为，同一法律事实在同时受到刑法规范和民法规范调整评价时，两种规范调整的客体、评价的对象并不一致，相应的法律责任也完全不相同，不能以公法规范来评价民事法律行为是否产生私法上的效果。刑法规范所调整保护的客体是国家利益和社会公共利益，所对应的法律关系是犯罪人与国家之间的刑事法律关系。以本案所涉诈骗罪为例，诈骗行为既侵犯受害人的财产权益，也同时破坏了财产秩序和公共交易秩序，而后者正是刑法所保护的法益，刑法规范所评价的对象也仅是诈骗行为。民法规范所调整保护的客体是平等主体之间基于意思自治所进行的缔约行为和由此产生的第一性义务以及违反第一性义务所需承担的第二性义务，所对应的法律关系是平等主体之间的民事法律关系。换言之，刑法中关于诈骗罪的强制性规定并非针对民间借贷合同的效力性规定，不能以犯罪人构成诈骗罪而认定民间借贷合同无效。

在本案中，蔡某曦以签订民间借贷合同为手段，骗取黄某群实施出借资金的民事法律行为，刑事判决认定蔡某曦的行为构成诈骗罪，是由于蔡某曦实施诈骗这一单方行为严重到需要科以刑罚处罚，故而将其纳入刑法规范调整范畴。而对于民间借贷合同，属于双方合意行为，对其效力的评判应在民法规范范畴内进行，刑法上的诈骗行为映射到民法领域，所对应的是民事欺诈行为，对于行为人因受欺诈所实施的民事法律行为，依照《中华人民共和国民法典》第一百四十八条的规定，赋予了受欺诈方请求人民法院或仲裁机构予以撤销的权利。也即受欺诈方既可以选择撤销合同，也可以依照合同有效选择继续履行合同。黄某群选择向保证人李某西主张权利，即选择继续履行民间借贷合同。由于保证合同的从属性，保证合同的效力依附于作为主合同的民间借贷合同的效力，在案涉民间借贷合同有效的情况下，保证合同效力应依照我国合同法及担保法的相关规定进行审查，而本案并不存在保证合同无效的情形，李某西自然应承担相应保证责任。此处还应厘清一个问题，即保证合同的合同主体为谁？因为在司法实践中，一旦借款人被刑事判决认定构成犯罪，保证人往往同样以受借款人欺诈为由主张不承担保证责任。对此，根据《中华人民共和国民法典》第六百八十一条，保证合同是为保障债权的实现，保证人和债权人约定，当债务人不履行到期债务或者发生当事人约定的情形时，保证人履行债务或者承担责任的合同。可见，保证合同的主体是保证人与债权人，债务人并非保证合同的主体。保证人主张受到欺诈而免除保证责任，其逻辑基础应当是保证人受到债权人的欺诈而作出错误意思表示，而非受到债务人的欺诈，因此，保证人并无申请撤销保证合同的权利。

综上，同一法律事实在同时受到刑法规范和民法规范调整评价时，二者应当并行适用，而非刑法规范优先于民法规范适用或用刑法规范来评价民事法律行为的效力，这也符合刑法谦抑性原则及宽严相济的刑事政策。

编写人：福建省宁德市中级人民法院　陆学宇

100　P2P 借贷纠纷案件中担保人法律责任研究

——信息服务公司诉张某、融资担保公司借款合同案

【案件基本信息】

1. 裁判书字号

上海市第二中级人民法院（2016）沪 02 民终 8597 号民事判决书

2. 案由：借款合同纠纷

3. 当事人

原告（被上诉人）：信息服务公司

被告（上诉人）：融资担保公司

被告：张某

【基本案情】

2014 年 8 月 30 日，被告张某通过原告信息服务公司运营的金融信息技术服务平台进行借款，被告张某与借款人签订了借款协议，协议项下借款本金为 500 万元，借款期限自 2014 年 8 月 30 日至 2015 年 2 月 28 日，借款年利率为 10.49%，还款方式为按月还息，按季度还本。

被告融资担保公司为上述借款出具《担保承诺书》，承诺对债权本金、利息、违约金及债权人为实现债权而发生的费用（包括催收费用、诉讼费、保全费、公告费、执行费、律师费、差旅费）承担连带责任保证。

上述借款协议的出借人已按照协议约定通过点融网向被告张某全额给付借款，被告张某应按照协议约定的还款日按月给付出借人本金及利息，但自 2015 年 2 月 28 日，被告张某最后一次偿还了 25.23 元后，再未作任何还款。

根据借款协议第 8.5 条约定，若被告张某出现逾期还款超过 90 天的情形，或被告张某在逾期后出现逃避、拒绝沟通的行为，全体出借人同意将协议项下债权无偿转让给原告，由原告统一向被告张某追索。原告受让债权后诉至法院，请求判令：1. 被告张某偿还原告借款本金 2500000 元，并支付利息及罚息（从 2015 年 3 月 1 日起计算，要求计算至实际支付完毕之日，以未付本金为基数，按年利率 24%的标准计算）；2. 被告融资担保公司对被告张某的全部债务承担连带责任保证；3. 诉讼费由被告承担。为支持诉请，信息服务公司提交了《借款协议》、担保承诺书、电话催收记录、律师函、债权转让通知、被告张某会员信息、付款成功数据证明等证据材料。

被告融资担保公司辩称：1. 原告系居间人，无转让行为，主体不适格，且债权转让通知应当由债权人向债务人发出，而不应由受让人向债务人发出。因此，本案欠缺债权人的通知，债权转让不能对债务人发生效力，原告不具有向债务人及担保人主张债务的权利。2. 被告融资担保公司仅针对最高额借款服务合同进行担保，并未对本案所涉借款进行担保，被告亦不知悉本案所涉的《借款协议》。3. 原告主张的利息不在担保确认函声明的担保范围内，担保范围仅针对借款本金，不包括收益，利息属于收益范围。4. 担保函是对借款的债权人发出，而不是向原告发出。

【案件焦点】

P2P 借贷案件中担保人的法律责任认定，其核心问题在于债权转让中受让人发出的债权转让通知是否可以对债务人产生效力。

【法院裁判要旨】

上海市黄浦区人民法院经审理认为：债权转让系债权人让与自身债权的法律行为，是债权转让方与受让方合意的结果，只要该转让行为不属于《中华人民共和国合同法》第七十九条所规定的债权转让的除外情形，亦不具有欺诈、胁迫、乘人之危及损害国家、集体、他人的合法权益，不存在以合法形式掩盖非法目的的，应为有效，且债权人和债务人已经在借款协议中对债权转让设定了附条件的生效要件，该条款未违背法律规定，属于双方意思自治的结果，合法有效，当条件成就时，债权转让依约成立。如果严格限定债权转让履行通知义务的主体为转让人，那么转让人与受让人就债权转让合意达成后，转让人怠于履行通知义务时，受让人有可能错失行使债权的时机，进而遭受损失。从诉讼角度看，只要双方的债权债务事实客观存在，债权人没有损害债务人及第三人的利益，为了减少诉累，节约司法资源，即使通知的行为存在瑕疵，也不应否认该转让行为有效，这样更有利于客观、及时、高效地维护当事人的合法权益。因此，本案债权转让有效，原告主体适格，有权对被告追讨债权。

据此，一审法院判决：

被告张某承担还款责任并支付利息，被告融资担保公司对张某的上述欠款承担连带清偿责任，并在承担了保证责任后，有权向被告张某追偿。

一审判决后，被告融资担保公司不服判决，向上海市第二中级人民法院提起上诉。二审法院经审理后判决：

驳回上诉，维持原判。

【法官后语】

伴随着P2P网贷行业风险的爆发，越来越多P2P平台开始引入担保公司作为第三方担保，无形中将P2P不良贷款的高风险，从网贷行业本身向担保公司传导，实务中P2P平台同时起诉借款人、担保人的纠纷案件开始涌现。相较于传统P2P借贷纠纷案件司法裁判规则的成熟，对担保方法律责任的认定，仍有可探讨的空间，本案作为P2P网贷纠纷案件中担保人进行抗辩的案例，核心问题在于受让人发出的债权转让通知是否可以对债务人产生效力。

关于债权让与，我国现行立法采取让与通知原则，但是债权让与可否由受让人通知债务人，现行立法并没有明确，实践中也存有争议。对此，合议庭认为：从立法本意来看，债权让与制度设立的目的即加快债的流转，促进债权的自由流通，为交易当事人提供便捷的交易方式，繁荣市场经济。若仅将让与人作为发出让与通知的唯一主体，将导致让与人单方决定是否、何时通知债务人，在债权人通知前，债权让与能否对债务人产生效力始终处于不确定的状态，对受让人是不公平的，同时也给让与人、债务人钻法律漏洞的机会，债权让与制度也就失去了应有的价值和目的，并不符合立法本意。从P2P网贷业务特点来看，出借人与借款人经P2P平台居间服务签订了借款合同，他们彼此之间是不认识的，甚至未曾谋面，出借人一方往往人数众多，且每个出借人借出款项也较少，当借款人违约时，由众多出借人分别向借款人追索，既不合理，也缺乏动力。正是这样的业务特点，才催生了众多出借人将债权无偿转让给P2P平台、由平台负责追索这种较为经济合理的违约追索模式。由受让人P2P平台通知债务人、追偿债权，不仅减轻了债权人的讼累，明确了平台应尽的居间义务，而且亦减轻债务人、担保人的讼累，使其暂免被众多出借人多头追索，有利于债务纠纷的一揽子解决。

因此，基于规范目的、交易实践以及当事人利益衡平的考量，应当允许作为债权受让人的P2P平台有条件地实施债权让与通知行为。而实践中，基于规范目的以及利益衡量的视角，受让人有效的债权让与通知主要表现为三种类型。第一，以事先的约定作为效力来源。意思表示是民法的核心要素，如果当事人在合同中明确约定受让人可以为让与通知，法律应当尊重其效力。但需注意的是，如果在先约定中没有明确具体的受让人而是概括的表述，则不应认定为其达成明确的约定，因为债务人对将来可能出现的受让人缺乏确定的预期。此时，仍应由受让人负担举证责任，否则让与通知对债务人不生效力。第二，以受让人的成功举证作为效力来源。受让人为债权让与通知时必须提供确认债权转让事实的生效法律文书、经公证的债权转让合同、让与人的有效声明等能够确认债权转让事实的证据，如此，其通知行为方能对债务人产生效力。第三，以有权机关的认定作为效力来源。例如，受让人直接起诉债务人还款，若法院经审理确认债权让与属实，即可直接认定债权让与对债务人发生效力，不必另行通知，其实质是将诉讼程序与通知的效果等同。

最后，应予强调的是，基于交易实践的发展和利益衡平的需求，有条件地开放受让人为让与通知是大势所趋，未来可能会涌现更多有效类型。但就现阶段的司法实践而言，受让人有效让与通知的认定应当集中于上述三种类型中，因为关涉当事人切身利益的司法认定必须具备足够成熟的实践支撑。

编写人：上海市黄浦区人民法院　施浩　黄頔

101　执行担保异议成立不阻碍普通担保之诉

——郑某芳诉魏某保证合同案

【案件基本信息】

1. 裁判书字号

北京市第二中级人民法院（2017）京02民终7885号民事判决书

2. 案由：保证合同纠纷

3. 当事人

原告（被上诉人）：郑某芳

被告（上诉人）：魏某

【基本案情】

2012 年 3 月 15 日，江苏省南京市中级人民法院作出民事调解书。2012 年 4 月，魏某向郑某芳出具《担保函》，记明：“民事调解书已依法发生法律效力。本保证人就上述民事调解书中的主债务人包装公司的付款义务，自愿向您承担连带责任保证。”落款魏某在保证人处签字，落款日期为 2012 年 4 月 25 日。

后申请执行人郑某芳向该院申请追加担保人魏某为本案的被执行人，江苏省南京市中级人民法院 2012 年 8 月 10 日作出民事裁定：追加魏某为该案的被执行人，对被执行人包装公司在民事调解书项下的还款义务承担连带责任。

后魏某向江苏省南京市中级人民法院提起执行异议，该院认为第三人担保的效力因执行担保与普通担保的区别而有所不同，《担保函》并不是执行担保，不能产生人民法院对担保人直接执行的法律后果。该院民事裁定追加魏某为该案的被执行人缺乏事实和法律依据，应予撤销。郑某芳不服上述执行裁定书，向江苏省高级人民法院申请复议，后被江苏省高级人民法院裁定驳回。

2015 年 3 月 11 日，郑某芳以保证合同纠纷为由，向江苏省南京市中级人民法院提起民事诉讼，江苏省南京市中级人民法院受理后，魏某于 2015 年 4 月 19 日提出管辖权异议申请，认为应当将本案移送至北京市西城区人民法院审理。2015 年 5 月 5 日，江苏省南京市中级人民法院作出民事裁定书，裁定魏某对管辖权提出的异议成立，本案移送至北京市西城区人民法院审理。郑某芳不服提起上诉，但被江苏省高级人民法院裁定驳回。

【案件焦点】

执行担保异议成立，是否阻碍普通担保之诉。

【法院裁判要旨】

北京市西城区人民法院经审理认为：江苏省南京市中级人民法院作出的执行裁定书已经发生法律效力，该裁定书认定魏某向郑某芳出具的《担保函》不是执行担保，不能产生人民法院对担保人直接执行的法律后果。同时，也明确了在该《担保函》形成背景及过程存在争议的情况下，当事人可另行通过诉讼程序明确该《担保函》的法律效力。郑某芳据此以保证合同为由，向法院提起民事诉讼。该诉讼是权利人主张实体权利的审判程序，并非基于执行异议审查的程序权利救济。也就是说，郑某芳的起诉是一个完全独立的民事诉讼程序，而不是对执行行为异议审查或复议的延续，因此属于人民法院受理案件的范围。

江苏省南京市中级人民法院进行的执行异议审查程序审理的是郑某芳行使执行程序权利的正当性，作出的裁决结果是确定是否在原执行程序中直接对魏某的财产进行处置；本院进行的第一审普通程序审理的是郑某芳与魏某基于保证合同法律关系引发的权利之争，作出的裁决结果是确定郑某芳是否有权要求魏某对其承担连带责任保证。二者虽然基于相同的事实和证据，但裁决结果一个是解决程序问题，一个是处理实体权利；不管结果如何，都不可能存在重复或冲突的问题。没有法律规定发生在执行过程中的担保行为，只能作为执行担保，相关司法解释还专门明确了执行担保与普通担保的区别。因此，魏某的主张没有法律依据，本院不予采纳。既然江苏省南京市中级人民法院已经确认担保行为的真实性，且该担保行为并非执行担保，就应当按照普通担保行为来处理。

北京市西城区人民法院依照《中华人民共和国担保法》第十六条、第二十一条、第二十六条，《中华人民共和国民事诉讼法》第二百二十五条以及《最高人民法院关于适用〈中华人民共和国民事诉讼法〉的解释》第九十三条第一款第五项之规定，作出如下判决：

一、被告魏某对江苏省南京市中级人民法院民事调解书中包装公司的还款义务（包括案件受理费1007363元）向原告郑某芳承担连带责任；

二、驳回原告郑某芳的其他诉讼请求。

魏某提起上诉。北京市第二中级人民法院经审理同意一审法院裁判意见，判决：

驳回上诉，维持原判。

【法官后语】

随着2021年《中华人民共和国民法典》的施行和《中华人民共和国民事诉讼法》的修订，裁判所依据的法律条文对应《中华人民共和国民法典》第六百八十六条第一款、第六百九十一条、第六百九十二条和《中华人民共和国民事诉讼法》第二百三十二条。

《中华人民共和国民事诉讼法》（2021年）第二百三十八条规定："在执行中，被执行人向人民法院提供担保，并经申请执行人同意的，人民法院可以决定暂缓执行及暂缓执行的期限。被执行人逾期仍不履行的，人民法院有权执行被执行人的担保财产或者担保人的财产。"

据此，《中华人民共和国民事诉讼法》确立的执行担保，意为在民事执行程序中，被执行人一方提供担保，经申请执行人和人民法院同意，对被执行人在一定期限内暂缓执行，待暂缓执行期限届满而被执行人仍不履行义务的，法院直接执行被执行人的担保财产或担保人的财产。执行担保不同于一般担保，从作出对象来看，执行担保需向执行法院出具保证书，并将保证书副本送交申请执行人；一般担保直接向债权人作出，无须法院公权力介入。从作出目的来看，执行担保旨在阻却执行进程，从而达到暂缓执行的效果，在暂缓执行期限届满后被执行人仍不履行义务时，法院可裁定对执行担保人的财产采取执行措施；一般担保目的仅为保全债权，若债务人不依约偿还债务，债权人要求担保人承担相应保证责任时，法院需就该担保进行民事实体审判方能对担保人采取执行措施。

江苏省南京市中级人民法院在认定《担保函》为真的基础上，最初在执行程序中直接作出裁定将魏某追加为被执行人，对此魏某提出执行异议。经执行异议程序审查魏某提供的担保并非执行担保，江苏省南京市中级人民法院撤销了之前的追加裁定。上述执行异议案审理的是郑某芳能否依据涉案《担保函》在原有的执行程序中直接要求强制执行魏某的财产。该案生效裁决书认定涉案担保并非执行担保，法院不能在原有的执行程序中直接对魏某采取执行措施。

关于《担保函》的效力、魏某与郑某芳之间是否存在担保法律关系、魏某应否根据《担保函》承担担保责任等问题，不应在执行异议程序中处理，而且实际也没有在执行异议程序中处理。郑某芳随后提起本案之诉，本案案由为保证合同纠纷，通过另外的诉讼进行处理上述实体问题并不违反一事不再理原则。

魏某在执行异议程序中异议成立的理由为其向郑某芳出具《担保函》的行为并不构成执行担保的要件，而后在保证合同纠纷中魏某又主张该担保是发生在执行程序的过程中，不能适用普通担保的法律规定。由此看来，魏某的主张自身存在难以消解的矛盾。魏某向郑某芳出具《担保函》的法律行为只要是真实的，就需要履行相应的法律义务。假如魏某不履行义务，因此产生的纠纷不可能不接受任何法院的管辖。因魏某不履行《担保函》承诺义务而产生的民事纠纷，也必然有相应合法的司法程序来救济解决。只要魏某出具承诺函的法律行为没被撤销或被法院确认为无效，就不会丧失法律约束力。因此，执行担保异议成立，不应该阻碍权利人另行提起普通担保之诉。

前执行异议案件中担保函的真实性做出认定，在本案判决经二审维持生效后，魏某到公安机关报案，称郑某芳虚假诉讼，担保函上的签字并非魏某所签。公安机关对此进行立案侦查。随后本案生效判决被撤销，相应案件经再审后，裁定驳回原告起诉，将相关线索移送至公安机关处理。本案虽被改判，但结合案件审理时的证据，法律适用并无瑕疵。

编写人：北京市西城区人民法院　曹源清

102　保证人印章系伪造前提下保证责任的认定

——杨某良诉程某政等民间借贷案

【案件基本信息】

1. 裁判书字号

江苏省苏州市中级人民法院（2017）苏05民终7369号民事判决书

2. 案由：民间借贷纠纷

3. 当事人

原告（被上诉人）：杨某良

被告（上诉人）：建筑安装公司

被告：程某政、建筑安装公司分公司

【基本案情】

2014年2月26日，原告杨某良向被告程某政转账1496000元。2015年3月16日，被告程某政向原告出具借条一份，载明："今借到杨某良人民币壹佰陆拾万元整，此款在小贷公司所产生的利息及费用由我承担，于2015年10月前归还。"该借条上加盖了被告建筑安装公司、建筑安装公司分公司的印章，并注明："担保人：大庆建筑安装公司分公司。"

另查明：被告建筑安装公司就程某政伪造公司印章向黑龙江省大庆市公安局龙凤分局报案，该局于2016年4月13日立案侦查，后由检察机关移送法院审理。2017年1月6日，黑龙江省大庆市龙凤区人民法院作出刑事判决书，该判决书审理查明：2007年8月，建筑安装公司设立建筑安装公司分公司，任命程某政为建筑安装公司分公司负责人。2008年程某政私刻"建筑安装公司"行政章、"建筑安装公司合同专用章"，之后又刻制法定代表人姓名章。2008年至2016年，程某政在没有向集团公司报备的情形下，使用其伪造的印章在苏州市苏州银行娄葑支行设立建筑安装公司银行账户，并在江苏、山东等地与他人签订各类建筑施工合同……该判决书认定程某政犯伪造公司印章罪成立，并判处程某政有期徒刑两年零六个月。程某政不服该判决，向黑龙江省大庆市中级人民法院提起上诉，该院于2017年2月27日作出刑事裁定书，裁定驳回程某政上诉，维持原判。该裁定书已发生法律效力。另根据企业信息查询系统显示，2014年11月27日，建筑安装公司分公司负责人由程某政变更为张某。

【案件焦点】

1. 2015年3月16日签订的借条上建筑安装公司的印章是否为伪造；2. 如该印章为伪造，建筑安装公司的责任如何认定。

【法院裁判要旨】

江苏省苏州市姑苏区人民法院经审理认为：合法的借贷关系受法律保护。原告杨某良与被告程某政之间的借贷关系依法成立并有效，被告程某政理应按约归还借款。原告向被告程某政转账交付1496000元，其向王某借款时代被告程某政支付了小贷公司手续费共计104120元，该手续费被告程某政出具借条时予以认可，原告主张出借给被告程某政160万元，本院予以采信。借条中载明小贷公司产生的利息由被告程某政负担，被告程某政庭审中对此不持异议，且实际向小贷公司支付过部分利息，其应该承担原告实际向王某支付的利息。原告于2016年6月20日向王某归还了借款本息225万元（本金160万元、利息65万元），其支付的利息与被告程某政已付利息之和未超过年利率24%，符合法律规定，被告程某政应该向原告归还该借款本息。被告程某政未按约还款，原告归还王某借款本息后，被告程某政仍应按照年利率6%向原告支付逾期利息至实际归还之日止。

对于建筑安装公司及建筑安装公司分公司的保证责任，法院认为，首先，被告建筑安装公司分公司主张借条上建筑安装公司分公司加盖的印章是伪造的，但经本院释明后未提出司法鉴定申请，被告程某政对加盖该印章的事实不持异议，刑事判决书中未认定程某政伪造建筑安装公司分公司的印章，应认定被告建筑安装公司分公司在借条上加盖的印章是真实的，其为借款提供保证的事实成立。其次，虽然被告程某政否认在借条上加盖建筑安装公司的印章，但经鉴定借条上建筑安装公司的印章与该公司在公安机关备案印章不一致，刑事判决认定程某政伪造建筑安装公司印章并使用多次，故借条上加盖的建筑安装公司印章系被告程某政伪造具有较大的可能性。该印章经鉴定与金港项目中出现的建筑安装公司的印章一致，表明该印章在该工程中出现过，但在相关的工程项目中使用该印章承揽工程、购买材料等与为个人借款提供保证使用该印章的情形存在较大差异，即使被告建筑安装公司放任被告程某政在工程项目中使用该印章从事业务属实，不能以此推定被告建筑安装公司认可被告程某政在借条上加盖印章为其个人借款提供保证。原告陈述被告程某政借款用途为与他人合伙购买土地，其未提供证据证明存在加盖建筑安装公司印章的原始借条，表明原告向程某政出借款项时并非基于对建筑安装公司提供保证的合理信赖。被告程某政陈述本案借条系原告催款后出具，其从未告知建筑安装公司借款之事，原告陈述建筑安装公司印章系债务人程某政加盖，表示程某政系打电话请示建筑安装公司法定代表人后加盖，但对此未能举证，应认定原告对建筑安装公司的保证未尽审慎的审查义务，存在一定的过失。原告认为被告程某政的行为对建筑安装公司构成表见代理，因不完全符合表见代理行为的构成要件，本院不予采纳。综上，被告建筑安装公司分公司未经总公司授权为被告程某政的借款提供保证，应认定保证合同无效。原告及被告建筑安装公司分公司对保证合同无效的后果均应承担相应的责任，本院认定被告建筑安装公司分公司对被告程某政不能清偿债务部分承担50%的赔偿责任。被告建筑安装公司分公司经营管理的财产不足以承担赔偿责任的，由被告建筑安装公司承担责任。

江苏省苏州市姑苏区人民法院判决如下：

一、被告程某政于本判决生效之日起十日内归还原告杨某良借款本金160万元，并支付原告利息、逾期利息（至2016年6月20日为65万元，自2016年6月21日起按照年利率6%计算至实际归还之日止）；

二、被告建筑安装公司分公司对被告程某政不能履行上述债务的部分承担50%的赔偿责任；被告建筑安装公司分公司经营管理的财产不足以承担其赔偿责任的，由被告建筑安装公司承担清偿责任。

建筑安装公司提起上诉，江苏省苏州市中级人民法院经审理认为：刑事判决书中未认定程某政伪造建筑安装公司分公司的印章，一审期间虽然建筑安装公司分公司主张借条上建筑安装公司分公司加盖的印章是伪造的，但经一审法院释明后未提出司法鉴定申请，程某政对加盖该印章的事实不持异议，因此应当认定建筑安装公司分公司在借条上加盖的印章是真实的，其为借款提供保证的事实成立。同时刑事判决认定程某政伪造建筑安装公司印章并使用多次，故借条上加盖的建筑安装公司印章系程某政伪造，客观上存在可能性。杨某良认为程某政的行为对建筑安装公司构成表见代理，因不完全符合表见代理行为的构成要件，且未能提供充分有效的证据予以证实，故本院不予采纳。鉴于建筑安装公司分公司未经建筑安装公司授权为程某政的借款提供保证，应认定保证合同无效。杨某良及建筑安装公司分公司对保证合同无效导致的法律后果，均应依法

103 未就保证责任达成合意的保证合同不成立

——招标公司诉药业公司、文化公司民间借贷案

【案件基本信息】

1. 裁判书字号

山东省济南市中级人民法院（2017）鲁01民终8878号民事判决书

2. 案由：民间借贷纠纷

3. 当事人

原告（被上诉人）：招标公司

被告（上诉人）：药业公司

被告：文化公司

第三人：置业公司

【基本案情】

2012年11月8日，招标公司与文化公司和药业公司签订《借款协议书》一份，约定招标公司向文化公司出借650万元，药业公司以其持有的土地作抵押。《借款协议书》落款处有药业公司公章及“王某武”签名。文化公司偿还360万元后，向招标公司出具承诺书一份，药业公司在保证人处加盖公章。上述借款协议书和承诺书均不是招标公司、文化公司及药业公司三方当面签订，《借款协议书》和承诺书上药业公司的公章均系由文化公司的委托诉讼代理人田某会在持有药业公司印章期间自行加盖，未将盖章事

宜告知药业公司。《借款协议书》中，药业公司落款中“法定代表人（或授权人）签字”处的“王某武”系他人代签，不是时任药业公司法定代表人王某武本人所签。文化公司称涉案借款大部分用于其与药业公司、置业公司合作的项目。

【案件焦点】

药业公司是否应承担连带责任保证及药业公司若承担责任应承担何种责任。

【法院裁判要旨】

山东省济南市历城区人民法院经审理认为：1.《借款协议书》落款处加盖有药业公司公章，招标公司有理由相信该印章的加盖及担保责任的承担系药业公司的真实意思表示；2. 药业公司未尽到对公司公章的妥善保管义务，在对公章失去控制的情形下，未采取应对措施，放任他人对公章的使用，应承担由此产生的不利法律后果；3. 药业公司未提交充足证据足以证实招标公司与文化公司或田某会之间存在串通行为。因此，药业公司为本案所涉借款提供的保证担保合法有效。

药业公司以保证人的身份在《承诺书》中加盖公章，系对承诺内容的认可，足以认定药业公司与招标公司形成了新的债务履行协议，成立了新的保证合同。药业公司应作为保证人对文化公司在承诺书中载明的债务承担保证责任。

山东省济南市历城区人民法院判决：

一、文化公司返还招标公司借款284.2万元；

二、文化公司支付招标公司借款利息158万元；

三、文化公司支付招标公司自 2015 年 7 月 1 日起至判决确定的履行期限届满之日或文化公司在判决确定的履行期限内自觉履行义务之日止，以 284. 2 万元为基数，按照年利率 15%计算的利息；

四、文化公司支付招标公司违约金 925700 元；

五、药业公司对上述第一、二、三、四项判决款项承担连带清偿责任，并在承担保证责任后，有权向文化公司追偿。

招标公司不服原审判决，提起上诉。山东省济南市中级人民法院经审理认为：因药业公司并未委托田某会在涉案《借款协议书》及承诺书上加盖公章承担保证责任，故田某会在涉案《借款协议书》及承诺书上加盖药业公司公章的行为属于无权代理。由于田某会擅自加盖药业公司公章的行为未经药业公司追认，因此，涉案《借款协议书》和承诺书中的保证条款对药业公司不发生法律效力。

因招标公司未尽审慎义务，对涉案保证合同关系未依法成立存在过错。而药业公司对其公章的保管、使用未尽责任，致使田某会擅自加盖其公章，客观上损害了招标公司的合法权益，故招标公司与药业公司对涉案保证合同关系未依法成立均存在过错，双方应以过错程度承担相应的缔约过失责任。因缔约过失责任损害赔偿请求权适用二年的诉讼时效，且招标公司起诉时并未超过诉讼时效。

山东省济南市中级人民法院故二审法院判决：

一、维持济南市历城区人民法院民事判决第一、二、三、四项及案件受理费负担项；

二、撤销济南市历城区人民法院民事判决第五项；

三、药业公司济南市历城区人民法院民事判决第一、二、三、四项中确定的涉案借款，文化公司不能偿还借款本息及违约金的部分，向招标公司承担 30%的赔偿责任。

【法官后语】

保证是指保证人和债权人约定，当债务人不履行债务时，保证人按照约定履行债务或者承担责任的行为。随着经济的快速发展，民间借贷纠纷案件逐年增多。在民间借贷中，债权人为保证债权的实现，往往要求债务人提供保证担保。而作为合同的担保，保证是以保证人的一般财产为债务人的债务提供担保，是人的担保而非物的担保，因此，保证人只能是主合同当事人之外的第三人。

实践中，民间借贷合同中的保证合同，比较常见的形式是由他人在借据、收条、欠条等债权凭证或者借款合同上签署保证条款。此类保证条款形式简单、内容粗糙，如何判断保证合同是否成立，需要结合合同的成立规则、合同的解释规则以及证据规则综合判断。一个条款要成为有效的保证条款，需要同时满足合同当事人、意思表示一致以及标的三个要件。在民间借贷的保证条款中，经常出现仅有第三人签名、意思表示不明确或者标的不明确等情形，需要根据合同的成立规则予以认定。

保证合同的意思一致，是指债权人和保证人在保证人承担保证债务上形成合意。保证合同的完备合意，当然是双方当事人就保证合同的必备条款或者主要内容达成一致。此种合意是否符合法律规定，依法律是否可以产生法律拘束力，取决于此种意思表示是否同行为人的真实意思相符合，也就是说意思表示是否真实。当双方当事人对保证人签字或加盖公章的是否是其真实意思表示存在争议时，应当由债权人提供保证合同的缔约过程文件、交易习惯、履行过程等证据，用于证明该签字盖章具有保证合同关系成立的规范意义。因债权人主张第三人与其之间形成保证合同关系，因此，应当承担该签字或者盖章的行为具有建立保证关系的证明责任。如果债权人不能提供证据证明第三人在债权凭据或者借款合同中的签字盖章具有建立保证合同关系的法律意义，那么人民法院应当驳回债权人主张第三人承担保证责任的请求，作出保证合同关系不成立的判决。

保证合同关系不成立，虽然第三人不承担保证责任的法律后果，但应根据具体情况分析，第三人是否应当承担因保证合同不成立所形成的缔约过失责任。

编写人：山东省济南市中级人民法院　乔绪晓

104　民办学校作为保证人提供担保的效力

——胡某根诉新能源学院等民间借贷、保证合同案

【案件基本信息】

1. 裁判书字号

江西省新余市中级人民法院（2017）赣05民终318号民事判决书

2. 案由：民间借贷、保证合同纠纷

3. 当事人

原告（被上诉人）：胡某根

被告（上诉人）：新能源学院

被告：张某、廖某平、甲混凝土公司、乙混凝土公司

【基本案情】

2014年，胡某根、张某、太阳能学院、廖某平、甲混凝土公司、乙混凝土公司签订《借款及保证合同》，约定张某向胡某根借款1000万元；借期一个月，自2014年8月1日起至2014年9月

1日止；月利率2%，借款到期，先息后本，利随本清；如张某未按期归还借款本金及利息，胡某根通过法律途径主张权利的，则由此发生的律师服务费（按诉讼标的额的5%计算）、诉讼费用、保全费、公告费等为实现债权的所有费用由张某承担；廖某平、甲混凝土公司、乙混凝土公司、太阳能学院自愿为该合同项下的借款本金、利息、逾期利息、律师服务等胡某根为实现债权的所有费用提供连带责任担保，担保期间为债务履行期限届满日次日起两年止。

2014年8月1日，胡某根、张某、太阳能学院、廖某平、甲混凝土公司、乙混凝土公司签订《融资中介服务合同》，约定胡某根收取中介费用，每月中介费用按融资金额的1.5%计算，如延长融资期限，则胡某根继续按此标准收取中介费，如张某逾期归还借款本金、利息、中介费，则按每月融资总金额的1.5%向胡某根支付违约金；廖某平、甲混凝土公司、乙混凝土公司、太阳能学院自愿为该合同项下规定张某应履行的义务提供连带责任担保，担保范围包括中介费本金、利息、律师费用、违约金等胡某根为实现债权的所有费用。

2014年8月1日，张某向胡某根出具借条，写明借胡某根1000万元，借款期限为一个月，即自2014年8月1日起至2014年9月1日止，月利率2%。太阳能学院、廖某平、甲混凝土公司、乙混凝土公司在该借条担保人一栏签名或盖章，愿意承担连带责任保证。2014年8月1日、8月14日、8月26日，胡某根分别向张某支付400万元、400万元、200万元。

胡某根委托法律工作者钟某华、涂某娟作为一审的诉讼代理人，支付了50000元的代理费用。

胡某根陈述张某于2014年9月5日还100万元，2014年9月22日还100万元，2014年9月29日还200万元，2014年10月17日还400万元，总共归还了800万元，其余借款本金及利息未支付。

上述事实，有借款及保证合同、融资中介服务合同、农行转账凭证、借条、委托代理合同、发票、职业许可证等在案佐证。

【案件焦点】

1. 太阳能学院在名称变更为新能源学院后有无民事主体资格；2. 新能源学院参与签订的保证合同是否合法有效。

【法院裁判要旨】

江西省新余市渝水区人民法院经审理认为：1. 本案属民间借贷纠纷。张某向胡某根借款，双方形成借贷关系，该借款合同系双方真实意思表示，未违反法律、法规的禁止性规定，依法成立，合法有效。因约定的中介费，实际系利息，加上明确约定的月利率2%，实际月利率为3.5%，已超过法定上限，对于已支付的利息，可以按照年利率36%计算，尚未支付的利息，按照年利率24%计算，对于借款的时间，亦应当以实际出借日期开始计算，至2014年9月5日，利息为（4000000×36/365+4000000×23/365+2000000×11/365）×36%=254466元，张某归还100万元中，254466元计入利息，尚欠本金10000000-（1000000-254466）=9254466元，至2014年9月22日，利息为9254466×17/365×36%=155171元，张某归还155171元，尚欠本金9254466-（1000000-155171）=8409637元，至2014年9月29日，利息为8409637×7/365×36%=58061元，尚欠本金

8409637-（2000000-58061）= 6467698 元，至 2014 年 10 月 17 日，利息为 6467698×18/365×36% = 114824 元，尚欠本金 6467698-（4000000-114824）= 2582522 元，故对于胡某根要求归还借款本金 2720300 元的诉讼请求，支持 2582522 元。2014 年 10 月 17 日之后的利息，应以 2582522 元为基数，按年利率 24%计算至还清之日止，暂算至 2016 年 8 月 17 日，利息为 2582522×（1+10/12）×24% = 1136310 元，故对于胡某根要求张某支付利息 1196932 元（暂算至 2016 年 8 月 17 日）并按月利率 2%支付自 2016 年 8 月 18 日起至还清之日止利息的诉讼请求，予以部分支持。2. 关于胡某根要求张某支付法律服务费用的诉讼请求，合同约定了费用比例为诉讼标的的 5%，一审法院认为，胡某根要求的法律服务费用 50000 元约定过高，酌定支持 20000 元。3. 因廖某平、甲混凝土公司、乙混凝土公司已承诺担保，并注明担保形式为连带责任保证，担保范围包括了借款本金、利息、律师服务等费用，故对于胡某根要求廖某平、甲混凝土公司、乙混凝土公司对上述费用承担连带清偿责任的诉讼请求，予以支持。4. 新能源学院主张其是民办学校，为公益性事业单位，不具备担保资格。一审认为，虽然根据《中华人民共和国担保法》第九条之规定，学校、幼儿园、医院等以公益为目的的事业单位、社会团体不得为担保人，但民办学校是否具有公益性质存在争议，应作具体分析，新能源学院为职业教育类学校，其办学经费并非出自国家财政，举办者亦可以从中获取收益，其虽然具有一定的公益性，但并非以公益为目的，根据《最高人民法院关于适用〈中华人民共和国担保法〉若干问题的解释》第十六条“从事经营活动的事业单位、社会团体为保证人的，如无其他导致保证合同无效的情况，其所签订的保证合同应当认定为有效”的规定，认定新能源学院可以作为担保人承担责任。新能源学院主张加盖的“太阳能学院”的公章系在新能源学院更名之后，应为无效的意见，一审认为，新能源学院已认可“太阳能学院”的公章尚在使用，且新能源学院与“太阳能学院”系同一学校，故对于胡某根要求新能源学院承担连带清偿责任的诉讼请求，予以支持。

江西省新余市渝水区法院依照《中华人民共和国合同法》第二百零六条、第二百零七条，《中华人民共和国担保法》第十八条，《最高人民法院关于适用〈中华人民共和国担保法〉若干问题的解释》第十六条，《中华人民共和国民事诉讼法》第一百四十四条之规定，判决：

一、张某于判决生效之日起十日内归还胡某根借款本金 2582522 元并支付利息 1136310 元（利息暂算至 2016 年 8 月 17 日，之后的利息以 2582522 元为基数，按年利率 24%计算）；

二、张某于判决生效之日起十日内向胡某根支付法律服务费用 20000 元；

三、廖某平、甲混凝土公司、乙混凝土公司、新能源学院对上述判决第一项、第二项款项承担连带清偿责任；

四、驳回胡某根的其他诉讼请求。案件受理费 38138 元，保全费 5000 元，合计 43138 元由胡某根承担 2157 元，张某承担 40981 元，廖某平、甲混凝土公司、乙混凝土公司、新能源学院连带承担 40981 元。

新能源学院不服一审判决，提出上诉。江西省新余市中级人民法院经审理认为：本案争议焦点是：第一，太阳能学院在名称变更为新能源学院后有无民事主体资格；第二，新能源学院参与签订的保证合同是否合法有效。关于焦点一。新能源学院没有证据证明太阳能学院名称变更后原学校公章予以收回或销毁，也没有证据证明办理了注销登记。新能源学院自述因文凭发放需要，将太阳能学院变更为新能源学院后，太阳能学院的印章仍用于学生的文凭盖章，亦即该学校名称变更后出现了两个印章同时使用的情形，故新能源学院主张太阳能学院因名称变更后无民事主体资格的诉请没有法律依据，不予支持。关于焦点二。2014 年，新能源学院与胡某根签订《借款及保证合同》《融资中介服务合同》，为张某向胡某根借款提供担保。《中华人民共和国担保法》第九条规定："学校、幼儿园、医院等以公益为目的的事业单位、社会团体不得为保证人。"新能源学院作为民办学校，相较于公办学校，仅是投资渠道上的不同，并不能因此否定其公益属性，私立学校中的设施仍属于社会公益设施。根据上述法律规定，新能源学院为张某的借款提供担保的行为属依法不得为保证人的情形。由此，新能源学院与胡某根签订的保证合同为无效合同。《最高人民法院关于适用〈中华人民共和国担保法〉若干问题的解释》第七条规定："主合同有效而担保合同无效，债权人无过错的，担保人与债务人对主合同债权人的经济损失，承担连带赔偿责任；债权人、担保人有过错的，担保人承担民事责任的部分，不应超过债务人不能清偿部分的1/2。"本案中，胡某根、新能源学院在签订合同时均应知悉新能源学院属依法不得为保证人的民事主体，胡某根、新能源学院对案涉保证合同无效均存在过错，对此，胡某根、新能源学院应当根据其过错程度各自承担相应的民事责任。根据上述司法解释的规定并结合本案具体情况，新能源学院应对张某不能清偿的债务承担二分之一的赔偿责任。综上所述，新能源学院的上诉请求部分成立。一审认定事实清楚，适用法律不当，予以纠正。

江西省新余市中级人民法院依照《中华人民共和国担保法》第九条，《最高人民法院关于适用〈中华人民共和国担保法〉若干问题的解释》第七条，《中华人民共和国民事诉讼法》第一百七十条第一款第二项、第一百四十四条之规定，判决：

一、维持原判第一项、第二项、第四项。

二、变更原判第三项为：廖某平、甲混凝土公司、乙混凝土公司对原判第一项、第二项款项承担连带清偿责任；廖某平、甲混凝土公司、乙混凝土公司承担连带清偿责任后，有权向张某追偿。新能源学院对原判第一项、第二项款项不能清偿部分承担二分之一的赔偿责任，新能源学院承担赔偿责任后，有权向张某追偿。

三、驳回新能源学院的其他诉讼请求。

【法官后语】

民办学校是指受《中华人民共和国民办教育促进法》规范调整，并在民政部门登记为非企业单位法人的，由国家机构以外的社会组织或者个人使用非国家财政性经费，面向社会举办的实施教育活动的机构。随着我国教育体制改革的深入，民办教育取得了快速发展，各类民办学校数量不断增长。

民办学校在发展中由于自身融资需要或者其他考虑有时会对外提供担保，《中华人民共和国民法典》（以下简称《民法典》）及相关司法解释虽对学校担保效力作出了规定，但实践中对民办学校能否作为保证人仍然存在争议。一种观点认为，民办学校的设立是为了营利，但客观上也起到教书育人的作用，《民法典》没有区分公立与民办，如果允许民办学校作保证人，将对社会造成相当严重的危害；另一种观点认为，只要登记为公益性的学校都应禁止作保证人；还有观点认为，民办学校办学经费并非出自国家财政，举办者亦可以从中获取收益，其虽具有一定的公益性，但并非以公益为目的，应当具备保证人资格。

《民法典》第六百八十三条规定："机关法人不得为保证人，但是经国务院批准为使用外国政府或者国际经济组织贷款进行转贷的除外。以公益为目的的非营利法人、非法人组织不得为保证人。"《最高人民法院关于适用〈中华人民共和国民法典〉有关担保制度的解释》第六条第二款规定："登记为营利法人的学校、幼儿园、医疗机构、养老机构等提供担保，当事人以其不具有担保资格为由主张担保合同无效的，人民法院不予支持。"上述规范未直接明确民办学校保证人资格。《民法典》将法人分为营利法人、非营利法人。根据《民法典》规定，以取得利润并分配给股东等出资人为目的设立的法人为营利法人，营利法人包括有限责任公司、股份有限公司和其他企业法人等；为公益目的或者其他非营利目的成立，不向出资人、设立人或者会员分配所取得利润的法人为非营利法人，非营利法人包括事业单位、社会团体、基金会、社会服务机构等。我国法人体系立法经历了逐步完善的过程。《民法典》在《中华人民共和国民法通则》将法人分为企业法人、机关法人、事业单位法人、社会团体法人的基础上，在民法总则引入非营利法人概念的基础上，再次对法人分类进行了科学完善，有助于明确民办学校在我国法人体系中的地位，有助于更精准界定民办学校性质、明确其权利义务。

首先，民办学校不属于企业法人。企业法人是指以营利为目的的，独立从事商品生产、服务提供或其他经营活动的法人。其特点是：以营利为目的，即追求以较少的劳动和物资投入获取尽可能多的经济利益；经营取得的收益或者企业终止后的剩余财产可分配给其出资者，如股东、合伙人等。《中华人民共和国教育法》和《中华人民共和国民办教育促进法》则明确规定不得以营利为目的举办学校，且登记时也将民办学校登记为民办非企业单位法人。

其次，民办学校不属于事业单位法人。根据《事业单位登记管理暂行条例》及其实施细则的规定，事业单位是国家为了社会公益目的，由国家机关举办或者其他组织利用国有资产举办的，从事教育、科研、文化、卫生等活动的社会服务组织。事业单位应向事业单位登记管理机关申请登记或者备案。事业单位法人的举办主体不包括个人，只包括国家机关或者其他组织；民办学校的举办主体既有社会组织（包括法人单位和非法人单位），还包括个人。事业单位法人主要是利用国有资产举办的；民办学校的初始财产来源可以包括国有资产（不包括国家财政性经费）和非国有资产，但主要为非国有资产。事业单位按其职能划分为承担行政职能事业单位、从事生产经营活动事业单位和从事公益服务事业单位三类，而民办学校不能以营利为目的设立，只能从事教育事业。

再次，民办学校不属于社会团体法人。《社会团体登记管理条例》规定社会团体是指由中国公民自愿组成，为实现会员共同意愿，按照其章程开展活动的非营利性社会组织，包括各种协会、商会、学会、基金会等。民办学校与社会团体法人相比，有如下不同：第一，民办学校取得的是民办非企业单位法人证书，社会团体法人取得的是社会团体法人登记证书。第二，法律规定民办学校的举办者对学校投入的财产是出资，但并未明确该出资是投资还是捐助，如是投资，则是一种以营利为目的并追求收回成本、取得利益增值而使用财产的行为，这与法律规定的民办学校的宗旨不符；如是捐助，应为自愿行为。但是《民办高等学校办学管理若干规定》第六条规定，按时、足额出资是出资人的义务，否则，有关部门有权限期将有关资产“强制过户”，此规定使得民办学校出资人的行为与捐助行为的无偿性、自愿性不同，而社会团体的财产来源具有明显的无偿性、自愿性。第三，社会团体一般只是定期活动，其组织只是不经常活动的比较松散的组织，会员的组成具有社会性、松散性和不稳定性，而民办学校是比较固定的实体组织，有常设的董事会、理事会等组织机构，从事具有连续性、经常性的教育活动。

最后，民办学校也不属于机关法人。笔者认为，由于民办学校的特殊性，在民办学校是否可以作为保证人这个问题上，应回归《民法典》立法本意，综合形式标准和实质标准予以判断把握。形式标准，即在形式上审查学校是否登记为营利法人。实质标准，即要厘清何谓"以公益为目的"。以公益为目的是指政府机关、事业单位、社会团体、企业、其他社会组织、自然人等出资从事某种社会活动的目的不是为了出资自身的营利，而是为了向社会公众提供公共产品、公共服务，维护社会公共利益。如果学校不是以公益为目的，不具有公益性，而是以营利为目的，按照法无禁止即允许的原则，应该承认其具有保证人资格。一方面，《民法典》规定以公益为目的的非营利性学校，不具有保证人资格；另一方面，《民法典》规定以教育设施和其他公益设施以外的不动产、动产或者财产权利设立担保物权可以作为担保无效的除外情形。依此标准，在工商行政管理部门登记注册的民办教育培训机构不属于以公益为目的的单位，应当具有保证人资格。其理由如下：

根据《中华人民共和国民办教育促进法》第三条第一款"民办教育事业属于公益性事业，是社会主义教育事业的组成部分"、第五条第一款"民办学校与公办学校具有同等的法律地位"的规定，认定新能源学院属于以公益为目的的法人是正确的。民办学校所从事的教育活动是具有公益性的活动。民办学校的出资人对学校的出资实质属于捐助行为，出资人对于学校通过教育活动取得的收益并无利润分配请求权，这些收益只能用于学校自身的发展，继续投资于教育事业；出资人对于学校终止后的剩余财产也没有剩余财产分配请求权，这些财产应当转交给具有类似功能的公益性组织或者公共部门。如果这些以公益为目的的民办学校可以为他人的债务提供担保，成为保证合同的保证人，就可能给民办学校自身的正常运转产生不良影响，甚至严重危及学校本身的生存与发展，学生合法的受教育权利就得不到保障，就不利于社会和谐稳定。本案系《民法典》施行之前案件，二审法院适用《中华人民共和国担保法》及《最高人民法院关于适用〈中华人民共和国担保法〉若干问题的解释》的规定，认为案涉民办学校不具备保证人资格，与《民法典》最新规定高度契合，有助于贯彻落实公办学校和民办学校平等对待的法律和政策规定，使公办学校和民办学校互相促进、协同发展、互为补充，共同致力于教育事业的发展。

编写人：江西省新余市中级人民法院　朱伟

105 连带保证中债权人在保证期间内起诉保证人后撤诉是否可认定保证人应承担保证责任

——林某喜诉卢某会保证合同案

【案件基本信息】

1. 裁判书字号

北京市第二中级人民法院（2016）京02民终字第8783号民事判决书

2. 案由：保证合同纠纷

3. 当事人

原告（被上诉人）：林某喜

被告（上诉人）：卢某会

【基本案情】

2012年5月23日，林某喜（甲方）与庄某玉（乙方）签订《个人借款合同》，约定：乙方向甲方申请借款人民币1000万元，借款期限自2012年5月23日起至2012年8月22日止；合同项下借款利率为月息2%。同日，卢某会（甲方）与林某喜（乙方）签订《信誉担保合同（1）》，约定：为保障乙方与借款人庄某玉所签订的《个人借款合同》项下的债权，甲方愿意为主合同项下的债权向乙方提供保证担保；……甲方保证担保的范围为主债权本金及利息、逾期利息、违约金、损害赔偿金、乙方为实现债权而发生的费用以及其他所有主合同借款人的应付费用；甲方的保证方式为连带责任保证；甲方保证期间为自主合同约定的主债务履行期届满之日起两年，前款所述"主债务履行期届满之日"包括主合同借款人分期清偿债务的情况下，每一笔债务到期之日，还包括依主合同约定，出借人宣布提前到期之日；甲方保证具有法律规定的保证人资格和代为清偿能力，自愿承担并履行保证责任。

上述协议签订后，林某喜向庄某玉支付了借款1000万元。后因庄某玉未按期偿还林某喜借款，卢某会亦未承担保证责任，林某喜于2014年8月4日将庄某玉、卢某会诉至本院，要求判令庄某玉偿还借款1000万元及利息120万元，判令卢某会承担连带清偿责任。诉讼过程中，林某喜撤回了对卢某会的起诉，并与庄某玉于2014年10月8日达成调解协议，本院据此出具调解书。

后因庄某玉未按上述民事调解书约定的期限履行义务，林某喜向本院申请强制执行。本院在执行过程中，未发现被执行人庄某玉名下其他可供执行的财产信息。本院于 2015 年 5 月 18 日作出裁定书，裁定终结该次执行程序。

因庄某玉未履行调解书的上述义务，卢某会亦未向林某喜承担保证责任，故林某喜于 2015 年 4 月 22 日将卢某会诉至本院。

【案件焦点】

林某喜起诉卢某会在保证期间内要求其承担保证责任后又撤诉，是否可认定卢某会应承担保证责任，并开始计算保证债务的诉讼时效。

【法院裁判要旨】

北京市丰台区人民法院经审理认为：林某喜与庄某玉签订的《个人借款合同》以及双方于 2014 年 10 月 8 日达成的民事调解书真实合法有效，且该调解书已经发生法律效力。林某喜与卢某会签订的《信誉担保合同（1）》，系双方当事人真实意思表示，且未违反有关法律法规的强制性效力性规定，应为有效合同。庄某玉未按调解书约定履行归还全部借款义务，卢某会作为连带责任保证人应承担连带责任保证。故本院对林某喜要求卢某会对庄某玉按照生效民事调解书所确定的尚欠林某喜的借款本金及利息承担连带责任保证的请求予以支持，具体金额应当为庄某玉未实际偿还部分。

针对卢某会在本案中提出的林某喜的保证债权已超过双方约定保证期间的辩称意见，本院认为，林某喜已于保证期间内以诉讼方式向卢某会主张了保证责任，其后虽撤回了对卢某会的起诉，但并未明确表示免除卢某会的保证责任。林某喜在保证期间届满前主张了权利，已开始计算保证责任的诉讼时效，故本案中，林某喜的起诉并未超过卢某会的保证期间及诉讼时效，卢某会的上述辩称意见不能成立。

综上，北京市丰台区人民法院依照《中华人民共和国担保法》第十八条、第三十一条之规定，判决如下：

一、卢某会于本判决生效之日起十日内对庄某玉按照民事调解书所确定的尚欠林某喜未偿还债务部分承担连带责任保证；

二、卢某会承担上述保证责任后，有权向庄某玉追偿；

三、驳回林某喜的其他诉讼请求。

卢某会不服一审民事判决提起上诉，于二审期间撤回上诉，北京市第二中级人民法院经审理裁定准许上诉人卢某会撤回上诉。

【法官后语】

本案争议焦点涉及的法律问题为连带保证中，保证期间与保证债务诉讼时效的衔接问题。根据《中华人民共和国民法典》第六百九十四条第二款的规定，连带责任保证的债权人在保证期间届满前要求保证人承担保证责任的，从债权人要求保证人承担保证责任之日起，开始计算保证债务的诉讼时效。具体到本案即林某喜起诉卢某会后又撤诉是否满足了债权人要求保证人承担保证责任这一要件，若满足则保证期间的任务完成，保证债务诉讼时效开始起算，卢某会关于保证期间超过的抗辩无效；若不满足则保证期间的截止日期为 2014 年 8 月 22 日，林某喜于 2015 年 4 月 27 日诉至法院，已超过保证期间，卢某会免除保证责任。

一、保证期间的制度价值

理论界普遍认为，保证期间设立的目的就是基于保证合同为单务合同，通过设置一定的期间可避免保证人无止境地处于承担债务的不利状态或是长期处于随时可能承担债务的财产关系不确定状态。[①] 具体到本案就有观点认为根据当事人双方的约定保证期间截止到2014年8月22日，在保证期间虽然林某喜起诉了保证人卢某会，但是其撤诉的行为表明其放弃了对卢某会的保证债权，2015年林某喜再次起诉保证人卢某会，若判决其胜诉会在客观上使卢某会处于了长期不确定的财产状态，有违保证期间的法律目的。

对此观点，笔者认为，“与个人利益和社会利益相关的最为棘手的问题乃是这样一个问题，即如果上述利益不能同时得到满足，那么应当如何来确定它们的先后位序与确定它们的相对重要性呢？在对上述利益中的这个或那个利益的先后位序进行安排的时候，人们无疑要做出一些价值判断；然而这些价值判断可以或应当根据什么东西来决定呢？这就提出了一个利益评价的问题”。[②] 保证期间的制度价值不是单方面偏向性地保护保证人，而是为了将债权人与保证人的利益作出衡平。保证期间更为重要的目的是促使债权人及时行使权利，保障债权人利益的及早实现，并且尽快落实保证人承担保证责任后向主债务人的追偿权，避免时间过长，主债务人发生财产状况的急剧变化而使保证人的追偿权无法满足。在本案中，林某喜于2014年8月4日以诉讼的方式向卢某会主张保证债权，应当认定其作为债权人已积极主张了债权，其后的撤诉行为在实体法上并不

---

① 高圣平：《担保法论》，法律出版社2009年版，第108页。

② ［美］博登海默：《法理学：法哲学与法律方法》，邓正来译，中国政法大学出版社2004年版，第414页。

代表其处分了自己对保证人在实体上的请求权，出于保护债权人合法权益的目的，不应基于保证期间在保障保证人利益方面的制度价值而否定债权人依法享有的正当权益，尤其在当前信用体系不完善的社会背景下，债权人合法权益的保护应得到支持。

二、撤诉是否具有溯及力

撤诉是原告撤回起诉的诉讼行为。[①] 撤诉是否具有溯及力的问题实际是原告撤诉后，是否可视为原告自始未起诉。笔者认为，该问题在民事诉讼法与民事实体法中的评价是不同的。

从诉讼法角度来讲，当事人撤诉表明其处分了自己的诉讼权利，并没有处分自己的实体权利，人民法院也没有对实体权利义务关系加以认定。[②] 撤诉原因可能有证据暂时不足、被告下落不明、当事人自愿庭外协商等，如在被告无法到庭而原告的证据又不足以证明其诉讼请求时，若强行性地通过公告送达来推动诉讼进程可能导致原告实体上的诉讼请求被驳回，根据一事不再理原则，其实体权益存在永久性丧失的风险，此时原告往往选择先行撤诉，待时机成熟，再根据《最高人民法院关于适用〈中华人民共和国民事诉讼法〉的解释》（2022 年修正）第二百一十四条的规定向法院提起诉讼，正是其保护自身正当权益的理性措施。因此，基于撤诉后当事人可再次起诉、法院可再次审理的特征，撤诉在诉讼法上的效果可视为没有起诉，即撤诉具有法律溯及力。

从实体法角度来讲，当事人撤诉若具有溯及力，不仅与现行法律规定严重不符，而且在法理上会严重损害当事人的合法权益。以

---

① 张卫平：《民事诉讼法》，法律出版社 2016 年版，第 317 页。

② 张卫平：《民事诉讼法》，法律出版社 2016 年版，第 317 页。

诉讼时效为例，根据《最高人民法院关于审理民事案件适用诉讼时效制度若干问题的规定》（2020 年修正）第十条的规定：“当事人一方向人民法院提交起诉状或者口头起诉的，诉讼时效从提交起诉状或者口头起诉之日起中断。”仅从法律条文本身的表述来看，只要当事人有起诉的事实，即会发生诉讼时效中断的法律后果，诉讼时效应重新计算。从法理上讲，在上述举例中，若将撤诉理解为自始没有起诉的话，原告很可能基于债权因诉讼时效超过而丧失胜诉权的考虑，不得不硬着头皮继续将诉讼进行下去，最终实体的诉讼请求可能被终局驳回，合法权益遭受损害。综上可知，从实体法上来讲，撤诉不应具有溯及力，撤诉不能视为未起诉。结合本案的案情，债权人林某喜在保证期间内起诉保证人卢某会后又撤回起诉，这一行为从诉讼法的角度讲，林某喜可再次起诉卢某会而不受一事不再理的影响；从实体法的角度讲，林某喜仅依据起诉行为即确定了卢某会应承担保证责任，其撤诉行为并不能视为其在实体上放弃了对卢某会追究保证责任的权利。因此，林某喜于 2014 年 8 月 4 日起诉卢某会，卢某会即确定性地需要对林某喜承担保证债务，保证期间于该日完成了其使命，保证债权的诉讼时效自该日起计算，林某喜在 2 年内要求卢某会承担保证责任的诉讼请求于法有据，应得到支持。

编写人：北京市丰台区人民法院　徐冲　田磊

106 担保人死亡后其担保责任不能免除

——担保公司诉袭某凤等保证合同案

【案件基本信息】

1. 裁判书字号

天津市高级人民法院（2016）津民终字第131号民事判决书

2. 案由：保证合同纠纷

3. 当事人

原告（上诉人）：担保公司

被告（被上诉人）：袭某凤、姜某涵

被告：杨某伟、材料公司、倪某

【基本案情】

2013年7月19日，被告材料公司与某银行签订《流动资金借款合同》：被告材料公司向某银行借款人民币5000000元，借款期限为12个月，自2013年7月19日起至2014年7月19日止。借款利率为年利率7.8%，借款的担保方式为保证。

担保公司与某银行签订《保证合同》。担保公司与材料公司签订《委托担保合同》。担保公司与杨某伟、材料公司签订《抵押反担保合同》，对抵押房屋未办理抵押登记。担保公司与袭某凤、材料公司签订《抵押反担保合同》，办理了房屋抵押登记。担保公司与姜某、材料公司签订《抵押反担保合同》，办理了房屋抵押登记。倪某、杨某伟为担保公司出具《个人担保承诺函》。袭某凤、姜某为担保公司出具《个人担保承诺函》。

2013 年 7 月 23 日，材料公司收到某银行借款人民币 5000000 元。2014 年 1 月、3 月某银行向材料公司发出《催收贷款本息通知书》，材料公司及担保公司均盖章确认。

2014 年 4 月，担保公司向某银行代偿材料公司 2014 年第一季度利息 97500 元、第一季度罚息 855.56 元。2014 年 6 月，担保公司代偿 2014 年第二季度利息 99666.67 元、第二季度罚息 32.39 元。2014 年 7 月，担保公司代偿本金 5000000 元、利息 27083.33 元。

原告未向本院提供证据证明姜某涵继承姜某遗产的范围。

【案件焦点】

担保人死亡后其担保责任能否免除，抵押权是否因抵押人死亡而消灭，保证债务是否因保证人死亡而消灭。

【法院裁判要旨】

天津市第一中级人民法院经审理认为：担保公司与材料公司签订的《委托担保合同》，担保公司与袭某凤、材料公司签订的《抵押反担保合同》，担保公司与姜某、材料公司签订的《抵押反担保合同》，倪某、杨某伟、袭某凤、姜某为担保公司出具的《个人担保承诺函》，均系合同缔约方的真实意思表示，且不违反法律、行政法规的强制性规定，均为合法有效。

经某银行向材料公司催收贷款，材料公司未能履行还款义务，担保公司作为保证人代材料公司向银行偿还借款本金、利息、罚息共计 5225137.95 元。担保公司要求材料公司偿还其代偿的借款本息，符合双方合同约定及法律规定，原告该项诉讼请求，事实清楚、证据充分，本院予以支持。

担保公司虽与杨某伟、材料公司签订《抵押反担保合同》，但抵押房产并未办理抵押登记，根据法律规定，该抵押权未设立，本院不予支持。

关于担保公司主张姜某涵作为姜某的继承人对姜某应当承担的债务承担连带责任保证的问题，姜某作为本案讼争的借款保证的连带责任人，因已死亡，原告依法申请追加其女儿姜某涵为本案被告参加诉讼，但原告未向本院提供证据证明姜某涵继承姜某遗产的范围，原告主张姜某涵对本案债务承担连带偿还责任的诉讼请求因证据不足，本院不予支持，原告可待取得相关证据后另行主张权利。

天津市第一中级人民法院依照《中华人民共和国民法通则》第一百零八条，《中华人民共和国担保法》第十二条、第十八条、第三十一条、第三十三条，《中华人民共和国物权法》第一百八十七条，《中华人民共和国民事诉讼法》第一百四十四条的规定，作出如下判决：

一、被告材料公司于本判决生效之日起十日内偿还原告担保公司为其代偿的借款本金及利息共计人民币 5225137.95 元及自 2014 年 7 月 17 日起至本判决确定给付之日止以 5225137.95 元为基数按照中国人民银行同期贷款利率四倍计算的利息；

二、被告倪某、被告杨某伟、被告袭某凤对上述给付事项承担连带清偿责任；

三、原告担保公司对被告袭某凤以其为本案讼争借款担保设定的抵押物，在其抵押担保范围内享有优先受偿权；

四、驳回原告担保公司的其他诉讼请求。

担保公司不服一审判决，提起上诉。天津市高级人民法院依照《中华人民共和国民事诉讼法》第一百七十条第一款第一项、第二项之规定，作出如下判决：

一、维持原判；

二、加判“上诉人担保公司对姜某名下的房产享有抵押权，在抵押担保范围内享有优先受偿权”。

【法官后语】

一般情况下，债务人去世后，其债务依然存在，债权人可以从其遗产中受偿。对于死者生前抵押的财产，不因所有权人死亡而导致抵押权消失。但对于保证人，其保证债务会因保证人死亡而消灭吗？本案因原告未提交遗产范围方面的证据而未支持其相应诉求，但判决表达了姜某死后保证责任并未消灭的看法。

笔者认为，保证人死亡时不论主债务履行期是否届至，保证人死亡后都应以其遗产承担保证责任，其继承人应当在继承范围内承担责任，理由是保证人作出保证之时就意味着保证人用自己的所有财产提供担保。

第一，保证虽然属于信用担保，但保证人能为他人债务提供保证的基础是保证人具有代为清偿主债务的能力。保证的根源是保证人背后的清偿债务的能力，与其财产紧密相关。保证人死亡后，其生前财产转为遗产，财产和遗产都是一种客观存在，不具有任何的主观性，都具有偿还债务的功能。保证之债实质是一种金钱给付义务，归根结底是一种财产责任。因此，保证人死亡后保证责任随之消灭的观点不妥。

第二，保证义务是保证责任的前提，保证合同生效时保证义务随之产生，当保证事由产生时保证责任随之产生，这是学理上义务和责任之分在保证上的体现。现行法律没有规定保证人死亡后保证责任随之消灭，但也没有规定保证义务随之消灭。保证义务作为一种合同义务，在没有特别约定的情况下，合同主体死亡不是免除义务的法定事由，该义务在主债务履行完毕之前一直存在，不因合同主体死亡而消灭。因此，区分保证义务和保证责任意义不大，认为保证责任跟死亡时间有关缺少法律依据。

第三，保证合同一旦生效，各方主体都有相应的权利义务，这种权利义务伴随合同始终。保证人提供保证之前可能在其他经济往来中已经获得债权人或债务人带来的某种利益，提供保证是继续合作或者作为回报的表现。且法律赋予保证人追偿权，保证人的遗产用来偿还债务后，遗嘱执行人或者继承人可以向债务人追偿，保证人死亡后保证责任依然存在并不会导致各方权利义务的失衡。

第四，保证债务是从债务，但也是一种债务。不论是以前的《中华人民共和国继承法》，还是现在的《中华人民共和国民法典》，均规定“分割遗产，应当清偿被继承人依法应当缴纳的税款和债务”。如果保证人死亡时主债务尚未到期，那么保证债务是或有债务，但对债权人而言，这种债务跟一般债务没什么不同。因此，应将这种保证债务归为法律条文中的“债务”。

编写人：天津市高级人民法院　林世开

107 同一债权既有第三人保证担保又有第三人物的担保，债权人放弃物保的法律后果是否及于人保

——基金管理公司诉汽车贸易公司、曾某追偿权案

【案件基本信息】

1. 裁判书字号

云南省高级人民法院（2016）云民终字第520号民事判决书

2. 案由：追偿权纠纷

3. 当事人

原告（被上诉人）：基金管理公司

被告（上诉人）：汽车贸易公司、曾某

【基本案情】

2014年6月22日，汽车贸易公司与基金管理公司签订《委托保证合同》，约定基金管理公司同意就汽车贸易公司通过案外人小微公司向其投资人会员申请的融资，为汽车贸易公司向与其形成债权债务关系的投资人会员以保证的方式提供最高本金总额不超过1500万元的担保等内容。同日，基金管理公司与汽车贸易公司签订《保证合同》，约定基金管理公司承诺依照《委托保证合同》约定履行担保义务，基金管理公司就《融资服务合同》约定的融资款项代汽车贸易公司赔偿债权人的损失后，有权向汽车贸易公司追偿等内容。曾某与基金管理公司签订《保证反担保合同》，约定曾某为上述《委托保证合同》向基金管理公司提供连带保证的反担保等内容。后，汽车贸易公司向基金管理公司支付保证金25万元。

2014年6月24日，汽车贸易公司与通过案外人小微公司金融交易平台融资15笔共计1400万元，融资期限分别为6个月。该债务到期后，汽车贸易公司未按期还款，基金管理公司于2014年12月26日至次年1月6日合计本金及利息14122666.78元。2015年1月29日，汽车贸易公司向基金管理公司出具了《代偿确认单》，确认了上述代偿事实。小微公司确认上述款项已清分至各个投资人账户。

另查明，案外人电器公司以其享有权利的房屋为汽车贸易公司与基金管理公司签订的《委托保证合同》提供抵押权反担保，并进行了登记，反担保债权数额为1500万元。本案诉讼过程中，基金管理公司申请撤回其对电器公司的起诉并出具的《情况说明》，载明“2012年我公司解除了登记在我公司名下的电器公司的五套房产的抵押权登记，我公司不再行使相应抵押权，同意电器公司对该房产自行处置”，庭审中，基金管理公司认可其放弃电器公司提供的抵押反担保。

【案件焦点】

基金管理公司放弃电器公司抵押反担保后，在电器公司反担保范围内，曾某应否就基金管理公司代汽车贸易公司偿还的本息承担连带清偿的保证责任。

【法院裁判要旨】

云南省昆明市中级人民法院经审理认为：曾某与基金管理公司签订的《保证反担保合同》真实、合法、有效，依据《中华人民共和国物权法》第一百七十六条之规定，第三人提供的抵押担保与曾某的连带保证担保属同一顺序，基金管理公司是否放弃物的担保并不影响曾某的连带保证担保，曾某的该项答辩不能成立，不予支持。

云南省昆明市中级人民法院判决：

一、汽车贸易公司于判决生效之日起十日内向基金管理公司偿还代偿款 14122666.78 元……；

二、曾某对汽车贸易公司的上述欠款承担连带清偿责任，曾某承担责任后，有权向汽车贸易公司追偿；

三、驳回基金管理公司的其他诉讼请求。

汽车贸易公司、曾某持原审答辩意见提起上诉。云南省高级人民法院经审理认为：涉案《委托保证合同》《保证反担保合同》内容符合法律规定，系有效合同。鉴于汽车贸易公司在涉案借款期限届满后并未向案外人偿还本金及利息，依照《中华人民共和国担保法》第六条、第三十一条之规定，基金管理公司有权向债务人汽车贸易公司追偿上述款项。对基金管理公司（债权人）与汽车贸易公司（债务人）之间的债权债务关系，曾某、电器公司分别提供了合法有效的第三人保证担保和第三人抵押担保，基金管理公司亦有权依照《中华人民共和国物权法》第一百七十六条之规定要求曾某承担担保责任以实现其债权。本案中，基金管理公司虽明确表示放弃案外人电器公司提供的抵押担保，但汽车贸易公司、曾某在诉讼中提及的《中华人民共和国担保法》第二十八条第二款已被在后颁布的《中华人民共和国物权法》第一百七十六条修订，《中华人民共和国物权法》第一百七十六条规定在第三人物的担保与保证并存时，债权人可以就物的担保实现债权，也可以要求保证人承担保证责任，二者并无先后顺序，按照“后法优于前法”的原则，本案应当适用《中华人民共和国物权法》第一百七十六条之规定，故基金管理公司是否放弃物的担保并不影响曾某的连带保证担保，曾某仍应依约承担连带清偿责任。

云南省高级人民法院判决：

驳回上诉，维持原判。

【法官后语】

本案涉及的是同一债权既有第三人保证担保又有第三人物的担保，债权人放弃物保的法律后果是否及于人保的问题。

现实中常有同一债权既有人保又有物保的情形，1995年颁布实施的《中华人民共和国担保法》第二十八条采用的是“保证人优待主义”的立法原则，即保证人只对物保以外的债权承担保证责任，若债权人放弃物保的，保证人在债权人放弃权利的范围内免除保证责任。2000年《最高人民法院关于适用〈中华人民共和国担保法〉若干问题的解释》颁布实施，该解释第三十八条专门规定了第三人提供物保和人保并存时，债权人可以请求保证人或者物的担保人承担担保责任，同时也继续坚持了如果债权人主动放弃债务人提供的物保或怠于行使担保物权的，保证人在债权人放弃权利的范围内减轻或者免除保证责任的“保证人优待主义”的原则，因此“物保优于人保”是过去处理此类问题的基本原则。

随着我国民事立法的推进，2007年《中华人民共和国物权法》颁布，该法第一百七十六条将同一债权上并存的物保与人保进行了详细的区分：除当事人另有约定的外，若物保系债务人提供，则该物保仍有优先性，即“债务人自己提供物的担保的，债权人应当先就该物的担保实现债权”，既然存在先行后续的关系，此时若债权人主动放弃物保或怠于行使担保物权的，保证人可在相应范围内免除保证责任；若物保系第三人提供，债权人就提供物保的第三人和保证人享有平行的追索权利，即“第三人提供物的担保的，债权人可以就物的担保实现债权，也可以要求保证人承担保证责任”，但并未明确规定债权人主动放弃该类物保的，保证人应否继续全额承担保证责任的法律后果。在2021年正式施行的《中华人民共和国民法典》第三百九十二条再次规定了此前《中华人民共和国物权法》第一百七十六条的内容，可见不论是在《民法典》颁布实施之前还是之后，立法者对该问题的态度都秉持了一致性。

本案中，基金管理公司（债权人）依照《中华人民共和国物权法》第一百七十六条的前述规定具有选择或同时要求曾某（保证人）、电器公司（抵押人）进行追索的权利，但在审理过程中基金管理公司申请撤回对电器公司的起诉，并书面明确表示放弃电器公司提供的抵押担保，此时保证人曾某应否继续承担保证责任人是本案争议的焦点。笔者认为，按照“新法优于旧法”的原则，《中华人民共和国物权法》第一百七十六条对《中华人民共和国担保法》第二十八条及《最高人民法院关于适用〈中华人民共和国担保法〉若干问题的解释》第三十八条规定的“物保优于人保”原则进行了修改，现阶段物保与人保并存时并不必然产生物保优先的法律后果，物保对于人保的优先性仅在该物保系债务人提供的前提下存在，因此《中华人民共和国担保法》第二十八条第二款及《最高人民法院关于适用〈中华人民共和国担保法〉若干问题的解释》第三十八条第三款规定的债权人放弃或怠于行使担保物权时保证人在一定范围内免除保证责任，仅存在于前述债务人提供的物保与人保并存的前提下，而不适用第三人提供的物保与人保并存债权人的平行追索模式。虽然《中华人民共和国物权法》第一百七十六条并未明确规定债权人放弃了第三人提供的物保后人保的法律后果，但基于该规定赋予债权人可就物的担保实现债权也可以要求保证人承担保证责任的平行追索权，从民事法律关系意思自治及保障合法利益的基本原则出发，宜认定此时的保证人仍应依约承担保证责任，以利于理顺债权债务关系并保障债权人的合法权益得以实现。虽然现阶段《中华人民共和国物权法》和相关司法解释已被《中华人民共和国民法典》及相关司法解释取代，但如前所述，基于物权法和《民法典》对于混合担保实现方式的认识均保持一致，故人民法院在此类案件的审理中也应保持统一的裁判尺度和裁判标准。

编写人：云南省高级人民法院　刘希

108 借款担保合同中自助行为和追认行为的正确区分与认定

——张某森诉某银行不当得利案

【案件基本信息】

1. 裁判书字号

山东省淄博市中级人民法院（2016）鲁 03 民终字第 3248 号民事判决书

2. 案由：不当得利纠纷

3. 当事人

原告（上诉人）：张某森

被告（被上诉人）：某银行

【基本案情】

2005 年 11 月 29 日武某亮与被告某银行签订期限为一年的 100000 元借款合同，以原告张某森和李某名义担保，同日又以原告的名义与被告签订期限为一年的 100000 元借款合同，由周某、杨某光担保。2013 年 6 月 27 日原告付清上述两笔贷款本息 464546.71 元。后原告主张担保合同、借款合同不是其签名，归还借款是受到利诱、胁迫，起诉要求被告返还 464546.71 元并承担自 2013 年 6 月 27 日至实际归还日的利息（按照银行同期贷款利率计算）。

【案件焦点】

原告的还款行为属于自助行为还是追认行为，其主张被告返还不当得利是否成立。

【法院裁判要旨】

山东省淄博市临淄区人民法院经审理认为：原、被告签订的借款合同、担保合同并非原告订立，也没有原告的授权，本不对原告发生法律效力，且原告履行合同时，借款合同、担保合同均已超过诉讼时效和担保时效，但由于原告对合同的履行是一种明确的追认行为，是对诉讼时效和担保时效权利的放弃，从而使借款合同和担保合同对原告发生法律效力；原告主张归还借款是受到利诱、胁迫，既没有提供证据支持，也没有在归还借款后一年内提出撤销。

据此，山东省淄博市临淄区人民法院判决：

驳回原告张某森的诉讼请求。

张某森持原审起诉意见提起上诉。山东省淄博市中级人民法院经审理认为：首先，涉案的借款合同、担保合同均非张某森本人签字订立，收取贷款的账户亦非张某森本人开设，某银行也没有证据证明在订立上述合同或开设银行账户时已经有张某森的合法授权或是经过张某森的同意，涉及的两笔借款亦非张某森本人使用。在此种情况下，张某森与某银行之间不存在金融借款合同关系，涉案的借款合同、担保合同对张某森没有法律约束力，某银行接受张某森的还款没有法律上的原因。其次，某银行作为金融机构应该对贷款申请人及担保人进行严格审查，而其在张某森未到场亦未提供有效授权的情况下，即允许他人代张某森签字订立借款合同和担保合同违反相关法律法规。而基于某银行的违法违规行为不应支持其由张某森无因还款而获取的利益。再次，在涉案借款到期后截至 2013 年 6 月 27 日张某森还款之前，某银行均未向张某森追要过借款或要求张某森承担担保责任，某银行也未向两份合同中涉及的其他债务人与担保人主张过权利，与银行金融贷款合同的常规履行方式不符。因此，张某森主张其还款系因某银行告知其产生逾期将形成银行征信不良，影响当时正在进行的贷款申请，而不得已还款的理由，具有高度可能性。故该种还款行为应视为一种自力救济而非追认行为，本案中张某森亦无追认的意思表示，且追认必须是被追认人的行为具有合法性，而涉案的借款、担保合同在签订过程中存在违法违规情形，不具备合法性，因而不能产生追认的法律效力。最后，当事人在面临银行征信不良记录现实可能的情形下，采取先还款再寻求其他方式挽回损失的行为不违背常理，至于是行使撤销权还是行使不当得利返还请求权，系当事人在维护自身合法权益时的一种自由选择，并不会因其没有行使撤销权而导致其丧失获得救济的权利。综上，某银行获得张某森的还款没有法律上的原因，亦不具备正当性，其应当向张某森返还所得之利益。该利益包括张某森向某银行支付的464546.71元及该款项在某银行占用期间产生的法定孳息即利息，该利息应以464546.71元为基数按同期同类银行存款利率自2013年6月27日计算至判决生效之日。

据此，山东省淄博市中级人民法院判决：

一、撤销一审判决；

二、改判某银行向张某森返还464546.71元和占用该款期间的利息（自2013年6月27日起按照同期同类银行存款利率计算至判决生效之日止）。

【法官后语】

本案主要涉及借款担保合同中自助行为和追认行为的正确区分与认定问题。

追认权，即本人通过特定的法律行为，使无权代理人、无处分权人和限制民事行为能力人所为的行为成为有效法律行为的权利。追认的成立要件为：1. 行为人必须以本人的名义实施了民事行为。效力待定行为的本质就是行为人代表本人（以本人的名义）实施法律行为，若行为人以自己的名义与第三人进行民事活动，则不存在追认问题。2. 本人必须具备行为能力。对效力待定行为进行追认时，本人必须具备行为能力。这不仅指本人在追认时必须具备行为能力，而且本人在实施民事行为时，也必须具备行为能力。3. 被追认的行为必须具备合法性。被追认的效力待定行为必须是合法行为，如果承认对非法行为可以追认的话，无异于允许行为人可以实施非法的行为，而后由本人承担相应的责任，这有违于追认制度的基本原则，并且与我国的现行法律相抵触。

自助行为则是指权利人为保证自己请求权的实现，在情势紧迫而又不能及时请求国家机关予以救助的情况下，对他人的财产或自由施加扣押、拘束或其他相应措施，而为法律或社会公德所认可的行为，也称为自力救济行为。由于自力救济易演变为侵权行为，故只有在来不及援用公力救济而权利在有被侵犯的现实危险时，才允许例外使用，以弥补公力救济的不足。自助行为之要件为：1. 须为保护自己的请求权，此系成立自助行为的基本要件；2. 须时机紧迫来不及请求公力救济，此为自助行为的必要前提；3. 须不超过必要的限度；4. 须在行为后及时请求国家机关予以处置。权利人的自助行为如果具备前述要件，即可发生自助行为的效果。因实施自助行为所加于债务人的损害，自助行为人可不承担赔偿责任，即阻却违法性。需要说明的是，因自助行为超过必要限度或实行自助行为后未及时请求国家机关予以处置所造成的损害，或者其请求被国家机关驳回，则行为人应承担损害赔偿责任。

具体到本案中，本案争议的焦点无疑就是张某森的还款行为属于自助行为还是追认行为。对此一审法院已经审理查明涉案的借款、担保均非张某森本人所签，某银行对此也予以认可，一审法院也认定上述两份合同并非原、被告订立，合同签订时实际签字人亦未获得张某森的授权，不应对张某森产生法律效力，但却认为张某森的还款行为构成对涉案合同的追认。而某银行在合同签订时，对"张某森"的签字并非其本人，其本人未在场，亦未对实际签字人有效授权的情况是明知的，其在此种情况下仍允许实际签字人冒用他人名义签订担保合同和借款合同并发放了贷款，具有明显的过错，违背了《中华人民共和国商业银行法》《贷款通则》及中国人民银行对金融机构的管理规定，具有明显的违法性，而追认必须是被追认人的行为具有合法性；且张某森亦并无追认的意思表示，故其还款行为不构成对涉案合同的追认。另外涉案借款合同和担保合同均于2006年11月28日到期，保证人承担保证责任的期间为债务到期之日起二年，在上述借款到期后截至2013年6月27日张某森还款之前，某银行均未向张某森追要过借款或要求张某森承担担保责任，某银行也未向两份合同中涉及的其他债务人与担保人主张过权利，这与银行金融贷款合同的常规履行方式不符。因此，张某森主张其还款系因某银行告知其产生逾期将形成银行征信不良，影响当时正在进行的贷款申请，而不得已还款的理由，具有高度可能性。原告自2013年6月27日才知道上述两笔借款的存在，其还款亦是因为怕存在逾期还款影响自己在银行征信系统的信用，影响当时正在进行的贷款申请和其日后不能贷款，影响生产经营。原告若不采取先行还款而直接通过诉讼救济自身权利，则将面临烦琐的诉讼程序，所耗费的时间和精力不是其所能左右的，而其正在进行的贷款申请和生产经营不容其有足够的时间和精力来寻求公力救济。因此其先予还款并在之后多次与被告协调，在协商不成的情况下，其以返还不当得利为由诉求法院裁判，其行为应视为一种自助行为而非追认行为。当事人在面临银行征信不良记录现实可能的情形下，采取先还款再寻求其他方式挽回损失的行为不违背常理，至于是行使撤销权还是行使不当得利返还请求权，系当事人在维护自身合法权益时的一种自由选择，并不会因其没有行使撤销权而导致其丧失获得救济的权利。根据《中华人民共和国民法通则》第九十二条的规定，没有合法根据，取得不当得利，造成他人损失的，应当将取得的不当利益返还受损失的人。《中华人民共和国民法通则》在2021年1月1日《中华人民共和国民法典》正式施行后已经废止。《中华人民共和国民法通则》第九十二条的相应内容现规定于《中华人民共和国民法典》第九百八十五条："得利人没有法律根据取得不当利益的，受损失的人可以请求得利人返还取得的利益，但是有下列情形之一的除外：（一）为履行道德义务进行的给付；（二）债务到期之前的清偿；（三）明知无给付义务而进行的债务清偿。"二审法院据此认定某银行接受张某森还款构成不当得利而应向张某森返还涉案借款本息，无疑是正确的。

编写人：山东省淄博市中级人民法院　荣明潇

山东省淄博市临淄区人民法院　刘海红

109　借款人涉嫌犯罪出借人请求担保人担责的处理

——张某梅诉张某保证合同案

【案件基本信息】

1. 裁判书字号

山东省淄博市中级人民法院（2016）鲁03民终字第2488号民事裁定书

2. 案由：保证合同纠纷

3. 当事人

原告（上诉人）：张某梅

被告（被上诉人）：张某

【基本案情】

原告张某梅与被告张某系同学关系，经被告介绍，原告借给刘某福80万元，被告张某提供担保。2012年2月14日签订借款担保合同一份。借款期限为 3 个月。合同第四条约定担保方张某无条件将某房产转让给出借方。借款到期后，刘某福无力偿还，2012 年 3 月 14 日张某转给原告 17.2 万元，同年 4 月 16 日又转给原告 1.5 万元。剩余款项一直未还。借款人刘某福因犯非法吸收公众存款罪被判刑 8 年，并处罚金人民币 45 万元。原告请求被告张某作为担保人归还借款及利息 80 万元。

【案件焦点】

本案中借款人涉嫌犯罪，出借人起诉请求担保人承担民事责任的，人民法院应否受理。

【法院裁判要旨】

山东省淄博市临淄区人民法院经审理认为：被告张某既非借款人亦非担保财产的实际所有人，借款合同涉及的担保财产现在被刑事案件查封，本案涉及刑事犯罪。

山东省淄博市临淄区人民法院依照《最高人民法院关于在审理经济纠纷案件中涉及经济犯罪嫌疑若干问题的规定》第十一条之规定，裁定如下：

驳回原告张某梅的起诉。

张某梅不服一审裁定，提起上诉，请求法院依法撤销原审裁定，指令临淄区人民法院继续审理。山东省淄博市中级人民法院经审理认为：《最高人民法院关于审理民间借贷案件适用法律若干问题的规定》第八条规定，借款人涉嫌犯罪或者生效判决认定其有罪，出借人起诉请求担保人承担民事责任的，人民法院应予受理。一审法院并未认定涉嫌刑事犯罪的主体以及犯罪行为与本案的关联性，直接以涉及刑事犯罪为由驳回上诉人起诉不当。综上，依照《中华人民共和国民事诉讼法》第一百七十一条、《最高人民法院关于适用〈中华人民共和国民事诉讼法〉的解释》第三百三十二条之规定，裁定如下：

一、撤销山东省淄博市临淄区人民法院民事裁定；

二、本案指令淄博市临淄区人民法院审理。

【法官后语】

《最高人民法院关于审理民间借贷案件适用法律若干问题的规定》（2020年第二次修正）（以下简称《民间借贷规定》）对连带责任保证人起诉的处理进行了明确。借款人涉嫌犯罪或者生效判决认定其犯罪，其保证人是否应当承担责任，第八条规定的规则是，借款人涉嫌犯罪或者生效判决认定其有罪，出借人起诉请求担保人承担民事责任的，人民法院应予受理。之所以这样规定，主要考虑：

1. 单个的民间借贷担保行为与非法集资等犯罪是否存在冲突仍不无疑问。单个的借款行为仅仅是引起民间借贷这一民事法律关系的民事法律事实，并不构成非法吸收公众存款、集资诈骗的刑事法律事实，因为非法吸收公众存款等犯罪的刑事法律事实是数个“向不特定人借款”行为的总和，从而从量变到质变。换言之，合同与犯罪二者所评价（或适用）的对象并非一致，前者针对的是单个借款担保行为，后者则旨在评价向数个“不特定人借款”的行为。第三人为单个借款债务提供担保，是基于意思自治的合同行为，单个借款担保行为并不侵犯刑事法律规范，且担保关系发生在贷款人与第三人之间，故单个借款行为叠加后构成刑事犯罪，不应牵连第三人为单个借款行为提供的担保，第三人与贷款人之间的担保法律关系还应认定为独立于刑事法律关系的单纯民事法律关系。

2. 刑法规范一般不直接调整私法行为，其中的强制性规定只是对某类犯罪行为进行规制，本身并不规定私法行为的效力，故刑法规范中的强制性规定往往不能直接援引作为确定合同效力的依据，需结合其他规范加以解释。而就实际效果看，如果单以借款行为事后被认定为集资犯罪，就推翻前面一切民事法律行为的效力，最终会抑制民间融资的健康发展。民间借贷合同的效力需要通过审理案件确定。但即便借款人涉嫌犯罪或者已经被认定有罪，从民事诉讼程序的角度，出借人仍然有权以担保人为被告提起民事诉讼。担保人以借款人涉嫌犯罪主张不承担民事责任的，应从实体而非程序上行使抗辩权。

3. 借款人涉嫌或构成刑事犯罪时出借人起诉担保人的民间借贷纠纷，若刑事介入较深，民事介入较浅，出借人原本希望以介入较浅的民事或其他途径解决纠纷，但刑事程序介入后，出借人的主导地位不得不让位于介入的国家司法机关，从而丧失了其应有的选择权。而且，刑事程序的前置介入，确有可能在一定程度上构成对出借人民事权利救济的阻碍，有的借款人、担保人会利用“以刑止民”的方式拖延民事诉讼，尤其在一些没有最终侦破或者犯罪嫌疑人逃逸，或者因其他种种原因迟迟得不到审理的刑事案件中，由于刑事程序的阻滞，出借人的民事权利往往无法得到满足，或者权利行使的成本加大。因此，刑事优先原则的适用，有可能导致社会整体利益的保护与出借人个人利益保护之间的冲突与失衡。“刑民独立、并行为主”应为审理此类纠纷的基本原则。[①] 在受理后怎样处理，则应当区分连带责任保证人和一般保证人的界限，分别情况适用法律。第十二条第二款规定：“担保人以借款人或者出借人的借贷行为涉嫌犯罪或者已经生效的裁判认定构成犯罪为由，主张不承担民事责任的，人民法院应当依据民间借贷合同与担保合同的效力、当事人的过错程度，依法确定担保人的民事责任。”如果保证人承担的是连带责任，则贷款人请求连带责任保证人承担保证责任的，应当承担连带责任。对于一般保证，《民间借贷规定》没有规定，这意味着一般保证的保证人在借款人涉嫌犯罪或者生效判决认定其犯罪时，贷款人起诉保证人承担保证责任，由于该保证人承担的是一般保证，享有先诉抗辩权，尽管可以受理，但应依照一般保证的法律规则确定保证责任的承担。

《民间借贷规定》第五条第一款规定：“人民法院立案后，发现民间借贷行为本身涉嫌非法集资等犯罪的，应当裁定驳回起诉，并将涉嫌非法集资等犯罪的线索、材料移送公安或者检察机关。”结合上述规定，一审法院并未认定涉嫌刑事犯罪的主体以及犯罪行为与本案的关联性，直接以涉及刑事犯罪为由驳回原告起诉不当，二审改判具有事实和法律依据。

编写人：山东省淄博市临淄区人民法院　刘海红

---

① 参见最高人民法院民事审判第一庭编著：《最高人民法院新民间借贷司法解释理解与适用》，人民法院出版社2021年版，第157~158页。

110 “借款情况说明”是否属于重新设定的保证担保

——李某1诉李某2、王某民间借贷案

【案件基本信息】

1. 裁判书字号

河北省沧州市中级人民法院（2016）冀09民终字第5780号民事裁决书

2. 案由：民间借贷纠纷

3. 当事人

原告（上诉人）：李某1

被告（被上诉人）：王某

被告：李某2

【基本案情】

2012年2月15日，被告李某2从原告李某1处借款150万元，并向原告出具借款协议一份。借款协议载明：甲方：李某1，乙方：李某2，甲方向乙方提供借款壹佰伍拾万元整，乙方提供房屋所有权证两份（温某，面积为205.25平方米；冯某，面积为62平方米），借款期限为三个月到六个月，利息按月息25‰计算，如果用款期限达到一年，则利息按20%（庭审过程中，原告提出20%系笔误，应为20‰）计息。李某2在落款处签名并捺印，王某在保证人项下签名并捺印。

2016年2月25日，被告李某2向原告李某1出具借款情况说明一份，载有相关内容为：李某2于2012年2月15日向李某1借款壹佰伍拾万元，抵押品为温某和冯某的房产证。李某2在偿还陆拾万元的前提下，将温某的房产证拿走，并将冯某的房产证换成韩某的房产证（面积为91.3平方米）作为抵押物，现余借款为玖拾万元。“说明”落款处被告李某2、王某均签名、捺印。

【案件焦点】

载有被告李某2、王某签名、捺印的“借款情况说明”能否界定为作为原始借款保证人的王某在保证期间届满后又自愿重新设定保证担保。

【法院裁判要旨】

河北省黄骅市人民法院经审理认为：原告提供的借款协议和借款情况说明中，落款处被告李某2签名、捺印，保证人项下王某签名并捺印，表明该证据载明的内容为二被告真实意思表示，证据符合法律规定，与本案关联性强，本院对该证据予以确认。两份证据相互印证，能够证明被告李某2向原告借款150万元，被告王某为其担保这一事实。原告李某1及被告李某2均认可尚欠借款90万元，按月息2分计息，且2015年5月1日之前的利息已给付完毕无争议，本院予以确认。证据1借款协议中“如果用款期限达到一年，则利息按20%计息”的表述不是对借款期限的约定，而是对逾期还款情况下利息的约定，因此，本案的借款期限应为六个月。原告李某1和被告王某之间未约定保证方式和保证期间，依照《中华人民共和国担保法》的相关规定，被告王某应按连带责任保证承担保证责任，保证期间应为主债务履行期间届满之日起六个月。本案被告王某的保证期间应为2012年8月15日至2013年2月15日，在保证期间内原告无证据证明向被告王某主张过权利，据此，被告王某作为保证人的保证责任应予免除。证据2“借款情况说明”中，被告王某虽在担保人项下签名、捺印，但从借款协议分析，该借款期限明确界定为“三个月到六个月”，从该证据书记经过及相关内容分析，这只是对更换“抵押物品”的说明，不能认定是被告王某重新为李某2借款事实的保证担保。基于上述分析，原告要求被告李某2偿还借款90万元，并按约定月息2分支付2015年5月1日至本金结清之日利息的请求，事实清楚，证据充分，本院予以支持。

河北省黄骅市人民法院依照《中华人民共和国合同法》第二百零五条、第二百零六条，《中华人民共和国担保法》第十九条、第二十六条之规定，判决如下：

一、被告李某2在本判决生效之日起三日内偿还给原告李某1借款本金及利息（自2015年5月1日起按月息2分计算，至借款还清之日止）；

二、被告王某免除保证责任。

原告李某1不服一审判决，向河北省沧州市中级人民法院提起上诉，但在审理过程中，上诉人李某1于2016年11月10日撤回上诉，二审法院作出裁定：

准予上诉人李某1撤回上诉的请求。

【法官后语】

债权债务纠纷中债权人往往通过设定担保的方式来保障日后债权的实现，担保的方式有多种，如保证、抵押、质押、留置、定金等，在借贷纠纷中较为常见的担保方式就是保证。如何通过当事人之间的约定来确定保证人的保证责任成为重中之重。本案处理的重点是一份带有保证人签名的“借款情况说明”能否界定为重新设立了保证担保，保证人是否应该继续承担保证责任。

本案在审理过程中，争议焦点也在于此。根据原告李某1提交的证据1借款协议可知，借款协议是2012年2月15日签订的，借款人李某2的借款期限为六个月，也就是说保证人王某的担保期间从2012年8月15日至2013年2月15日。同时，原告李某1未提交相关证据证明在此期间向保证人王某主张过权利。故在保证人王某的保证期间届满后其保证责任已免除。原告李某1提交的证据2“借款情况说明”，是被告在2016年2月15日应原告要求书写。根据该证据的书写过程及内容分析，该“说明”主要阐述了抵押物品的更换及剩余欠款的情况，而非为王某重新设定的保证担保。因保证期间不因任何事由发生中止、中断和延长，期满即可免除保证责任。所以在主合同中，保证人王某因保证期间届满已免除保证责任。

值得注意的是，根据《最高人民法院关于适用〈中华人民共和国担保法〉若干问题的解释》（以下简称《担保法解释》）第二十二条第二款的规定：“主合同中虽然没有保证条款，但是，保证人在主合同上以保证人的身份签字或者盖章的，保证合同成立。”该条款针对的是借贷当事人之间签订的主合同，而本案中变更抵押物品的“借款情况说明”显然不属于主合同，该“说明”中没有保证条款，虽然保证人签字、捺印，但保证合同并未成立。

虽《担保法解释》已被废止，《最高人民法院关于适用〈中华人民共和国民法典〉有关担保制度的解释》亦没有吸收上述规定，但在最高人民法院民二庭明确指出“《担保法解释》第22条第2款：主合同中虽然没有保证条款，但是，保证人在主合同上以保证人的身份签字或者盖章的，保证合同成立。该种情形就不典型。典型的担保合同要么是单独订立的书面合同，要么是主债权债务合同中的保证条款。所以，该规定就没有被《民法典》吸收……《民法典》之所以没有吸收，是因为这类情况不典型。该规定实际上是当事人意思表示是否属于保证的判断问题。笔者认为，在该种情形下能够判断出在主合同上签字或者盖章的人有保证的意思表示，该签字或者盖章的事实，也可以解释为《民法典》第685条第1款规定的保证条款。故对《民法典》施行后在主合同上签字或者盖章的担保纠纷案件，《担保法解释》第22条第2款的规定作为审判思路可以继续沿袭”①。

司法实践中，容易引起争议的是保证人为借款人在银行的借款承担连带责任担保，在保证期间届满后，保证人在银行的催收通知单上的签字、捺印行为，能否引起保证关系的重新确认。根据《最高人民法院关于人民法院应当如何认定保证人在保证期间届满后又在催款通知书上签字问题的批复》规定“保证责任消灭后，债权人书面通知保证人要求承担保证责任或者清偿债务，保证人在催款通知书上签字的，人民法院不得认定保证人继续承担保证责任。但是，该催款通知书内容符合合同法和担保法有关担保合同成立的规定，并经保证人签字认可，能够认定成立新的保证合同的，人民法院应当认定保证人按照新保证合同承担责任”。该司法解释彻底解决了上述争议问题，但也同时提醒借贷各方在借贷关系中审慎行为，做到具体问题具体分析，充分预见法律后果，依法维护自身的合法权益。

---

① 最高人民法院民二庭编：《最高人民法院民法典担保制度司法解释理解与适用》，人民法院出版社2021年版，附录中《〈担保法解释〉没有被〈民法典〉及〈民法典担保制度解释〉采纳的条文对〈民法典〉施行后的担保纠纷案件能否沿袭原来的审判思路》一文。

随着新法修订，该法条已被废止，但被收录于《最高人民法院关于适用〈中华人民共和国民法典〉有关担保制度的解释》第三十四条第二款："债权人在保证期间内未依法行使权利的，保证责任消灭。保证责任消灭后，债权人书面通知保证人要求承担保证责任，保证人在通知书上签字、盖章或者按指印，债权人请求保证人继续承担保证责任的，人民法院不予支持，但是债权人有证据证明成立了新的保证合同的除外。"

编写人：河北省黄骅市人民法院　王从江

111　合伙执行人擅自以会计师事务所名义对个人借款进行担保的责任认定

——於某、丛某红诉会计师事务所等民间借贷案

【案件基本信息】

1. 裁判书字号

江苏省南通市中级人民法院（2015）通中民终字第 02305 号民事判决书

2. 案由：民间借贷纠纷

3. 当事人

原告（上诉人）：於某

原告：丛某红

被告（被上诉人）：会计师事务所、刘某

被告：孙某亮

【基本案情】

於某、丛某红系夫妻。孙某亮系会计师事务所（普通合伙）的合伙事务执行人。该所经营范围为审查企业会计报表，出具审计报告；验证企业资本，出具验资报告；办理企业合并、分立、清算事宜中的审计业务，出具有关报告；基本建设年度财务决算审计；代理记账；会计咨询、管理咨询、会计培训。

於某与孙某亮经他人介绍相识。於某有资金需要理财，孙某亮因对外投资需要资金。2013年3月22日，於某来到会计师事务所执行人即孙某亮的办公室，洽谈孙某亮向於某借款事宜。经商谈双方达成借款合意，签订借款合同一份，合同约定由於某向孙某亮出借资金人民币300万元用于往来，借款期限自2013年3月22日至2013年5月21日，月利息为1.8%计算，款项汇至如东农行城南分理处孙某亮的账户。孙某亮在担保栏中加盖会计师事务所印章。借款合同签订后，於某于当日从丛某红的账户中向孙某亮转款300万元。借款逾期后，因孙某亮资金链发生断裂而未能还清借款本息。

另查明：1. 会计师事务所实际经营地点位于×号楼×××室（共7间，楼道东侧2间，楼道西侧5间。刘某在西侧第5间办公，孙某亮在东侧两间中的里面1间办公。孙某亮的办公室橱柜中，分别陈列着会计师事务所的合伙企业营业执照和税务登记证。2. 会计师事务所系普通合伙企业，合伙人为孙某亮、刘某，孙某亮为合伙执行人。出资额为人民币10万元，孙某亮、刘某各出资5万元。3. 会计师事务所的工商登记资料中，合伙人孙某亮、刘某于2011年签订的合伙会计师事务所协议第二十条约定：合伙人以其在事务所中的财产份额设定担保的，须经其他合伙人一致同意。未经其他合伙人一致同意，合伙人以其在事务所中的财产份额设定对外担保的，其行为无效，或者作为退伙处理；由此给其他合伙人造成损失的，依法承担赔偿责任。4. 孙某亮给付丛某红 21.6 万元。

【案件焦点】

1. 担保合同的效力如何认定；2. 会计师事务所是否应当承担担保责任。

【法院裁判要旨】

江苏省南通市如东县人民法院经审理认为：1. 於某与孙某亮签订的借款合同不存在规避法律法规的情形，应受法律保护。作为借款人的孙某亮理应按照约定全面及时履行还款义务，其不履行还款义务的行为侵害了出借人的合法权益，也与法相悖。故对於某要求孙某亮归还借款人民币 300 万元的诉讼请求予以支持。借款双方约定的利率标准没有超出民间借贷的利率上限规定，予以支持。2. 就本案而言，借款合同是在孙某亮办公室签订，营业执照放置于醒目位置，孙某亮在以会计师事务所的名义为自己的个人借款提供担保时，於某既没有对会计师事务所的企业性质进行审查，也没有对会计师事务所的合伙出资额进行审查，更没有要求孙某亮提供全体合伙人一致同意担保的相关文件，便欣然同意孙某亮以注册资金仅为 10 万元的普通合伙企业为其 300 万元个人借款提供担保，因而作为相对人的於某设立担保时，对孙某亮的行为有无代理权未尽到合理注意义务，存在明显的懈怠和疏漏，主观上存有重大过失，孙某亮盖章担保行为不能代表会计师事务所，不构成表见代理，会计师事务所不应承担担保责任。既然会计师事务所不应承担担保责任，於某要求作为合伙人的刘某对300万元担保之债承担无限连带责任亦不能成立。

江苏省南通市如东县人民法院依照《中华人民共和国合同法》第四十九条、第一百九十六条、第一百九十七条、第二百零五条、第二百零六条，《中华人民共和国合伙企业法》第二十六条、第三十一条，《中华人民共和国民事诉讼法》第一百四十二条之规定，作出如下判决：

一、孙某亮于判决生效后十日内归还於某借款300万元，并按月利率1.8%的标准支付借款本金300万元自2013年7月22日至法院判决确定给付之日止的利息；

二、驳回於某的其他诉讼请求。

於某持原审起诉意见提起上诉。江苏省南通市中级人民法院经审理认为：会计师事务所系以专门知识和专业技能为客户提供服务的会计事务所，经营范围仅限于会计咨询、服务业务，孙某亮以会计师事务所的名义为个人借款提供担保，与合伙事务无关，亦不能给合伙企业带来利益，其行为超越了权限范围。在合同签订过程中，相对人於某仅从会计师事务所的名称便可知其系会计咨询、服务机构，会计师事务所营业执照也放置于醒目位置，其理应知晓孙某亮的行为超出了权限范围，为此，其没有对会计师事务所的企业性质进行进一步审查，也未要求孙某亮提供全体合伙人一致同意担保的相关文件，便同意孙某亮以注册资金仅为10万元的会计师事务所为其300万元个人借款提供担保，主观上存在明显过错。因此，孙某亮超越权限的担保行为系无权代理行为，於某对孙某亮的无权代理行为并非善意无过失，因此孙某亮的行为不构成表见代理，涉案借款合同中的从合同担保合同无效。

江苏省南通市中级人民法院依照《中华人民共和国民事诉讼法》第一百七十条第一款第一项的规定，作出如下判决：

驳回上诉，维持原判。

【法官后语】

本案涉及合伙执行人以合伙企业名义对外担保的责任认定。孙某亮以会计师事务所的名义提供担保，其行为是否系执行合伙事务，是否构成表见代理，是认定本案会计师事务所是否承担担保责任的关键。

首先，《中华人民共和国合伙企业法》第二十六条规定，合伙人对执行合伙事务享有同等的权利。按照合伙协议的约定或者经全体合伙人决定，可以委托一个或者数个合伙人对外代表合伙企业，执行合伙事务。会计师事务所系普通合伙企业，注册资金仅为人民币10万元，作为合伙事务执行人的孙某亮以会计师事务所的名义为自己的个人借款提供担保，并非执行合伙事务，应属无权代理行为。

其次，《中华人民共和国民法典》第一百七十一条规定，行为人没有代理权、超越代理权或者代理权终止后以被代理人名义签订合同，相对人“有理由相信”行为人有代理权的，该代理行为有效，即为表见代理。构成表见代理行为不仅要求代理人的无权代理行为在客观上形成具有代理权的表象，而且要求相对人在主观上“有理由相信”行为人有代理权。“有理由相信”是指合同相对人善意且无过失地相信行为人有代理权，即相对人在不知道行为人无代理权方面不存在疏忽或懈怠。本案中，於某在借款时明知该会计师事务所的经营范围不包括借贷，亦没有审查孙某亮以会计师事务所名义提供担保是否取得全体合伙人的一致同意。主观过错明显，於某对孙某亮的无权代理行为并非善意无过失，因此孙某亮的行为不构成表见代理，涉案借款合同中的从合同担保合同无效。

最后，根据《最高人民法院关于适用〈中华人民共和国民法典〉有关担保制度的解释》第十七条的规定，主合同有效而担保合同无效，债权人、担保人有过错的，担保人承担民事责任的部分，不应超过债务人不能清偿部分的二分之一。本案中孙某亮合法持有会计师事务所的印章，其超越权限签署的担保合同并非会计师事务所的真实意思表示，导致涉案担保合同无效的过错在于孙某亮及於某，而并非会计师事务所，故会计师事务所无须对孙某亮不能偿还的债务承担担保责任及其他民事责任，刘某作为会计师事务所的合伙人也不应承担民事责任。

编写人：江苏省南通市中级人民法院　谷昔伟　姜安安

112　隐瞒借款系前期借款结算而成，保证人不承担保证责任

——胡某诉陆某等民间借贷案

【案件基本信息】

1. 裁判书字号

浙江省杭州市中级人民法院（2015）浙杭商终字第1655号民事判决书

2. 案由：民间借贷纠纷

3. 当事人

原告（被上诉人）：胡某

被告（上诉人）：华某

被告：陆某、张某

【基本案情】

2012年8月2日，胡某向陆某汇款40万元。之后双方互有经济往来。2013年11月5日，陆某作为借款人、华某作为担保人向胡某出具借条和收据一份。借条载明：“借款人陆某：兹因经商需要，今从胡某处借得人民币400000元（大写肆拾万元整），约定月利率按2%计算，该款于2014年5月5日之前归还；担保人自愿对借款人的如上债务及利息承担连带担保责任，担保期限至该款本金及利息还清时止。若借款人、担保人在约定时间内未履行归还借款本金及支付利息的义务，出借人有权向萧山区人民法院提起诉讼，并有权要求借款人、担保人承担为此支付的律师代理费等其他因实现债权所支出的所有费用。”收据载明：“本人陆某确认已收到约定借款400000元。”借条和收据落款处均有借款人陆某和担保人华某的签名和捺印，落款时间均为2013年11月5日。另查明，陆某、张某原系夫妻关系，双方于2003年10月10日登记结婚，于2014年7月9日登记离婚。胡某为本案诉讼支出律师代理费6000元。

【案件焦点】

华某对案涉借款是否应当承担保证责任。

【法院裁判要旨】

浙江省杭州市萧山区人民法院经审理认为：原告和被告陆某之间的借贷关系合法有效。被告陆某作为借款人，未按约履行还款义务，应承担相应的民事责任。被告陆某逾期未还已构成违约，原告要求被告陆某归还借款40万元并按月利率2%主张逾期利息以及支付原告为实现债权支出的律师代理费的诉请，证据充分，于法有据，法院予以支持。因案涉借款形成于被告陆某、张某婚姻关系存续期间，依照法律规定，被告陆某以个人名义向原告所负债务应为夫妻共同债务，故原告要求被告张某承担共同还款责任的诉讼请求，于法有据，法院予以支持。被告华某对陆某案涉债务提供连带责任保证属实，依法应承担相应的担保责任，并在承担担保责任后有权向陆某、张某追偿。被告华某关于案涉借款未交付而未生效，故不需要承担担保责任的抗辩意见，依据不足，法院不予采信。

浙江省杭州市萧山区人民法院依照《中华人民共和国合同法》第一百零七条、第二百零六条、第二百零七条，《中华人民共和国担保法》第十八条、第二十一条、第三十一条，《最高人民法院关于适用〈中华人民共和国婚姻法〉若干问题的解释（二）》第二十四条之规定，作出如下判决：

一、陆某、张某于本判决生效后十日内归还胡某借款40万元，并支付该款自2014年5月6日起按月利率2%计算至判决确定履行日止的利息；

二、陆某、张某于本判决生效后十日内支付胡某为实现本案债权而支出的律师代理费6000元；

三、华某对上述第一项、第二项所确定的债务承担连带责任，并在承担担保责任后有权向陆某、张某追偿。

华某提起上诉。浙江省杭州市中级人民法院经审理认为：本案在二审期间的争议焦点是，华某是否应对案涉40万元借款承担担保责任。根据借款人陆某及出借人胡某的陈述，2013年11月5日的借条及收据是对借款人陆某之前尚欠出借人胡某款项的结算确认，借条出具当日并未实际交付40万元款项，故上述借条和收据所载明内容与事实不符。而出借人胡某并未能举证证明保证人华某亦是以签署上述借条和收据的形式对借款人陆某在2013年11月5日之前形成的债务提供保证，且借款人陆某亦表示华某对借条所指40万元系其与胡某截至2013年11月5日的结算款这一事实并不知情，故华某关于其不应承担担保责任的上诉理由成立，法院予以支持。综上，原审判决认定事实有误，实体处理部分不当，法院予以变更。

浙江省杭州市中级人民法院依照《中华人民共和国合同法》第一百零七条、第二百零五条、第二百零六条、第二百零七条，《最高人民法院关于适用〈中华人民共和国婚姻法〉若干问题的解释（二）》第二十四条和《中华人民共和国民事诉讼法》第六十四条第一款、第一百七十条第一款第二项之规定，作出如下判决：

一、维持浙江省杭州市萧山区人民法院民事判决第一项，即陆某、张某于本判决生效后十日内归还胡某借款40万元，并支付该款自2014年5月6日起按月利率2%计算至判决确定履行日止的利息；

二、维持浙江省杭州市萧山区人民法院民事判决第二项，即陆某、张某于本判决生效后十日内支付胡某为实现本案债权而支出的律师代理费6000元；

三、撤销浙江省杭州市萧山区人民法院民事判决第三项及诉讼费负担部分；

四、驳回胡某的其他诉讼请求。

【法官后语】

本案一、二审从不同的角度考虑担保人的担保责任问题。一审从主债务确实存在、担保人签字同意担保的角度认定担保关系成立，二审主要从债务形成的时间来判定担保人是否应承担保证责任，认同了担保人主张的是对当时借款的担保，而非对此前已形成的借款结算后的债务提供担保。不同判决结果系观点差异，笔者认为，本案可从出借人与借款人串通隐瞒借款系前期借款结算后形成的事实，骗取保证人提供保证的角度，认定保证人不承担保证责任。

1. 对借条性质的认定

借贷双方出具的40万元借条，根据借条出具时间及约定内容，双方对借款金额均约定为40万元，及款项当日完成交付的记载看，再结合双方当事人在庭审中的陈述，可以明确案涉40万元的借条系对双方前期借贷关系进行结算，而重新出具新的债权凭证。

《最高人民法院关于审理民间借贷案件适用法律若干问题的规定》（法释〔2015〕18号）第二十七条规定："借贷双方对前期借款本息结算后将利息计入后期借款本金并重新出具债权凭证，如果前期利率没有超过年利率24%，重新出具的债权凭证载明的金额可认定为后期借款本金……"按照上述法条规定的立法精神，借贷双方，即陆某和胡某对前期借款本金结算后，形成新的借条，相当于对之前形成的本金40万元重新借用，消灭了原先的借贷关系，形成了新的借贷关系，因此本案借条下的借贷关系成立，借条上载明的借款金额40万元即为借款本金。虽然该借款合同并无实际交付款项的行为，不影响对借条性质的认定，本案借条实质上形成了双方当事人之间新的借贷关系。

2. 保证人是否应当承担保证责任

《中华人民共和国担保法》第三十条规定："有下列情形之一的，保证人不承担民事责任：（一）主合同当事人双方串通，骗取保证人提供保证的；（二）主合同债权人采取欺诈、胁迫等手段，使保证人在违背真实意思的情况下提供保证的。"根据该条规定，本案中，陆某和胡某隐瞒了本案借款系双方当事人前期结算而形成的真实情况，骗取华某提供保证，对于华某而言，承担了借款人可能根本无法偿还的贷款，增加了保证人的风险，因此保证人不承担保证责任。

另外，《最高人民法院关于适用〈中华人民共和国担保法〉若干问题的解释》第三十九条第一款规定："主合同当事人双方协议以新贷偿还旧贷，除保证人知道或者应当知道的外，保证人不承担民事责任。"依照该条规定，主合同当事人事先未将新贷还旧贷的情况告知担保人，主合同双方当事人的行为属于恶意串通欺骗保证人，保证人不应当承担任何责任。但是如果保证人明知或应当知道以新贷还旧贷，而仍然自愿承担保证时，主合同双方的行为就不存在恶意串通欺骗保证人，保证人自然应当承担保证责任。根据该条规定的立法精神，本案的情况类比适用于该法条。即如果华某对借款系双方当事人前期结算而形成的情况是知道或应当知道的，华某应承担保证责任。如果华某不知情，则华某不承担保证责任。并且如果陆某和胡某主张华某对借款系前期结算而形成的情况知道或应当知道而提供担保，应根据"谁主张，谁举证"的原则，借贷双方应当对其所提出的主张，负举证责任，举证不能时，承担不利后果。

3. 新旧法的衔接

《最高人民法院关于审理民间借贷案件适用法律若干问题的规

定》在2020年12月23日修正后，对第二十七条的内容修改的部分为“没有超过年利率24%”修改为“没有超过合同成立时一年期贷款市场报价利率四倍”。《中华人民共和国担保法》已经废止，原第三十条的内容在民法典及担保法司法解释未有体现。《最高人民法院关于适用〈中华人民共和国担保法〉若干问题的解释》第三十九条对应内容为《最高人民法院关于适用〈中华人民共和国民法典〉有关担保制度的解释》第十六条规定：“主合同当事人协议以新贷偿还旧贷，债权人请求旧贷的担保人承担担保责任的，人民法院不予支持；债权人请求新贷的担保人承担担保责任的，按照下列情形处理：（一）新贷与旧贷的担保人相同的，人民法院应予支持；（二）新贷与旧贷的担保人不同，或者旧贷无担保新贷有担保的，人民法院不予支持，但是债权人有证据证明新贷的担保人提供担保时对以新贷偿还旧贷的事实知道或者应当知道的除外。主合同当事人协议以新贷偿还旧贷，旧贷的物的担保人在登记尚未注销的情形下同意继续为新贷提供担保，在订立新的贷款合同前又以该担保财产为其他债权人设立担保物权，其他债权人主张其担保物权顺位优先于新贷债权人的，人民法院不予支持。”

编写人：浙江省杭州市萧山区人民法院　施得健　王静

113 主债务人缺位时民间借贷有关事实的审查认定

——费某金诉高某勇保证合同案

【案件基本信息】

1. 裁判书字号

江苏省扬州市中级人民法院（2015）扬民终字第01567号民事判决书

2. 案由：保证合同纠纷

3. 当事人

原告（被上诉人）：费某金

被告（上诉人）：高某勇

【基本案情】

2012年4月10日程某林向原告费某金出具借条，借条载明程某林向费某金借款30万元，被告高某勇在借条上签名担保。同年11月20日程某林又向原告出具借条，程某林向原告借款20万元。上述借款均未约定还款期限。2013年8月19日，原告提起诉讼，原告在起诉状中写明“2012年4月10日，第一被告（程某林）向原告借款50万元整，高某勇作为连带担保人对其中30万元承担保证责任”，该案因故未能实际审理。此后原告再次提起诉讼，要求判决程某林偿还2012年11月20日的借款20万元，法院于2014年7月30日作出了判决；原告还提起了本案之诉，要求高某勇对程某林2012年4月10日的30万元借款承担保证责任。2013年

2月4日、8日，程某林曾分别给费某金汇款5万元，合计10万元。2012年至2013年，原告费某金还实际控制过程某林的一辆轿车。

【案件焦点】

1. 30万元借款有没有实际履行；2. 10万元系偿还原告哪一笔借款；3. 能否认定程某林已经以轿车抵偿了30万元借款或质押担保。

【法院裁判要旨】

江苏省扬州市广陵区人民法院经审理认为：关于借款是否履行的问题，原告举证的借条本身具有债务凭证的法律特性，并且原告还举证了借款资金的主要来源，应当认定借款已经履行。关于10万元还款问题，首先，原告与程某林有多次借贷往来，当事人举证证据不能确定程某林所偿还的10万元系履行哪一笔借款，原告陈述出借给程某林的三笔借款时间顺序为本案讼争借款出借时间最早，都未约定还款日期，一般应当推定为偿还在先的债务；其次，原告当庭陈述混乱，从禁反言来说，也应认定系偿还讼争借款。关于轿车问题，应当不能认定程某林已经以轿车抵偿讼争债务或质押担保，原告虽曾实际控制轿车，但无证据能够推定系折价抵偿或者质押担保。因债务人程某林未向原告偿还全部债务，作为保证人的被告应当承担保证责任，又因原、被告未明确保证方式，依法应当确定为连带责任保证。据此，依照《中华人民共和国担保法》第十九条、第二十一条以及《最高人民法院关于人民法院审理借贷案件的若干意见》第九条的规定，判决如下：

被告高某勇于本判决生效后十日内向原告费某金代为偿还借款20万元，并按照银行同期同类贷款利率承担2014年11月12日起的利息。

【法官后语】

本案借款人即主债务人程某林因欠债较多，下落不明，原、被告双方均无法找到，给案件事实的认定带来了困难。

在民间借贷案件中，如何认定出借人有无实际履行出借义务一直是审判难点。实践中，有观点认为借条、借据等是双方借贷合意的凭证，也是债权凭证，凭证上未明确约定交付时间、方式，应当视为已经交付，这种观点符合大部分民间借贷的实际情况，但确实存在少数借条、借据并不存在真实的借贷关系或者借贷金额与借条、借据等凭证记载不符，对此，最高人民法院出台意见对此给予指导、规范。2015 年 6 月 23 日通过、2020 年 8 月 18 日第一次修正，2020 年 12 月 23 日第二次修正的《最高人民法院关于审理民间借贷案件适用法律若干问题的规定》第十五条第二款规定："被告抗辩借贷行为尚未实际发生并能作出合理说明的，人民法院应当结合借贷金额、款项交付、当事人的经济能力、当地或者当事人之间的交易方式、交易习惯、当事人财产变动情况以及证人证言等事实和因素，综合判断查证借贷事实是否发生。"表达了对于有疑问的借据、借条等凭证，需要进一步查明，但没有分配举证责任，而是从当事人已举证据，提出了裁判的方式，或者说，该意见也可指引当事人对于上述事项举证，以便裁判者作出更符合真实情况的裁判。本案情况有点特殊，因为借款人下落不明，无法听取借款人的意见，保证人只是猜测性地提出了质疑。从上述的规定来看，保证人虽然只是猜测性的质疑，但如果是合理的，应当结合借贷金额等事实和因素认定。本案原告与借款人有多次大额借款往来，并举证了借款大部分款项来源，故认定借款已实际履行更为合理。

关于 10 万元还款的认定，同样因为借款人下落不明，给认定偿还哪一笔借款带来了困难。从掌握、接近证据的人有责任举证的规则来讲，本案原告显然是有可能掌握相关证据的，而被告对此掌握证据的可能性较小、较远，因此应当由原告举证更为妥当；从禁反言的角度讲，本案原告系在被告举证了借款人还款10万元的事实后，才提出反驳意见的，原告显然对于该事实未能如实陈述。《最高人民法院关于适用〈中华人民共和国合同法〉若干问题的解释（二）》第二十条规定了债务人的给付不足以清偿其对同一债权人所负的数笔相同种类的全部债务，如何认定偿还哪笔债务的规则，该规则现已被《中华人民共和国民法典》第五百六十条吸收并有所修改，确定了双方当事人约定履行、债务人指定履行以及法定履行规则，法定履行主要考虑数笔债务到期时间、担保情况、债务负担的轻重，对于数笔债务均未约定履行期限的情形未作规定。本案裁判者提出了"一般应当推定为偿还成立在先的债务"规则，这是符合一般人认识的，综上，认定10万元系偿还本案借贷较为妥当。

对于原告控制借款人车辆行为的认定，也因借款人下落不明，被告举证也达不到证明目的，给事实认定带来了困难。2012年至2013年原告曾控制、使用了程某林的轿车，但是否抵偿了本案的借款，原、被告各执一词。原告控制借款人车辆的行为，有以下几种可能：一是质押，即为保证偿还借款，借款人或担保人将动产移交给出借人占有，将该动产作为借款的担保，原告与程某林是否存在质押关系，除车辆曾被原告控制、使用外，双方是否有此合意，没有证据证明。二是留置，债务人不履行到期债务，债权人可以留置已经合法占有债务人的动产，有权就该动产优先受偿，但债权人留置的动产，应当与债权属于同一法律关系，企业之间留置的除外。三是折价偿还借款，这是被告提出的主张，但被告未能提出折价多少，也未能举证，只是猜测。因此，从举证角度来说，被告的该意见未被采纳是妥当的。

另外，需要说明的是，《中华人民共和国担保法》对于当事人未约定保证方式或者约定不明确的，推定为按照连带责任承担保证责任，《中华人民共和国民法典》第六百八十六条第二款规定“当事人在保证合同中对保证方式没有约定或者约定不明确的，按照一般保证承担保证责任”，即保证方式未约定或者约定不明承担保证责任法律修改了由原来的连带责任保证为一般保证责任。因本案借款行为和审判均发生在《中华人民共和国民法典》施行前，当事人对于承担连带责任保证并没有争议。

编写人：江苏省扬州市广陵区人民法院　徐舒

114 公司违反章程规定对外担保的效力认定兼评《中华人民共和国公司法》第十六条第一款的法律适用规则

——王某高诉机械公司等民间借贷案

【案件基本信息】

1. 裁判书字号

浙江省宁波市中级人民法院（2014）浙甬商外终字第39号民事判决书

2. 案由：民间借贷纠纷

3. 当事人

原告（被上诉人）：王某高

被告（上诉人）：机械公司

被告（被上诉人）：任某远、沃某进、五金厂、沃某琦、任某祥

【基本案情】

原告与被告任某远、沃某进、机械公司、五金厂、沃某琦、任某祥分别于2013年3月7日、2013年3月27日签订《借款保证合同》三份，约定由被告任某远、沃某进分别向原告借款330000元、1000000元、630000元，其中330000元借款的借款期限为自2013年3月8日起至2013年9月7日止，1000000元借款的借款期限为自2013年3月8日起至2013年4月7日止，630000元借款的借款期限为自2013年3月29日起至2013年9月7日止，借款利率均为月利率1%。被告机械公司、五金厂、沃某琦、任某祥以担保人身份在《借款保证合同》中签字，约定提供连带责任保证，保证期限为自借款生效之日起至借款人清偿本合同规定的所有款项后止。原告分别于2013年3月8日、2013年3月29日按《借款保证合同》约定方式分三次汇入轴承公司银行账户合计1960000元，被告任某远、沃某进分别于汇款同日向原告出具了相应金额的收条。2014年1月8日，原告与被告任某远、沃某进、机械公司、五金厂、沃某琦、任某祥签订《〈借款保证合同〉补充合同》一份，双方在合同中对借款事实重新进行了确认，并约定还款期限延至2014年2月28日，保证期限为履行期届满后两年。然而，还款期限届满后，被告任某远、沃某进并未按约返还借款，被告机械公司、五金厂、沃某琦、任某祥亦未承担保证责任，为此原告诉至法院。

【案件焦点】

机械公司是否应承担连带责任保证。

【法院裁判要旨】

浙江省宁波市镇海区人民法院经审理认为：本案的争议焦点在于被告机械公司是否应承担连带责任保证。被告机械公司认可其公章的真实性，合同抬头担保人一栏中明确注明被告机械公司为担保人，且被告机械公司的法定代表人沃某琦亦作为担保人在合同中签字，故本院对被告机械公司的该答辩意见不予采信。被告机械公司同时认为其公司章程规定对外提供担保需经过股东会决议通过，本案担保并未经公司股东会决议，对外提供担保违反了法律的规定，应属无效。本院认为，被告机械公司并未举证证明其公司章程约定对外担保需经过股东会决议，即使被告机械公司章程有相关约定，该章程亦不具有对世效力，其仅作为公司内部决议的书面载体，强加给原告对公司章程的审查义务不具有可操作性和合理性，原告对公司章程不负有审查义务，故在被告机械公司未举证证明原告存在恶意的情形下，被告机械公司以担保违反公司章程的规定为由主张担保关系无效，本院不予支持。本院认定被告机械公司系本案借款的连带责任保证人，其应依法承担相应连带责任保证。

综上，原告与被告任某远、沃某进之间存在借款合同关系，被告任某远、沃某进借款后应当按照约定的期限返还借款，现被告任某远、沃某进未返还借款的行为显属违约。双方借款保证合同中约定借款月利率为1%，该约定并不违反法律、法规强制性规定，约定合法、有效。故原告要求被告任某远、沃某进立即返还借款并支付利息及逾期利息的诉讼请求，于法有据，本院依法予以支持。被告机械公司、五金厂、沃某琦、任某祥系被告任某远、沃某进与原告之间借款关系的连带责任担保人，故被告机械公司、五金厂、沃某琦、任某祥应为该借款承担连带责任保证。保证人承担保证责任后，有权向债务人追偿。据此，依照《中华人民共和国合同法》第二百零五条、第二百零六条、第二百零七条，《中华人民共和国担保法》第十九条、第二十一条、第三十一条之规定，判决如下：

一、被告任某远、沃某进返还原告王某高借款本金 1960000 元，支付至 2014 年 3 月 28 日止的利息 235200 元，并支付自 2014 年 3 月 29 日起至本判决确定的履行期内实际支付日止按月利率 1%计算的逾期利息，于本判决生效之日起十日内履行完毕；

二、被告机械公司、五金厂、沃某琦、任某祥对上述第一项被告任某远、沃某进应履行之义务承担连带责任保证；被告机械公司、五金厂、沃某琦、任某祥承担保证责任后，有权向被告任某远、沃某进追偿。

一审宣判后，被告机械公司不服，向浙江省宁波市中级人民法院提出上诉，在审理过程中，机械公司申请撤回上诉，浙江省宁波市中级人民法院裁定准许撤回上诉。一审判决已生效。

【法官后语】

公司章程是公司法之外公司自我管理、自我经营的重要法律文件，公司章程可以在法律不禁止的领域自主制定公司组织及活动的基本规则。根据《中华人民共和国公司法》（以下简称《公司法》）第十六条第一款规定，公司章程有权对公司对外担保的决议机构、担保数额限额作出规定。审判实务中各级法院对于违反《公司法》第十六条第一款而作出担保的案件却倾向于判处担保有效。

1. 从《公司法》第十六条第一款的规范性质看公司违反章程规定对外担保的效力

《中华人民共和国民法典》第一百五十三条规定，违反法律、行政法规的强制性规定的民事法律行为无效。但是，该强制性规定不导致该民事法律行为无效的除外。违背公序良俗的民事法律行为无效。笔者认为，由于《公司法》第十六条第一款并没有规定公司违反章程规定对外担保的效力，而且效力性规范一般是为维护国家利益、社会公共利益而设定的强制性规范。“法律法规虽没有明确规定违反禁止性规定将导致合同无效或不成立的，但违反该规定以后若使合同继续有效将损害国家利益和社会公共利益，应当认为该规范属于效力规范。法律法规虽没有明确规定违反禁止性规定将导致合同无效或不成立的，违反该规定以后若使合同继续有效并不损害国家利益和社会公共利益，而只是损害当事人的利益，在此情况下该规范就不应属于效力规范，而是取缔规范。”① 可见，《公司法》第十六条第一款属于管理性（取缔）规范。从公司法规范性质来考量，违反《公司法》第十六条第一款的规定，并不导致对外担保行为无效。

2. 从公司章程的公示力看公司违反章程规定对外担保的效力

现代立法趋势是废除章程推定通知理论和对第三人在交易前负有审查公司章程义务的要求。《中华人民共和国民法典》第五百零四条规定“法人或者其他组织的法定代表人、负责人超越权限订立的合同，除相对人知道或者应当知道其超越权限的以外，该代表行为有效”。同理，公司章程对公司对外担保的限制和约束，除相对人知道或者应当知道的以外，不能对抗相对人。即与表见代表制度保护交易相对人的法律取向相同，公司章程的规定也不能对第三人造成

① 宋宗宇、刘娜：《法人代表越权行为与表见代表制度》，载《社会科学家》2007年第5期。

不利影响。

3. 从交易相对人的审查义务看公司违反章程规定对外担保的效力

有观点认为，《公司法》条文明确指出公司对外担保应“按照公司章程的规定”。因此交易相对人在订立担保合同时，就应审查公司章程对担保问题的规定，这是法律为当事人设定的义务。也有观点认为，根据公司形态不同，交易相对人的义务标准亦不同。上市公司的公司章程不仅备案于公司登记机关，而且还需根据法律规定备置于公司住所，具有比较明显的公示性，交易相对人理应知道公司章程中对公司担保的记载；但非上市公司的公司章程查询不易，而在交易实践中亦不宜苛求任何人在交易之前均去查询相对人的公司章程。

笔者认为，公司章程不仅不具有对世效力，其作为公司内部决议的书面载体，它的公开行为不构成交易相对人应当知道的证据。《公司法》第二十五条第一款第四项规定股东的姓名或者名称是有限责任公司章程应当记载的事项。但是《公司法》第三十二条第三款却明文规定：“公司应当将股东的姓名或者名称向公司登记机关登记；登记事项发生变更的，未经登记或者变更登记的，不得对抗第三人”。可见，章程中的记载不具有对外的法律效力，交易相对人无须审查章程中记载的股东名称。试想，公司章程中的绝对必要记载事项尚且对交易相对人无对抗力，作为任意记载事项的担保自然毋庸赘言。

否定交易相对人对公司章程负有审查义务的合理性还在于交易成本方面。从交易经济的角度分析，如果规定交易相对人有查阅章程的义务，为了避免交易风险的发生，交易相对人将不得不在每次交易前到有关部门查询公司章程，久而久之，就会打击交易相对人交易的积极性，束缚社会整体的经济发展。相反，如果我们把这种成本转由制定章程的公司自身通过加强内部控制的方式承担，会更加合理。一方面，公司通过加强对董事、经理的监督更容易防范风险的发生；另一方面，单数主体的公司较复数主体的不特定交易相对人而言，通常支付的成本也更小。

综上所述，《公司法》第十六条第一款属于管理性（取缔）规范，公司章程作为公司内部决议的书面载体，其不具有对世效力，公司不能依据公司章程规定对抗交易相对人，且交易相对人对公司章程不负有审查义务。

编写人：浙江省宁波市镇海区人民法院　谢国斌

115　成立未生效合同的认定及责任问题

——华泰公司诉周某峰保证合同案

【案件基本信息】

1. 裁判书字号

北京市第一中级人民法院（2014）一中民（商）终字第9789号民事判决书

2. 案由：保证合同纠纷

3. 当事人

原告（反诉被告、上诉人）：华泰公司

被告（反诉原告、被上诉人）：周某峰

【基本案情】

华泰公司于1999年成立。软件科技公司2000年4月在北京市工商部门登记成立，股东为华泰公司（持股55%）及科技贸易公司（持股45%）。发展公司于2006年成立，股东为侯某慧、周某峰、龙某冬（三人为软件科技公司高管）。

2006年9月9日，华泰公司与发展公司签订《股权转让合同》，合同约定：华泰公司将其所持有的软件科技公司55%的股权以550万元的价格转让给发展公司。本合同签订后30日内，发展公司向华泰公司预付50万元，发展公司在合同签订后合理的90日内完成股权工商变更登记手续；2006年12月31日前发展公司向华泰公司支付200万元，2007年12月31日前发展公司向华泰公司支付300万元。同日，华泰公司分别与侯某慧、周某峰、龙某冬签订了《保证付款合同书》，约定了股东对发展公司的付款义务承担连带责任保证。合同签订后，发展公司向华泰公司支付50万元。此后，周某峰任软件科技公司董事长、法定代表人。《股权转让合同》签订后，华泰公司、发展公司均未向外商投资企业审批机关提交相关文件与材料办理批准手续，而由软件科技公司向审批机关提交包括《股权转让合同》及附件在内的股权转让的相关文件。经审批机关审查，《股权转让合同》约定的股权转让行为在程序上不符合法律、行政法规的要求，未获批准。

2008年6月19日，华泰公司依据《股权转让合同》向北京仲裁委员会申请仲裁，要求发展公司依约履行股权变更登记义务；发展公司支付股权转让款500万元及相应违约金。北京仲裁委员会认为《股权转让合同》属于应当向审批机关办理批准手续才能生效的合同，由于《股权转让合同》未能向审批机关办理批准手续，故认定华泰公司与发展公司签订的《股权转让合同》尚未生效。北京仲裁委员会作出裁决书，驳回华泰公司的全部仲裁请求。

后华泰公司、发展公司及科技贸易公司三方就股权转让事项签订《股权转让协议》，其内容亦约定了将华泰公司所持有的软件科技公司55%股权转让给发展公司。该《股权转让协议》写明签署日期为2006年9月9日。庭审中，双方当事人均认可为倒签日期，但对具体的签署日期各执一词。《股权转让协议》签订过程中以及协议签订后，华泰公司未再和包括周某峰在内的个人签订保证合同。该份《股权转让协议》经软件科技公司提交审批机关，获得批准通过。

【案件焦点】

主合同未生效时从合同的效力，周某峰对保证付款合同书的成立未生效是否应当承担责任。

【法院裁判要旨】

北京市海淀区人民法院经审理认为：关于本案保证合同的效力问题，根据《中华人民共和国担保法》第五条第一款之规定，即“担保合同是主合同的从合同，主合同无效，担保合同无效。担保合同另有约定的，按照约定”，因《股权转让合同》效力已经过有效仲裁裁决确认为未生效。周某峰为《股权转让合同》顺利履行而签订《保证付款合同书》，在订立合同过程中，并无证据显示周某峰存有恶意磋商或是其他违背诚实信用原则的情形，周某峰并非《股权转让合同》的合同一方，也非被转让股权所在的目标公司，并不负有法律层面的报批义务，故周某峰对《保证付款合同书》未生效并不负有严格意义上的法律义务，《最高人民法院关于适用〈中华人民共和国担保法〉若干问题的解释》第八条规定所确立的法律规则，其适用范围为主合同无效而导致担保合同无效的后果负担，而本案中合同系未生效，未生效的合同尚未产生合同约定的效力，不能直接参照或推定适用该条款，来确定当事方的责任。

北京市海淀区人民法院依照《中华人民共和国担保法》第五条第一款，《中华人民共和国民事诉讼法》第二百五十九条，《最高人民法院关于涉外民商事案件诉讼管辖若干问题的规定》第五条，《最高人民法院关于民事诉讼证据的若干规定》第二条之规定，作出如下判决：

一、驳回华泰公司的诉讼请求；

二、驳回周某峰的反诉诉讼请求。

华泰公司持原审起诉意见提起上诉。北京市第一中级人民法院经审理认为：华泰公司上诉称，周某峰对《保证付款合同书》的成立未生效具有过错，故应当向华泰公司承担赔偿责任。对此法院认为，《保证付款合同书》成立未生效的原因在于其主合同《股权转让合同》未生效，《股权转让合同》未生效的原因为未通过审批机关的审批。《股权转让合同》系华泰公司与发展公司签订，目标公司为软件科技公司，《股权转让合同》签订时，周某峰虽具有发展公司的股东及软件科技公司的高级管理人员的双重身份，但其个人对《股权转让合同》的报批并无法定义务，亦无合同约定义务，故《股权转让合同》未生效的责任不应由周某峰承担。

北京市第一中级人民法院依照《中华人民共和国民事诉讼法》第一百七十条第一款第一项之规定，作出如下判决：

驳回上诉，维持原判。

【法官后语】

双方诉辩意见和案件事实中涉及多个法律问题，笔者分别论述如下：

第一，关于合同成立未生效的认定问题。《中华人民共和国民法典》第五百零二条规定，依法成立的合同，自成立时生效，但是法律另有规定或者当事人另有约定的除外。依照法律、行政法规的规定，合同应当办理批准等手续的，依照其规定。未办理批准等手续影响合同生效的，不影响合同中履行报批等义务条款以及相关条款的效力。应当办理申请批准等手续的当事人未履行义务的，对方可以请求其承担违反该义务的责任。依照法律、行政法规的规定，合同的变更、转让、解除等情形应当办理批准等手续的，适用前款规定。《最高人民法院关于适用〈中华人民共和国合同法〉若干问题的解释（一）》第九条规定："依照合同法第四十四条第二款的规定，法律、行政法规规定合同应当办理批准手续，或者办理批准、登记等手续才生效，在一审法庭辩论终结前当事人仍未办理批准手续的，或者仍未办理批准、登记等手续的，人民法院应当认定该合同未生效……"《最高人民法院关于审理外商投资企业纠纷案件若干问题的规定（一）》第一条规定："当事人在外商投资企业设立、变更等过程中订立的合同，依法律、行政法规的规定应当经外商投资企业审批机关批准后才生效的，自批准之日起生效；未经批准的，人民法院应当认定该合同未生效。当事人请求确认该合同无效的，人民法院不予支持。前款所述合同因未经批准而被认定未生效的，不影响合同中当事人履行报批义务条款及因该报批义务而设定的相关条款的效力。”从上述法律规定中不难看出，对于法律明确规定需经过办理批准登记手续方能生效的合同，应严格把握合同生效的要件。根据查明的事实，经审批机关审查，《股权转让合同》约定的股权转让行为在程序上不符合法律、行政法规的要求，未获批准。即本案中，《股权转让合同》并非没有报批，而属于报批未获通过，该合同的状态已经停留在成立未生效阶段，事后合同双方另行签订的《股权转让协议》虽与《股权转让合同》约定了同一基本事实，但因《股权转让协议》报批通过，故双方之间实际生效的合同系《股权转让协议》，而《股权转让合同》本身已经不具有意义，它永远处于未生效状态，永远不能对当事人产生生效合同的强制约束力。

第二，主从合同效力之间的影响问题。本案的被告周某峰出具的《保证付款合同书》系针对《股权转让合同》出具，周某峰承诺对《股权转让合同》中发展公司的支付义务承担连带责任保证。《股权转让合同》被认定成立未生效，此时作为担保合同的从合同效力的认定可参照《中华人民共和国担保法》第五条的规定。该法条规定了主合同无效情况下，从合同亦无效，由此不难得出作为从合同的《保证付款合同书》的状态和效力应与主合同一致的结论。因《保证付款合同书》亦属于成立未生效，故周某峰承担保证责任的合同依据不足，华泰公司只能从合同成立未生效后的赔偿责任角度向周某峰追偿。《最高人民法院关于适用〈中华人民共和国担保法〉若干问题的解释》第八条规定了主合同无效情况下，担保人承担责任的问题，一审判决认为该法条规定的法律规则适用范围限定为合同无效的情况，在本案合同未生效的情况下不能直接参照活动推定适用。就此笔者有不同意见，首先，该条款虽明确适用于合同无效的情形，但合同成立未生效同样使得合同无法履行，双方的合同目的落空，此时法条中规定的主从合同中的各方责任的基本规则，法院可以按此规则予以裁判衡量。其次，在一审判决依照了《中华人民共和国担保法》第五条第一款规定的情况下，显然也应当确定《最高人民法院关于适用〈中华人民共和国担保法〉若干问题的解释》第八条的基本法律规则在本案中的适用，不应出现同理不同判的情况。因华泰公司就一审此点法律适用问题未提出上诉，故二审判决中未予提及。需要指出的是，上述法条已被《中华人民共和国民法典》第三百八十八条和《最高人民法院关于适用〈中华人民共和国民法典〉有关担保制度的解释》第十七条所吸收。

第三，合同成立未生效的责任问题。该问题涉及两个方面，一是合同成立未生效时，责任方承担的责任性质问题。华泰公司起诉适用了《中华人民共和国合同法》第四十二条（《中华人民共和国民法典》第五百条）规定的缔约过失责任。缔约过失责任发生于合同订立过程中，内容可限定为所有违反诚实信用原则的行为。而本案中《股权转让合同》订立的过程是否包括报批手续，此点存在争议。笔者倾向于认为，合同成立之时合同已然订立完成，未履行报批义务的责任方应当承担违约责任而非缔约过失责任。二是本案中，被告周某峰、发展公司及软件科技公司是否应当就合同成立未生效承担相应责任的问题。关于报批义务人的确定，此时如果合同有约定，应当从约定，无约定之时，报批义务应类似于股权转让中的工商变更登记义务，由目标公司软件科技公司承担，华泰公司及发展公司有予以配合的义务。本案中，两次合同实际均由软件科技公司报批，根据现有查明事实及双方举证，本案中不存在任何一方怠于报批导致《股权转让合同》未能获得批准的事实，只是由相关审批部门认定《股权转让合同》不能获得批准，其具体原因原告方未能举证予以证明，在此情况下，《股权转让合同》未能通过审批的责任自然无法归结为发展公司或周某峰，华泰公司关于担保人周某峰就合同成立未生效存在过错的主张缺乏事实依据，故其诉讼请求无法得到支持。

第四，法人人格否认在本案中能否适用的问题。本案纠纷产生的根源在于发展公司作为独立法人，其资产不足以清偿尚欠的股权转让款500万元，而《股权转让合同》的保证人周某峰后续未就《股权转让协议》另行承诺承担保证责任，华泰公司希望通过诉讼让发展公司的三名股东予以清偿。华泰公司上诉中着重提出，周某峰作为发展公司的股东及软件科技公司的法定代表人，应当就合同未能获得批准承担责任，该问题的本质涉及公司法人人格否认的问题。根据《中华人民共和国公司法》第二十条的规定，公司股东不得滥用公司法人独立地位和股东有限责任损害公司债权人的利益。但本案中显然不能适用法人人格否认制度，原因如下：首先，法人人格独立是公司法的基本原则，人格否认是公司制度的例外，应从严掌握法人人格否认制度的适用条件。其次，从现有证据来看，周某峰与发展公司并无存在财产混同的现象，若周某峰出资到位，其应就其出资为限对发展公司的债务承担清偿责任。最后，华泰公司在另行签订《股权转让协议》后，未能采取要求发展公司三股东继续履行《保证付款合同书》的方式保护自己的权益。华泰公司并无证据证明周某峰存在滥用法人独立地位和股东有限责任的情况，500万元股权转让款的债务人应限定于发展公司自身。

编写人：北京市第一中级人民法院　王晴

116 违反公序良俗原则迫使他人作出的法律行为的效力

——胡某诉成某军、成某祥保证合同案

【案件基本信息】

1. 裁判书字号

河南省三门峡市中级人民法院（2015）三民终字第412号民事判决书

2. 案由：保证合同纠纷

3. 当事人

原告（被上诉人）：胡某

被告（上诉人）：成某军、成某祥

【基本案情】

2014年6月26日，胡某在小区新房筹办结婚仪式。9时许，成某军、成某祥带人举着自制的“老赖于某珍借钱不还”的标牌来到新房所在小区讨要债务。胡某为使结婚仪式顺利进行，同成某军、成某祥进行协商交涉。协商的结果是由胡某向成某祥出具保证书一份，内容为“我胡某今天自愿将名下一辆轿车抵押给成某祥，（按估价算），胡某，2014年6月26日，替母亲还账，如母亲不还，我自愿替母亲还20万元”。后胡某将其所有的轿车交成某军、成某祥开走。现胡某以保证书系其受成某军、成某祥威逼所写，诉至法院。

法院另查明，胡某系于某珍之子。2012年11月26日，窦某超向成某祥出具借条一份，内容为“今借成某祥（伍万元整）50000元，还款日期12月26日”于某珍作为担保人在借条上签名。2013年4月15日，于某珍向成某祥出具借条一份，内容为“今借到成某祥现金拾万元整（100000元）”；2013年9月12日，于某珍向成某祥出具借条一份，内容为“今借到成某祥现金伍万元（50000元），月底还清”。

【案件焦点】

当事人为了婚礼顺利进行而当场作出的民事法律行为是否属于可撤销的民事法律行为。

【法院裁判要旨】

河南省三门峡市湖滨区人民法院审理后认为：成某军、成某祥为向于某珍讨要债务，在于某珍之子胡某结婚当天带人举着“老赖于某珍借钱不还”的标牌前往胡某新房进行讨要以施加压力，成某军、成某祥的行为方式不妥，有违社会公序良俗原则。虽然胡某母亲于某珍欠款的事实客观存在，但成某军、成某祥的行为实质是以阻挠婚礼正常进行为要挟，迫使胡某在为使结婚大事顺利进行的情况向成某祥出具了“保证书”，胡某的行为并非其真实意思表示。故胡某要求撤销其于2014年6月26日给成某军、成某祥书写的“保证书”的诉讼请求，符合法律规定，予以支持。“保证书”无效，成某军、成某祥应当返还胡某所有的轿车。因胡某未能提供相应证据证明其车辆被开走给其所造成的具体损失，故胡某要求赔偿损失50000元的诉讼请求，缺乏相应的事实及法律依据，不予支持。成某军、成某祥辩称“保证书”系胡某真实意思表示，且不具有法定撤销事由的辩解理由，不符合事发当时生活常理，故对其辩解理由，不予采信。

河南省三门峡市湖滨区人民法院依照《中华人民共和国合同法》第五十四条第二款、第五十八条之规定，判决：

一、撤销胡某于2014年6月26日向成某军、成某祥书写的“保证书”；

二、成某军、成某祥于本判决生效之日起十日内向胡某返还其扣押的轿车一辆；

三、驳回胡某的其他诉讼请求。

宣判后，成某军、成某祥不服提起上诉，河南省三门峡市中级人民法院经审理后认为：民事活动应当尊重社会公德，遵循公序良俗原则。结婚是人生大事，婚礼更是人一生重要的里程碑，是中华民族传统民俗文化的传承，包含着社会对新人的美好期待和祝愿。这种善良的风俗习惯应该得到尊重和保护。根据最高人民法院《关于贯彻执行〈中华人民共和国民法通则〉若干问题的意见（试行）》第六十九条：“以给公民及其亲友的生命健康、荣誉、名誉、财产等造成损害，或者以给法人的荣誉、名誉、财产等造成损害为要挟，迫使对方作出违背真实的意思表示的，可以认定为胁迫行为。”二上诉人成某军、成某祥明知自己的行为会给胡某造成心理上的压力和恐惧，仍然采取举“老赖于某珍借钱不还”标牌、围堵婚礼队伍等方式要账，实质就是以阻挠婚礼的正常进行为要挟，迫使被上诉人胡某作出违背真实意思的表示。二上诉人称没有对胡某进行威逼，与查明的事实不符，故二上诉人该上诉理由不能成立，原审法院认定事实清楚，适用法律正确，应予维持。依照《中华人民共和国民事诉讼法》第一百七十条第一款第一项之规定，判决如下：

驳回上诉，维持原判。

【法官后语】

本案是一起典型撤销权之诉，其特殊性在于，当事人胁迫的手段是借助另一方当事人对结婚礼仪这种社会公序良俗的尊重和遵守。因此，该案例的裁判思路和裁判结果，对理解公序良俗对民事法律行为的影响具有一定的参考价值。

1. 婚姻礼仪社会公众遵从的公序良俗

举行婚礼仪式除了其固有的庆典和广而告之等功能性质外，人们也是在履行一种现行法律之外的另一种已经不成文的无形法律——潜存于传统惯制之中的民俗。婚礼的热闹气氛既可丰富和活跃社会生活，又可通过他人祝贺，给婚姻当事人留下美好的回忆。因此，本案中涉及的婚姻礼仪已经具备了公序良俗的社会的现实性、普遍性和正义性。从本质上讲，应属于社会公众遵从的公序良俗，法官在具体的个案审判中可予以适用。

2. 适用公序良俗规则应正确处理与具体法律规则的关系

首先，在有明确的法律规则的情况应当适用具体的法律规则，而不能直接适用公序良俗原则。其次，法官只有在适用法律规则可能会导致个案结果极端不公正的情况下，才可以选择适用公序良俗原则。再次，公序良俗作为一项法律原则，只能为具体法律规则的适用提供解释基础，而不能单独作为法官判决的直接依据。最后，要适用于个案的裁判，法官必须对其进行充分的解释．使其由抽象变得相对具体。

具体到本案，当事人依据《中华人民共和国合同法》第五十四条提起的撤销权之诉，法官在援引公序良俗原则时，应围绕胁迫的构成要件展开论理分析，以裁判在婚礼现场采取非正常手段向婚礼主办方索要债务的行为，是否属于可以认定为胁迫行为的情形。《中华人民共和国民法典》颁布后，第一百五十条在《中华人民共和国合同法》的基础上把胁迫行为单列出来，内容几乎相同，仅增加第三人实施胁迫行为的相关规定，但仍然把因受胁迫而订立的合同作为可撤销合同的一种。《最高人民法院关于适用〈中华人民共和国民法典〉总则编若干问题的解释》第二十二条也保留了最高人民法院《关于贯彻执行〈中华人民共和国民法通则〉若干问题的意见（试行）》第六十九条的内容，把以给自然人及其近亲属等的人身权利、财产权利以及其他合法权益造成损害为要挟，迫使其基于恐惧心理作出意思表示的，仍然可以认定为胁迫行为。本案中，两被告明知自己的行为会给胡某造成心理上的压力和恐惧，仍然采取举标牌、围堵婚礼队伍等方式要账，其实质就是以阻挠婚礼的正常进行为要挟，迫使被上诉人胡某作出违背真实意愿的表示，这种以给公民及其亲友的荣誉、名誉等造成损害为要挟，迫使对方作出违背意愿的意思表示的，可以认定为胁迫行为。原告在此情形下订立的合同应属于受胁迫订立的可撤销合同。

编写人：河南省三门峡市中级人民法院　王建锋　孟大艳

117 保证合同中骗取担保事实的认定

——教学设备公司诉某银行某支行、冷轧厂确认合同无效案

【案件基本信息】

1. 裁判书字号

江苏省泰州市中级人民法院（2015）泰中商终字第00058号民事判决书

2. 案由：确认合同无效纠纷

3. 当事人

原告（上诉人）：教学设备公司

被告（被上诉人）：某银行某支行、冷轧厂

【基本案情】

冷轧厂曾多次向某银行某支行借款，其中2007年该厂以财产抵押向银行借款4000000元。2011年10月14日、2012年10月10日、2013年9月17日，某银行某支行、冷轧厂、教学设备公司三次连续签订流动资金循环借款合同、流动资金循环保证合同，教学设备公司均为冷轧厂向银行2500000元循环借款提供连带责任保证担保。因冷轧厂未能按约偿还银行2013年9月17日流动资金循环借款合同约定的2500000元借款本息，某银行某支行曾于2013年12月向江苏省泰州市高港区人民法院申请诉前财产保全，请求冻结借款人冷轧厂、担保人教学设备公司银行存款2650000元或查封、扣押相应价值财产。江苏省泰州市高港区人民

法院于2013年12月26日作出诉前财产保全民事裁定。因银行未在法定期限内提起诉讼且申请解除查封，2014年2月13日，江苏省泰州市高港区人民法院裁定解除对借款人冷轧厂、担保人教学设备公司银行存款2650000元或相应价值财产的查封。2014年6月，教学设备公司向江苏省泰州市高港区人民法院提起诉讼，以2013年9月17日流动资金循环保证合同是债权人与债务人恶意串通、骗取担保人签订而请求确认流动资金循环保证合同无效。

庭审中，针对债权人与债务人是否存在恶意串通、骗取原告担保问题，教学设备公司提供2014年2月、3月其法定代表人分别与银行相关负责人、工作人员以及与冷轧厂投资人吉某的谈话录音并当庭予以播放，以证明提供担保前专程向银行工作人员询问债务人情况，而银行工作人员故意隐瞒了债务人已经在其银行抵押借款4000000元的事实，却告知担保人没有问题；冷轧厂投资人吉某要求担保人担保时隐瞒其已经向银行抵押贷款4000000元的事实，认为双方存在恶意串通、骗取担保。

某银行某支行庭审质证认为，录音内容的陈述仅反映银行当时发放贷款调查了解的情况，银行认为符合发放贷款的条件，并没有对担保人的担保承诺没事，如果当时银行发现借款人存在贷款风险及担保人不提供担保，贷款就不可能发生；经办人也从未对担保人提供担保没事或不承担责任进行任何承诺，双方谈话中进行的一些语气词之间的对接，不代表对对方所述内容进行肯定、否定或了解；与吉某录音明显事先经过沟通，他们之间与银行存在利害关系，不能采信；担保时吉某与担保人如何协商银行并不清楚，吉某是否存在隐瞒欺诈等情形银行也不清楚，并且银行没有提出一定要担保人提供担保。某银行某支行虽然对录音真实性持有异议，但经法院释明，明确表示对录音真实性不申请司法鉴定。

冷轧厂对上述录音均表示无异议，予以认可教学设备公司证明目的。

另查明，冷轧厂因无力偿还债务，在江苏省泰州市高港区人民法院已有大额债务纠纷涉及诉讼和执行。

【案件焦点】

流动资金循环保证合同，是否存在某银行某支行与冷轧厂恶意串通、骗取教学设备公司担保，以及合同是否合法有效。

【法院裁判要旨】

江苏省泰州市高港区人民法院经审理认为：当事人对自己提出的主张，有责任提供证据。当事人对自己提出的诉讼请求所依据的事实或者反驳对方诉讼请求所依据的事实有责任提供证据加以证明。没有证据或者证据不足以证明当事人的事实主张的，由负有举证责任的当事人承担不利后果。针对 2013 年 9 月 17 日流动资金循环保证合同，是否存在某银行某支行与冷轧厂恶意串通、骗取教学设备公司担保问题，江苏省泰州市高港区人民法院认为：（1）《中华人民共和国担保法》规定，在借贷、买卖、货物运输、加工承揽等经济活动中，债权人需要以担保方式保障其债权实现的，可以依照本法规定设定担保。表明担保的根本目的是保障债权人的债权安全或者债权实现。至于债权人是否同意向债务人借款、是否相信担保人有担保能力，以及其是否真实了解债务人的资金状况、经营状况等，是债权人自身对债权风险的评估，是否同意借款是债权人自己的独立意思表示。而担保人在为债务人债务向债权人提供担保时，不仅是基于对债务人的信任，而且应该知晓提供债务担保的相应法律后果。（2）诉争涉及的虽然是2013年9月17日流动资金循环保证合同，该保证合同约定教学设备公司为冷轧厂向某银行某支行2500000元借款额度提供担保。但事实上在2011年10月14日教学设备公司就开始与银行签订流动资金循环保证合同，为冷轧厂向银行2500000元借款额度提供担保；2012年10月10日再次签订流动资金循环保证合同为冷轧厂向银行2500000元借款额度提供担保；诉争涉及的2013年9月17日流动资金循环保证合同已经是第三次提供相同担保；而且上述保证合同涉及的债权人、债务人、担保人、担保的借款额度均相同，时间上也存在连续性。（3）教学设备公司与冷轧厂位置相邻，平时对该厂经营情况及其投资人情况应有一定了解；在2011年10月第一次为冷轧厂向银行借款担保时，应是相信冷轧厂有偿还能力情况下而自愿提供担保；此后连续2年提供同样担保，此期间如果不了解该厂经营情况或者相信该厂有偿还能力，亦不可能再次同意担保。（4）冷轧厂以财产抵押向银行借款4000000元的时间发生在2007年，与教学设备公司第一次为该厂担保借款的时间相隔4年左右，与2013年9月产生诉争担保的时间相隔6年左右，教学设备公司诉称现在才知道抵押借款，难以令人信服。（5）教学设备公司举证的录音，并非当时签订保证合同时的录音，而是在冷轧厂已无力偿还债务情况下，在第三次提供担保数个月后，与银行相关工作人员进行的谈话录音。在录音中，对反复陈述的提供担保前专程向银行工作人员询问债务人情况、银行工作人员告知没有问题的事实，银行工作人员并没有作出明显肯定回答或者明确当时确实承诺原告担保没有问题。教学设备公司法定代表人与冷轧厂投资人的谈话录音，因冷轧厂目前已经无力偿还债务，在法院有大额债务纠纷诉讼和执行，在此情况下作为借款本息未能偿还的债务人与担保人之间谈话意图的真实性、目的性均难以令人信服。（6）冷轧厂作为债务人是否向作为其担保人的教学设备公司出具反担保手续和任何出具反担保手续，是作为担保人的教学设备公司与债务人冷轧厂之间自行协商的问题，与作为债权人的银行无关。且如 2013 年 9 月冷轧厂要求教学设备公司再次担保，并提出以该厂厂房和土地向其提供反担保时，教学设备公司完全可以要求对提供反担保的厂房和土地办理抵押登记手续或者可以自行到相关登记机构查询反担保的厂房和土地抵押登记情况，就应能知道该厂厂房和土地已经办理了抵押登记。而教学设备公司既未要求办理反担保抵押登记也未及时查询抵押登记情况，应属于自己的责任。综上分析，江苏省泰州市高港区人民法院认为，教学设备公司现有证据只能证明冷轧厂在请求其为银行借款提供担保时，向其隐瞒了该厂的真实经营状况。教学设备公司主张作为债权人的某银行某支行采取欺诈手段骗取担保人提供担保以及银行与作为银行债务人的冷轧厂之间互相串通骗取原告担保，证据均不充分，法院不予采信。综上，教学设备公司的诉讼请求无充分证据证明，法院不予支持。

江苏省泰州市高港区人民法院依照《中华人民共和国担保法》第三十条、《中华人民共和国民事诉讼法》第六十四条、《最高人民法院关于民事诉讼证据的若干规定》第二条之规定，作出如下判决：

驳回原告教学设备公司的诉讼请求。

教学设备公司持原审意见提起上诉。江苏省泰州市中级人民法院经审理认为：流动资金循环保证合同即便银行在放贷时没有依照部门规章尽到审查义务，该义务是银行内部规范并不影响合同效力，合同本身不违反法律、法规强制性规定应为合法有效。教学设备公司提交的证据难以证明银行与冷轧厂恶意串通，对教学设备公司进行了欺诈。理由如下：教学设备公司多次为冷轧厂的借款提供担保，加之两者地理位置相邻，可以推断对该厂经营状况、资产状况以及信誉是有所了解的，教学设备公司正是基于这种信任关系或者其他关系进行担保；冷轧厂以已抵押给银行的土地和厂房向教学设备公司提供反担保，法律并不禁止土地和厂房重复抵押，且冷轧厂提供反担保时，教学设备公司完全可以要求对提供反担保的土地和厂房办理抵押登记手续或者自行到相关登记机构查询抵押登记情况，但教学设备公司既未要求办理反担保抵押登记也未及时查询抵押登记情况，仅认为对银行经办人存在人格上的依赖和信任而放弃一个商事主体在商事活动中应尽的义务，其理由不能成立，由此造成的法律后果应由其自行承担。综上，一审法院认定事实清楚，适用法律正确，所作判决应予以维持。

江苏省泰州市中级人民法院依照《中华人民共和国民事诉讼法》第一百七十条第一款第一项之规定，作出如下判决：

驳回上诉，维持原判决。

【法官后语】

《中华人民共和国担保法》规定，在借贷、买卖、货物运输、加工承揽等经济活动中，债权人需要以担保方式保障其债权实现的，可以依照本法规定设定担保。本案判决于《中华人民共和国民法典》编纂之前，依法应当适用《中华人民共和国担保法》的相关规定，但《中华人民共和国民法典》对《中华人民共和国担保法》第三十条的规定仍予沿袭，故本案的判决对现在的裁判仍有借鉴意义。有关担保制度的规定，担保的根本目的是保障债权人的债权安全或者债权实现。至于债权人是否同意向债务人借款、是否相信担保人有担保能力，以及其是否真实了解债务人的资金状况、经营状况等，是债权人自身对债权风险的评估，是否同意借款是债权人自己的独立意思表示。银行作为债权人在放贷时即使没有依照部门规章尽到审查义务，因该义务是银行内部规范并不影响合同效力，只要借款合同、保证合同本身不违反法律、法规强制性规定，就应为合法有效。

担保人在为债务人债务向债权人提供担保时，是基于其对债务人的资产和信誉有所了解，或者担保人与债务人之间存在信任关系或其他经济利益关系，债权人对此无从知晓也不加以过问。商事主体在作为担保人为其他商事主体的债务提供担保时，应该知晓提供债务担保所产生的相应法律后果。

本案中，教学设备公司多次为冷轧厂的借款提供担保，加之两者地理位置相邻，应该对该厂经营状况、资产状况以及信誉状况有所了解。冷轧厂提供反担保时，教学设备公司完全可以要求对提供反担保的土地和厂房办理抵押登记手续或者可以自行到相关登记机构查询反担保的土地和厂房抵押登记情况，但该公司既未要求办理反担保抵押登记也未及时查询抵押登记情况，应当承担不利的法律后果。

另外，债务人冷轧厂因无力偿还债务，在人民法院已有大额债务纠纷涉及诉讼和执行的实际情形下，作为担保人的教学设备公司不是积极与银行协商解决问题而是选择向法院提起保证合同无效纠纷诉讼，亦存在逃避担保责任的嫌疑。

编写人：江苏省泰州市高港区人民法院　陆乔立

118 主合同无效情形下保证合同的效力及保证合同无效后责任承担

——钢业公司诉某银行保证合同案

【案件基本信息】

1. 裁判书字号

浙江省台州市中级人民法院（2014）浙台商终字第688号民事判决书

2. 案由：保证合同纠纷

3. 当事人

原告（被上诉人）：钢业公司

被告（上诉人）：某银行

【基本案情】

2007年8月3日、2008年5月12日、2008年5月15日某银行分三次与转向系统公司签订三份人民币借款合同，借款金额分别为100万元、80万元和120万元，由钢业公司提供担保，双方签订最高额保证合同。贷款到期后，转向系统公司未按约如期偿还借款，某银行随后分别于2008年8月4日、11日和14日从钢业公司账户内分六次扣划984915.03元、9661.36元、800000元、8935.20元、1200000元和14191.20元。随后于2008年9月10日钢业公司法定代表人潘法某向玉环县[①]公安局报案，案经侦查、公诉，2014 年 5 月 22 日，转向系统公司法定代表人石华某因骗取贷款罪被玉环法院判处有期徒刑一年，缓刑一年六个月。其中查明转向系统公司骗取贷款其中 20 万元用于出借被告工作人员陈水某，其余资金主要用于支付原告货款（原告认可货款十几万元）、加工费、厂房租赁费、工资和新建在芜湖县的厂房。钢业公司认为转向系统公司法定代表人因骗取贷款罪获刑，因此，转向系统公司与被告签订的借款合同无效，原、被告之间的担保合同因主合同无效而无效，故原告不需承担担保责任。且被告未经原告同意、授权，擅自扣划原告存于被告处的款项用于偿还借款本息，应承担返还的责任。而某银行认为现是转向系统公司法定代表人被判处刑罚，而非转向系统公司构成犯罪，借款合同应属有效；即便构成犯罪，借款合同也并不一定无效，借款合同有效，担保合同同样有效；即使借款合同无效，根据保证合同约定，保证合同并不因借款合同无效而无效。故保证合同有效，钢业公司应承担担保责任。银行扣款时间分别于 2008 年 8 月 4 日、11 日和 14 日，钢业公司现主张返还也已经超过了诉讼时效。

【案件焦点】

1. 借款合同作为主合同无效后保证合同是否仍然有效；2. 保证合同无效后保证人是否需要承担责任。

---

① 依据《民政部关于同意浙江省撤销玉环县设立县级玉环市的批复》（民函〔2017〕70 号），经国务院批准，撤销玉环县，设立县级玉环市。详见《浙江省人民政府关于撤销玉环县设立县级玉环市的通知》（浙政发〔2017〕17 号），载浙江省人民政府网，https://www.zj.gov.cn/art/2017/5/4/art_1229017138_64610.html，最后访问时间：2023 年 2 月 20 日。

【法院裁判要旨】

浙江省台州市玉环县人民法院经审理认为：被告提供的证据并不能证明原告同意被告扣划；且被告并未提供证据证明已向原告发送还款通知。故认定被告系在未经通知、双方协商的情况下，擅自扣划原告款项用于偿还贷款。根据玉环县人民法院刑事判决书及石华某、李某、陈水某在公安机关的陈述可以证实被告工作人员陈水某作为被告发放贷款的审核人员，应当履行而未履行审核借款人提供的财务报表真实性的职责，故认定被告某银行对转向系统公司伪造财务报表骗取贷款的事实应当知道，而与转向系统公司签订借款合同，行为人涉及骗取贷款罪的借款合同属于以合法形式掩盖非法目的的合同，应认定为无效合同，相应的附属于该合同的最高额保证合同受主合同效力影响也应认定为无效。对于保证合同另有约定的，按照约定应理解为担保合同当事人对担保合同无效后，合同双方当事人对各自责任承担作出约定，有约定的从其约定。未对双方承担责任作出约定的根据《最高人民法院关于适用〈中华人民共和国担保法〉若干问题的解释》第八条的规定按过错承担缔约过失责任，而不再承担担保责任。

据此，浙江省台州市玉环县人民法院依据《中华人民共和国合同法》第五十二条第三项，《中华人民共和国担保法》第五条，《最高人民法院关于适用〈中华人民共和国担保法〉若干问题的解释》第八条之规定，判决如下：

限被告某银行于本判决生效后十日内返还原告钢业公司代偿款人民币 2011801.86 元，并赔偿利息损失（自 2008 年 8 月 14 日起算至判决确定履行之日止，按中国人民银行规定的同期同类贷款基准利率计算）。

被告人持原审意见提起上诉。浙江省台州市中级人民法院审理认为原判认定事实清楚，证据充分，判决得当，予以维持。依照《中华人民共和国民事诉讼法》第一百七十条第一款第一项之规定，判决如下：

驳回上诉，维持原判。

【法官后语】

主合同无效的情形下保证合同的效力问题以及保证合同无效后责任承担问题一直是目前我国商事审判的两大难点。

一方面，根据《中华人民共和国民法典》第三百八十八条第一款规定，担保合同是主债权债务合同的从合同。主债权债务合同无效的，担保合同无效，但是法律另有规定的除外。其中的“担保合同是主债务合同的从合同，主合同无效，担保合同无效”明确了主合同与从合同之间的从属关系，保证合同的效力受主合同效力的影响，主合同在被确定无效的情形下，保证合同也随之无效。另一方面，对于其中“担保合同另有约定的，按照约定”的规定是否是对担保合同效力问题的规定，争议较大。

《中华人民共和国民法典》第三百八十八条第一款规定对于担保合同与主合同之间的从属关系，已属明确。对于担保合同效力从于主合同效力规定已属明确。在合同中约定担保合同效力独立于主合同的做法割裂了主从合同之间的从属关系，其与民法典明确主从合同关系的规定相悖。将“担保合同另有约定的，按照约定”规定及于担保合同效力的规定超出了担保法允许的意思自治范畴，故在司法实践中保证合同双方当事人约定保证合同效力不受主合同效力影响，其保证合同仍然有效的约定不能被认可；基于《中华人民共和国民法典》第三百八十八条第二款的规定，《最高人民法院关于适用〈中华人民共和国民法典〉有关担保制度的解释》第十七条规定：主合同有效而第三人提供的担保合同无效，人民法院应当区分不同情形确定担保人的赔偿责任，其中第二款规定：主合同无效导致第三人提供的担保合同无效，担保人无过错的，不承担赔偿责任；担保人有过错的，其承担的赔偿责任不应超过债务人不能清偿部分的三分之一。

该条解释规定不仅再次明确了担保合同作为从合同效力受主合同影响，同时明确了担保人在存在过错的情况下其承担的也不再是保证责任，而是相应的民事责任，且对责任承担的比例作出了规定。在《中华人民共和国民法典》的规定中并没有对担保合同失效后责任承担的问题有过明确的规定，故“担保合同有约定的，按照约定”的规定应理解为是对担保合同责任承担合同双方当事人有约定的，可以从其约定。对于民法典适用的理解都应以民法典存在的目的为前提，即理解担保合同虽是相对独立于被担保的合同，但其是对责任财产的补充，是为促使债权人债权得以实现产生的补充合同。其与被担保合同即主合同之间的从属关系应当明确。因此，对民法典及其司法解释的理解与适用都不应割裂两者之间的关系为前提。所以，将《中华人民共和国民法典》第三百八十八条第二款与《最高人民法院关于适用〈中华人民共和国民法典〉有关担保制度的解释》第十七条规定结合起来，应当认定“担保合同有约定的，从其约定”的规定是对在担保合同无效的情形下双方责任承担有约定的，从其约定的规定。

编写人：浙江省台州市玉环县人民法院　应一豪

119 连带保证人中一人清偿债务后，对主债人和其他连带保证人如何主张追偿权

——杨某良诉周某富等担保追偿案

【案件基本信息】

1. 裁判书字号

山东省淄博市中级人民法院（2010）淄商终字第245号民事判决书

2. 案由：担保追偿纠纷

3. 当事人

原告（被上诉人）：杨某良

被告：周某富

被告（上诉人）：周某玲、周某国

【基本案情】

2003年4月30日，周某富从信用社借款100000元，由杨某良与周某玲、周某国三人为其提供担保。借款到期后，周某富未按约定履行还款义务，信用社因此将杨某良及周某富、周某玲、周某国共同起诉，经民事调解书调解结案，由周某富归还信用社的借款本息，并由周某玲、周某国及杨某良承担连带清偿责任。后该调解书未自觉履行，临淄区法院执行局执行扣划杨某良银行存款190000元。现杨某良诉至法院，要求周某富、周某玲、周某国共同偿还190000元。

信用社原始取款记账凭证载明涉案借款系由周某富于2003年

4月30日凭印章取款后同日转入王某茹账户的。周某富称没有能力偿还；周某玲、周某国称在周某富有能力偿还时，由周某富负担，在周某富无能力偿还时，由借款人及担保人均担。

【案件焦点】

连带保证人中一人清偿债务后，对主债人和其他连带保证人如何主张追偿权。

【法院裁判要旨】

山东省淄博市临淄区人民法院认为：周某富未能及时履行调解协议，归还信用社借款，致使法院执行扣划担保人杨某良个人存款190000元，对此纠纷的形成负有责任。周某玲、周某国未能履行担保义务，应承担其相应的担保责任。杨某良有权要求周某玲、周某国偿还自己代其偿还的应属自己担保的份额。

山东省淄博市临淄区人民法院依照《中华人民共和国担保法》第十二条，《最高人民法院关于适用〈中华人民共和国担保法〉若干问题的解释》第二十条，《中华人民共和国民事诉讼法》第六十四条之规定，作出如下判决：

一、被告周某富支付原告杨某良代其偿还的借款本息190000元，于本判决生效后五日内付清；

二、被告周某玲、周某国对上述款项各以三分之一的担保份额向原告杨某良承担清偿责任。

周某玲、周某国持原审答辩意见提起上诉。山东省淄博市中级人民法院认为：周某富未能及时履行调解协议，归还信用社借款，致使法院执行扣划杨某良个人存款190000元，周某富应对杨某良承担偿还责任。周某玲、周某国作为借款担保人未履行担保义务，应承担其相应的担保责任。周某富未能归还信用社借款，周某玲、周某国及杨某良应共同履行担保义务，分担该涉案借款本息。周某玲、周某国应当在周某富不能偿还杨某良款项数额的范围内偿还应属于自己担保的三分之一份额。原审法院径直判决周某玲、周某国各对涉案借款本息全部数额承担三分之一偿还责任不当，本院予以纠正。

山东省淄博市中级人民法院依照《中华人民共和国担保法》第十二条，《中华人民共和国民事诉讼法》第六十四条、第一百五十二条、第一百五十三条第一款第三项、第一百五十八条之规定，作出如下判决：

一、维持山东省淄博市临淄区人民法院民事判决第一项；

二、变更山东省淄博市临淄区人民法院民事判决第二项为：周某玲、周某国对上述该款项在周某富不能偿还的数额范围内各以三分之一的担保份额向杨某良承担清偿责任。

【法官后语】

本案的核心问题是连带共同保证人享有的向主债务人和其他连带保证人的追偿权。其包括两个方面内容：一是在连带共同保证经济纠纷中，连带保证人先行清偿了债务的，如何向债务人和其他连带保证人追偿；二是其他连带保证人对先行清偿的连带保证人承担连带清偿责任还是补充清偿责任。《最高人民法院关于适用〈中华人民共和国担保法〉若干问题的解释》第二十条第二款规定："连带共同保证的保证人承担保证责任后，向债务人不能追偿的部分，由各连带保证人按其内部约定的比例分担。没有约定的，平均分担。"该条宣示了我国担保法律对连带共同保证人的追偿权实行补充清偿责任的倾向性，即先行清偿的连带保证人向主债务人和其他连带保证人行使追偿权既有先后顺序，又有先决条件，也就是说设置了双重限制。应该明确的是，该案裁判在《中华人民共和国民法典》（以下简称民法典）实施以前。民法典实施后，根据《最高人民法院关于适用〈中华人民共和国民法典〉有关担保制度的解释》第十三条规定："同一债务有两个以上第三人提供担保，担保人之间约定相互追偿及分担份额，承担了担保责任的担保人请求其他担保人按照约定分担份额的，人民法院应予支持；担保人之间约定承担连带共同担保，或者约定相互追偿但是未约定分担份额的，各担保人按照比例分担向债务人不能追偿的部分。同一债务有两个以上第三人提供担保，担保人之间未对相互追偿作出约定且未约定承担连带共同担保，但是各担保人在同一份合同书上签字、盖章或者按指印，承担了担保责任的担保人请求其他担保人按照比例分担向债务人不能追偿部分的，人民法院应予支持。除前两款规定的情形外，承担了担保责任的担保人请求其他担保人分担向债务人不能追偿部分的，人民法院不予支持。"据此，在共同担保情形下，对于承担了担保责任的担保人而言，应按照新的规定判断其能否向其他保证人追偿及如何追偿。

在连带共同保证关系中，其中一个连带保证人先行向债权人清偿债务的，可以向主债务人和其他连带保证人追偿。主债务人承担全部清偿责任，其他连带保证人在保证限额内承担补充清偿责任。我国的担保法律明确规定，连带保证人向主债务人不能追偿的，由其他连带保证人就不能追偿的部分承担清偿责任。这样既限制了追偿权的行使顺序，又设置了向其他连带保证人追偿的先决条件。这种限制追偿权的立法本意是为了督促主债务人履行债务，保护连带保证人的利益，防止任意选择被追偿人的行为使得主债务人逃避债务的约束，从而损害保证人的利益。同时，这一责任划分原则也有助于保护保证人的积极性，继续发挥保证这一经济工具的作用。连带共同保证的保证人承担保证责任后，行使担保追偿权时，可以主债务人和其他连带共同保证人为被告，但在实体处理时，在各连带保证人内部没有约定保证比例时，应判决主债务人支付保证人代其偿还的债务本息，其他连带保证人对该款项在主债务人不能偿还的数额范围内各以三分之一的担保份额向已承担保证责任的保证人承担清偿责任。本案一审径直判决二保证人各对涉案借款本息全部数额承担三分之一的偿还责任不当。

编写人：山东省淄博市临淄区人民法院　刘海红

120　人的保证与债务人最高额抵押共存时保证期间的起算
——某银行诉周某举等保证合同案

【案件基本信息】

1. 裁判书字号

江苏省高级人民法院（2011）苏商终字第 0040 号民事判决书

2. 案由：保证合同纠纷

3. 当事人

原告（上诉人）：某银行

被告（被上诉人）：周某举、刘某龙、戴某华、周某轩

【基本案情】

上诉人周某举系空调厂的法定代表人。空调厂与上诉人某银行先后签订四份最高额抵押贷款合同并办理了抵押登记，具体为：2004 年 6 月 24 日，空调厂以自有价值 1123 万元的机床等设备作抵

押，为2004年6月24日至2007年6月23日期间形成的最高余额不超过705万元的贷款提供担保；2006年4月29日，空调厂以自有价值2572.95万元的机床等设备作抵押，为2006年4月29日至2008年4月29日期间形成的最高余额不超过1200万元的贷款提供担保；2006年5月15日，空调厂以自有土地使用权作抵押，为2006年5月15日至2009年5月14日期间形成的最高余额不超过50万元的贷款提供担保；2006年5月15日，空调厂以自有厂房作抵押，为2006年5月16日至2009年5月15日期间形成的最高余额不超过50万元的贷款提供担保。2006年2月至11月期间，空调厂分26笔向原告申请贷款累计1100万元，其中最早到期日2007年1月20日，最晚到期日2007年4月20日。2006年7月31日，被告向原告出具承诺书，载明"空调厂在某银行的贷款，本人自愿为其提供担保，本人承诺按照担保法的有关规定承担连带担保责任"。2007年5月10日，镇政府与原告及空调厂达成三方协议，约定将上述已抵押土地交由镇政府用于招商引资，镇政府代空调厂偿还贷款400万元。至此，空调厂的贷款余额减至700万元。2007年12月5日，人民阜宁县江苏省法院受理空调厂的破产申请，原告随即申报了债权。2009年12月29日，江苏省阜宁县人民法院裁定原告债权为700万元（不含利息），对设立抵押的财产享有优先受偿权，但因设立抵押的财产变现收入尚不足以清偿职工债务，故债权分配为零。2010年5月26日，江苏省阜宁县人民法院裁定终结破产程序且确认未得到清偿的债权不再受偿。2010年6月10日，某银行遂向江苏省盐城市中级人民法院起诉，要求周某举承担连带责任保证700万元。周某举则辩称不再承担担保责任，因为从涉案26笔贷款中最晚到期一笔的履行期限届满之日2007年4月20日起算，至空调厂申请破产2007年12月5日止，某银行从未向其主张过保证债权，所以某银行的诉请已经超过六个月的保证期间。

【案件焦点】

在涉案26笔贷款的到期日不尽一致的情况下，保证期间该从何时起算。

【法院裁判要旨】

江苏省盐城市中级人民法院经审理认为：

一、关于被告的保证数额问题。1.2006年5月15日，被告刘某龙、周某轩及案外人张某根、王某兵书面承诺，对空调厂2006年1月至2006年12月31日在原告的借款300万元提供担保，承担连带责任。因此应认定被告刘某龙、周某轩对空调厂在2006年1月至2006年12月31日期间的债务承担300万元的连带责任保证。2.2006年7月31日，被告周某举、刘某龙、戴某华以及案外人张某根、王某兵承诺：空调厂在原告的贷款，自愿为其提供担保，承担连带担保责任。对此被告认为此是对2006年7月31日当天发生的76万元借款提供的担保。原告认为此是对被告承诺对空调厂在原告的所有借款提供的担保。本院认为，该承诺并未确定担保的具体数额以及对担保的时间范围。被告周某举、刘某龙、戴某华以及案外人张某根、王某兵在共同作出此承诺时，作为空调厂的管理人员，其应当知道空调厂截至2006年7月31日实际借款的大致金额，其作出承诺对空调厂在原告的借款承担连带担保责任，应认定为是对截至2006年7月31日发生的584万元借款作出的担保。被告周某举、刘某龙、戴某华认为是对当天发生的76万元借款提供的担保，依据不足。对2006年7月31日以后发生的借款，担保人是无法预见的，如果要求担保人承担担保责任，显然会加重担保人的责任，因此原告认为对2006年7月31日以后发生的借款也应承担连带担保责任，依据不足。据此，周某举、刘某龙、戴某华应对截至2006年7月31日前发生的584万元借款承担连带担保责任。

二、关于被告的保证责任是否免除问题。根据我国担保法律规定，连带责任保证的保证人与债权人未约定保证期间的，债权人有权自主债务履行期届满之日起六个月内要求保证人承担保证责任。在此保证期间，债权人未要求保证人承担保证责任的，保证人免除保证责任。本院认为，原告某银行作为债权人，怠于行使权利，未在债务期限届满后六个月内向保证人主张权利，故被告不再承担保证责任。其理由：

1. 本案原告提供的证人姚某光、徐某雷系原告单位职工，其与原告具有利害关系，其证言不能作为原告在债权到期后六个月内向被告主张保证债权的依据。

2. 证人张某根系与本案被告为共同保证人，本案原告仅起诉了四个被告，要求四个被告承担保证责任，而未对张某根提起诉讼，张某根与本案具有事实上的利害关系。且张某根在本院庭审时也到庭对其出具给原告的信函所证明的内容予以了否定，因此张某根的信函不能证明原告在债权到期后六个月内向四个被告主张了保证责任。

3. 在本案被告周某举2007年2月提起的要求撤销保证承诺的案件中，本案原告在答辩中并未明确提出要求周某举承担保证责任。且该诉讼是担保人周某举提起的诉讼，而不是债权人本案原告主动要求保证债权的行为。因此，周某举的诉讼行为，不能作为本案原告向本案被告主张保证责任的依据。

4. 原告作为金融部门，对到期的债权，应当有规范的催要程序和手续，以避免时效的丧失。而本案原告不能提供在贷款到期后向被告主张保证责任的任何书面通知。其怠于主张对被告的保证责任，故被告的保证责任已免除。综上所述，由于原告怠于行使保证债权，未在法律规定的期限内要求保证人承担保证责任，被告的保证责任已免除，原告要求被告承担保证责任主张，本院不予支持。

据此，江苏省盐城市中级人民法院根据《中华人民共和国担保法》第二十六条、《中华人民共和国民事诉讼法》第一百二十八条之规定，判决如下：

驳回原告某银行对被告周某举、刘某龙、戴某华、周某轩的诉讼请求。

某银行持原审起诉意见提起上诉。江苏省高级人民法院经审理认为：上诉人向被上诉人主张保证债权并未超过六个月的保证期间。

一、依据《中华人民共和国物权法》第一百七十六条的规定，被担保的债权既有物的担保又有人的保证的，债务人不履行到期债务，若债务人自己提供物的担保的，债权人应当先就该物的担保实现债权。

据此，本案上诉人在空调厂以自身抵押物清偿债务前可享有免予承担保证责任的抗辩权。由于法律对该情形下保证期间的起算并未作出明确规定，且连带保证人所享有的抗辩权又类似于一般保证人的先诉抗辩权，故可参照适用《中华人民共和国担保法》第二十五条第二款的规定，即债权人应在得以行使抵押权之日起六个月的保证期间内行使抵押权，否则保证人免除保证责任。

二、涉案四份抵押均为最高额抵押，26 笔贷款的到期日也不尽相同，因此在单笔贷款到期日与最高额抵押权存续期间届满之日不一致时，应以两者中较迟到期日作为保证期间的起算点。

据此，在单笔贷款履行期限已经届满而最高额抵押权存续期间尚未届满时，六个月保证期间应当自债权人可行使抵押权之日，即最高额抵押权存续期间届满之日起算。虽然本案26笔贷款中最晚到期的一笔已于2007年4月20日届满，但除第一笔最高额抵押合同的期间于2007年6月23日届满外，其余三笔约定的最高额抵押权的存续期间至法院受理空调厂破产清算申请之日均未届满，且第一笔最高额抵押合同期间届满之日距破产受理之日亦不足六个月。因此上诉人的诉请并未超过六个月的保证期间。

江苏省高级人民法院依据《中华人民共和国担保法》第二十八条第一款、《中华人民共和国物权法》第一百七十六条、《中华人民共和国民事诉讼法》第一百五十三条第一款第二项的规定，判决：

一、撤销江苏省盐城市中级人民法院民事判决；

二、被上诉人周某举、刘某龙、戴某华对空调厂偿还某银行700万元借款本金承担连带保证责任；

三、被上诉人周某轩对空调厂偿还某银行300万元借款本金承担连带保证责任。

【法官后语】

综观全案，涉案担保并非单一人的保证，而是人的保证（以下简称人保）与物的担保（以下简称物保）并存的混合担保。由于人保与物保性质的差异，各国对混合担保中人保的范围以及债务承担顺位的规定也不尽一致。《中华人民共和国民法典》第三百九十二条采用了“私法自治原则+保证人相对优待主义”的立法模式，即“有约定，从约定；无约定，则依据物保的提供者是第三人还是债务人而区分对待”，若债务人以自身财产提供担保，那么保证人承担保证责任的先决条件就是债权人必须先行向债务人主张担保物权。但是为了防止保证人滥用“保证人优待主义”无限期地推诿担保责任，势必对该情形下保证期间的起算及合理期限通过立法或司法解释的形式予以明确。本案二审判决的做法值得借鉴。其从平衡保护主义出发，巧将保证期间的起算与保证人对债务人自身担保物所享有的先诉抗辩权融合起来，保证期间仍推定为六个月，但从债权人“得以行使抵押权之日”起算，这不仅可促使债权人积极行使权利，简化了债务清偿程序，提高了清偿效率，而且还抑制了因怠于行使担保物权期间，债务人财产状况恶化导致清偿能力丧失及保证人事后追偿不能局面的出现。

另本案未考虑连带责任保证与一般保证责任性质的差异，一律将涉案保证期间从得以行使抵押权之日起算，虽维护了债权人的权益，但是这在今后的司法实践中仍有待商榷。因为《中华人民共和国民法典》设立连带责任保证的目的就是充分发挥保证的担保功能，最大限度地（效率最大化、保全最大化）保障债权人债权的完整实现，即只要债务人到期不履行债务，则不分履行先后，不分清偿能力强弱，债权人均有权向债务人、保证人全体或任何一人主张未受清偿债权的全部或部分。所以，在连带责任保证与债务人自身最高额抵押共存的情况下，只要所担保的债务已经到期，无论是一笔还是多笔，也无论每笔债务到期日是否一致，保证期间均应逐笔单独起算，而与债权人是否得以行使抵押权无关。否则，将有悖于连带责任保证制度的立法初衷，使得连带责任保证与一般保证无异，进而丧失独立存在的价值。

编写人：江苏省盐城市阜宁县人民法院　缪大军　刘干

三、抵押

121 购房者怠于办理抵押登记时开发商的权利保障
——置业公司诉张某抵押权案

【案件基本信息】

1. 裁判书字号

福建省泉州市中级人民法院（2019）闽05民终1355号民事判决书

2. 案由：抵押权纠纷

3. 当事人

原告（上诉人）：置业公司

被告（被上诉人）：张某

第三人：某银行

【基本案情】

2014年3月24日，张某与置业公司签订《商品房买卖合同》及附件6合同补充协议。双方约定张某以816795元的价格向置业公司购买案涉房产；张某应于签订合同时付清首期款246795元，并提供银行按揭贷款所需的全部资料并办理银行贷款的全部手续。置业公司同意张某向银行办理按揭贷款57万元。张某与置业公司签订合同后十天内办理好公积金按揭贷款的一切手续。如超过约定期限三天买受人仍未办妥银行按揭贷款和公积金按揭贷款手续或出卖人阶段性担保贷款期间，买受人累计三个月未偿还银行或公积金按揭贷款本息，出卖人均有权选择解除《商品房买卖合同》，收回房屋，并可要求张某赔偿置业公司的一切经济损失。张某除支付《商品房买卖合同》约定或上述付款方式约定的房款外，应交纳其他相关税费。2014年4月7日，案涉房产办理预购商品房预告登记。2014年9月1日，张某（借款人、抵押人）、某银行（贷款人、抵押权人）、置业公司（保证人）签订《个人购房担保借款合同》，约定张某向某银行申请贷款57万元用以购买案涉房产，该笔借款由置业公司提供阶段性保证，并以案涉房产作为抵押物。抵押人张某应协助贷款人自本合同签订之日起15日内办妥抵押预告登记，自案涉房屋满足交付条件之日起30日内办妥房地产权属证书。自房地产权属证书办妥之日起1个月内办理抵押登记。2014年9月3日，案涉房产办理预购商品房抵押权预告登记。2016年1月20日，置业公司向张某交房。2016年12月22日，不动产登记中心通知置业公司可以办理首次登记。2016年12月23日，置业公司在广播电视台制作播出办理分户产权及土地登记手续的通告。2018年1月23日，福建省德化县人民法院作出民事裁定，查封案涉房产。2018年1月24日，不动产登记中心根据福建省德化县人民法院裁定，限制案涉房产的变更、过户、设定抵押等转移手续。

【案件焦点】

1. 置业公司请求张某办理商品房权属证明之诉与置业公司请求张某办理抵押登记，且某银行予以协助之诉是否可以合并审理；2. 置业公司是否有权要求张某办理抵押登记手续；3. 案涉房产抵押登记的办理是否受法院预查封登记影响。

【法院裁判要旨】

福建省德化县人民法院经审理认为：1. 案涉房产已具备办理不动产登记手续的条件。置业公司亦按合同约定通知张某办理案涉商品房权属证明，置业公司要求张某办理商品房权属证明及缴纳相关税费符合合同约定，予以支持。2. 置业公司与张某存在买卖合同关系，置业公司与张某、某银行之间是抵押合同关系，在抵押合同中置业公司并非权利人或义务人，置业公司不是抵押登记之诉的适格主体，置业公司无权要求张某办理抵押登记、某银行予以协助。置业公司要求张某办理商品房权属证明之诉与要求张某办理房屋抵押登记之诉依据的是不同的法律关系，不可合并审理，应在办理商品房权属证明之诉判决生效后，相关权利人方可提起办理房屋抵押登记之诉。置业公司要求张某办理抵押登记的行为变相免除了自己的阶段性保证责任。三方已经约定如张某连续三个月未偿还银行贷款本息，置业公司可解除《商品房买卖合同》，收回商品房，并要求张某承担赔偿责任，合同已经约定置业公司承担保证责任风险的权利救济途径，应予遵循。案涉房产已经被查封，相关权利人应提起执行异议之诉。因此，置业公司要求张某办理抵押登记，某银行予以协助，不予支持。

福建省德化县人民法院依照《中华人民共和国合同法》第八条、第六十条、第一百零七条、第一百一十四条第一款，《中华人民共和国民事诉讼法》第一百四十四条，《最高人民法院关于适用〈中华人民共和国民事诉讼法〉的解释》第九十条规定，判决：

一、张某应在判决生效后十日内办理房屋的不动产登记手续，并承担相关契税、印花税、登记费等费用；

二、驳回置业公司的其他诉讼请求。

置业公司不服一审判决，提起上诉。福建省泉州市中级人民法院经审理认为：办理房屋权属登记之诉与办理抵押登记之诉在履行上虽有先后顺序，但是二者不存在冲突，且具有事实上的牵连关系，合并审理不违反法定程序。置业公司要求张某办理抵押登记是其根据合同约定以及法律规定维护自身合法权益之举，并非变相免除其担保责任，反而使某银行对案涉商品房享有优先受偿权。当张某违约时，置业公司有权选择解除合同或者继续履行合同，解除合同并非置业公司的义务。且根据《不动产登记操作规范（试行）》的相关规定，在商品房抵押预告登记后办理的预查封登记，不影响商品房抵押预告登记转抵押权首次登记，故案涉商品房抵押登记的办理不受法院预查封的影响。

福建省泉州市中级人民法院依照《中华人民共和国民事诉讼法》第一百七十条第一款第一项、第二项规定，判决：

一、维持福建省德化县人民法院民事判决第一项；

二、撤销福建省德化县人民法院民事判决第二项；

三、张某应在办妥上述商品房不动产登记后十日内办理房屋的抵押登记手续，将抵押权人设定为某银行，某银行应在张某办理上述抵押登记时予以必要的协助。

【法官后语】

预售商品房抵押登记的设立，对于银行债权的保障、开发商阶段性担保责任的承担以及合同稳定、交易安全等均有重大影响。在商品房符合办理商品房权属证明时，应督促购房者、引导相关当事人及时办理抵押登记，从而保障银行对商品房的优先受偿权，降低开发商的风险，平衡购房者、开发商、银行的利益。

一、开发商是否有权一并提起办理商品房权属证明之诉和办理抵押登记之诉

第一种观点认为，在借款合同中，开发商既不是权利方也不是义务方，其不具有诉讼资格。请求办理商品房权属证明之诉和办理抵押登记之诉是基于不同的法律关系，二者不可合并审理。

第二种观点认为，开发商请求购房者办理抵押登记是基于合同约定和法律规定，其具有诉权。并且两个诉之间并不存在冲突，只是在履行顺序上有先后之分，合并审理并无不妥。

笔者赞成第二种观点。首先，开发商具有诉讼主体资格。根据诚实信用原则，开发商、购房者、银行三方均应诚实、善良、全面地履行《房屋买卖合同》《个人购房担保借款合同》。在商品房符合办证条件，且开发商履行通知办证义务后，购房者应及时配合办证。开发商为购房者提供阶段性担保至办理抵押权登记之日，为购房者向银行贷款提供了便利，当购房者符合办理抵押登记条件时应及时向银行办理抵押登记，解除开发商阶段性担保的责任，无故不办理抵押登记，延长开发商阶段性担保的期限属于不诚信行为，不符合社会价值取向，不应提倡。开发商要求购房者履行办理抵押权登记手续，符合合同约定，亦与设立抵押权预告登记制度初衷吻合。其次，办理商品房权属证明之诉与办理抵押登记之诉可以合并审理。虽然两个诉是基于两个独立的合同，法律关系不同，但是二者具有密切的联系，且互相重叠。在审查时和判决时亦不存在相互冲突之诉，为了减少诉累，将相互关联的法律关系合并审理亦无不妥。

二、开发商担保责任风险的救济途径问题

一种观点认为，开发商只能依合同约定在购房者逾期支付贷款本息后，请求解除合同。另一种观点则认为，解除合同是开发商的

权利，不是义务，开发商可以请求购房者办理抵押登记。笔者赞成后者，合同约定，当购房者违约时，开发商“可”解除合同，并非“必须”解除合同。当银行放款后，购房者向开发商支付所有购房款，商品房符合办证条件，只要购房者依约办证，商品房买卖合同几乎履行完毕，如果因为购房者逾期支付贷款本息，导致已经履行完毕或大部分履行完毕的商品房买卖合同解除，将不利于交易安全和市场稳定。因此，开发商选择继续履行合同，并要求办理抵押登记符合契约精神和法律规定。

三、商品房抵押登记的办理不受法院预查封登记影响

根据《不动产登记操作规范（试行）》第 1.2.3 条的规定，在商品房抵押预告登记后办理的预查封登记，不能阻断商品房抵押预告登记转抵押权首次登记，因此开发商要求购房者办理抵押登记不应通过执行异议之诉，而应在抵押权纠纷中予以审查。

笔者建议明确如因购房人或银行自身原因，造成符合办理抵押登记条件的商品房未能如期办理抵押登记，开发商的阶段性担保责任可以免除。

本案判决时引用的实体法、程序法虽然与之后修改的《中华人民共和国民法典》《中华人民共和国民事诉讼法》及相关司法解释中的法条表述不一致，但不影响本案合同双方权利义务的认定，对本案实体、程序上的处理均无实质性影响。

编写人：福建省泉州市中级人民法院　罗晓燕

122 抵押权的行使期间与主债权的诉讼时效的关系

——实业公司诉某银行抵押权案

【案件基本信息】

1. 裁判书字号

北京市第一中级人民法院（2020）京01民终4521号民事判决书

2. 案由：抵押权纠纷

3. 当事人

原告（上诉人）：实业公司

被告（被上诉人）：某银行

第三人：资产管理公司

【基本案情】

2008年4月11日，借款人实业公司与贷款人某银行签订《借款合同》。同日，抵押权人某银行与抵押人实业公司签订了《抵押合同》。双方办理了抵押登记。

借款到期后，实业公司并未如约履行，某银行将其诉至北京市昌平区人民法院，要求其还本付息。案件审理过程中，北京市昌平区人民法院应某银行申请作出保全裁定，并对抵押物进行了查封。北京市昌平区人民法院作出民事判决书，判令实业公司向某银行返还本金4000万元并支付相应利息、罚息及复利。该判决生效后，某银行依据该判决书向北京市昌平区人民法院申请强制执行。

实业公司与投资公司签订《房屋租赁合同》，约定双方同意投资公司有权将上述房屋向第三方转租。投资公司（甲方）、资产管理公司（乙方）与实业公司（丙方）签订的《房屋租赁合同》，约定丙方同意甲方将其房屋转租给乙方使用，并同意甲方将其在租赁合同项下的权利义务转让给乙方。2010 年 4 月 19 日，资产管理公司与商贸公司签订了《房屋租赁合同》，约定年租金总额为 2072316 元。

2012 年 3 月 13 日，北京市昌平区人民法院向商贸公司送达协助执行通知书，要求商贸公司协助扣押实业公司在商贸公司处的租金收入。商贸公司共依据协助执行通知书向北京市昌平区人民法院交纳租金共计 2958229 元。

至今，某银行并未与抵押人就行使抵押权达成协议或向人民法院提起诉讼申请实现担保物权。

【案件焦点】

1. 抵押权人在主债权诉讼时效期间未行使抵押权的，抵押权是否因主债权诉讼时效届满而消灭；2. 主债权经过法院裁判后，对应的抵押权是否随之消灭。

【法院裁判要旨】

北京市昌平区人民法院经审理认为：

一、关于某银行是否行使了抵押权的问题

根据《中华人民共和国担保法》第五十三条对于行使抵押权的形式作出的明确规定，某银行至今并未以法定形式行使抵押权，故法院确认某银行目前并未行使抵押权。

二、关于某银行目前是否还享有抵押权的问题

《中华人民共和国物权法》第二百零二条规定，抵押权人应当在主债权诉讼时效期间行使抵押权；未行使的，人民法院不予保护。抵押权所对应的主债权已经由人民法院作出裁判，且债权人申请了强制执行，故主债权已经不存在诉讼时效届满的问题。抵押合同系借款合同的从合同，如果主债权诉讼时效一直没有届满，则抵押权一直存续而不消灭。故某银行只是目前没有行使抵押权，而其抵押权并未消灭。法院认为实业公司提出的诉讼请求，无事实及法律依据，对此不予支持。

综上，北京市昌平区人民法院依据《中华人民共和国物权法》第二百零二条，《中华人民共和国担保法》第五十三条，《中华人民共和国民事诉讼法》第六十四条，《最高人民法院关于适用〈中华人民共和国民事诉讼法〉的解释》第二百四十条规定，判决：

驳回实业公司的全部诉讼请求。

实业公司不服一审判决，提起上诉。北京市第一中级人民法院经审理认为：《中华人民共和国物权法》第二百零二条规定，抵押权人应在主债权诉讼时效期间行使抵押权，该规定目的是促使抵押权人积极及时行使抵押权，避免因抵押权人长期怠于行使其权利，造成抵押财产长期处于不确定状态，抵押人因义务的不确定性而处于一种不利益的状态，不利于保护双方的合法权益。本案中，在主债权到期、实业公司未按照约定履行还款义务时，某银行将实业公司诉至北京市昌平区人民法院，要求实业公司偿还借款本金及利息；并在该案中提起诉讼保全，将本案所涉抵押物进行查封。2011 年 9 月 9 日，北京市昌平区人民法院作出民事判决书，判令实业公司向某银行返还本金 4000 万元并支付相应利息、罚息及复利。该判决生

效后，某银行依据该判决书向北京市昌平区人民法院申请强制执行，本案所涉抵押物亦作为被执行财产进入强制执行阶段。由此，某银行对于本案抵押权及被担保主债权均不存在怠于行使的情形，一直处于积极行使权利的状态。实业公司以针对主债权的判决作出时间作为抵押权消灭之时，缺乏法律依据，法院对该意见不予采纳。

故北京市第一中级人民法院依照《中华人民共和国民事诉讼法》第一百七十条第一款第一项规定，判决：

驳回上诉，维持原判。

【法官后语】

本案中的争议焦点问题为某银行的抵押权是否已消灭，其实质是抵押权的行使期间问题。具体可以分为以下两个问题：

一、抵押权人在主债权诉讼时效期间未行使抵押权的，抵押权是否因主债权诉讼时效届满而消灭

《中华人民共和国民法典》第四百一十九条规定："抵押权人应当在主债权诉讼时效期间行使抵押权；未行使的，人民法院不予保护。"此处的"不予保护"作何理解，在学界和实务界存在不同观点。一种观点认为，抵押权人在主债权诉讼时效期间未实行抵押权的，抵押权人丧失的是其抵押权受法院保护的权利，即胜诉权，但是抵押权本身是存在的；另一种观点认为，此时抵押权因为时效的完成而归于消灭。《全国法院民商事审判工作会议纪要》第五十九条实质上采取了后一种观点。本案认可第二种观点。首先，诉讼时效的设立目的在于让罹于时效的请求权人承受不利益，敦促其及时行使权利。诉讼时效一般适用于债权请求权；而抵押权为支配权而非请求权，不宜将抵押权纳入诉讼时效的规制范围。其次，回归生活

来看，请求权诉讼时效届满，债务人在法律上的约束即消失，该债务不再受到法院的保护。若抵押权行使期间的性质为诉讼时效，则时效届满，抵押权人欲行使抵押权，抵押人可以诉讼时效届满而抗辩，其权利将无法实现；同时，抵押人想要请求涂销抵押登记，抵押权人可以抵押权仍存在而拒绝配合。此时则形成双输的局面：抵押权人不能行使抵押权，同时抵押物上设置的抵押权一直存续。背负着抵押权的抵押物也难以在市场上实现其全部的价值。因此，抵押权行使期间经过后，抵押权即告消灭的方式更符合现实生活的需要。

二、主债权经过法院裁判后，对应的抵押权是否随之消灭

有观点认为，诉讼时效是针对自然债权而言的，当法院作出生效的裁判文书后，自然债权转为法定债权，原自然债权的诉讼时效不再继续存在，因此与之相关的抵押权的行使期限也随之届满而消灭。而本案中，一审法院对此持不同意见，其认为抵押权所对应的主债权已经由人民法院作出裁判，且债权人申请了强制执行，故主债权已经不存在诉讼时效届满的问题。

诉讼时效是指民事权利受到侵害的权利人在法定的时效期间内不行使权利，当时效期间届满时，义务人获得诉讼时效抗辩权。在法律规定的诉讼时效期间内，权利人提出请求的，人民法院就强制义务人履行所承担的义务。而在法定的诉讼时效期间届满之后，权利人行使请求权的，人民法院就不再予以保护。二审法院认为，诉讼时效是为了敦促权利人积极行使其权利的制度设计，一旦人民法院对此作出生效裁判后，权利人已经在诉讼时效内积极行使其权利，诉讼时效的作用即告结束，因此主债权就不存在诉讼时效这一问题。在债权人仅诉债务人而未一并起诉抵押人的情形下，诉讼时效期间制度已经不能适用，但是抵押权的保护仍有必要。《中华人民共和国

民法典》第四百一十九条规定抵押权人应在主债权诉讼时效期间行使抵押权，该规定的目的是促使抵押权人积极及时行使抵押权，避免因抵押权人长期怠于行使其权利，造成抵押财产长期处于不确定状态，抵押人因义务的不确定性而处于一种不利益的状态，不利于保护双方的合法权益；而并非将抵押权的行使期间仅仅限缩在诉讼时效期间。在抵押权应当予以保护而现行法对此无规定的情况下，参照该规定之精神，应进行扩张解释，即抵押权人应当在主债权受到法律保护的期间内行使抵押权。该保护期间，通常为主债权诉讼期间；当主债权经诉讼程序被生效裁判确定后，抵押权的保护期间为申请执行期间；在债务人破产时，抵押权的保护期间则为法律规定的申报债权期间。因此，不能仅因为主债权已经过法院裁判，而判定抵押权的期限也随之届满而消灭。在司法审判实践中，如果抵押权人对于其抵押权不存在怠于行使的情形，一直处于积极行使权利的状态。抵押人提出针对主债权的判决作出时间应作为抵押权消灭之时的诉讼意见，人民法院不应予以支持。

判断抵押权人对于其抵押权是否一直处于积极行使的状态的标准是审判实践中的一个难点。本案中，是否"申请强制执行"应成为一个关键的判断标准。判决生效后施行的《最高人民法院关于适用〈中华人民共和国民法典〉有关担保制度的解释》第四十四条第一款对此亦有相关规定，具体为："……主债权诉讼时效期间届满前，债权人仅对债务人提起诉讼，经人民法院判决或者调解后未在民事诉讼法规定的申请执行时效期间内对债务人申请强制执行，其向抵押人主张行使抵押权的，人民法院不予支持。"该规定从相反的方向对此做出了界定，即主债权经过法院裁判后，抵押权人未在法律规定的时效内申请强制执行，则法院对其行使抵押权的主张不予支持。如果抵押权人在法律规定的时效内积极申请了强制执行，则对于其行使抵押权的主张，应当支持。具体到本案，在主债权到期、中奥启天公司未按照约定履行还款义务时，某银行将实业公司诉至昌平法院，要求实业公司偿还借款本金及利息并得到支持；在该案审理过程中某银行提起诉讼保全，将本案所涉抵押物进行了查封。判决生效后，某银行申请强制执行，且本案所涉抵押物亦作为被执行财产进入强制执行阶段。由此可知某银行对于本案抵押权及被担保主债权均不存在怠于行使的情形，一直处于积极行使权利的状态。故本案中，抵押人提出针对主债权的判决作出时间应作为抵押权消灭之时的诉讼意见，人民法院不应予以支持。

编写人：北京市第一中级人民法院　习亚伟

123　抵押权担保范围在合同约定与抵押登记不一致时的正确认定

——某银行诉经贸公司金融借款合同案

【案件基本信息】

1. 裁判书字号

山东省淄博市中级人民法院（2020）鲁03民终2739号民事判决书

2. 案由：金融借款合同纠纷

3. 当事人

原告（上诉人）：某银行

被告（被上诉人）：经贸公司

【基本案情】

2014 年 8 月 27 日，经贸公司与某银行签订借款合同，约定经贸公司向某银行借款 650 万元，借款到期日为 2017 年 8 月 26 日，同时对借款利息、还款时间、违约责任等进行了约定。同日，经贸公司与某银行签订最高额抵押合同，约定经贸公司以其名下相关土地使用权为上述借款提供抵押担保，在 10602100 元的最高余额内，抵押权人依据与经贸公司签订的借款合同而享有对债务人的债权。该抵押合同签订后双方办理了抵押登记，抵押登记的抵押金额为 650 万元。借款合同到期后，经贸公司未按时还款。2017 年 8 月 26 日，某银行与经贸公司签订展期协议，展期金额为 6499000 元，展期到期日为 2018 年 8 月 25 日，展期协议同时对借款利息、还款时间、违约责任等进行了约定。

【案件焦点】

某银行对经贸公司的抵押权的抵押担保范围如何认定。

【法院裁判要旨】

山东省淄博市临淄区人民法院经审理认为：某银行与经贸公司签订的合同合法有效，某银行依约向经贸公司发放贷款，经贸公司应按约还本付息，在某银行对经贸公司展期后，经贸公司仍未及时归还借款本息，故某银行主张经贸公司归还借款本息，并主张对经贸公司抵押财产行使优先受偿权，依法应予支持。

山东省淄博市临淄区人民法院依照《中华人民共和国合同法》第一百零七条、第二百零五条、第二百零六条、第二百零七条，《中华人民共和国担保法》第三十三条规定，判决：

一、经贸公司归还某银行借款本金 6498999 元，于本判决生效后十日内付清；

二、经贸公司支付某银行利息（以 6498999 元为本金，自 2018 年 8 月 21 日起至实际给付之日止，按合同约定的利率计算利息），与第一项同时付清；

三、某银行对经贸公司抵押财产的变价款在抵押金额 650 万元范围内享有优先受偿权。

某银行不服一审判决，提起上诉。山东省淄博市中级人民法院经审理认为：关于某银行对经贸公司享有抵押权的抵押范围，某银行与经贸公司在最高额抵押合同中明确约定“抵押人最高额抵押担保的范围包括主债权本金、利息、罚息、复利、违约金、损害赔偿金以及实现抵押权的费用等”“抵押人所担保的主债权在 10602100 元的最高余额内，抵押权人依据与经贸公司签订的借款合同而享有对债务人的债权”。某银行与经贸公司在办理抵押登记时，因不动产中心登记系统未设置“担保范围”栏目，仅有“抵押金额”的表述，且只能填写固定数字，致使合同约定的担保范围与登记不一致。该不一致系因登记系统设置及登记规则造成，不能否定双方之间关于担保范围的约定，亦不能以他项权证上记载的抵押金额作为最高抵押限额。因此，某银行在最高额抵押合同约定的担保范围内对抵押物享有优先受偿权。一审判决认定某银行在他项权证记载的抵押金额 650 万元范围内享有优先受偿权不当，应予纠正。据此，二审改判某银行有权就经贸公司设定抵押的土地使用权以折价或者拍卖、变卖所得的价款在主债权最高余额 10602100 元及相应利息范围内优先受偿。

综上，山东省淄博市中级人民法院依照《中华人民共和国物权法》第一百七十三条、第一百九十五条，《中华人民共和国民事诉讼法》第一百七十条第一款第二项规定，判决：

一、维持山东省淄博市临淄区人民法院民事判决第一项、第二项，即经贸公司归还某银行借款本金 6498999 元，于本判决生效后十日内付清；经贸公司支付某银行利息（以 6498999 元为本金，自 2018 年 8 月 21 日起至实际给付之日止，按合同约定的利率计算利息），与第一项同时付清；

二、变更山东省淄博市临淄区人民法院民事判决第三项“某银行对经贸公司抵押财产的变价款在抵押金额 650 万元范围内享有优先受偿权”为：某银行有权就经贸公司设定抵押的土地使用权以折价或者拍卖、变卖所得的价款在主债权最高余额 10602100 元及相应利息范围内优先受偿。

【法官后语】

本案主要涉及抵押权的担保范围在合同约定与抵押登记不一致时的正确认定问题。

关于抵押财产内容和被担保债权范围，实践中确实存在抵押合同约定与不动产登记记载内容不一致的现象。如在本案中，借贷双方签订最高额抵押合同对涉案借款设定了抵押权，但对于抵押权担保范围，双方合同约定的内容和在不动产登记机构的登记内容并不一致。而本案一、二审对此项内容的不同判决结论实际上也代表了当前对抵押合同约定与抵押登记记载不一致时的两种不同意见。

第一种意见认为应以合同约定为准，理由是《中华人民共和国民法典》（以下简称《民法典》）第三百八十九条和之前的《中华人民共和国物权法》（以下简称《物权法》）第一百七十三条均规定："担保物权的担保范围包括主债权及其利息、违约金、损害赔偿金、保管担保财产和实现担保物权的费用。当事人另有约定的，按照其约定。"因此，既然法律已经明确规定了担保物权的范围以及对此还可以另有约定，那么如果像抵押合同这样的担保合同中约定的担保范围依法就应当包括利息、违约金、损害赔偿金、保管担保财产和实现担保物权的费用等，即使这些范围性内容没有在登记簿上登记，依照上述法律规定也应当以担保合同约定的内容为准。

第二种意见认为应以抵押登记为准，理由是《民法典》第二百一十六条和之前的《物权法》第十六条均明确规定："不动产登记簿是物权归属和内容的根据。不动产登记簿由登记机构管理。"据此，不动产物权登记具有公示公信的效力，其依法具有对抗当事人约定的效力。故从对外公示公信效力和据此导出的优先保护相对人的合理信赖利益的角度出发，应当以不动产登记记载的抵押范围内容为准。

从类案来看，实践中存在抵押财产及其被担保债权范围出现抵押合同约定与不动产登记记载不一致的情况，并非《民法典》第三百八十九条和《民法典》第二百一十六条存在冲突造成的，而实际上这两处法律规定从理论上讲也不应存在冲突。首先，就抵押担保范围来看，《民法典》第三百八十九条明确规定了担保物权的担保范围，即抵押作为典型的担保物权，其只要依约设定，那么其范围依法就应包括主债权及其利息、违约金、损害赔偿金、保管担保财产和实现担保物权的费用，当然当事人对此可以另有约定。其次，从抵押登记来看，《民法典》第二百一十六条第一款明确规定"不动产登记簿是物权归属和内容的根据"，这也集中体现了物权法定和物权公示之原则。最后二者从理论上讲不应存在冲突。抵押作为担保物权的一种，其依法应当登记设定，双方在形成抵押合同后必须依法进行不动产权登记方可最终成立合法的抵押权。即先通过合同约定再进行抵押登记而使抵押权生效。所以说从理论上讲抵押财产及其被担保债权范围在合同约定后再去进行不动产登记，是法律规定的流程，不应出现内容上矛盾冲突。而现实中出现上述内容上的矛盾冲突，则通常都是因为一些地区不动产登记机构提供的不动产登记簿上仅有“被担保主债权数额”或“最高债权数额”的表述，其中并没有“担保范围”这样的与法律规定一致的栏目称呼，且不动产登记机构的登记规则要求此项只能填写固定数字。但实践中的抵押合同的签订都是为了最大限度地保证债权人的权益，其中一般都会约定抵押担保范围包括主债权及其利息、违约金及实现债权和抵押权的费用，等等。由此可见，这一问题的出现根源在于不动产登记机构对于抵押登记的栏目设置上，而不在于法律本身或当事人本身。

因此，2019年11月14日正式发布实施的《全国法院民商事审判工作会议纪要》（以下简称《九民会议纪要》）基于解决现实紧迫问题和平衡各方利益的考虑，其在第五十八条“担保债权的范围”部分对此问题首次明确了裁判思路和处理规则，要求分两种情况予以处理：第一种情况是一些地区而且是“多数省区市”不动产担保物权登记的系统设置和登记的规则设计不规范，从而造成不动产担保物权登记记载与担保合同约定不一致，这种情况下人民法院须以担保合同约定来认定担保物权的担保范围；第二种情况则是一些地区不动产担保物权登记的系统设置和登记的规则设计已经比较规范，担保物权登记范围与合同约定一致在该地区已经是常态或者普遍现象，这种情况下人民法院在审理案件时就应当以登记的担保范围为准。①

需要注意的是，2021年1月1日起随《民法典》正式实施的《最高人民法院关于适用〈中华人民共和国民法典〉有关担保制度的解释》（以下简称《民法典担保制度解释》）第四十七条对于抵押财产、被担保的债权范围等出现合同约定与抵押登记不一致时的问题进行了统一性规定："不动产登记簿就抵押财产、被担保的债权范围等所作的记载与抵押合同约定不一致的，人民法院应当根据登记簿的记载确定抵押财产、被担保的债权范围等事项。"不过即使如此，自2021年起，对于人民法院受理的抵押权担保范围存在合同约定与抵押登记不一致情形的案件而言，其在具体的审理和裁判时仍然需区别情况对待。对此应严格根据《最高人民法院关于适用〈中华人民共和国民法典〉时间效力的若干规定》（以下简称《民法典时间效力规定》）的相关规定进行个案判断。具体从抵押担保事实发生时间来看可以区分为以下两种情况：

一是抵押担保的事实发生在2021年1月1日《民法典》实施后。此种情况下，因抵押担保这一法律事实发生时《民法典》已经

---

① 《九民会议纪要》第五十八条："以登记作为公示方式的不动产担保物权的担保范围，一般应当以登记的范围为准。但是，我国目前不动产担保物权登记，不同地区的系统设置及登记规则并不一致，人民法院在审理案件时应当充分注意制度设计上的差别，作出符合实际的判断：一是多数省区市的登记系统未设置'担保范围'栏目，仅有'被担保主债权数额（最高债权数额）'的表述，且只能填写固定数字。而当事人在合同中又往往约定担保物权的担保范围包括主债权及其利息、违约金等附属债权，致使合同约定的担保范围与登记不一致。显然，这种不一致是由于该地区登记系统设置及登记规则造成的该地区的普遍现象。人民法院以合同约定认定担保物权的担保范围，是符合实际的妥当选择。二是一些省区市不动产登记系统设置与登记规则比较规范，担保物权登记范围与合同约定一致在该地区是常态或者普遍现象，人民法院在审理案件时，应当以登记的担保范围为准。"

正式生效施行，故根据最基本的法律适用原理和《民法典时间效力规定》第一条第一款之规定，[①] 对于此情形下因抵押担保事实发生法律纠纷引发民事诉讼的，人民法院在审理时应当根据《民法典》第二百一十六条、第三百八十九条和《民法典担保制度解释》第四十七条之规定，以抵押登记为准进行认定。

二是抵押担保的事实发生在2021年1月1日《民法典》实施前。对于这种情况，根据"法不溯及既往"的法律适用基本原理和《民法典时间效力规定》第一条第二款的规定，[②] 原则上不能适用《民法典》和《民法典担保制度解释》的规定。而在2021年1月1日《民法典》实施前，关于抵押权担保范围存在合同约定与抵押登记不一致的情况，并没有像《民法典担保制度解释》第四十七条这样明确的规定，故对此在裁判时仍应当按照《九民会议纪要》第五十八条的思路予以区分处理，从而确保个案在实体上的公平正义。本案即是如此。本案裁判作出系在《民法典》和《民法典担保制度解释》实施前，故本案二审法院按照《九民会议纪要》的意见改判某银行依法应在最高额抵押合同约定的担保范围内对抵押物享有优先受偿权无疑是正确的。

编写人：山东省淄博市中级人民法院　荣明潇

山东省淄博市临淄区人民法院　刘海红

---

① 《民法典时间效力规定》第一条第一款："民法典施行后的法律事实引起的民事纠纷案件，适用民法典的规定。"

② 《民法典时间效力规定》第一条第二款："民法典施行前的法律事实引起的民事纠纷案件，适用当时的法律、司法解释的规定，但是法律、司法解释另有规定的除外。"

124 抵押房产涉及刑事犯罪的，民事案件中抵押权的行使能否优先于刑事的追赃、退赔

——某银行诉吕某金融借款合同案

【案件基本信息】

1. 裁判书字号

北京市第二中级人民法院（2020）京02民终6144号民事判决书

2. 案由：金融借款合同纠纷

3. 当事人

原告（上诉人）：某银行

被告（被上诉人）：吕某

【基本案情】

2013年11月5日，吕某与某银行订立《个人授信及担保协议》，约定，某银行为吕某提供总额为445万元的授信额度，授信期间240个月，自2013年11月5日至2033年11月5日。同日，吕某与某银行订立《个人贷款借款合同》，约定，某银行向吕某提供贷款445万元，用于购买一手房，贷款期限240个月，自2013年11月5日至2033年11月5日，年利率6.55%。前述合同订立后，某银行向吕某发放贷款445万元。吕某以其名下的房屋为该债务提供抵押担保。2014年9月15日，某银行与吕某就前述抵押房产办理了抵押登记。

2017 年 3 月 17 日，陈某与吕某订立《协议书》，约定：吕某名下的案涉抵押房产实际拥有人是陈某，陈某委托宋某将该房屋出售，该房屋所产生的剩余银行贷款以及其他陈某所有债务都与吕某无关。北京市丰台区人民法院于 2018 年 11 月 30 日作出刑事判决书，该判决书载明，吕某在该案中作为证人陈述称案涉抵押房产系陈某实际出资，为陈某所有，陈某在该案中陈述其出资购买的前述房产可以出售退还投资人；判决书主文为，“一、陈某犯非法吸收公众存款罪，判处有期徒刑二年六个月，并处罚金人民币十万元；二、责令陈某退还投资人损失，分别发还各投资人；三、已查封的房屋予以变价，所得价款并入本判决第二项执行”。前述刑事判决书已经发生法律效力。

吕某在履行还款义务的过程中出现逾期还款的情形，截至 2019 年 12 月 18 日，吕某欠付某银行借款本金 3975575.83 元、利息 468349.60 元、罚息 38128.26 元、复息 43581.43 元。某银行随后起诉至法院。

【案件焦点】

当抵押物涉及刑事犯罪，民事案件中抵押权的行使能否优先于刑事追赃、退赔。

【法院裁判要旨】

北京市西城区人民法院经审理认为：某银行与吕某签订的《个人授信及担保协议》和《个人贷款借款合同》，均系双方当事人的真实意思表示，经审查亦无导致合同无效的情形，均属合法有效合同，双方当事人均应按照约定行使权利和履行义务。关于某银行提出的吕某偿还借款本息并支付律师费的诉讼请求，法院认为，吕某以本人名义利用本人资信向某银行申请贷款，某银行基于对吕某资信的审核同意出借款项，双方订立《个人授信及担保协议》和《个人贷款借款合同》，某银行实际向吕某出借了445万元，吕某亦应当按照合同约定按时足额偿还借款，其逾期还款的行为构成违约，应当承担违约责任偿还全部借款本息并支付罚息及复利。某银行为实现债权实际支出律师费5000元，按照合同约定应当由吕某承担。因此，某银行前述诉讼请求符合合同约定，法院予以支持。吕某以前述款项实际用款人以及案涉房产实际所有人并非其本人为由不同意偿还借款的意见，法院认为吕某作为完全民事行为能力人，以本人名义与某银行订立借款合同，即应当预见该行为的后果并受到合同条款的约束，其与陈某关于案涉借款还款责任的约定不能约束某银行，某银行有权要求吕某履行合同约定偿还欠款。吕某前述意见，法院不予采纳。关于某银行提出的对案涉房产实现抵押权的诉讼请求。法院认为，案涉房屋以吕某名义购买，其与某银行订立了担保合同并办理了抵押登记，抵押权有效设立，吕某与陈某内部关于案涉房屋权属的约定不具有对外效力。北京市丰台区人民法院作出刑事判决判定陈某犯非法吸收公众存款罪，将前述抵押房产予以变价退还投资人损失，该刑事判决书已经生效，法院不持异议。因前述判决书已经对案涉抵押房产作出处置，若该房屋处置后退还刑事判决书认定的投资人尚有剩余的，某银行在该剩余价值内在本判决确定的债权范围内享有优先受偿权。

北京市西城区人民法院依照《中华人民共和国合同法》第八条、第六十条第一款、第二百零五条、第二百零六条、第二百零七条，《中华人民共和国物权法》第一百七十九条规定，判决：

一、吕某于本判决生效后十日内偿还某银行截至 2019 年 12 月 18 日的借款本金 3975575. 83 元、利息 468349. 60 元、罚息 38128. 26 元、复息 43581. 43 元，以及自 2019 年 12 月 19 日起至上述款项实际清偿之日止的利息、罚息、复息；

二、吕某于本判决生效后十日内给付某银行律师费 5000 元；

三、若案涉房屋经刑事案件执行完毕后尚有剩余的，某银行在本判决书第一项、第二项确定的债权范围内就该剩余部分享有优先受偿权。

某银行不服一审判决，提起上诉。北京市第二中级人民法院经审理认为：一审法院判决支持某银行要求吕某偿还剩余借款本金、利息、罚息、复息并承担律师费的诉讼请求，具有事实和法律依据，法院予以确认。

关于某银行要求对案涉房产实现抵押权的上诉请求。法院认为一审法院相关认定缺乏法律依据，理由如下：第一，案涉房产以吕某名义购买，其与某银行订立了抵押担保合同并办理了抵押登记，抵押权合法设立；第二，虽然吕某与陈某对案涉房产权属另有约定，但二人之间的约定不能对抗抵押登记的效力；第三，案涉刑事判决仅显示出刑事判决将案涉房产拍卖、变卖价款纳入发还投资人的范围，但未明确排除某银行作为抵押权人享有优先受偿的权利。因此，一审法院在未否定某银行善意取得的情况下以案涉刑事判决为依据对某银行享有的优先受偿权予以排序并作出判决，缺乏法律依据。某银行的上诉主张成立，对其上诉请求，法院予以支持。

关于吕某在诉讼中所提本案真正买房人是陈某，购房首付款都由陈某支付，房产是陈某实际控制的，生效判决认定了房屋真正所有人是陈某，吕某不应承担还款责任。法院认为，吕某作为完全民事行为能力人，以本人名义和资质与某银行订立借款合同，应当预见该行为产生的后果并受合同条款的约束，其与陈某关于案涉借款还款责任的约定不能约束某银行，某银行有权要求吕某履行合同约定的还本付息义务。

北京市第二中级人民法院依照《中华人民共和国民事诉讼法》第一百七十条第二款规定，判决：

一、维持北京市西城区人民法院民事判决第一项、第二项；

二、撤销北京市西城区人民法院民事判决第三项；

三、某银行就拍卖、变卖吕某名下房屋所得价款对本判决第一项确定的吕某的债务享有优先受偿权。

【法官后语】

在民刑交叉案件中，最主要的冲突在于对案涉财产的分配，民事权利人能否得到相应救济。本案的争议焦点是，当抵押物涉及刑事犯罪，民事案件中的抵押权的行使能否优先于刑事退赔？现结合本案予以全面分析：

一、抵押权的善意取得

《中华人民共和国民法典》第三百一十一条对善意取得作出了规定："无处分权人将不动产或者动产转让给受让人的，所有权人有权追回；除法律另有规定外，符合下列情形的，受让人取得该不动产或者动产的所有权：（一）受让人受让该不动产或者动产时是善意；（二）以合理的价格转让；（三）转让的不动产或者动产依照法律规定应当登记的已经登记，不需要登记的已经交付给受让人……当事人善意取得其他物权的，参照适用前两款规定。"因此，判断某银行是否善意取得案涉房产抵押权，应当依据上述三个条件即是否善意、有无合理对价以及是否有权利外观来进行判断。关于抵押权合理对价的判断可以依据主债权来判断。本案中，涉案房屋以吕某名义购买，某银行取得涉案房屋抵押权的时点是其发放贷款之时，此时案外人陈某所涉嫌的犯罪并未案发。吕某的抵押意思表示真实且签字合法，抵押登记手续完整，他项权利证书登记事项与不动产登记簿记载一致，全套法律文件亦经过公证。所以，整个抵押登记行为并不存在瑕疵，抵押登记行为合法有效，符合法律规定。某银行依照诚实信用原则向借款人吕某发放了贷款，为取得抵押权支付了合理对价。因此可以得出，某银行对借款人所设立的抵押权是善意的，应当得到法律的保护。

二、抵押权行使与刑事追缴、退赔的先后顺序

1. 在处理涉刑事案件的案涉房产时，房产上负有合法有效的抵押权，刑事裁判认定案涉房屋系被执行人用其所吸收的款项以其他人名义购置，但是该裁判并未否定案涉抵押合同的效力，在没有证据证明抵押权人知道或应当知道案涉房屋系赃款购置以及抵押权人尽到注意义务的情况下，抵押权人作为善意第三人，其对案涉房屋享有抵押权，当然对房屋执行案款享有优先受偿权。因此，抵押房产虽系赃款所购，但作为善意第三人的抵押权人仍可就执行抵押财产所得款项请求优先受偿。在本案中，一审判决的思路明显受到“先刑后民”的思路限制，在未否定某银行系案涉房屋善意取得第三人身份的情况下，却以固有的“先刑后民”思路对某银行享有的优先受偿权予以排序，导致银行债权无法得到足额清偿，这种审判思路在二审中予以纠正。

2. 根据《最高人民法院关于刑事裁判涉财产部分执行的若干规定》第十三条规定：“被执行人在执行中同时承担刑事责任、民事责

任，其财产不足以支付的，按照下列顺序执行：（一）人身损害赔偿中的医疗费用；（二）退赔被害人的损失；（三）其他民事债务；（四）罚金；（五）没收财产。债权人对执行标的依法享有优先受偿权，其主张优先受偿的，人民法院应当在前款第（一）项规定的医疗费用受偿后，予以支持。”也就是说，即使生效刑事判决将案涉抵押房产没收，也不影响成立在先的债权人基于抵押权享有的优先受偿权。本案中，借款人吕某对某银行所负债务为合法债务，抵押房屋已办理抵押登记，故某银行对该抵押登记房屋应具有优先受偿权。抵押房屋虽被列入刑事案件退赔的财产范围，但根据上述规定，某银行作为债权人主张对刑事案件中的执行标的即抵押房屋享有优先受偿权的，应予以支持，且该优先受偿权的顺位优先于刑事被害人获得退赔的权利。

三、民刑交叉案件分别审理的审理原则

在实务中审理民刑交叉案件时，“先刑后民”原则已成为相当一部分司法工作人员的固有思维模式，一旦案件存在刑民交叉问题，一律要求民事问题的解决必须等待刑事案件的处理结果，即使债权人办理了抵押权登记，其也无法享有优先受偿的权利，“人为地”将抵押权与其他民事债务放置于同一清偿顺位。但是由于刑法和民法规范目的、功能、证明标准等方面的不同，行为在刑法意义上和民法意义上存在区别。因而尽管某些行为在刑法领域被追究刑事责任，但其引发的民事法律后果可以独立通过民事诉讼来认定，这也是民刑交叉案件分别审理的原因。《全国法院民商事审判工作会议纪要》在第一百二十八条对民刑交叉的程序处理问题进行了明确规定，“同一当事人因不同事实分别发生民商事纠纷和涉嫌刑事犯罪，民商事案件与刑事案件应当分别审理……”

综上，民刑交叉案件中，抵押财产虽涉及刑事犯罪，但只要该财产上的抵押权是基于合法有效设立或善意取得，其行使不受刑事追缴影响；如已追缴，抵押权也先于刑事退赔受偿。

编写人：北京市丰台区人民法院　付晨晨

125　银行对抵押物未能办理抵押登记有过失的，减轻保证人责任

——某银行诉房地产公司、杨某金融借款合同案

【案件基本信息】

1. 裁判书字号

山东省日照市中级人民法院（2019）鲁11民终第358号民事判决书

2. 案由：金融借款合同纠纷

3. 当事人

原告（被上诉人）：某银行

被告（上诉人）：房地产公司

被告（被上诉人）：杨某

【基本案情】

2010年5月27日，房地产公司与杨某签订《商品房买卖合同》，约定杨某向房地产公司购买楼房一套，价款186000元，杨某首付56000元，余款办理按揭贷款手续。之后，某银行、房地产公司、杨某三方签订《个人购房担保借款合同》，约定某银行向杨某提供购房款13万元，贷款期限自2010年7月29日至2030年7月

28日；借款由杨某购买的房产作为抵押担保；并约定房地产公司为杨某的借款提供阶段性担保，房屋能够进行抵押登记时，抵押人应及时通知贷款人并在法定期限内办妥抵押登记。

杨某自2018年3月起未再按约履行还款义务，截至2018年10月6日累计拖欠本金94552.3元。房地产公司于2011年5月30日前将房屋交付杨某，并最终协助杨某于2012年12月5日办理了房屋所有权证，于2013年1月25日办理了国有土地使用权证。然而某银行未与杨某办理房屋的抵押预告登记和正式抵押登记。至2015年4月，杨某因另案民事纠纷，其所购涉案房屋被法院依法拍卖清偿债务。

【案件焦点】

某银行在办理抵押业务中有无过失，应否减免房地产公司的保证责任。

【法院裁判要旨】

山东省日照经济技术开发区人民法院经审理认为：案涉担保借款合同依法成立并合法有效，当事人均应按照合同约定的内容完全履行合同义务。某银行按约向杨某发放借款13万元，但杨某未能按约归还借款本息，构成违约，且涉案房屋已被依法拍卖，导致某银行的合同目的已无法实现，某银行有权向杨某提前宣布借款到期，收回借款本息。房地产公司的担保责任未超出保证合同约定范围及保证期限，应承担连带清偿责任。某银行提交的证据足以证明截至2018年10月6日，杨某尚欠本金为94552.3元。

山东省日照经济技术开发区人民法院依据《中华人民共和国合

同法》第六十条、第一百零七条、第一百九十六条、第二百零五条、第二百零六条、第二百零七条，《中华人民共和国担保法》第十八条、第三十一条，《中华人民共和国民事诉讼法》第二百五十三条规定，判决：

一、杨某于判决生效之日起五日内向某银行偿还个人购房担保借款合同项下借款本金 94552.3 元及利息（按合同约定支付）；

二、房地产公司在其保证范围内对杨某的还款义务承担连带清偿责任。房地产公司在承担保证责任后，有权向杨某追偿。

房地产公司不服一审判决，提起上诉。山东省日照市中级人民法院经审理认为：杨某借款后未按照合同约定履行还本付息的义务，自应向某银行承担违约责任。但房地产公司的阶段性保证担保未能得以解除不仅是房地产公司的缘故，其中更有某银行的过失。房地产公司作为房产开发商，对房屋权属登记何时办妥，房屋正式抵押登记何时可以开始办理应该完全知悉。其未将办理房屋抵押手续前提条件已经具备的事实通知某银行，亦未通知解除保证合同，未履行法定的合同附随义务。但某银行未按借款合同约定办理抵押预告登记，以阻却他人为该房屋设定其他权利负担或作其他处分，是房屋最终未办理抵押登记并被另案强制执行的主要原因。某银行未尽谨慎的注意义务，放任抵押物风险的发生，明显有违诚信原则。综上，某银行对于房地产公司阶段性保证担保未能如约解除存在主要过失，其对于保证合同项下债权风险的发生具有明显过错，应减轻房地产公司连带清偿责任。据此，结合本案实际，某银行承担 70% 责任，房地产公司对于涉案借款本息应承担 30% 的连带赔偿责任，房地产公司在承担保证责任后，有权向杨某追偿。

山东省日照市中级人民法院依照《中华人民共和国合同法》第

一百七十四条，《最高人民法院关于审理买卖合同纠纷案件适用法律问题的解释》第三十条，《中华人民共和国民事诉讼法》第一百七十条第一款第一项、第二项规定，判决：

一、维持山东省日照经济技术开发区人民法院民事判决第一项；

二、变更山东省日照经济技术开发区人民法院民事判决第二项为“房地产公司在其保证范围内对杨某的还款义务承担30%的连带清偿责任。房地产公司在承担保证责任后，有权向杨某追偿”；

三、驳回某银行的其他诉讼请求。

【法官后语】

本案是典型的金融借款合同纠纷。银行按揭贷款购房交易中，借款人以购买的房屋作为抵押担保是通常的商业惯例。但因签订贷款购房合同时房屋往往暂时未办理不动产权属登记，无法办理正式抵押登记，而只能先办理抵押预告登记，以便阻却他人为该房屋设定其他权利负担或作其他处分。为保证银行债权的安全，在正式抵押登记办理完毕前，暂时由开发商为借款提供阶段性保证担保，在房屋办理正式的抵押登记后，开发商与银行之间的阶段性担保始得解除。抵押预告登记或抵押登记因人为因素特别是银行的原因未能及时办理，导致房屋最终无法设立抵押权的，购房人借款逾期后不能一概要求开发商承担全部的保证责任，应视具体过错情况而定。

值得注意的是，在整个按揭贷款办理的过程中，预告抵押登记作为保证借款合同履行、保证合同解除的第一道防护锁，其作用至关重要，银行应主动积极地行使自己的权利。但在实践中，相关银行作为专业的金融机构，在按揭贷款办理时，便对商品房买卖合同等重要的书面资料予以留存，根据商品房买卖合同的内容，其完全可对交房时间、办理权属手续的时间形成合理预判，但银行有时怠于行使自身权利，放任贷款风险的发生，对于未办理预告抵押登记的过错明显，从而致使抵押登记未顺利办理，使得房屋之上设立其他权利或被另行处分，甚至在购房者涉及其他案件时被强制执行，对于银行的此类过错，亦不能一概地忽视。

审判实践中，在借贷为主合同，担保为从合同的债权债务关系中，不能仅凭合同的效力性问题认定责任的承担，亦不能仅依据担保存续的条件性问题过度地延长担保期限，在仅凭现有的证据作为责任分配的认定依据尚有不足，许多时候还应追溯至民事基本原则中来确定责任的分配。本案虽发生于《中华人民共和国民法典》施行以前，但其基本法理精神与现行民法典保持一致。《中华人民共和国合同法》第六十条第二款规定，当事人在履行合同中应遵循诚实信用原则，根据合同的性质、目的和交易习惯履行通知、协助、保密等义务。《民法典》第七条亦规定，民事主体从事民事活动，应当遵循诚信原则，秉持诚实，恪守承诺。可见，诚信原则作为民事法律关系的重要原则，对民事诉讼具有较强的指引作用。本案中，房地产公司在房屋权属登记后，未将房屋已经具备办理抵押条件的事实通知银行，未履行合同附随义务，违反诚实信用原则。同样，银行作为专业的金融机构，即便房地产公司未通知银行房屋已具备办理正式抵押登记的条件，银行凭商品房买卖合同中关于交房时间、办理权属手续的时间约定，也应对房屋权属手续办妥的时间存在合理的预判。在房屋达到办理抵押登记的手续后，积极行使自己的义务。如果银行放任贷款风险发生，权利意识淡薄，其对于未办理预告登记过错明显，而未办理预告登记是房屋最终未办理抵押登记并被另案强制执行主要原因的，并且在阶段性担保期间，一直疏于对房屋状况进行主动核查，未尽到谨慎的注意义务，对于自己的抵押权能否设立漠不关心，更不顾及保证人承担阶段性保证担保的期限被过度延长，在长达四年之久的时间内放任抵押物风险发生的，属明显违背诚信原则，存在主要过失，承担主要责任。《中华人民共和国合同法》第一百七十四条规定，法律对其他有偿合同有规定的，依照其规定；没有规定的，参照买卖合同的有关规定。《中华人民共和国合同法》第一百七十四条现为《中华人民共和国民法典》第六百四十六条。《最高人民法院关于审理买卖合同纠纷案件适用法律问题的解释》第三十条规定，买卖合同当事人一方违约造成对方损失，对方对损失的发生也有过错，违约方主张扣减相应的损失赔偿额的，人民法院应予支持。本案参照上述规定，银行对于房地产公司阶段性保证担保未能如约解除存在主要过失，其对于保证合同项下债权风险的发生具有明显过错，应减轻房地产公司的连带责任。判令银行担责七成，房地产公司担责三成。

《最高人民法院关于审理买卖合同纠纷案件适用法律问题的解释》于2020年12月29日修改发布，并于2021年1月1日实施，其第二十二条规定，买卖合同当事人一方违约造成对方损失，对方主张赔偿可得利益损失的，人民法院在确定违约责任范围时，应当根据当事人的主张，依据民法典第五百八十四条、第五百九十一条、第五百九十二条、本解释第二十三条等规定进行认定。《中华人民共和国民法典》第五百九十二条规定，当事人都违反合同的，应当各自承担相应的责任。当事人一方违约造成对方损失，对方对损失的发生有过错的，可以减少相应的损失赔偿额。其法理精神与原《最高人民法院关于审理买卖合同纠纷案件适用法律问题的解释》第三十条规定相同。

编写人：山东省日照市中级人民法院　王彦祺

126 登记抵押权人与实际债权人不一致，债权人能够证明其为真实权利人，可主张优先受偿权

——全某诉许某、黄某民间借贷案

【案件基本信息】

1. 裁判书字号

广东省珠海市香洲区人民法院（2018）粤 0402 民初 7884 号民事判决书

2. 案由：民间借贷纠纷

3. 当事人

原告：全某

被告：许某、黄某

第三人：卢某

【基本案情】

许某、黄某系夫妻关系。2017 年 4 月 20 日，全某与许某、黄某签订《个人住房抵押借款合同》，约定许某、黄某向全某借款 55 万元用于资金周转，借款期限 5 年，从 2017 年 5 月 8 日至 2022 年 5 月 7 日，固定月利率 1.17%，按月结息，采用等额本息还款方法。合同还约定许某提供案涉房屋作为抵押担保。全某提供同日《授权委托书》载明，全某因个人原因委托卢某作为全某与许某、黄某签订《个人住房抵押借款合同》约定的抵押权人，与许某办理案涉房屋抵押登记手续。同日《抵押付款确认书》记载，出

借人全某出借55万元给借款人许某和黄某，指定将上述房产抵押给抵押权人卢某等。全某补充提交的不动产权登记申请书、询问表、承诺书等资料显示：抵押权人卢某、抵押人许某于2017年4月26日申请上述房产抵押登记，被担保主债权55万元，债务履行期限为2017年5月6日至2022年5月5日。备案合同为卢某与许某于2017年4月26日签订的《房地产借款抵押合同》，约定许某向卢某借款55万元，按银行贷款同期利率4倍计算利息等。2017年4月28日《不动产登记证明》显示抵押权申请人为卢某，义务人为许某。2017年5月8日，全某向许某转账支付55万元。卢某于2018年8月6日出具《确认书》，确认根据全某与许某、黄某于2017年4月20日签署的《个人住房抵押借款合同》约定，许某将涉案房屋抵押给卢某。

全某陈述，签订借款合同时卢某在场，因许某、黄某提出要求于2017年5月10日拿到钱，而全某要出差没有办法到房产交易中心，房产交易中心要求个人之间的抵押必须抵押人和抵押权人到现场，不能为他人办理，就由卢某作为抵押权人。

【案件焦点】

登记抵押权人与实际债权人不一致，实际债权人能够提供证据证明其为真实的权利人，登记抵押权人亦认可由实际债权人主张优先受偿权，实际债权人请求确认优先受偿权是否成立。

【法院裁判要旨】

广东省珠海市香洲区人民法院经审理认为：全某与许某、黄某形成民间借贷法律关系。全某与许某约定许某名下房产作为本案借款的抵押担保；同日，双方还与卢某约定将涉案房产抵押给卢某；卢某认可全某是实际抵押权人，办理抵押登记提交的合同中，许某、黄某向其借款 55 万元与本案是同一笔借款，明确由全某主张优先受偿权；办理抵押登记提交的借款合同与本案借款合同，关于借款金额、借款期限等基本一致；全某对于由卢某作为名义抵押权人亦作出解释。因此，可以认定许某将涉案房产抵押登记在卢某名下，其真实意思表示是为本案借款提供抵押担保，卢某名下设定抵押登记实际目的在于保障全某涉案借款实现债权，抵押房产担保的主债权应为全某与许某、黄某之间的借款关系，卢某为名义抵押权人，实际抵押权人为全某。

广东省珠海市香洲区人民法院依照《中华人民共和国物权法》第三十三条、第一百七十条、第一百七十三条、第一百七十九条、第一百八十条、第一百八十七条，《最高人民法院关于适用〈中华人民共和国物权法〉若干问题的解释（一）》第二条，《中华人民共和国民事诉讼法》第六十四条规定，判决：

全某对依法处分许某用于抵押的涉案房屋所得价款享有优先受偿权。

判决后，双方当事人均未上诉，本判决现已生效。

【法官后语】

不动产登记有公示公信的效力。司法实践中，存在不动产登记簿记载的权利状态与真实的权利状态不一致的情形。登记抵押权人与实际债权人不一致，债权人主张优先受偿权为典型情形之一。

本案判决于民法典施行之前，民法典与物权法及司法解释的相关规定一脉相承。《中华人民共和国民法典》第二百一十六条第一款规定："不动产登记簿是物权归属和内容的根据。"不动产登记簿对不动产物权权属具有推定力，这种推定力是对权利存在与否的推定，而非对原因行为存在与否的推定。不动产登记是不动产物权的公示方式，公示的目的在于产生公信力，登记本身不能创设权利。不动产物权变动从根本上取决于当事人的原因行为，对于不动产物权归属的终局性判断，在于原因行为的认定。就本案而言，首先，债权人因无法到场办理，而将案涉房产抵押登记在名义抵押权人名下，债权人、债务人和名义抵押权人均认可涉案房产实质上为债务人向债权人借款提供抵押担保，抵押权人和债权人只是形式上分离，实质上并不分离。其次，债务人和名义抵押权人之间的抵押合同不是独立存在的合同，而是附属于债权人和债务人借款合同的从合同，没有借款合同就没有抵押合同，本案抵押权的设立没有突破抵押权的从属性。最后，案涉房屋经抵押登记，对外表彰存在担保物权的权利负担，具有公示公信作用；而债务人与名义抵押权人关于案涉房屋为债权人债权提供担保的约定，在债务人、名义抵押权人和债权人内部之间均具有约束力，在没有信赖登记的善意第三人主张权利之下，应依据当事人约定来确定权利归属。

债权人提出登记簿上记载的抵押权人与真实权利状态不符，并提供证据证明其既是涉案借款的债权人，也是债务人提供抵押的涉案房屋的实际抵押权人；登记抵押权人亦认可由实际债权人主张优先受偿权。根据《最高人民法院关于适用〈中华人民共和国民法典〉物权编的解释（一）》第二条的规定，当事人有证据证明不动产登记簿的记载与真实权利状态不符、其为该不动产物权的真实权利人，请求确认其享有物权的，应予支持。

为保护真实权利人的物权，同时避免善意第三人基于对不动产登记簿的信赖而取得物权，真实权利人应积极、恰当地公示不动产物权。《中华人民共和国民法典》第二百二十条亦规定权利人和利害关系申请更正登记的权利，以消除登记权利和真实权利不一致的状态。

编写人：广东省珠海市香洲区人民法院　林碧娜

127 抵押权人的优先受偿权与未成年人财产权益冲突时的裁判价值取向

——方某诉颜甲等民间借贷案

【案件基本信息】

1. 裁判书字号

浙江省温州市中级人民法院（2020）浙03民再65号民事判决书

2. 案由：民间借贷纠纷

3. 当事人

原告（上诉人、再审被申请人）：方某

被告（被上诉人、再审申请人）：颜甲、颜乙

被告（被上诉人、再审被申请人）：颜丙、翁某

【基本案情】

颜丙、翁某于2011年2月14日登记结婚，于2011年9月3日生育儿子颜甲，于2014年4月4日生育女儿颜乙。陈某为颜丙母亲。2016年6月10日，陈某以颜甲、颜乙名义向他人购买房屋，房款均由其出资，并登记于颜甲、颜乙名下。颜丙、翁某于

2016年10月25日办理离婚登记手续，离婚协议约定：颜甲、颜乙均由颜丙抚养，跟随颜丙生活。2017年5月2日，颜丙、翁某与方某签订《担保借款合同》，约定：借款80万元，借款期限12个月，自2017年5月2日至2018年5月1日，月利率1.2%。同时以案涉房屋提供抵押担保，由监护人即颜丙、翁某代为签订《担保借款合同》。2017年5月4日，双方签订了房产抵押合同并办理了抵押登记手续。颜丙、翁某与方某签订《担保借款合同》时约定"借款用于丙方教育及生活费用及乙方生产经营"（丙方为颜甲、颜乙，乙方为颜丙、翁某）；在签订《担保借款合同》前，颜丙、翁某出具内容含"二保证人为支付颜甲、颜乙教育、生活费用以及用于二保证人的生产经营……保证抵押该房产系出于保护颜甲、颜乙的权益"的《保证书》，并对《保证书》上的签名进行公证。2017年10月27日，浙江省瑞安市人民法院作出民事判决书，撤销被申请人颜丙、翁某对颜甲、颜乙的监护资格，指定申请人陈某为颜甲、颜乙的监护人。后因颜丙、翁某未按期支付利息和还款，方某于2018年7月12日向浙江省瑞安市人民法院提起诉讼，请求颜丙、翁某偿还其借款，并对案涉房屋拍卖、变卖等所得价款享有优先受偿权。浙江省瑞安市人民法院作出民事判决书，支持方某的以上诉讼请求。后颜甲、颜乙以原审存在程序违法、法律适用错误为由，向浙江省瑞安市人民法院申请再审。

【案件焦点】

以被监护人颜甲、颜乙名下案涉房屋为案涉借款设立抵押担保而签订的抵押合同是否合法有效。

【法院裁判要旨】

浙江省瑞安市人民法院经审理认为：《中华人民共和国民法通则》第十八条第一款规定："监护人应当履行监护职责，保护被监护人的人身、财产及其他合法权益，除为被监护人的利益外，不得处理被监护人的财产。"《中华人民共和国民法总则》第三十五条第一款规定："监护人应当按照最有利于被监护人的原则履行监护职责。监护人除为维护被监护人利益外，不得处分被监护人的财产。"因此，根据上述法律规定，监护人仅为维护被监护人利益时，方能处分被监护人的财产。设置监护制度的目的是保护无民事行为能力人和限制民事行为能力人的合法权益，监护人在履行监护职责时，应当遵循最有利于被监护人的原则。因此，在被监护人为未成年人时，当未成年人利益与其他个体利益甚至局部社会利益发生冲突时，应当优先考虑未成年人利益，以确保未成年人的人身、财产及其他合法权益得到充分保障。本案中，根据案涉《担保借款合同》约定，案涉借款"用于丙方（即颜甲、颜乙）教育及生活费用及乙方（即颜丙、翁某）生产经营"，虽然借款用途中包含了被监护人颜甲、颜乙的教育、生活费用，但同时也明确约定了借款还用于颜丙、翁某的生产经营。案涉房产系颜甲、颜乙的祖母陈某出资购买并登记在颜甲、颜乙名下的不动产，属于颜甲、颜乙的财产，颜丙、翁某以案涉房产为其借款设定抵押，虽出具了"保证抵押该房产系出于保护颜甲、颜乙的权益"的保证书，并经公证处公证，且在民间借贷备案服务中心对案涉借款及抵押担保进行了备案，但现有证据并不能证明案涉借款系用于被监护人颜甲、颜乙的教育、生活费用，且因颜丙、翁某不能清偿案涉借款而产生颜甲、颜乙名下的案涉房产被处分以清偿案涉借款的风险，这个结果将直接损害到颜甲、颜乙的合法权益。故，案涉抵押合同因违反《中华人民共和国民法总则》第三十五条第一款及《中华人民共和国民法通则》第十八条第一款的强制性规定而无效。需要指出的是，在判定案涉抵押合同是否合法有效的问题上，实质上涉及未成年人利益与其他个体利益发生冲突时，应当优先考虑哪一方利益的问题。方某虽然在与颜丙、翁某签订案涉抵押合同时，因知晓抵押房产系未成年人名下财产而要求颜丙、翁某出具《保证书》并进行了公证，但仍然不能改变案涉抵押合同已违反“监护人处分被监护人的财产需为维护被监护人利益”的法律规定的情形。因此，原审法院认定案涉抵押合同无效，符合《中华人民共和国合同法》第五十二条第五项规定，也符合《中华人民共和国民法总则》第三十五条第一款及《中华人民共和国民法通则》第十八条第一款确保被监护人的人身、财产及其他合法权益不受损害的立法本意。

浙江省瑞安市人民法院依照《中华人民共和国民事诉讼法》第一百四十四条、第二百零七条第一款，《中华人民共和国民法通则》第十八条第一款，《中华人民共和国合同法》第五十二条第三项和第五项、第五十六条、第一百九十六条、第二百零五条、第二百零六条、第二百零七条规定，判决：

一、维持浙江省瑞安市人民法院民事判决第一项，即“颜丙、翁某应偿还方某借款本金 80 万元及利息”；

二、撤销浙江省瑞安市人民法院民事判决第二项，即“若颜丙、翁某到期未履行上述还款义务，方某有权以登记在颜甲、颜乙名下的房屋折价或拍卖、变卖后所得价款优先受偿；如颜甲、颜乙承担抵押担保责任后，有权向颜丙、翁某追偿”等。

方某不服一审判决，提起上诉。

浙江省温州市中级人民法院经审理同意一审法院裁判意见，依照《中华人民共和国民事诉讼法》第一百七十条第一款第一项规定，判决：

驳回上诉，维持原判。

【法官后语】

随着时代发展，保护未成年子女人格和财产权益的现代法制制度开始出现并逐步完善。《中华人民共和国民法通则》规定了除为维护被监护人利益外，监护人不得处分被监护人的财产。《中华人民共和国民法总则》还进一步明确了监护人应当按照最有利于被监护人的原则履行监护职责。《中华人民共和国民法典》第三十五条亦延续了上述规定。上述法律规定均体现了我国遵循儿童最佳利益原则的价值导向。

本案中未成年人的财产通过其祖母赠与获取。其祖母购置案涉房屋后未登记在未成年人父母名下，而登记在未成年人名下。法院在审理涉未成年人财产处置案件的过程中，应当予以高度注意。具体到本案中，出借人不仅要求借款人对借款用途提供保证书，即强调该款项用于未成年人的教育、生活费用，并且要求借款人对该保证书上的内容及签字予以公证，本案出借人对款项的出借和抵押物抵押担保尚达到如此审慎的地步，可见出借人对以未成年人财产提供抵押担保也有超过与一般成年人成立抵押关系的注意程度。但即使借款人出具承诺保证所借款项用于未成年人权益，也只是其单方承诺而已，并不能当然代表其处置行为就真实地从未成年人利益角度出发，更不能据此以保护债权人的抵押权。法院在审理涉未成年人财产处置的案件时，应当审慎审查借款款项的实际用途、父母与子女的实际监护关系、房屋登记之真实意图、出借人是否具备善意等，结合儿童最佳利益原则，以作出符合一般民众价值取向的判决。

本案将借款行为和担保行为效力区分处理符合客观事实。借款人的借款行为并未涉及对未成年人财产的处置，影响未成年人财产权利的系抵押行为。故本案并未全盘否定担保借款合同的效力，既一定程度上维护了债权人的相应财产权利，也保障了未成年人的合法财产权利。

本案的启示在于当未成年人利益与其他个体利益甚至局部社会利益发生冲突时，应当优先考虑未成年人利益，以确保未成年人的人身、财产及其他合法权益得到充分保障。这应当是我国对未成年人保护的核心价值，是法院作为国家机关对未成年人权益应予以充分保护的天然职责。

编写人：浙江省瑞安市人民法院　张勉　薛林敏

128　受让人无偿取得债务人财产并设立权利负担的，债权人撤销权成立及行使认定问题

——张某任诉张某乐、张某昌债权人撤销权案

【案件基本信息】

1. 裁判书字号

广西壮族自治区防城港市中级人民法院（2020）桂06民终1095号民事判决书

2. 案由：债权人撤销权纠纷

3. 当事人

原告（上诉人）：张某任

被告（被上诉人）：张某乐、张某昌

【基本案情】

2009年8月7日张某乐向张某任借款1443220元。2011年8月11日张某任书写借条，张某乐在借条上签字并确认还欠张某任1093220元。2018年9月26日广西壮族自治区防城港市港口区人民法院就该民间借贷纠纷作出民事判决，张某乐偿还张某任借款本金1093220元及利息。广西壮族自治区防城港市中级人民法院作出民事判决，驳回上诉，维持原判。房屋产权登记中心查档证明载明，2017年3月6日张某乐将其房屋赠与张某昌。2017年5月4日张某乐与某银行签订《流动资金最高额借款合同》，约定张某乐贷款200万元并以房屋作抵押担保。2017年5月8日张某昌以房屋设立抵押登记，抵押面积810.18平方米，抵押金额200万元，抵押权人为某银行，抵押期限至2020年4月20日。2017年5月9日某银行向张某乐账户汇入贷款200万元。

另查明，张某乐与张某昌系父子关系。因委托处理本案纠纷，张某任与某律师事务所签订《委托代理合同》并约定本案一审判决后十日内张某任付清律师费5万元。

【案件焦点】

1. 受让人无偿取得债务人财产并设立抵押的，债权人请求撤销债务人无偿处分行为有无依据；2. 当无偿处分行为被撤销后，如何确定受让人返还抵押财产的范围。

【法院裁判要旨】

广西壮族自治区防城港市港口区人民法院经审理认为：张某乐将房屋转让至张某昌名下后申请银行贷款并办理抵押登记。张某任没有证据证明该抵押登记应予以撤销，故对其请求撤销张某乐转让房屋行为，予以驳回。因转让及抵押行为未撤销，对张某任其余请求亦予驳回。

广西壮族自治区防城港市港口区人民法院依照《中华人民共和国合同法》第七十四条第一款，《最高人民法院关于适用〈中华人民共和国民事诉讼法〉的解释》第九十条，《中华人民共和国民事诉讼法》第一百四十四条规定，判决：

驳回张某任全部诉讼请求。

张某任不服一审判决，提起上诉。广西壮族自治区防城港市中级人民法院经审理认为：张某乐向张某昌赠与房屋有房屋产权登记中心查档证明为据，张某昌辩称其非受赠但未能举证，不予采信。根据《中华人民共和国合同法》第七十四条的规定，债务人无偿转让财产的，其主观恶意不在债权人撤销权要件审查之列。张某乐欠张某任债务在前，赠与张某昌房屋在后，且未举证其具有足额偿债能力，故其赠与行为危及张某任债权实现。房屋为不动产、不可分物，债权人行使撤销权时无法分割或部分撤销赠与行为，且房屋是否具备返还性系债权人撤销权的法律后果而非构成要件，房屋抵押不妨碍债权人撤销权成立，张某任请求撤销张某乐赠与行为理由成立，予以支持。因赠与行为被撤销，张某任请求将房屋恢复登记至张某乐名下亦予支持。但张某任不能在本案代张某乐主张权利，其请求张某昌返还张某乐 200 万元，不予支持。鉴于房屋抵押，且张某昌取得房屋与张某任债权实现密切相关，如房屋返还不能，张某昌本应在房屋价值范围内向张某任承担赔偿责任，但张某任仅主张张某昌在200万元抵押贷款范围内承担责任，系其对权利的自由处分，予以尊重并支持。至于律师费5万元，有书面委托代理合同约定且属债权人行使撤销权必要费用，故张某任请求张某乐支付，予以支持；但请求张某昌共同支付缺乏依据，不予支持。

广西壮族自治区防城港市中级人民法院依照《中华人民共和国合同法》第七十四条，《最高人民法院关于适用〈中华人民共和国合同法〉若干问题的解释（一）》第二十五条、第二十六条，《中华人民共和国民事诉讼法》第一百七十条第一款第二项规定，判决：

一、撤销广西壮族自治区防城港市港口区人民法院民事判决，撤销张某乐将房屋赠与张某昌行为；

二、张某昌将上述房屋在本判决生效之日起三个月内恢复登记至张某乐名下；

三、若张某昌未履行上述第二项判决主文义务，张某昌在其应返还的上述房屋价值范围内（不超过200万元）就张某乐欠张某任债务向张某任承担赔偿责任；

四、张某乐在本判决生效之日起十日内向张某任支付律师费5万元；

五、驳回张某任的其他诉讼请求。

【法官后语】

债权人撤销权制度目的在于保全债务人责任财产以确保其债权的实现。然而，随着社会经济生活日趋复杂，债权人撤销权面临行使障碍和适用难题。例如，一些债务人为规避执行向利害关系人无偿转让主要财产，利害关系人又转卖或设立权利负担将导致债权人债权无法得到保障。

本案的审理难点集中在受让人无偿取得债务人财产后设立权利负担，该权利负担是否对债权人撤销权的成立及行使产生影响。第一，受让人张某昌无偿取得房屋后为担保父亲张某乐的债务在该房屋上设立抵押并办理抵押登记，该抵押登记能否影响债权人张某任撤销权成立。现行法律区分债务人有偿或无偿行为要求债权人撤销权应具备客观要件与主观要件，即债权人行使撤销权须具备以下客观要件：一是债务人于债权成立后实施行为，二是债务人实施的行为使其财产减少，三是债务人行为有害债权实现；债务人实施有偿行为的，债权人行使撤销权还应具备受让人存在恶意的主观要件。本案债务人张某乐的无偿处分行为已经具备法定要件，债权人张某任撤销权成立。笔者认为，财产无偿处分后设立权利负担会增加抵押财产无法返还的风险，但如以此作为债权人撤销权的成立要件，可能会鼓励债务人尽快设立权利负担转移财产，与设立债权人撤销权制度的初衷相悖，因此，财产无偿处分后设立权利负担不影响债权人撤销权成立，本案抵押登记不影响债权人张某任撤销权成立。

第二，债务人张某乐无偿处分行为被撤销后如何确定受让人张某昌义务范围。《中华人民共和国民法典》第一百五十七条规定："民事法律行为无效、被撤销或者确定不发生效力后，行为人因该行为取得的财产，应当予以返还；不能返还或者没有必要返还的，应当折价补偿。有过错的一方应当赔偿对方由此所受到的损失；各方都有过错的，应当各自承担相应的责任。法律另有规定的，依照其规定。"第五百四十二条规定："债务人影响债权人的债权实现的行为被撤销的，自始没有法律约束力。"债务人行为一经撤销自始无效，应当恢复原状、返还财产、赔偿损失，即无偿处分财产行为被撤销的，其法律效果之一是受让人向债务人返还财产，如受让人因财产灭失、再次转让或设定权利负担无法返还的，应赔偿损失以恢复债务人处分财产前的资力，这与债权人撤销权制度目的相吻合。本案债务人张某乐无偿处分行为因撤销自始无效，房屋所有权未移转至受让人张某昌，受让人张某昌应将房屋恢复登记至债务人张某乐名下。

第三，受让人张某昌不能恢复房屋登记的，债权人张某任权利如何救济。《中华人民共和国民法典》第三百一十一条规定："无处分权人将不动产或者动产转让给受让人的，所有权人有权追回；除法律另有规定外，符合下列情形的，受让人取得该不动产或者动产的所有权：（一）受让人受让该不动产或者动产时是善意；（二）以合理的价格转让；（三）转让的不动产或者动产依照法律规定应当登记的已经登记，不需要登记的已经交付给受让人。受让人依据前款规定取得不动产或者动产的所有权的，原所有权人有权向无处分权人请求损害赔偿。当事人善意取得其他物权的，参照适用前两款规定。"抵押权作为担保物权，可参照适用前述规定的善意取得制度。本案因债务人张某乐无偿处分行为被撤销，受让人张某昌为债务人张某乐债务设立抵押登记时系无权处分人。但根据物权登记公示原则，某银行信赖受让人张某昌对房屋具有处分权并取得抵押这一他项权利登记，故某银行善意取得该房屋抵押权。因房屋同时面临受让人张某昌恢复登记至债务人张某乐名下与债权人某银行以张某昌为抵押人对债务人张某乐贷款债务享有的抵押权，即同一财产面临实现不同债权冲突问题，笔者认为，如房屋无法恢复登记至债务人张某乐名下的，受让人张某昌应在房屋价值范围内向债权人张某任承担赔偿责任。但因债权人张某任仅主张受让人张某昌在200万元抵押贷款范围内承担责任，系其对自身权利的自由处分，应予尊重并支持。

《中华人民共和国合同法》第七十四条和第七十五条、《中华人民共和国物权法》第一百零六条分别对债权人撤销权制度和抵押权善意取得制度作出原则性规定，《中华人民共和国民法典》》第三百一十一条、第五百三十八条至第五百四十二条在既有司法经验的基础上对该两项制度进一步完善规范。本案法律事实发生于《中华人民共和国民法典》施行前，适用《中华人民共和国合同法》《中华人民共和国物权法》相关规定进行审理，但其涉及债权人信赖利益保护、债务人责任财产认定、交易秩序安全、交易多方利益平衡等法律及社会问题，在民法典时代对法律适用具有研究参考价值，对社会治理具有指导意义。

编写人：广西壮族自治区防城港市中级人民法院　李启宁　蔡澄莎

129 债权人有权撤销债务人无偿转让不动产的行为，但无权撤销他人基于善意取得所享有的不动产抵押权

——简某诉欧某等债权人撤销权案

【案件基本信息】

1. 裁判书字号

湖南省衡阳市中级人民法院（2020）湘04民终970号民事裁定书

2. 案由：债权人撤销权纠纷

3. 当事人

原告（被上诉人）：简某

被告（被上诉人）：欧某、马某、王某

第三人（上诉人）：某银行

【基本案情】

简某与欧某系同事关系，欧某、马某系夫妻关系，王某与马某系母女关系、与欧某系继父女关系。欧某自2015年4月至2018年8月，因生意资金周转需要多次向简某借款，共计21万余元。由于欧某无力还款，双方于2019年3月30日进行了对账，并签署《对账协议》，协议中就借款（金额、类型）、利息都进行了核对和明确。欧某未按协议支付借款。简某于2019年4月23日向湖南省衡阳市雁峰区人民法院提起诉讼，要求欧某偿还借款。湖南省衡阳市雁峰区人民法院于2019年6月20日作出民事判决书，判决欧某于判决生效之日起十日内一次性偿还简某借款21万余元及利息31327元。

欧某、马某于2019年1月4日与王某签订《不动产赠与合同》，将欧某名下房屋赠与王某，并同日办理了过户手续。2019年1月7日，王某又以该房屋为抵押与某银行签订了《抵押贷款消费合同》，贷款金额为42万元，贷款期限自2018年12月27日至2048年12月27日。

【案件焦点】

1. 简某能否撤销欧某、马某的不动产赠与行为；2. 债权人撤销权的效力是否及于涉案不动产上的抵押负担。

【法院裁判要旨】

湖南省衡阳县人民法院经审理认为：本案系债权人撤销权纠纷，简某撤销权成立的要件为简某的债权是否因欧某、马某的不动产赠与行为而遭受损害。本案中，欧某在负有债务期间，与马某以签订

《不动产赠与合同》的形式将涉案房屋无偿赠与王某并办理过户登记，损害了债权人的合法权益。欧某、马某将涉案房屋无偿赠与王某的行为应予撤销。至于简某债权人撤销权的效力是否及于王某的抵押行为。某银行在接受王某有权属登记的抵押物担保时，尽到了合理注意义务，已进行不动产抵押权登记，且不存在与王某恶意串通损害简某债权的情形，则抵押权人善意取得不动产抵押权。即使抵押物已确定归他人所有，也不能影响本案抵押合同的效力。由于物权优先于债权，因此债权人撤销权的效力不能及于涉案不动产上的抵押负担。

湖南省衡阳县人民法院依照《中华人民共和国合同法》第五十八条、第七十四条，《中华人民共和国物权法》第一百七十条、第一百七十一条第一款、第一百七十二条第一款规定，判决：

一、撤销欧某、马某与王某关于转让房屋的《不动产赠与合同》；

二、房屋产权归欧某、马某所有；

三、某银行对房屋处置价款中有优先受偿权，范围以借款本金42万元及约定的利息为限；

四、驳回简某的其他诉讼请求。

某银行不服一审判决，提起上诉。二审审理过程中，某银行向湖南省衡阳市中级人民法院申请撤回上诉。

湖南省衡阳市中级人民法院依照《中华人民共和国民事诉讼法》第一百七十三条规定，裁定：

准许某银行撤回上诉。

【法官后语】

在债权人撤销权纠纷中，债权人请求撤销的债务人转让财产行为中多数涉及不动产转让，很多受让人会在受让的不动产上设立抵押权。当债权人撤销权“遭遇”抵押权，如何认定债权人撤销权的成立和效力成为审判中的难点，本案便涉及此类问题。

一、债权人撤销权的构成要件

债权人撤销权属于债的保全，其目的在于使债务人责任财产不应减少的即不减少，保障债权的实现。因此，一旦发现债务人有逃债行为，债权人可诉至法院提起债权人撤销权诉讼。债权人撤销权制度在保护债权人利益方面意义重大，但由于其突破了合同相对性原则，如果使用不当容易对债务人与第三人的交易安全产生影响，因此需要严格限定债权人撤销权的行使范围。

从法律规定来看，《中华人民共和国民法典》并未对《中华人民共和国合同法》中关于债权人撤销权的规定作实质性修改，而是将司法实践中常见的债务人减少责任财产的行为进行了立法转化，对其进行了细化列举。根据《中华人民共和国民法典》相关规定，行使债权人撤销权须具备以下构成要件：

1. 客观要件。(1) 债务人方面有减少责任财产的行为，债务人实施了诈害债权的行为，即减少其财产或者增加其财产负担的行为，如债务人放弃债权、放弃债权担保、无偿转让财产等无偿处分财产权益，或者恶意延长其到期债权的履行期限等行为。以及非对称减值行为，如债务人以明显不合理的低价转让财产、以明显不合理的高价受让他人财产或者为他人的债务提供担保。债务人的上述行为减少了作为债权人债权一般担保的责任财产，有损害债权的可能。如果债务人对自身财产的处置并不会减少责任财产，或并不加重责任财产上的负担，则债权人撤销权的客观要件不成就。(2) 债务人的诈害行为损害债权的实现。如果债务人的行为虽然减少了其财产，但是并未危及债权的实现，就不存在对债权的损害。(3) 债务人的诈害行为必须发生在债权成立之后。债权成立之前债务人的行为，原则上并不会影响债权人实现债权的预期（而且，债务人也不可能在主观上有诈害的意思)，因此不是撤销权撤销的对象。

2. 主观要件。《中华人民共和国民法典》第五百三十八条、第五百三十九条区分两种情形设有不同的主观要件。对于第五百三十八条规定的情形，即债务人无偿减少财产及恶意延长到期债权的履行期限的，受让人（受益人）的主观因素无关紧要，其对于债务人的诈害行为是否知晓并不影响债权人的撤销权。因此，当发生债务人放弃债权、无偿转让财产等无偿处分行为时，撤销权的构成仅需考察前述客观要件是否具备，而无须就债务人和受让人的主观方面做出考察，这就意味着，债务人和受让人均不得主张善意抗辩。对于第五百三十九条规定的情形，即债务人实施了非对称减值行为，债权人撤销权的构成尚需具备主观要件，即“债务人的相对人知道或者应当知道”债务人的行为损害了债权人的债权。这就意味着，受让人能够以自己不知且不应知晓债务人的行为会损害债权作为抗辩事由。本案中，债务人欧某明知自己可能无力还债，却还无偿转让不动产，其实施的行为损害了债权（虽双方对账是在无偿转让不动产之后，但债权成立时间是在 2015 年 4 月至 2018 年 8 月），因此，欧某无偿转让财产的行为完全符合债权人撤销权的成立要件，债权人简某可以提起债权人撤销权诉讼，请求撤销债务人无偿转让的行为。

二、无偿转让的不动产虽被设立了抵押权，但不影响债权人撤销权的成立

本案的特殊之处在于，债权人请求撤销债务人无偿转让房屋的行为，该房屋转让后，受让人即在受让的房屋上设立了抵押权。问题在于，设立了抵押权的房屋是否会影响债权人撤销权的成立。《中华人民共和国民法典》中规定了债权人行使撤销权的主观和客观条件，只要当债务人和他人实施某种行为，使债务人的责任财产不当减少，因而损害债权人利益，致使债权有不能实现的危险情形时，债权人就可以向法院申请撤销债务人和他人的财产转让行为。因此，无偿转让的财产是否被设立抵押权，不影响债权人撤销权的行为。本案中，债务人欧某、马某将涉案房屋无偿赠与王某，债权人简某的债权受到了损害，从债权人撤销权的成立要件进行分析评判，债权人简某撤销权的成立，不受涉案财产是否设立抵押物权的影响，故判决将涉案房产权属恢复至债务人欧某、马某名下。

三、债权人撤销权效力不及于他人基于善意所取得的被转让不动产的抵押权

债务人无偿转让房屋，受让人在受让的房屋上设立抵押权，如果有证据证明房屋受让人与抵押权人恶意串通，以妨碍债权人实现债权而设立抵押权的，那么该抵押权所依据的主合同依法应认定无效；如果抵押人能够证明已尽到了合理的审查义务，那么抵押权人基于善意取得的抵押权应当受到保护，债权人撤销权的效力不及于他人基于善意所取得的被转让不动产的抵押权。本案中，某银行在接受王某有权属登记的抵押物担保时，尽到了合理注意义务，已进行不动产抵押权登记，且不存在与王某恶意串通损害简某债权的情形，则某银行善意取得不动产抵押权，债权人简某无权撤销不动产

的抵押权。此外，《中华人民共和国民法典》第四百零六条规定，抵押期间，抵押人可以转让抵押财产。当事人另有约定的，按照其约定。抵押财产转让的，抵押权不受影响。根据该条规定，抵押期间抵押财产可以发生权属变更，抵押权不受影响。这就为法院作出撤销债务人转让房屋的行为，同时作出保留抵押权的恢复权属登记判决提供了明确的法律依据。[①] 但抵押权的存在仍然在实质上影响着债权人的债权实现。抵押权人就抵押财产享有优先受偿权，而债权人仅能就债务人的责任财产享有普通债权，一旦抵押财产所担保的债务人无力清偿，势必对抵押财产拍卖、变卖，并以所得价款优先偿还抵押权人，债务人的责任财产因之减少，债权人的债权实现必然也会受到影响。

编写人：湖南省衡阳市中级人民法院　王娟

① 民法典出台之前虽然学理上普遍认为抵押权系对世权，抵押财产转让的，抵押权不受影响，司法实践中一般也采这种观点，但《中华人民共和国物权法》上的规定不够明确。《中华人民共和国物权法》第一百九十一条第二款规定“抵押期间，抵押人未经抵押权人同意，不得转让抵押财产，但受让人代为清偿债务消灭抵押权的除外”，实践中有观点认为该条规定有条件地承认了抵押财产的可转让性。《中华人民共和国民法典》第四百零六条第一款则明确规定：“抵押期间，抵押人可以转让抵押财产。当事人另有约定的，按照其约定。抵押财产转让的，抵押权不受影响。”《中华人民共和国民法典》的规定其实是对学界共识和司法实践的吸纳和沿袭。

130 抵押人以抵押权超过法定行使期限为由，要求债权人协助办理解除涉案房屋抵押登记的请求应予支持

——装饰公司诉投资公司等抵押合同案

【案件基本信息】

1. 裁判书字号

北京市朝阳区人民法院（2019）京0105民初58716号民事判决书

2. 案由：抵押合同纠纷

3. 当事人

原告：装饰公司

被告：投资公司、某银行、资产管理公司

【基本案情】

2000年11月2日，装饰公司作为借款人与某银行作为贷款人签订《借款合同》，约定：本合同项下的借款金额150万元整，借款期限从本合同生效之日起为12个月，借款利率为5.85%。同日，某银行与装饰公司分公司签订《抵押合同》，约定：装饰公司分公司（抵押人）愿意以自有的、有处分权的财产作为装饰公司（借款人）向某银行（抵押权人）借款的抵押物，抵押权人经审查同意接受抵押人提供的抵押财产清单列明的财产作为借款抵押物，本合同担保范围为基于2000年11月2日签订的借款合同发生的全部债务（本金不超过150万元）后附抵押财产清单载明：抵押财产为×号房屋，抵押值为150万元，占管人为装饰公司分公司，所有权或使用权权属为装饰公司分公司。

2002年6月12日，装饰公司作为借款人、装饰公司分公司作为抵押人与某银行作为贷款人（抵押权人）签订《补充协议》，约定解除双方之前协商订立的以贷还贷的《借款合同》及《抵押合同》，同意继续按照原《借款合同》和《抵押合同》各自继续享有权利并履行义务。

2002年9月，抵押房屋设立房屋抵押权。房屋所有权证载明房屋为×号房屋，房屋他项权人为某银行，权利价值150万元。

前述合同到期后，装饰公司未足额还款，某银行向北京市朝阳区人民法院提出支付令申请。2004年1月6日，法院依某银行申请作出支付令，支付令内容为：被申请人装饰公司应当自收到本支付令之日起十五日内偿还申请人某银行贷款人民币150万元及利息（其中截至2003年12月20日的利息为360252.42元，自2003年12月21日至本息付清之日，按照中国人民银行有关规定计算）。

另查明，某银行对装饰公司享有《借款合同》项下的债权，对涉案房屋业已通过抵押登记取得了抵押权，随后某银行以债权转让形式将债权转让给资产管理公司，资产管理公司又转让给投资公司，现投资公司称其对装饰公司分公司抵押房产享有抵押权。庭审中，装饰公司分公司则称某银行、资产管理公司、投资公司均未行使抵押权，已经超期，故应解除对涉案房屋的抵押登记。

【案件焦点】

抵押人以抵押权超过法定行使期限为由，要求债权人协助办理解除涉案房屋抵押登记的请求能否获得支持。

【法院裁判要旨】

北京市朝阳区人民法院经审理认为：《中华人民共和国物权法》第二百零二条规定："抵押权人应当在主债权诉讼时效期间行使抵押权；未行使的，人民法院不予保护。"本案的争议焦点是涉案抵押权是否已经超过主债权诉讼时效的行使期间。

依照装饰公司与某银行订立的《借款合同》，借款应于2001年11月2日到期，后双方于2002年6月12日签订《补充协议》，约定解除双方之前协商订立的以贷还贷的《借款合同》及《抵押合同》，同意继续按照原《借款合同》和《抵押合同》各自继续享有权利、履行义务，此时装饰公司对《借款合同》项下尚欠某银行的款项重新作了确认，故主债务诉讼时效于2002年6月12日中断。后某银行向法院提出支付令申请，请求装饰公司支付涉案主债务，法院作出支付令准许了某银行的申请，后该支付令生效，后某银行于2004年1月30日以支付令启动了执行程序。

债权人主张债权的行为与要求行使抵押权的行为，是两个不同行为，相互之间不能替代。支付令生效后十余年间，涉案债权持有人由某银行先后变更为资产管理公司与投资公司，但依据现有证据，在申请支付令之前及之后，某银行、资产管理公司、投资公司均未在法律规定期限内向装饰公司分公司主张抵押权，故对涉案抵押权不应再予保护。现装饰公司分公司据此提出判令投资公司、某银行、资产管理公司协助办理解除涉案房屋抵押登记手续的请求，具有事实及法律依据，法院予以支持。

北京市朝阳区人民法院依照《中华人民共和国物权法》第二百零二条之规定，判决：

投资公司、某银行、资产管理公司于本判决生效之日起十日内协助装饰公司解除于×号房屋设立的以某银行为抵押权人、权利价值为150万元的抵押登记手续。

判决后，双方当事人均未上诉，本判决现已生效。

【法官后语】

《中华人民共和国民法典》第四百一十九条规定："抵押权人应当在主债权诉讼时效期间行使抵押权；未行使的，人民法院不予保护。"该条款中"不予保护"含义的明确依赖于对诉讼时效和抵押权性质的分析。

首先，就诉讼时效而言，其以请求权人怠于行使权利持续至法定期间的状态为规制对象，目的在于让罹于时效的请求权人承受不利益，以起到促使其及时行使权利之作用，依民法理论通说，其适用范围限于债权请求权。而就抵押权而言，其属于支配权，并非请求权的范围，更非债权请求权的范围，如将抵押权纳入诉讼时效的规制范围，无疑有违民法原理。

其次，就抵押权而言，其目的在于担保债务的履行，以确保抵押权人对抵押物的价值享有优先受偿的权利。为实现上述目的，抵押权对物之本身必将产生权能上的限制，对物的使用和转让均会发生影响。故，若对抵押权人行使抵押权的期限不进行限制，将使抵押财产的归属长期处于不稳定状态，不仅不利于保护当事人的合法权益，亦不利于物之使用和流通效能的发挥。此外，如果允许抵押权人在任何时候均可行使抵押权，则意味着在主债权经过诉讼时效且债务人因此取得抗辩权之后，债权人依然可从抵押人处获得利益，进而将抵押人和债务人之间的追偿和抗辩置于困境，换言之，也意味着抵押人将长期处于一种不利益的状态，其义务也具有不确定性，若如此，对于抵押人来说未免过于苛刻，亦有失公允。

最后，从权利分类角度分析，当数项权利并存时，依据权利的相互依赖关系，有主权利与从权利之分，凡可以独立存在、不依赖于其他权利者，为主权利；必须依附于其他权利、不能独立存在的，则为从权利。举例而言，当债权与为担保债的履行的抵押权并存时，债权是主权利，抵押权为从权利。在主权利已经丧失国家强制力保护的状态下，抵押物上所负担的抵押权也应消灭，如此方能更好地发挥物的效用，亦符合《中华人民共和国民法典》之担保物权体系的内在逻辑。

故《中华人民共和国民法典》第四百一十九条规定抵押权行使期间的重要目的之一在于促使抵押权人积极地行使抵押权，迅速了结债权债务关系，维系社会经济秩序的稳定。综合上述分析，应当认定在法律已设定行使期限后，抵押权人仍长期怠于行使权利时，法律对之也无特别加以保护的必要，应使抵押权消灭。

本案中，支付令是对涉案主债权的最终确认。债权人主张债权的行为与要求行使抵押权的行为，是两个不同的行为，相互之间不能替代。依据现有证据，原债权人某银行以及嗣后债权受让人资产管理公司、投资公司均未在法定期限内行使抵押权，涉案抵押权已经超过法定行使期限，不应再予保护。

编写人：北京市朝阳区人民法院　李林强

131 监护人以与被监护人共同共有财产设定抵押应属无效

——某银行诉曹某全等金融借款合同案

【案件基本信息】

1. 裁判书字号

重庆市第五中级人民法院（2019）渝 05 民终 3127 号民事判决书

2. 案由：金融借款合同纠纷

3. 当事人

原告（上诉人）：某银行

被告（被上诉人）：曹某全、陈某珠、曹某

【基本案情】

2010 年 12 月 29 日，某银行与曹某全、陈某珠、曹某签订《某银行个人消费贷款合同》，约定：某银行向曹某全发放贷款 15 万元，曹某全、陈某珠、曹某以共同共有房屋抵押给某银行作为主合同项下债务的担保，曹某的签名由其监护人陈某珠代签。后某银行与曹某全、陈某珠、曹某签订了《重庆市房地产抵押合同》，曹某的签名由其监护人代签。嗣后，案涉房屋办理了抵押登记，抵押权人为某银行。某银行按约向曹某全指定帐户发放了贷款，但曹某全未按合同约定按期偿还借款本息。另查明，曹某系曹某全、陈某珠之子，签订案涉合同时系未成年人。某银行起诉要求曹某全偿还贷款本息、陈某珠承担连带清偿责任，并要求就案涉房屋享有抵押权和优先受偿权。

【案件焦点】

监护人以与被监护人共同共有财产设定抵押行为是否有效。

【法院裁判要旨】

重庆市九龙坡区人民法院经审理认为:《中华人民共和国民法总则》第三十五条第一款规定,监护人应当按照最有利于被监护人的原则履行监护职责。监护人除为维护被监护人利益外,不得处分被监护人的财产。曹某的监护人代曹某与某银行签订《某银行个人消费贷款合同》《重庆市房地产抵押合同》,将曹某全、陈某珠、曹某共同共有的房屋抵押给某银行,为曹某全一人名下的房屋装修贷款提供担保,违反了《中华人民共和国民法总则》第三十五条第一款的规定,应属无效。

重庆市九龙坡区人民法院依照《中华人民共和国民法总则》第三十五条第一款,《中华人民共和国民事诉讼法》第六十四条、第一百四十四条之规定,判决:

驳回某银行要求就登记于曹某全、陈某珠、曹某名下的案涉房屋享有抵押权和优先受偿权的请求。

某银行不服一审判决,提起上诉。重庆市第五中级人民法院经审理认为:《最高人民法院关于适用〈中华人民共和国担保法〉若干问题的解释》第五十四条规定,共同共有人以其共有财产设定抵押,未经其他共有人的同意,抵押无效。但是,其他共有人知道或者应当知道而未提出异议的视为同意,抵押有效。除抵押权人、监护人能够举示充分证据证明共同财产用于抵押系为被监护人利益外,该条规定的"同意"不能包括被监护人通过监护人作出同意抵押的意思表示。本案中,某银行作为专业的金融机构,理应知晓监护人应当按照最有利于被监护人的原则履行职责等法律规定。某银行未举示证据证明曹某的监护人处分案涉共有房屋系为了曹某的利益，该行在处理涉及未成年人事宜时有违审慎注意义务，难以认为其善意且无过失。曹某的监护人虽在抵押合同上以曹某名义签字，但不能认为曹某同意案涉共同房产用于抵押。

重庆市第五中级人民法院依照《中华人民共和国民事诉讼法》第一百七十条第一款第一项规定，判决：

驳回上诉，维持原判。

【法官后语】

关于监护人以与被监护人共同共有财产设定抵押行为的效力认定，司法实践中存在不同观点，第一种观点认为，即便监护人以与被监护人共同共有的房屋设定抵押的行为损害了被监护人的利益，也应由监护人承担责任，而非否定外部法律行为的效力，案涉抵押行为应为有效。第二种观点认为，《中华人民共和国民法典》规定监护人除为维护被监护人利益外，不得处分被监护人的财产，案涉抵押行为侵害了被监护人的合法权益，不能据此推定被监护人同意抵押的意思表示，抵押无效。本文采取第二种观点。

1. 最有利于被监护人原则。监护人的职责是代理被监护人实施民事法律行为，监护权系为被监护人利益而设立的一种他益权，监护人本身不能由此获得对价性收益。监护人作为被监护人的权益保护人且处分行为仍由其实施，非为被监护人利益的行为不可避免地发生，故对监护权行使附加必要限制应取决于法律的特别规定。在被监护人的利益与交易安全利益存在冲突的情形下，被监护人的利益不通过公权力的介入很难受到保护，但丧失交易机会的第三人尚可寻求其他交易途径来达成自己的交易目的，由此决定在监护人处分其与被监护人共同共有财产的利益格局中，被监护人享有优先于交易相对人受保护的地位，兹依举重以明轻的法律逻辑，在案涉抵押的情形中亦应优先保护被监护人利益。

2. 监护人非为被监护人利益就案涉房屋设立抵押的效力。因共同共有财产不可分，其中一人设定抵押权对其他共有人均产生影响，故以共同共有财产设定抵押的，须经全体共有人同意。在监护人以与被监护人共同共有财产设定抵押的行为中，立法通过法定代理制度赋予监护人处分权，由监护人作出抵押同意。案涉抵押权有效设立的前提为共有人全体同意抵押+抵押物进行登记。根据《中华人民共和国民法典》第二百一十五条确定的物权变动与其原因行为的区分原则，物权变动具有相对独立性，直接使物权发生变动的关键环节系交付或者登记，这种使物权本身发生直接变化的行为即处分行为，当然要求行为人须具有处分权能。具体到本案，监护人非为被监护人利益设定抵押时，其基于法定代理制度享有的处分权利随即消灭，处分人没有完整的处分权，物权变动处于效力待定状态，需其他共有人事后追认，但被监护人因缺乏行为能力而在法律行为中处于监护人的意思支配下，暂无追认之回旋余地，法律为维护交易稳定，不可能任由物权变动一直处于效力待定状态，此种情形下为保护被监护人利益以对抗交易第三人的权利主张，抵押行为效力即时确定为无效较为合理。且监护人的“同意抵押”意思表示并不当然推定为被监护人的客观上同意，若监护人、交易相对人不能举证证明抵押行为系为被监护人利益，监护人以其名义代理被监护人的处分行为应为无效。

至于第三人主张的善意取得抵押权的问题，在监护权的享有、权限及行使客观存在的前提之下，交易相对人理应知晓监护人在实施处分行为时是否越权，对监护人的处分行为是否为被监护人利益具有形式审查的注意义务，举证责任应由其负担。

编写人：重庆市九龙坡区人民法院　李静

132　抵押人之继承人的债务清偿责任

——某银行诉苏某龙等金融借款合同案

【案件基本信息】

1. 裁判书字号

福建省厦门市同安区人民法院（2019）闽 0212 民初 724 号民事判决书

2. 案由：金融借款合同纠纷

3. 当事人

原告：某银行

被告：苏某龙、苏某萍、苏某平

【基本案情】

抵押人林某花于 2017 年 9 月 28 日去世。苏某萍、苏某平系林某花的子女。

2015 年 1 月 22 日，某银行与苏某龙签订《个人自助循环贷款借款合同》。合同约定，借款期限自 2015 年 1 月 22 日至 2018 年 1 月 21 日，由某银行在最高贷款本金余额 1350000 元内，对苏某龙一次或分次发放贷款，该期间为最高额担保债权的确定期间，每笔贷款的最后期间不超过 2018 年 1 月 21 日，借款用途为蔬菜销售。

林某花作为抵押人在《个人自助循环贷款借款合同》上签名，并于同日向某银行出具《同意交易声明》及《抵押声明书》，约定用其房产为上述借款提供最高额抵押担保，抵押担保范围包括主合同项下债权本金、利息、罚息、违约金、损害赔偿金、实现债权的一切费用及其他应付费用（包括不限于诉讼费、仲裁费、财产保全费、律师费、差旅费、执行费、评估费、拍卖费等），并办理了他项权证。合同签订后，某银行依约于2015年2月11日向苏某龙发放了1350000元贷款。借款期限届满后，苏某龙未能按约还本付息，截至2018年6月5日，苏某龙尚欠某银行借款本金1350000元及利息、罚息和复息472055.16元。经某银行多次派员催收、追讨，苏某龙仍未偿还该笔借款本金及部分利息。诉讼中，苏某龙于2019年4月3日归还某银行借款本金、利息、罚息和复息共计200000元，尚欠本金1306495.49元及2019年4月4日之后的利息、罚息和复息未能偿还。

【案件焦点】

抵押人之继承人对债务清偿责任的界限。

【法院裁判要旨】

福建省厦门市同安区人民法院经审理认为：某银行与苏某龙、抵押人林某花签订的《个人自助循环贷款借款合同》，系双方当事人的真实意思表示，内容不违反法律法规的规定，具有法律约束力，各方当事人应当按照约定履行自己的义务。合同签订后，某银行已依约向苏某龙发放贷款，苏某龙应按合同履行相关还款还息义务。然而借款到期后，苏某龙逾期未还款付息，违反了合同约定，某银行请求苏某龙偿还尚欠的借款本金1306495.49元及2019年4月4日之后的利息、罚息和复息以及律师费的诉讼请求，有事实与法律依据，应当予以支持。另因抵押人林某花自愿以其所有的房产为苏某龙向某银行借款提供最高额抵押担保，并已办理抵押登记手续，又因抵押人林某花死亡后，苏某平、苏某萍系林某花的法定继承人，抵押房产作为林某花的遗产现为苏某平、苏某萍所继承，故在苏某龙未能偿还上述款项时，某银行有权就苏某平、苏某萍继承的房产折价或者拍卖、变卖所得价款在上述款项范围内享有优先受偿权。

福建省厦门市同安区人民法院依据《中华人民共和国合同法》第二百零六条、第二百零七条，《中华人民共和国担保法》第四十六条、第五十三条，《中华人民共和国继承法》第三十三条，《中华人民共和国民事诉讼法》第六十四条、第一百四十四条之规定，判决：

一、苏某龙应于判决生效之日起十五日内偿还某银行借款结欠本金人民币1306495.49元及利息、罚息、复息（自2019年4月4日起，利息以结欠本金为基数按基准利率上浮30%计至实际还款之日止，罚息以结欠的本金为基数按合同利率上浮50%自2019年4月4日起计至实际还款之日止，复息以结欠的利息、罚息为基数自结欠之日起按合同利率上浮50%计至实际还款之日止）；

二、苏某龙应于判决生效之日起十五日内向某银行支付因实现债权所支付的律师费用人民币10000元；

三、苏某龙逾期不履行还款义务，某银行有权以登记在苏某平、苏某萍之母亲林某花名下的房屋折价或者拍卖、变卖所得价款在上述第一项、第二项付款义务范围内享有优先受偿权；

四、驳回某银行的其他诉讼请求。

判决后，双方当事人均未上诉，本判决现已生效。

【法官后语】

抵押人死亡后，如何准确认定其继承人应该对抵押权人承担的法律责任，此类案件，在审理中按照债权—物权—继承这样的思路对事实进行查明，是普遍采取的审理路径。然而，在查明事实后，如何在判项中认定继承人的清偿责任，则有不同的意见。

笔者总结该类型案件判决书中判项的表述，发现主要存在两种不同的观点。第一种观点认为，无论该抵押物是否已被实际继承，在判决认定抵押权人可就抵押物折价或者拍卖、变卖所得价款优先受偿后，仍需继续判决认定继承人必须在继承抵押物的范围内对债务承担清偿责任。也就是说，即使该抵押物仍登记在抵押人名下，抵押物尚未被继承分割，也需明确继承人以继承的抵押遗产实际价值为限对债务承担清偿责任。第二种观点认为，若该抵押物尚未被实际继承，即该抵押物仍登记在抵押人名下，可单独认定抵押权人可就抵押物折价或者拍卖、变卖所得价款优先受偿，此时，并不需要认定继承人需负清偿的责任。通过对这两种不同观点的描述可以发现，第一种观点的判项主要依循的是审理路径的顺序，力求全方位、无遗漏的责任认定。第二种观点的侧重点则立足于具体事实，其判项更为注重通过体现个案的差异对责任进行划分。

两相比较之下，笔者更为认同第二种观点，即抵押人死亡，抵押物仍登记在抵押人名下的，可单独认定抵押权人可就抵押物折价或者拍卖、变卖所得价款优先受偿，此时，并不需要认定继承人需负清偿的责任。原因在于以下几点：

一是审理的思维路径固然具有共性的特征，在同类型案件中有很高的普遍适用性。可若按照这种审判思维路径作出一一对应的判项，所得判决结果表面上看起来面面俱到，实质上却忽略了个案的差异性，甚至可以说是作出了与个案查明事实不相符合的判决，其合理性值得商榷。根据《中华人民共和国民法典》第一千一百六十一条第二款的规定，继承人放弃继承的，对被继承人的债务可以不负清偿责任。以本案为例，在登记公示的原则下，认定继承人仍需承担清偿责任的前提是默认继承人未放弃继承。若此时判决主文中仍要加上“继承人需在继承抵押物遗产实际价值范围内承担清偿责任”，则明显与所查明的抵押物仍登记在抵押人名下这一事实不相吻合，判决的结果明显超出了所查明的事实的范围，有画蛇添足之嫌。

二是通常来说，判决书中判项的内容应该具有一致的指向性，而这种一致性是指当事人之间所负的权利或者义务应该对应，不能是相违背的。否则，容易导致判项内容指代不清等问题。仍以本案为例，若判项中第一条主文认定抵押权人有权就登记在抵押人名下的抵押物折价或者拍卖、变卖所得价款优先受偿，则相当于已明确了该抵押物并未被继承人所继承，相当于认定继承人无须承担清偿责任。可若判项中增加了“继承人需在继承抵押物遗产实际价值范围内承担清偿责任”这一条内容，实际上却又确认了继承人的清偿义务，这无疑与之前第一条主文的内容相违背。判决的第二条内容表面上让整个判决的结果更为完整，可若从当事人权利、义务的角度出发进行考虑，却是让判决中的两个判项出现自相矛盾的情况，导致判决结果指向不明等问题。判决的本质就是要解决权利与义务的关系，而这种会产生歧义的做法，无疑是不可取的。

三是不动产抵押遵循公示公信原则，登记是抵押权成立的要件。与此对应，判决书的判项也应当体现出对这一原则的尊重和认可。既然案件事实部分已经查明抵押物的登记所属，则判项也应对此予以确认，并应只对此予以确认为宜。

编写人：福建省厦门市同安区人民法院　林思婕

133 银行在债权全部实现前同意解除抵押的行为能否视为默示意思表示免除债务

——某银行诉科技公司等金融借款合同案

【案件基本信息】

1. 裁判书字号

重庆自由贸易试验区人民法院（2019）渝0192民初14669号民事判决书

2. 案由：金融借款合同纠纷

3. 当事人

原告：某银行

被告：科技公司、李某山、陈某燕

【基本案情】

某银行与科技公司于2016年签订《综合授信合同》，对授信额度、期限等进行约定。2016年1月15日，某银行与李某山、陈某燕签订《最高额保证合同》，约定保证人为债务人提供连带责任保证担保。同日，某银行与科技公司签订《人民币流动资金贷款合同》，约定某银行向科技公司提供贷款3000万元，并对贷款期限、贷款利率、罚息复利进行约定。后某银行依约向科技公司发放了贷款3000万元。2016年1月18日，某银行与科技公司签订《电子银行承兑汇票承兑协议》，约定科技公司向某银行申请承兑汇票两张，票面金额共计6000万元。后某银行依约为科技公司开具汇票并在到期后垫付票款29415000元。其后，对《人民币流动资金贷款合同》《电子银行承兑汇票承兑协议》项下借款，科技公司陆续归还完毕借款本金，剩余部分利息、罚息、复利未归还。

另查明，某银行为实现债权支付律师费10000元。

审理中，科技公司举示《关于还款解押的函》，该函件载明："百货公司：贵公司以×处房产，为科技公司在我行授信提供抵押担保。截至本函出具之日，上述授信本金余额为7616万元，我行同意在科技公司结清上述授信本金7616万元及利息3518077.29元（拟定还款日为2017年11月15日）的情况下，向贵公司出具上述抵押物的解押手续。此函告自出具之日起生效，有效期至2017年11月20日。某银行。"某银行对该证据的真实性不予认可，但认可该函中涉及的房产为本案涉及贷款的抵押财产，该财产的抵押登记已解除。

【案件焦点】

银行在罚息、复利未完全清偿的情况下同意解封抵押物，能否视为其作出免除罚息和复利的默示意思表示。

【法院裁判要旨】

重庆自由贸易试验区人民法院经审理认为：科技公司向某银行借款后，虽然已经归还借款本金，但因未按时足额履行还款义务，在归还借款本金前产生了罚息和复利。银行对于该部分罚息和复利是否作出过免除的意思表示的问题，应依据《中华人民共和国民法总则》第一百四十条规定"行为人可以明示或者默示作出意思表示。沉默只有在有法律规定、当事人约定或者符合当事人之间的交易习惯时，才可以视为意思表示”进行认定。

首先，某银行没有明示同意免除。科技公司辩称某银行口头同意免除，但无相应证据予以证明。

其次，某银行在债权全部实现前同意解除抵押的行为不构成默示同意免除。基于商事交易行为的复杂性，对于何种行为能够构成默示行为应当结合行业惯例、双方之间的交易习惯、交易内容、表达对象、债务人的注意义务等方面进行认定。第一，从金融借款合同的一般交易习惯来看，确实存在银行不会在全部债权实现前解除抵押的习惯，但银行作为正规金融机构，通常会出具书面文件来明确表达意思，如本案中银行在债权未全额回收情况下对担保利益的放弃，即以出具《关于还款解押的函》的方式进行明示的。第二，从双方之间的交易惯例来看，科技公司未举示证据证明双方之间存在默示同意的惯例。第三，从交易内容来看，科技公司主张某银行默示表达的意思是放弃自身权利，相比能够获得回报的其他交易形式，对于放弃权利的认定应当更加谨慎。第四，从意思表示的对象来看，某银行出具《关于还款解押的函》的对象是抵押人百货公司，不是科技公司。第五，从债务人的注意义务来看，债务人作为商事主体，具有基本的商事风险认知，如与银行达成债务豁免协议，应当会要求银行出具债务免除同意书或共同签署协议等来满足交易形式，但科技公司却未要求银行出具，不能达到一般商事主体的交易注意义务。

最后，某银行没有联系科技公司或保证人李某山、陈某燕要求还款，不属于以沉默表示同意。权利人享有行使权利的自由，在没有法律规定或者合同约定的情况下，只要在诉讼时效期间内，权利人于何时行使权利不应当受到拘束。某银行在两年内没有联系科技公司或保证人李某山、陈某燕要求还款，属于沉默，沉默只有在有法律规定、当事人约定或者符合当事人之间的交易习惯时，才可以视为意思表示。

重庆自由贸易试验区人民法院依照《中华人民共和国民法总则》第一百四十条、第一百四十二条和《中华人民共和国民事诉讼法》第六十四条、第一百四十二条等相关法律规定，判决：

一、科技公司于本判决生效之日起十日内支付某银行贷款利息114583.35元，截至2019年8月27日的罚息2235529.67元、复利422735.7元，并支付自2019年8月28日起至还清之日止的复利（以所欠利息和罚息为基数，按照年利率8.25%计算）；

二、科技公司于本判决生效之日起十日内支付某银行承兑汇票垫款罚息3640464.11元；

三、科技公司于本判决生效之日起十日内支付某银行律师服务费10000元；

四、驳回某银行的其他诉讼请求。

判决后，双方当事人均未上诉，本判决现已生效。

【法官后语】

本案的焦点问题是意思表示的认定。裁判规则的依据来源于《中华人民共和国民法典》第一百四十条。

关于意思表示，1988年发布的《最高人民法院关于贯彻执行〈中华人民共和国民法通则〉若干问题的意见（试行）》第六十六条规定："一方当事人向对方当事人提出民事权利的要求，对方未用语言或者文字明确表示意见，但其行为表明已接受的，可以认定为默示。不作为的默示只有在法律有规定或者当事人双方有约定的情况下，才可以视为意思表示。"2017年发布的《中华人民共和国民法总则》吸纳并调整了《最高人民法院关于贯彻执行〈中华人民共和国民法通则〉若干问题的意见（试行）》第六十六条内容，第一百四十条规定，行为人可以明示或者默示作出意思表示。沉默只有在有法律规定、当事人约定或者符合当事人之间的交易习惯时，才可以视为意思表示。调整内容主要有：（1）列明了意思表示的三种形式，即明示、默示和沉默，增加了“明示”和“沉默”；（2）将《最高人民法院关于贯彻执行〈中华人民共和国民法通则〉若干问题的意见（试行）》第六十六条中暗含的“用语言或者文字明确表示意见”明确定义为“明示”；（3）将“不作为的默示”定义为“沉默”，并增加“符合当事人之间的交易习惯”作为沉默同意的情形之一。调整后更周延、逻辑更严密，《中华人民共和国民法典》对此未有变化。本案的判断也是基于《中华人民共和国民法总则》第一百四十条的逻辑结构展开。

首先，判断是否存在“明示”“默示”“沉默”的情形。(1) 在“明示”层面，双方当事人均没有直接证据能够证明作出或没有作出债务免除的意思表示。(2) 在“默示”层面，本案中确实存在一个需要判断是否构成“默示”的行为，即银行出具《关于还款解押的函》，判断该举动是否构成“默示”是本案的关键问题。（3）在“沉默”层面，银行存在两年内没有联系借款人和保证人还款的情况，也需要进行判断。

其次，判断银行的行为是否构成“默示”和“沉默”。《中华人民共和国民法典》对默示意思表示的定义没有具体阐释，在具体案件中如何判断意思表示的构成存在难点。一般认为，默示意思表示是从有可能显露意思的行为来推定的，默示运用的场合一般应当基于交往惯例、法定或约定的肢体等行为，如行人向出租车招手示意搭乘、消费者将商品放置在超市收银台等。此处列举的一些自然人的行为与商主体进行商事交易活动存在较大区别。商事活动更加复杂，更难以进行准确的认定。本案依据《中华人民共和国民法总则》第一百四十二条第一款规定的对有相对人意思表示的习惯解释和诚信解释的解释规则，演绎和补充了一些默示意思表示的判断标准。认为在商事交易过程中，对何种行为能够构成默示行为应当结合行业惯例、双方之间的交易习惯、交易内容、表达对象、债务人的注意义务等方面进行认定。该补充既有基于个案因素的归纳，也同时对实践中不鲜见的金融机构缺乏明确意思表示状态下的行为性质认定问题进行了一定的探索，希望对于类案审理能够提供一些参考。

编写人：重庆自由贸易试验区人民法院　何欣　陈姿含

134 反担保抵押权人在追偿权诉讼时效期间内未行使追偿权，反担保抵押权实体权利灭失

——张某立诉融资担保公司抵押权案

【案件基本信息】

1. 裁判书字号

北京市大兴区人民法院（2019）京 0115 民初 12243 号民事判决书

2. 案由：抵押权纠纷

3. 当事人

原告：张某立

被告：融资担保公司

【基本案情】

张某立为某房产的房屋所有权人，共有情况为单独所有。

2013年6月1日，张某立（抵押人/甲方）与融资担保公司（抵押权人/乙方）签订《抵押（反担保）合同》，载明：乙方为H公司（借款人）与某银行就流动资金贷款借款人民币1000万元及利息返还义务提供担保。甲方将其自有的某房产作为抵押向乙方提供反担保。依据乙方与借款人签订的《委托保证协议书》签订本《抵押（反担保）合同》。上述抵押物担保最高债权额为140万元。合同期限为抵押担保生效后至融资担保公司担保债权完全消除前。担保范围包括但不限于：1. 借款人违约致使乙方向贷款人承担的全部保证责任，包括不限于贷款本金、利息和罚息等；2. 乙方向借款人或甲方追偿而借款人或甲方延迟偿还期间的违约金；3. 实现抵押权的费用，包括但不限于相关的变卖费、提存费、拍卖费、应缴纳的税费、交易手续费、诉讼费、仲裁费、执行费、律师代理费等；4. 其他各类应付款项。该合同尾部甲方处有张某立签字，乙方处有融资担保公司盖章。

上述《抵押（反担保）合同》签订后，张某立将涉案房产办理了抵押权登记，抵押人为张某立，抵押权人为融资担保公司。

某银行向H公司发放贷款1000万元，但H公司未按约定还款。根据庭审中某银行出具的代偿证明载明：借款人H公司于2013年6月4日向我行申请贷款人民币1000万元整，借款期限自2013年6月20日至2014年5月19日到期第一笔500万元整；至2014年6月19日到期第二笔500万元整。本笔借款由融资担保公司提供担保。借款人H公司于借款到期日未偿还借款本金利息，由融资担保公司向某银行为借款人分别代偿了上述两次借款本金利息合计人民币 10006031.31 元（其中 2014 年 5 月 30 日代偿了本金利息共计人民币 5089221.45 元；2014 年 6 月 23 日代偿了本金利息共计人民币 4916809.86 元）。

庭审中，经询问，融资担保公司认可自承担保证责任后未向 H 公司主张过追偿权。

【案件焦点】

反担保抵押权人履行了保证责任之后，在追偿权时效期间内未向债务人行使追偿权，反担保抵押人是否有权要求解除相应反担保抵押登记。

【法院裁判要旨】

北京市大兴区人民法院经审理认为：涉案主债权债务关系、担保关系、反担保关系为：H 公司向某银行借款，融资担保公司为上述借款提供保证担保，张某立为担保融资担保公司履行保证责任后的债权受偿，将其所有的房屋抵押给融资担保公司。涉案主债务逾期后，融资担保公司为 H 公司向某银行的借款履行了保证责任。涉案争议焦点为融资担保公司履行了保证责任之后，在追偿权时效期间内未向债务人行使追偿权，亦长期未行使反担保抵押权，张某立是否有权要求解除相应反担保抵押登记。就此，案例从保证债权的诉讼时效、保证债权与反担保抵押权的存续期间的关系进行了分析。引用法律依据为《中华人民共和国担保法》第五十二条的规定："抵押权与其担保的债权同时存在，债权消灭的，抵押权也消灭。"《中华人民共和国物权法》第二百零二条的规定："抵押权人应当在主债权诉讼时效期间行使抵押权；未行使的，人民法院不予保护。”案例认为上述规定即是对抵押权存续期限的规定，理由是抵押权系物权，不受诉讼时效的限制，故“人民法院不予保护”是指未行使的抵押权，因主债权诉讼时效的经过而消灭，非仅丧失抵押权受人民法院保护的权利，而是超过该期限未行使抵押权的，抵押权消灭。就案件本身分析，《最高人民法院关于适用〈中华人民共和国担保法〉若干问题的解释》第四十二条第二款规定：“保证人对债务人行使追偿权的诉讼时效，自保证人向债权人承担责任之日起开始计算。”故融资担保公司向H公司的追偿权的诉讼时效期间应当自其支付最后一期履行担保责任还款后起算，根据代偿证明载明，融资担保公司履行保证责任的时间为2014年6月23日，故诉讼时效应截至2017年6月23日，庭审中，融资担保公司认可未向H公司主张过追偿权，其追偿权诉讼时效已经过，保证追偿权相应的反担保抵押权理应消灭。

北京市大兴区人民法院依据《中华人民共和国物权法》第二百零二条，《中华人民共和国担保法》第五十二条之规定，判决：

融资担保公司协助张某立办理解除设定于涉诉房产上的抵押权人为融资担保公司的抵押登记手续。

判决后，双方当事人均未上诉，本判决现已生效。

【法官后语】

该案件系由于反担保抵押权人履行保证还款责任后，在追偿权诉讼时效期间内未向债务人行使追偿权，反担保抵押人要求解除设定在抵押物上的抵押登记手续的纠纷。案件争议事实发生于《中华人民共和国民法典》之前，故引用了《中华人民共和国担保法》

《中华人民共和国物权法》的相关规定。对于抵押权与债权的存续期间问题，《中华人民共和国民法典》沿用了物权法的规定，《中华人民共和国民法典》第四百一十九条规定："抵押权人应当在主债权诉讼时效期间行使抵押权；未行使的，人民法院不予保护。"故无论是物权法还是民法典，均规定抵押权人应当在主债权的诉讼时效期间内行使权利。但是对于逾期未行使的"人民法院不予保护"的法律后果问题，司法界观点存在争议：一方观点认为，抵押权是主债权的从权利，从权利超过诉讼时效的法律后果是丧失胜诉权，而非丧失实体权利。另一方观点则认为，"诉讼时效"的概念特征仅应适用于债权请求权，行使抵押权作为物权请求权，不应参照诉讼时效制度来定性。而且"诉讼时效说"并不能解决"人民法院不予保护"后的登记或者变更登记问题。此外，如果债务人的诉讼时效抗辩取得成功，而抵押权的实体权利尚在，会导致抵押人和债务人之间的追偿关系发生混乱。因此，司法实践中逐渐削弱分歧认为要求诉讼时效内行使权利，逾期法院不予保护，即指丧失实体权利，特别是在《全国法院民商事审判工作会议纪要》颁布之后。

2019年11月最高人民法院颁布《全国法院民商事审判工作会议纪要》，其中第五十九条规定："抵押权人应当在主债权的诉讼时效期间内行使抵押权。抵押权人在主债权诉讼时效届满前未行使抵押权，抵押人在主债权诉讼时效届满后请求涂销抵押权登记的，人民法院依法予以支持。以登记作为公示方法的权利质权，参照适用前款规定。"

从法律效果上来说，超过诉讼时效期间而没有行使抵押权的，抵押权的实体权利应当灭失。抵押权作为担保物权，其设立的作用不仅是对所有权的限制以及对债的担保，更是为了最大化地发挥物的流通价值（相较于用益物权是为了最大化地发挥物的使用价值）。

因此，如果法律规定的抵押权行使期限届满后，仍允许抵押权长期存在，势必不利于抵押人对担保物权的有效利用，不利于担保交易关系的稳定，并有助长抵押权人滥用优势地位之虞。这与抵押权创设的最初作用和目的是背道而驰的。法律明确规定行使期间经过抵押权归于消灭的做法可以反作用于抵押权人尽快行使权利，实现自身利益的保护。而在此规定下抵押权人仍旧选择怠于行使自己的法定权利，那么法律也就没必要额外对其进行保护。因此，无论是从抵押权设立目的之坚守的角度，还是从交易的尽快完成、纠纷的尽快解决的角度以及从抵押权人利益的尽快实现、抵押人权利尽快稳定的角度考虑，行使期限经过后使抵押权归于消灭是最为合理的。

编写人：北京市大兴区人民法院　成桂钦

135　浅析抵押权的行使期间

——周某良、闫某红诉某银行甲支行、某银行乙支行抵押合同案

【案件基本信息】

1. 裁判书字号

湖北省宜昌市中级人民法院（2019）鄂05民终2076号民事判决书

2. 案由：抵押合同纠纷

3. 当事人

原告（被上诉人）：周某良、闫某红

被告（上诉人）：某银行甲支行、某银行乙支行

【基本案情】

2004 年 3 月，周某良、闫某红与某银行乙支行签订一份《抵押合同》，约定周某良、闫某红为借款人余某新与某银行乙支行之间的贷款债务提供抵押担保，担保主债权 5 万元，周某良、闫某红以其房屋提供抵押。合同签订后，房屋办理了抵押登记。直至 2018 年，借款人余某新未按约定偿还借款，某银行甲支行、某银行乙支行也未向借款人和周某良、闫某红主张过权利。周某良、闫某红诉请对房屋抵押权登记予以注销。

【案件焦点】

1. 本案所涉的抵押权是否消灭；2. 抵押登记是否应注销。

【法院裁判要旨】

湖北省宜昌市西陵区人民法院经审理认为：根据《中华人民共和国物权法》第二百零二条之规定："抵押权人应当在主债权诉讼时效期间行使抵押权；未行使的，人民法院不予保护。"本案中，主债权诉讼时效期间为 2005 年 3 月 22 日至 2007 年 3 月 22 日，某银行乙支行、某银行甲支行未在主债权诉讼时效期间内行使抵押权，法院对抵押权不再保护，即其失去了行使抵押权的胜诉权，抵押人的债务成为自然之债，抵押人可以基于自愿的原则去偿还。本案的抵押人即周某良、闫某红诉请对房屋抵押权登记予以注销，法院予以支持。

湖北省宜昌市西陵区人民法院依照《中华人民共和国物权法》第二百零二条规定，判决：

对周某良、闫某红所有的房屋的抵押权登记予以注销。

某银行甲支行、某银行乙支行不服一审判决，提起上诉。湖北省宜昌市中级人民法院经审理认为：双方争议的焦点是抵押人是否有权请求解除或者注销设立在房屋上的抵押登记，以排除该抵押登记给其行使所有权所造成的妨害。本案中，正常情况下主债权的诉讼时效期间从2005年3月23日开始计算，债权人某银行乙支行在本案诉讼中没有提出主债权存在诉讼时效中止、中断或者延长的事由和证据，主债权的诉讼时效期间应至2007年3月23日止。根据《中华人民共和国物权法》第二百零二条规定："抵押权人应当在主债权诉讼时效期间行使抵押权；未行使的，人民法院不予保护。"这是法律对抵押权行使期间的规定，抵押权人行使抵押权的期间与主债权的诉讼时效期间一致。本案中抵押权人行使抵押权的时间，超过了行使抵押权的期间，故法院不予保护。某银行甲支行、某银行乙支行称双方抵押合同签订至今，某银行乙支行每年都清收抵押权证，致使诉讼时效中断，本案未超过诉讼时效，这是把法律规定的抵押权行使期限与诉讼时效期间相混淆了，而法律规定的抵押人行使抵押权的期限是以主债权的诉讼时效期间为依据的。抵押权人未在主债权诉讼时效期间行使抵押权，不仅丧失了人民法院的公权力保护，还使抵押权归于消灭。本案中，周某良、闫某红一审的诉讼请求不是担保人对诉讼时效的抗辩，而是要求在抵押权消灭后注销抵押登记。根据《中华人民共和国物权法》第一百七十七条第一项规定，主债权消灭，担保物权消灭。抵押权消灭后，若继续维持抵押登记，势必影响抵押物的正常使用和流转，妨害抵押人所有权的行使。一审法院根据抵押人的请求，判决解除抵押登记或者对抵押登记予以注销并无不当。某银行甲支行、某银行乙支行的上诉理由不能成立，一审判决认定事实清楚，适用法律正确，应予维持。

湖北省宜昌市中级人民法院依照《中华人民共和国民事诉讼法》第一百七十条第一款第一项规定，判决：

驳回上诉，维持原判。

【法官后语】

抵押权的行使是否有期限，是否受诉讼时效的影响？答案是：有期限，且必须在主债权诉讼时效期间内行使，否则法院不予保护，丧失胜诉权。就此案引申，进行如下探讨。

一、抵押权的期限法定

依据物权法定原则，抵押权作为一种担保物权，其设立、灭失均由法律规定，不可由当事人自行设定。既然设立、灭失这一前一后的时间点法定，那么抵押权的期限也应是法定的。作为担保债权实现的抵押权，其存续与主债权密切相关。按权利的从属性原理分析，主债权存在，抵押权即存在；主债权消灭，抵押权即消灭。抵押权的存续应与主债权同步。

二、抵押权行使期间与诉讼时效、除斥期间的区分

诉讼时效，按《中华人民共和国民法典》第一百八十八条规定，是指向法院请求保护的有效期间，即请求权人须在该时效内主张权利，否则承担公权力不予保护的后果。依民法理论通说，诉讼时效适用范围限于债权请求权。

除斥期间，按《中华人民共和国民法典》第一百九十九条规定，是指法律规定或当事人约定的撤销权、解除权等权利的存续有效期间，若除斥期间届满，则前述权利灭失。

而抵押权，属于担保物权，是一种对物的有限支配权（不同于所有权的直接占有、使用、处分），其并非请求权范围，更不是债权

请求权，因此不属于诉讼时效规制范围。

实务中，有观点认为抵押权的行使期间是除斥期间，认为《中华人民共和国民法典》第四百一十九条规定的后果是“抵押权消灭”。笔者对此不认同，因为：1. 按物权法定原则，抵押权的消灭情形由法律明文规定。《中华人民共和国民法典》第三百九十三条规定：“有下列情形之一的，担保物权消灭：（一）主债权消灭；（二）担保物权实现；（三）债权人放弃担保物权；（四）法律规定担保物权消灭的其他情形。”这并不包括“抵押权未在主债权诉讼时效内行使”这一情形。2. 从文义解释上看，《中华人民共和国民法典》第四百一十九条仅表述为“未行使的，人民法院不予保护”，这强调的是公权力不予保护、丧失胜诉权，并没有明确表述“抵押权消灭”。3. 依据《中华人民共和国民法典》第四百一十条规定，抵押权的实现方式是协议拍卖、变卖抵押物，而这种处置行为，既包括法院在执行过程中以公权力主导的拍卖变卖，也包括当事人私下协商的拍卖变卖。抵押权行使期限届满后，当事人私下协商处置抵押物，实践中多有发生，并不被法律所禁止。所以若主张“抵押权行使期间届满，抵押权消灭”，则前述履行丧失法律基础。因此，抵押权行使期间不是除斥期间，抵押权行使期间届满，并不产生抵押权消灭的法律后果。

三、对抵押权行使期间的规制

关于抵押权的行使期限，立法经历了一个完善过程。1995 年发布的《中华人民共和国担保法》囿于当时的经济水平，未明确规定。2000 年发布的《最高人民法院关于适用〈中华人民共和国担保法〉若干问题的解释》第十二条第二款规定，主债权诉讼时效结束后，担保权人在诉讼时效结束后 2 年内行使担保物权的，法院应予支持，这赋予了担保权人两年特权。而 2007 年发布的《中华人民共和国物权法》第二百零二条对此进行了否定，删除了两年的规定，强调必须在主债权诉讼时效内行使。

2019年最高人民法院发布的《全国法院民商事审判工作会议纪要》第五十九条更是明确规定，抵押权人应当在主债权的诉讼时效期间内行使抵押权。抵押权人未在主债权诉讼时效届满前行使的，抵押人请求注销抵押权登记的，法院应予支持。以登记作为公示方法的权利质权，参照适用前款规定。

立法如此考虑是因为抵押权对抵押物有权能上的限制，如果对抵押权行使期限不进行限制，将使抵押财产归属长期处于不稳定状态（实现抵押权的方式是拍卖处置抵押物），既不利于保护抵押人的合法权益（让抵押人随时处于财产会被拍卖的恐慌中），也不利于抵押物的使用和流通效能发挥（抵押人不敢轻易出租、出售抵押物，错失商业良机）。2020年发布的《中华人民共和国民法典》第四百零六条对此有所突破，改变了物权法未经抵押权人同意，不得转让抵押财产的规定，允许抵押人在抵押期间对抵押物自由转让。同时规定只有抵押权人能够证明抵押财产转让可能损害抵押权的，才可以请求抵押人将转让所得的价款向抵押权人提前清偿债务或者提存。这一改变增强了抵押人对抵押物的处分权，使抵押人能够根据市场变化及自身需求灵活处分抵押物，保护抵押人的财产权益。另外，如果允许抵押权人在任何时候均可行使抵押权，则意味着在主债权已过诉讼时效且债务人因此取得抗辩后，债权人依然可从抵押人处获得利益，这对抵押人、债务人而言，明显不公。

从权利分类角度考虑，在数项权利并存时，依据权利相互依赖关系，可分为主权利、从权利。凡可独立存在、不依赖于其他权利的，为主权利；必须依附于其他权利、不能独立存在的，则为从权利。在主权利（主债权）已丧失国家强制力保护状态下，抵押物上所负担的从权利（抵押权）亦应丧失国家强力保护，这才符合《中华人民共和国民法典》的内在逻辑。因此，《中华人民共和国民法典》第四百一十九条强调抵押权必须在主债权诉讼时效内行使，就是为了督促抵押权人迅速行使权利，及时了结债务，让抵押物从抵押限制中“解脱恢复”，维系经济秩序稳定和交易安全。

四、抵押权行使期间长短受诉讼时效中止、中断影响

《中华人民共和国民法典》第四百一十九条及《全国法院民商事审判工作会议纪要》第五十九条，均明确抵押权应当在主债权诉讼时效内行使，这可理解为抵押权的行使期间自抵押权成立时起，直至主债权诉讼时效结束时止。因此，若主债权诉讼时效因中止而暂停计算、因中断而重新计算，抵押权行使期间亦发生暂停或重新计算的法律后果。换言之，抵押权行使期间，始终与诉讼时效同步。

编写人：湖北省宜昌市西陵区人民法院　周云

136　抵押权效力不及于善意第三人，优先受偿范围及于抵押物价款

——某银行诉张某明等抵押权案

【案件基本信息】

1. 裁判书字号

上海市第一中级人民法院（2018）沪 01 民终 10921 号民事判决书

2. 案由：抵押权纠纷

3. 当事人

原告（上诉人）：某银行

被告（被上诉人）：张某明、李某、谢某飞、唐某娣

【基本案情】

2013 年 9 月 22 日，某银行与张某明签订《个人购房借款及担保合同》，约定张某明为购买房产向某银行借款 1300000 元。张某明与唐某娣系夫妻关系。

2013 年 10 月 10 日，某银行与张某明办理了上述房屋的抵押权登记手续，某银行取得上述房屋的抵押权登记证明。

2013 年 11 月 1 日，某银行向张某明放款 1300000 元。

2016 年 5 月，某银行获悉张某明未经其同意擅自将上述抵押房产转让给李某、谢某飞，并另行办理了抵押登记手续。某银行向上海市松江区人民法院提起诉讼，该案判决如下：1. 确认某银行与张某明在 2013 年 9 月 22 日签订的《个人购房借款及担保合同》于 2016 年 6 月 4 日解除；2. 张某明、唐某娣于本判决生效之日起十日内偿还某银行借款本金 1112437.4 元及至清偿全部借款本金日止的利息、罚息（按《个人购房借款及担保合同》约定计算）；3. 张某明、唐某娣于本判决生效之日起十日内赔偿某银行律师代理费损失 56759.55 元。后张某明提起上诉。上海市第一中级人民法院判决：驳回上诉，维持原判。该案执行过程中，因未查实张某明、唐某娣有可供执行财产，故裁定终结本次执行程序。

2016 年 10 月 19 日，某银行与房地产交易中心共同出具会谈记录，确认由于交易中心的系统原因造成某银行的抵押信息被覆盖，抵押权被注销，直接导致张某明将上述房屋出售给他人。

【案件焦点】

1. 本案抵押权是否因行政机关错误涂除行为而消灭；2. 买受人是否满足不动产善意取得构成要件及其取得的标的物上负担是否去除；3. 抵押权人能否向善意第三人主张行使标的物抵押权。

【法院裁判要旨】

上海市松江区人民法院经审理认为：根据《中华人民共和国物权法》相关规定，物权的善意取得需满足以下条件：受让人取得该财产时是善意的；以合理的价格有偿转让；转让的财产依照法律规定应当登记的已经登记，不需要登记的已经交付给受让人。对一般民事主体而言，基于不动产登记具有公信力，当事人因信赖不动产登记而从事交易，除非有相反的证据存在，法律可以推定其为善意。首先，李某、谢某飞购买涉案房屋时，经交易中心查询可知，涉案房屋上并不存在抵押信息。对于李某、谢某飞来说，其基于信赖交易中心的公示信息，相信其购买的房屋上是不存在权利瑕疵的。其次，根据李某、谢某飞支付给张某明的价款来看，其购房价格属于合理价格。李某、谢某飞付款完毕后，与张某明办理了房屋过户手续，涉案房屋被登记在李某、谢某飞名下。综上，李某、谢某飞取得涉案房屋所有权构成善意取得，其对该房屋享有合法权利。某银行要求对李某、谢某飞所有的房屋行使抵押权的主张，依据不足，不予支持。

上海市松江区人民法院依照《中华人民共和国物权法》第六条、第一百零六条的规定，判决：

驳回某银行的全部诉讼请求。

某银行不服一审判决，提起上诉。上海市第一中级人民法院经审理认为：不动产物权以登记作为权利享有与变更的公示方法，法律通过赋予登记、占有与交付的公信力，使社会公众知悉物权的享有与变动情况。本案中，由于交易中心的系统原因导致某银行的抵押信息被覆盖，系争房屋的权利记载中出现错误的情况。李某、谢某飞出于信赖登记、以合理的价格购买系争房屋，系争房屋已登记在李某、谢某飞名下，李某、谢某飞因善意而即时取得系争房屋的所有权。因此，虽然某银行在系争房屋的所有权人为张某明时享有对系争房屋的抵押权，但在系争房屋所有权变动，现所有权人为李某、谢某飞后，再要求确认对系争房屋享有抵押权，缺乏事实和法律依据，故对某银行的该诉请法院不予支持。《中华人民共和国物权法》第一百七十条规定："担保物权人在债务人不履行到期债务或者发生当事人约定的实现担保物权的情形，依法享有就担保财产优先受偿的权利……"从该条规定来看，担保物权的法律效力主要体现在享有优先受偿权。抵押权作为担保物权，其优先的内容在于抵押物的价值，而非取得抵押物的所有权，在抵押物已经转让的情况下，作为购买人取得的是抵押物的所有权，特别是在购房人已经支付对价，并且是善意的情况下，如果再将抵押权的负担转移给购房人，显然不利于保护购房者的所有权。基于上述分析，一审判决对于某银行要求行使抵押权的诉讼请求未予支持，并无不当，法院予以认同。综上所述，某银行的上诉请求不能成立，应予驳回；一审判决认定事实清楚，适用法律正确，应予维持。

上海市第一中级人民法院依照《中华人民共和国民事诉讼法》第一百七十条第一款第一项规定，判决：

驳回上诉，维持原判。

【法官后语】

公示的不动产登记簿具有公示公信力，虽行政机关错误涤除了抵押权信息，但本案房屋上设定的抵押权不因行政机关的错误涤除的动作而灭失，且抵押权人未放弃本案担保物权，也不因涤除权制度或第三人代为清偿制度得以消灭抵押权，抵押权仍未涤除，抵押权人的权利仍受到保护。本案抵押人明知转让房屋在非因抵押权人放弃抵押权、发生抵押权消灭等原因造成去除负担的形态的前提下，仍在抵押期间未经抵押权人同意转让抵押物，不发生抵押权消灭的物权变动效果。本案真实物权与登记物权出现分离状态，买受人基于不动产登记簿记载的未设立他项权利的内容相信涉案抵押物不存在抵押权，其亦难以从其他途径知悉已被错误涤除的抵押权，其基于法律直接规定的善意取得制度取得标的物所有权实现物权变动效果，原物上设定的所有负担均消灭，买受人取得终局性的“清洁所有权”，即无抵押负担的物，抵押权人不得向善意第三人主张行使标的物抵押权。虽抵押权的效力不得对抗善意第三人，但本案中错误涤除的事由对于抵押权人而言等同于发生毁损灭失的效果，抵押权效力及于抵押人擅自将房屋出卖给他人获取的转让金，即抵押权人可就抵押权价值化后的转让金优先受偿。

值得注意的是，《中华人民共和国民法典》第四百零六条一改物权法采取禁止抵押物转让的立场，取而代之的新规则一是允许抵押物在抵押期间的自由转让；二是尊重当事人意思自治，有约定从约定；三是应当履行抵押财产转让的通知义务，然转让合同不因是否通知抵押权人或及时通知抵押权人而无效；四是设定抵押权人享有主张提前清偿债务或者提存的权利的条件是抵押权人能够证明抵押财产转让可能损害抵押权。由于抵押权具有物上追及力，对于真实物权与登记物权一致的抵押权，抵押物的自由转让不影响抵押权的实现，该效力及于买受人；对于真实物权与登记物权不一致的抵押权，买受人基于不动产登记簿的公示力信赖其记载的抵押权信息，发生错误涤除情形时的抵押权效力不及于不知情的买受人，发生债权信息错误登记情形时的抵押权效力及于买受人，但追及范围仅限于转让时不动产登记簿记载事项。

《中华人民共和国民法典》第四百零六条的规定为抵押人处分抵押物提供了正当性支持，抵押权人与抵押人未作禁止或者限制转让抵押财产约定的，抵押人有权处分抵押物，买受人基于买卖法律关系发生的物权变动规则享有涉案房屋所有权，然其受让时抵押物状态为清洁无负担，已涤除的抵押权对买受人不发生效力，追及效力因而发生阻断。上述条款是基于抵押人、抵押权人及买受人三者利益之间作出的平衡考量，在赋予权利主体自由转让权的同时保障抵押权追及效力，充分发挥抵押物金融属性价值，满足了日益旺盛的抵押物担保交易经济需求。

编写人：上海市松江区人民法院　胡晓晖　李羚

137　抵押担保责任和连带责任保证的正确区分认定

——张某梅诉张某担保合同案

【案件基本信息】

1. 裁判书字号

山东省淄博市中级人民法院（2018）鲁03民终1210号民事判决书

2. 案由：担保合同纠纷

3. 当事人

原告（被上诉人）：张某梅

被告（上诉人）：张某

【基本案情】

2012年2月14日，张某梅（出借方）与刘某福（借款方）及被告张某（担保方）签订《借款担保合同》，约定：张某梅借款给刘某福现金人民币80万元，期限自2012年2月14日起至2012年5月14日止，张某梅按照刘某福指定的账户通过银行汇款80万元，借款利率为月息2.5%，每月14日支付利息，合同到期（2012年5月14日）本金及利息一次付清。如果刘某福不能按时还款，张某无条件将某房产转让给张某梅。同日，张某梅通过网转方式付款79万元，通过其他方式付款1万元共计80万元。该80万元中张某梅借给刘某福60万元，张某梅代张某借给刘某福20万元并由张某梅为张某垫付。2012年3月14日，张某归还张某梅为其垫付的出借款17.2万元。2012年3月14日，刘某福通过张某转付张某梅利息2万元，2012年4月16日，刘某福通过张某转付张某梅利息1.5万元，后张某梅多次向张某主张权利。诉讼过程中，张某梅要求张某偿还为其垫付的借款2.8万元及利息、要求张某对张某梅借给刘某福的60万元及利息（按借款60万元自2012年4月14日按年息24%计算至2013年7月13日）承担连带清偿责任。

【案件焦点】

1. 本案所涉《借款担保合同》是否有效；2. 张某应否承担担保责任。

【法院裁判要旨】

山东省淄博市临淄区人民法院经审理认为：原、被告及刘某福签订《借款担保合同》后，原告通过网转等方式支付借款 80 万元，庭审中双方均认可该 80 万元借款中有 60 万元系原告借给刘某福、20 万元系被告借给刘某福（由原告垫付）、2012 年 3 月 14 日被告归还原告为其垫付的借款 17.2 万元；被告辩称已归还原告为其垫付的借款 2.8 万元证据不足，依法不予支持，故对原告主张的该借款 2.8 万元及相应利息予以支持。《借款担保合同》第四条约定：“如果借款方不能按时还款，担保方（张某）无条件将齐都国际 A 座×室转让给出借方（张某梅）。”故被告实质上为刘某福向原告的借款提供了保证担保，对保证担保的方式应认定为连带责任保证，被告对刘某福向原告的借款 60 万元及相应利息应承担连带清偿责任。《借款担保合同》约定的月息按 2.5%即年息 30%计算过高，可按年息 24%计算。

据此，山东省淄博市临淄区人民法院依照《中华人民共和国合同法》第六十条、第一百零七条、第二百零五条、第二百零六条，《中华人民共和国担保法》第十八条、第十九条、第二十六条、第三十一条，《最高人民法院关于审理民间借贷案件适用法律若干问题的规定》第二十六条、第二十九条之规定，判决如下：

一、被告张某归还原告张某梅垫付的借款 2.8 万元，于本判决生效后十日内付清；

二、被告张某赔偿原告张某梅经济损失（按 2.8 万元自起诉之日即 2014 年 5 月 12 日按中国人民银行规定的同期银行借款利率计算至本判决确定的还款之日），与第一项同时付清；

三、被告张某对刘某福向原告张某梅的借款 60 万元、利息（按 60 万元自 2012 年 4 月 14 日按年息 24%计算至 2013 年 7 月 13 日）负连带清偿责任，于本判决生效后十日内付清。若上述第二项经济损失与本项利息计算数额之和超过 17.2 万元，以 17.2 万元为准。被告张某承担保证责任后，有权向刘某福追偿。

张某不服一审判决，提起上诉。山东省淄博市中级人民法院认为：张某梅和刘某福之间的借贷合同内容不违反法律法规的强制性规定，合法有效。关于《借款担保合同》中的担保合同部分的效力，根据合同内容，张某用房屋进行债务担保的意思表示明确，对于被担保的主债权种类数额、债务人履行债务的期限、抵押物的情况以及抵押担保的范围明确，且抵押财产非法律法规禁止流通的财产或者不可转让的财产，张某亦不属于设立担保的无效主体，双方之间的抵押合同依法成立并生效。张某提供担保的意思表示明确故双方签订的《借款担保合同》合法有效。因双方签订的《借款担保合同》合法有效，张某应承担相应的担保责任。该房屋未办理抵押登记，抵押权未有效设立，张某梅不能就该房屋行使优先受偿权，债务到期后，张某既不能交付房屋，也不能以房屋折价的方式或者其他方式清偿债务，严重违背了诚实信用原则。根据《中华人民共和国担保法》第五十七条以及《最高人民法院关于适用〈中华人民共和国担保法〉若干问题的解释》第五十六条的规定，张某应在抵押物价值的范围内承担连带清偿责任。一审将抵押担保责任直接转换为保证责任法律依据不足，据此，二审法院依照《最高人民法院关于审理民间借贷案件适用法律若干问题的规定》第十四条,《中华人民共和国物权法》第十五条,《中华人民共和国担保法》第五十七条,《最高人民法院关于适用〈中华人民共和国担保法〉若干问题的解释》第三条、第四条、第五条、第五十六条、第五十七条,《中华人民共和国民事诉讼法》第一百七十条第一款第二项之规定,判决如下:

一、维持山东省淄博市临淄区人民法院民事判决第一项、第二项,即"一、被告张某归还原告张某梅垫付的借款2.8万元,于本判决生效后十日内付清;二、被告张某赔偿原告张某梅经济损失(按2.8万元自起诉之日即2014年5月12日按中国人民银行规定的同期银行借款利率计算至本判决确定的还款之日),与第一项同时付清";

二、变更山东省淄博市临淄区人民法院民事判决第三项为:"被告张某对刘某福向原告张某梅的借款60万元、利息(按60万元自2012年4月14日按年息24%计算至2013年7月13日)负连带清偿责任,于本判决生效后十日内付清。若上述第二项经济损失与本项利息计算数额之和超过17.2万元,以17.2万元为准。被告张某承担责任后,有权向刘某福追偿。"

【法官后语】

本案主要涉及抵押担保责任和连带责任保证的正确区分认定问题。

抵押担保作为《中华人民共和国民法典》所规定的担保方式之一,其是指债务人或者第三人不转移对某一特定物的占有,而将该财产作为债权的担保,债务人不履行债务时,债权人有权依照《中华人民共和国民法典》的规定以该财产折价或者以拍卖、变卖该财产的价款优先受偿。连带责任保证属于担保法中保证的一种。《中华人民共和国民法典》将“保证”规定于第三编即合同编的第十三章“保证合同”中，其第六百八十一条规定：“保证合同是为保障债权的实现，保证人和债权人约定，当债务人不履行到期债务或者发生当事人约定的情形时，保证人履行债务或者承担责任的合同。”第六百八十八条规定：“当事人在保证合同中约定保证人和债务人对债务承担连带责任的，为连带责任保证。连带责任保证的债务人不履行到期债务或者发生当事人约定的情形时，债权人可以请求债务人履行债务，也可以请求保证人在其保证范围内承担保证责任。”即连带责任保证的债务人在主合同规定的履行期届满没有履行债务的，债权人既可以要求债务人履行债务，也可以要求保证人在其保证范围内承担保证责任，保证人没有先诉抗辩权。从抵押担保和连带责任保证的上述概念界定来看，二者显然具有明显区别。抵押担保属于物保，而连带责任保证作为保证的一种属于人保。这一点也决定了二者法律责任的不同：抵押担保以抵押物的价值为责任承担限度，而保证担保中的连带保证则不存在责任承担限度的问题，即连带保证的保证人需要对其保证的全部债务向债权人承担保证责任。

尽管抵押担保责任和连带责任保证存在上述区别，但实践中对二者正确区分认定仍需要准确把握，尤其在将房屋作为抵押担保的情形中。当然对此而言，在抵押担保的抵押权依法成立并生效的情况下，二者的区分比较容易把握。此种情形下房屋抵押在签订抵押合同后依法进行了抵押登记，抵押权据此依法设立，债权人因此也成为合法的抵押权人，故债权人在债权到期未能清偿时，其有权以该财产折价或者以拍卖、变卖该财产的价款优先受偿。这时的抵押担保责任的承担与连带责任保证的区别较为明显。但问题主要在于抵押担保的抵押权未能依法设立的情况下。此种情况的出现往往是因房屋未办理抵押登记所造成。《中华人民共和国民法典》第二百一十四条规定:“不动产物权的设立、变更、转让和消灭,依照法律规定应当登记的,自记载于不动产登记簿时发生效力。”第二百一十五条规定:“当事人之间订立有关设立、变更、转让和消灭不动产物权的合同,除法律另有规定或者当事人另有约定外,自合同成立时生效;未办理物权登记的,不影响合同效力。”根据上述法律规定,以房屋进行抵押的,其抵押合同在成立时即生效,即便未办理抵押权登记也不影响抵押合同的效力;但房屋进行抵押的抵押权的设立依法则应自登记时设立。如果未进行房屋抵押登记,则抵押权未能设立。在抵押权因未办理登记而未能依法设立的情形下,债权人实际未能成为真正意义上的抵押权人,其对于双方约定的抵押房屋不具有法律上的优先受偿权。但未办理抵押权登记并不影响抵押合同的效力,当事人经协商一致订立抵押合同,表明双方就以抵押物的价值作为主债务担保的意思表示一致,债权人可以要求抵押人承担抵押合同上的担保责任。当然因抵押担保以抵押物的价值为责任承担限度,故抵押人应以抵押物的价值为限对主债务承担连带清偿责任。当然这种连带清偿责任仍是基于抵押担保,而不能将此直接转化为连带保证。本案即是如此。在本案中,因涉案房屋未办理抵押登记,抵押权未有效设立,张某梅不能就该房屋行使优先受偿权,债务到期后,张某既不能交付房屋,也不能以房屋折价的方式或者其他方式清偿债务,严重违背了诚实信用原则。基于对债权人利益的合法保护,根据《中华人民共和国民法典》第三百九十二条以及《最高人民法院关于适用〈中华人民共和国民法典〉有关担保制度的解释》第四十六条第三款的规定，张某应在抵押物价值的范围内承担连带清偿责任。

编写人：山东省淄博市中级人民法院　荣明潇　周树学

138 抵押权人未当面约谈抵押房屋权利人可构成“重大过失”

——某银行诉臧某青、罗某军金融借款合同案

【案件基本信息】

1. 裁判书字号

北京市第二中级人民法院（2018）京02民终12822号民事判决书

2. 案由：金融借款合同纠纷

3. 当事人

原告（上诉人）：某银行

被告（被上诉人）：罗某军

被告：臧某青

【基本案情】

2013年2月28日，某银行与臧某青签订《个人借款/担保合同》。臧某青向某银行提交了张某的身份证、户口本复印件、《无婚姻登记记录证明》、00274号《公证书》和00275号《公证书》。00274号《公证书》内容主要是张某“同意将本人名下登记的房产抵押给某银行为借款人臧某青申请个人借款提供担保”。00275号《公证书》的公证事项包括“张某名下登记有某房产，臧某青

拟向个人或银行申请贷款，张某自愿以上述房产提供抵押担保，因我视力不好，不能亲自办理抵押等事宜，特委托臧某青作为我的合法代理人，并全权代表张某办理抵押合同签订及抵押登记手续”。基于两份《公证书》，臧某青代张某在《个人借款/担保合同》上抵押人签字处进行了签字，并办理了抵押登记。后某银行向臧某青发放了贷款150万元，臧某青自2014年5月1日起多次发生未按期履行还款义务的违约行为。某银行起诉至法院要求臧某青偿还贷款本息，并对抵押房屋享有优先受偿权。

罗某军与张某于2007年1月15日登记结婚，涉案房产于2010年7月14日登记在张某名下，共有状况为单独所有。张某于2015年11月24日办理遗嘱公证，遗嘱内容为：“我张某与罗某军系夫妻关系，在我名下某房产，系我与罗某军的夫妻共同财产……在我去世后上述房屋属于我的份额归我的妻子罗某军个人所有，不作为夫妻共同财产。如果上述房产在我去世时还有抵押未解除，则相关债权债务亦由我妻子罗某军个人继承。”张某于2017年1月8日死亡。被告罗某军认为某银行在办理抵押过程中未对房屋真实权利状态进行审查，涉案抵押房屋属于夫妻共同财产，不同意某银行实现抵押权的诉讼请求。

【案件焦点】

某银行能否善意取得涉案房屋的抵押权。

【法院裁判要旨】

北京市西城区人民法院经审理认为：涉案房产系张某与罗某军婚后取得，在未有当事人提出其他反证的情况下，该房产应为双方的共同财产。张某未取得罗某军的同意即在共有财产上设定抵押权的物权行为，属于无权处分。无权处分行为系效力待定的民事行为，权利人事后追认，该无权处分行为发生效力，受让人亦可依据善意取得制度取得权利。《最高人民法院关于适用〈中华人民共和国物权法〉若干问题的解释（一）》（以下简称《物权法司法解释一》）第十五条第一款规定：“受让人受让不动产或者动产时，不知道转让人无处分权，且无重大过失的，应当认定受让人为善意。”据此，本案审查的关键在于，某银行取得涉案房屋的抵押权是否为善意。臧某青提交的《无婚姻登记记录证明》，仅能证明张某在其户籍地民政机构管辖范围内无婚姻登记记录，但是依一般的生活常识，在婚姻登记并无全国范围内的统一查询机构的情况下，在张某户籍地登记为无婚姻记录的情形下，并不能排除其已经结婚的可能性。房屋登记显示的权利人亦经常出现与实际权属状态不符的情形。某银行作为专业的商业银行，对担保人的婚姻状况、担保物的所有权属负有更加审慎的注意义务。此外，臧某青向某银行提交00275号《公证书》用以证明，张某委托臧某青签订借款合同、抵押合同并办理抵押登记。该公证书明确载明：“因我（张某）视力不好，不能亲自办理抵押等事宜，特委托臧某青作为我的合法代理人……”公证过程为：张某于2013年1月5日来到我处，在《委托书》上捺右手食指指印，并由王某荣代其加盖名章。即某银行对张某系盲人的事实明知，且根据《公证书》对公证事项的描述，公证处公证前述委托事项时，没有第三人向张某宣读委托书具体内容的事实，张某作为盲人，在此情形下有可能并不知晓委托书的具体内容。某银行作为专业的商业银行，专门从事贷款业务，在上述证据证明的事实存在其他可能性的情形下，某银行自始至终未约见张某本人，疏于了解其婚姻状态及涉案房产的权属情况，未尽到审慎注意义务，具有重大过失。因此，法院认定某银行在涉案房屋设立抵押的过程中，不构成善意，不能依据善意取得制度取得抵押权。某银行提出对涉案房产享有抵押权的诉讼请求，不符合法律规定，法院不予支持。

北京市西城区人民法院依照《中华人民共和国合同法》第一百零七条，《中华人民共和国婚姻法》第十七条，《中华人民共和国物权法》第一百零六条，《物权法司法解释一》第十五条，《中华人民共和国民事诉讼法》第九十二条、第一百四十四条之规定，作出如下判决：

一、臧某青于本判决生效后十日内偿还某银行截至 2018 年 5 月 2 日贷款本金 1023744. 42 元，利息、罚息、复利 168083. 80 元，以及自 2018 年 5 月 3 日起至全部欠款清偿之日止的利息、罚息、复利（按《个人借款/担保合同》约定的利率标准计算）；

二、驳回某银行的其他诉讼请求。

某银行不服一审判决，提起上诉。北京市第二中级人民法院经审理认为：在本案中，某银行主张其对案涉抵押房屋权属、对张某的婚姻情况以及对案涉房屋抵押事项的委托公证均已经尽到了审慎注意义务，能够根据善意取得制度取得涉案房产的抵押权。根据查明的事实，案涉 00275 号《公证书》明确载明："因我（张某）视力不好……"，也即某银行在办理案涉房屋抵押过程中应当知道张某视力存在障碍，又因与办理案涉房屋抵押相关的事项材料均为书面形式，视力障碍对于识别上述材料以及办理抵押事项构成重要影响。在此情况下，某银行对于审查张某婚姻状况、案涉抵押房屋权属以及张某对案涉房屋抵押事项的委托公证均应具有相较于视力健全人更高的注意义务，应当采取与张某约见、走访等方式进一步审查确定上述事项。在本案中，某银行并未能举证证明其尽到了上述注意义务，由此，一审法院认定其未尽到合理的注意义务，不能依据善意取得制度取得案涉房屋抵押权，并无不妥。某银行的上诉请求，依据不足，法院不予支持。

北京市第二中级人民法院依照《中华人民共和国民事诉讼法》第一百七十条第一款第一项之规定，作出如下判决：

驳回上诉，维持原判。

【法官后语】

本案的争议焦点在于，某银行能否依据善意取得制度对张某房屋（现登记为罗某军所有）的抵押权。根据《中华人民共和国民法典》第三百一十一条第三款的规定，抵押权的善意取得，参照动产或者不动产所有权的善意取得规定。对该条第一款第一项中“受让人受让该不动产或者动产时是善意”善意的判断标准，引发理论界和实务界的探讨。《最高人民法院关于适用〈中华人民共和国民法典〉物权编的解释（一）》第十四条将“善意”界定为“不知道转让人无处分权，且无重大过失”，亦即不仅要求受让人主观上不知道转让人没有处分权，且要求受让人对自己的不知不具有重大过失。第十五条第一款是关于“受让人知道转让人无处分权”的认定，比如，登记簿上存在异议登记、预告登记、不动产被限制权利等事项，即从正面推定受让人非善意。第十五条第二款界定了“重大过失”，即“受让人应当知道转让人无处分权的”。而如何判定受让人应当知道转让人无处分权，不仅是一个事实判断问题，也是一个价值判断问题。对于动产，根据《最高人民法院关于适用〈中华人民共和国民法典〉物权编的解释（一）》第十六条的规定，尚可通过交易的对象、场所或者时机是否符合交易习惯进行判断，而对于不动产，由于存在不动产登记簿，对于其善意取得的认定标准，应与动产有异。

《中华人民共和国民法典》第二百一十六条第一款规定，不动产登记簿是物权归属和内容的根据。但不宜仅将不动产善意取得中的“善意”限定于“不知道”的主观状态，而要提高善意的标准，要求当事人对“不知道”不具有重大过失。根据民法的一般理论，过失一般分为轻过失、一般过失和重大过失，对于重大过失的认定，通常是以行为人欠缺一般人具有的注意为判断标准。

对于受让人是否构成善意的证明责任，《最高人民法院关于适用〈中华人民共和国民法典〉物权编的解释（一）》第十四条第二款规定，由真实权利人主张受让人不构成善意。以本案为例，应由罗某军主张某银行不构成善意取得，而本案并不存在《最高人民法院关于适用〈中华人民共和国民法典〉物权编的解释（一）》第十五条第一款规定的“不动产受让人知道转让人无处分权”的情形，那么罗某军应当以《最高人民法院关于适用〈中华人民共和国民法典〉物权编的解释（一）》第十四条第二款作为请求权的规范基础，证明不动产受让人应当知道转让人无处分权，或者说证明某银行在受让抵押权的过程中存在重大过失。

真实权利人证明受让人不构成善意，或言之受让人具有重大过失，应当达到何种程度？这里涉及证明力或证明标准的问题。《最高人民法院关于适用〈中华人民共和国民事诉讼法〉的解释》第一百零八条从本证和反证的角度，进一步对证明标准的问题作出规定，其第一款规定：“对负有举证证明责任的当事人提供的证据，人民法院经审查并结合相关事实，确信待证事实的存在具有高度可能性的，应当认定该事实存在。”人民法院在认定事实时，除了要审查当事人提交的证据，也要结合案件的“相关事实”，综合判定受让人受让无权时存在重大过失，具有“高度可能性”。此处的“相关事实”，主要是指“基本事实”以外的其他事实，包括受让人的身份地位和专业知识、交易经验，受让人与真实权利人、转让人相互之间的熟悉程度，不动产的现状，交易的场所、时机等。

本案在审理过程中，合议庭存在两种裁判思路的争议。第一种观点认为，某银行构成善意取得。原因有：1. 张某的房产证上显示房屋为单独所有；2. 张某的户口簿上婚姻状态显示为未婚；3. 张某提交了户籍所在地提供的无婚姻登记证明。基于此，某银行信赖不动产权属证书登记的权利状态，亦无法从其他途径获得张某与罗某军的婚姻状况，因此，某银行已经尽到合理的注意义务，对于房屋权属情况的审核并无重大过失。第二种观点认为，某银行不构成善意取得，原因有：1. 我国法律尚未明确不动产登记簿的公信力，不动产登记制度尚不完善，不动产登记簿登记的权利状态与真实权利状态不一致的情况经常存在。某银行作为发放贷款的专业金融机构，有能力也有义务对不动产的真实权利状态作进一步核实。2. 本案存在张某为盲人这一特殊状况。臧某青作为借款人，通过公证书的形式取得了为涉案房屋设立抵押的授权，客观上存在臧某青欺骗张某的可能（开庭审理中法庭发现臧某青在授信金额上对张某确实有所隐瞒）。某银行对张某为盲人这一事实知晓，在办理贷款和抵押权的过程中，自始未与真实权利人进行当面核实，仅凭两份公证书就为他人房屋设定抵押，某银行亦未提供相反证据证明其尽到了一般人的注意义务，因此，某银行疏于了解房屋真实权利人的婚姻状态和房屋的真实权利状态，存在重大过失。一审法院和二审法院最终采纳了第二种裁判思路。

综上，抵押权人在抵押权设定过程中，未与不动产真实权利人实际接触，谨慎核实不动产真实权利人的婚姻状态和抵押房屋真实权属状况，人民法院可认定抵押权人存在"重大过失"，不构成善意取得。

编写人：北京市西城区人民法院　何宗遥

139　监护人以未成年人名下财产设定抵押的效力

——某银行小贷中心诉邹某艳等金融借款合同案

【案件基本信息】

1. 裁判书字号

四川省德阳市中级人民法院（2019）川06民终418号民事判决书

2. 案由：金融借款合同纠纷

3. 当事人

原告（上诉人）：某银行小贷中心

被告（被上诉人）：邹某艳、彭某、叶某、彭某乾、孔某琼、宋某平

【基本案情】

2017年11月7日，邹某艳与某银行小贷中心签订《借款合同》，主要约定：某银行小贷中心向邹某艳发放贷款300万元，贷款用于购买材料。

邹某艳以宋某平名义与某银行小贷中心签订《最高额抵押合同》（签订《最高额抵押合同》时，宋某平属无民事行为能力的未

成年人），以宋某平名下的营业用房及土地使用权为邹某艳向长城祥生银行小企业信贷中心的借款提供抵押担保，并办理了抵押登记。借款到期后，邹某艳未能依照约定清偿借款，某银行小贷中心遂提起诉讼，要求邹某艳偿还借款、宋某平承担抵押担保责任并对抵押财产享有优先受偿权。

【案件焦点】

《最高额抵押合同》的效力及某银行小贷中心是否可以基于善意取得涉案房屋抵押权。

【法院裁判要旨】

四川省德阳市旌阳区人民法院经审理认为：监护人除为维护未成年人利益外，不得处分未成年人的财产，监护人应当按照最有利于未成年人的原则履行监护职责。监护人非为未成年人的利益以未成年人名义与抵押权人签订的抵押合同，侵犯了未成年人的合法利益，应当认定抵押合同无效。

四川省德阳市旌阳区人民法院依照《中华人民共和国合同法》第一百零七条、第二百零五条、第二百零六条、第二百零七条，《中华人民共和国担保法》第十八条之规定，判决如下：

一、被告邹某艳于本判决生效之日起十日内向原告某银行小贷中心归还借款本金 2990800 元及截至 2018 年 12 月 19 日的逾期利息 40690.67 元，并向原告某银行小贷中心支付之后的逾期利息，计算方法：以未还本金为基数，从 2018 年 12 月 20 日起按照月利率 12‰ 计算至本判决确定的给付之日止；若未按照本判决确定的给付之日给付本金，则上述逾期利息计算至本金付清之日止；

二、被告彭某、叶某、彭某乾、孔某琼对被告邹某艳由本判决第一项所确定的债务承担连带清偿责任；

三、驳回原告某银行小贷中心的其他诉讼请求。

某银行小贷中心提起诉讼。四川省德阳市中级人民法院经审理认为：法院认定事实清楚，适用法律正确，应予维持。依照《中华人民共和国民事诉讼法》第一百七十条第一款第一项之规定，判决如下：

驳回上诉，维持原判。

【法官后语】

2020年修订的《中华人民共和国未成年人保护法》确立了最有利于未成年人的原则，其他相关法律及解释中也能够找到这项原则的具体体现，如《中华人民共和国民法总则》所规定的监护人履行监护职责应当遵循最有利于未成年人的原则，《中华人民共和国民法典》沿用了该规定。该原则司法适用的首要问题是自觉摒弃了“成人司法”“父母本位”的观念，全面理解最有利于未成年人原则的科学内涵，并提炼出司法适用的前提性条件。

监护人为融资需要以未成年人的财产提供抵押担保，金融机构为保障贷款安全接受担保，并办理抵押登记。在司法实践中，对该类抵押合同的效力认定存在分歧：一是无效说，二是有效说，三是效力待定说。认定抵押合同的效力应当考察以下两个因素：

一、监护人在未成年人的财产上设定抵押时，是否遵循最有利于未成年人的原则。由于未成年人心智发展水平、行为能力有欠缺，必须辅之以监护人的良好照顾才能将其利益落到实处，这就决定了对未成年人的保护必须以未成年人最大利益为价值导向。监护人虽有权代未成年人履行民事法律行为，但该代理行为受到法律的严格限制。民法总则确立了监护人履行监护职责应当遵循最有利于未成年人的原则，为未成年人的利益设置特殊保护，确保未成年人的人身、财产及其他合法权益得到充分保障。何谓最有利于未成年人原则，抑或如何理解为未成年人利益？我国法律没有具体明确的规定或解释，但至少应包含以下含义：一是在处理涉及未成年人财产时，应以未成年人为本位，从其根本利益、长远利益出发分析和解决问题，如只为未成年人设定权利而非义务或设定的权利大于义务的，可以认定属于为未成年人利益；二是将未成年人作为一个独立的法律个体予以尊重，而不是作为家庭的“附属物”，摒除未成年人由监护人抚养，其名下的不动产系监护人出资购买，监护人处分未成年人财产理所当然等观念；三是未成年人利益与其他个体利益甚至局部社会利益发生冲突时，应当优先考虑未成年人利益。监护人非为未成年人的利益以未成年人名下的财产提供抵押担保，增加了未成年人的财产被处置的风险，有损未成年人的利益，应当认定为无效。

二、抵押权人在设立抵押过程中是否就监护人系为未成年人利益设定抵押履行了谨慎注意义务。以未成年人名下财产提供抵押担保，即使已经签订相关抵押合同并办理抵押登记手续，仍会存在法律风险。为避免无效担保，确保担保债权实现，实现贷款安全和经济效益最大化，抵押权人应将贷款担保管理作为贷款风险管理重要内容，在接受监护人以未成年人的财产作为担保财产时，应履行审慎注意义务，严格审查监护人是否系为未成年人的利益设定抵押。通常认为监护人出于为未成年人的健康成长如教育、治病等而处置未成年人名下财产可以认定为为未成年人利益，除此之外，监护人不得通过以任何理由为未成年人财产设定抵押等方式处分未成年人的财产。同时，抵押权人应就其尽到审慎注意义务承担证明责任，如提交未成年人的监护人提交的经过公证的声明，明确载明监护人以未成年人的财产设定抵押系为了未成年人的利益、具体贷款用途、理由及监护人愿意承担非为未成年人利益导致抵押合同无效的后果等内容，还可辅助提交为未成年人利益需要的相关载明如入学通知书、病历等。

编写人：四川省德阳市中级人民法院　毛文婷

140　抵押物被查封后最高额抵押所担保的债权确定

——王某光诉某银行营业部抵押合同案

【案件基本信息】

1. 裁判书字号

北京市第二中级人民法院（2017）京 02 民终 10328 号民事判决书

2. 案由：抵押合同纠纷

3. 当事人

原告（被上诉人）：王某光

被告（上诉人）：某银行营业部

【基本案情】

2014 年 5 月 23 日，王某光与某银行营业部签订了 8252 号授信协议及 8252 号抵押合同。8252 号抵押合同约定，王某光自愿以其享有所有权的个人住房作为抵押物担保王某光在 8252 号授信协议项下所欠某银行营业部的所有债务能得到按时足额偿还。最高额抵押是指某银行营业部与王某光之间就王某光在一定期间内连续发生的多笔债务确定一个最高额度，王某光以其享有所有权的住房在最高额度内对其履行债务向某银行营业部提供担保；本抵押担保的主债权为在授信期间内，授信协议项下各具体合同所形成的全部债权，即2014年至2024年因某银行营业部向王某光综合授信而形成的一系列债权；在王某光清偿了主合同项下全部债务后，王某光有权要求解除8252号抵押合同项下的抵押。随后，某银行营业部以案涉抵押房产为抵押房产，于2014年6月5日取得最高额抵押权。在8252号授信协议项下，某银行营业部于2014年6月16日向王某光放款480万元。某银行营业部与王某光共同确认该笔贷款已于2015年还清。

2015年7月30日，王某光与某银行营业部签订了2845号授信及抵押合同，约定某银行营业部经审查同意王某光授信申请，并接受其提供的最高额抵押担保。2845号授信及抵押合同附件一《个人抵押住房清单》记载，抵押物与涉案抵押房产相同。2015年8月18日，某银行营业部与王某光签订了借款合同，约定贷款金额为4800000元，借款合同对应的授信及担保协议为2845号授信及抵押合同。同日，某银行营业部向王某光发放贷款4800000元。《个人借款凭证（借据）》显示该笔借款对应的借款合同为上述借款合同。

2016年4月6日，抵押房产被北京市朝阳区人民法院查封。

【案件焦点】

1.2015年8月18日，某银行营业部向王某光发放的4800000元贷款所对应的授信合同为何；2.8252号抵押合同所担保的债权是否已经确定；3. 某银行营业部是否应当协助王某光办理注销8252号抵押合同项下的抵押登记。

【法院裁判要旨】

北京市西城区人民法院经审理认为：某银行营业部与王某光签订的8252号授信协议、8252号抵押合同及2845号授信及抵押合同均已成立并生效，且书面证据证明第二笔具体借款发生在2845号授信及抵押合同项下。上述书面证据的证明力大于某银行营业部内部系统所载内容的证明力。8252号授信协议项下仅存续过一笔具体贷款，且该笔贷款已于2015年偿清。8252号抵押合同约定，王某光以其名下抵押房产向某银行营业部提供最高额抵押担保，某银行营业部所取得的他项权证也明确记载抵押种类为最高额抵押。《中华人民共和国物权法》第二百零六条规定："有下列情形之一的，抵押权人的债权确定：……（四）抵押财产被查封、扣押……"根据已查明的事实，王某光名下抵押房产已经在2016年4月6日被有权机关查封。因此，8252号抵押合同所担保的债权亦在该日得以确定。截至2016年4月6日，8252号抵押合同所担保的8252号授信协议项下并无存续的债权。换言之，因抵押房产被查封导致某银行营业部的债权确定之时，8252号抵押合同项下的最高额抵押并没有担保的对象，此后也不可能出现新的债权作为担保对象。因此，自2016年4月6日抵押房产被查封之后，8252号抵押合同项下的最高额抵押所担保的债权已经确定，即事实上不存在，也不可能出现新的作为担保对象的债权。《中华人民共和国担保法》第五十二条规定：抵押权与其担保的债权同时存在，债权消灭的，抵押权也消灭。因此，在8252号抵押合同项下最高额抵押权同样归于消灭。综上所述，一审认为王某光有权要求某银行营业部协助其注销该最高额抵押登记。一审法院依照《中华人民共和国物权法》第二百零六条、《中华人民共和国担保法》第五十二条之规定，判决如下：

被告某银行营业部协助原告王某光注销抵押房产在《某银行营业部个人住房抵押综合授信最高额抵押合同》项下所设立的最高额抵押登记。

某银行营业部不服一审判决提出上诉，北京市第二中级人民法院经审理认为：一审法院认定事实清楚，适用法律正确，判决：

驳回上诉，维持原判。

【法官后语】

本案基本事实可被梳理如下：王某光与某银行营业部先后签订两份授信及担保协议。在第一份授信及担保协议项下，某银行营业部取得了抵押房产对应的最高额抵押权，并向王某光发放第一笔具体借款，该笔借款到期后清偿完毕。此后，王某光与某银行营业部签订第二份授信及担保协议。在第二份授信及担保协议项下，某银行营业部未取得抵押房产对应的最高额抵押权，但却向王某光发放第二笔具体借款。而该笔借款最终发生逾期。第一笔具体借款清偿后，抵押房产被司法查封。此时如何认定第一份授信及担保协议项下最高额抵押权的效力就是本案的核心争议。

一种意见认为，根据当时适用的《中华人民共和国物权法》（以下简称《物权法》）第二百零六条之规定，抵押物被查封、扣押的，最高额抵押所担保的债权确定。某银行营业部作为债权人，就王某光名下抵押房产取得最高额抵押权。在抵押房产被查封后，某银行营业部对王某光的债权便得以确定。而在本案情形中，查封之时王某光在第一份授信及担保协议项下对某银行营业部不负债务，如此一来适用《物权法》上述规定后得出的逻辑结论便是某银行营业部在第一份授信及担保协议项下对王某光不享有债权，并且由于债权已经确定，即使授信期限尚未届满，未来也不可能会有新的债权产生。这便是《物权法》第二百零六条作为强制性规范被适用后所必然发生的法律效果。

另一种意见则认为，即便某银行营业部自身疏于审查，导致第二笔具体借款在法律事实层面发生于未设立抵押权的第二份授信及担保协议项下。但是综合全案事实，不难认定王某光与某银行营业部之间实际上达成了“借新还旧”的合意。两份授信及担保协议虽然在形式上构成两个不同的法律关系，但若从诚实信用原则出发，为避免更大的不公平结果出现，穿透合同文本对某银行营业部与王某光之间实质延续的借款合同关系予以认定，恐怕也具备相当的合理性。结论必然就是抵押房产所担保主债权也包括第二份授信及担保协议项下的第二笔具体借款，王某光的诉讼请求自然应当予以驳回。

本案中两审法院都采纳了第一种意见。两种意见之间的差异不在于法律技术的对错，而在于价值立场的取舍。第二种意见追求实质正义，但却在一定程度上牺牲了形式公平。相比之下，鉴于某银行营业部作为债权人在签订及履行合同的过程中存在重大过失，就本案而言第一种意见更为稳妥，也更为可取。

值得一提的是，规定最高额抵押物被查封或扣押时主债权确定固然保障了相应强制程序得以顺利进行，但是在一系列配套措施缺位的情况下，抵押权人的利益却面临受损的风险。这一规定消除了抵押权人与抵押人恶意串通虚构债权损害第三人债权人利益的同时，却也增加了债务人与他人恶意串通，利用核押与放款之间的空当使贷款脱保的可能性。因此，有必要设置相应的通知程序，并明确通知主体以及债权确认的时点，避免抵押权人的正当权益因此受损。

另外就新旧法适用衔接问题需要说明的是，《中华人民共和国民法典》（以下简称为《民法典》）对针对最高额抵押担保债权确定的条件作出了变更。根据《民法典》第四百二十三条第四项之规定，当且仅当抵押权人知道或者应当知道抵押财产被查封、扣押时，抵押权人的债权才发生确定效果。与《物权法》第二百零六条相比，《民法典》更侧重于保护善意抵押权人的合理期待利益。鉴于抵押财产被查封、扣押本身属于法律事实，因此笔者认为如果查封、扣押的时点发生在《民法典》施行前的，应当继续适用《物权法》第二百零六条；反之则应适用《民法典》的规定审查抵押权人的主观认知状态。而关于此处必然涉及的通知义务，实践中恐怕容易引起争议。对此我们建议从抵押权人是否是具有较强专业优势的金融机构，裁定查封、扣押的裁判文书的送达或公开时间，抵押权人是否审慎调查了抵押物的权属状态以及抵押人对于抵押财产被查封、扣押有无过错等因素出发，在个案中作出综合判断。

编写人：北京市西城区人民法院　宋健

141 反担保责任承担与否需审查提供反担保者的真正意思表示

——饲料公司诉王某海、俞某喜担保责任追偿权案

【案件基本信息】

1. 裁判书字号

江苏省扬州市中级人民法院（2017）苏10民终3445号民事判决书

2. 案由：担保责任追偿权纠纷

3. 当事人

原告（被上诉人）：饲料公司

被告（上诉人）：王某海、俞某喜

【基本案情】

黄某宝系农产品公司的法定代表人，黄某宝欲向某银行申请贷款50万元，并向饲料公司提出希望为其担保。饲料公司为保证日后追偿，要求黄某宝提供反担保。因此，2014年7月17日、7月18日，王某年及俞某喜、王某海分别向饲料公司出具《反担保合同书》，合同书上载明，“兹有黄某宝向某银行申请贷款伍拾万元（500000元），期限一年，由饲料公司为其担保，我自愿为其提供反担保，此次贷款到期如不能按期偿还，我将负连带责任，负责偿还此次贷款的全部本金及利息等相关费用”。2014年7月29日，农产品公司与某银行签订《流动资金循环借款合同》一份，借

款50万元，借款期限为2014年7月29日至2015年1月25日。同日，饲料公司与某银行签订《最高额保证合同》，自愿为上述50万元借款提供担保，保证期间为2014年7月29日至2015年1月25日。贷款到期后，由于农产品公司没有按时偿还，饲料公司于2015年2月3日经其会计顾某林的账户分三笔将50万元汇入农产品公司的法定代表人黄某宝的账户内，由黄某宝偿还了该笔贷款。2015年2月4日，农产品公司再次与某银行签订《流动资金循环借款合同》一份，再次借款50万元，借款期限为2015年2月4日至2015年7月15日。同日，饲料公司又与某银行签订《最高额保证合同》，又一次为借款50万元提供担保，保证期间为2015年2月4日至2015年7月15日。其后，某银行向饲料公司发出贷款催收通知书，要求饲料公司提前履行保证责任，饲料公司遂于2015年5月11日出具转账支票，金额为510559.71元，收款人为农产品公司，用途为偿还贷款。同日，农产品公司偿还了该笔贷款。

另查明，农产品公司及其法定代表人黄某宝2014年7月17日至2015年7月16日在某银行，除本案诉争的50万元贷款外，无其他贷款记录。

【案件焦点】

对饲料公司为农产品公司所担保的50万元，王某海、俞某喜是否应承担反担保责任。

【法院裁判要旨】

江苏省高邮市人民法院经审理认为：两被告向原告出具的《反

担保合同书》里已载明自愿提供反担保，该《反担保合同书》系两被告的真实意思表示，真实有效。关于《反担保合同书》记载的反担保对象与实际借款情况的差别，即“黄某宝”与“农产品公司”之差。依据《反担保合同书》中的“向某银行申请贷款伍拾万元”以及“由饲料公司为其担保”等其他记载及查明的第三人及其法定代表人在2014年7月17日至2015年7月16日无其他贷款记录，能够确定两被告的反担保对象即是本案诉争的50万元贷款的本息。况且第三人农产品公司系黄某宝注册的自然人独资公司，黄某宝系其法定代表人。因此，《反担保合同书》中的记载与实际贷款之间虽有差别，但不影响原告与两被告之间的反担保关系成立。

江苏省高邮市人民法院作出如下判决：

一、被告王某海、俞某喜于本判决生效之日起十日内向原告饲料公司支付代偿的本息510559.71元；

二、驳回原告饲料公司的其他诉讼请求。

被告王某海、俞某喜不服原审判决，提起上诉。江苏省扬州市中级人民法院经审理认为：饲料公司为农产品公司所担保的50万元，王某海、俞某喜应承担反担保责任。理由如下：其一，王某海、俞某喜在《反担保合同书》中提供反担保的意思表示明确；对于若黄某宝无力还款，则由其向担保人饲料公司承担连带责任的法律后果是明知的。其二，黄某宝系农产品公司的唯一股东，是农产品公司的实际控制人；某银行已证实，农产品公司及黄某宝在2014年7月17日至2015年7月16日无其他贷款记录；故本案所涉50万元贷款名义上系农产品公司所借，实际上系黄某宝所借。其三，王某海、俞某喜系黄某宝的近亲属，应当知晓黄某宝与农产品公司之间的关系，由王某海、俞某喜承担反担保责任未加重王某海、俞某喜的负担。其四，本案所涉50万元贷款在《反担保合同书》约定的期限内。

江苏省扬州市中级人民法院作出如下判决：

驳回上诉，维持原判。

【法官后语】

本案涉及反担保。反担保是指为保障债务人之外的担保人将来承担担保责任后对债务人的追偿权的实现而设的担保。1995年10月1日施行的《中华人民共和国担保法》第四条规定“第三人为债务人向债权人提供担保时，可以要求债务人提供反担保。反担保适用本法担保的规定”。而后，《中华人民共和国物权法》又为以物权形式提供的反担保提供了具体的依据。《中华人民共和国物权法》第一百七十一条规定“债权人在借贷、买卖等民事活动中，为保障实现其债权，需要担保的，可以依照本法和其他法律的规定设立担保物权。第三人为债务人向债权人提供担保的，可以要求债务人提供反担保。反担保适用本法和其他法律的规定”。2021年1月1日，《中华人民共和国民法典》正式施行。《中华人民共和国民法典》“物权编”和“合同编”中对反担保均有相关规定。“物权编”第三百八十七条沿用了之前《中华人民共和国物权法》第一百七十一条的规定；而“合同编”第六百八十九条则规定“保证人可以要求债务人提供反担保”。

反担保的成立需具备以下条件：一是第三人先向债权人提供了担保，才能有权要求债务人提供反担保；二是债务人或债务人之外的其他人向第三人提供担保；三是反担保的方式可以是保证、抵押或者质押；四是反担保需符合法定形式，即反担保应采用书面形式，依法需办理登记或移交占有的，应办理登记或转交占有手续。

反担保采用书面形式的，一般而言会明确记载需反担保的债务数额、担保人等要素，但民事主体非专业人士，因受法律专业知识多少所限，其认知影响了反担保书的明确性。例如本案，反担保书中记载为：两被告系为以“黄某宝”名义贷款的50万元提供反担保，但本案所涉需两被告承担反担保责任的债务却是以“农产品公司”名义向银行获批50万元的贷款。因此，反担保书中记载的与实际需承担反担保责任的债务存在差异。

当出现上述差异时，如何确定提供反担保者是否需承担反担保责任？以本案为例进行阐述。首先，本案涉及两笔贷款，一是以“黄某宝”个人名义申请的50万元贷款，二是以“农产品公司”名义申请的50万元贷款，但不管前述两笔贷款中的哪一笔，均有饲料公司提供保证，且采用了书面形式，已具备了反担保的成立要件。其次，若需本案提供反担保者（即两被告）承担反担保责任，就必须审查提供反担保者的真实意思究竟是为哪一笔债务提供反担保。虽该两笔50万元的贷款主体有所差异，但在提供反担保者的认知中，“黄某宝”等同于“农产品公司”，对于若黄某宝无力还款，则由其向担保人承担连带责任的法律后果是明知的，且黄某宝确系农产品公司的法定代表人及实际控制人。因此，虽书面记载的与实际需承担反担保责任的债务有差异，但依据两位提供反担保者的真实意思表示能够确定其提供反担保的就是以农产品公司名义申请的、饲料公司提供担保的50万元贷款，故提供反担保者需为本案涉争的50万元贷款承担反担保责任。

综上所述，当反担保书中记载的与实际有所差异时，需结合审查提供反担保者的真实意思表示，以便确定是否需其承担反担保责任。

编写人：江苏省高邮市人民法院　王芬

142 债权人放弃物的担保，保证人的责任承担

——英某兴诉容某坚、黄某清民间借贷案

【案件基本信息】

1. 裁判书字号

广东省珠海市中级人民法院（2016）粤04民终1634号民事判决书

2. 案由：民间借贷纠纷

3. 当事人

原告（被上诉人）：英某兴

被告（上诉人）：容某坚

被告：黄某清

【基本案情】

黄某清与英某兴签订《借款合同》，约定黄某清向英某兴借款30万元，借款期限为6个月，并以其所有的挖掘机作为抵押物，但未办理抵押登记，容某坚作为“担保人”签名。2013年7月17日，英某兴在扣除借款第一个月的利息9000元后，通过银行转账的方式向黄某清支付借款291000元。英某兴主张双方口头约定月息3分，借款期限届满后黄某清偿还过1个月的利息9000元；容某坚主张不清楚二人有无利息约定。英某兴曾在2014年4月向一审法院起诉但未缴纳案件受理费，该案按撤诉处理。

【案件焦点】

1. 容某坚是《借款合同》的见证人还是担保人；2. 债权人英某兴在担保期间内有无要求过容某坚承担保证责任；3. 涉案物的担保是否成立并生效，债权人英某兴是否放弃物的担保，保证人容某坚对案涉债务是否应当承担连带清偿责任。

【法院裁判要旨】

广东省珠海市横琴新区人民法院经审理认为：英某兴与黄某清签订的《借款合同》依法成立并生效，英某兴已依约向黄某清交付借款，黄某清应按合同约定的期限还款。关于借款本金数额，英某兴提交的证据证明其通过银行转账向黄某清支付了291000元，出借款项时已扣除了首月借款利息9000元，英某兴向黄某清出借的借款本金为人民币291000元。对英某兴关于黄某清偿还借款的请求予以支持。《借款合同》并没有对借款利息的书面约定，英某兴也没有证据证明双方有借款利息的口头约定，故对于英某兴关于借款利息的请求不予支持。鉴于《借款合同》中约定了还款期限，英某兴有权请求被告自逾期之日支付逾期还款利息至清偿之日止。容某坚在《借款合同》上“担保人”一栏签名，保证合同成立；本案《借款合同》没有约定保证方式，被告容某坚应对该合同债务承担连带责任。综上所述，英某兴诉讼请求部分有理，法院予以部分支持。

广东省珠海市横琴新区人民法院依照《中华人民共和国民事诉讼法》第一百四十四条，《中华人民共和国合同法》第六十条第一款、第一百零七条，《中华人民共和国担保法》第十九条、第二十一条，《最高人民法院关于适用〈中华人民共和国担保法〉若干问题的解释》第二十二条第二款，《最高人民法院关于贯彻执行〈中华人民共和国民法通则〉若干问题的意见（试行）》第一百二十五条的规定，判决如下：

一、黄某清向英某兴偿还借款本金291000元，并以291000元为本金偿还借款利息；

二、容某坚对上述第一项确定的债务承担连带清偿责任；

三、驳回英某兴的其他诉讼请求。

容某坚不服一审判决，向本院提起上诉。

广东省珠海市中级人民法院经审理认为：涉案债权既有物的担保又有人的担保，且没有约定债务人黄某清不履行到期债务时如何实现担保物权，债权人英某兴应当先就物的担保即抵押物神钢牌挖掘机实现债权，而后在不能完全受偿的余额范围内再向保证人容某坚主张。英某兴至今未对上述抵押物挖掘机主张实现担保物权，其债权能否完全受偿尚不能确定，容某坚是否应当在对英某兴债权不能完全受偿的余额范围内承担连带责任亦不能确定，故英某兴未对上述抵押物挖掘机主张担保物权前，不能要求容某坚对本案债务承担连带清偿责任。故判决如下：

一、维持广东省珠海市横琴新区人民法院民事判决第一项、第三项；

二、撤销广东省珠海市横琴新区人民法院民事判决第二项。

【法官后语】

一、关于担保人如何确定的问题

就担保人的确定，应当根据债权人、债务人及担保人的陈述，结合借款合同的内容对担保人予以确定，不宜轻易否定借款合同上担保人签字的效力。本案中英某兴作为债权人提交《借款合同》证明容某坚在“担保人”一栏签名，其举证责任已完成，容某坚抗辩其为见证人并非担保人应当提交证据予以证明，但容某坚未提交证据证明，应当承担不利后果。按照当事人私法自治原则，黄某清作为债务人虽以其自有的挖掘机作抵押，但容某坚仍在《借款合同》担保人处签名，即涉案债权既有物的担保又有人的担保，与交易习惯并无矛盾。故可以确定容某坚就是《借款合同》的担保人。

二、关于债权人是否在担保期限内要求保证人承担保证责任的问题

《中华人民共和国担保法》第二十六条第一款规定：“连带责任保证的保证人与债权人未约定保证期间的，债权人有权自主债务履行期届满之日起六个月内要求保证人承担保证责任。”债权人要求保证人承担保证责任的，有明确的期限限制，超过法定期限未主张的，保证人有权不承担保证责任。就本案而言，英某兴与黄某清于2013年7月16日签订《借款合同》，约定借款期限为6个月，未约定保证期间，英某兴应于主债务履行期届满之日（2014年1月17日）起六个月内要求保证人承担保证责任。一审庭审中，英某兴主张其曾于2014年5月找黄某清、容某坚谈还款事宜，并要求容某坚承担保证责任；容某坚认可2014年5月与英某兴、黄某清三方商讨过还款事宜，但不认可英某兴要求其承担保证责任，对此容某坚对其抗辩负举证责任，其未提交证据予以证明，应承担不利后果。故可认定英某兴在担保期间内要求过容某坚承担保证责任。

如果本案的法律事实发生在民法典施行后，或持续至民法典施行后，可以适用《中华人民共和国民法典》的规定。《中华人民共和国民法典》第六百九十二条规定：“保证期间是确定保证人承担保证责任的期间，不发生中止、中断和延长。债权人与保证人可以约定保证期间，但是约定的保证期间早于主债务履行期限或者与主债

务履行期限同时届满的，视为没有约定；没有约定或者约定不明确的，保证期间为主债务履行期限届满之日起六个月。债权人与债务人对主债务履行期限没有约定或者约定不明确的，保证期间自债权人请求债务人履行债务的宽限期届满之日起计算。”第六百九十三条第二款规定：“连带责任保证的债权人未在保证期间请求保证人承担保证责任的，保证人不再承担保证责任。”《中华人民共和国民法典》的相关规定与《中华人民共和国担保法》及其司法解释一脉相承。就本案而言，债权人英某兴与保证人容某坚未约定保证期间，保证期间为主债务履行期限届满之日起六个月，结合案件情况，可认定英某兴在担保期间内要求过容某坚承担保证责任。

三、关于动产抵押权成立与否的认定问题

根据《中华人民共和国物权法》第一百七十九条、第一百八十条、第一百八十七条、第一百八十八条、第一百八十九条的规定，抵押包括不动产抵押和动产抵押。以不动产抵押的，应当办理抵押登记，抵押权自登记时设立；以动产抵押的，抵押权自抵押合同生效时设立；未经登记不得对抗善意第三人。本案中，黄某清在《借款合同》中自愿以其所有的神钢牌挖掘机作为抵押担保，属于动产抵押，抵押权自借款合同担保条款生效时设立，发生担保物权的效力；案涉挖掘机未办理登记手续，不得对抗善意第三人。

同样，《中华人民共和国民法典》第三百九十四条、第三百九十五条、第四百零二条、第四百零三条也作了基本相同的规定。就本案而言，债务人黄某清在借款合同中自愿以其所有的神钢牌挖掘机作为抵押担保，属于动产抵押，抵押权自借款合同担保条款生效时设立，发生担保物权的效力；案涉挖掘机未办理登记手续，不得对抗善意第三人。

四、关于债权人是否放弃物的担保，保证人对案涉债务是否应当承担连带清偿责任的问题

《中华人民共和国物权法》第二百零二条规定："抵押权人应当在主债权诉讼时效期间行使抵押权；未行使的，人民法院不予保护。"抵押权人行使抵押权也是有期限限制的，超过法定期限未行使的抵押权，不受法律保护。本案中，抵押权人英某兴可在主债权诉讼时效期间行使抵押权，现主债权尚未超过诉讼时效期间，英某兴未明确放弃抵押物的担保，容某坚亦未提供证据证明英某兴明确放弃物的担保，故英某兴未放弃物的担保。《中华人民共和国物权法》第一百七十六条规定："被担保的债权既有物的担保又有人的担保的，债务人不履行到期债务或者发生当事人约定的实现担保物权的情形，债权人应当按照约定实现债权；没有约定或者约定不明确，债务人自己提供物的担保的，债权人应当先就该物的担保实现债权；第三人提供物的担保的，债权人可以就物的担保实现债权，也可以要求保证人承担保证责任。提供担保的第三人承担担保责任后，有权向债务人追偿。"据此可知，对被担保的债权既有物的担保又有人的担保的，有约定从约定；没有约定，应先就债务人自己提供的物的担保实现债权；第三人提供物的担保的，债权人有选择权，可以选择物的担保实现债权，也可以要求保证人承担保证责任。本案中，涉案债权既有债务人自己提供的物的担保又有保证人的担保，且没有约定债务人黄某清不履行到期债务时如何实现担保物权，债权人英某兴应当先就债务人黄某清自己提供的物的担保即抵押物神钢牌挖掘机实现债权，而后在不能完全受偿的余额范围内再向保证人容某坚主张。英某兴未对债务人提供的物的担保主张实现担保物权前，其债权能否完全受偿尚不能确定，容某坚是否应当在对英某兴债权

不能完全受偿的余额范围内承担连带责任亦不能确定，故英某兴未对上述抵押物挖掘机主张担保物权前，不能要求容某坚对本案债务承担连带清偿责任。

同样，《中华人民共和国民法典》第四百一十九条与《中华人民共和国物权法》第二百零二条的规定内容相同，都要求抵押权人英某兴可在主债权诉讼时效期间行使抵押权。《中华人民共和国民法典》第三百九十二条与《中华人民共和国物权法》第一百七十六条的规定内容亦相同，就本案而言，涉案债权既有债务人黄某清自己提供的物的担保又有保证人容某坚提供的担保，且没有约定债务人黄某清不履行到期债务时如何实现担保物权，无论是从公平的角度，还是从防止日后追索权的烦琐、节约成本的角度，债权人都应当先行使债务人提供的物的担保，再行使保证人的保证责任，也可以在行使债务人提供的物的担保的同时要求保证人在债权人英某兴债权不能完全受偿的余额范围内承担连带责任。本案二审判决后，债权人英某兴没有提出再审申请。就审判实践而言，如果不能确定债务人提供的物的担保是否能清偿全部债务，债权人选择第二种方式即要求债务人清偿债务并对债务人提供的担保物优先受偿，同时要求保证人在债权人不能完全受偿的余额范围内承担连带责任，能最大限度地保障其合法权益，减少诉累。

编写人：广东省珠海市中级人民法院　管文超

143 抵押合同生效但未设立抵押权时抵押人应承担责任之认定

——杨某诉包装机械公司等民间借贷案

【案件基本信息】

1. 裁判书字号

广东省茂名市中级人民法院（2015）茂中法民四终字第172号民事判决书

2. 案由：民间借贷纠纷

3. 当事人

原告（被上诉人）：杨某

被告（上诉人）：包装机械公司、吴甲

被告：吴乙、周某

【基本案情】

杨某与吴乙、吴甲是认识多年的朋友。吴乙、吴甲分别于2013年5月20日、2013年8月2日、2014年2月4日、2014年3月4日、2014年4月4日向杨某借款920800元、798000元、287000元、355000元、327921元，五次合计借款2688721元。上述五笔借款中均约定还款期限为一个月，第一笔、第三笔、第四笔、第五笔借款约定以包装机械公司财产担保，第二笔借款约定以房屋作抵押担保，但均未办理抵押登记。并分别于借款当天立下《借据》给原告收执，借据中的借款人为包装机械公司并加盖公司印章，经借人为吴乙、吴甲，借据由经借人吴乙亲笔立具。借款后，原告于2013年11月22日收到被告吴乙还款50000元，原告确认收到还款却称是还本案五笔借款以外的其他借款，但无证据证实，原审法院对该50000元还款予以确认。之后被告不按约定还款，在原告杨某催告还款过程中，被告吴甲于2014年8月1日立下内容为“因公司资金紧张，暂时无力偿还向杨某借到的款项。现吴甲本人自愿以个人在A地的房、地产财产担保，偿还吴甲应承担的签名借到杨某的款项。争取在短期时间内还清杨某的借款。负责还款人：吴甲，2014年8月1日”的《还款协议书》给原告收执。该协议书中的财产担保未办理抵押登记。此外，被告吴甲个人没有签名立据向原告杨某借过款项。因被告不按约定还款，原告便于2014年9月28日诉至原审法院，提出上述诉称中的诉讼请求。另查明，庭审中，原告称双方在《借据》中虽无约定利息，但口头约定月息5分（5%），被告方亦确认是月息5分（5%），原审法院予以确认。再查，被告包装机械公司是有限责任公司，被告吴乙、吴甲是公司的股东及员工。此外，根据原审法院于2014年12月18日作出的民事调解书确认，被告吴甲与被告周某于1998年12月25日登记结婚，至今仍为夫妻。上述事实有原告提交的原告杨某身份证、五份《借据》《还款协议书》、四被告提交的被告包装机械公司的企业营业执照、吴乙的身份证、吴甲的身份证、周某的身份证、收据、庭审笔录等证实，各证据之间相互印证，足以认定。原告杨某于2014年9月29日向原审法院提出诉讼保全申请，要求对被告吴甲、周某共有的位于A地的房屋在其价值280万元范围内进行查封，并提供了其本人的土地使用权和房屋所有权进行担保。原审法院依法作出民事裁定书，对上述国有土地使用权及房屋所有权进行了查封。

【案件焦点】

吴甲应否对包装机械公司的借款承担责任及承担何种责任。

【法院裁判要旨】

广东省信宜市人民法院经审理认为：借款事实有被告包装机械公司盖章确认、经借人吴乙亲笔立下的《借据》证实，且被告方确认双方之间有借款事实存在。借款使用后，被告于2013年11月22日向原告还款50000元，原告称是还本案五笔借款以外的其他款项，但无任何证据证实，故原审法院确认被告已经偿还了50000元，尚有2638721元未偿还。庭审中，原告称双方在《借据》中虽无约定利息，但双方口头约定月利率5%，被告方亦确认月利率5%，故原告请求从起诉之日2014年9月28日起按照中国人民银行同期同类贷款利率计算利息，是原告对自己民事权利和诉讼权利的处分，应予准许。吴甲于2014年8月1日立下《还款协议书》，自愿以个人在A地的房、地产财产担保，偿还吴甲应承担的签名借到杨某的款项。因该协议对担保方式约定不明确，故依法按照连带责任保证承担保证责任。遂判决：

一、限被告包装机械公司在判决发生法律效力之日起十日内偿还借款本金2638721元及利息（从起诉之日2014年9月28日起按照中国人民银行同期同类贷款利率计付至还清借款之日止）给原告杨某；

二、被告吴甲对上述借款本金及利息承担连带偿还责任；

三、驳回原告杨某的其他诉讼请求。

包装机械公司、吴甲持原审答辩意见提起上诉。广东省茂名市中级人民法院经审理认为：2014年8月1日吴甲自愿出具了一份

《还款协议书》给杨某，吴甲对该《还款协议书》的真实性无异议。从该《还款协议书》的内容来看，写明是以“A 地的房、地产财产担保”，根据《中华人民共和国担保法》第三十三条第一款的规定，可以认定该《还款协议书》是一份形式上为还款协议，但实质上是吴甲以 A 地的房、地产作抵押担保的抵押合同。虽然还款协议上约定的抵押物（即 A 地的房、地产）并未到相关的部门进行抵押登记，但根据《中华人民共和国物权法》第十五条、第一百八十条第一项的规定，吴甲与杨某之间以还款协议形式表现的抵押合同符合上述法律规定，也不违反法律及行政法规的强制性规定，因此，应认定上述以还款协议形式表现的抵押合同为合法有效的抵押合同。抵押物未进行登记并不影响抵押合同的效力，只是影响抵押权是否设立。综合本案来看，吴甲是以 A 地的房、地产进行抵押，因此，吴甲应当在上述房、地产的价值范围内对杨某承担连带责任。

广东省茂名市中级人民法院判决：

变更原审判决第二项为：吴甲在 A 地的房、地产的价值范围内对包装机械公司偿还的借款本金 2638721 元及利息（从起诉之日 2014 年 9 月 28 日起按照中国人民银行同期同类贷款利率计付至还清借款之日止）承担连带偿还责任。

【法官后语】

债权人与债务人签订借贷合同后，债权人为了保障实现其债权，通常情况下会要求债务人或他人为其债权提供抵押担保。但在现实中，经常会出现债务人或他人提供不动产或者其他权利作担保时，却并未严格按法律规定进行登记公示程序。在此情况下，债权人实现其债权时可能会出现意想不到的情况，影响债权人的利益。

通常情况下，抵押人会向债权人出具抵押合同，在抵押合同有效而抵押物未严格按法律规定进行登记时，债权人与抵押人的合法权益应该如何保护？

根据《中华人民共和国物权法》的规定，这种情况属于抵押合同有效而抵押权尚未设立的情形，因而债权人尚未取得抵押权，债权人并不能根据抵押合同而主张对抵押物行使抵押权，债权人对抵押人享有的仅为根据抵押合同而形成的债权。但如何确定债权人可以主张的债权范围才能既保护到债权人的合法权益，同时也不损害到抵押人的合法权益？

在司法实践中，出现三种观点：第一种观点认为，既然未进行抵押登记，故抵押合同实际应当认定为保证合同，即抵押人应当对债务人的债务承担连带偿还责任。第二种观点认为，因抵押物未进行登记，故债权人丧失了对抵押物行使优先受偿的权利，债权人仅能凭抵押合同主张债权，而抵押合同为从合同，故债权人应当先行主张主合同的权利以实现债权，在不能主张主合同权利时，才能主张从合同的权利。因此，抵押人仅应当承担补充的偿还责任。第三种观点认为，虽然未进行抵押登记，但根据双方在签订抵押合同时的意思表示可知，双方是用抵押物的价值对债务人的债务承担抵押责任，故债权人不能超出抵押物的价值范围对抵押人主张债权，因此，抵押人应当在抵押物的价值范围内对债权承担连带偿还责任。

笔者认同第三种观点，原因是出现这种情况大多是因为当事人法律意识的不足，未能认识到对抵押物进行抵押登记的法律效力，但债权人与抵押人在签订抵押合同时，双方的意思表示是清晰的，即抵押人以抵押物对债务人的债务进行清偿。故在审理此类案件时，笔者认为还是应当根据合同意思自治的原则，最大限度地还原当事人在签订抵押合同时的意思表示，既不能因未对抵押物进行抵押登记而要求抵押人对债务人的债务承担全部的连带责任，这样明显对抵押人有失公正。又不能仅因此而由抵押人承担补充偿还责任，这样对债权人的合法权益也不能予以充分的保护。

关于新旧法衔接的情况说明。根据1995年10月1日施行的《中华人民共和国担保法》第十九条“当事人对保证方式没有约定或者约定不明确的，按照连带责任保证承担保证责任”的规定可知，担保法中规定对保证方式没有约定或者约定不明的，保证人应当承担连带责任保证，故一审法院认定担保人承担连带偿还责任，二审法院也予以认可。但自2021年1月1日《中华人民共和国民法典》施行后，根据《中华人民共和国民法典》第六百八十六条“保证的方式包括一般保证和连带责任保证。当事人在保证合同中对保证方式没有约定或者约定不明确的，按照一般保证承担保证责任”的规定可知，对保证方式没有约定或者约定不明的，承担一般保证责任。民法典改变了之前担保法对此种情况下保证责任方式的认定，显示民法典加强了债权人的注意义务和举证责任，更加有利于各方的利益平衡。

编写人：广东省茂名市中级人民法院　江剑兵

144 动产抵押权善意取得的司法认定

——投资公司诉织造公司担保追偿权案

【案件基本信息】

1. 裁判书字号

江苏省苏州市中级人民法院（2015）苏中商终字第00006号民事判决书

2. 案由：担保追偿权纠纷

3. 当事人

原告（被上诉人）：投资公司

被告：织造公司

第三人（上诉人）：租赁公司

【基本案情】

2013年9月17日，织造公司作为委托人与投资公司作为担保人签订了《委托担保协议书》一份，委托投资公司为其拟与兴业银行在2013年9月17日至2014年8月29日期间签订的相关债权债务合同项下总金额不超过1000万元的债务提供保证担保。同日，织造公司作为反担保抵押人与投资公司作为反担保抵押权人签订一份《最高额反担保抵押合同》，约定织造公司以其所有的48台喷气织机等机器设备为投资公司在2013年9月17日至2014年8月29日期间因为织造公司开立商业汇票提供担保而形成的一系列担保债权在最高额1000万元范围内提供反担保抵押担保。2013年9月25日，织造公司作为承兑申请人与某银行签订《商业汇票银行承兑合同》一份，约定织造公司向该行申请开立金额为2000万元的银行承兑汇票，签发日期为2013年9月25日，到期日为2014年3月25日。同时，投资公司作为保证人与某银行作为债权人签订《最高额保证合同》一份，约定投资公司为织造公司于2013年9月25日至2014年8月29日期间在某银行处所形成的一系列债权在最高额1000万元范围内提供连带责任保证担保。某银行按约向织造公司签发了2000万元的银行承兑汇票。因织造公司资信状况恶化，清偿能力明显减弱，某银行宣布上述承兑合同项下的授信业务提前到期，要求织造公司在2014年1月30日缴存银票敞口1000万元并要求投资公司履行代偿义务。投资公司于2014年2月19日向某银行代偿银票敞口1000万元。因投资公司向债务人织造公司追偿未果，遂起诉要求织造公司归还代偿款，并有权对织造公司抵押的动产行使优先受偿权。

另查明：2013年4月23日，租赁公司作为甲方（买方）与织造公司作为乙方（卖方）签订了《购买合同》一份，约定双方为开展售后回租业务，甲方以13281422元的价格购买乙方所有的48台喷气织机。同日，租赁公司作为甲方（出租方）与织造公司作为乙方（承租方）签订《售后回租合同》一份，约定甲方根据乙方的要求向乙方购买乙方自有的资产（即租赁物），并同时将租赁物出租给乙方使用。

又查明：2012年9月，因投资公司为织造公司向某银行融资1000万元提供担保，织造公司曾以上述机器设备为投资公司提供了反担保抵押，并于2012年10月16日办理了动产抵押登记手续。因主债权消失，上述抵押登记于2013年9月18日办理了注销登记。

【案件焦点】

投资公司对涉案机器设备主张的抵押权是否构成善意取得。

【法院裁判要旨】

江苏省苏州市吴江区人民法院经审理认为：投资公司对涉案机器设备主张的抵押权构成善意取得。主要理由如下：其一，投资公司与织造公司就上述机器设备签订抵押合同并于2012年10月16日办理抵押登记手续后，织造公司在该次抵押期间未经抵押权人投资公司的同意就将已办理抵押的机器设备以售后回租的形式进行了租赁融资，而签订上述合同时融资租赁物上显然存在抵押的权利负担，租赁公司等并不能依据融资租赁合同的约定取得所有权。其二，由于前次抵押已于2013年9月18日因主债权消灭办理了注销登记，融资租赁物的权利负担此时自然消亡，此时租赁公司等已取得了完全的所有权，织造公司对抵押的机器设备不再拥有所有权。织造公司再次与投资公司就上述机器设备设立抵押的行为应属无权处分。其三，动产以占有为一般公示方法。相对人基于占有人对动产占有的信赖利益应予保护。投资公司在办理本次抵押登记时虽未审查涉案机器设备的发票原件，但此时涉案机器设备一直处于织造公司占有的状态，在办理前次抵押登记时已审查涉案机器设备所有权属的情况下，投资公司基于对织造公司占有涉案机器设备的信赖，有理由相信织造公司对涉案机器设备享有所有权，故投资公司应当认定为善意第三人，投资公司依法善意取得涉案机器设备的抵押权。

江苏省苏州市吴江区人民法院依照《中华人民共和国合同法》第四十一条、第一百零七条、第一百一十四条，《中华人民共和国物权法》第一百零六条等的规定，判决：

一、被告织造公司应于本判决生效后十日内返还原告投资公司代偿款770万元，并偿付代偿期间的利息损失（自2014年2月19日起至本判决确定的给付之日止以770万元为基数按中国人民银行同期贷款基准利率的2倍计算）；

……

五、若被告织造公司至期未履行上述债务，则原告投资公司有权就本案所涉债权（包括诉讼费用）对被告织造公司抵押的机器设备折价或以拍卖、变卖该抵押物所得价款优先受偿，不足清偿部分由被告织造公司继续清偿；

……

租赁公司不服一审判决提起上诉。江苏省苏州市中级人民法院经审理认为：依据《中华人民共和国物权法》第一百零六条规定"无处分权人将不动产或者动产转让给受让人的，所有权人有权追回；除法律另有规定外，符合下列情形的，受让人取得该不动产或者动产的所有权：（一）受让人受让该不动产或者动产时是善意的；（二）以合理的价格转让；（三）转让的不动产或者动产依照法律规定应当登记的已经登记，不需要登记的已经交付给受让人。受让人依照前款规定取得不动产或者动产的所有权的，原所有权人有权向无处分权人请求赔偿损失。当事人善意取得其他物权的，参照前两款规定"，该条明确了构成物权善意取得的三个要件，即受让人应当善意、支付对价并且具有公示行为。具体就本案而言，首先，关于投资公司是否构成善意的问题，法院认为，善意通常是指受让人在取得物权时不知让与人非为所有权人或无处分权的事实，而根据本案已查明的事实，本案诉争的喷气织机设备原所有权属于织造公司，而投资公司在租赁公司签订购买合同之前的2012年9月即与织造公司签订抵押担保合同，织造公司以上述设备为其对投资公司 2012 年的债务设定最高额抵押担保，其后直至 2013 年 9 月解除后并再次以上述设备设定本案的第二次抵押担保。在该期间内，虽然租赁公司与织造公司于 2013 年 4 月就案涉设备签订买卖合同，但租赁公司并未改变设备的占有即对外公示状态，而根据织造公司经办人的陈述租赁公司系直至 2014 年 1 月底才在设备上加贴有关的标识。因此，投资公司基于第一次而连续设定的抵押权，并且根据抵押物的占有状态，可以认定其在设定抵押权时不知织造公司非为所有权人或无处分权的事实，设定抵押权其属于善意。而关于租赁公司主张投资公司未予审查设备发票的问题，发票并非动产权属对外公示的要件，且即便投资公司未予审查发票亦不构成重大过失，不能据此认定投资公司在设定抵押权时构成非善意。租赁公司仅以发票主张投资公司非善意，不能成立。其次，本案中，就织造公司提供的抵押物设定最高额抵押权，系投资公司为织造公司向某银行 1000 万元的借款提供保证担保，合同签订后，由于织造公司未能按期偿还借款，致使投资公司履行了该 1000 万元的担保代偿责任，故本案投资公司就抵押权的设定已经支付合理的对价。最后，《最高额反担保抵押合同》签订后，投资公司与织造公司已经按约向有关抵押权登记机关办理了相应的登记手续，抵押权依法设立并具有公示对抗效力，符合善意取得的公示要件。综上，法院认为，投资公司对于本案诉争设备设定的抵押权，符合物权法规定的善意取得，原审认定投资公司基于善意取得而享有本案诉争设备的抵押权，具有事实和法律依据，并无不当。

江苏省苏州市中级人民法院依照《中华人民共和国行政诉讼法》第六十一条第一项的规定，判决：

驳回上诉，维持原判。

【法官后语】

司法实践中，对于动产抵押权人是否为善意第三人有不同的认识。动产以占有为一般公示方法的理念在动产抵押权的善意取得中同样适用。基于对动产占有的信赖而设立的抵押权应受法律保护，这符合设立善意取得制度保护交易安全、促进交易效率的价值目标。

《中华人民共和国物权法》第一百零六条规定："无处分权人将不动产或者动产转让给受让人的，所有权人有权追回；除法律另有规定外，符合下列情形的，受让人取得该不动产或者动产的所有权：（一）受让人受让该不动产或者动产时是善意的；（二）以合理的价格转让；（三）转让的不动产或者动产依照法律规定应当登记的已经登记，不需要登记的已经交付给受让人。受让人依照前款规定取得不动产或者动产的所有权的，原所有权人有权向无处分权人请求赔偿损失。当事人善意取得其他物权的，参照前两款规定。"《中华人民共和国民法典》第三百一十一条继续沿用上述规定。上述法律规定为物权善意取得的司法认定提供了适用基础，明确构成物权善意取得的三个要件，即受让人应当善意、支付对价并且具有公示行为，而无权处分是适用善意取得的前提条件。动产抵押权的设立同样适用善意取得制度。

本案所涉48台喷气织机等机器设备已通过融资租赁的方式发生了所有权变动，在与投资公司签订抵押合同时织造公司对上述机器设备已不再拥有所有权，织造公司与投资公司就上述机器设备设立抵押的行为应属无权处分。因此，投资公司就上述设备主张抵押权应适用善意取得的法律规定。

首先，关于投资公司是否构成善意的问题。善意通常是指受让人在取得物权时不知让与人非为所有权人或无处分权的事实。动产以占有为一般公示方法。投资公司在办理本次抵押登记时虽未审查涉案机器设备的发票原件，但此时涉案机器设备一直处于织造公司占有的状态，在办理前次抵押登记时已审查涉案机器设备所有权属的情况下，投资公司基于对织造公司占有涉案机器设备的信赖，有理由相信织造公司对涉案机器设备享有所有权，据此，可以认定其在设定抵押权时不知织造公司非为所有权人或无处分权的事实，设定抵押权其属于善意。而发票并非动产权属对外公示的要件，且即便投资公司未予审查发票亦不构成重大过失，不能据此认定投资公司在设定抵押权时构成非善意。租赁公司仅以发票主张投资公司非善意，不能成立。其次，关于投资公司是否支付对价的问题。本案中，投资公司按照委托担保协议书的约定为织造公司向某银行1000万元的借款提供了保证担保，由于织造公司未能按期偿还借款，致使投资公司履行了担保代偿责任，故应当认定投资公司就抵押权的设定已经支付合理的对价。最后，《最高额反担保抵押合同》签订后，投资公司与织造公司已经按约向有关抵押权登记机关办理了相应的登记手续，抵押权依法设立并具有公示对抗效力，符合善意取得的公示要件。综上，投资公司就本案诉争设备主张抵押权，符合物权法善意取得的相关规定，应予支持。

编写人：江苏省苏州市吴江区人民法院　张勇

【案件焦点】

1. 担保协议上印章并非担保人公司公章，担保人否认其担保行为时如何认定担保效力；2. 加盖印章行为人为担保人实际控制人并非法定代表人，本案能否“揭开法人面纱”。

【法院裁判要旨】

天津市第二中级人民法院经审理认为：合法的借贷关系受法律保护。原告与被告甲投资发展公司、王甲签订的借款协议，系双方真实的意思表示，其内容不违反法律、法规的规定，原告已经依约履行了向被告甲投资发展公司放款的义务，故原告与被告甲投资发展公司之间的借贷关系合法有效。2014 年 10 月 28 日原告与被告甲投资发展公司达成协议，将借款时间由 10 年改为 2 年，故双方的借款期间为自 2013 年 5 月 10 日起至 2015 年 5 月 9 日止。被告甲投资发展公司自 2014 年 5 月 10 日起未再给付原告借款利息，系违约行为，应当承担违约责任。现双方借款期限届满，原告要求被告甲投资发展公司归还借款本金符合法律规定，法院予以支持。被告甲投资发展公司自 2014 年 5 月 10 日始未向原告支付借款利息，原告要求被告甲投资发展公司按照约定利率年息 15%标准支付自 2014 年 5 月 10 日始的利息，合理合法，法院予以支持。

关于原告在抵押物范围内优先受偿的诉讼请求问题。对于《借款协议书》中房产抵押的约定，根据《中华人民共和国物权法》第一百八十七条的规定，以房产、在建建筑物抵押的，应当办理抵押登记，抵押权自登记时设立。被告甲投资发展公司、王甲以其房产对原告债权进行抵押担保，未办理抵押登记，故原告对于《借款协议书》中约定的抵押房产不具有抵押权。对于被告王乙的房产抵押担保问题，同上理由，因未办理抵押登记，原告亦不具有抵押权。故原告主张享有该抵押物的优先受偿权，依据不足，不能成立，法院不予支持。

关于《补充协议》的效力问题。该《补充协议》上加盖有被告甲投资发展公司、甲房地产公司的印章和被告乙投资发展公司“项目专用章”印章。被告甲房地产公司对《补充协议》上其公司印章不予认可，但并无证据否定其公司印章的真实性。被告乙投资发展公司抗辩，其公司否认“项目专用章”该枚印章的存在。经本院查证，证实被告乙投资发展公司刻制过“项目专用章”，并且在公安部门进行了备案登记。被告乙投资发展公司又转而不认可《补充协议》中“项目专用章”的真实性，且亦未举证否定该枚印章的真实性。故法院对《补充协议》上加盖的甲房地产公司和乙投资发展公司的印章的真实性予以确认。《补充协议》上被告甲房地产公司、乙投资发展公司的印章虽然均系由被告王甲加盖，但基于被告王甲与被告甲房地产公司、乙投资发展公司设立及出资上的渊源，原告有理由相信被告王甲的行为能够代表被告甲房地产公司和乙投资发展公司。因被告乙投资发展公司加盖印章为其项目专用章，故相应的法律后果应当由被告乙投资发展公司承担。基于此，原、被告之间签订的《补充协议》应认定为有效，对原、被告具有约束力。被告甲房地产公司、乙投资发展公司在《补充协议》中承诺，甲房地产公司、乙投资发展公司愿将乙某地 2 号楼作为抵押担保，同时承诺愿为被告甲投资发展公司欠款担保。因所涉及抵押的不动产未办理抵押登记，原告不具有抵押权，故原告主张享有该抵押物的优先受偿权不能成立，本院不予支持。

对于原告诉求被告王甲、王乙、甲房地产公司、乙投资发展公司承担连带责任问题。《借款协议书》载明被告王甲为被告甲投资发展公司提供担保，《补充协议》载明被告甲房地产公司、乙投资发展公司愿为被告甲投资发展公司欠款担保，但均未明确保证期间、保证方式，三保证人之间亦没有保证份额的约定，故依照《中华人民共和国担保法》第十二条、第十九条、第二十六条的规定，被告王甲、甲房地产公司、乙投资发展公司应当对被告甲投资发展公司的债务承担连带责任保证，保证期间为主债务履行期届满之日起六个月内。原告与被告甲投资发展公司的借款于 2015 年 5 月 9 日届满，被告甲投资发展公司未能归还借款本金及支付利息，原告要求被告王甲、甲房地产公司、乙投资发展公司承担连带责任保证，符合法律规定，法院予以支持。原告要求被告王乙承担连带责任保证，没有合同的约定和法律依据，法院不予支持。

综上，天津市第二中级人民法院依照《中华人民共和国合同法》第二百零五条、第二百零六条、第二百零七条，《中华人民共和国担保法》第十二条、第十八条第二款、第十九条、第二十一条、第三十一条，《中华人民共和国民事诉讼法》第六十四条第一款的规定，判决如下：

一、本判决生效之日起十日内，被告甲投资发展公司给付原告任某借款本金人民币 1500 万元；

二、本判决生效之日起十日内，被告甲投资发展公司以 1500 万元借款本金为基数，按照年利率 15% 标准计算，支付原告任某自 2014 年 5 月 10 日起至本判决确定的实际给付之日止的借款利息；

三、被告王甲、甲房地产公司、乙投资发展公司对上述给付事项承担连带责任，被告王甲、甲房地产公司、乙投资发展公司承担保证责任后，有权向被告甲投资发展公司追偿；

四、驳回原告任某的其他诉讼请求。

乙投资发展公司提起上诉，天津市高级人民法院经审理认为：一、关于“项目专用章”的真实性问题。虽然乙投资发展公司否认“项目专用章”的真实性，并提交了鉴定申请，但乙投资发展公司无法提供有效的印模以供鉴定，法院对其鉴定的申请不予准许。结合本案现有证据，乙投资发展公司刻制过一枚“项目专用章”，并且在公安部门进行了备案登记，且与《补充协议》上印章的名称完全一致，虽然乙投资发展公司否认此“项目专用章”的真实性，但并没有提供充分证据加以证明，原审法院对“项目专用章”的真实性予以确认，并无不当。二、关于《补充协议》上王甲加盖“项目专用章”之行为能否代表乙投资发展公司的问题。从王甲在甲投资发展公司、甲房地产公司、乙投资发展公司的初始设立、股权转让、出资渊源中所起的作用，并结合《补充协议》签订时的乙投资发展公司法定代表人张某峰的证言分析，本案中王甲在《补充协议》上加盖“项目专用章”之行为，应视为乙投资发展公司行为，原审法院的认定并无不当。三、关于乙投资发展公司的保证是否有效的问题。乙投资发展公司以《最高人民法院关于适用〈中华人民共和国担保法〉若干问题的解释》第十七条第一款作为抗辩理由，但从立法本意上看，分支机构是指领取营业执照，在核准的范围内可以从事独立经营的部门。在主体资格方面，“项目专用章”印章字样本身并不能直接体现其是乙投资发展公司的一个分支机构，且乙投资发展公司并没有提出相应的证据证实乙创意园作为分支机构领取过合法有效的营业执照并进行独立经营活动。从行为效力上看，保证的本质是信用保障，正是基于王甲与甲房地产公司、乙投资发展公司的渊源关系，任某才有理由相信王甲加盖乙投资发展公司“项目专用章”的行为能够代表乙投资发展公司，且《补充协议》上亦有王甲本人作为担保人的签字，故原审法院认定本案中乙投资发展公司应承担连带责任保证，并无不当。综上，原审判决认定事实清楚，适用法律正确。乙投资发展公司的上诉请求，证据不足，法院不予支持。

天津市高级人民法院依据《中华人民共和国民事诉讼法》第一百七十条第一款第一项的规定判决：

驳回上诉，维持原判。

【法官后语】

本案在审理中形成了两种意见。

第一种意见：乙投资发展公司的担保行为无效，各方当事人应当根据过错承担相应的民事责任。根据《最高人民法院关于适用〈中华人民共和国担保法〉若干问题的解释》（以下简称《担保法司法解释》）第七条、第十七条，《中华人民共和国担保法》（以下简称《担保法》）第五条第二款规定，结合本案，乙投资发展公司在担保协议上盖的章为“项目专用章”而非公司公章，作为主合同的借款合同是合法有效的，而乙投资发展公司担保部分，根据上述规定，应该认定无效。在过错认定上，首先，债权人任某应该是有过错的，其应该对担保合同有基本的审查义务，其对项目章带来的风险应有预期。其次，担保人也是有过错的，本案被告王甲是甲投资发展公司、甲房地产公司、乙投资发展公司的实际控制人，任某是基于一种信赖，签订了有瑕疵的担保合同，王甲对签订此担保合同有很明确的意思表示，其意思表示可以视为乙投资发展公司的意思表示，事后王甲没有加盖印章，导致担保合同无效，乙投资发展公司应该承担缔约过失责任，基于双方均有过错，乙投资发展公司应该对1500万元债务的一半——750万元债务承担赔偿责任。

第二种意见：乙投资发展公司的担保行为有效，应该承担连带责任保证。从立法原意上看，《担保法司法解释》第十七条对法人分支机构提供保证作出了详细规定，其目的是基于担保行为是单向的责任承担，确认法人作出担保行为是其真实意思表示显得尤为重要，这既是对作为担保人时法人的权益保护，也是尊重法人独立人格的体现，在司法实践中对于这一规定的运用不应机械地认定担保行为无效，而是要结合案件的具体情况，正确分析各方当事人之间的关系，确认担保人的真实意思表示，从而作出合理判断。从行为效力上看，在本案《补充协议》（担保协议）签订时，王甲在本人签字的同时又加盖了甲投资发展公司、甲房地产公司的公章和乙投资发展公司的“项目专用章”，结合王甲在甲投资发展公司、甲房地产公司、乙投资发展公司的初始设立、股权转让、出资渊源中所起的作用，再参照《补充协议》签订时的乙投资发展公司法定代表人张某峰的证言，可以认定王甲为甲投资发展公司、甲房地产公司、乙投资发展公司的实际控制人，其在《补充协议》上加盖“项目专用章”之行为，应视为乙投资发展公司的真实意思表示。从主体资格上看，“项目专用章”印章字样本身并不能直接体现其是乙投资发展公司的一个分支机构，且乙投资发展公司并没有提出相应的证据证实乙创意园作为分支机构领取过合法有效的营业执照并进行独立经营活动，加盖乙投资发展公司“项目专用章”应与加盖公章产生相同的担保效力。保证的本质是信用保障，正是基于王甲与甲投资发展公司、甲房地产公司、乙投资发展公司的渊源关系，任某才有理由相信王甲加盖乙投资发展公司“项目专用章”的行为能够代表乙投资发展公司，且《补充协议》上亦有王甲本人作为担保人的签字，故本案中乙投资发展公司应承担连带责任保证。

本案最后采用的是第二种意见，随着民间借贷发生的变化，从主体层面，由单纯的自然人之间逐渐变为自然人之间、自然人与企业之间、企业与企业之间、企业负责人以自然人身份借贷等多种情况。从法律层面，由单纯的民事关系逐渐变为民刑交叉、民商交叉。从内容层面，由主要的生活性借贷逐渐变为生产经营性借贷，在审理此类案件时，对法官的能力要求也逐渐提高，需要通过对证据材料的审查和其证明力的认定、判断、取舍，并对比各方当事人不同证据的证明力，推断当事人之间既往发生的法律关系的事实过程，从而实现对法律适用精细化的指引。担保人（公司）在借款协议或担保协议上的盖章行为是事后承担担保责任的重要证据，但在司法实践中担保协议上的担保人印章类型有时并非公司的公章，担保人庭审中亦否认其担保行为为其真实意思表示，对此，法院不应机械地适用《担保法司法解释》第十七条，一概认定担保行为无效，而应结合案件的具体情况，正确分析各方当事人之间的关系，确认担保人的真实意思表示，作出合理判断。《担保法司法解释》第十七条之规定的根本目的是确认法人在担保行为中的真实意思表示，担保无效只是在确认担保行为非法人真实意思表示后的一种结果而非目的，从民间借贷目前的司法实践看，如果一概认定法人加盖的非公章的担保行为无效，会为不诚信的行为留下制度缺口，不利于社会整体交易秩序，人民法院在适用法律时应结合立法原意、具体案情、证据构成等因素综合判断，此案终审结果驳回上诉，维持原判，亦在情理之中。

此处有必要对新旧法衔接作出说明，具体如下：

1.《最高人民法院关于适用〈中华人民共和国民法典〉有关担保制度的解释》（以下简称《担保制度解释》）第十七条第一款对

《担保法解释》第七条进行了梳理，并在结合审判实践的基础上，就该情形下担保人承担民事责任的问题进行了完善。根据该规定，主合同有效而担保合同无效时，因担保人存在过错，故其应当承担民事责任，同时根据债权人是否存在过错确定担保人承担的是全部责任还是部分责任。

2.《担保制度解释》第十一条第一款对《担保法解释》第十七条进行了修正，《担保法》及《担保法司法解释》虽然区分企业法人分支机构是否获得法人的书面授权而分别规定分支机构对外担保的效力，并对相应的法律责任承担问题进行了明确规定，但均建立在当时的《中华人民共和国公司法》没有就公司对外担保问题进行明确规定的基础上。2005 年修订后的《中华人民共和国公司法》不仅明确了公司对外提供担保应受到法律规制，而且明确了法定代表人代表公司对外提供担保须经董事会或者股东（大）会授权。

3.《中华人民共和国民法典》第六百八十二条第二款完全吸收和承继了《担保法》第五条第二款的相关规定。

编写人：天津市高级人民法院　左楠　刘波

146　容忍的表见代理的认定

——某银行诉李某、吴某借款合同案

【案件基本信息】

1. 裁判书字号

河南省商丘市中级人民法院（2015）商民终字第 767 号民事判决书

2. 案由：借款合同纠纷

3. 当事人

原告（被上诉人）：某银行

被告（上诉人）：李某

被告（被上诉人）：吴某

【基本案情】

被告吴某系被告李某的妹夫。2003年12月22日，被告吴某需要用钱，就拿着被告李某的身份证、房产证到原告处贷款，原告审查后，同意贷给被告李某80000元个人住房贷款，借款期限从2003年12月22日至2013年12月21日，利率为月利率4.2‰，还款按月归还贷款本息，分120期还清。签订合同时，是被告吴某代替被告李某签的合同，被告吴某提供了连带责任保证。被告李某用某处房产作了抵押担保。借款合同第八条约定，借款人应按期偿还贷款本息，如未按约定时间归还，贷款人将按国家规定对逾期贷款计收罚息（每日0.021%）。合同签订后，被告至2006年7月已归还本金20000.10元，归还利息7087.32元。至2015年5月31日止被告李某欠原告本金59999.9元及利息48927.19元（利息为38336.30元、罚息为10590.89元）。

【案件焦点】

本人知道他人以本人名义实施民事行为而不作否认表示的，能否认定为表见代理而视为同意。

【法院裁判要旨】

河南省商丘市睢县人民法院经审理认为：被告吴某用被告李某

的身份证、房产证等证件去原告处贷款，并办理房产抵押登记，应视为代理行为。《中华人民共和国民法通则》第六十六条第一款规定：“没有代理权、超越代理权或者代理权终止后的行为，只有经过被代理人的追认，被代理人才承担民事责任。未经追认的行为，由行为人承担民事责任。本人知道他人以本人名义实施民事行为而不作否认表示的，视为同意。”针对本案而言，被告李某知道被告吴某用他的名义贷款、抵押，其一直未作否认表示，因此，贷款的责任应由其承担，被告吴某作为连带责任保证人，应当承担连带清偿责任。被告李某用其房产作抵押，并进行了抵押登记，原告对抵押物享有优先受偿权。

河南省商丘市睢县人民法院依照《中华人民共和国民事诉讼法》第一百四十四条，《中华人民共和国民法通则》第六十三条第二款、第六十六条第一款，《中华人民共和国合同法》第一百九十六条、第二百零五条、第二百零六条、第二百零七条，《中华人民共和国担保法》第十八条，《中华人民共和国物权法》第一百七十九条之规定，作出如下判决：

一、被告李某于本判决生效后十日内偿还原告某银行贷款本金59999.9元及利息48927.19元（利息计算至2015年5月31日止）；

二、被告吴某对上述债务承担连带清偿责任；

三、原告某银行对被告李某所抵押的房产享有优先受偿权。

一审宣判后，被告李某不服，向河南省商丘市中级人民法院提起上诉，河南省商丘市中级人民法院于2015年10月12日作出民事判决：

驳回上诉，维持原判。

【法官后语】

本案的处理涉及两个关键的问题，一是推定的运用，二是对表见代理的认定。

1. 关于推定的运用

所谓推定是审判人员据以认识和判断证据材料并最终认定案件事实的一种方法。在实务中经常会运用推定的方法判断事实和证据。我国法律及司法解释中，也对推定做了一些规定，例如，《中华人民共和国民法典》第五百四十四条规定："当事人对合同变更的内容约定不明确的，推定为未变更。"第一千一百二十一条第二款规定："相互有继承关系的数人在同一事件中死亡，难以确定死亡时间的，推定没有其他继承人的人先死亡。都有其他继承人，辈份不同的，推定长辈先死亡；辈份相同的，推定同时死亡，相互不发生继承。"《最高人民法院关于民事诉讼证据的若干规定》（2019 年修正）第十条第一款第三项、第四项规定："（三）根据法律规定推定的事实；（四）根据已知的事实和日常生活经验法则推定出的另一事实；"第九十五条规定："一方当事人控制证据无正当理由拒不提交，对待证事实负有举证责任的当事人主张该证据的内容不利于控制人的，人民法院可以认定该主张成立。"《最高人民法院关于适用〈中华人民共和国民事诉讼法〉的解释》（2022 年修正）第九十三条第一款第四项规定："（四）根据已知的事实和日常生活经验法则推定出的另一事实。"

在审判实践中，经常会用推定的方法去认定证据和事实，特别是在对案件事实不清、真伪难辨的情况下，合理地进行事实推定，对案件的妥善处理起着很大的作用。其实每位法官都运用过推定的方法，只是没有从理论的角度去研究。笔者处理过一个医疗纠纷案件，原告冯某的外祖母带领原告去被告马某的卫生室治病，被告为原告在臀部注射了药物，对原告造成了右下肢伤残的后果。原告起诉被告赔偿，但是被告否认为原告注射过药物。由于在农村卫生室治疗时，不开具医疗费发票，当时也没有其他证人在场，所以原告举证困难很大。在本案中，原告举出了在医院治疗时，被告去看望原告时的谈话录音，在该录音中，反映出一个男声承认为原告注射了药物，但是录音的效果不好，不能明显辨认出就是被告的声音，在开庭质证时，被告否认该录音是他的声音。在原告申请鉴定录音后，被告却不配合鉴定机构予以鉴定，根据常理，该录音如果不是被告的声音，被告不会拒不配合鉴定；其既然不肯配合鉴定，就说明该录音很可能是其声音。因此，合议庭推定该录音中的承认为原告注射的男声就是被告的声音。以此推定在被告为原告注射时，给原告的身体造成了伤害，判决被告赔偿原告的损失。再如：甲与乙打架，但是没有其他人在场，无目击证人，两个人承认有厮打行为，甲的耳朵被咬伤，这时法官依据一般常理，可以推定甲的耳朵是乙咬伤的，因为一个人在正常情况下不可能咬到自己的耳朵。

本案的事实是被告吴某拿着被告李某的身份证和房产证到原告处以李某的名义借款，如果被告李某知道这个事情，一直不向原告予以否认，那么根据《中华人民共和国民法典》第一百七十一条第一款的规定，可以视为被告李某同意吴某的代理行为，李某作为贷款人应承担相应的法律后果。本案的被告李某虽然称其不知道吴某以其名义贷款的事，但是法院认为按照常理，其应当知道此事，最终认定其知道吴某以其名义贷款的事，这就是运用了《最高人民法院关于适用〈中华人民共和国民事诉讼法〉的解释》第九十三条第一款第四项的规定即“根据已知的事实和日常生活经验法则推定出的另一事实”作出的推定。本案已知的事实是被告吴某系李某的妹夫，吴某拿着被告李某的房产证、身份证去原告处借款。一般日常生活经验、常理是对身份证、房产证一般人都会妥善保存，不会轻易让别人拿到，也就是说，自己的身份证、房产证同时被人拿去，房产被抵押了十几年，自己却不知道的事情，一般是不存在的。因此法院作出的推定是合理的。

2. 关于对表见代理的认定

表见代理，是指行为人没有代理权，但使相对人有理由相信其有代理权，法律规定被代理人应负授权责任的无权代理。表见代理对被代理人产生有权代理的效力，即在相对人与被代理人之间产生民事关系，被代理人应受表见代理人与相对人之间实施的民事行为的约束，享有该行为设定的权利和履行该行为约定的义务。被代理人不得以无权代理为抗辩。《中华人民共和国民法典》第一百七十一条第一款和第一百七十二条作了规定。基于本案案情，被告李某知道被告吴某以其名义在原告处贷款而不作否认表示，属于容忍的表见代理，容忍的表见代理是指无权代理人与相对人实施无权代理行为，被代理人知道而不表示反对，或者为履行合同进行准备的。综上，法院的判决无疑是正确的。

编写人：河南省商丘市睢县人民法院　梁锦学

147 银行在不动产抵押权设立中的审查义务
——某银行诉梁乙等借款合同案

【案件基本信息】

1. 裁判书字号

广东省广州市中级人民法院（2012）穗中法民二终字第1293号民事判决书

2. 案由：借款合同纠纷

3. 当事人

原告（被上诉人）：某银行

被告（上诉人）：温甲、梁甲

被告：梁乙

【基本案情】

2008年6月23日，公证处出具《公证书》，公证内容为："兹证明梁甲、温甲于二〇〇八年六月二十三日在我的面前，在前面的《委托书》上签名。公证员：罗某莹。"该《公证书》所附的《委托书》载明：委托人梁甲、温甲，受委托人梁乙。委托人是某房产业主，现委托受委托人为其合法代理人，以委托人之名义全权代表委托人办理上述房屋之下列事项：……七、代为办理银行按揭、转按的相关手续及签署相关文件，代为签署抵押合同、借款合同、借据、委托公证申请表等；八、向贷款银行办理提前还款、赎契、注销他项权利登记并领取房地产证手续；九、有权将上述房屋中依法属于本人占有的产权份额作为抵押物，向个人或银行申请上述房产贷款相关手续，有权代签贷款相关文件或代收贷款……该份《委托书》的委托人落款处有“梁甲、温甲”字样的签名并标注日期为“2008年6月23日”。

2008年7月7日，原告与被告梁乙签订了《个人担保贷款合同》，该合同所附的《抵押物情况声明书》载明：抵押物为温甲、梁甲名下房产一套。被告梁乙作为借款人在该合同上签名捺印，并代被告温甲、梁甲在抵押人处签名捺印。2008年7月10日，原告向被告梁乙的账户划入款项340000元，借款借据上注明：起息日为2008年7月10日，到期日为2018年7月10日，利率为8.613%。

2008年7月14日，国土资源和房屋管理局出具《房地产他项权证》，载明：房屋权利人为原告，权利种类为抵押，权利范围为全部；权属人及共有（用）人为被告温甲、梁甲。

被告梁乙获得贷款后，并未依约还本付息，发生多次逾期还款行为。截至2010年10月27日，被告梁乙尚欠原告本金288456.93元、利息（含罚息）3171.57元。原告遂诉至本院。

诉讼过程中，被告温甲、梁甲表示涉案借款及抵押担保事宜均为被告梁乙一人所为，二人对此毫不知情。被告温甲、梁甲认为《公证书》上“温甲、梁甲”的签名不是其本人签名，并申请对签名的真伪进行司法鉴定。本院经审查后接纳了被告温甲、梁甲的笔迹鉴定申请，并依法通过摇珠程序委托了司法鉴定所对上述《公证书》中“温甲、梁甲”的签名真伪进行司法鉴定。该所经鉴定后出具了《司法鉴定意见书》，鉴定结论为：《公证书》落款处委托人签名“梁甲”字迹不是梁甲所写，“温甲”字迹不是温甲所写。双方当事人对该鉴定结论无异议。被告温甲、梁甲为此预缴了鉴定费6400元。2011年7月4日，公证处作出决定，认为是他人利用温甲、梁甲的身份证件等资料，冒名顶替骗取《公证书》，决定撤销《公证书》。

另，根据被告温甲提交的《结婚证书》《离婚协议》《离婚证》显示：被告梁乙与被告温甲于1982年9月16日登记结婚，于2010年8月10日协议离婚。被告温甲、梁甲自述梁甲是梁乙、温甲的婚生儿子。被告温甲并陈述：涉案房产的房产证原件已被被告梁乙拿走抵押给中介公司，留在家里的是假证，被告温甲是因本案诉讼才发现此事。

【案件焦点】

委托公证被撤销后，银行能否以善意取得为由主张涉案房产的抵押权。

【法院裁判要旨】

广东省广州市越秀区人民法院经审理认为：原告是具备贷款资格的金融机构，其与被告梁乙签订的借款合同，是双方当事人协商一致形成的合意，内容没有违反法律、行政法规的强制性规定，因而合法有效，双方均应依约履行。原告已经履行了合同约定的贷款义务，享有按时收回贷款本金及利息收益的权利。被告梁乙没有按合同约定履行还本付息义务，已构成违约，应承担违约责任。因合同明确约定被告梁乙违反本合同规定的任何义务，原告均有权提前收回贷款，而被告梁乙从获得贷款后多次发生逾期还款，更从2010年8月至今没有偿还任何贷款本息，已明显违背了合同约定的还款义务，故原告请求解除合同并要求被告梁乙偿还所有尚欠的借款本息符合法律规定和合同约定，本院予以支持。但合同解除之后的罚息则应当按照中国人民银行规定的金融机构同期逾期贷款利率的标准计收。另外，本案是借款合同纠纷，借款合同的当事人是原告和被告梁乙，合同具有相对性，原告要求被告温甲对上述债务承担连带责任是基于法律对夫妻共同债务的规定，这与本案不属于同一法律关系，原告应另循法律途径处理。至于原告要求被告梁甲承担还款责任，缺乏事实和法律依据，本院不予支持。

原告对涉案房产是否享有优先受偿权的问题。根据鉴定机构出具的鉴定结论，《公证书》上“温甲”“梁甲”的签名均不是本人签名，被告温甲、梁甲亦表示对此毫不知情，在事后也没有对被告梁乙代为办理抵押担保的行为予以追认，因此，被告梁乙以被告温甲、梁甲的名义将涉案房产进行抵押的行为属于无权处分行为。在此情况下，原告作为合同相对方，是否有理由相信被告梁乙有代理权，即被告梁乙是否构成表见代理，是判断抵押行为是否有效的关键。结合本案事实，首先，在订立合同时，被告梁乙与被告温甲还是夫妻关系，而被告梁甲是被告梁乙的儿子，三人作为家庭成员，其关系明显不同于普通的亲朋关系；其次，被告梁乙在订立合同前，已经向原告提交了由公证处出具的委托公证书，原告并非专业机构，对于委托书上的签名真伪不具备鉴别能力，公证机关所出具的委托公证文书，在当时没有相反证据的情况下，具有较强的公信力，原告对该公证文书予以信赖也属常理；最后，涉案房产在被告温甲、梁甲名下，被告梁乙不是涉案房产的登记所有权人，却取得了房产证原件。因此，综合以上几点，原告完全有理由相信被告梁乙以被告温甲、梁甲名义所作行为已经取得了被告温甲和梁甲的授权，该行为有效。加之涉案房产亦已在房管部门进行了抵押权登记，因此，原告对涉案房产享有抵押权，在被告梁乙不履行还款义务时，原告有权从处分抵押房产所得价款中优先受偿。被告温甲、梁甲认为抵押行为无效的抗辩意见，缺乏法律依据，本院不予采信。被告温甲、梁甲并认为被告窃取房产证、骗取公证文书已涉及刑事犯罪，故应移送公安机关或检察机关的意见，对此本院认为，原告和被告梁乙基于借款的合意签订了借款合同，原告已依约履行了放款义务，在整个放款过程中并无过错，至于被告梁乙在办理抵押手续的过程中是否涉嫌犯罪，与本案不属于同一法律关系，也不影响本案事实的认定及处理。因此被告温甲、梁甲的该项答辩意见没有法律依据，本院亦不予采纳。

至于原告要求被告支付律师费 14581 元的诉讼请求，原告并未就其该项主张提供证据，无法证实律师费的发生，原告的该项诉讼请求缺乏事实依据，本院不予支持。

广东省广州市越秀区人民法院依照《中华人民共和国合同法》第八条、第四十九条、第六十条第一款、第九十三条第二款、第一百零七条、第二百零五条、第二百零六条、第二百零七条，《中华人民共和国物权法》第一百八十条第一款第（一）项、第一百八十七条之规定，判决如下：

一、自本判决发生法律效力之日起，原告某银行与被告梁乙于 2008 年 7 月 7 日签订的《个人担保贷款合同》予以解除；

二、自本判决发生法律效力之日起 10 日内，被告梁乙向原告某银行清偿借款本金 288456.93 元及利息（含罚息，截至 2010 年 10 月 10 日为 3171.57 元；从 2010 年 10 月 11 日起计至《个人担保贷款合同》解除之日止的利息、罚息按照合同约定计付；从《个人担保贷款合同》解除之日起至本判决限定还款日止的罚息按中国人民银行规定的金融机构计收同期逾期贷款利率标准计付)；

三、被告梁乙不履行上述判决时，则依法拍卖或者变卖某房产，所得价款由原告某银行优先受偿；

驳回原告某银行的其他诉讼请求。

温甲、梁甲持原审答辩意见提起上诉。广东省广州市中级人民法院认为，某银行与梁乙之间的借款合同合法有效。梁乙获得贷款后逾期还款，应当承担相应的合同责任。本案当中，梁乙向该行提交了《公证书》，而该公证书载明了两上诉人委托梁乙处理其房产的事实，后该公证书被广东省广州市公证处撤销。根据本案查明的事实，两上诉人并没有将自己名下的涉案房产抵押给被上诉人某银行。本案争议的焦点在于该公证书被撤销后，被上诉人某银行是否能够取得涉案房产的抵押权。本案当中公证委托书的上诉人温甲和梁甲签名系伪造，作为有贷款资格的金融机构，被上诉人某银行有义务也有能力对抵押人的身份真实性以及担保意愿、抵押物价值等内容进行审查，相关调查可采取现场核实、电话查问以及信息咨询等途径和方法。出于对公证机关的信任，在借款人出具了公证委托后，被上诉人某银行不再对抵押人的身份真实性以及相关信息进行核实，因此，对于公证机关因为审查不严格或者故意导致公证失实的法律后果应当由被上诉人某银行承担。从被上诉人某银行到房管部门办理涉案房屋抵押登记的情况来看，被上诉人某银行授权并非其员工的杨某办理他项权证，在没有证据证明杨某核实了两上诉人的身份证原件情况下，杨某向房管部门出具了《具结书》，房管部门据此为被上诉人某银行办理了他项权证，对此，被上诉人某银行亦应当承担过错责任。综上，原审法院认定被上诉人某银行在获得涉案房屋抵押权过程中的行为构成善意取得并不恰当，本院予以纠正，上诉人的上诉请求有理，本院予以支持。

广东省广州市中级人民法院依据《中华人民共和国民事诉讼法》第一百五十三条第一款第二项之规定，判决如下：

一、维持广东省广州市越秀区人民法院民事判决第一项、第二项；

二、撤销广东省广州市越秀区人民法院民事判决第三项、第四项；

三、驳回某银行的其他诉讼请求。

【法官后语】

本案对于不动产善意取得适用条件以及银行在取得抵押权的过程中应如何尽到审查义务均具有研究意义。

一、银行是否应当为撤销的公证书承担不利责任

（一）本案能否适用善意取得制度争论较大

一种意见认为，善意取得制度适用的前提是无处分权人将不动产或者动产或其他物权转让给受让人。本案当中，温甲和梁甲是涉案动产的所有权人，是有权处分人，在抵押涉案房产的法律关系当中，梁乙的身份是委托代理人，而该代理是无权代理，本案需要讨论的法律问题应当是梁乙的代理行为是否构成表见代理，并非善意取得。本案当中公证委托书的上诉人温甲和梁甲签名系伪造，而最高人民法院对于表见代理的观点当中，伪造公章是典型的不能认定为表见代理的情况[①]，本案是伪造签名，同理亦不能认定为表见代理。作为有贷款资格的金融机构，银行有义务也有能力对抵押人的

① 最高人民法院研究室编著：《最高人民法院关于合同法司法解释（二）理解与适用》，人民法院出版社2009年版，第101~105页。

身份真实性进行审查，不能以公证机关出具的公证委托减轻或免除自身的审查义务，本案中，银行仅凭公证委托即不再对抵押人受权情况进行核实，因此，银行应自行承担因其未尽到谨慎的审查义务而导致的不利法律后果。

另一种意见则认为，表见代理是债法的制度，善意取得则是物权法的制度。前者处分的是“意思”，后者处分的是“物”，解决的是不同的问题，不具有可比性。《中华人民共和国民法典》第三百一十一条第一款所规定的无处分权人包括：①无所有权的人以所有权身份处分他人之物；②无授权人以授权人身份处分他人之物，比方国有资产授权经营；③无代理权人以代理人身份处分他人之物。善意取得之所以涵盖第三种情况是因为无权代理的后果归于代理人，“代理人”无代理权，无权处分他人之物，即为无处分权人，因此，无处分权包括无代理权之无权。善意取得制度是在所有权保护与交易安全两种利益平衡中取交易安全而舍所有权保护的制度，在相对人相信代理人有代理权的情况下可以取得所有权。本案当中，其一，梁乙在订立合同前，已经向银行提交了由公证处出具的委托公证书，银行并非专业机构，对于委托书上的签名真伪不具备鉴别能力，公证机关所出具的委托公证文书，在当时没有相反证据的情况下，具有较强的公信力，银行对该公证文书予以信赖也属常理；其二，虽然涉案房产在温甲、梁甲名下，但梁乙与两人关系紧密，梁乙不是涉案房产的登记所有权人，却取得了房产证原件。因此，银行完全有理由相信梁乙以温甲、梁甲名义所作行为已经取得了温甲和梁甲的授权，该行为有效。加之涉案房产亦已在房管部门进行了抵押权登记，因此，银行对涉案房产享有抵押权。

（二）本案不适用善意取得

1. 善意取得制度的沿革

从善意取得制度的沿革来看，本案之所以不适用善意取得制度是因为交易相对方所理解的房屋所有人与真实的房屋所有人是不一致的，银行是信赖梁乙获得的授权，而不是信赖梁乙有处分权，交易相对方所信赖的事实不同，导致法律规则的适用不同。

2. 处分权在不动产抵押权设立当中的作用

抵押权的设定，属于处分行为，抵押人对标的物应当具有处分权以及处分标的物的行为能力。处分权是设立抵押权的必要条件①。在《中华人民共和国物权法》颁布之前，《最高人民法院关于贯彻执行〈中华人民共和国民法通则〉若干问题的意见（试行）》第一百一十三条第一款已明确规定，以自己不享有所有权或者经营管理权的财产作抵押物的，应当认定抵押无效。《中华人民共和国物权法》第一百八十条明确把具有处分权作为设立抵押权的要求，且第一百八十四条规定了所有权、使用权不明或者有争议的财产不得抵押，这可理解为处分权处于不确定或者争议状态的标的物不得抵押。②《中华人民共和国民法典》施行后，其第三百九十五条规定："债务人或者第三人有权处分的下列财产可以抵押：……"与《中华人民共和国物权法》第一百八十条的规定相同，均把具有处分权作为设立抵押权的前提条件。《中华人民共和国民法典》第三百九十九条规定："下列财产不得抵押：……（四）所有权、使用权不明或者有争议的财产……"与《中华人民共和国物权法》第一百八十

① 梁慧星主编：《中国物权法研究》（下），法律出版社1998年版，第826~829页。

② 曹士兵：《中国担保制度与担保方法》，中国法制出版社2008年版，第216页。

四条的相关规定一致，法条更替不影响论证及结论。

本案当中，温甲和梁甲作为涉案房屋的所有权人，具有处分权。因此，本案需要讨论的问题是梁乙的代理行为是否有效，是否构成表见代理。

（三）银行不能行使抵押权的理由

本案当中，作为有贷款资格的金融机构，银行有义务也有能力对抵押人的身份真实性以及担保意愿、抵押物价值等内容进行审查，相关调查可采取现场核实、电话查问以及信息咨询等途径和方法。2010年2月，中国银行业监督管理委员会[①]为规范银行业金融机构个人贷款业务行为，加强个人贷款业务审慎经营管理，促进个人贷款业务健康发展，颁布了《个人贷款管理暂行办法》。对贷款人贷款调查要求包括但不限于以下内容：（一）借款人基本情况；（二）借款人收入情况；（三）借款用途；（四）借款人还款来源、还款能力及还款方式；（五）保证人担保意愿、担保能力或抵（质）押物价值及变现能力。对贷款调查方式则要求应以实地调查为主、间接调查为辅，采取现场核实、电话查问以及信息咨询等途径和方法。虽然贷款人在不损害借款人合法权益和风险可控的前提下，可将贷款调查中的部分特定事项审慎委托第三方代为办理，但该办法要求必须明确第三方的资质条件，且贷款人不得将贷款调查的全部事项委托第三方完成。对于本案，银行不能以公证机关出具的公证委托减轻或免除自身的审查义务，出于对公证机关的信任，在借款人出具

---

① 编者注：2018年3月，第十三届全国人民代表大会第一次会议批准了《国务院机构改革方案》，将中国银行业监督管理委员会和中国保险监督管理委员会的职责整合，组建中国银行保险监督管理委员会，作为国务院直属事业单位。不再保留中国银行业监督管理委员会、中国保险监督管理委员会。

了公证委托后，银行不再对抵押人的身份真实性以及相关信息进行核实，属于银行未尽其谨慎、合理的注意义务之情形，银行应自行承担其不作为导致的不利法律后果。从银行办理涉案房屋抵押登记的情况来看，其授权并非员工的杨某办理他项权证，在没有证据证明杨某核实了两上诉人的身份证原件的情况下，杨某向房管部门出具了《具结书》，而具结是提出表示负责的文件，显然银行应当为杨某出具与事实不符的《具结书》承担责任。

本案在讨论过程中，有观点认为如果银行不能获得抵押权，则金融债权无法得到保障，影响的是国家的金融秩序。事实上，本案无论哪一方败诉，都会引发后续诉讼，即败诉方起诉公证机关要求赔偿损失。一般来讲，这种损失可以得到执行。若抵押人败诉，银行执行了抵押人的房产，则后续诉讼将更加复杂和难以恢复原状。

在本案之后，最高人民法院及各地法院陆续作出了类案判决，比如（2019）最高法民申2834号民事裁定、（2015）穗中法金民终字第72号民事判决①，均认定银行作为专业金融机构，在贷款、抵押过程中，应对标的物实际情况、权利人身份及其真实意思、代理人代理权及范围等事项履行谨慎、合理的注意义务，因未尽该等义务造成的不利后果，由银行承担。上述裁判思路和规则与本案基本一致。

---

① 最高人民法院（2019）最高法民申2834号民事裁定书，载中国裁判文书网，https：//wenshu. court. gov. cn/website/wenshu/181107ANFZ0BXSK4/index. html？docId=kENm3y/kWP7s0W0YARvmMSLbYJ26bgZzuURbLfXYovcjJbCeDhe3E/UKq3u+IEo4w4OaGAbnG2A8A8lfcm2NXSN05NRB6QgWvb77MR4zDn4ZZavW94E2oJb8nokKugeK，最后访问时间：2023年2月17日；广东省广州市中级人民法院（2015）穗中法金民终字第72号民事判决书，载中国裁判文书网，https：//wenshu. court. gov. cn/website/wenshu/181107ANFZ0BXSK4/index. html？docId=U2i3wuBZ89OWe+NBm7DFpSk31LXW0xR2el/JhqatRX3em74neIMoAPUKq3u+IEo4w4OaGAbnG2A8A8lfcm2NXSN05NRB6QgWvb77MR4zDn4PojMOVKdoMVQ+4p6Wp6fR，最后访问时间：2023年2月17日。

二、不动产抵押权的善意取得的条件

本案在审理过程中还引申讨论了另一个问题：如果本案适用善意取得，银行也没有过错，但抵押人到房地产管理部门撤销了抵押权登记，银行能否行使抵押权？

根据2021年10月27日通过的《广州市不动产登记办法》第三十五条之规定，不动产登记机构发现有下列情形之一，造成不动产登记簿记载事项错误的，应当按照有关规定办理更正登记或者注销登记，但不动产权利已由善意第三人取得或者更正登记、注销登记将给公共利益造成重大损害的除外：（一）司法机关、行政机关、仲裁机构生效法律文书或者文件证明当事人通过隐瞒真实情况或者伪造有关证件、文件等非法手段获取不动产登记的；（二）不动产登记所依据的权属来源证明文件被生效法律文书撤销、确认无效、解除的；（三）不动产登记机构核准登记不当，造成重复登记等错误的；（四）法律、法规规定的其他情形。因此，本案抵押人要求房地产管理部门涂销抵押权在法律上不存在障碍。在抵押权被涂销的情况下，银行是否仍然能够行使抵押权则争论较大。一种观点认为，由于房地产管理部门已经撤销了抵押登记，应当认定银行没有“取得”抵押权，故不符合《民法典》第三百一十一条关于善意取得的构成要件。另一种观点则认为，善意取得制度是基于保护交易安全，对原权利人和受让人之间的权利所作的一种强制性的物权配置，受让人取得财产所有权是基于物权法的直接规定而不是法律行为，具有确定性和终局性。[1] 因此，从物权法的角度来解读，银行获得抵押权是

① 最高人民法院物权法研究小组编著：《〈中华人民共和国物权法〉条文理解与适用》，人民法院出版社2007年版，第329页。

来自法律的直接规定，物权进行了变动。不动产善意取得的要件是指登记时候的要件，只要具备了构成要件，则不论登记事后是否撤销，或者撤销后再恢复，都产生取得抵押权的效果。

二审法官认为第二种观点符合法理，否则善意第三人的权利无法得到体现和实现。虽然《中华人民共和国民法典》第三百一十一条对于善意取得作出了原则性规定，但对于不动产抵押权的善意取得应当强调以下条件：①无权处分人具有不动产登记簿记载的权利人身份；②第三人在取得不动产抵押权时善意相信登记记载的正确性；③已经进行了不动产抵押权登记公示。[①] 例如，登记为不动产的所有人因合同无效后实际不是所有人，就该不动产设定抵押权时，债权人善意信赖该项登记而与之设定抵押权的，基于登记的公信力，债权人仍然可以取得抵押权，该不动产的实际所有权人不得主张抵押设定无效，仅能对抵押人请求损害赔偿。[②]

编写人：广东省广州市中级人民法院　王维　何海涛

148　未成年人提供的抵押担保法律效力认定

——资产管理公司诉提花公司等借款合同案

【案件基本信息】

1. 裁判书字号

福建省福州市中级人民法院（2011）榕民终字第2699号民事判决书

---

① 曹士兵：《中国担保制度与担保方法》，中国法制出版社2008年版，第220页。

② 转引自谢在全：《民法物权论》（下册），中国政法大学出版社1991年版，第38页。

2. 案由：借款合同纠纷

3. 当事人

原告（上诉人）：资产管理公司

被告（被上诉人）：提花公司、林甲、王甲、林乙、王乙

【基本案情】

2003年6月20日，被告提花公司与某银行签订了《人民币借款合同（短期）》，该合同约定：提花公司向某银行借款30万元，借款期限12个月，年利率4.779%，逾期还款按日万分之二点一计收利息，逾期利率遇利率调整分段计利息。同日，被告林甲、王甲、王乙等与长乐中行签订了《抵押合同》，由被告林甲、王甲、王乙分别将其房屋作为抵押物为被告提花公司的上述借款提供抵押担保（其中被告林甲提供抵押的房屋两幢，被告王甲提供抵押的房屋一幢，被告王乙提供抵押的房屋一幢）。双方还约定抵押担保的范围包括借款本金、利息、违约金、赔偿金、实现债权的费用、因债务人违约而给债权人造成的损失等。该抵押担保于2003年6月25日办理了抵押登记。某银行于2003年6月25日向被告提花公司发放贷款30万元。

2004年6月25日，某银行与资产管理公司福州办事处签订了《债权转让协议》和《分户债权转让清单》，协议约定：某银行将本案债权及抵押担保权利转让给资产管理公司福州办事处。同年11月1日，某银行通知被告提花公司本案的债权债务已转让给资产管理公司福州办事处。同年12月6日，在《福建日报》上刊登债权转让公告，本案的债权已转让给资产管理公司福州办事处，五被告应立即向资产管理公司福州办事处履行债务。资产管理公司

福州办事处于2005年4月9日在《福建法制报》，2006年6月16日、2008年5月30日、2010年5月17日在《福建日报》上刊登债权催收公告，要求本案五被告履行债务。

【案件焦点】

原告在本案诉讼中提出，被告林乙应承担抵押担保责任，但被告林乙年仅10周岁，其签订的抵押担保合同是否有效。

【法院裁判要旨】

福建省福州市长乐区人民法院[①]经审理认为：被告提花公司于2003年6月向某银行借款30万元，由被告林甲、王甲、王乙为其借款提供抵押担保，该借款本息至今未还及某银行于2004年将本案债权转让给资产管理公司福州办事处等的事实清楚。被告提花公司应向原告偿还借款本金30万元及利息；被告林甲、王甲、王乙作为本案被告提花公司的借款抵押人，对被告提花公司应还的款项，依法应承担抵押担保责任。被告林甲、王甲、王乙在承担抵押担保责任后，依照法律的规定有权向被告提花公司追偿。原告在本案诉讼中还提出，被告林乙应承担抵押担保责任。但本案抵押合同签订时，被告林乙刚满10周岁，为限制民事行为能力人，依法只能进行与其年龄、智力相适应的民事活动，无法独立作出抵押担保的意思表示，现被告林乙对此未予追认，该抵押担保行为无效，原告主张要求被告林乙承担抵押担保责任的请求，不符合法律规定，予以驳回。被告林甲、王甲、林乙、王乙经本院合法传唤未到庭参加诉讼，本院

① 因长乐于2017年11月6日撤市设区，故由福建省长乐市人民法院变更为福建省福州市长乐区人民法院。

依法予以缺席审理和判决。

福建省福州市长乐区人民法院依照《中华人民共和国民法通则》第十二条第一款，《中华人民共和国合同法》第六十条第一款、第七十九条、第八十一条、第二百零六条、第二百零七条，《中华人民共和国担保法》第三十三条、第五十七条，《中华人民共和国民事诉讼法》第一百三十条之规定，判决如下：

一、被告提花公司应于本判决生效后十日内向原告资产管理公司偿还借款30万元及利息（该利息按合同约定的计息比率从2003年6月26日计付至本判决确定还款之日止）；

二、原告资产管理公司对被告林甲、王甲、王乙抵押的房产享有优先受偿权，即被告提花公司不按本判决第一项履行时，原告有权要求以被告林甲、王甲、王乙抵押的房产折价或以拍卖、变卖该房产的价款优先受偿；

三、被告林甲、王甲、王乙在承担抵押担保责任后，有权向被告提花公司追偿；

四、驳回原告资产管理公司其他诉讼请求。

上诉人持原审起诉意见提起上诉。福建省福州市中级人民法院经审理，确认一审法院认定的事实和证据。福州市中级人民法院认为：在签订讼争抵押合同时，林乙刚满10周岁，属于限制民事行为能力人，根据《中华人民共和国民法通则》第十二条第一款关于“十周岁以上的未成年人是限制民事行为能力人，可以进行与他的年龄、智力相适应的民事活动；其他民事活动由他的法定代理人代理，或者征得他的法定代理人的同意”的规定，由于从事抵押担保行为并非10周岁未成年人可以进行的与其年龄、智力相适应的民事活动，因此林乙不能独立地从事该抵押担保行为。限制民事行为能力人的监护人是他的法定代理人，根据《中华人民共和国民法通则》第十八条第一款“监护人应当履行监护职责，保护被监护人的人身、财产及其他合法权益，除为被监护人的利益外，不得处理被监护人的财产”的规定，监护人将被监护人的财产设定抵押，将严重损害到被监护人的利益，该代理行为无效。故不论讼争的抵押担保是否征得林乙法定代理人同意，或是由其法定代理人代为从事该行为，均属无效，林乙依法不承担抵押担保责任。主债权的债权人对林乙是否具备抵押担保资格未加审查，主观上具有过错，抵押无效的后果应当由其自行承担。故上诉人的上诉理由均不能成立，本院不予采纳。综上，一审认定事实清楚，适用法律正确，应予维持。

福建省福州市中级人民法院依照《中华人民共和国民事诉讼法》第一百五十三条第一款第一项的规定，判决如下：

驳回上诉，维持原判。

【法官后语】

本案争议焦点是限制民事行为能力人签订的抵押担保合同是否具有法律效力的问题。

自然人的民事行为能力是指自然人能依靠自己独立的行为行使民事权利、承担民事义务的资格。民事行为能力以意思能力为基础，所谓意思能力是指自然人可以判断自己行为的法律后果的能力。《中华人民共和国民法通则》《中华人民共和国民法典》均将自然人依据年龄分为三类：完全民事行为能力人、限制民事行为能力人和无民事行为能力人。《中华人民共和国民法通则》第十二条第一款规定：“十周岁以上的未成年人是限制民事行为能力人，可以进行与他的年龄、智力相适应的民事活动；其他民事活动由他的法定代理人代理，或者征得他的法定代理人的同意。”《中华人民共和国民法典》第十九条规定，“八周岁以上的未成年人为限制民事行为能力人”。本案中的林乙在实施抵押担保行为时仅有10周岁，因此属于限制民事行为能力人。无论是依据《中华人民共和国民法通则》还是《中华人民共和国民法典》的规定，本案中林乙均应认定为限制民事行为能力人。限制民事行为能力人对事物有一定的识别能力和判断能力，即具有一定的意思能力，因此可以实施日常生活必需的民事行为，进行某些获取法律上利益而不负义务的民事行为；但是，由于未成年人尚处于发育阶段，不能对自己的行为后果作出全面认识和准确判断，鉴于此，《中华人民共和国民法典》第一百四十五条第一款进一步规定，这些未成年人“实施与其年龄、智力、精神健康状况相适应的民事法律行为有效”“实施的其他民事法律行为经法定代理人同意或者追认后有效”，对于实施的纯获利益的民事法律行为无限制条件。

签订抵押担保合同是否系与10周岁未成年人的年龄、智力相适应的民事行为？毋庸置疑，答案是否定的。如何判断是否为与之相适应的民事行为，需结合日常生活经验，通常从行为与本人生活相关联程度，本人智力能否理解其行为并且预见其行为后果，以及行为涉及的财产数额、行为的性质等方面来认定。本案年仅10周岁的林乙将自己的房屋作为抵押物设立担保，而签订抵押担保合同并非一个与未成年人日常生活紧密联系的行为，根据该年龄段未成年人生活经验和学习水平，其无法准确理解抵押担保这一概念，也不可能清楚地认知签订抵押担保合同这一行为所要承担的法律后果，更何况作为抵押物的房屋价值巨大，已远远超出一个10周岁未成年人可以独立支配的范围。综上，签订抵押担保合同与10周岁未成年人的年龄、智力明显不相适应，其所签订的抵押合同应为无效合同。

若本案签订抵押担保合同的行为系经林乙法定代理人同意，该合同是否有效？《中华人民共和国民法典》第二十七条第一款规定："父母是未成年子女的监护人"；第三十五条第一款规定："……监护人除为维护被监护人利益外，不得处分被监护人的财产。"因此监护人处分被监护人的财产应当尽到审慎注意义务，行使被监护人的财产权利应当选择最有利于被监护人的方式，不得随意处分被监护人财产，或为被监护人财产设定义务，但可为了被监护人的利益而处分财产。假设本案林乙的监护人即法定代理人同意了其抵押担保行为，由于该同意意思表示产生的后果是对林乙房屋所有权的处分，且该处分只是单纯对被监护人财产增加设定义务，而并没有增加被监护人任何利益，属于非为被监护人的利益而处分被监护人财产的行为，因此监护人即法定代理人即使同意抵押担保，其行为也违反了上述法律规定，属无效法律行为，该抵押担保合同同样为无效合同。

编写人：福建省福州市长乐区人民法院　林娟

四、质押

149 担保条款无效后，有过错担保人仍应承担缔约过失责任

——电子公司诉技术公司、科技公司企业借贷案

【案件基本信息】

1. 裁判书字号

北京市第一中级人民法院（2020）京01民终7018号民事判决书

2. 案由：企业借贷纠纷

3. 当事人

原告（被上诉人）：电子公司

被告（上诉人）：科技公司

被告（被上诉人）：技术公司

【基本案情】

2018年1月30日，技术公司因资金周转向电子公司提出借款，电子公司同意后，其经办人员王某与技术公司法定代表人杨某签订了涉案《担保质押借款合同》，约定：贷款方为电子公司，借款方为技术公司，担保方为科技公司，借款金额为10万元，借款利息按月利率2%计算，并在还款时一并偿清，若发生逾期不还，将按每日0.2%计算违约金；借款期限为三天，借款方于借款当日归还贷款方本金78000元，于三日内归还余下本金22000元；如逾

期未能归还，则由担保方于第四日归还贷款方全部本金，如果借款方与担保方均未能按时还款，则一并承担违约责任，共同支付违约金给借款方直至付清全部本金与违约金为止；借款期间发生任何形式的给付，给付金将优先偿还违约金。合同落款处科技公司及技术公司的合同专用章均系由杨某加盖。1月31日，电子公司通过银行转账方式向技术公司支付10万元，附言用途为借款。

【案件焦点】

1.《担保质押借款合同》中的担保条款是否有效；2. 科技公司是否应当承担还款责任。

【法院裁判要旨】

北京市海淀区人民法院经审理认为：电子公司与技术公司签订的《担保质押借款合同》除担保条款外，系当事人的真实意思表示，且其内容未违反法律、行政法规的效力性强制性规定，应属有效。电子公司出借了资金，技术公司未按约还本付息的行为，构成违约，应承担相应的法律责任。故电子公司要求技术公司返还借款本金10万元的诉讼请求，予以支持。

就利息和违约金问题，依据法律规定，出借人与借款人既约定了逾期利率，又约定了违约金或者其他费用，出借人可以选择主张逾期利息、违约金或者其他费用，也可以一并主张，但总计超过年利率24%的部分，法院不予支持。现电子公司主动将利息及违约金合计按照月利率2%的标准计算，符合法律规定，对其该项诉讼请求予以支持。

关于电子公司主张科技公司承担保证责任的问题，法院认为，

《中华人民共和国公司法》第十六条第一款规定，公司向其他企业投资或者为他人提供担保，依据公司章程的规定，由董事会或者股东会、股东大会决议；公司章程对投资或者担保的总额及单项投资或者担保的数额有限额规定的，不得超过规定的限额。该条明确规定了公司对外担保的决定程序和决定主体，即只有公司章程确定的董事会或股东会经过法定程序才有权决定公司对外提供担保，公司法定代表人或其他人员未经公司机关决议，无权对外提供担保。《中华人民共和国合同法》第四十九条规定，行为人没有代理权、超越代理权或者代理权终止后以被代理人名义订立合同，相对人有理由相信行为人有代理权的，该代理行为有效。该规定系关于表见代理的规定，其目的在于保护相对人的交易安全。依法理，交易人的交易行为要获得其所期待和信赖的合法性和确定性，其主观必须处于善意无过失的心理状态。根据法律一经公布即推定所有人明知及不知法律不免责的法理，公司担保相对人在接受担保时，对有关公司董事会或股东会决议负有必要的形式审查义务，否则不构成表见代理中的善意相对人。从本案情形来看，电子公司在签订《担保质押借款合同》时，并未要求杨某提交科技公司股东会或董事会决议，也没有审查过科技公司的章程。据此可以认定，电子公司在接受科技公司提供的担保时，在主观上并非善意无过失，不构成表见代理。综上，科技公司签订的涉案借款合同中的担保条款应为无效，不应承担担保责任，对电子公司该项主张不予支持。但因涉案的借款合同中的确加盖了其公司合同章，其公司亦存在过错，故依据法律规定，主合同有效而担保合同无效，债权人、担保人有过错的，担保人承担民事责任的部分，不应超过债务人不能清偿部分的二分之一。因此科技公司就技术公司不能偿还债务的一半承担赔偿责任。关于科技公司的其他辩称不影响法院依据查明的事实依法进行裁判，法院不予一一评述。

北京市海淀区人民法院依照《中华人民共和国合同法》第八条、第四十九条、第一百零七条、第二百零六条，《最高人民法院关于适用〈中华人民共和国担保法〉若干问题的解释》第七条，《最高人民法院关于审理民间借贷案件适用法律若干问题的规定》第三十条，《中华人民共和国民事诉讼法》第一百四十四条，判决：

一、技术公司于本判决生效后十日内向电子公司偿还借款本金10万元并支付利息、违约金（利息、违约金合计以10万元为基数，按年利率24%，自2018年1月31日起计算至实际付清之日止）；

二、科技公司对技术公司的上述不能清偿债务的一半承担付款义务；

三、科技公司承担赔偿责任后，有权在承担赔偿责任的范围内向被告技术公司追偿；

四、驳回电子公司的其他诉讼请求。

科技公司不服一审判决，提起上诉。

北京市第一中级人民法院经审理同意一审法院裁判意见，依照《中华人民共和国民事诉讼法》第一百七十条第一款第一项规定，判决：

驳回上诉，维持原判。

【法官后语】

法人作为一类民事法律行为主体，其法律行为的作出需要按照公司法的规定经过严格的程序，这也要求行为相对方要尽到一定的审查注意义务。若未尽到相关义务，则有可能导致法律行为的无效。

《中华人民共和国民法典》第一百七十二条规定，行为人没有代理权、超越代理权或者代理权终止后，仍然实施代理行为，相对人有理由相信行为人有代理权的，该代理行为有效，该规定系关于表见代理的规定，其目的在于保护相对人的交易安全。依法理，交易人的交易行为要获得其所期待和信赖的合法性和确定性，其主观必须处于善意无过失的心理状态。在本案中，由于代表担保人签订合同的经办人并非担保人的法定代表人，其仅提供了拥有代理权的权利外观，所以若要形成表见代理，需要担保权人在签订合同时是善意无过失的心理状态。但本案的担保权人并没有审查担保人提供担保时按照公司法应当产生的决策文件，由此可以认定其未尽到审查注意的义务，并非善意无过失的，因此不能仅因为经办人提供了代理权的外观就得出担保权人应当承担经办人所为民事法律行为的法律后果。

合同系各方当事人从事民事法律行为进行意思表示的载体，一旦签订，就对各方当事人产生法律约束力，因此各方当事人必须遵循诚实信用原则，若因个别当事人的过错导致合同无效，以致合同目的无法实现，且给其他当事人造成损失的，有过错的当事人应当承担相应的责任，这也是公平原则的体现。依照《中华人民共和国民法典》的规定，合同无效或者被撤销后，有过错的一方应当赔偿对方因此所受到的损失，双方都有过错的，应当各自承担相应的责任。对比于《中华人民共和国民法典》，《最高人民法院关于适用〈中华人民共和国民法典〉有关担保制度的解释》第十七条中更是将该种情况下的责任分担进行了细化，其中主合同有效而第三人提供的担保合同无效，债权人与担保人均有过错的，担保人承担的赔偿责任不应超过债务人不能清偿部分的二分之一。在本案中，担保权人有未尽到审慎义务的过失，而担保人存在对公司印章管理不当的过错，双方对合同的无效均存在过错，因此均应当承担与其过错相当的责任。由此，合同或其中的条款会因为无效，以至于其本身的内容不再发生法律效力，但并不意味着各方当事人就此不再承担任何义务。若因各方在缔约过程中存在过错导致合同无效，各方当事人仍应当承担相应的缔约过失责任。

编写人：北京市海淀区人民法院　侯艳蓉　温馨

150　房产抵押与租金质押并存时的租金权利冲突及顺位

——甲银行诉电气公司等金融借款合同案

【案件基本信息】

1. 裁判书字号

浙江省温州市中级人民法院（2018）浙 03 民终 1694 号民事判决书

2. 案由：金融借款合同纠纷

3. 当事人

原告（上诉人）：甲银行

被告（被上诉人）：电气公司、电器公司、李某

第三人：资产管理公司

【基本案情】

2014 年 11 月 10 日，甲银行与电气公司签订了借款金额为 400 万元，借款期限自 2014 年 11 月 10 日至 2015 年 11 月 9 日的《流动资金贷款合同》。同日，甲银行与电器公司、李某分别签订了编号均为 2014××的《最高额保证合同》，为上述债务提供最高本金余

额均为400万元的最高额保证担保；电气公司作为出质人以其依法所有或有权处分的位于A处1层、2层办公楼租金向甲银行出质，双方签订了编号为2014××的《最高额质押合同》，为上述债务提供最高主债权本金余额为400万元的最高额质押担保，并办理了质押登记手续。上述合同签订后，甲银行依约发放贷款，截至2017年9月4日，电气公司尚欠甲银行借款本金348.709379万元及相应利息，担保人亦未依约履行相应的担保责任。故甲银行起诉要求电气公司偿还借款本息；电器公司、李某承担连带清偿责任；甲银行有权就电气公司提供质押的A处1层、2层办公楼租金优先受偿。

2013年12月13日，乙银行与电气公司签订了编号为2013××的《最高额抵押合同》，电气公司以其位于B处的房产作为抵押物为其在2013年12月13日至2018年12月13日向乙银行的贷款提供最高主债权本金余额为8003万元的抵押担保，该房产于2013年12月17日办理抵押登记手续。2014年7月至2015年1月，电气公司向乙银行贷款三笔共计4794万元，后因贷款逾期未还，乙银行于2016年2月15日向温州市鹿城区人民法院提起诉讼。温州市鹿城区人民法院于2016年7月7日作出民事判决：电气公司于本判决生效之日起十日内偿付乙银行借款本金共计4794万元及相应利息；如电气公司未按期履行上述债务，华夏银行温州分行有权拍卖、变卖电气公司提供抵押的坐落于B处的房产，所得价款在8003万元范围内优先受偿等。该判决书业已生效。因地名变更的缘故，A处的房产与B处的房产系同一房产。后乙银行将该债权转让给案外人，案外人又将其受让的上述债权转让给资产管理公司，故资产管理公司在本案中作为有独立请求权的第三人参加诉讼并依据《中华人民共和国物权法》（以下简称《物权法》）第一百九十七条第一款的规定要求确认其对A处1层、2层办公楼租金的优先受偿效力。

法院经审理另查明，2012年11月，电气公司与丙银行签订的《房屋租赁合同》约定，电气公司作为出租方将A处1层、2层办公楼出租给丙银行，租期自2012年11月15日起至2022年11月14日止。根据甲银行与电气公司就编号为2014××的《最高额质押合同》在中国人民银行征信中心进行应收账款质押登记中记载，出质人（出租方）电气公司于承租方（丙银行）自2015年11月15日至2019年11月14日所产生的所有应收账款质押给甲银行，包括但不限于合同项下的现有或未来应收账款，总质押金额不超过400万元整。因乙银行的申请，温州市鹿城区人民法院于2016年3月3日作出查封裁定，B处房产（即A处房产）于2016年3月8日被温州市鹿城区人民法院查封。资产管理公司在本案一审判决后向丙银行送达了租金交付通知。

【案件焦点】

1. 房产抵押与租金质押并存时，房产抵押权人与租金质权人对租金的权利主张何时产生冲突；2. 产生冲突后房产抵押权与租金质权对于租金的效力顺位又该如何确定。

【法院裁判要旨】

浙江省乐清市人民法院经审理认为：电气公司未能足额偿还借款本息，已构成违约，故甲银行有权要求电气公司偿还借款本息。

电器公司、李某亦应按照其所签订的《最高额保证合同》履行连带清偿责任。电气公司与甲银行签订《最高额质押合同》，以位于A处1层、2层办公楼租金出质给甲银行，并办理了质押登记，该租赁物即为位于B处的房产，该房产于2013年12月17日经登记已抵押给权利人乙银行，现该抵押权人为资产管理公司。该案涉房产上同时存在抵押权、质权。根据《最高人民法院关于适用〈中华人民共和国担保法〉若干问题的解释》第七十九条第一款规定，同一财产法定登记的抵押权与质权并存时，抵押权人优先于质权人受偿。《中华人民共和国物权法》（以下简称《物权法》）第一百九十七条第一款规定，债务人不履行到期债务或发生当事人约定的实现抵押权的情形，致使抵押财产被人民法院依法扣押的，自扣押之日起抵押权人有权收取该抵押财产的孳息。现案涉房产已于2016年3月8日被温州市鹿城区人民法院予以查封，故资产管理公司依法对抵押房产所产生的孳息，即A处1层、2层办公楼租金享有优先受偿权，甲银行作为质权人，有权就资产管理公司行使抵押权后的剩余部分享有优先受偿权。

浙江省乐清市人民法院判决：

一、电气公司偿还甲银行借款本金348.709379万元及相应利息；

二、电器公司对上述第一项债务承担连带清偿责任，但其对包括上述债务在内的编号为2014××《最高额保证合同》项下所有主债务的连带清偿总额以最高保证金额400万元为限。其承担保证责任后，有权向电气公司追偿；

三、李某对上述第一项债务承担连带清偿责任，但其对包括上述债务在内的编号为2014××《最高额保证合同》项下所有主债务的连带清偿总额以最高保证金额400万元为限。其承担保证责任后，有权向电气公司追偿；

四、若电气公司未按期还款，则甲银行有权在资产管理公司就电气公司名下的位于A处1层、2层办公楼的租金行使抵押权后的剩余部分，对上述第一项债权予以优先受偿。但其对包括上述债务在内的编号为2014××《最高额质押合同》项下所有主债务的连带清偿总额以最高担保金额400万元为限；

五、驳回甲银行的其他诉讼请求。

甲银行向温州市中级人民法院提起上诉。

浙江省温州市中级人民法院经审理认为：本案电气公司以其名下A处1层、2层办公楼的租金收益向甲银行设立应收账款质押，并办理了质押登记，该质押有效设立，通常情况下甲银行对该租金享有优先受偿权，但由于电气公司已将A处房产1层、2层办公楼抵押给了乙银行，且乙银行另案提起诉讼实现债权时申请法院对该房产进行了查封，乙银行该债权经转让后，现抵押权人资产管理公司又作为有独立请求权的第三人参加诉讼并依据《物权法》第一百九十七条第一款的规定要求确认其对A处1层、2层办公楼租金的优先效力。由此产生的主要法律问题是：资产管理公司对于A处房产的抵押效力是否因该房产被法院查封而及于涉案租金，若该房产被法院查封后抵押权效力及于涉案租金，则与甲银行所设立的租金质押发生竞合时，二者优先受偿的顺位如何确定，对此具体分析如下：

《最高人民法院关于适用〈中华人民共和国担保法〉若干问题的解释》第七十九条第一款规定的“同一财产法定登记的抵押权与质权并存时，抵押权人优先于质权人受偿”针对的是动产抵押与动产质押并存时的情形，但本案系应收账款（租金债权）质押与《物权法》第一百九十七条规定的抵押权人自抵押财产扣押之日起有权收取抵押财产孳息两者之间效力的竞合，该条款在本案中并不适用，且在我国物权法对动产抵押权统一采取登记对抗主义后该条款即失去了意义。

《物权法》第一百九十七条第一款规定：“债务人不履行到期债务或者发生当事人约定的实现抵押权的情形，致使抵押财产被人民法院依法扣押的，自扣押之日起抵押权人有权收取该抵押财产的天然孳息或者法定孳息，但抵押权人未通知应当清偿法定孳息的义务人的除外。”根据该规定孳息原则上不属于抵押权标的物的范围，不为抵押权效力所及，而应归抵押人所有，只有在抵押权人以诉讼方式实现抵押权的场合，若人民法院依抵押权之财产保全申请或依职权对抵押财产予以扣押时，抵押权的效力才及于抵押财产自扣押之日起所产生之孳息。租金属于法定孳息的范畴。本案中，房产抵押设定在2013年，租金质押设定在2015年，抵押房产于2016年3月8日被法院查封，在房产被查封之前就抵押物所产生的孳息并不为抵押权的效力所及，资产管理公司抵押权标的物的范围并不包含孳息，涉案租金上并不会产生权利的冲突，因此，甲银行对电气公司名下的位于A处1层、2层办公楼自2015年11月15日至2016年3月7日所产生的租金享有优先受偿权。

在A处房产被法院查封后，抵押权的效力是否及于孳息，关键在于对《物权法》第一百九十七条第一款关于通知的法律后果如何判断。从法律规定的通知目的看，法定孳息系抵押关系当事人之外的第三人负责清偿。《物权法》第一百九十七条第一款规定的对法定孳息清偿义务人的通知与《中华人民共和国合同法》（以下简称《合同法》）第八十条规定的债权让与时对债务人的通知，均具有防止发生债务人为错误给付之目的。《合同法》第八十条第一款明确规定："……未经通知，该转让对债务人不发生效力。"参照该规定，对法定孳息清偿义务人之通知亦当解释为，未经通知对该法定孳息清偿义务人不发生抵押权效力及于孳息之法律效果。进言之，抵押财产被法院扣押后，即使抵押权人怠于通知，抵押权效力已经及于孳息，但清偿义务人因不知抵押财产被扣押的情况而将法定孳息支付给抵押人的，仍产生清偿的效力，抵押权人不得主张清偿无效，即不得对抗清偿义务人。因此，《物权法》第一百九十七条规定的对法定孳息清偿义务人的通知，并非抵押权效力及于法定孳息的生效要件，而系对抗要件，是否通知法定孳息清偿义务人，不影响抵押权人行使抵押权致使抵押财产被法院扣押后抵押权效力及于法定孳息的认定。

在A处房产被法院查封后抵押权效力及于孳息与租金质押效力并存时，则应以抵押权及质权设立的时间来确定二者对租金效力的先后顺序，理由在于：一方面，在抵押权设立后，人民法院扣押抵押物之前，抵押人对抵押物的收益权是一种受限制的权利，对孳息的所有权是有抵押权负担的所有权，后在孳息上所设立的担保物权亦应受到限制，它不得对抗已经设立的抵押权。且抵押权依法设立时即具有法律效力，仅是抵押权对抵押标的物的范围因法律的规定在不同的条件下存在不一致的情况。另一方面，从抵押权效力及于孳息的立法目的看，抵押权系非占有型担保物权，抵押权设立后，抵押财产的占有权、使用权和收益权仍由抵押人行使，因抵押财产的使用而产生的孳息由抵押人所有，但债务人不履行到期债务或者发生约定的实现抵押权之情形，因抵押权人行使抵押权致使抵押财产被法院扣押，此时剥夺抵押人收取孳息的权利能有效避免抵押人在扣押后故意延滞或阻扰抵押权的实行程序，从而使抵押权不至于因此而遭受损害。本案中，房产设立抵押在前，房产所生租金收益后又设立了质押，若租金质押的效力优先于抵押物被扣押后抵押权及于孳息的效力，不符合《物权法》第一百九十七条的立法目的，不利于设立在前的抵押权的实现。因此，资产管理公司相对于甲银行就A处1层、2层办公楼自2016年3月8日起所产生的租金享有优先受偿权。

浙江省温州市中级人民法院判决如下：

一、维持浙江省乐清市人民法院民事判决第一项、第二项、第三项；

二、撤销浙江省乐清市人民法院民事判决第四项、第五项；

三、资产管理公司对A处（即B处房产）1层、2层办公楼自2016年3月8日起所产生的租金享有优先受偿权，但对包括浙江省温州市鹿城区人民法院民事判决书项下债务在内的编号为2013××《最高额抵押合同》项下所有主债务的优先受偿总额以最高抵押担保金额8003万元为限；

四、甲银行对A处（即B处房产）1层、2层办公楼自2015年11月15日至2019年11月14日所产生的租金享有优先受偿权（但对2016年3月8日至2019年11月14日所产生租金的优先受偿顺位在资产管理公司之后），但对包括上述第一项债务在内的编号为2014063S1670《最高额质押合同》项下所有主债务的优先受偿总额以最高质押担保金额400万元为限；

五、驳回甲银行的其他诉讼请求；

六、驳回资产管理公司的其他诉讼请求。

【法官后语】

抵押权系非占有型担保物权，故因抵押财产的使用而产生的孳息原则上应由抵押人收取，抵押权的效力并不及于抵押财产的孳息，只有发生《物权法》第一百九十七条第一款规定的情形时，抵押权人才有权收取孳息优先受偿其债权，以避免抵押人在抵押财产被扣押后故意延滞或阻扰抵押权的实行程序，同时亦可强化抵押权的担保力。《中华人民共和国民法典》第四百一十二条直接继承了《物权法》第一百九十七条的规定。《中华人民共和国民法典》第四百一十二条第一款在承认抵押物被扣押后抵押权人孳息收取权的同时，又但书规定"抵押权人未通知应当清偿法定孳息的义务人的除外"。从该通知系为保护清偿法定孳息义务人的利益，使其免受可能两次清偿所致损失的立法目的来看，是否通知法定孳息清偿义务人，不应影响抵押权人行使抵押权致使抵押财产被人民法院扣押之日起抵押权效力及于法定孳息的认定，但清偿义务人因不知抵押财产被扣押的情况而将法定孳息支付给抵押人的，仍产生清偿的效力，抵押权人不得主张清偿无效，即不得对抗清偿义务人，故该通知义务应作通知对抗主义解释。

因房产租赁后所生租金属于法定孳息，租金债权又可作为应收账款出质，当房产抵押权与租金质权并存，且出现《中华人民共和国民法典》第四百一十二条直接继承了《物权法》第一百九十七条的规定。《中华人民共和国民法典》第四百一十二条第一款规定的情形时，则会发生房产抵押权人与租金质权人对租金的权利主张产生冲突，在此情况下，应根据房产抵押权与租金质权设立的时间先后来认定二者对于租金的效力顺位。本案中，房产抵押权设立在先，租金质权设立在后，故当租金之上产生权利冲突时应优先保护抵押权对租金的效力。除裁判理由中已提及的内容外，还有以下两点理由：一是房产抵押权及租金质权均以登记达到了物权公示的效果，于此情况下，先设立的抵押权取得对抗效力，自然包括对抗质权[①]。虽然抵押权设立时抵押权效力所及的标的物范围并不包含孳息，抵押权的效力系在抵押物被人民法院扣押后才及于孳息，但抵押权依法设立即具有法律效力，仅是抵押权的设定至抵押权的实现过程中抵押权对抵押标的物的范围不一定保持衡常，存在效力扩张的问题。二是从抵押权实行对租赁关系的影响来看，《中华人民共和国民法典》第四百一十二条规定："订立抵押合同前抵押财产已出租的，原租赁关系不受该抵押权的影响。抵押权设立后抵押财产出租的，该租赁关系不得对抗已登记的抵押权。"《中华人民共和国民法典》第四百零五条："抵押权设立前，抵押财产已经出租并转移占有的，原租赁关系不受该抵押权的影响。"《最高人民法院关于人民法院民事执行中拍卖、变卖财产的规定》第二十八条第二款规定："拍卖财产上原有的租赁权及其他用益物权，不因拍卖而消灭，但该权利继续存在于拍卖财产上，对在先的担保物权或者其他优先受偿权的实现有影响的，人民法院应当依法将其除去后进行拍卖。"从前述规定可知，对于先抵后租的情况，抵押权经登记可对抗租赁权，且租赁权不得对抵押权的实现造成不利影响，否则抵押权人可以申请法院涤除租赁权，若此，租金质权存在的根基则不复存在。本案虽非先抵

① 一般认为目前我国现行立法框架下发生的抵押权和质权的竞存只可能是动产抵押权和动产质权的竞存，但却忽视了还存在租金质权与抵押房产被人民法院依法扣押后抵押权效力及于租金两者之间发生竞合的问题。《中华人民共和国民法典》第四百一十五条针对同一财产既设定抵押权又设立质权的情况作出了明确规定，即根据登记、交付的时间先后确定清偿顺序。本案虽非动产抵押与动产质权之间的竞存，但以房产抵押权与租金质权设立的时间先后来认定二者对租金的效力顺位亦符合《中华人民共和国民法典》精神。

后租的情况，但较之在先的抵押权人可以申请法院涤除租赁权，设立在先的抵押权对于房产被扣押后所生租金的效力优先于租金质权，亦不发生过分之损害。房产抵押与租金质押并存时的租金权利冲突还包括另一种情况，即租金质权先于房产抵押权设立，此时，租金质权设立时租金债权并没有潜在的抵押权负担，根据物权公示的优先权原理，租金质权对于租金的效力应优先于房产抵押权。

编写人：浙江省温州市中级人民法院　李勐

151　应收账款质押通知效力的司法认定

——创业投资公司诉投资发展公司应收账款质权案

【案件基本信息】

1. 裁判书字号

江苏省无锡市中级人民法院（2016）苏 02 民终字第 2861 号民事判决书

2. 案由：应收账款质权纠纷

3. 当事人

原告（上诉人）：创业投资公司

被告（被上诉人）：投资发展公司

【基本案情】

2014 年 2 月 28 日，F 公司向投资发展公司发出《应收账款询证函》，载明关于数字电影产业园媒体墙设备及安装工程款项，截至 2014 年 2 月 28 日其公司对投资发展公司的应收账款为 3838574 元，将出质给创业投资公司，F 公司在该询证函的出质人处加盖公章。《应收账款询证函》所附的《回复》载明："我司已知悉上述应收账款出质事宜，对该应收账款及其质押没有任何异议，并承诺放弃主张任何抗辩或抵销。我司确认在上述截止日该应收账款真实存在。"投资发展公司在《回复》后盖章。同日，F公司向投资发展公司发出的《付款账户（变更）通知书（单笔）》，要求投资发展公司将应收账款款项付至其公司的银行账户，并写明除非创业投资公司向贵司另行出具书面通知，否则上述款项均需付至该账户，如以票据支付，所有票据须交创业投资公司联系人。投资发展公司在《付款账户（变更）通知书（单笔）》所附的《回复》上盖章并写明其公司同意按照通知书要求办理。

2014年3月11日，F公司与创业投资公司签订《应收账款质押担保合同》，约定F公司为其公司的1500万元借款向创业投资公司提供权利质押担保，出质权利为F公司3838574元应收账款权利，在F公司不能偿还创业投资公司债务时，创业投资公司有权处分用于质押的应收账款。当月25日，创业投资公司办理了该应收账款质押登记。

2014年3月11日、4月1日，F公司先后向投资发展公司发送数字电影产业园媒体墙设备及安装工程项目请款函，分别要求投资发展公司支付项目款150万元、2490094.60元。同年4月16日，投资发展公司向F公司支付了149万元，其中给付F公司承兑汇票140万元及价值7万元的投资发展卡，向F公司开立的账户汇款支付2万元。

2014年8月12日，创业投资公司以借款纠纷将F公司起诉至无锡高新技术产业开发区人民法院，该院判决F公司归还创业投资公司借款本金700万元并支付相应罚息，判决后因F公司未自动履行，创业投资公司申请法院执行，后于2015年12月15日终结本次执行。

创业投资公司于2015年8月4日诉至无锡市滨湖区人民法院，要求投资发展公司在F公司的应收账款质押范围内清偿借款3838574元，一审中，创业投资公司变更诉讼请求为：创业投资公司对F公司质押的对投资发展公司的3838574元应收账款优先受偿，投资发展公司在3838574元范围内向创业投资公司履行付款义务。投资发展公司辩称：1. 其公司并非质押合同的当事人，F公司虽在出质前曾告知其公司可能将该笔债权出质给创业投资公司，但出质后并未通知其公司；并且F公司在质押签订的当日仍向其公司请款，也未告知应收账款已经质押事宜；虽然F公司进行了质押登记，但人民银行不进行实质审查，仅能对抗第三人，不能证明应收账款确实存在、金额无误以及债务人须无条件向质权人承担付款义务。2. 即使质押关系存在，F公司在签订质押合同后向其公司两次请款149万元，故其公司仅结欠2348574元未付；其公司对质押不知情，对于已付款项也无过错。故请求驳回创业投资公司的诉讼请求。

【案件焦点】

投资发展公司向F公司支付本案争议的款项是否存在过错，投资发展公司对案涉149万元款项是否应向创业投资公司履行付款义务。

【法院裁判要旨】

江苏省无锡市滨湖区人民法院认为：创业投资公司与F公司签订了《应收账款质押担保合同》，约定F公司将对投资发展公司的应收账款3838574元出质给创业投资公司，且在信贷征信机构办理出质登记，故质权已经设立。至于是否通知投资发展公司，并不影响质权的设立。因此，创业投资公司对F公司出质的对投资发展公司的应收账款享有优先受偿权。从商业交易常理来看，次债务人并无义务主动查询应收账款质押登记公示系统，故如果未通知次债务人，不能对抗善意不知情的次债务人。F公司在与创业投资公司签订《应收账款质押担保合同》当天，在办理应收账款质押登记之前，即向投资发展公司请款，系F公司在质权设立前对尚未出质权利的自行处分。鉴于创业投资公司未向投资发展公司通知过出质及付款账户变更事宜，故投资发展公司根据F公司单方请款，也即根据F公司新的意思表示，支付149万元并无任何过错。因此，创业投资公司享有优先受偿权的应收账款应限于2348574元（3838574元-1490000元）。因投资发展公司作为该应收账款的债务人负有协助义务，故投资发展公司在2348574元范围内直接向创业投资公司履行上述付款义务，以清偿F公司对创业投资公司的债务。

综上，江苏省无锡市滨湖区人民法院依据《中华人民共和国物权法》第二百二十三条、第二百二十八条之规定，判决：

创业投资公司对F公司在投资发展公司处的应收账款2348574元享有优先受偿权，投资发展公司于判决生效后五日内，在2348574元范围内向创业投资公司履行上述付款义务。

创业投资公司不服一审判决，提起上诉。江苏省无锡市中级人民法院审理认为：投资发展公司向F公司支付案涉149万元存在过错，投资发展公司对该款项仍应向创业投资公司履行付款义务。理由：首先，F 公司与创业投资公司签订了质押担保合同，在合同中明确将 F 公司对投资发展公司的应收账款 3838574 元出质给创业投资公司，并依法办理了质押登记，投资发展公司在《应收账款询证函》的《回复》中对上述应收账款予以确认，故 F 公司对该应收账款的出质合法有效，创业投资公司对于该应收账款的质权设立。其次，本案 F 公司虽在《应收账款询征函》中对于应收账款的出质表述为将出质给创业投资公司，但从该询证函的内容来看，F 公司一方面是要求投资发展公司确认欠款情况，另一方面是告知出质事宜，并对出质金额及出质对象即质权人均已明确，且在签章处写明其公司为出质人；投资发展公司在该询证函的《回复》中确认已知悉 F 公司所告知的出质事宜，且不持任何异议，而且案涉应收账款的出质已依法登记，具有相应的公示公信效力，据此可以认定对于案涉应收账款的出质事宜已达到了通知的效果，至于出质通知是否应在出质登记后再行通知，并无法律规定，就本案具体情况而言，亦无必要，故应认定 F 公司已将应收账款的出质事实通知了投资发展公司。再次，在应收账款作为权利出质的法律关系中，主合同债务人出质的财产实际就是其对次债务人所欠债务的付款请求权，出质通知的效果就是告知次债务人在此之后对应收账款的处分应受该质权的约束。故投资发展公司收到案涉应收账款出质通知后，投资发展公司对该账款的处分应当按照创业投资公司的指示办理，而非 F 公司；并且投资发展公司在《付款账户（变更）通知书（单笔）》中对该应收账款的支付方式等还作出了明确承诺，但投资发展公司在 F 公司于质权设立后单方向其公司请款时，不仅没有征得创业投资公司的同意，也没有按其公司的承诺将案涉 149 万元款项支付到指定的特定账户以及将银行承兑汇票交付给创业投资公司，因此投资发展公司向F公司支付149万元有违诚信，存在明显过错，损害了创业投资公司的质权，投资发展公司对此应当承担相应责任。最后，按照F公司与创业投资公司的质押担保合同的约定，F公司不能向创业投资公司清偿到期债务，创业投资公司有权就质押的应收账款行使处分权，且案涉应收账款作为已经确定金额的金钱债权可以直接支付，因此创业投资公司对享有优先受偿权的3838574元应收账款有权向投资发展公司提出付款主张，故投资发展公司除对尚未支付给F公司的2348574元应向创业投资公司履行付款义务以外，还应对已经支付的149万元向创业投资公司履行付款义务。

另外，针对创业投资公司在二审中提出的7万元投资发展卡的付款问题，根据投资发展公司在二审中提交的记账凭证、发票以及情况说明等证据，可以证明投资发展旅游公司代投资发展公司于2014年4月16日向F公司给付了7万元投资发展卡。综上所述，创业投资公司的部分上诉请求成立，应予以支持；一审法院对案涉149万元应收账款的事实认定不当，应予纠正。

江苏省无锡市中级人民法院依照《中华人民共和国物权法》第二百零八条、第二百二十八条，《中华人民共和国民事诉讼法》第一百七十条第一款第一项、第二项之规定，判决如下：

一、撤销无锡市滨湖区人民法院民事判决第二项；

二、变更无锡市滨湖区人民法院民事判决的第一项为，投资发展公司在3838574元范围内向创业投资公司履行付款义务，并于判决生效后十五日内履行。

【法官后语】

因本案例系在《中华人民共和国民法典》施行之前编写，故案件以及法官后语中引用的是《中华人民共和国物权法》《中华人民共和国合同法》《中华人民共和国担保法》以及司法解释等旧规定，本案适用的虽然是旧法律规定，但与《中华人民共和国民法典》及其司法解释等新施行的规定仍然相一致，并无矛盾之处。比如《中华人民共和国物权法》第二百二十八条第一款“以应收账款出质的，当事人应当订立书面合同。质权自信贷征信机构办理出质登记时设立”。《中华人民共和国民法典》第四百四十五条第一款规定“以应收账款出质的，质权自办理出质登记时设立”。新旧法对于应收账款的质权设立，《中华人民共和国民法典》与《中华人民共和国物权法》的规定均是自登记时设立。

本案争议的焦点是对于应收账款的质押通知，主合同的债权人与债务人如何向次债务人发出该通知，以及通知对次债务人将产生何种法律效力。物权法已将应收账款明确列为权利质押的标的，在对应收账款的质押程序等相关事项尚未作出明确规定的情况下，对于应收账款的出质通知及通知效力，现根据《最高人民法院关于适用〈中华人民共和国民法典〉有关担保制度的解释》第六十一条规定，应收账款债务人收到应收账款出质通知即受约束，不得再随意处置应收账款。根据物权法等法律法规的相关规定，对于应收账款出质的实质要件是应存在真实、合法的应收账款债权，主合同的债权人与债务人应就该应收账款的出质达成合意，应收账款的出质通知自送达到次债务人之日起对次债务人产生法律约束力。《中华人民共和国合同法》第八十条第一款规定：“债权人转让权利的，应当通知债务人。未经通知，该转让对债务人不发生效力。”主合同的债权人与债务人就应收账款出质达成合意后应当通知次债务人，对于次债务人来讲，不论是债权人还是债务人于何时、以何种方式发出该通知，只要能够表明次债务人知晓出质的事实，即可构成法律意义上的通知。《最高人民法院关于适用〈中华人民共和国担保法〉若干问题的解释》第八十八条规定："出质人以间接占有的财产出质的，质押合同自书面通知送达占有人时视为移交。占有人收到出质通知后，仍接受出质人的指示处分出质财产的，该行为无效。"因此债务人将应收账款出质事宜通知次债务人后，次债务人自收到该通知之日起应受质权约束。

本案中，F公司作为主合同的债务人在送达给次债务人投资发展公司的通知中虽表述为拟将应收账款质押给债权人创业投资公司，但投资发展公司回复称知悉质押事宜且不持异议，因此投资发展公司的回复足以令F公司产生信赖，从而不需要于签订质押合同后再行通知投资发展公司，故质押通知有效，投资发展公司应受质权约束。投资发展公司未取得创业投资公司的同意向F公司付款，损害了创业投资公司的优先受偿权，应承担相应的法律责任。

编写人：江苏省无锡市滨湖区人民法院　朱光烁

152　理财产品质押的法律效力

——凌某诉某银行丙支行等质押借款合同案

【案件基本信息】

1. 裁判书字号

广东省广州市中级人民法院（2015）穗中法金民终字第1516号民事判决书

2. 案由：质押借款合同纠纷

3. 当事人：

原告（上诉人）：凌某

被告（被上诉人）：某银行甲支行、某银行乙支行、某银行丙支行

【基本案情】

2006年10月31日，原告在某银行乙支行为其银行卡注册了网上银行及电话银行，并关联了包括账号尾数6631的银行卡在内的三张银行卡。同时还向某银行乙支行申领了USBKEY证书（U盾），并签署了《电子银行个人客户服务协议》。原告提交的《某银行网上银行个人质押借款合同》载明：借款人（甲方）凌某，贷款人（乙方）某银行；甲方自愿申请乙方网上银行个人质押贷款，并向乙方提供质押担保，质物为某银行发行的非保本型理财产品，双方同意将乙方冻结甲方质物的行为视为质物的交付，贷款利率为7.28%，贷款期限1个月，贷款金额270000元。原告的理财金账户历史明细清单显示，原告的账号尾数6631的银行卡在2015年1月5日转入贷款270000元，同日该款被网转划出。款项发生时，某银行丙支行向原告手机号尾数7711发出过账户余额变化的手机短信。某银行丙支行从原告账户上累计扣款8113.36元。

《某银行电子银行章程》规定：某银行以客户的注册卡号或存折账号、客户证书及相应密码作为识别客户有效身份的标识，并以客户发出的电子交易指令作为办理电子银行业务的合法有效依据。原告与某银行广东省分行营业部签订的《电子银行个人客户服务协议》约定："客户证书"指用于存放客户身份标识，并对客

户发送的电子银行交易信息进行数字签名的电子文件；某银行客户证书的存放介质为USBKEY证书（U盾）。原告必须妥善保管本人注册卡号、客户编号、密码及客户证书，并对通过以上信息完成的金融交易负责。

2015年1月6日，原告向公安机关报案称其遭到电话诈骗，当时原告未反应过来，便按对方指引将电脑的杀毒软件关掉，然后按照对方提示进入一个网站，并将银行U盾插上电脑和输入用户名和密码，对方还让原告不要理会95588银行发来的有关账户的钱被转走的信息。

另查，某银行甲支行是原告尾数6631的银行账户的开户行，原告在某银行乙支行开通了尾数7845的理财交易账户并开通了电子银行功能和领取了USBKEY证书（U盾），某银行丙支行是讼争质押借款的经办行。涉案理财产品属非保本型。在电子银行办理质押贷款流程中，某银行允许客户另行输入手机号码，并通过向该手机发送验证码的方式来验证确认手机是否属于客户所用。本案质押贷款办理流程中录入的手机号码与原告原来预留的手机号码不同。

原告向越秀区法院起诉，请求判令：1. 原告与某银行丙支行签订的《某银行网上银行个人质押借款合同》无效，并恢复原状，原告无须归还借款270000元及利息；2. 某银行丙支行解除原告理财产品的质押；3. 三被告返还划扣原告的款项8113.36元。

【案件焦点】

涉案质押借款合同的效力如何，三被告对于原告的损失应否承担相应的过错责任。

【法院裁判要旨】

广东省广州市越秀区人民法院经审理认为：本案争议的焦点有二：一是理财产品质押借款合同的效力问题；二是银行方在办理质押贷款过程中有无过错的问题。

对于焦点一，法院从银行方出借行为的效力和理财产品质押的效力两个方面分别论述。1. 对银行方出借行为的效力认定。《中华人民共和国电子签名法》第三条第一款、第二款规定："民事活动中的合同或者其他文件、单证等文书，当事人可以约定使用或者不使用电子签名、数据电文。当事人约定使用电子签名、数据电文的文书，不得仅因为其采用电子签名、数据电文的形式而否定其法律效力。"第九条第一款第三项规定："收件人按照发件人认可的方法对数据电文进行验证后结果相符的。"视为发件人发送。凌某（甲方）与某银行股份有限公司广东省分行营业部（乙方）签订的《电子银行个人客户服务协议》第三条中关于银行权利约定的第五项约定，乙方根据甲方的电子银行业务指令办理业务，对所有使用甲方注册卡号、客户编号、密码及客户证书进行的操作均视为甲方所为，该操作所产生的电子信息记录均为乙方处理电子银行业务的有效凭据。诉争的质押借款合同是通过某银行开发提供的电子银行网页签订的，需要用户在自己的终端上实施插入 U 盾、输入密码等操作步骤。凌某自述受到犯罪嫌疑人欺骗，登录某银行电子银行网页并输入密码，插入 USBKEY 证书（U 盾），并进行关闭杀毒程序、电脑屏幕等操作，客观上为犯罪嫌疑人以其名义银行方发送办理质押贷款的指令提供了便利。银行方在验证密码正确且有 USBKEY 证书（U 盾）授权确认的情况下，认可上述指令，进而通过系统审核发放 270000 元贷款到凌某账户的行为，符合上述法律规定和约定，是有效的民事行为。2. 对理财产品质押的效力认定。《中华人民共和国物权法》第二百二十三条规定："债务人或者第三人有权处分的下列权利可以出质：……（六）应收账款……"明确了应收账款是可以出质的权利。《中国人民银行应收账款质押登记办法》第四条第二款规定："……（五）提供贷款或其他信用产生的债权。"明确"其他信用产生的债权"属于应收账款。对照本案事实，本案用于质押的理财产品为某银行自行设计发行的非保本理财产品，凌某在委托理财期满后依约能取回一定数额的本金及收益，也即凌某根据其与银行签订的理财合同享有相应的债权。这一债权，属于其他信用产生的债权，因而属于《中华人民共和国物权法》第二百二十三条规定可用于质押的权利中的应收账款。同时，《中华人民共和国物权法》第二百二十八条第一款规定："以应收账款出质的，当事人应当订立书面合同。质权自信贷征信机构办理出质登记时设立。"《中国人民银行应收账款质押登记办法》第七条第一款规定："应收账款质押登记由质权人办理。"本案的理财产品质押，作为质权人的银行方并没有依法依规到信贷征信机构办理出质登记，不符合物权法关于质权因登记设立的规定，质权不成立。

综合上述分析，凌某与某银行丙支行讼争的《某银行网上银行个人质押借款合同》有效，某银行丙支行在还款期限届满后从原告账户扣划收回贷款并无不当。合同关于理财产品质押条款亦有效，但由于没有依法办理出质登记，质权不成立。对凌某关于质押贷款合同无效，贷款本息不用归还和质押应予解除的主张，法院不予接纳。

对于焦点二银行方在办理质押贷款过程中有无过错的问题。根据《某银行电子银行章程》的规定以及《电子银行个人客户服务协议》的约定，某银行以客户的注册卡号（包括注册手机号码）或存折账号、客户证书（U 盾）作为识别客户有效身份的标识。即注册手机号码、注册卡号、存折账号和客户证书（U 盾）均是识别客户有效身份的标识。客户在电子银行办理质押贷款时，某银行的贷款流程允许客户另行输入手机号码，并将该号码作为办理贷款业务的联系手机，没要求客户录入原预留注册的手机号码进行验证和联系，在贷款客户身份的识别程序设置上有一定瑕疵。但具体到本案，凌某自述是受到犯罪嫌疑人的欺骗而进行了电子银行的一系列操作，操作过程中被要求不理会手机的相关提示信息，故没有使用预留手机号码与凌某联系并不构成某银行丙支行办理涉案质押贷款的过错。对凌某关于某银行丙支行在办理质押贷款过程中有过错的主张，法院不予接纳。

据此，广东省广州市越秀区人民法院依照《中华人民共和国合同法》第四十四条、第一百一十三条第一款，《中华人民共和国物权法》第二百二十三条、第二百二十八条第一款，《中华人民共和国电子签名法》第三条、第九条第一款第三项的规定，作出判决：

驳回凌某的全部诉讼请求。

凌某持原审起诉意见提起上诉。广州市中级人民法院同意一审法院裁判意见，依照《中华人民共和国民事诉讼法》第一百七十条第一款第一项的规定，判决如下：

驳回上诉，维持原判。

【法官后语】

对于理财产品质押，目前法律法规、司法解释尚无明确规定，其质押的性质和效力在实务界和学术界存在不同的看法，有的认为是应收账款质押，有的认为是存款质押，或者是权利质押。笔者认为理财产品具有债权性质，可纳入应收账款范畴。关于理财产品质押的性质，笔者认为理财产品具有债权性质，可纳入应收账款范畴。《动产和权利担保统一登记办法》（中国人民银行令〔2021〕第7号）第三条第二款规定："本办法所称的应收账款包括下列权利……（五）其他以合同为基础的具有金钱给付内容的债权。"该办法对应收账款的定义比《中华人民共和国物权法》第二百二十三条以及《中华人民共和国民法典》第四百四十条更为明确和细化，给新类型权利质押提供了法律空间。理财产品是由金融机构自行设计并发行，将募集到的资金根据产品合同约定投入相关金融市场及购买相关金融产品，获取投资收益后，根据合同约定分配给投资人的一类金融产品。购买人享有在理财产品到期时请求金融机构返还本金和收益的权利，理财产品属于具有金钱给付内容的债权。因此，依据上述"其他以合同为基础的具有金钱给付内容的债权"的规定，将理财产品等投资收益类产品现有或未来的金钱债权归入应收账款行列具有合理性，其质押可以纳入《民法典》的权利质押范畴。基于上述分析，本案法院裁判对涉案的理财产品质押合同效力作出了有效认定。

随着市场经济的发展，不断涌现新的物权形态。如果采取过严的物权"法定"标准，不利于保障新经济形态的秩序稳定和金融债权安全。法律条文和社会实践经常会发生冲突，法律条文的内涵和外延将随着社会实践发生变化，法律适用上不能拘泥于文字的表述。对于理财产品质押，在不违反社会公共秩序、不扰乱金融经济秩序的前提下，应当尽量在权利担保的体系内寻求解释的路径，不宜简单以"物权法定"原则将其否定。

编写人：广东省广州市越秀区人民法院　彭建华　潘锋

153 动产质押的质权自出质人交付质押财产时设立

——某银行诉市政工程公司等金融借款合同案

【案件基本信息】

1. 裁判书字号

山东省东营市中级人民法院（2016）鲁05民终字第1132号民事判决书

2. 案由：金融借款合同纠纷

3. 当事人

原告（上诉人）：某银行

被告（被上诉人）：市政工程公司、石油科技公司、高某、崔某丽、范某林、丁某梅、王某连、薛某梅

第三人：张某华、某县住房和城乡规划建设局

【基本案情】

2014年10月9日，原告某银行与被告市政工程公司签订贷款合同一份，约定被告向原告借款3000万元，借款期限自2014年10月9日至2015年10月9日，贷款利率为固定利率即LPR（人民银行的基准利率）利率加204基点，即年利率7.8%，贷款逾期后利率上浮50%，即逾期利率为11.7%。借贷合同签订后当日，原告向被告市政工程公司发放借款3000万元。同日，原告分别与被告石油科技公司、高某、崔某丽、范某林、丁某梅、王某连、薛某梅签订保证合同，约定七被告为被告市政工程公司所借上述借

款承担连带责任保证，保证期间为借款期限届满后两年。上述借款期限届满后，原告按照合同约定于2016年3月11日在其银行系统内扣划被告范某林存款161.98元、扣划被告丁某梅存款20022.21元、扣划被告薛某梅存款4.73元，均用来偿还部分借款本金，至今尚欠原告借款本金29979811.08元及相应利息。2014年10月9日，原告与被告市政工程公司另行签订《应收账款质押合同》一份，被告市政工程公司将其在第三人住建局处其自称尚存在的《某项目第一标段项目》未结算工程款项3642.84万元进行质押，并与原告签订建广应收账款转让登记协议一份，原告于2014年10月9日15时15分在中国人民银行征信中心予以登记。

第三人张某华于2013年2月与被告市政工程公司签订合作协议，约定以市政工程公司为投标主体就《某项目第一标段项目》投标，由市政工程公司负责施工国×路至大×沟，张某华负责施工国×路至广×路南十米，施工完毕后，按照发包方第三人住建局拨付市政工程公司40%、拨付张某华60%的比例进行分配，后该BT项目中标，该工程中的国×路至广×路南十米由第三人张某华垫资施工，后因拨款原因，市政工程公司与张某华发生争议，张某华按照其与市政工程公司签订的合作协议中的仲裁条款的约定，于2015年10月20日向东营仲裁委员会提起仲裁，2015年11月16日，东营仲裁委员会作出裁决书，裁决：一、《某项目第一标段项目》中，国×路至广×路南10米项目由张某华施工；二、张某华与被告市政工程公司施工的《某项目第一标段项目》工程款的60%归张某华享有。

【案件焦点】

原告对《某项目第一标段项目》的工程款是否享有优先受偿权问题。

【法院裁判要旨】

山东省东营市广饶县人民法院经审理认为：根据《中国人民银行应收账款质押登记办法》第四条第二款规定被告市政工程公司在第三人住建局处《某项目第一标段项目》的工程款的性质不属于上述列举的应收账款范围，该工程款的属性为动产财产并不属于应收账款范围。其中动产质押的质权自出质人交付质押财产时设立，权利质押的质权自权利凭证交付质权人时设立；没有权利凭证的，质权自有关部门办理出质登记时设立。但本案中，原告与被告市政工程公司虽就涉案工程所签质押合同设定了质押，但该动产质押质权的成立应以交付质押财产时设立，具体到本案中应以交付具体的工程款结算凭证为质权成立要件，但庭审查明该质押合同签订时工程款并未实际评估结算出准确的估算值，被告市政工程公司也没有将涉案工程的准确结算值的结算凭证交付给原告占有，故原告所主张的质权并未实际形成，且第三人张某华与被告市政工程公司均对原告所主张的本案债权即涉案工程款存在所有权争议的客观事实，故原告对被告市政工程公司在第三人住建局处《某项目第一标段项目》的工程款享有优先受偿权的主张不能成立，本院不予支持。

山东省东营市广饶县人民法院依照《中华人民共和国合同法》第二百零五条、第二百零六条、第二百零七条，《中华人民共和国担保法》第十八条、第二十一条第一款，《中华人民共和国物权法》第二百一十二条、第二百二十三条、第二百二十四条，《中华人民共和国民事诉讼法》第一百四十四条之规定，作出如下判决：

一、被告市政工程公司于本判决生效之日起十日内偿还原告某银行借款本金余款29979811.08元，并支付相应利息；

二、被告石油科技公司、高某、崔某丽、范某林、丁某梅、王某连、薛某梅对上述债务承担连带清偿责任；

三、驳回原告对涉案工程款享有优先受偿权的诉讼请求。

一审宣判后，原告不服提起上诉。山东省东营市中级人民法院经审理后认为：涉案的工程款系由市政工程公司与张某华按份共有，因此，市政工程公司对涉案工程款没有完全的所有权，在工程款数额未确定的情况下，市政工程公司不能将涉案工程款进行质押。市政工程公司以没有完全所有权的工程款与某银行签订质押合同的行为损害了第三人张某华的利益，但在本案中，在涉案工程款数额尚未确定、工程款尚未支付的情况下，市政工程公司与某银行之间的质押权应当认定不能成立。上诉人某银行的上诉请求不能成立，应予驳回。

山东省东营市中级人民法院依照《中华人民共和国民事诉讼法》第一百七十条第一款第一项、第一百七十五条之规定，作出如下判决：

驳回上诉，维持原判。

【法官后语】

本案的处理结果是正确的，动产质押的质权自出质人交付质押财产时设立。在涉案工程款数额尚未确定、工程款尚未支付的情况下，市政工程公司与某银行之间的质押权应当认定不能成立。

1. 依法认定应收账款的范围

根据之前有效的中国人民银行《应收账款质押登记办法》第四

条第一款的规定，应收账款可以包括所有提供贷款或其他信用产生的债权。因此，在本案中，被告市政工程公司在第三人住建局处《某项目第一标段项目》的工程款的性质不属于上述列举的应收账款范围，该工程款的属性为动产财产并不属于应收账款范围。但需要在此阐明的是，依据2021年11月18日通过，现行有效的《动产和权利担保统一登记办法》来看，其第三条规定：本办法所称应收账款是指应收账款债权人因提供一定的货物、服务或设施而获得的要求应收账款债务人付款的权利以及依法享有的其他付款请求权，包括现有的以及将有的金钱债权，但不包括因票据或其他有价证券而产生的付款请求权，以及法律、行政法规禁止转让的付款请求权。本办法所称的应收账款包括下列权利：（1）销售、出租产生的债权，包括销售货物，供应水、电、气、暖，知识产权的许可使用，出租动产或不动产等；（2）提供医疗、教育、旅游等服务或劳务产生的债权；（3）能源、交通运输、水利、环境保护、市政工程等基础设施和公用事业项目收益权；（4）提供贷款或其他信用活动产生的债权；（5）其他以合同为基础的具有金钱给付内容的债权。因此按照上述规定，以合同为基础的工程款是具有金钱给付性质的债权应当可以被涵射进应收账款的范畴中。

2. 正确区分质押的分类，把握质权的生效即成立要件

我国物权法关于质押分为动产质押和权利质押两类，该两类质押均需签订书面的质押合同为质权成立的要件之一，其中动产质押的质权自出质人交付质押财产时设立，权利质押的质权自权利凭证交付质权人时设立；没有权利凭证的，质权自有关部门办理出质登记时设立。但本案中，原告与被告市政工程公司虽就涉案工程所签质押合同设定了质押，但该质押合同中约定的工程款并不属于应收

账款这类权利质押，该工程款的质押属于动产质押，该动产质押质权的成立应以交付质押财产时设立，具体到本案中应以交付具体的工程款结算凭证为质权成立要件，但庭审查明该质押合同签订时工程款并未实际评估结算出准确的估算值，被告市政工程公司也没有将涉案工程的准确结算值的结算凭证交付给原告占有，故原告所主张的所谓质权并未实际形成，且本案第三人住建局对该涉案工程款是否质押并不知情，第三人张某华与被告市政工程公司均对原告所主张的本案债权即涉案工程款存在所有权争议的客观事实，故原告对被告市政工程公司在第三人住建局处《某项目第一标段项目》的工程款享有优先受偿权的主张不能成立，本院不予支持。

可见，涉案工程款的质押应以交付具体的工程款结算凭证为质权成立要件，否则，质权不能成立。本案对质押权的认定作了前瞻性的处理，对以后相似案件的处理提供了判例。

编写人：山东省东营市广饶县人民法院　常兴泉

154　典当纠纷与抵押借款及质押借款的区别

——混凝土公司诉某中学、教育局某管理中心民间借贷案

【案件基本信息】

1. 裁判书字号

辽宁省本溪市中级人民法院（2014）本民二终字第 00007 号民事判决书

2. 案由：民间借贷纠纷

3. 当事人

原告（被上诉人）：混凝土公司

被告（上诉人）：某中学

被告：教育局某管理中心

第三人（被上诉人）：典当行

【基本案情】

1999年12月30日，木制品厂向典当行出具承诺书，内容为：程某在1999年12月30日贷款50万元，本人在2000年1月3日至10日保证土地使用证办理齐全，预留6.5万元保证金。土地使用证单位名称系本人程某私人企业，木制品厂同意程某用土地使用证贷款抵押，如到期不能偿还本息，由典当行处理。保证在2000年1月3日至10日把土地使用证更名为典当行。2000年1月3日，木制品厂与典当行签订一份借款合同，主要内容为：贷款金额50万元；贷款利率（含费率）5%；贷款期限自2000年1月3日起至2000年3月3日止，贷款人提供土地作为抵押担保，并办理抵押登记；如到期不能按时偿还典当行贷款本息，木制品厂愿将其全部土地使用权归典当行所有。详见1999年12月30日签订的承诺书。2000年1月4日，土地管理局在本案所涉土地的国有土地使用证备注栏中注明："木制品厂将该宗土地抵押给典当行，抵押期2个月（2000.1.4-2000.3.4），借款额50万元。期满或续押或办理过户。"在本案审理过程中，混凝土公司未能提供木制品厂收到典当行50万元借款的凭证，某中学自认收到典当行交付的借款43.5万元。

2012年8月4日，典当行与混凝土公司签订一份债权转让协议书，约定典当行将对木制品厂享有的债权转让给混凝土公司。

木制品厂的开办单位是某中学，主管部门为教育局某管理中心。木制品厂提供抵押的土地的面积为0.6267公顷，土地使用者为木制品厂，该厂未在工商部门注册登记。

【案件焦点】

1. 本案法律关系是典当纠纷，还是民间借贷纠纷；2. 借款本金数额是50万元，还是43.5万元。

【法院裁判要旨】

辽宁省本溪市明山区人民法院经审理认为：典当行与木制品厂双方签订的合同名为借款，性质为典当，双方应当按照合同约定内容履行。合同期满后，木制品厂未能偿还当金，应承担相应的违约责任。典当行已将该笔欠款及相关权利转让给混凝土公司，混凝土公司提起本案诉讼，符合法律规定。木制品厂未在工商部门注册登记，责任主体为开办单位某中学。关于当金利息及综合费率问题，尚欠当金50万元未还的事实清楚，混凝土公司请求判令某中学给付50万元当金的诉讼请求成立，予以支持。《典当管理办法》规定，典当当金利率，按中国人民银行公布的银行机构六个月期法定贷款利率及典当期限折算后执行。房地产抵押典当的月综合费率不得超过当金的27‰。当户于典当期限或者续当期限届满至绝当前赎当的，除须偿还当金本息，综合费率外，还应当根据中国人民银行等金融机构逾期贷款罚息水平、典当行规定的费用标准和逾期天数，补交当金利息和有关费用。因借款合同约定的贷款利率（含费率）5%过高，混凝土公司提出可参照《典当管理办法》规定给付利息及综合费率的诉讼请求成立，予以支持。混凝土公司要求判令教育局某管理中心给付当金 50 万元的诉讼请求不成立，不予支持。

辽宁省本溪市明山区人民法院据此判决：

一、某中学于判决生效后立即偿还混凝土公司当金 50 万元；

二、某中学给付当金 50 万元的利息，从 2000 年 3 月 4 日起至判决确定的给付之日止，按中国人民银行同期六个月定期贷款利率计算；

三、某中学支付当金 50 万元的综合费用，从 2000 年 3 月 4 日起至判决确定的给付之日止，按月 27‰费率计算。

某中学不服一审判决，提起上诉。辽宁省本溪市中级人民法院经审理认为：关于本案案由的确定。在确定案由时，如果因债权转让合同而发生的纠纷，并非因原合同而发生的，不应以原合同类型确定案由，应按债权转让合同纠纷确定案由。如果在债权转让合同生效后，因原合同的履行发生纠纷诉至法院，则案件诉讼标的是原合同的权利义务关系，即应按原合同类型确定案由。本案中，各方当事人所争议的并非被上诉人典当行于 2012 年 8 月 4 日将其对木制品厂所拥有的债权转让给被上诉人混凝土公司，而是基于 2000 年 1 月 3 日木制品厂与被上诉人典当行签订的借款合同产生的争议，因此，应依据该合同的性质确定案由。

原审法院认为典当行与木制品厂之间签订的借款合同的性质为典当纠纷，辽宁省本溪市中级人民法院审查认为，其一，典当是指当户将其动产、财产权利作为当物质押或者将其房地产作为当物抵押给典当行，交付一定比例费用，取得当金，并在约定期限内支付当金利息、偿还当金、赎回当物的行为。因当户的出当、典当行的收当并将当票交付给当户的行为，在当户与典当行之间成立的法律关系。《典当管理办法》第三十条规定："当票是典当行与当户之间的借贷契约，是典当行向当户支付当金的付款凭证"，当票上应载明当户姓名、住所、当物名称、数量、质量、估价金额、当金数额、典当日期、续当期、当户须知等事项。可见，当票是认定典当关系存在的必要条件。本案中，木制品厂与被上诉人典当行除签订一份借款合同外，并未办理其他相关典当手续。其二，在借款期限届满，木制品厂未依约还款的情况下，被上诉人典当行并未按照《典当管理办法》关于绝当物处置的规定处理其所持有的国有土地使用证。故木制品厂与被上诉人典当行之间签订的借款合同不符合典当纠纷的法律关系要件，应认定为民间借贷纠纷。原审法院将案由确定为债权转让合同纠纷不妥，应予纠正。

关于借款本金数额的确定。上诉人某中学与被上诉人混凝土公司、典当行对借款事实不持异议，但上诉人某中学仅认可收到被上诉人典当行借款本金43.5万元，本院认为，被上诉人混凝土公司未能提供任何证据证明借款本金的数额，故应以上诉人某中学认可收到的43.5万元确定双方借款数额为宜。但是，借款合同中约定的贷款月利率5%过高，应予调整，自2000年1月4日至判决确定的给付之日，按中国人民银行同期贷款利率4倍计算。

综上，辽宁省本溪市中级人民法院依照《中华人民共和国民事诉讼法》第一百七十条第一款第三项之规定，判决如下：

一、撤销辽宁省本溪市明山区人民法院民事判决；

二、上诉人某中学于本判决生效后十日内偿还被上诉人混凝土公司借款本金四十三万五千元及利息（自二〇〇〇年一月四日起至判决确定的给付之日止，按中国人民银行同期贷款利率四倍计算）。

【法官后语】

本案因各方当事人对债权转让并无争议，所以基础法律关系的确定直接关系到案由的确定。原审法院将本案案由认定为典当纠纷，经二审审查，将该案案由纠正为民间借贷纠纷。理由是：典当是指当户将其动产、财产权利作为当物质押或者将其房地产作为当物抵押给典当行，交付一定比例费用，取得当金，并在约定期限内支付当金利息、偿还当金、赎回当物的行为。典当与抵押和质押均是因合同的约定而产生的债权债务关系，具有基本的共同点。首先，三者都是以借贷合同的存在为前提，都是以债权人支付款项，债务人取得借款为内容。其次，三者都有担保的含义，都是为制约债务人履行还款义务、降低债权人贷款风险而采取的担保措施。但是，典当与抵押、质押虽有共同点，但在经营行为上又有一定的区别。一是对担保物的占有程度不同，抵押是以抵押物的价值做保证而取得贷款，抵押物的占有权并未转移，在合同约定期间，不妨碍抵押人使用、维修、获取利益。质押与典当对担保物的占有程度基本相同。二是对担保物的处分程度不同，在抵押和质押关系中，债务人不履行债务时，债权人对抵押物（质物）不能直接折价或以拍卖、变卖该抵押物（质物）所得价款受偿，须与抵押人（质押人）协议受偿，协议不成，抵押权人必须就人民法院依法处分抵押物（质物）所得价款优先受偿，质押权人对担保物享有直接依法变卖、拍卖的权利。而在典当关系中，债务人超过规定期限不履行债务时，担保物的所有权即为典当行所有，可由典当行直接拍卖、变卖获得价款。三是对担保物的受偿程度不同，抵押和质押只对担保物变卖或拍卖所得价款享有优先受偿权，价款超过债权数额的部分归抵押或质押人所有，不足部分由债务人清偿。

而典当对担保物具有直接受偿的权利，拍卖、变卖当物的价款与当金之间的差额由典当行承担。

本案中，在典当行发放贷款时既未向木制品厂出具当票，在借款到期后，典当行也未按典当相关规定处理绝当物的情况下，原审法院认定本案基础法律关系为典当纠纷欠妥，综合本案法律关系的特征，应为抵押借款，确定为民间借贷纠纷为宜。

《中华人民共和国民法典》施行之前，在《中华人民共和国物权法》《中华人民共和国担保法》中均没有对典当作出专门规定，典当制度的法律依据在《最高人民法院关于贯彻执行〈中华人民共和国民法通则〉若干问题的意见（试行）》中仅有部分简单的规定。虽然，《中华人民共和国民法典》依然没有对典当制度作出专门规定，但是，典当作为具有我国悠久历史特色的一项法律制度，是一种复合法律关系，即借贷关系与担保关系混合在一起，应当适用统一的法律规则来处理。其具体规则主要依据《典当管理办法》。

编写人：辽宁省本溪市中级人民法院　赵丹阳

155　保理合同中的质押行为是否有效

——某银行诉服装销售公司、李某金融借款合同案

【案件基本信息】

1. 裁判书字号

北京市第一中级人民法院（2012）一中民终字第15343号民事判决书

2. 案由：金融借款合同纠纷

3. 当事人

原告（上诉人）：某银行

被告（被上诉人）：服装销售公司、李某

【基本案情】

2010年9月26日，某银行与服装销售公司签订《国内保理业务合同》《应收账款质押登记协议》，与李某签订《最高额保证合同》。其中约定某银行向银从公司提供最高额为300万元的保理融资；服装销售公司以应收账款向某银行质押，李某为保证人。

上述合同签订后，服装销售公司将应收账款转让至某银行支行，某银行支行以借款方式先后多次为服装销售公司融资777万元，购货方陆续支付应收账款，某银行支行以此获取保理融资本息。

2011年9月9日，某银行支行与服装销售公司再次签订《借款借据》，约定某银行支行向服装销售公司出借32万元，期限自2011年9月9日起至2012年1月6日止，利率为5.5917‰。同时签订《应收账款转让清单》，约定服装销售公司将其与购货方之间形成的应收账款债权及相关权利转让给某银行支行，由某银行支行为服装销售公司提供总额为32万元的保理融资，另附应收账款明细，应收账款发票实有金额共424475.44元。至今，某银行支行仍有26万元保理融资本金未收回。故诉至法院，要求服装销售公司偿还拖欠本息，并要求对服装销售公司质押的应收账款行使优先受偿权，同时要求李某承担连带责任保证。

【案件焦点】

某银行支行是否可以行使追索权，是否可以行使优先受偿权，是否可以要求李某承担连带责任保证。

【法院裁判要旨】

北京市石景山区人民法院经审理认为：某银行支行与服装销售公司签订的《国内保理业务合同》、某银行支行与李某签订的《最高额保证合同》系合同双方真实意思表示，且内容不违反法律、行政法规的强制性规定，属有效合同。某银行支行已按照约定向服装销售公司履行保理融资义务，但至今仍有26万元保理融资本金未收回，某银行支行有权行使追索权，要求服装销售公司回购应收账款，支付保理融资本息。服装销售公司给付回购款后，享有对应收账款的所有权。李某应依据《最高额保证合同》对此承担连带责任保证。依据《国内保理业务合同》，服装销售公司已将应收债权转让与某银行支行，故应收账款的所有权人系某银行支行，某银行支行在上述应收账款上另设立质权，缺少依据，其要求行使优先受偿权的诉讼请求不能成立。

北京市石景山区人民法院依照《中华人民共和国合同法》第六十条，《中华人民共和国担保法》第十四条、第十八条之规定，作出如下判决：

一、被告服装销售公司于本判决生效后十日内给付原告某银行支行回购款26万元；

二、被告服装销售公司于本判决生效后十日内支付原告某银行支行利息、罚息、复利（以二十六万元为本金，按《国内保理业务合同》约定计算，自二零一二年一月七日起计算至实际付款之日止）；

三、被告李某对上述款项承担连带责任保证；

四、驳回原告某银行支行其他诉讼请求。

某银行支行持原审起诉意见提起上诉。北京市第一中级人民法院经审理，认为一审判决认定事实清楚，适用法律正确，应予维持。

北京市第一中级人民法院依据《中华人民共和国民事诉讼法》第一百五十三条第一款第一项之规定，作出如下判决：

驳回上诉，维持原判。

【法官后语】

保理业务主要盛行于国际交易之中，通常做法为出口商将应收账款转让给保理商，保理商为出口商融资并提供担保。根据国内保理合同的一般表述，保理核心业务主要涉及三方面当事人：保理商（通常为银行）、债权人（即供应商）和债务人（即购货方），债权人将其在未来一定时间段内由于向债务人销售商品、提供服务或其他原因所产生的应收账款转让给保理商，保理商为债权人提供融资及相关的综合性金融服务。

为了最大限度地保证提供保理融资的银行的利益，国内保理实践中常使用以下三种保障债权实现的特殊条款：一是约定银行对债务人在约定期间内不能足额偿付的应收账款享有向债权人的追索权；二是针对保理业务中银行向债权人的借款设定第三人担保；三是在保理业务中同时设定质押条款，即债权人以应收账款债权向银行提供质押担保。前两款约定依据我国现行法均具有较高的可实行性，但保理业务中设定的质押条款则在其效力问题上存在根本缺陷。

《中华人民共和国民法典》设立了保理合同专章，确认了保理的债权让与本质和保理人表明身份义务，此点与此前的通说观点一致；同时《中华人民共和国民法典》又在此前《中华人民共和国民法通则》《中华人民共和国物权法》和《中华人民共和国担保法》的基础上，区分了有追索权保理和无追索权保理，并明确了应收账款为可出质权利。即保理合同有效，则债权人对债务人的债权已经转让给保理商，经合法、合理通知债务人后，保理商成为该债权的实际所有权人。而质押担保有效需满足以下条件：一是出质物并非禁止转让；二是出质人对于质押标的享有合法的所有权或者使用权；三是履行交付或登记等法律规定的必要手续。

就本案而言，由于应收账款的所有权人已经变更为银行，银行不得就其所有的权利另行向自身设定质权，故银行就保理业务中的应收账款设定的质权无效，银行就该部分应收账款不享有优先受偿权。

此案反映了国内保理融资业务发展初期，银行在保障自身权益充分实现方面的欠缺。值得一提的是，2012 年 6 月 27 日商务部正式在天津滨海新区和上海浦东新区开展商业保理试点，设立商业保理公司，为企业提供贸易融资、销售分账户管理、客户资信调查与评估、应收账款管理与催收、信用风险担保等服务。这是我国对保理业务发展前景的一种肯定。而《中华人民共和国民法典》将保理合同正式纳入规范，验证了国内保理融资业务的日趋成熟，也为其进一步发展和统一管理提供更为充分、愈加完善的法制基础。

编写人：北京市石景山区人民法院　郭春瑞　张冬

ISBN 978-7-5216-2975-0

图书在版编目（CIP）数据

借款担保纠纷裁判规则理解与适用／国家法官学院，最高人民法院司法案例研究院编．—北京：中国法制出版社，2023.3

（中国法院年度案例集成丛书）

ISBN 978-7-5216-2975-0

Ⅰ.①借… Ⅱ.①国…②最… Ⅲ.①借贷-经济纠纷-审判-案例-中国②担保-经济纠纷-审判-案例-中国 Ⅳ.①D923.65

中国版本图书馆 CIP 数据核字（2022）第 193739 号

策划编辑：李小草　韩璐玮（hanluwei666@163.com）

责任编辑：韩璐玮　　封面设计：李　宁

借款担保纠纷裁判规则理解与适用

JIEKUAN DANBAO JIUFEN CAIPAN GUIZE LIJIE YU SHIYONG

编者/国家法官学院　最高人民法院司法案例研究院

经销/新华书店

印刷/三河市紫恒印装有限公司

开本/880 毫米×1230 毫米　32 开　　印张/30.25　字数/624 千

版次/2023 年 3 月第 1 版　　2023 年 3 月第 1 次印刷

中国法制出版社出版

书号 ISBN 978-7-5216-2975-0　　定价：149.00 元

北京市西城区西便门西里甲 16 号西便门办公区

邮政编码：100053　　传真：010-63141600

网址：http：//www.zgfzs.com　　**编辑部电话：010-63141790**

市场营销部电话：010-63141612　　**印务部电话：010-63141606**

（如有印装质量问题，请与本社印务部联系。）